高等院校会计学教材系列·"十二五"规划教材

中级财务会计

主　编　郑　伟

副主编　初宜红　王莉　刘源

格致出版社　上海人民出版社

总序

会计是经济管理的重要组成部分,经济越发展会计越重要。凡是有经济活动的地方都需要有会计,会计已成为人民群众需要了解和运用的基本知识。作为一门重要的学科,会计学是研究会计工作规律和会计发展规律的知识体系,它是一门经济管理科学。会计学在发展过程中,为适应经济和社会发展、科学和技术进步、管理和改革要求的需要,形成了相互联系、相互制约的各种分支学科。与此相联系,在高等院校的会计教学中,为了培养高级会计人才,也形成了由各种会计学科相互联系、相互制约的会计课程体系。

考虑到在21世纪发展知识经济的条件下会计更要重视管理的要求,以及会计人员要具有创新精神和实践能力的要求,为了适应普通高等院校和高等职业、成人学校会计教育的需要,在上海世纪出版股份有限公司格致出版社大力支持下,我们组织有关高等学校编写"高等院校会计学教材系列"。在这套会计学教材系列中,有20门左右是会计专业、财务管理专业和审计专业的主体课程,另有20门左右是选修课程,供会计及相关专业教学选用。

会计学教材系列的编写,力求适应我国改革开放现阶段发展的实际需要,从培养符合现代市场经济要求的会计人才出发,特制定如下的编写要求:(1)要理论和实践相结合;(2)要反映会计工作规律,具有相对稳定性;(3)要反映认识由浅入深循序渐进的规律;(4)要反映最新财务会计准则、制度和相关法规的要求;(5)要反映会计信息化对会计核算的影响;(6)要反映当代会计研究水平,具有一定的超前性;(7)要借鉴西方会计,并与国际会计准则协调;(8)要开拓创新编写新教材;(9)严格遵守《著作权法》和相关法规的规定,严禁抄袭、剽窃。

为了编好会计学系列教材,特成立编委会,负责组织教材系列的编写工作。每本教材实行主编负责制,主编负责组织本书的编写工作,每位作者对本人编写的内容完全负责。欢迎广大教师和学生在使用过程中提出意见和建议。

高等院校会计学教材系列编写委员会

前言

本书的编写动力和基本思路直接源于会计教学实践中的反馈和要求。

2006 年,我国发布了包括 1 项基本准则和 38 项具体准则的企业会计准则体系。这一会计规则的历史性变革对我国会计事业发展具有深远影响,也对广大会计人员提出了迫切要求和重大挑战。适应这一形势的需要,培训和学习成为一项繁重的任务。从那时起至今的大量会计准则培训中,本书的编者作为培训教师直观地了解到,为数众多的企业会计人员和管理人员在学习和应用新会计准则时感受到较大的困难,而这并不是单纯由于规则演进中的变化过大所致。如果深入分析,可以发现妨碍会计人员理解和接受新会计准则的一个根本性原因在于:相比会计准则的特点及其所折射的财务会计发展趋势,我国多年来的会计实务、规则和教育传统存在较大差距。一方面,作为指导和约束财务会计实务操作的直接规范,会计准则相比之前的会计制度,不但体系庞大、范围广范,而且更具复杂性,同时其表述方式又相对抽象和概括。这一特点反映了会计规范走向原则导向的基本趋势,和对会计人员职业判断能力日益提高的要求,与此相应,对会计人员的理论素养提出了更高要求。但另一方面,历史的原因造成我国会计人员长期以来较为普遍地形成了重实务方法、轻理论基础的思维惯性,在会计规范方面,普遍习惯于具体详尽的操作规则,而不太适应理论性、抽象性较强的指导原则,也缺乏足够的职业判断习惯和能力。因此,会计人员在新会计准则的学习中才普遍感到困难较大,同时也表达了对缺乏既紧扣会计准则又贴近实务,既说理透彻又深入浅出的学习辅助用书的抱怨。

出现这种状况,当然不能简单归咎于广大会计人员,而需充分认识到由我国会计环境所决定的会计实务特点和会计管理体制的影响,当然也包括会计教育方面的原因。反映到教学用书上,一个突出的问题是,长期以来,大量财务会计教材内容过于强调或者单纯满足于对实务方法的讲解,而相对忽视了知识的完整性和理论性,在介绍会计核算方法时也不够全面,往往满足于说明当前的规定,甚至有时只是对规则条文进行字面解释,缺少对各种方法的广泛介绍和比较分析。同时,在讲述中过于偏重账务处理的操作过程,而缺乏对背景知识和理论基础的足够阐释,这对于“厚基础、宽口径”的会计人才素质要求和培养模式而言显然不敷应用。在这样的教学思路和方式下,容易限制对会计知识掌握的广度和理解的深度,导致会计人员在实际工作中难以融会贯通和适应规则的变化。

基于这一认识,尽量避免上述缺陷和局限性,力求提供实务操作和理论基础有效结合的财务会计学习用书就成为本书编写过程中的基本追求。当然,对内容完整和深度的要求可能使本书的篇幅有所扩张，但编者经过权衡认为，作为兼有实务性和理论性功能的学习用书，本书即使体系稍显庞大，阅读和使用者也可以结合自身不同层次和类型的需要，有针对性地选择所需的内容，而如果内容不够完整和系统，则产生的缺陷和带给学习者的不便将更加明显，因此更应竭力避免。

本书编写中的另一个基本考虑就是尽可能体现财务会计实践的一般规律，并使之易于理解和接受。为此，本书并未沿用财务会计教科书中经常采用的按照会计报表要素划分章节的传统方式，而是根据经济业务类型和资金运动过程安排内容结构。采用这一方式不仅能更好地描述财务会计研究对象的特点，也有利于提高认识的完整性和系统性。在本书的编写过程中有一个重要背景与以上编写思路相呼应，那就是最近的金融危机改变了有关企业信息披露的某些固有观点，并可能引发财务会计报告的某些重要变化。比如，国际会计准则理事会（IASB）和美国财务会计准则委员会（FASB）在 2008 年 10 月发布的《财务报表列报》征求意见稿中，提出了按照营业、投资和筹资活动进行报表列报的思路，以实现描述具有“内在一致性”的完整财务图景的目标。这在某种意义上反映了金融危机之后，人们从众多企业的经营挫折和失败困境中，对如何揭示企业核心能力与风险水平有了新的认识，并由此对财务会计的信息反映功能形成了新的理解和要求。姑且不去讨论上述思路本身是否合理，但这种尝试无疑已经反映了对财务会计报告改进的某些现实需求，也在一定程度上暗示了未来财务会计某些可能的演进趋向。有趣的是，这种尚不明朗的变化趋势与本书编写思路的创新尝试看似巧合地体现了某种契合。

在编写风格上，本书希望尽量避免专业会计教科书常见的过于抽象和刻板的印象，在保证必要的严谨性的前提下追求贴近现实和形式活泼。为体现这一要求，在每章开头部分，以来自现实的课前案例为引导并提出问题，在尽可能引发兴趣的同时提示学习线索，说明各章研究范围及其与当前实务的联系，而在课后练习中也尽量以来自实务的案例为基础编写习题。此外，在行文和表述风格上追求规范、通俗和简洁的并重，尽管实际编写时发现把握这种风格的难度远远超出预想，并可能使结果难以尽如人意，但编者还是尽力坚持，希望以尽可能浅显的方式不失严谨和专业性地论述有关问题。

本书的编写动机和内容设计决定了其受众的相对广泛，同时在编写目的确立之初就特别考虑了来自实务方面的要求，因此本书既针对高等院校会计专业教学的需要，也可供在职会计人员自学财务会计课程或作为实务工作参考书使用。另外，根据研究对象的不同，在财务会计范畴中，还存在中级财务会计与高级财务会计的划分。对于二者的分野，本书一方面考虑了业务的普遍性与特殊性，另一方面也考虑了方法和理论的复杂性与通用性。进一步说，研究企业资金运动引起会计报表要素变动的具有普遍意义的一般业务以及财务会计通用基本理论的内容，属于中级财务会计，也就是本书所讨论的范畴，而相对特殊和复杂的业务以及具有理论特殊性的问题，属于高级财务会计。

本书由几位多年从事财务会计教学，具有丰富教材编写经验的高校教师编写。其中，郑伟博士编写第 1 章、第 2 章、第 3 章、第 4 章、第 5 章、第 9 章、第 16 章，初宜红教授编写

第 7 章、第 13 章、第 17 章，王莉博士编写第 6 章、第 8 章、第 11 章、第 18 章，刘源博士编写第 10 章、第 12 章、第 14 章、第 15 章。全书由郑伟总纂。

在编写过程中，山东财经大学会计学院的几位硕士研究生吴清坤、王宇彤、王婷、王文青做了大量资料整理和文字校对方面的工作，他们的辛勤劳动同样值得尊重和感谢。此外，为了尽可能体现本书编写时所确立的"厚基础、宽口径"的初衷，在编写过程中大量借鉴了有关教材、著作和论文等资料，主要文献已在书后列出，在此一并表示感谢。至于书中的错误和疏漏之处，理应由编者负责，恳请读者批评指正。

编者

目录

第Ⅰ篇 基 础 篇

第Ⅱ篇 资金筹集篇

Contents

目录

第Ⅲ篇 资金投放篇

Contents

目录

Contents

第Ⅰ篇 基 础 篇

开篇案例

全球经济危机中的会计话题

始于2007年的金融危机最终演化为被称作有史以来范围最为广泛、影响最为严重的全球经济危机，其破坏力甚至超过了20世纪30年代的大萧条。在这场危机中，影响和教训是空前的，引发的震动和反思也是多方面的。其中，会计信息及会计监管，特别是与金融工具创新和金融市场监管有关的会计问题，受到了普遍的关注，而公允价值计量、金融资产减值、金融工具终止确认等传统上局限于专业领域的会计概念，也成为包括G20在内的国际社会广泛关注和热议的话题，并由此进入公众视野而一度成为舆论的中心。

思考：会计在当代经济活动中扮演何种角色？

资本市场与会计信息质量

2002年6月25日，美国国家广播公司有线电视网公布：世界通信公司在2001年年初至2002年第一季度里，通过将一般性费用支出计入资本项目的不正当手段，共虚增收入38.52亿美元，虚增利润16亿美元。为该公司提供财务报表审计的是已涉嫌安然公司会计造假案的安达信国际会计师事务所。会计造假的金额巨大，对资本市场的影响不可低估(有媒体评论，安然公司和世界通信公司的财务丑闻对美国资本市场和经济增长的打击超过了“9·11”事件)。就造假本身来讲，大多数属于公司执行会计标准不力或者有意规避相关规则，采用虚夸收入、虚列资产等手段玩弄数字游戏，而且类似案例在资本市场反复出现、屡禁不止。因此，我们不得不反思，这些事后看来并不怎么“高明”，甚至有些缺乏“技术含量”的造假方法，为什么能够屡屡得手，并在财务丑闻曝出后对资本市场造成严重冲击。

思考：资本市场的形成与发展与会计有何关系？资本市场需要怎样的会计？

第一章 导 论

【本章学习目的】

1. 了解会计学的地位和功能，以及财务会计的主要特点和内容。
2. 了解财务会计基础理论体系的含义及构成。
3. 理解财务会计的目标和基本假设。
4. 理解财务会计要素的构成，各要素的概念、特征及确认、计量要求。
5. 理解主要的会计信息质量要求。
6. 理解财务会计循环的概念和基本环节。
7. 了解主要的财务报表作用及其构成。

第一节 财务会计的性质与内容

一、财务会计的学科地位

（一）会计的性质及功能

会计被称为经济活动中通用的“商业语言”。以会计这种“语言”为媒介，人们得以在经济交往中相互了解、彼此信任，从而促进交易的实现、市场的活跃和经济的发展。随着经济进步和社会分工的细化，以企业为代表的经济主体之间的经济联系和交往日益频繁和紧密，在此过程中，会计的地位和作用也愈加突出。正因为如此，“经济越发展，会计越重要”的论断才会产生，并逐渐得到越来越充分而广泛的验证和认可。

长期以来，对于会计的概念存在着多种认识，其中，我国会计学界最具代表性的两种基本观点就是出现于20世纪80年代的管理活动论与信息系统论。前者认为会计构成了对社会再生产或价值创造过程所做管理的组成部分，因此应定义为一种经济管理活动；后者则将会计视作以提供财务信息为主要目标和功能的相对独立而又开放的系统。其实，通过分析不难发现，两种观点并非截然对立而是完全可以相互补充的。会计作为对经济活动的管理的一部分，本身就需要同时也客观地以系统形式存在，而且会计活动与其他管理活动的主要区别就在于：会计以反映一定主体经济活动和资金运动的有关信息作为其管理的重点和基础；而作为以提供信息为主要目标的系统，会计在客观上又具有明显的管理职能和作用。因此，完整地看，会计应当是一个管理信息系统，即管理体系中的财务信息处理子系统，或者从另一角度说是一个以满足经济管理需要为目的，同时具有管理性质的信息系统。会计在经济活动中具有反映和控制（或核算和监督）两大基本职能，其中，对信息的反映是最基本和基础性的职能。

（二）会计学与会计学科体系

会计学是研究会计活动及其规律性的学科。根据具体研究对象、目的、内容和作用等方面的不同，会计学科可以划分为多种不同的子学科。各种会计学科按照一定的联系形成的系统整体，就是会计学科体系。

按照各学科的地位和作用，可以将会计学科体系划分为会计基础学科和会计应用学科等。按照内容的不同，会计学科体系又包括了财务会计、成本会计、管理会计等各种不同的子学科。由于会计学的研究对象不仅是会计实践活动，也涉及诸多相关领域如金融、法律、税收等方面，因此广义上的会计学科发展至今，范围已经非常庞大，包括了很多新兴领域和交叉学科，如法务会计、税务会计、人力资源会计、环境会计、会计法学等，其中有些学科在会计学科体系中应如何定位和归类至今仍存在争议。同时，会计学科体系随着经济发展和社会进步还在不断扩张并丰富完善。不过，总体上看，目前为止对于会计学基本分类的主要观点仍然沿袭了20世纪中期以来的认识，即将会计学科从整体上划分为财务会计和管理会计两大分支，而中级财务会计就是其中的一个主要分支，即财务会计的子学科。

16世纪前后，伴随着西方资本主义萌芽的发展，特别是近代商业活动的繁荣而逐步成型的复式记账方法，构成了现代会计学的萌芽，也为财务会计的产生提供了基础。不过，早期工商企业的资本规模普遍较小，来源也比较单一，除借贷资金外，主要是数量有限的业主直接投资，并且出资人往往直接从事企业管理。为适应这种特征，相当长时期内会计主要记录经营活动中的资金往来，特别是货币收付和债权债务关系，并主要面向企业管理者（同时也是出资人）提供简单的报告。在这种情况下，企业对外提供会计报告的动力、压力和条件都不成熟。

经过工业革命和资本主义市场经济的促进，企业的资本规模和结构特征发生了重大变化。首先，企业的资本规模显著扩大，出资人数量也越来越多；其次，更重要的是股权结构也越来越多元化和分散化。在这种情况下，出资人直接从事企业的经营管理变得不再现实。同时，随着经济发展和管理专业化程度的提高，股东的所有权与企业经营权的相对分离逐渐成为现代企业制度的基本特征。特别是随着公司制企业的大量出现和快速发展,以委托代理的契约关系为典型代表的所有权与经营权分离表现得越来越明显。在这一背景下,为了有效解决两权分离可能带来的激励、约束等代理问题,保证现代企业制度下的资源配置效率,对会计信息的报告也提出了新的要求,出于满足股东为主的企业外部信息使用者需要的对外报告变得越来越重要。19 世纪末至 20 世纪初,一种以提供对外报告为主的会计逐步形成,这就是所谓的财务会计。之后,随着环境的发展变化,需要财务会计报告的企业外部信息使用者不断增加,由股东为主扩大到包括税收、金融和证券监管等政府部门、审计机构、各种工会和社团组织以及社会公众等,同时对财务会计报告的要求也不断发展和提高。

虽然财务会计报告主要面向企业外部,但是其提供的信息也可用于企业内部的经营管理。可是,随着经济发展和企业管理的复杂性不断提高,20 世纪 50 年代之后,一方面由于社会的进步、经济的发展,企业的经营活动越来越复杂、越来越广泛,在此背景下,经济管理对会计的要求不再局限于记账、算账和报账,而是要求会计参与到企业内部管理当中,成为经济预测、经济决策和控制活动的一部分;另一方面,管理科学得到重大发展,各学科相互借鉴、相互融合,使会计增添了部分管理功能,并逐步将这部分管理职能独立出来,从而使传统会计分化为财务会计和管理会计两大分支。

(三) 财务会计在会计学科体系中的地位

从会计学科体系的发展历程可以看出,财务会计是现代会计的两大基本分支之一,也是现代会计形成的基础。而在财务会计乃至整个会计学科体系的发展过程中,中级财务会计居于承前启后的中枢地位。财务会计是对传统会计的继承和发展,它在其数据加工和信息转换中,继承了传统会计模式特有的程序与方法中的精华,并予以继承和发展。财务会计的信息使用者虽然主要在特定主体(特别是企业)的外部,并主要将以财务报表为核心的财务会计报告作为信息传输的载体,但是财务会计报告也是管理会计予以加工、利用的重要信息源,从而也能促进企业经营管理水平和经济效益的提高。

在实务当中,中级财务会计也具有突出的应用价值和普遍意义。这是因为,中级财务会计主要针对一般企业普遍存在的常见业务,围绕会计信息的日常处理和财务报告的编制,发挥会计反映财务信息的基本功能,因此在会计学科各分支当中得到了最为广泛的应用,同时也最容易受到外界的关注和影响。

在会计学的学习中,中级财务会计也是具有基础性和承接性的重要一环,承担着对财务会计知识中的主体部分进行全面、系统讲述的任务。中级财务会计运用会计学基本原理中的概念、原则与方法,全面阐述一定主体(主要是企业)在持续经营条件下,对引起财务会计报表要素变动的主要交易、事项的会计处理,包括会计确认、计量、记录和报告等所有基本程序以及财务会计报告的编报和相关信息披露等。

二、财务会计的基本特征与概念

通过财务会计与会计学科另一大分支即管理会计的比较，可以发现两者的主要差异，从而也就得到了对财务会计基本特征的认识。

（一）在服务对象方面

财务会计通过对企业日常经济业务的分类、记录、汇总和编制财务报表等方法向企业外部的利益相关者，如投资者、债权人、政府等提供信息。虽然财务会计信息的使用者不一定直接参与企业的生产经营管理活动，但是他们的经济利益却与企业息息相关，因此他们通过理解企业的相关信息来帮助自己作出合理的决策。经过独立注册会计师审计后的财务会计报告，往往被认为是可以信赖的信息来源，外部信息使用者从这些报告中可以准确地了解企业的财务状况和经营成果，并据以作出恰当决策。也就是说，财务会计侧重于向外部信息使用者提供信息服务。正是由于财务会计具有这一特点，因此往往被称为“外部会计”。管理会计则运用各种专门的技术方法，主要向企业各级管理人员提供经济信息，以便于其确定财务目标、作出经济决策、编制计划和预算、加强控制和进行业绩评价。由于管理会计侧重于面向企业内部提供信息服务，因此往往又被称为“内部会计”。

（二）在信息类型方面

作为外部信息使用者获取企业财务信息的主要来源，财务会计所提供的主要是关于特定主体财务状况、经营成果、现金流量等方面的信息，这些信息通常包括在以企业的资产负债表、利润表和现金流量表等财务会计报表为主体的财务会计报告之中。财务会计通常主要反映实际发生或已经完成的交易或事项，侧重于对企业的生产经营活动做历史性的描述和分析。也就是说，财务会计所提供的主要是面向过去的历史信息，同时，还要求信息具有客观、公允的特征，因为只有可靠的财务信息才能取得外部利害关系者的信任并对其有用。而管理会计不仅反映过去，更要关注现在和面向未来，它需要根据已掌握的资料对未来进行科学的预测和比较分析，以便为正确决策提供客观依据。相应地，管理会计对可靠性的要求相对较低。

（三）在基本方法和主要依据方面

财务会计与管理会计所采用的方法体系和所遵循的原则标准不同。为了取得外部会计信息使用者的信任，保障其经济利益，要求财务会计遵循严格的规范和程序，因此必须建立相对统一的标准体系，通常称为公认会计原则，以此作为实务操作的准绳，并且往往受到法律和职业规范的制约。目前在我国，财务会计主要依据《会计法》、《企业会计准则》和有关的财经法规进行操作。注册会计师审查企业财务报表时，要着重审查是否符合公认会计原则或有关规定。另一方面，财务会计的工作方法和程序比较固定，比如在会计处理中包括确认、计量、记录和报告等基本环节，遵循根据原始凭证编制记账凭证，再根据记账凭证登记会计账簿，最后根据会计账簿编制财务会计报告这一基本工作流程，在处理经济业务时必须严格遵守企业会计准则体系的规定，在核算中只需运用简单的算术方法。而管理会计没有固定的工作程序，不需要遵守特定的原则和准则，企业可以根据实际情况设计管理会计工作的流程，如专门针对成本进行变动成本计算、成本预测、本量利关系分析等。此外，管理会计在进行分析时，还时常用到大量的数学方法，包括高等数学、运筹学、数理统计等，以求通过建立数学模型的方式对信息进行尽可能科学和精确的分析计算。

(四) 在报告范围方面

财务会计提供的报告资料是企业总括性的资料。这种报告把整个企业作为一个整体来对待。财务会计报告一般不涉及企业内部各部门、各单位局部性的问题。管理会计提供的报告资料是详细资料。这种报告有反映企业整体情况的，也有反映企业局部如各部、处、车间、班组等情况的。

通过对财务会计与管理会计的比较，可以总结出财务会计所具有的几个基本特征，将这些基本特征概括起来，就可以得到财务会计的定义：财务会计是一种以会计规范为主要依据，遵循确认、计量、记录和报告等程序，向会计信息使用者(主要是外部使用者)提供关于特定主体财务状况、经营成果、现金流量等方面信息的对外报告会计。

三、财务会计循环

财务会计循环是一定主体的财务会计活动顺次进行并完成的一系列步骤或程序的总称，由于这些程序在各个会计期间相互衔接、周而复始地不断进行，因此称为会计循环。完整的财务会计循环一般包括会计确认、会计计量、会计记录和会计报告等几个基本环节。

(一) 会计确认

会计确认是指将交易或事项中的某一项会计要素加以记录和列入财务报表的过程，是对一项经济信息按照一定的标准进行分析后作出的判断。会计确认包括初次确认和再确认。初次确认是指对发生的经济活动按照一定标准确定其是否为会计事项的过程。再确认是指确定如何将某一项目正式列入某一会计主体及会计报表的过程。初次确认和再确认是保证会计信息真实性和可靠性的重要前提。

(二) 会计计量

会计计量是指在一定的计量尺度下，运用特定的计量单位，选择合理的计量属性，确定应予记录的经济事项金额的会计记录过程。会计计量主要包括会计计量单位和会计计量属性。会计计量单位是指计量尺度的量度单位，会计以货币为主要计量单位，但不排除使用实物量和劳动量单位。会计计量属性是指将会计事项用货币量化的具体表现形式，包括历史成本、重置（现行）成本、可变现净值、现值和公允价值等。

会计计量应当遵循三个基本标准：(1)同质性，即会计计量所体现的数量关系应当与被体现的物品或事项的内在数量关系保持一致；(2)证实性，也称可验证性，即在给定条件相同时，不同的会计人员对同一客体的计量应得出相同的结果，也就是计量结果可以互为证实；(3)一致性，即计量方法的使用要保持前后期的一致性，以免使用者对会计信息产生误解。

（三）会计记录

会计记录是指将经过确认和计量的项目在账户中正式予以记录的过程，是对会计对象记录的手段。通过会计记录，不仅可以对资本的运动进行详细与具体的描述与量化，也可以对数据进行分类、汇总及加工。只有经过这一程序，会计才能生成有助于经济决策等方面的财务信息。在记录时主要运用的会计方法是设置账户、复式记账、填制凭证和登记账簿等。

（四）会计报告

会计报告是指以财务报表或者其他财务报告的形式汇总日常确认、计量和记录的结果，向会计信息使用者提供反映企业财务状况、经营成果和现金流量信息的过程。会计报告包括编制财务报告和公告财务报告两项内容，前者生成财务信息，后者提供财务信息。

综上所述，财务会计循环可以用图 1.1 表示。

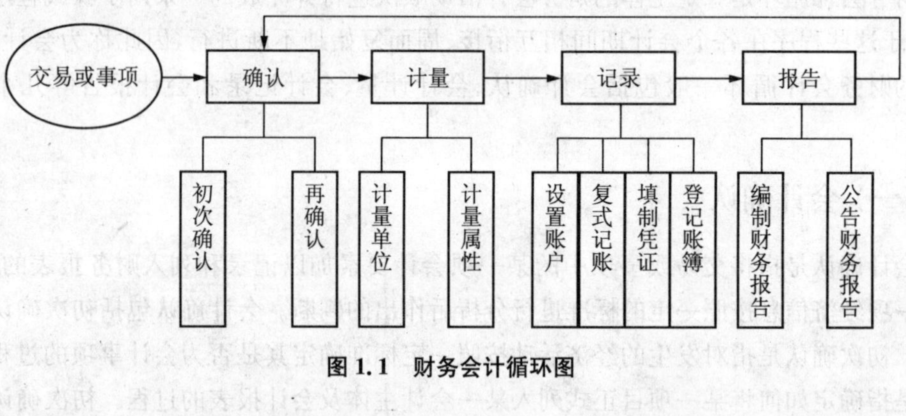

图 1.1　财务会计循环图

以上四个基本环节中，记录经常被认为是最直接、最具体的会计程序，与财务会计关系最为紧密，以至于记账有时往往被当作“会计”的代名词。但实际上，财务会计是以确认、计量为基础，以报告为最终成果和目标的，会计确认、计量和报告在财务会计循环中的地位和意义都明显超过记录环节。随着我国会计准则体系的形成和不断完善，以及会计准则国际趋同的逐步深化，对财务报告的关注已成为会计准则的重心，相应地，会计确认和计量也成为会计准则的焦点与核心。未来财务会计的发展还将日益强化这一趋势。

四、中级财务会计的主要内容与学习要点

在财务会计范围内，又划分了初级、中级和高级等层次。中级财务会计的基本内容主要根据其与高级财务会计的区别来划定。中级财务会计着重阐述企业的一般会计业务，如货币资金、应收款项、存货、流动及长期负债、投资、固定资产、收入和费用、所有者权益等常见事项的会计处理，是财务会计理论与方法的一般运用。高级财务会计则着重研究企业各种相对特殊和复杂的会计业务，如所得税、衍生金融工具、合并财务报表等。由于高级财务会计所针对的业务具有特殊性，其所应用的理论和方法也常常超出中级财务会计的一般框架。

本书阐述了中级财务会计的基本理论及实务处理，以我国企业会计准则体系为主要依据，以当前会计实务为基础，全面阐述了资产、负债、所有者权益、收入、费用和利润六大会计要素的确认、计量、记录与报告，以及财务会计报告的编制方法，但并不局限于现有会计准则和实务，而是结合学科发展概括介绍实务中存在的各种方法和相关理论依据，并对其主要观点进行简要分析评述，以期在系统介绍现有实务方法和规范体系的基础上，描绘财务会计更为广阔的前景。

第二节　财务会计基础理论体系

一、财务会计基础理论体系的意义

（一）财务会计基础理论的含义

为了阐述会计理论的含义，首先需要明确“理论”这一概念的内涵，我国关于“理论”的解释，一是《辞源》中的定义：“理论是概念、原理的体系，是系统化了的理性认识”；二是《哲学大辞典》中的定义：“理论是人们在实践中，借助一系列概念、判断、推理表达出来的关于事物的本质及其规律性的知识体系”；三是《现代汉语词典》中的定义：“理论是人们由实践概括出来的关于自然界和社会的知识的有系统的结论”。国外关于理论的解释，比较权威的是《韦氏新国际词典》（*Webster's New International Dictionary*），其对理论的定义是：“理论是一套紧密相连的假定性、概念性和实用性的原则，构成了对所探讨领域的可供参考的一般框架”。

由此可以看出，各种关于理论的阐释比较注重以下几个方面：理论源于实践；理论的

目标是总结现实经验以指导新的实践；理论是一种抽象的认识；理论包括概念、判断和推理；理论具有严密的逻辑性和自身的体系。

在此基础上，我们可以得出这样的结论，即会计理论是一种源于实践、认识实践和指导实践的会计知识体系。然而，针对这一知识体系，国内外学者有着不同的看法，其中比较具有代表性的有以下几种观点：

(1) 1940 年，美国会计学家威廉·A. 佩顿（William A. Paton）和 A. C. 利特尔顿（Ananias Charles Littleton）在其合著的《公司会计准则导论》（*An Introduction to Corporate Accounting Standard*）中第一次明确指出，会计理论是一个“连贯、协调、内在一致的理论体系”，并且可以通过准则的形式表达出来。

(2) 1966 年，美国会计学会（American Accounting Association，简称 AAA）在其发布的报告《基本会计理论》（*A Statement of Accounting Theory*）中指出，会计理论是“前后一致的将假定的、概念上的和实用的诸原则结合在一起，以构成某一研究领域基本参照框架的原则”。

(3) 1977 年，美国会计学家亨德里克森（Eldon S. Hendriksen）在《会计理论》（*Accounting Theory*）一书中指出：会计理论是一套以原则为形式的逻辑推理，它使实务工作者、投资人、经理和学生了解会计实务，并指导新的实务和程序的建立。

(4) 1985 年，阎达五教授在《会计理论专题》一书中提出：会计理论是人类积累起来的关于会计实践的知识体系，它应当完整地、准确地回答如何认识会计工作和如何做好会计工作。

(5) 1986 年，葛家澍教授在《会计的基本概念》一书中提出：会计理论把人们对会计的认识加以系统化和条理化，形成一套完整的知识体系。1998 年他又指出会计理论包括最为抽象的理论研究、较为成型的理论体系和实际工作中的广泛应用。

(6) 2000 年，美国会计学家贝克奥伊（Ahmed Riahi Belkaoui）在《会计理论》（*Accounting Theory*）中指出：会计理论是以解释和预测为目标的，通过辨别变量之间关系来系统反映现象的系统观点的一套相互构想、定义、命题，它是在反复实践和反复检验的过程中所得出的结论。

(7) 2001 年，于玉林和李端生在《会计基础理论研究》一书中提出：会计理论是指用一定的逻辑形式，对会计客体的本质及其规律系统而全面的且具有条理性和综合性的理论认识。

综合以上各种观点，可以认为，会计理论是指人们从会计实践中归纳出来的关于会计实务的全面、科学和系统的经验，它反映了会计实务的内在规律性并指导会计实践。

会计理论按不同的衡量标准，具有不同的分支。本书主要以会计理论涉及的学科对其分支进行讨论。从相对比较宽泛的角度认识会计活动所包含的内容，会计可划分为财务会计、管理会计和其他相关学科，相应地，会计理论也可以按这种学科划分延伸出相应的理论分支，包括财务会计理论、管理会计理论等。其中，财务会计理论是在一定的社会环境下，从会计实务中归纳总结或者从公认的前提中推导演绎出来的关于财务会计的一般理论，包括财务会计的对象、会计假设、会计目标、会计基本原则、会计要素及其确认和计量的要求等。目前所研究的财务会计理论主要是在财务会计概念框架下，围绕着财务会计循环，即财务会计的确认、计量、记录和报告等方面的基本理论问题和应用理论问题而展开的。

财务会计理论按其研究层次和作用，可分为财务会计基础理论和财务会计应用理论。为了准确研究财务会计理论以及财务会计学，我们需要进一步明确财务会计基础理论的内容。财务会计基础理论是指构成财务会计理论的最基本、最核心的概念和原理，是一套以财务会计目标为中心，相互关联、协调一致的概念体系。它是财务会计理论的基础，并引申出其他一系列概念和理论。同时，财务会计规范的形成也要以这些概念为基础。

（二）财务会计基础理论的作用

从财务会计基础理论的定义出发，可以认为财务会计基础理论主要具有以下几方面的作用。

1. 全面指导财务会计规范

财务会计基础理论可以指导财务会计规范的形成，同时，还可对各项具体会计规范之间的关系进行协调。因此，财务会计基础理论有助于促进逻辑严密、协调一致的财务会计规范的形成。

2. 提高会计人员的理论和实务水平

财务会计基础理论是财务会计理论的核心，可以帮助会计人员提升其专业理论水平，并且加深对财务会计规范的理解，从而使会计人员能够更加灵活准确地运用财务会计规范，提高实务操作的效率。此外，财务会计基础理论还能够帮助会计人员合理地处理经济活动中出现的各种现有规范无法指导的会计实务问题。

3. 提高对会计实务的理解和操作水平

财务会计基础理论能够帮助会计人员理解财务会计实务的性质、基础，明确实务中存在的问题、原因以及寻求解决问题的方法，提高会计实务工作水平。

（三）财务会计基础理论体系的构成

财务会计基础理论体系是各种财务会计基础理论按照一定逻辑层次组成的完整体系。这一体系的构成内容和内在层次关系一直是会计理论界探讨的重要命题。综合已有的研究结论和主要观点，财务会计基础理论体系至少应当由以下几个部分构成，包括：

（1）财务会计目标，是指财务会计所要实现的基本目的或要求。财务会计目标指明了会计实践活动的目的与方向，也明确了会计在经济管理活动中的使命，成为会计发展的导向。

（2）财务会计对象和报表要素，主要解决财务会计研究什么的问题，也就是明确财务会计针对的客体。探讨这一问题不仅可以明确财务会计的研究起点，而且可以明确界定，通过对哪些对象进行会计处理和反映，才能够实现财务会计的目标。因此这一问题与财务会计目标一同构成了财务会计基础理论体系的基础。通常认为，财务会计的基本对象是企业再生产过程中的经营资金运动，反映到财务报表中，包括资产、负债、所有者权益、收入、费用和利润等要素。

(3) 财务会计基本假设和会计基础，是指对财务会计设定的若干基本前提和基本要求，只有依据这些前提和要求，才能确定会计核算的范围、内容与信息处理的程序和方法，并最终达到实现财务会计目标的根本要求。

(4) 财务会计信息质量要求，也称为会计信息质量特征，是指为了达到实现会计目标的要求，财务会计信息所应达到或者满足的质量标准，如可靠性、相关性、可理解性、可比性、实质重于形式、重要性、稳健性和及时性等。

(5) 财务会计报表要素的确认与计量原则，主要解决财务会计报表要素在确认和计量中应遵循哪些基本要求。

二、财务会计目标

财务会计目标是财务会计基本理论的重要组成部分，是构建会计要素确认、计量、记录和报告原则并制定各项准则的基本出发点，即期望会计达到的目的或境界，整个财务会计理论体系和会计实务都建立在财务会计目标的基础之上。会计目标既是一个理论问题，又是一个实践问题。会计目标虽然是人们主观认识的结果，但它并不是一个纯主观的范畴，会受到特定历史条件下客观存在的经济、法律、政治和社会环境的影响并随环境的变化而不断变化，也就是具有主观见之于客观的性质。

对于财务会计目标的内涵，在会计理论界尚未形成一个权威的、可为学术界普遍认同的观点，关于财务会计目标的研究在目前仍然处于各抒已见、尚未有定论的阶段。纵观会计理论界对财务会计目标的研究，归纳起来占据主导地位的主要有两大流派，即“受托责任观”和“决策有用观”。

(一) 受托责任观

受托责任学派认为，会计的目标就是以适当的方式有效反映受托人的受托责任及其履行情况。换言之，会计应向委托人报告受托人的经营活动及其成果并以反映经营业绩及其评价为中心。其依据是，资源所有者将资源的经营管理权授予受托人，同时通过相关的法规、合约和惯例等来激励和约束受托人的行为，受托人接受委托，对资源进行有效管理和经营并通过向资源提供者如实报告资源的受托情况来解除其受托责任。受托责任学派更强调信息的可靠性，它在重视资产负债表的基础上格外重视利润表。

(二) 决策有用观

决策有用学派认为，会计的目标就是向会计信息使用者提供对其决策有用的信息。换言之，会计应当为现时的和潜在的投资者、信贷者和其他信息使用者提供有利于其投资和信贷决策及其他决策的信息。其依据是，资源的所有权和经营权分离后，在资本市场介入的条件下，资源所有者对受托资源有效管理的关注程度会降低，转而更为关注所投资的企业在资本市场上的风险与报酬。决策有用学派更强调会计信息的相关性，即要求信息具有预测价值、反馈价值和及时性，更关注与企业未来现金流量有关的信息。

决策有用和受托责任是互有关联的会计目标。其中，受托责任是基础，决策有用是要求。但是，完整地来看，受托责任是会计产生和发展的根本动因，提供反映受托责任的信息是会计的首要目标。

三、财务会计对象和报表要素

（一）会计对象

会计对象是会计活动针对的客体。我国会计学者从各自对会计本质的认识出发，提出了不同的会计对象观点。如，“资金运动论”认为会计对象是再生产过程中的资金运动；“价值运动论”认为会计对象是随经济活动而产生的价值运动，具体表现为资金运动或资本运动；“财产论”认为会计对象是再生产过程和处于其中的财产；“经济活动论”认为会计对象是再生产过程中能够以货币表现的经济活动；“经济利益论”指出会计对象就是经济利益及其增减变动；“双重对象论”认为会计对象既包括客观存在的价值运动，也包括客观存在的价值运动的信息。尽管对会计对象有着不同的认识，但其实质上都或多或少地受资金运动论的影响，或者说是对资金运动论的演化。因此，我们主要采用“会计对象是指企业的资金运动”的观点。

（二）财务会计报表要素

会计对象是对会计活动客体的笼统表述，将会计对象加以细化分类，就得到了各种具体要素，因其主要表现为各种财务会计报表当中的各组成部分，因此又称为财务会计报表要素。财务会计报表是财务会计系统提供财务会计信息的主要载体，它有助于反映企业管理层受托责任的履行情况，有助于报表使用者作出经济决策。作为浓缩的会计信息，财务会计报表有它固定的格式，从形式上来说，它包括表头、表体和附注。从内容来看，财务会计报表要反映一定主体财务状况、经营成果和现金流量的会计信息。不过，财务会计报表作为人造系统的一部分，不仅要受会计目标的制约，还要受客观经济环境的影响（例如，各国的财务会计概念框架或准则对此可能是有一定差异和弹性的）。同时，受报表容量的限制，财务会计报表也并不能反映主体经济活动的全部内容。从这个意义上看，财务会计报表的内容构成要素应当是动态和发展的，它并不具有绝对的客观性。

四、财务会计基本假设和会计基础

会计主体、持续经营、会计分期和货币计量是财务会计的基本假设，只有首先从空间上对会计工作的具体核算范围予以界定，资产、负债、所有者权益、收入、费用和利润等会计要素才有空间归属，才能独立反映特定主体的财务状况、经营成果及其现金流量，企业的投资人、债权人以及企业管理人员才有可能从会计记录和会计报表中得到有意义的会计信息，从而作出恰当的决策，并管理、控制经济活动。权责发生制是企业进行会计确认、计量、记录和报告的基础，是财务会计选择方法、程序和进行实务操作的基本前提。

（一）会计主体

所谓会计主体是指会计核算和监督的特定单位或组织。通俗地说就是，你现在正在某个单位做会计工作，这个单位就是所谓的会计主体。会计主体这一假设具有非常重要的现实意义，它在会计实务中界定了会计核算和监督的空间范围。例如，同样一笔赊销业务，对于销售主体形成债权，而对于购货主体而言则形成债务。可见，在会计实务中，会计主体的观念是确定会计核算立场与相关确认活动的前提。不仅如此，会计主体的假设还在会计上划分了企业及其投资人之间的界限，这对于恰当地反映以现代企业制度为基础的企业经营活动而言尤为重要。

（二）持续经营

持续经营也称连续经营观念，就是企业要把扩大再生产连续进行下去，没有持续经营，就谈不上会计核算与监督。因为在会计实务中，要核算许多重要的经济指标，这些指标要和以前年度同期对比，找出升降的原因，这样才能制定整改措施，以利于这些指标今后会完成得更好。

（三）会计分期

财务核算主要把会计期间分为年度和中期，中期包括半年度、季度和月度，在会计实务中财务会计报告都是按照会计年度和中期提报的。围绕会计分期，才出现反映某一时点财务状况的静态报表即资产负债表和反映某一时段经营成果的动态报表即利润表。

（四）货币计量

货币计量这个前提是会计核算的重要原则，因为会计核算主要是价值核算，这样就必须以统一的货币即人民币作为主要计量单位，在会计实务中如果没有货币计量的前提，也就无法进行会计核算和监督。

（五）权责发生制

企业会计确认、计量、记录和报告应当以权责发生制为核算基础。权责发生制的含义是，凡是当期已经实现的收入和已经发生或应当负担的费用，无论款项是否收付，都应作为当期收入和费用加以确认；凡是不属于当期的收入和费用，即使款项已在当期收付，也不应当在当期确认。与此相对应的会计基础是收付实现制，它以收到或支付现金作为确认收入和费用等的依据。目前，我国的行政单位会计采用收付实现制，事业单位会计除对经营业务可以采用权责发生制外，其他业务采用收付实现制。

五、财务会计信息质量要求

(一) 财务会计信息质量概述

从不同的角度考察,可得出不同的定义。根据世界著名的质量管理专家朱兰从用户使用角度的定义,会计信息的质量应是其满足需求者的程度;根据另一位质量管理专家克劳斯从生产者角度的定义,会计信息的质量应是会计信息产品符合会计准则(制度)规定要求的程度,这里的会计准则(制度)即是会计信息生产的"模板";根据国际标准化组织1994年颁布的ISO8402-94《质量管理和质量保证——术语》中有关质量的定义,会计信息质量应是会计信息满足明确和隐含需要能力的特征总和。这些较为宽泛的定义包括了会计信息实用性和符合性的全部内涵。据此,会计信息质量的高低就可以根据会计信息所具备的质量特征能否满足人们的需要及其满足的程度来衡量。最早研究会计信息质量特征的文献可追溯至1970年的APB第四号报告。该报告提出了相关性、易懂性、可验证性等七条,但是忽略了一个最主要的质量特征即可靠性。1980年5月,美国FASB第2号公告第一次将会计信息质量作为一个专门的研究项目。之后,许多国家和组织都着手研究会计信息的质量问题。加拿大特许会计师协会提出了四项主要质量:可理解性、相关性、可靠性和可比性。英国会计准则委员会将会计信息质量分成三部分:第一部分是与报表内容有关的质量,包括了相关性和可靠性;第二部分是与报表表述有关的质量,包括了可比性和可理解性;第三部分是对信息质量的约束,包括了及时性及效益大于成本等。目前,美国学术界又转而研究会计信息的另一个重要质量特征:透明度。

(二) 财务会计信息质量特征

财务会计信息质量特征是选择或评价可供取舍会计准则、程序和方法的标准,是财务会计目标的具体化,其主要功能是辨别什么样的会计信息才能有用或有助于作出恰当的经济决策。

1. 会计信息的可靠性

可靠性是指会计信息必须真实可靠,即对会计要素的确认和计量遵循会计要素定义的要求,使得在会计报表上所反映的各项会计要素均符合其质量特征,不能错误引导用户的判断,不能进行虚假的误导性的陈述,也不得有重大遗漏;财务报表应当全面反映企业的财务状况和经营成果。对于重要的经济业务应当单独反映;会计核算应当以实际发生的经济业务为依据,如实反映财务状况和经营成果。可靠性是会计的本质属性,是会计信息的灵魂。公允价值在未来的应用会越来越广,但公允价值不可能完全取代历史成本,而且公允价值的应用也要力求可靠,充分而公允地反映企业的真相。

2. 会计信息的相关性

相关性是指会计信息应当符合国家宏观经济管理的要求,即企业在收集、加工、处理、传递会计信息的过程中，要考虑使用者对会计信息要求的不同特点，以确保企业内外有关各方面对会计信息的相关需要，按投资者、经营者、政府部门对会计信息的要求形成一个会计信息流。由此可以看出，相关性有两个基本标志，即预测价值和反馈价值。所谓预测价值，是指会计信息能够帮助信息使用者评价过去、现在和未来的事项并预测其发展趋势，从而影响基于这种评价和预测所作出的决策。所谓反馈价值，则指会计信息能对信息使用者以前的评价和预测结果予以证实或纠正，从而促使信息使用者维持或改变以前的决策。而会计信息要实现预测价值和反馈价值，及时性也是相当重要的质量特征，即会计信息能在其使用者作出决策之前被提供。

3. 会计信息的可理解性

可理解性是指企业提供的会计信息应当清晰明了，便于投资者等财务会计报告使用者理解和使用。企业编制财务会计报告、提供会计信息的目的在于使用。而要使财务会计报告使用者有效使用会计信息，应当能让其了解会计信息的内涵，弄懂会计信息的内容，这就要求财务会计报告所提供的会计信息应当清晰明了，易于理解。只有这样，才能提高会计信息的有用性，实现财务会计报告的目标，满足向投资者等财务会计报告使用者提供对决策有用的信息的要求。

4. 会计信息的可比性

可比性是指同一会计主体前后期的会计信息保持可比，或两个不同的会计主体同一时期的会计信息保持可比。鉴于我国会计信息使用者受教育程度不同及理解力有差异，强调会计信息的可比性更有利于他们理解和使用可靠和相关的会计信息；加之我国企业所有制形式多元化的特点，决定了会计信息还具有利益协调和参与分配的作用，强调会计信息的可比性，更有利于加强我国政府的宏观调控作用及协调各方面的利益。

5. 实质重于形式

实质重于形式是指会计的经济实质要重于法律形式。实质重于形式原则是国际财务报告准则的一项基本要求。我国的企业会计准则也明确规定企业进行会计核算时应当遵循这一原则，这有利于提高企业的会计信息质量。例如，以融资租赁形式租入的固定资产，虽然从法律形式来讲企业并不拥有其所有权，但是由于租赁合同中规定的租赁期相当长，接近于该资产的使用寿命，且租赁期结束时承租企业有优先购买的选择权，在租赁期内承租企业有权支配资产并从中受益，所以从实质上看，企业控制了该项资产的使用权及受益权。因此在会计核算上，将融资租赁的固定资产视同为企业的自有资产处理。

6. 会计信息的重要性

重要性是指在会计核算过程中，对交易或事项应区别其重要程度，采用不同的核算方式，即对资产、负债、所有者权益等有较大影响，并进而影响财务会计报告使用者据以作出合理判断的重要会计事项，必须按照规定的会计方法和程序予以处理，并在财务会计报告中予以充分、准确的披露；对于次要的会计事项，在不影响会计信息真实性和不至于导致财务会计报告使用者作出错误判断的前提下，则可适当简化处理。

7. 会计信息的谨慎性

谨慎性是指企业对交易或事项进行会计确认、计量、记录和报告应当保持应有的谨慎，不应高估资产或者收入或低估负债或者费用。在市场经济环境下，企业的生产经营活动面临着风险和不确定性，如应收款项的可收回性、固定资产的使用寿命、无形资产的使用寿命、售出存货可能发生的退货或者返修等。会计信息质量的谨慎性要求，需要企业在面临不确定性因素的情况下作出职业判断时，应当保持应有的谨慎，充分估计到各种风险和损失，既不高估资产或者收益，也不低估负债或者费用。例如，要求企业对可能发生的资产减值损失计提资产减值准备等，就体现了会计信息质量的谨慎性要求。

8. 会计信息的及时性

及时性是指会计信息应当及时处理、及时披露。根据及时性要求，企业对于已经发生的交易或者事项应当及时进行确认、计量和报告，不得提前或者延后。因为会计信息的价值在于帮助所有者或者其他方面作出经济决策，具有时效性，即使是可靠的、相关的会计信息，如果不及时提供，就失去了时效性，对于使用者的效用就大大降低，甚至不再具有实际意义。

在会计确认、计量和报告过程中贯彻及时性，要求：(1)会计信息收集要及时，即在经济交易或者事项发生后，及时收集整理各种原始单据或者凭证；(2)会计信息处理要及时，即对经济交易或者事项及时进行确认或者计量，并编制财务报告；(3)会计信息传递要及时，即在规定的时限内，及时将编制的财务报告传递给信息使用者，便于其使用和决策。

随着经济的发展，信息使用者对信息的及时性要求越来越高，尤其是高新技术产业企业的管理迫切要求及时得到实时信息，仅要求在会计年度终了后的较短时间内提供会计报表等信息并且每年报送一次的信息传递方式，已经不能适应时代的要求。为了及时提供会计信息，可能需要在有关交易或者事项的信息全部获得之前即作出会计处理，但这样可能会影响会计信息的可靠性；可是如果等到与交易或者事项有关的全部信息都已获得后再进行会计处理，可能会由于时效性较差而大大降低对财务报告使用者的决策有用性。因此，需要在及时性和可靠性之间作相应权衡，以最好地满足投资者等财务报告使用者的经济决策需要作为判断标准。

六、财务会计报表要素的确认与计量原则

为了提供高质量的财务会计报告和相关会计信息，需要在会计对象的核算中体现会计信息质量特征的基本要求，或者说需要将有关信息质量的要求细化到对会计对象的具体会计处理中，也就是明确财务会计报表要素确认和计量的基本原则。财务会计报表要素是根据交易或者事项的经济特征所确定的财务会计对象和基本分类，简称会计要素。会计要素按照其性质分为资产、负债、所有者权益、收入、费用和利润。其中，资产、负债和所有者权益要素侧重于反映企业的财务状况，收入、费用和利润要素侧重于反映企业的经营成果。

(一) 资产的定义及确认条件

1. 资产的定义

资产，是指企业过去的交易或者事项形成的、由企业拥有或者控制的、预期会给企业带来经济利益的资源。根据资产的定义，资产具有以下几个方面的特征：

(1) 资产应是企业拥有或者控制的资源；

(2) 资产预期会给企业带来经济利益；

(3) 资产是由企业过去的交易或者事项形成的。

2. 资产的确认条件

将一项资源确认为资产，需要符合资产的定义，并同时满足以下两个条件：

(1) 与该资源有关的经济利益很可能流入企业；

(2) 该资源的成本或者价值能够可靠地计量。

(二) 负债的定义及确认条件

1. 负债的定义

负债，是指企业过去的交易或者事项形成的、预期会导致经济利益流出企业的现时义务。根据负债的定义，负债具有以下几个方面的特征：

(1) 负债是企业承担的现时义务；

(2) 负债的清偿预期会导致经济利益流出企业；

(3) 负债是由企业过去的交易或者事项形成的。

2. 负债的确认条件

将一项义务确认为负债，需要符合负债的定义，并同时满足以下两个条件：

(1) 与该义务有关的经济利益很可能流出企业；

(2) 未来流出的经济利益能够可靠地计量。

(三) 所有者权益的定义及确认条件

1. 所有者权益的定义

所有者权益，是指企业资产扣除负债后，由所有者享有的剩余权益。公司的所有者权益又称为股东权益。所有者权益是所有者对企业资产的剩余索取权。

2. 所有者权益的来源构成

所有者权益按其来源主要包括所有者投入的资本、直接计入所有者权益的利得和损失、留存收益等。

所有者投入的资本，是指所有者投入企业的资本部分，它既包括构成企业注册资本或者股本部分的金额，也包括投入资本超过注册资本或者股本部分的金额，即资本溢价或者股本溢价。

直接计入所有者权益的利得和损失，是指不应计入当期损益、会导致所有者权益发生增减变动的、与所有者投入资本或者向所有者分配利润无关的利得或者损失。其中，利得是指由企业非日常活动所形成的、会导致所有者权益增加的、与所有者投入资本无关的经济利益的流入；损失是指由企业非日常活动所发生的、会导致所有者权益减少的、与向所有者分配利润无关的经济利益的流出。

留存收益是企业历年实现的净利润留存于企业的部分，主要包括计提的盈余公积和未分配利润。

3. 所有者权益的确认条件

由于所有者权益体现的是所有者在企业中的剩余权益，因此，所有者权益的确认主要依赖于其他会计要素，尤其是资产和负债的确认；所有者权益金额的确定也主要取决于资产和负债的计量。

（四）收入的定义及确认条件

1. 收入的定义

收入，是指企业在日常活动中形成的、会导致所有者权益增加的、与所有者投入资本无关的经济利益的总流入。根据收入的定义，收入具有以下几个方面的特征：

（1）收入应当是企业在日常活动中形成的；

（2）收入应当最终会导致所有者权益的增加；

（3）收入应当会导致经济利益的流入，该流入不包括所有者投入的资本。

2. 收入的确认条件

收入在确认时除了应当符合收入定义外，还应当满足严格的确认条件。收入只有在经济利益很可能流入，从而导致企业资产增加或者负债减少，且经济利益的流入额能够可靠计量时才能予以确认。因此，收入的确认至少应当符合以下条件：一是与收入相关的经济利益很可能流入企业；二是经济利益流入企业的结果会导致企业资产的增加或者负债的减少；三是经济利益的流入额能够可靠地计量。

（五）费用的定义及确认条件

1. 费用的定义

费用，是指企业在日常活动中发生的、会导致所有者权益减少的、与向所有者分配利润无关的经济利益的总流出。根据费用的定义，费用具有以下几个方面的特征：

（1）费用应当是企业在日常活动中发生的；

（2）费用会导致所有者权益的减少；

（3）费用是与向所有者分配利润无关的经济利益的总流出。

2. 费用的确认条件

费用的确认除了应当符合费用定义外，还应当满足严格的确认条件，即费用只有在经济利益很可能流出，从而导致企业资产减少或者负债增加，且经济利益的流出额能够可靠计量时才能予以确认。因此，费用的确认至少应当符合以下条件：一是与费用相关的经济利益很可能流出企业；二是经济利益流出企业的结果会导致资产的减少或者负债的增加；三是经济利益的流出额能够可靠地计量。

(六) 利润的定义及确认条件

1. 利润的定义

利润，是指企业在一定会计期间的经营成果，反映的是企业的经营业绩情况，是业绩考核的重要指标。

2. 利润的构成来源

利润包括收入减去费用后的净额、直接计入当期利润的利得和损失等。其中，收入减去费用后的净额反映的是企业日常活动的业绩，直接计入当期利润的利得和损失反映的是企业非日常活动的业绩。直接计入当期利润的利得和损失，是指应当计入当期损益、最终会引起所有者权益发生增减变动的、与所有者投入资本或者向所有者分配利润无关的利得或者损失。企业应当严格区分收入和利得、费用和损失，以更加全面地反映企业的经营业绩。

(七) 会计要素的计量属性

1. 会计要素计量属性

(1) 历史成本。

在历史成本计量下，资产按照购置时支付的现金或者现金等价物的金额，或者按照购置资产时所付出的对价的公允价值计量；负债按照因承担现时义务而实际收到的款项或者资产的金额，或者承担现时义务的合同金额，或者按照日常活动中为偿还负债预期需要支付的现金或者现金等价物的金额计量。

(2) 重置成本。

在重置成本计量下，资产按照现在购买相同或者相似资产所需支付的现金或者现金等价物的金额计量；负债按照现在偿付该项债务所需支付的现金或者现金等价物的金额计量。

(3) 可变现净值。

在可变现净值计量下，资产按照其正常对外销售所能收到现金或者现金等价物的金额扣减该资产至完工时估计将要发生的成本、估计的销售费用以及相关税费后的金额计量。

(4) 现值。

在现值计量下，资产按照预计从其持续使用和最终处置中所产生的未来净现金流入量的折现金额计量；负债按照预计期限内需要偿还的未来净现金流出量的折现金额计量。

(5) 公允价值。

在公允价值计量下，资产和负债按照在公平交易中，熟悉情况的交易双方自愿进行资产交换或者债务清偿的金额计量。

2. 各种计量属性之间的关系

历史成本通常反映的是资产或者负债过去的价值，而重置成本、可变现净值、现值以及公允价值通常反映的是资产或者负债的现时成本或者现时价值，是与历史成本相对应的计量属性。

3. 计量属性的应用原则

企业在对会计要素进行计量时，一般应当采用历史成本。在某些情况下，为了提高会计信息质量，实现财务会计报告目标，企业会计准则允许采用重置成本、可变现净值、现值、公允价值计量的，应当保证所确定的会计要素金额能够取得并可靠计量，如果这些金额无法取得或者可靠地计量，则不允许采用其他计量属性。

【本章小结】

本章主要从宏观上介绍了财务会计的学科地位，基本特征与概念，系统阐述了财务会计循环的全过程，并探讨了财务会计理论体系的意义，以及财务会计目标、会计基本假设与会计核算基础、会计对象与报表要素、会计信息质量要求、会计确认与计量原则，概括了中级财务会计的主要内容与学习要点。

【本章思考题】

1. 财务会计的概念、特点及基本职能是什么？
2. 怎样理解财务会计的目标和基本假设？
3. 如何理解财务会计报表要素及其确认、计量要求？
4. 会计信息应遵循哪些质量要求？
5. 何为会计循环？主要包括哪些基本环节？

第Ⅱ篇　资金筹集篇

开篇案例

大马真的不死?

——大宇神话破灭对企业资本结构的启示

1999年11月1日,韩国第二大企业大宇集团董事长金宇中以及14名下属公司的总经理宣布辞职,以表示"对大宇的债务危机负责,并为推行结构调整创造条件"。媒体认为,这意味着"大宇集团已经完成解体进程","大宇集团已经消失"。

大宇集团于1967年奠基立厂,经过30年的发展,依靠政府的政策支持和银行的信贷支持,通过海内外的大力并购,成为直逼韩国最大企业——现代集团的庞大商业帝国。1998年底,大宇集团总资产高达640亿美元,营业额占韩国GDP的5%;业务涉及贸易、汽车、电子、通用设备、重型机械、化纤、造船等众多行业;国内所属企业多达41家,海外公司数量更是创下过600家的纪录;鼎盛时期,海外雇员多达几十万。

大宇是"章鱼足式"扩张模式的积极推行者,认为企业规模越大,就越能立于不败之地,信奉所谓的"大马不死"。1993年金宇中提出"世界化经营"战略时,大宇在海外的企业只有15家,而到1998年底已增至600多家,也就是说,平均每3天增加一个企业。更让韩国人一度为之骄傲的是:在韩国陷入金融危机的1997年,大宇不仅没有因危机而收缩,反而在国内的集团排名中由第4位上升到第2位,金宇中本人也因此被美国《财富》杂志评为亚洲风云人物。

1997年底韩国发生金融危机后,其他企业集团都开始收缩,但大宇仍然我行我素。尤其是1998年初,韩国政府提出"五大企业集团进行自律结构调整"方针后,其他集团把结构调整的重点放在改善财务结构方面,努力减轻债务负担。大宇却认为,只要提高开工率、增加销售额和出口就能躲过这场危机。因此,它继续大量发行债券,进行"借贷式经营",结果债务越背越重。1998年大宇发行的公司债券达7万亿韩元(约58.33亿美元)。1998年第4季度,大宇的债务危机已初露端倪,在各方援助下才避过债务灾难。此后,在严峻的债务压力下,大梦方醒的大宇虽作出了种种努力,但为时已晚。1999年7月中旬,大宇向韩国政府发出求救信号;7月27日,大宇因"延迟重组",被韩国4家债权银行接管;8月11日,大宇在压力下屈服,割价出售两家财务出现问题的公司;8月16日,大宇与债权人达成协议,在1999年底前,将出售盈利最佳的大宇证券公司以及大宇电器、大宇造船、大宇建筑公司等,大宇的汽车项目资产免遭处理。"8月16日协议"的达成,表明大宇已处于破产清算前夕,遭遇"存"或"亡"的险境。由于在此后的几个月中,经营依然不善,资产负债率仍然居高不下,大宇最终不得不走向开头所述的那一幕。

大宇集团为什么会倒下?在其轰然坍塌的背后,存在的问题固然是多方面的,但不可否认有财务杠杆的消极作用在作怪。大宇集团在政府政策和银行信贷的支持下,走上了一条"举债经营"之路。试图通过大规模举债,达到大规模扩张的目的,最后实现"市场占有率至上"的目标。1997年亚洲金融危机爆发后,大宇集团已经显现出经营上的困难,其销售额和利润均不能达到预期目的,而与此同时,债权金融机构又开始收回短期贷款,政府也无力再给它更多支持。1998年初韩国政府提出"五大企业集团进行自律结构调整"方针后,其他集团把结构调整的重点放在改善财务结构方面,努力减轻债务负担。但大宇却认为,只要提高开工率,增加销售额和出口就能躲过这场危机。因此,它继续大量发行债券,进行"借贷式经营"。正是由于经营上的不善,加上资金周转上的困难,韩国政府于7月26日下令债权银行接手对大宇集团进行结构调整,以加快这个负债累累的集团的解散速度。由此可见,大宇集团的举债经营所产生的财务杠杆效应是消极的,不仅难于提高企业的盈利能力,反而因巨大的偿付压力使企业陷入难以自拔的财务困境。从根本上说,大宇集团的解散,是其财务杠杆消极作用影响的结果。

思考:

1. 对"财务杠杆效应是一把'双刃剑'"这句话进行评述。
2. 取得财务杠杆利益的前提条件是什么?
3. 何为最优资本结构?其衡量的标准是什么?

融资业务概述

融资的意义

资金对企业而言犹如血液，是维持企业健康经营和正常运转的基础。企业存在的首要任务是"将本逐利"，也就是通过合理地运用资金以实现盈利。要完成这一任务，前提当然是先要获得"本钱"或者说资金的投入。因此，企业设立的第一要务也是开展经营的基本前提，就是设法取得必要的资金。通过一定的渠道和手段筹集企业经营所需资金的活动，就是融资。这种资金的融通，不仅为企业存续和经营提供不可或缺的资源保证，也影响到企业财务状况、资金成本和财务风险的水平及其可控程度。可以说，融资业务直接关系到企业的财务和经营命脉，而对资金来源的重视决定了融资业务会计的重要性。

融资的类型

按照筹集资金的来源和性质，可以将企业的融资活动分为债务融资和权益融资两种基本方式，二者分别形成企业的债务资金和权益资金。据此分析便不难理解，融资业务涉及的基本财务会计报表要素是负债和所有者权益。

债务融资是企业按一定条件向债权人借入资金的筹资方式，一般形成企业的各项负债。根据资金的使用和偿还期限可将债务融资分为短期债务融资和长期债务融资，两者通常以一年或一个营业周期来划分，一年以内(含一年)偿还的债务形成短期负债，反之则为长期负债。按照筹资的具体方式，债务融资又可分为商业信用融资、借款(银行信用)融资、发行债券融资等。商业信用融资是利用企业经营中交易和结算时空分离的特点与资金运动的规律性、周期性，合理安排款项结算而享受交易对方提供的信用条件，由此获得一定期间内的资金支配权的融资形式。例如，赊购业务中企业先收到货物或享受服务之后再付款，于是在采购与支付之间便发生了基于信用基础的资金融通；又如利用商业汇票或分期付款方式采购，或采取预收款方式销售等，都会在企业日常经营中产生以商业信用为基础的债务融资。商业信用融资的优势是形式灵活多样、资金成本相对较低，主要缺陷是资金使用期限较短。借款融资是企业按一定条件向银行等金融机构通过信贷等形式获得资金的融资形式。借助于成熟金融市场的专业性，借款融资可以使企业以相对较低的成本和较为便捷的途径获得可靠的资金支持，因此是一种典型和常见的债务融资形式。发行债券融资一般需要借助证券市场和有关金融机构，通过定向募集或公开发行等方式筹集企业所需的资金。在筹资对象、规模、条件等方面，发行债券融资较之借款融资可能更为灵活，但其资金成本一般也相对较高。随着金融市场的发展，可供企业选择的金融工具和筹资方式也越来越丰富，而且在形式上可能并不直接表现为单纯的融资业务，而是结合某些特定的经营活动，比如通过商业汇票背书或者利用长期租赁等形式，变相实现筹资的目的。

权益融资是企业使用所有者资金的筹资方式，一般形成企业的所有者权益。权益融资获得的权益资金构成企业资金来源的基础部分，为企业经营提供基本的物质条件。权益资金是保证企业资金供给的首要来源，也是企业成立的基本前提，因此又常被称为权益资本。按照具体形成来源的不同，权益资金又可分为外部获得和内部积累两部分。其中，外部获得的权益资金直接来自所有者的投资，是企业所有资金来源中最基本和首要的部分，为企业经营提供了最低限度的保证，也是企业资金运动的起点，内部积累的权益资金是在企业经营过程中，通过营利和非营利活动逐渐累积形成的资本增值，因其被视作资本的回报而成为所有者权益的组成部分。如果说外部投入的权益资金反映了企业的原始规模和股东的信心，那么内部积累的权益资金则反映了企业的发展程度和对股东的回报水平。

此外，还有一类兼具债务和权益性质的混合融资方式，例如借助复合金融工具（可转换公司债、有赎回条件的优先股股票等），或利用一揽子证券发行方式（即股票、债券等权益工具和负债工具同时发行）募集资金。随着衍生金融工具（如期权）的大量使用，这种混合性质的融资越来越常见。对混合融资的会计处理，一般需要区分其中不同性质的各个部分，并据以进行恰当的确认和计量。

债务融资与权益融资各有利弊。相对说来，债务融资的资金成本较小，对企业控制权的影响也比较有限，但固定的利息和还本期限会增加企业的财务负担，并可能引发财务风险，特别是在企业经营不佳时更是如此。权益融资的资金成本相对较高，但不易形成固定的财务压力，另一方面，权益融资方式又会导致企业资本结构和股东控制权的变化。因此可以说，债务融资为企业和股东提供了具有双刃剑效应的财务杠杆，在企业经营业绩较好时能够显著增大企业税后净利和股东财富，而在企业经营业绩下降时也一样会导致净收益更大幅度的减少。在现实的企业经营中，两种基本的融资方式各有可取之处和特定的适用条件，两者不可偏废。企业应当根据自身的业务发展和资金需要，确定适当的融资方式和渠道。

融资业务与资金运动形式及财务会计报表要素变动的关系

从资金运动角度看，无论采用何种具体形式，融资业务的基本性质都是典型的资金流入，引起企业资金占用和资金来源的同时增加。进一步分析融资对会计等式的影响，结论是导致等式两侧金额的同时增加。从其对会计报表要素的影响看，应当是资产与负债或所有者权益要素同时增加。

如果系统地观察融资业务整个过程中的资金流动，除资金的取得（即资金流入）外，还应至少包括对筹集资金的使用、资金成本的承担以及（某些情况下）资金的最终偿还等环节。在此期间可能先后发生各种形式的资金运动，包括资金支付的同时确认资产、费用或清偿负债，计提费用的同时支付现金或确认负债，以及最终资金流出导致资金占用与资金来源的同时减少。据此分析，则涉及的会计报表要素种类和变动方式就更为复杂。企业使用资金时，应当根据具体的用途确认资产的增加、费用的发生等，同时确认资金的支出。在计提和支付资金的使用成本如股利、利息时，需要在确认货币资产减少或负债增加的同时，确认费用增加或所有者权益的减少。企业偿还其筹集的资金而引起资金流出，主要是在债务融资的形式下，因为负债一般有明确的到期日，另外也可能是在企业发生破产、解散等引起清算的情况下。资金流出与发生融资刚好相反，会导致负债、所有者权益与资产的同时减少。

有关融资业务引起资金运动和会计报表要素变动的各种具体情况，可以参照图Ⅱ.1、图Ⅱ.2、图Ⅱ.3和图Ⅱ.4。

在本篇当中，将根据融资来源的分类，对短期负债、长期负债和所有者权益的内容与相关会计处理，分别进行介绍。

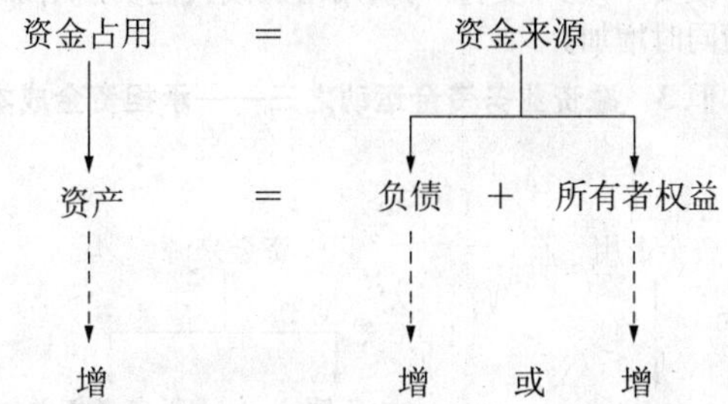

注：资金流入导致资金占用与资金来源同时增加，带来资产与负债或资产与所有者权益同时增加。

图Ⅱ.1　融资业务资金运动之一——资金流入

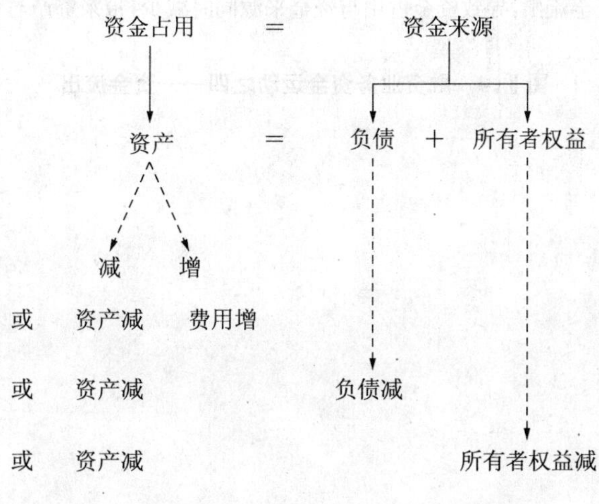

注：资金使用可能导致资产减少（支付）与其他资产增加（购置）；或资产与负债同时减少（清偿）；或资产与所有者权益同时减少（利润分配或清算）。

图Ⅱ.2　融资业务资金运动之二——资金使用

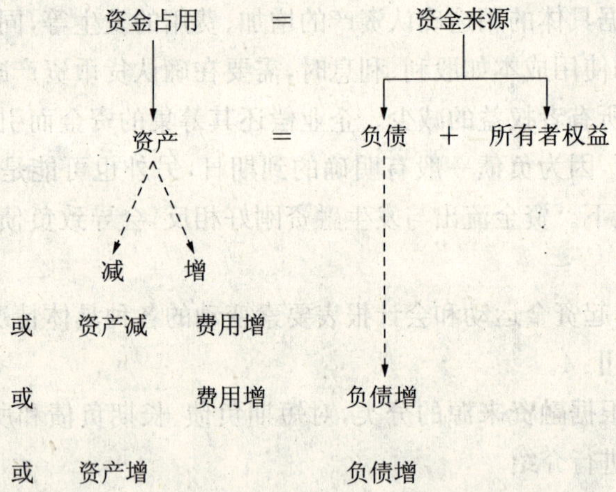

注:承担资金成本可能导致资产减少(支付)与费用增加或其他资产增加(资本化);或费用与负债同时增加(计提);或资产与负债同时增加。

图Ⅱ.3 融资业务资金运动之三——承担资金成本

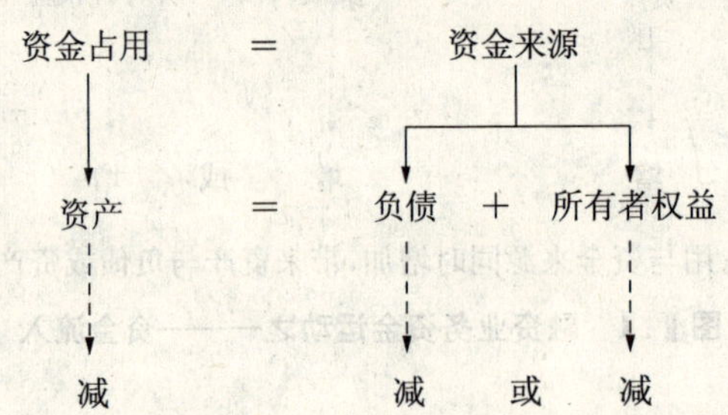

注:由于偿还引起资金流出,导致资金占用与资金来源同时减少,带来资产与负债或资产与所有者权益同时减少。

图Ⅱ.4 融资业务资金运动之四——资金流出

第二章 所有者权益

【本章学习目的】

1. 了解所有者权益融资的特点。
2. 理解所有者权益的概念和主要内容。
3. 掌握所有者权益的主要会计处理方法。

课前案例

股东权益=免费午餐?

——我国上市公司的权益融资偏好

四川长虹电器股份有限公司(以下简称四川长虹)于20世纪70年代初开始研制和生产电视机,1992年开始进行规范化股份制改组。1994年,长虹股票(A股代码:600839)在上海证券交易所挂牌上市。其主营业务涵盖:空调、视听、电池、通讯、小家电及可视系统等产品的研发生产销售。下表2.1是四川长虹上市后的资本结构情况,从表中可以看出,四川长虹上市后的10年中,资产负债率明显呈逐年下降趋势。

表2.1 四川长虹上市后资本情况表

会计年度	资 产	负 债	资产负债率
1994	3 349 807 251.65	1 642 534 100.00	52.78%
1995	6 413 782 013.09	3 361 600 982.13	52.41%
1996	11 054 308 626.42	6 610 208 887.23	57.28%
1997	16 784 895 593.00	7 811 278 520.00	46.54%
1998	18 561 892 831.00	7 874 886 463.00	42.46%
1999	16 756 798 744.00	3 857 073 679.00	23.04%
2000	16 162 976 316.00	3 510 866 167.00	21.77%
2001	17 611 190 481.60	4 876 743 311.73	27.71%
2002	18 653 868 397.80	5 727 621 896.11	30.71%
2003	21 338 363 225.34	8 170 329 852.55	38.20%
2004	15 649 029 806.38	6 064 191 932.36	38.75%

分析四川长虹主要产品的市场状况，可以认为其在公司上市后已进入了成熟期，如不进行大规模转型，公司的成长性已经不大，但风险性也较低。按照一般的资本结构决策原理，在企业发展进入成熟阶段后，往往更多地考虑利用外部负债进行融资，以通过财务杠杆效应提高净利润和每股收益。同时通过计算得知，当四川长虹的资产负债率在50%左右时，加权平均资本成本最低为9.81%，这也进一步支持应扩大债务融资比例的观点。

但是，上表数据反映出四川长虹的融资策略与前述分析得出的结论刚好相反。也就是说，与负债相比，四川长虹在融资时似乎更倾向于使用留存收益或增发新股，或者说有明显的权益融资偏好。事实上，这也是我国多数上市公司的共同特点。之所以有这种现象，以下几个因素的影响非常明显：

(1) 上市公司现金流量不足，即使有利润往往也缺乏现金。由于债务融资存在按期支付本息的付现约束，自然权益融资更受青睐。

(2) 代理关系影响。由于债务融资需要按期支付本息，减少了企业管理层可自由支配的现金流，因此在代理契约不足以完备时，即使债务融资对公司有利，也不会成为管理层的决策，反而管理层会转向偏好权益融资。

(3) 国有股大股东的地位和立场。我国资本市场中股权结构复杂，存在着“同股不同权，同股不同价，同股不同利”的问题。流通股按市价购买，而非流通股的转让却以每股净资产为定价基础。由于我国股票市场的市盈率极高，就使得参照流通股价格定价的配股和增发相对非流通股的持股价格产生大量溢价，因此权益融资所带来的每股资产增长远大于由股权稀释所导致的每股权益损失。在此情况下，大股东自然倾向于权益融资，通过配股或增发以迅速提高每股净资产。不过这一问题随着股权分置改革的实施将得到逐步解决。

(4) 对配股资金的募集和使用缺乏有效监督。对于配股募集的大量资金真正投入于哪些项目，其经营状况和回报如何，都缺乏足够的信息披露。在信息不对称和监督不力的情况下，资金流向更加耐人寻味，募集资金可以大量增加企业的自由现金流量，自然为管理层所偏爱。

而同样是权益融资，使用留存收益比起发行新股还有如下其他好处，因此更容易成为上市公司资本结构决策的首选：

(1) 节省筹资成本。与证券发行不同，使用留存收益没有发行费用和手续费，因此也就比发行新股便宜得多。

(2) 信息成本更低。在发行股票和债券时，企业需要提供大量能够证实其获利能力的信息，致使企业在外部融资时往往陷入进退两难的困境，而使用留存收益却不存在这一问题。

思考：

1. 上述案例说明，权益融资在企业资本结构中具有怎样的地位?

2. 在我国，企业对权益融资和债务融资的不同偏好是基于什么条件产生的?

3. 完善我国上市公司融资的模式，需要从哪些方面着手？其中会计扮演怎样的角色？

第一节　所有者权益概述

一、所有者权益的概念和内容

所有者权益，在股份有限公司中又称为股东权益，是指企业资金来源中属于所有者的部分，在数额上等于企业全部资金扣除属于债权人权益后的余额，代表了所有者能够享受的净权益。因此，我国《企业会计准则——基本准则》中将所有者权益定义为“企业资产扣除负债后由所有者享有的剩余权益”。这一概念包含两层含义：从企业角度看，所有者权益是来自所有者的资本及其增值，是企业筹集资金的一个重要来源；从所有者角度看，则表示所有者对企业享有的权益。

按形成来源的不同，所有者权益可以分为股本（在非股份有限公司中称为实收资本）、资本公积和留存收益。股本（或实收资本）是所有者投入的供企业从事生产经营的本钱，也是对债权人最低限度的法律保障。就股份有限公司而言，股本是其实际发行的股票的面值总额；就其他组织形式的企业而言，实收资本是投资者根据出资协议的规定所认缴的注册资本金部分。资本公积是企业投资者投入或从其他来源取得（但与企业的净利润无关）并且由所有者享有的金额超过注册资本部分的资本。留存收益则是从净利润中提取并累积形成的留存于企业的所有者权益，又可进一步分为盈余公积和未分配利润。

二、所有者权益与债务融资的区别

（一）对出资人的不同影响——所有者权益与债权人权益的区别

权益融资形成的所有者权益和债务融资形成的债权人权益都是由企业筹资活动引起的对企业资产的要求权，但它们之间存在着明显的区别。从出资人角度看，两种权益在以下方面明显不同：

1. 主体不同

所有者权益是企业对股东或投资人承担的经济责任，而债权人权益则是企业对债权人承担的经济责任，而且这两种经济责任的内容也有所不同。

2. 性质不同

所有者权益是投资者对投入于企业的资本及其运用产生的盈余所拥有的权利，而债权人权益是会计主体作为债务人在经营过程中对债权人形成的应尽义务，所以说两者是性质不同的两类权益。当然，在企业的经营过程中，试图完全确切地分辨出债权人权益和所有者权益各自对企业的哪些资产具有要求权是非常困难的，但可以明确的是，两种权益的具体内容、履行方式和影响有明显的区别。

3. 享受的权利不同

债权人只享受收回债务本金和利息的权利，而无权参与企业利润分配，一般也不能直接干预企业的经营活动；而所有者除了可以获得投资收益外，还可参与企业的经营决策或管理，但在利润分配的时间上要滞后于债权人，如果企业终止经营，剩余资产的清偿次序同样以债权人为优先。

4. 偿还要求不同

债务作为一项义务，在形成企业的资金来源时也成为一项必须履行的责任，并且有一定的期限，也就是必须在特定或明确的日期偿还；而所有者权益一般只有在企业解散清算时，以其破产财产偿付破产费用和债权人的债务之后，才可能以剩余财产的形式归还给投资者，除非是出现法律特别规定的少数情况，否则在企业持续经营的状态下，一般不允许所有者随意收回投资。

（二）对企业的不同影响——权益资金和债务资金的区别

从企业角度看，权益融资和债务融资都是满足企业资金需要的重要来源，代表了两种基本的融资渠道，但在资金的筹集、使用和返还等方面，对企业的影响有明显不同：

1. 对企业控制权影响不同

所有者通过权益性投资能够参与企业的决策，所以吸收权益资金会对企业的控制权结构产生较为明显的影响。如果追加投资需要增加新的投资者，可能使原所有者持股比例相对降低，从而造成控制权的“稀释”。而债权人一般不直接参与企业的经营决策，所以通过债务融资获得债务资金对企业原有股东控制权的影响相对较小。

2. 资金成本不同

所有者投资于企业的资金不可随意抽回，而且没有固定的到期日和报酬率，因此其资金风险较高，自然也就要求更高的风险回报，这使企业在使用权益资金时一般要负担较高的资金成本。对债权人来说，借给企业的债务资金可按相对固定的金额收回本金并得到利息收益，其资金风险相对较低，因此要求的资金回报也相对较低。所以，对企业来说，权益融资的资金成本通常高于债务融资。

3. 对财务弹性的影响不同

债务的本金和利息一般都有明确的偿还日期和偿还方式，企业必须在偿还期到期前安排好所需资金。同时，在企业的债务契约中，往往还附有某些限制性的条款，比如规定资金的用途，或者限制负债比例以阻止企业举借新的债务等。这些都会降低企业财务政策的灵活性，相对而言，权益融资一般不存在这样的问题。

4. 对再融资的影响不同

通过增加所有者投资的方式筹集资金，可以扩大自有资本比重，提高企业的财务安全性，使企业在争取债务资金时更加具有优势。而采用债务融资会使企业的资产负债率上升，财务稳定性相对下降，信用等级降低，影响债权人对企业未来偿债能力的信心。所以，随着负债总额增加，企业未来的举债潜力会随之下降。

5. 纳税影响不同

由于股利和利润分配不能作为纳税的扣减项目，企业以增资扩股等权益融资方式筹资引起的股利只能从税后净利润中支付。而债务的利息可以作为费用在缴纳所得税前予以扣除，因而可相对减少企业的税金支出，使企业得到部分避税利益。也就是说权益融资无法得到债务融资的税盾(tax shield)好处。

6. 对企业价值的影响不同

以权益融资方式筹集资金，在企业净收益不变的前提下，股本或流通股数增加，会使每股盈利相对降低。而如果以债务融资方式筹集资金，则股本总额和每股盈利水平不会受到直接影响。如果企业经营风险较小，举债经营存在正向的财务杠杆作用，还可使企业的息税后每股盈利以更大幅度增加，从而提高企业价值。但是，债务融资会增加企业的偿债压力和财务风险，降低财务弹性，这些又会对企业价值产生不利影响。因为债务清偿义务相对固定，而且债权人对企业资产有优先求偿权，所以一旦企业经营出现问题，投资回报率低于支付利息所需的水平，则债务的偿付可能会使损失加剧。如果资金周转困难导致无法按期偿还债务，还可能使企业面临破产清算，破产成本的存在，降低了债务融资对企业的价值。而权益资金通常没有固定的到期日和付息要求，所以对企业的财务风险影响较小。因此，债务的财务杠杆效应具有双刃剑作用，而融资方式对企业价值的影响也非常复杂，不能简单定论。

此外，从会计核算的角度看，负债与资产、收入、费用和利润相类似，各类企业在会计核算上一般区别不大，但在所有者权益的核算上，不同组织形式的企业却有较为明显的差异。一般说来，企业所有者权益的核算分为公司制企业股东权益的核算和非公司制企业所有者权益的核算两种类型。由于公司制企业特别是股份有限公司可能出现一般企业不常见的股票发行及溢价、折价、发行费用等方面的经济业务，因此要比非公司制企业更具代表性和复杂性。本章主要以股份有限公司为例阐述股东权益的核算方法，至于非公司性质的独资、合伙企业等，其所有者权益的特殊性和相关会计处理可以参照有关的高级财务会计内容。

第二节 股 本

一、股本与相关概念

按照《公司法》的规定，我国的公司只有股份有限公司和有限责任公司两种。股份有限公司是指全部资本由等额股份构成并通过发行股票筹集资本，股东以其所持股份对公司承担有限责任，公司是以其全部资产对公司债务承担责任的企业法人。股份有限公司和有限责任公司的主要区别在于：有限责任公司的股东人数有上限和下限，公司的资本不分为等额股份，只向股东签发出资证明而不发行股票，公司股份的转让，需经股东会讨论通过；而股份有限公司的股东人数只有下限，没有上限，全部资本划分为等额股份，以发行股票方式筹集资本，股票可以交易或转让。

股份有限公司（以下简称股份公司）开始筹建时就应当确定公司的股本和股份总额，并据以筹集资本，发行股票。所谓股本，就是股份公司所发行股票的面值总额。股份有限公司通过发行股票的方式筹集资本时，股本在数额上与公司的注册资本是一致的。股本总额分为若干相等的单位，每一单位即为一股，称为股份。在我国，股份公司的股份多数为每股1元。公司股份（股票）的持有者称为股东，公司发给股东用以代表股份的凭证就是股票。公司发行股票取得的收入与股本总额如果不一致，就会出现发行溢价或折价。公司发行股票取得的收入大于股本总额的，称为溢价发行；反之小于股本总额的，称为折价发行；如果等于股本总额的，称为面值发行。我国有关法律目前不允许股票折价发行。

股份公司的设立和股本发行通常有两种方式，即发起式和募集式。发起式设立是指公司的股份全部由发起人认购，不向发起人之外的其他人募集股款。因为股东是固定的，所以这种设立方式无需聘请证券商向社会公开发行，筹资费用一般也比较低。而募集式设立是指公司股份除发起人认购外，还向其他法人或自然人以发行股票的方式进行募集。因为需面向社会公开发行股票，所以这种设立方式需要由企业发起人聘请证券商代理发行，不但发行的股票数量较多，从投资者认购到实际缴足出资期间的工作量也很大，所以发行费用一般也比较高。

二、股本的分类

股份（票）按照不同标准可以划分为不同的种类。股份总额中已由股东认股并缴款，同时在股东账户上加以记录的股份，称为已发行股份；尚未发行但在公司认为必要时可继续发行的股份，称为未发行股份。已发行股份和未发行股份合称为核定股份。已经发行且确实由股东持有的股份，称为发行在外股份。公司重新购回的已发行在外、尚未办理注销手续、由公司持有的股份，称为库存股份。

按票面是否记载面值，股份又可以分为有面值股票和无面值股票。所谓面值，其实是每股股票的名义价值。有面值股票就是在票面上载明每股名义价值的股票，而无面值股票未在票面上载明每股的名义价值。对于无面值股票，可以由公司章程规定每股价值，称为设定价值，也可以不设定价值。我国《公司法》规定，公司发行股票应当注明面值。

此外，股份还有一种更为基本的分类，就是按股东承担的风险和享有权益的不同，将股票分为普通股和优先股。两者在权利和义务方面有明显的区别。

(一) 普通股

普通股是股份公司所发行的一种最基本、最典型和最常见的股份，是构成公司资本的基础。普通股不享有任何优先权利，但享有一般股东的所有基本权利，主要体现在以下几个方面：

(1) 利润分享权。普通股股东有权享有股息或红利，但其数额是不确定的，需要视公司经营好坏和股利政策而定。因此，普通股的投资风险在有价证券中是比较高的。

(2) 参与决策权。在股份公司中，股东大会是最高的权力机构。普通股股东有参加股东大会、发表意见、投票选举董事和通过决议的权力，因此既是利润的分享者也是决策权的拥有者。股东按其持股比例享有投票权，通常一股一权，并享有被选举权。

(3) 剩余索取权。股份公司在分配留存盈利时，必须先支付完优先股股息之后，才能支付普通股股息或红利；在公司解散分配剩余财产时，公司将全部资产变现所得偿还全部负债后，也要先偿还优先股股东的投资，剩余部分才能按持股比例对普通股股东进行分配。所以说，普通股股东对公司盈余和资产的要求权居于债权人及优先股股东之后，享受的是一种剩余索取权，但这种剩余索取权在数量上一般是不受债权人和优先股股东限制的。也就是说普通股的要求权没有上限但却是不确定的，因此具有更大的不确定性。

(4) 优先认股权。公司增发新股时，现有普通股股东可以优先购买，以保持其在公司的原有股权比例不变，避免后来的新股东坐享其利。这种优先购买权利一般以配给优先认股权证的方式来实现，普通股股东如果自己不购买新股，可以出售其享有的优先认股权证或者任其过期作废。

(二) 优先股

优先股是指在分配公司盈利和公司清算分配剩余财产时，比普通股享有优先权的股票。其主要特征体现在三个方面：第一，优先支付固定股息。优先股股东的股息一般先于普通股股东支付，且股息率预先确定，与多数债券同属于固定收入证券之列。第二，优先分配剩余资产。当公司解散清算时，具有优先分配公司剩余财产的权利，其权利要求排在债权人之后，普通股之前。第三，享有有限的股东权益。优先股股东一般在股东大会中没有选举权，不享有公司的公积金权益，也没有优先认股权。但为保护优先股股东的正当权益免受普通股股东的侵害，有时在某些规定条件下，优先股股东可享有部分选举权和投票权。

优先股根据权利设置的不同又可分为多种类型，常见的有以下几种：

(1) 累积优先股与非累积优先股。累积优先股是指在公司经营状况欠佳，不足以支付当年股息时，可以把未发足的股息累积起来，待公司经营状况好转时再行补发。非累积优先股是指股息的发放只限于当年度，对于未发或未发足的股息部分以后亦不再补发。目前我国股份公司的优先股主要是累积优先股。

(2) 参与优先股与非参与优先股。参与优先股是指优先股股东除可以按约定股息率领取股利外，还可以在一定条件下与普通股一样参与公司盈余的分配，也就是可以获得额外的股利。非参与优先股是指无论公司经营业绩如何，都只能按约定的股息率领取股利，而无权参与额外股利的分配。

(3) 可转换优先股与非转换优先股。可转换优先股是指在一定条件下可转换为普通股的优先股。非转换优先股是指在任何时候、任何条件下都不能转换成普通股的优先股。公司在发行优先股时，应就优先股能否转换成普通股及转换条件在公司章程中作出明确规定。

(4) 可赎回优先股与不可赎回优先股。可赎回优先股是指虽无确定期限，但公司有权在给予股东一定补偿的前提下收回的优先股，赎回价格一般按原来价格加上一定比例的补偿金确定。不可赎回优先股是指在公司经营终止前的任何时候、任何情况下都不可抽回本金的优先股。优先股能否赎回，一般也要在公司章程中提前加以明确规定。

三、股本增加

导致公司股本增加的业务主要有两种类型：公司设立时的股份发行和公司设立后在经营过程中的增资扩股。以下分别进行说明。

(一) 股票发行

前已述及，股份有限公司的设立方式有两种，即发起式和募集式。两种方式之下的主要核算内容和会计处理基本相同，只是在业务过程、发行费用处理等方面，募集式发行相对更为复杂。

1. 发起式股票发行

公司采用发起式募集股份时，因为投资者的范围限于固定的发起人，不需要委托证券商向社会募集股份，所以可以自行发行股票。在公司自行发行股票的过程中，从投资者认股到缴款、办理股票发行和登记，往往要间隔一段时间。对于从投资者认股到实际缴款和办理有关手续之间的已确认发行但尚未收款的股本，可通过“其他应收款”核算。不过，如果从认股到缴款的时间很短，则与这一过程有关的事项，可在实际缴款和正式发行股票时作一次性账务处理。

【例 2.1】 某股份有限公司采用发起式方式募集股份。20×1 年 1 月 1 日发行每股面值 1 元的普通股 1 亿股，认购价格为每股 3 元，5 月 10 日至 20 日收款，6 月 1 日正式发行股票，发行过程中累计发生发行费用 50 万元，以银行存款支付。账务处理如下：

20×1 年 1 月 1 日认购股票时：

借：其他应收款	300 000 000	
贷：股本——普通股		100 000 000
资本公积——股本溢价		200 000 000
借：银行存款（或库存现金）	299 500 000	
资本公积——股本溢价	500 000	
贷：其他应收款		300 000 000

如果是在2月1日实际收到认股款并发行股票，则可在2月1日办理有关手续时一次处理。会计分录为：

借：银行存款（或库存现金） 299 500 000

贷：股本——普通股 100 000 000

资本公积——股本溢价 199 500 000

2. 募集式股票发行

公司采用募集式募集股份时，由于面向社会发行，通常需要支付较高的佣金、手续费等发行费用。发行费用减去发行股票冻结期间产生的利息收入后的余额，从发行股票的溢价收入（资本公积）中冲减。

（1）面值发行。

【例2.2】 某股份有限公司经证监会批准，委托H证券公司按每股1元发行普通股股票，共计5 000万股，每股面值1元，双方约定按发行收入的2%收取手续费，并由证券公司从发行收入中扣除。该公司现已募足全部股款并收存银行。会计分录为：

借：银行存款 49 000 000

资本公积——股本溢价 1 000 000

贷：股本——普通股 50 000 000

（2）溢价发行。

【例2.3】 若上例中改为按每股1.04元发行，发行手续费按发行收入的2%收取，其他条件不变，则作会计分录如下：

借：银行存款 50 960 000

贷：股本——普通股 960 000

资本公积——股本溢价 50 000 000

3. 以非货币性资产认购股票

股份有限公司的发起人除了可以用货币资金出资外，还可以用实物或无形资产等方式出资。股份有限公司依法办理了财产的转移手续后，应按股东出资折合的股票面值确认股本，出资财产作价高于折合股票面值的部分，扣除发行费用后作为股本溢价计入资本公积。至于股东出资财产的作价，根据我国《企业会计准则》的有关规定：投资者投入的固定资产、无形资产等非货币性资产的成本，应当按照投资合同或协议规定的价值确定，但合同或协议价值不公允的除外。这实际上体现了按照公允价值计量非货币性资产出资的要求。

【例2.4】 某股份有限公司接受某投资者甲拥有的一幢厂房投资，该厂房账面原值20万元，已提折旧3万元，合同约定作价18万元，假设合同价格与公允价值相同。公司发给甲投资者面值1元的普通股10万股，则该公司财务处理如下：

借：固定资产 180 000

贷：股本——普通股 100 000

资本公积——股本溢价 80 000

4. 多种证券合并发行

有时公司采用数种证券合并发行的方式募集资本，如将优先股股票与普通股股票合并发行，或将股票与公司债券合并发行，又称一揽子发行或打包发行(package of securities issued)。这种情况下，所收到的款项需要按公允价值基础进行分配。如果只知一种证券的公允价值，则应按其公允价值先确定该种证券的入账价值，余下的价款作为另一种证券的入账价值。如果均无公允价值，则应以面值为基础进行分配。

【例 2.5】 某股份有限公司采用一揽子方式发行证券，其中面值为 1 元的普通股 2 000 万股，面值为 1 元的优先股 1 000 万股，面值为 100 元、5 年期、年利率为 5%、到期一次性还本付息的公司债券 100 万份，共收款 85 200 万元。假设发行时，每份公司债券的市价为 102 元，则发行收入的分配如下(单位：万元)：

发行总收入	85 200
减：公司债券公允价值(102×100)	10 200
普通股与优先股分配的价款	75 000
普通股的面值(1×2 000)	2 000
优先股的面值(1×1 000)	1 000
两种股票的面值合计	3 000
普通股应分配价款(75 000×2/3)	50 000
优先股应分配价款(75 000×1/3)	25 000

会计分录如下：

借：银行存款	85 200	
贷：股本——普通股		2 000
——优先股		1 000
资本公积——股本溢价(普通股)		48 000
——股本溢价(优先股)		24 000
应付债券——债券面值		10 000
——债券溢价		200

(二) 增资扩股

我国有关法律规定，股本除了下列情况外不得随意变动：一是符合增资条件，并经有关部门批准增资；二是企业按法定程序报经批准减少注册资本。

股份有限公司增加资本有三条主要途径：一是将资本公积转为股本。会计上应借记“资本公积”账户，贷记“股本”账户等。二是将盈余公积转为股本。会计上应借记“盈余公积”账户，贷记“股本”账户等。将资本公积和盈余公积转为股本时，应按原投资者所持股份的相同比例增加各股东的股权。三是发行新股票。借记“银行存款”账户，贷记“股本”、“资本公积”等账户。除这些基本途径外，股份有限公司还有以下两种常见的增资方式：一是将可转换债券转为股本；二是发放股票股利。

1. 将可转换债券转为股本

我国《公司法》规定，上市的股份公司可以发行可转换债券。可转换债券持有人可以根据约定的转换条件，在一定的时间内将所持有的债券转换为股票。当可转换债券持有人行使转换权利，将持有的债券转化为股票时，股份公司应按转换增加的股票面值确认股本，由转换所减少的债券面值加上未摊销的溢价或减去未摊销的折价后的金额(如果债券有应计未付利息的，则应加上应计未付的利息)，与所转换股票的面值的差额，作为股本溢价。

【例 2.6】 某股份有限公司 20×5 年 1 月 1 日按面值发行 3 年期可转换债券 100 万张，面值为 100 元，票面利率为 10%，每年付息一次。经证监会批准，公司自 20×8 年 1 月 1 日起将该债券按每股 10 元的价格转换为面值 1 元的普通股上市流通。所有债券持有者均同意转换(假设最后一年利息未付，无发行费用)。

$$\text{转换为股份数} = 100\,000\,000 \div 10 = 10\,000\,000(\text{股})$$

会计分录如下：

借：应付债券——可转换公司债券(债券面值)	100 000 000	
——可转换公司债券(应付利息)	10 000 000	
贷：股本——普通股		10 000 000
资本公积——股本溢价		100 000 000

企业将重组债务转为资本的，可比照可转换债券转换股票的处理。在转股时，按重组债务的账面余额，借记"应付账款"等负债账户，按债权人因放弃债权而享有本企业股份的面值总额，贷记"股本(或实收资本)"账户，按股份的公允价值总额与相应的实收资本或股本之间的差额，贷记或借记"资本公积——资本溢价或股本溢价"账户，债务账面余额与股份公允价值的差额计入"营业外收入——债务重组利得"账户。

2. 发放股票股利

股份有限公司采用发放股票股利方式增资，是以股票的形式对股东发放股利，同时因发放股利而增发的股票增加公司的股本，应按照股东原来的股数分配。按照发放股利的规模，股票股利分为少量股票股利和大量股票股利。当作为股票股利派发的股票占公司发行在外股份(指普通股)的比例不超过 20%时，称为少量股票股利；反之，称为大量股票股利。股票股利的规模对股票的市价有不同影响。在发行少量股票股利的情况下，股票市价受到的影响非常轻微，可能保持不变或略微下降。因此，股票股利可以按公允价值(市价)计价，公允价值超过股票面值的部分记入资本公积。在发行大量股票股利的情况下，由于股本数急剧增加，股票市价难免大幅下降，这时，不应再将股票股利看作收益的分配，更为合理的做法是将股票股利视为一种无偿配股或留存收益转增资本。因此，对股票股利应按股票面值计价，直接转入股本。

【例 2.7】 某股份有限公司发行在外的面值为 1 元的普通股计 3 000 万股。20×8 年 3 月 21 日通过决议，决定实施 10 送 1 的股票股利分配方案，4 月 20 日为股权登记日，5 月

10日发放股票股利，3月21日该公司股票市价为6元。按少量股票股利的情况，采用公允价值法处理如下：

20×8年3月21日：

借：利润分配——转作股本的普通股股利　　18 000 000

　贷：应付股利——股票股利　　3 000 000

　　资本公积——股本溢价　　15 000 000

20×8年5月10日：

借：应付股利——股票股利　　3 000 000

　贷：股本　　3 000 000

【例2.8】 沿用例2.7资料，若股票股利的分配方案为10送4，则应作为大量股票股利，采用面值法处理如下：

20×8年3月21日：

借：利润分配——转作股本的普通股股利　　12 000 000

　贷：应付股利　　12 000 000

20×8年5月10日：

借：应付股利　　12 000 000

　贷：股本　　12 000 000

当前我国的企业会计准则中主要考虑了大量股票股利的情况，选择了面值法处理股票股利：在经股东大会或类似机构通过决议并办理增资手续后，按分配的股票股利，借记"利润分配——转作股本的股利"账户，贷记"股本"账户。由于是在办理了有关手续后直接增加股本，一般也不需要通过"应付股利"账户。

四、减资

企业减资的原因大体有两种：一是资本过剩；二是发生重大亏损而需要改组。

企业因资本过剩而减资，一般要发还股款。有限责任公司和一般企业发还投资款的处理比较简单，股份有限公司则需要通过回购本公司发行在外股票的方式返还股本。

股份有限公司通过回购本企业股票减资时，可直接向股东或在公开证券市场上收购发行在外的股份，回购的股份可通过"库存股"账户核算。在报经证监会批准，并办理减资手续后，即可注销股份。由于"股本"账户是按股票面值登记的，回购本企业股票减资时，也应按面值注销股本：借记"股本"账户，贷记"库存股"账户，按其差额，借记"资本公积——股本溢价"账户，股本溢价不足冲减的，借记"盈余公积"、"利润分配——未分配利润"等账户。具体处理方法在下述库存股业务中介绍。

企业因亏损减资时，无需支付股款或只需支付少量价款，主要是确认股本减少和冲销账面亏损。因此只需借记"股本"或"实收资本"账户，贷记"利润分配——未分配利润"、"银行存款"等账户。

五、库存股

所谓库存股，也称库藏股票，是指公司以购买等途径取得的本公司已发行在外的股票。库存股并不是企业的资产，由于没有注销，其性质类似于尚未发行的股票，但事实上它又是从已发行股票中取得的，所以应作为已发行股份的备抵项目。也就是说，库存股的性质是所有者权益的减项。公司作为这些股票的过渡持有者，并不是也不可能成为自己的股东，自然也不会因这些股份享受股东权利。由于库存股实质上不属于企业的资产，所以期末在编制资产负债表时，库存股的余额应作为股东权益的抵减项目列示。

对于库存股业务的处理有两种常见方法，即"成本法"和"面值法"。

（一）成本法

在成本法下，所有库存股票均按回购成本计价入账。库存股重新发行时，若重新发行价格高于购回成本，差额部分计入"资本公积"账户中；反之，若重新发行价格低于购回成本时，差额部分依次冲减该库存股票交易产生的"资本公积"、"盈余公积"和"未分配利润"等。在编制资产负债表时，库存股作为股东权益的减项处理。

为反映库存股票的增减变化，需设置"库存股"账户。成本法下，"库存股"反映公司按回购成本计价的库藏股票，属于股东权益类账户。回购股票时，按回购成本借记"库存股"账户，贷记"银行存款"等账户。重新发行时，借记"银行存款"账户，贷记"库存股"账户；若转让价格高于购回成本，则贷记"资本公积——股本溢价"账户；若转让价格低于购回成本，则借记"资本公积——股本溢价"，如资本公积不足，则借记"盈余公积"、"利润分配——未分配利润"等账户。

【例 2.9】 某上市的股份有限公司经股东大会批准，从证券市场购入本公司发行在外的流通股份 10 万股，准备用作对员工的激励。股票面值 1 元，回购价格为每股 3.5 元，支付相关税费 1 000 元，实际结算金额 351 000 元。购回股票时，作如下账务处理：

借：库存股	351 000	
贷：银行存款		351 000

当期将回购股份转让给本企业职工时，若转让价格为每股 4 元，则应作如下账务处理：

借：银行存款	400 000	
贷：库存股		351 000
资本公积——股本溢价		49 000

（二）面值法

采用面值法，所有库藏股票均按面值计价入账。购回时，按购回股票的面值记入"库存股"账户，同时冲减原发行时产生的溢价，购回价格小于原发行价格的差额作为"资本公积——股本溢价"处理；购回价格大于原发行价格的差额则依次冲减"资本公积——股本溢价”、“盈余公积”和“利润分配——未分配利润”等账户。重新发行时，视为与库藏股票的回购无关的独立经济事项，重新将发行价格与面值之间的差额计入“资本公积——股本溢价”。在编制资产负债表时，库存股作为股本的减项处理。

采用面值法需要设置的账户与成本法下相同，区别在于“库存股”的计价基础是股票面值，而不是回购成本。购回股票时，借记“库存股”(面值)、“资本公积——股本溢价”账户，贷记“银行存款”等账户；若回购价格高于原发行价格，则借记“资本公积——股本溢价”、“盈余公积”、“利润分配——未分配利润”等账户；若回购价格低于原发行价格，则贷记“资本公积——股本溢价”账户。重新发行时，借记“银行存款”账户，贷记“库存股”账户；若溢价发行，则贷记“资本公积——股本溢价”账户。

【例 2.10】 沿用例 2.9 资料，假设股票原发行价格为每股 2 元，“盈余公积”账户的贷方余额为 200 万元，则回购时作如下账务处理：

借:库存股	100 000	
资本公积——股本溢价	100 000	
盈余公积	151 000	
贷:银行存款		351 000

以每股 4 元的价格再发行或转让给职工时，应作如下账务处理：

借:银行存款	400 000	
贷:库存股		100 000
资本公积——股本溢价		300 000

【例 2.11】 某股份有限公司因资本过剩，经批准决定减资。20×6 年 2 月 5 日将原发行的面值为 1 元，发行价格为 2 元的普通股 10 000 万股赎回。该公司有关账户余额为：盈余公积 3 000 万元，未分配利润 5 000 万元。假设分别按以下几种价格赎回：

赎回价格为 2 元时：

借:库存股	100 000 000	
资本公积——股本溢价	100 000 000	
贷:银行存款		200 000 000

赎回价格为 2.6 元时：

借:库存股	100 000 000	
资本公积——股本溢价	100 000 000	
盈余公积	3 000 000	
利润分配——未分配利润	3 000 000	
贷:银行存款		260 000 000

赎回价格为 0.8 元时：

借:库存股	100 000 000	
贷:银行存款		80 000 000
资本公积——股本溢价		20 000 000

注销回购的股份时：

借：股本　　　　100 000 000

　贷：库存股　　　　100 000 000

上述两种方法中，成本法的会计处理相对比较简单，面值法稍显复杂。在实务当中，成本法主要用于公司准备将回购的库藏股票在适当时机重新发行出去的情况；而面值法更多用于公司计划在回购股份后减少股东权益的情况。我国目前企业会计准则体系中规定的库存股处理方法是成本法。

【例 2.12】 沿用例 2.11 资料，假设股票回购价格为每股 2 元，股票回购后注销。则按照我国《企业会计准则》的有关规定，应采用成本法作如下账务处理：

回购股份时：

借：库存股　　　　200 000 000

　贷：银行存款　　　　200 000 000

注销库存股时：

借：股本　　　　100 000 000

　资本公积——股本溢价　　　　100 000 000

　贷：库存股　　　　200 000 000

第三节　资 本 公 积

一、资本公积的性质及来源

资本公积是由投资者投入或从其他来源取得，但不能构成企业实收资本（或股本），由所有者共同享有的资本，属于所有者权益的范畴。资本公积实际上是一种由全体股东共同享有的资本储备形态，或称“准资本”，其主要用途是转增资本。在资本公积转增资本时，应按各个股东在实收资本（或股本）中所占的投资比例计算的金额，分别转增各个股东的投资金额。

资本公积与实收资本（或股本）虽然都属于所有者权益，但两者又有明显区别。实收资本（或股本）是投资者对企业的原始投入，并根据资本的投入谋求一定的权益，它既代表了股东对企业的贡献，也反映了以这种贡献为前提所要求的权利，因此需要明确每一股份所对应的具体股东或投资人，也就是说实收资本（或股本）有明确的所有者归属。而资本公积有些是由投资者投入，也有些并不需要投资者投入，同时其金额也不作为决定出资人回报的直接根据，也就是说资本公积并不归属于某一具体的投资人，而是由所有股东或投资人共同分享。

资本公积与盈余公积都是由全体股东或投资人共享的所有者权益，都是资本储备形态，但两者的性质有所不同。资本公积可视为一种资本准备金的积累，但这种储备并非来自企业的利润，或者说与企业经营没有直接关系；而盈余公积却完全是从企业净利润中提取和累积形成的，或者说是由企业的经营损益决定的。

资本公积主要来源于股本（资本）溢价，其次是由一些特殊业务形成的其他资本公积，包括同一控制下控股合并形成的股权投资差额，同一控制下吸收合并形成的合并价差，采用权益法核算长期股权投资时被投资单位除净损益以外所有者权益的其他变动份额，以权益结算的股份支付增加的所有者权益，资产转换引起的账面价值调整（如自用房地产或存货转换为采用公允价值模式计量的投资性房地产，或将持有至到期投资重分类为可供出售金融资产，或将可供出售金融资产重分类为持有至到期投资），通过收购本公司股票的方式减资造成的所有者权益变动，以及资产负债表日有效套期产生的利得或损失等不计入当期损益的项目。股本（资本）溢价以外的其他资本公积不能直接转增股本（或实收资本），需要在符合一定条件的前提下首先转换为资本溢价，才能用于转增资本。

在资本公积的各种来源中，最基本的是股本溢价，以下主要说明这一类型。其他资本公积中，权益结算的股份支付是一种相对较新但发展迅速并且越来越常见的业务，为此需要对股份支付的概念、类型和处理方式作系统的介绍。与股权投资、房地产转换、金融资产重分类等有关的业务，可结合对外投资、投资性房地产等章节的相关内容，本章仅作简要说明。股票回购业务已在上节中“库存股”部分讲解。企业合并、套期保值等业务将在高级财务会计中具体介绍，此处不作详述。

资本公积的主要用途是在适当的条件下转增资本，这是作为资本储备形态的最基本功能的体现。另一方面，在企业经营困难需要重组时，往往需要缩减资本规模以弥补亏损，并改组企业经营模式以获得重新发展的机会，这时，资本公积也可作为弥补亏损的来源。我国近年来部分上市公司在进行重组时就利用了这种方式。但是，这种补亏方式一直受到质疑和批评。因为资本公积并非来自企业利润的积累，而是通常被视为资本投入而构成企业永久性资本的一部分，在维持公司股权关系、巩固公司财产基础、加强公司信用等方面发挥着显著作用，因而不得任意支取和分配。如果用来弥补亏损，实质上类似于用资本补亏，相当于将投资者的出资返还，属于抽回资本或分配资本的行为。其次，以不是来源于盈利的资本公积弥补经营亏损，等于将资本和损益混同在一起进行变相的利润分配，这不但容易造成有关概念的混乱，更可能使资本公积成为改善企业损益状况的“捷径”甚至会计信息操纵的手段。正因为如此，2006 年实施的修订后《公司法》中规定“资本公积金不得用于弥补公司的亏损”。

二、股本（资本）溢价

股本（资本）溢价是指投资人缴付的出资额大于股本（注册资本）而产生的差额。股份有限公司以发行股票的方式筹集股本，股东按其所持股份享有权利和承担义务。为了便于计算和反映各股东所持股份占企业全部股本的比例，企业的股本总额应按股票的面值与股份总数的乘积计算。为准确提供企业股本总额及其注册资本等信息，企业按面值记录"股本"账户，企业发行股票所得收入超出股票面值的溢价，在扣除支付给证券代理商的手续费、佣金等股票发行费用后，余额记入资本公积的"股本溢价"明细账户中。非股份公司在接受所有者投资时，投资者投入的资本中等于注册资本的部分，应计入"实收资本"账户，超出部分则形成资本溢价计入"资本公积"账户。

股本(资本)溢价的产生主要有以下两个原因：

(1) 在企业设立时，生产经营所需资金往往大于注册资本总额，仅仅按注册资本数投入资金，未必能够满足企业经营的需要。为此，投资者需要多缴付一部分资本，于是便形成资本溢价。

(2) 当企业有新投资者加入时，为了维护原有投资者的权益，新加入的投资者并不一定按照实收资本数额出资。因为企业创立时，原投资者投入的资本所承担的风险较大，而投资报酬率可能较低。经过一定时间的经营，企业发展已经比较稳定，资本承担的风险已经明显降低，投资报酬率也高于企业初创阶段，而这些都是以企业初创阶段投入的资本为基础的，企业创办者为此付出了代价。因此，新投资者出资时，就应当多支付一部分资本，才能补偿原投资者的利益。其次，企业经营一段时间之后，原所有者权益的数量也发生了变化，有一部分经营获得的净利润累积留存于企业，形成留存收益，并增加了所有者权益。但这部分权益并未转入原投资人的实收资本，新投资者加入后，就自动获得与原投资者共享这部分权益的权利。这时，作为对新旧出资人利益的平衡，就需要新投资者付出大于注册资本的投资额，才能取得相应的投资比例并享受有关权益。

【例 2.13】 D有限责任公司由A、B公司双方各出资100万元成立，注册资本200万元。经过3年经营，现有留存收益60万元。此时C公司有意加入，经三方协商，C公司以人民币出资120万元，将注册资本增至300万元，C公司占D公司1/3的权益，则应作会计分录如下：

借：银行存款	1 200 000	
贷：实收资本——D公司		1 000 000
资本公积——资本溢价		200 000

三、权益法核算长期股权投资中的资本公积调整

采用权益法核算长期股权投资时，当被投资单位发生除净损益以外的其他原因导致的所有者权益增减变动，投资企业应按照持股比例将被投资方资本变动中归属于本企业的部分，调整长期股权投资的账面价值，同时相应调整资本公积(其他资本公积)。有关业务的具体处理可参照对外投资一章(第七章)中的长期股权投资部分。

【例 2.14】 A公司持有B公司30%的股份，对B公司具有重大影响。某会计年度

内，因B公司持有的可供出售金融资产公允价值发生变动，引起B公司确认资本公积金额增加2 000万元。假定A公司投资于B公司时B公司各项资产、负债的公允价值与其账面价值相同，且A公司与B公司的会计政策、会计期间一致。A公司应确认享有被投资企业所有者权益变动的份额，账务处理为：

借：长期股权投资——其他权益变动(B公司)　　6 000 000

　贷：资本公积——其他资本公积　　6 000 000

四、金融资产重分类引起的资本公积变动

当企业因持有意图或能力发生改变，使某项投资不再适合划分为持有至到期投资时，应将其重分类为可供出售金融资产，并以公允价值进行后续计量。重分类日，该投资的账面价值与公允价值之间的差额计入资本公积(其他资本公积)，在该可供出售金融资产发生减值或处置时再行转出，计入当期损益。此类业务可结合对外投资一章(第七章)中的持有至到期投资和可供出售金融资产详细掌握。

相关账务处理的要点是：企业将持有至到期投资重分类为可供出售金融资产时，应在重分类日按投资的公允价值，借记"可供出售金融资产"账户，按投资的账面余额，贷记"持有至到期投资——成本"、"持有至到期投资——应计利息"等账户，同时贷记或借记"持有至到期投资——利息调整"账户，按其差额，贷记或借记"资本公积——其他资本公积"账户。持有至到期投资已计提减值准备的，还应同时结转有关资产的减值准备。

【例2.15】 H公司20×7年1月1日购入T公司同日发行的面值100万元、票面利率6%、期限5年、每年12月31日付息的债券，购买价格为105.6万元，并准备持有至到期。后因H公司持有意图发生改变，于20×8年12月31日将上述购入的债券重分类为可供出售金融资产，重分类日，该债券的公允价值为105万元，投资摊余价值为103.5万元，其中，成本100万元，利息调整借方3.5万元，则H公司账务处理为：

借：可供出售金融资产——成本　　1 050 000

　贷：持有至到期投资——成本　　1 000 000

　　　　　　　　　　——利息调整　　35 000

　　资本公积——其他资本公积　　15 000

五、投资性房地产转换引起的资本公积变动

企业将作为存货或自用的房地产转换为采用公允价值模式计量的投资性房地产时，应当按该资产在转换日的公允价值，借记"投资性房地产(成本)"账户；按其账面余额，贷记"开发产品"、"固定资产"或"无形资产"等账户；已计提折旧或摊销额的，借记"累计折旧"或"累计摊销"账户；转换资产原已计提减值准备的，借记有关的资产减值准备账户。同时，有关资产转换日的公允价值如果小于其账面价值，按其差额借记"公允价值变动损

益”；反之，转换日的公允价值大于账面价值的，则按其差额贷记“资本公积——其他资本公积”。待该项投资性房地产处置时，因转换而计入资本公积的部分再转入当期损益，借记“资本公积——其他资本公积”账户，贷记“其他业务收入”账户。具体业务处理可结合投资性房地产有关内容掌握。

【例 2.16】 20×7 年 6 月，甲企业准备搬迁至新建办公楼，并将原办公楼出租以赚取租金收入。20×7 年 10 月，甲企业完成搬迁，原办公楼停止自用。20×7 年 12 月，甲企业与乙企业签订了租赁协议，将其原办公楼出租给乙企业使用，租赁开始日为 20×8 年 1 月 1 日，租赁期限为 3 年。20×8 年 1 月 1 日该办公楼的公允价值为 40 000 万元，其账面原价为 50 000 万元，已提折旧 14 500 万元；假设甲企业对投资性房地产采用公允价值模式计量。

甲企业应当于租赁期开始日（20×8 年 1 月 1 日）将自用房地产转换为投资性房地产：

借：投资性房地产——成本	400 000 000	
累计折旧	145 000 000	
贷：固定资产		500 000 000
资本公积——其他资本公积		45 000 000

六、股份支付与资本公积变动

股份支付，是“以股份为基础的支付”的简称，是指企业为获取职工和其他方提供的服务，而授予权益工具或者承担以权益工具为基础确定的负债的交易。

股份支付具有以下几个基本特征：

(1) 股份支付是企业与为其提供服务的职工或其他方之间发生的交易。以股份为基础的支付可能发生在企业与股东之间、合并交易中的合并方与被合并方之间或者企业与其职工之间，只有发生在企业与其职工或向企业提供服务的其他方之间的交易，才可能符合股份支付的定义。

(2) 股份支付以获取职工或其他方服务为目的。企业在股份支付交易中意在获取其职工或其他方提供的服务（费用）或取得这些服务的权利（资产）。而且，企业获取这些服务或权利的目的是将其用于正常生产经营，而不是转手获利等。

(3) 股份支付交易的对价或其定价与企业自身权益工具未来的价值密切相关。股份支付交易与其他类型的企业与其职工间交易的最大不同，是交易对价或其定价与企业自身权益工具未来的价值密切相关。在股份支付中，企业要么向职工支付其自身权益工具，要么向职工支付一笔现金，而其金额高低取决于结算时企业自身权益工具的公允价值。对价的特殊性是股份支付的显著特征。

由于以上特征的存在，特别是以权益工具为基础的特点，使股份支付与所有者权益具有非常直接和紧密的关系。如果是授予权益工具的交易，最终会导致所有者权益的增加；如果是承担负债的形式完成交易，也要以权益工具为基础。

目前股份支付中最具有代表性的形式，是企业向其雇员支付期权作为薪酬或奖励的行为。2005 年 12 月 31 日，中国证监会发布了《上市公司股权激励管理办法（试行）》；2006 年 9 月 30 日，国务院国有资产监督管理委员会和财政部发布了《国有控股上市公司（境内）实施股权激励试行办法》。这些法规的出台，为企业实施股权激励提供了依据和条件。

典型的股份支付通常涉及四个主要环节：授予（grant）、可行权（vest）、行权（exercise）和出售（sale）。以薪酬性股票期权为例，四个环节可参见图 2.1。

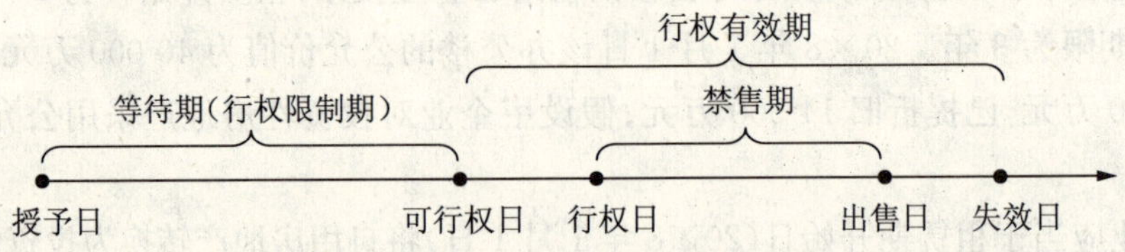

图 2.1 典型的股份支付交易环节示意

授予日是指股份支付协议获得批准的日期。其中"获得批准"，是指企业与职工或其他方就股份支付的协议条款和条件已达成一致，且该协议获得股东大会或类似机构的批准。所谓"达成一致"是指，双方在对该计划或协议内容形成一致理解的基础上，均接受其条款和条件。如果按照相关法规的规定，在提交股东大会或类似机构之前存在必要程序或要求，则还应履行该程序或满足该要求。

可行权日是指行权条件得到满足，职工或其他方具有从企业取得权益工具或现金权利的日期。有的股份支付协议是一次性可行权，有的则是分批可行权，类似根据购买合同一次性付款或分期付款。只有已经具备可行权条件的股票期权，才是职工拥有的真正意义上的"财产"，具有择机行权的权利。

从授予日至可行权日之间的时段，是等待可行权条件得到满足的期间，因此称为"等待期"，又称"行权限制期"。从可行权日至期权到期日（失效日）之间的时段，可以择机行权，称为"行权有效期"。行权就是期权持有人按期权的约定价格实际购买股票，也就是在行权有效期内选择恰当的时机行使期权权利。

行权日是指职工和其他方在达到可行权条件（即可行权日）之后行使权利、获取现金或权益工具的日期。例如，持有股票期权的职工在可行权日之后的某日行使了以特定价格购买一定数量本公司股票的权利，该日期即为行权日。

出售日是指股票的持有人将行使期权所取得的期权股票出售的日期。按照我国有关法规规定，用于期权激励的股份支付协议，在行权有效期内，应在行权日与出售日之间设立禁售期，其中国有控股上市公司的禁售期不得低于 2 年。

(一) 股份支付的确认和计量原则

1. 权益结算的股份支付的确认和计量原则

(1) 换取职工服务的股份支付。对于换取职工服务的股份支付，应当以股份支付所授予的权益工具的公允价值计量。企业应在等待期内的每个资产负债表日,以对可行权权益工具数量的最佳估计为基础,按照权益工具在授予日的公允价值,将当期取得的服务计入相关资产成本或当期费用,同时计入资本公积中的“其他资本公积”。

如果换取职工服务的权益结算的股份支付是授予后立即可行权的(例如授予限制性股票),应在授予日按照权益工具的公允价值,将取得的服务计入相关资产成本或当期费用,同时计入资本公积中的股本溢价。

(2) 换取其他方服务的股份支付。对于用以换取其他方服务的股份支付,应当以股份支付所换取的服务的公允价值计量,并按照其他方服务在取得日的公允价值,计入相关资产成本或费用。如果其他方服务的公允价值不能可靠计量,但权益工具的公允价值能够可靠计量,则应按照权益工具在服务取得日的公允价值,将取得的服务计入相关资产成本或费用。

2. 现金结算的股份支付的确认和计量原则

在等待期内的每个资产负债表日,应当以对可行权情况的最佳估计为基础,按照企业承担负债的公允价值,将当期取得的服务计入相关资产成本或当期费用,同时计入负债,并且在结算前的每个资产负债表日和结算日需要对负债的公允价值重新计量,将其变动计入损益。

对于授予后立即可行权的现金结算的股份支付(例如授予虚拟股票或业绩股票的股份支付),应当在授予日按照企业承担负债的公允价值计入相关资产成本或费用,同时计入负债,并在结算前的每个资产负债表日和结算日对负债的公允价值重新计量,将其变动计入损益。

(二) 可行权条件

股份支付中通常涉及可行权条件,包括服务期限条件和业绩条件等。在满足这些条件之前,职工无法获得股份。

1. 市场条件和非市场条件

业绩条件是指行权所必须满足的企业达到特定业绩目标的条件,具体包括市场条件和非市场条件。市场条件是指行权价格、可行权条件以及行权可能性与权益工具的市场价格相关的业绩条件,例如,在股份支付协议中规定股价至少上升至何种水平时职工可相应取得多少股份的条款,就是典型的市场条件。企业在确定权益工具在授予日的公允价值时,应考虑市场条件的影响,而不考虑非市场条件的影响。但市场条件是否满足,不影响企业对预计可行权情况的估计。

非市场条件是指除市场条件之外的其他业绩条件,如股份支付协议中关于达到最低盈利目标或销售目标才可行权的规定。企业在确定权益工具在授予日的公允价值时,不考虑非市场条件的影响。但非市场条件是否得到满足,影响企业对预计可行权情况的估计。市场条件与非市场条件处理的比较如图 2.2 所示。

对于可行权条件为业绩条件的股份支付,只要职工满足了其他所有非市场条件,企业就应当确认已取得的服务。而在确定权益工具的公允价值时，则应考虑市场条件的影响。

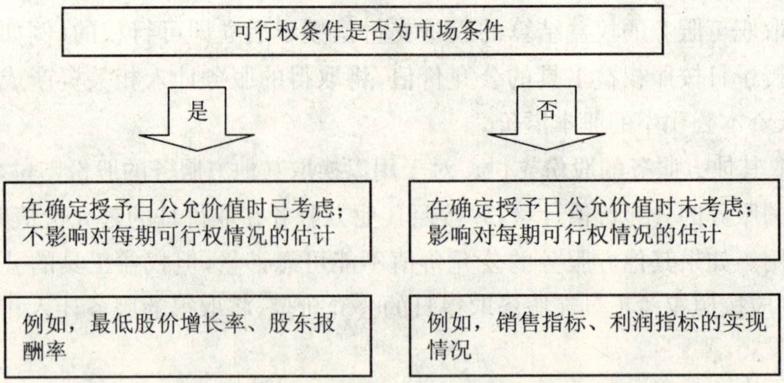

图 2.2　市场条件与非市场条件处理的比较

【例 2.17】　A 公司授予其管理层的某股份支付协议规定，今后 5 年中，公司股价每年提高 10%以上，则公司管理层可获得一定数量的该公司股票。到第 5 年年末，该目标未能实现。

A 公司在第 5 年年末已经收到管理层提供的服务，并据此确认了有关费用。因为以股价评价业绩增长是一个市场条件，不影响企业对预计可行权情况的估计，因此这些费用也不应再转回。

2. 可行权条件的变更

有时，企业可能需要对股份支付协议中的可行权条件作出变更，例如调整行权价格或股票期权数量。《上市公司股权激励管理办法（试行）》对此作出了严格的限定，企业必须按照批准股份支付计划的原则和方式进行调整。在会计上，无论已授予的权益工具的条款和条件如何变更，确认的服务的金额，都不应低于权益工具在授予日的公允价值。

（三）股份支付的会计处理

股份支付会计处理的基本要求是，必须以完整、有效的股份支付协议为基础。

1. 授予日的处理

除了立即可行权的股份支付外，无论权益结算还是现金结算的股份支付，在授予日均不作会计处理。

2. 等待期内每个资产负债表日的处理

在等待期内每个资产负债表日，企业应当将取得职工或其他方提供的服务计入成本费用，同时确认所有者权益或负债。对于附有市场条件的股份支付，只要满足了股份支付协议的其他所有非市场条件，企业就应当确认已取得的服务。等待期长度确定后，业绩条件为非市场条件的，如果后续信息表明需要调整对可行权情况的估计的，应对前期估计进行修改。

在等待期内每个资产负债表日，根据取得的职工提供的服务确认的计入成本费用的金额，应当按照权益工具的公允价值计量。

对于权益结算的涉及职工的股份支付，应当按照授予日权益工具的公允价值计入成本费用和资本公积(其他资本公积)，不需确认其公允价值的后续变动；对于现金结算的涉及职工的股份支付，则应按照每个资产负债表日权益工具的公允价值重新计量，确定成本费用和负债(应付职工薪酬)。

对于授予的存在活跃市场的期权等权益工具，应当按照活跃市场中的报价确定其公允价值。对于授予的不存在活跃市场的期权等权益工具，需要采用期权定价模型等确定其公允价值。选择期权定价模型至少应当考虑以下因素：(1)期权的行权价格；(2)期权的有效期；(3)标的股份的现行价格；(4)股价预计波动率；(5)股份的预计股利；(6)期权有效期内的无风险利率。

在等待期内每个资产负债表日，企业还要根据最新取得的可行权职工人数变动等后续信息作出最佳估计，修正预计可行权的权益工具数量。在可行权日，最终预计可行权权益工具的数量应当与实际可行权工具的数量一致。

根据上述方法确定的权益工具的公允价值和预计可行权的权益工具数量，计算截至当期累计应确认的成本费用金额，再减去前期累计已确认金额，作为当期应确认的成本费用金额。

【例 2.18】 A 公司在一项股份支付协议中授予其管理层股票期权，根据布莱克—斯科尔斯模型估算确定期权公允价值为 300 万元，A 公司先后作出如下估计：

(1) 在期权授予日，A 公司估计 3 年内管理层离职的比例为每年 10%；

(2) 第二年年末，A 公司调整其管理层估计离职率为 5%；

(3) 第三年年末，A 公司管理层的实际离职率为 6%。

根据以上估计，第一年年末确认的费用 $= 3\,000\,000 \times 1/3 \times 90\% = 900\,000$(元)；

第二年年末累计确认的费用 $= 3\,000\,000 \times 2/3 \times 95\% = 1\,900\,000$(元)；

因此，第二年应确认的费用 $= 1\,900\,000 - 900\,000 = 1\,000\,000$(元)；

第三年年末累计确认的费用 $= 3\,000\,000 \times 94\% = 2\,820\,000$(元)；

因此，第三年应确认的费用 $= 2\,820\,000 - 1\,900\,000 = 920\,000$(元)。

3. 可行权日之后的处理

(1) 对于权益结算的股份支付，在可行权日之后不再对已确认的成本费用和所有者权益总额进行调整。企业应在行权日根据行权情况，确认股本和股本溢价，同时结转等待期内确认的资本公积(其他资本公积)。

(2) 对于现金结算的股份支付，企业在可行权日之后不再确认成本费用，负债(应付职工薪酬)公允价值的变动应当计入当期损益(公允价值变动损益)。

4. 回购股份进行职工期权激励的处理

企业以回购股份形式奖励本企业职工的，属于权益结算的股份支付，应当进行以下处理：

(1) 回购股份。企业回购股份时，应当按照回购股份的全部支出作为库存股处理，同时进行备查登记。

(2) 确认成本费用。按照对职工权益结算的股份支付的有关规定，企业应当在等待期内每个资产负债表日按照权益工具在授予日的公允价值，将取得的职工服务计入成本费用，同时增加资本公积(其他资本公积)。

(3) 职工行权。企业应于职工行权购买本企业股份收到价款时，转销交付职工的库存股成本和等待期内资本公积(其他资本公积)的累计金额，同时，按照其差额调整资本公积(股本溢价)。

(四) 股份支付会计处理应用举例

1. 附服务年限条件的权益结算股份支付

【例 2.19】 某上市公司甲决定对其管理层授予权益结算的股票期权。20×6 年 1 月 1 日，甲公司向其 200 名管理人员每人授予 1 000 股股票期权，股份支付协议规定，这些职工从 20×6 年 1 月 1 日起在该公司连续服务满 3 年，即可以每股 4 元的价格购买 1 000 股甲公司股票并获益。甲公司估计该期权在授予日的公允价值为 15 元。

第一年中甲公司管理层有 20 名职工离开甲公司，甲公司估计三年中离开的管理人员的比例将达到 20%；第二年又有 10 名管理人员离开公司，公司将估计的管理人员离开比例修正为 15%；第三年又有 15 名管理人员离开。

(1) 费用和资本公积计算过程见表 2.2：

表 2.2　费用和资本公积计算过程　　单位：元

年　份	计　算	当期费用	累计费用
20×6	200×1 000×(1－20%)×15×1/3	800 000	800 000
20×7	200×1 000×(1－15%)×15×2/3－800 000	900 000	1 700 000
20×8	155×1 000×15－1 700 000	625 000	2 325 000

(2) 账务处理：

20×6 年 1 月 1 日：

授予日不作处理。

20×7 年 12 月 31 日：

借：管理费用　　800 000

　　贷：资本公积——其他资本公积　　800 000

20×8 年 12 月 31 日：

借：管理费用　　900 000

　　贷：资本公积——其他资本公积　　900 000

20×8 年 12 月 31 日：

借：管理费用　　625 000

　　贷：资本公积——其他资本公积　　625 000

假设全部 155 名职员都在 20×8 年 12 月 31 日行权，甲公司股份面值为每股 1 元：

借：银行存款　　620 000

　　资本公积——其他资本公积　　2 325 000

　　贷：股本　　155 000

　　　　资本公积——资本溢价　　2 790 000

2. 附非市场业绩条件的权益结算股份支付

【例 2.20】 20×6 年 1 月 1 日，乙公司对其 100 名管理人员每人授予 1 000 份股票期权。第一年年末的可行权条件为企业净利润增长率达到 20%；第二年年末的可行权条件为企业净利润两年平均增长 15%；第三年年末的可行权条件为企业净利润三年平均增长 10%。每份期权在 20×6 年 1 月 1 日的公允价值为 24 元。

20×6 年 12 月 31 日，权益净利润增长了 18%，同时有 8 名管理人员离开，乙公司预计 20×7 年将以同样速度增长，因此预计 20×7 年 12 月 31 日可行权。另外，乙公司还预计 20×7 年 12 月 31 日又将有 8 名管理人员离开。20×7 年 12 月 31 日，乙公司净利润仅增长了 10%，因此前两年净利润平均增长 14%，未达到可行权状态。另外，实际有 10 名管理人员离开，乙公司预计第三年还将有 12 名管理人员离开。20×8 年 12 月 31 日，乙公司净利润增长了 8%，三年平均增长率为 12%，因此达到可行权状态，当年有 8 名管理人员离开。

费用和资本公积计算过程见表 2.3。

表 2.3　费用和资本公积计算过程　　单位：元

年　份	计　算	当期费用	累计费用
20×6	(100－8－8)×1 000×24×1/2	1 008 000	1 008 000
20×7	(100－8－10－12)×1 000×24×2/3－1 008 000	112 000	1 120 000
20×8	(100－8－10－8)×1 000×24－1 120 000	656 000	1 776 000

会计处理同例 2.19，不再赘述。

3. 现金结算的股份支付

【例 2.21】 20×2 年初，A 公司为其 200 名中层以上管理人员每人授予 200 份现金股票增值权，这些人员从 20×2 年 1 月 1 日起在该公司连续服务 3 年，即可按照当时股价的增长幅度获得现金，该增值权应在 20×6 年 12 月 31 日之前行使。A 公司估计，该增值权在负债结算之前的每一资产负债表日以及结算日的公允价值和可行权后的每份增值权现金支出额见表 2.4：

表 2.4　公允价值和增值权现金支出　　单位:元

年　份	公允价值	支付现金
20×2	14	
20×3	15	
20×4	18	16
20×5	21	20
20×6		25

假设第一年有 20 名管理人员离开 A 公司,A 公司估计三年中还将有 15 人离开;第二年又有 10 人离开公司,公司估计还将有 10 人离开;第三年又有 15 人离开。第三年年末,有 10 人行使股票增值权取得了现金。第四年年末,有 50 人行使了股票增值权。第五年年末,剩余 35 人也行使了股票增值权。

(1) 费用和资本公积计算过程见表 2.5:

表 2.5　费用和资本公积计算过程　　单位:元

年　份	负债计算(1)	支付现金计算(2)	负债(3)	支付现金(4)	当期费用(5)
20×2	(200－35)×200×14×1/3		154 000		154 000
20×3	(200－40)×200×15×2/3		320 000		166 000
20×4	(200－45－70)×200×18	70×200×16	306 000	224 000	210 000
20×5	(200－45－70－50)×200×21	50×200×20	147 000	200 000	41 000
20×6	0	35×200×25	0	175 000	28 000
总　额				599 000	599 000

注:当期(5)＝当期(3)－前期(3)＋当期(4)。

(2) 账务处理:

20×2 年 12 月 31 日:

借:管理费用　　154 000

　　贷:应付职工薪酬——股份支付　　154 000

20×3 年 12 月 31 日:

借:管理费用　　166 000

　　贷:应付职工薪酬——股份支付　　166 000

20×4 年 12 月 31 日:

借:管理费用　　210 000

　　贷:应付职工薪酬——股份支付　　210 000

借:应付职工薪酬——股份支付　　224 000

　　贷:银行存款　　224 000

20×5 年 12 月 31 日：

借：公允价值变动损益　　41 000

　　贷：应付职工薪酬——股份支付　　41 000

借：应付职工薪酬——股份支付　　200 000

　　贷：银行存款　　200 000

20×6 年 12 月 31 日：

借：公允价值变动损益　　28 000

　　贷：应付职工薪酬——股份支付　　28 000

借：应付职工薪酬——股份支付　　175 000

　　贷：银行存款　　175 000

第四节　留存收益

一、留存收益的概念及用途

留存收益是指企业从各个会计期间的净收益中提取并累积留存于企业内部的资本储备。在会计上的性质是所有者权益的增值，是属于全体股东或投资人的资本积累。与资本公积不同的是，这种资本积累是来源于企业经营活动形成的收益，而不是资本投入的溢价或非损益性的利得。

企业将经营取得的部分净收益留存在企业，而不完全分配给投资者，一是为了满足企业维持或扩大经营活动的资金需要，保持或提升企业的获利能力；另一方面是为了保证企业有足够的资金弥补以后年度可能出现的亏损和偿还债务。由于留存收益具有这些重要的作用，使其受到各方面的高度重视，因此留存收益的提取和使用，往往不仅取决于企业的决策，也受到国家法律和政策方面的诸多限制。在我国，留存收益在会计上一般划分为盈余公积和未分配利润两部分，前者又包括法定盈余公积和任意盈余公积。其中，法定盈余公积就是按照有关法规从税后利润中按固定比例提取的部分，任意盈余公积则由企业自行根据需要和条件从净收益中提取。

(一) 盈余公积

为了约束企业合理分配，特别是限制过量分配，要求企业在利润分配时留有一定的积累，以保证企业持续经营，维护债权人权益及改善职工福利。这部分从净收益中提取的资金积累，就形成盈余公积。盈余公积的提取方式分为两种：一是法定盈余公积，公司制企业按净利润的 10%提取(非公司制企业也可超过 10%)，此项公积金累计达到注册资本的

50%以上时可不再提取；二是任意盈余公积，提取比例由企业的股东大会或董事会等确定。其中，法定盈余公积的提取和用途带有一定的强制性。

企业提取的盈余公积主要用于以下用途：

(1) 弥补亏损。企业在市场竞争和发展中，面临诸多不确定因素，经营状况难免会有波动。通过从各期净利润中提取和累积盈余公积的方式，企业就可以形成一部分资金储备，以便在经营不佳发生亏损时，利用这部分公积金来弥补亏损，保持企业收益的平稳和经营的持续性。正是因为盈余公积具有这种重要作用，才使其不但受到股东、债权人等利益相关者的关注，也受到法律的重视和规范。我国公司法中不但就盈余公积的提取作出了规范，还进一步明确了盈余公积补亏的有关规定：公司存在以前年度亏损时，首先用法定盈余公积金弥补，如果不足以弥补，再用当年利润弥补。

(2) 扩大生产经营或转增资本。企业为满足自我发展的需要，经常需要从各种渠道筹集扩大经营所需的资金。其中，作为留存收益重要组成部分的盈余公积，就是满足企业资金需求的基本来源之一，而且因其低成本的特点，往往成为企业安排资金计划时首先考虑的选项。不过，盈余公积转增资本也受到一定的法律限制，我国《公司法》规定，经股东大会决议，企业可以用盈余公积转增资本，但将盈余公积转增资本时，应保证所留存的该项公积金不得少于转增前公司注册资本的25%。

(3) 分配股利或利润。在某些情况下(已弥补以前年度亏损并提取法定盈余公积)，经股东大会或类似机构决议，也可用盈余公积分派现金股利或分配利润。

另外，由于我国与外商投资企业有关的法律在利润分配和留存收益提取等方面有特殊的规定，外商投资企业盈余公积的内容与一般国内企业和股份有限公司有所不同，主要包括以下几个方面：

(1) 储备基金，是指外商投资企业按照法律、法规规定从净利润中提取的，经批准用于弥补亏损和转增资本的基金。

(2) 企业发展基金，是指外商投资企业按照法律、法规规定从净利润中提取的，用于企业生产发展和经批准用于增加资本的基金。

(3) 利润归还投资，是指中外合作经营企业按照规定在合作期内从利润中提取用以归还出资者投资的部分，仅适用于中外合作经营企业。

(二) 未分配利润

未分配利润是企业实现的净利润经过弥补亏损、提取盈余公积和向投资者分配利润后留存于企业的、历年结存的利润。未分配利润有两层含义：一是未向股东或投资人分配的利润；二是未指定特定用途，而是留待以后年度处理的利润。可以说，相对于盈余公积而言，未分配利润属于未确定用途的留存收益，所以企业在使用未分配利润上有较大的自主权，受国家法律法规的限制比较少。

二、留存收益的账务处理

(一) 盈余公积

1. 盈余公积的形成

(1) 对于一般企业或股份有限公司,在按规定提取各项盈余公积时,应当按照提取的各项盈余公积金额,借记"利润分配"(提取法定盈余公积、提取任意盈余公积)账户,贷记"盈余公积"(法定盈余公积、任意盈余公积)账户。

(2) 对于外商投资企业,在按规定提取储备基金、企业发展基金、职工奖励及福利基金时,应当按照所提取的金额,借记"利润分配"(提取储备基金、提取企业发展基金、提取职工奖励及福利基金)账户,贷记"盈余公积——储备基金、企业发展基金"、"应付职工薪酬"账户。中外合作经营企业以利润归还投资者,应当按照实际归还投资者的金额,借记"实收资本——已归还投资"账户,贷记"银行存款"账户,同时,借记"利润分配——利润归还投资"账户,贷记"盈余公积——利润归还投资"账户。

【例 2.22】 大通公司 20×6 年度实现税后利润 2 400 万元,经股东大会批准,按净利润的 10%提取法定盈余公积,再按 5%提取任意盈余公积,作会计分录如下:

借:利润分配——提取法定盈余公积	2 400 000	
——提取任意盈余公积	1 200 000	
贷:盈余公积——法定盈余公积		2 400 000
——任意盈余公积		1 200 000

2. 盈余公积的使用

(1) 弥补亏损。企业发生了年度亏损时,若由公司董事会提议,并经股东大会或类似机构批准,可以用盈余公积补亏。在会计核算上,应借记"盈余公积",贷记"利润分配——盈余公积补亏"账户。

【例 2.23】 方圆公司 20×8 年召开股东大会,经大会批准,决定用 40 万元的盈余公积弥补 20×1 年的亏损,作会计分录如下:

借:盈余公积	400 000	
贷:利润分配——盈余公积补亏		400 000

(2) 转增股本或分配股票股利。企业经股东大会或董事会决议批准后,应于实际分配股票股利或转增资本时,按各股东的持股比例派送新股或增加每股面值,借记"盈余公积",贷记"股本(或实收资本)"、"资本公积"等账户。

【例 2.24】 沿用例 2.23 资料,若股东大会批准将法定盈余公积中的 1 600 万元用于派送新股,按派送的股票面值计算为 1 000 万元,则作会计分录如下:

借:盈余公积	16 000 000	
贷:股本——普通股		10 000 000
资本公积——股本溢价		6 000 000

(3) 分配现金股利或利润。在用盈余公积发放现金股利时，借记“盈余公积”，贷记“应付股利”等账户。

(二) 未分配利润

企业一般在年终核算未分配利润。未分配利润从数量上来说，等于期初未分配利润加上本期实现的税后利润，减去提取的各种盈余公积和分配股利后的余额。

在会计核算上，未分配利润是通过“利润分配——未分配利润”账户进行核算的。企业在生产经营过程中取得的收入和发生的成本费用，最终通过“本年利润”账户进行归集，计算出当年盈利或亏损，然后转入“利润分配——未分配利润”账户进行分配，其结存于“利润分配——未分配利润”账户的贷方余额，为未分配利润，否则，为未弥补亏损。年度终了，再将“利润分配”账户下的其他明细账户的余额转入“未分配利润”明细账户。结转后，“未分配利润”明细账的期末余额如在贷方，表示企业累计未分配的利润，如果在借方，则表示历年累计未弥补亏损，具体分录示范如下：

(1) 年度终了，企业实现净利润(若为亏损，则作相反分录)：

借：本年利润

　　贷：利润分配——未分配利润

(2) 将“利润分配”其他明细账户下的余额转入“未分配利润”账户，以结清旧账：

借：利润分配——未分配利润

　　贷：利润分配——提取法定盈余公积

　　　　　　　　——应付优先股股利

【本章小结】

所有者权益是指企业资产扣除负债后由所有者享有的剩余权益。按形成来源不同，所有者权益可以分为股本(或实收资本)、资本公积和留存收益。股本是股份有限公司进行生产经营所必需的“本钱”，股份有限公司实际发行股票的面值总额即为股本。资本公积是由投资者投入或从其他来源取得但不构成股本，由股东享有的权益。留存收益是指企业从历年取得的净收益中提取留存于企业内部的积累，它包括盈余公积和未分配利润。本章在介绍了股东权益的定义、股权与债权的区别的基础上，分别讲解了股本、资本公积、留存收益等各项构成的有关业务及其账务处理。

【本章思考题】

1. 所有者权益对企业具有怎样的意义？作为一项资金来源，所有者权益与负债有何不同？

2. 所有者权益包括哪些内容？在形成来源和用途上各有何不同？

3. 资本公积与股本有何关系？与盈余公积的区别和联系是什么？

【练习与案例分析】

一、业务处理

1. A企业接受甲投资者投入办公楼房一座，原值2 000万元，已提折旧500万元，双方合同约定价值为1 700万元，经评估认定该楼房公允价值为1 800万元；另外接受乙投资人拥有的非专利技术投资一项，账面价值为80万元，双方共同确定价值为100万元，与公允价值相同。该企业注册资本为2 000万元，甲投资者占85%，乙投资者占5%。

要求：作出A企业接受投资的相关会计处理。

2. C股份公司20×6年度实现净利润5 000万元。20×6年12月31日的总股本10 000万股。该公司董事会提出如下议案：按净利润的10%提取法定盈余公积，每10股派发现金股利4元，每10股分配股票股利4股(每股面值1元)；以20×6年12月31日的总股本10 000万股为基准，使用资本公积中的股本溢价转增股本，每10股转增3股，计3 000万股。

20×7年3月5日，C公司召开股东大会，审议董事会提出的方案，决定将全部现金股利改为股票股利(4 000万股，每股面值1元)，其余利润分配方案及资本公积转增股本方案保持不变。股东大会通过的上述利润分配方案及资本公积转增股本方案于20×7年3月10日实施。

要求：根据上述资料作出C公司利润分配、转增股本的相关账务处理。

二、案例分析

资料：近年来，一些上市公司利用债务重组等制造资本公积，然后再用资本公积补亏，迅速在账面上实现“扭亏为盈”。典型的例子是2001年初郑百文—三联重组事件。当时，郑百文董事会拟用2.5亿元资本公积和1 822.17万元盈余公积弥补亏损，然后再将三联豁免的14.47亿元巨额债务确认为资本公积，并将其用于冲抵累计亏损。如此一来，郑百文的巨额亏损被迅速冲减为零。这种立竿见影式的财务操作堪称“化腐朽为神奇”，足以令会计专业人士瞠目。

更有甚者，郑百文此举令证券市场监管者为抑制基于财务目的而突击重组的努力大打了折扣。由于原债务重组会计准则允许企业将债务重组收益计入利润，因此一些亏损公司纷纷在年底突击进行债务重组。有鉴于此，财政部于2001年初修改了相关会计准则，规定债务重组收益只能计入资本公积，不得计入利润。然而，由于资本公积可以用于弥补亏损，债务重组收益通过资本公积最终弥补了亏损，令人质疑资本公积是否在实质上依然纳入了利润，至少是充当了利润补亏的“中介”？

思考：对案例中的亏损弥补作出相关账务处理，并据此分析资本公积补亏是否具有合理性？为什么我国《公司法》在修订后取消了资本公积补亏的有关规定？

第三章

流动负债

【本章学习目的】

1. 了解流动负债的概念和基本内容。
2. 理解流动负债的确认和计量标准。
3. 掌握应付及预收款项、应交税费和应付职工薪酬的会计处理方法。

课前案例

商业信用:在正常经营中融资

——借钱未必找银行

一家位于商业闹市区内、开业一年的理发店,吸引了一大批稳定的客户,天天生意不断,每月收入颇丰,利润可观。但由于受经营场所限制,始终无法扩大经营。店老板很想增开一家分店,但由于本店开张不久,投入的资金较多,手头资金还不够另开一间分店。

店老板四处筹集资金仍不能满足需要,灵机一动,推出客户优惠卡:一次性预收客户 10 次理发的钱,对购卡的客户给予 8 折优惠;一次性预收客户 20 次的钱,则给予 7 折优惠。对于客户来讲,如果不购理发卡,一次剪发要 40 元,如果购买 10 次卡(一次性支付 320 元,即 10 次×40 元/次×0.8=320 元),平均每次只要 32 元,10 次剪发可以省下 80 元;如果购买 20 次卡(一次性支付 560 元,即 20 次×40 元/次×0.7=560 元),平均每次理发只要 28 元,20 次剪发可以省下 240 元。

通过这种优惠让利活动,该店吸引了众多新、老客户购卡,两个月内共收到预付款近 10 万元,解决了开办分店的资金缺口,同时稳定了一批固定的客源。通过这种办法,该理发店先后开办了 7 家分店。

与此异曲同工的是,2003 年中国移动通信公司某分公司实行了一项话费优惠活动,具体内容是:若该公司的手机用户在 2003 年 12 月底前向该公司预存 2004 年话费 4 800 元,可以获赠价值 2 000 元的话费卡,若预存 3 600 元,可以获赠 1 200 元话费卡，若预存 1 200 元，可以获赠 300 元的话费卡。

通过这种话费优惠活动，不仅可以令该公司的用户得到实实在在的利益，从而吸引了一批新客户，也稳定了老客户，更重要的是，还可以为该公司筹集到巨额的资金。据保守估计，假如有 1 万名客户参与这项优惠活动，该公司至少可以筹资 2 000 万元，假如有 10 万名客户参与，则可以筹资 2 亿元，公司利用这笔资金可以拓展新的业务，扩大经营规模，在与经营对手的竞争中赢得先机。

思考：商业信用与其他短期融资相比有哪些异同？这种融资涉及哪些会计要素？

第一节　流动负债概述

一、流动负债的概念

负债是指过去的交易或事项形成的，预期会导致经济利益流出企业的现实义务。企业的负债按其清偿时间的长短可分为流动负债和长期负债。其中，流动负债是指将在一年或超过一年的一个营业周期内偿付的债务，常见形式包括短期借款、交易性金融负债、应付及预收款项、应交税费、应付职工薪酬、应付股利、应付利息等。

二、流动负债的分类

按照流动负债的构成内容，可以概括为以公允价值计量且其变动计入当期损益的金融负债和其他流动负债两大类。其中，前者又包括交易性金融负债和直接指定为以公允价值计量且其变动计入当期损益的金融负债两种类型；其他流动负债则包括短期借款、应付账款、应付票据、预收账款、应交税费、应付职工薪酬、其他应付款、应付股利、应付利息等。

按照偿付金额是否确定，流动负债可以分为偿付金额确定的流动负债和偿付金额视经营情况而定的流动负债。偿付金额确定的流动负债是指，在经济业务和事项发生当时就可以确定未来应付金额的流动负债，包括短期借款、应付账款、应付票据、预收账款、应付利息和其他应付款等。偿付金额视经营情况而定的流动负债是指，在经济业务和事项发生时不能当即确定未来应付金额，而是要根据企业经营情况才能确定金额的流动负债，包括应交税费、应付股利和应付职工薪酬等。

此外，还有一类偿付义务和金额都不确定的特殊负债，即或有负债。或有负债最终是否导致经济利益流出企业，或者流出的金额究竟是多少，以及流出的确切时间具体在何时,这些问题在引起偿付义务的事项发生时并不确定,其最终结果需视未来某些事项的发生情况而定。由于这一类负债的特殊性,其确认和计量原则也不同于一般负债,对此将在或有负债与预计负债一章(第五章)中专门介绍。

三、流动负债的确认与计量

(一) 流动负债的会计确认

流动负债的确认应当满足负债的基本定义并遵循金融工具确认的一般原则。首先,流动负债确认的基本前提是符合负债的特征,即"有关负债义务的相关经济利益很可能流出企业"和"金额能够可靠计量";其次,就金融工具的确认原则看,目前国际会计准则和我国《企业会计准则》在这方面的思路基本相同。根据有关金融工具准则的规定,企业应当在成为金融工具合同的一方时确认金融资产或金融负债,也就是说,负债应当在有关金融工具合同(形成金融资产、金融负债或权益工具的合同)关系成立并使企业成为合同的一方(即承担合同规定的权利义务)时确认。此外,企业还应当结合自身业务特点和风险管理要求,将承担的流动负债在初始确认时分为以下两类:(1)以公允价值计量且其变动计入当期损益的金融负债;(2)其他流动负债。对于我国当前大多数企业而言,日常业务中发生的流动负债主要是金融负债,针对这些负债的确认依据主要是有关合同权利义务的成立。例如因购买商品、接受劳务、借入流动资金等形成的偿付义务,表明企业成为了有关合同中承担负债的一方,即因获得某些资产或权利等而形成需在近期内偿还的流动负债,因此应当据以确认相关负债。

(二) 流动负债的会计计量

企业的流动负债是过去的交易或事项形成的,需要在将来以某种方式偿还的义务,从提高会计信息的相关性角度出发,对负债的计量显然应考虑货币时间价值,即在其发生时按未来偿付金额的现值计价入账。但是,由于流动负债的期限普遍较短,正常情况下其偿付也不应明显逾期,因此货币时间价值的影响很小,也就是按现值计量与未来应付额的差额一般不具有显著的重要性。基于这一理由和简化会计核算的考虑,我国 2001 年实施的《企业会计制度》中规定,流动负债按其实际发生额也就是按未来的应付金额计量。

不过,在 2006 年 2 月财政部颁布的《企业会计准则第 12 号——债务重组》中规定,修改其他债务条件方式进行债务重组的,债务人应当将修改其他债务条件后债务的公允价值作为重组后的债务的入账价值(具体见债务重组一章)。另外,我国《企业会计准则第 22 号——金融工具确认和计量》还规定,以公允价值计量且其变动计入当期损益的金融负债,应按照公允价值进行初始计量和后续计量。

由此可见,流动负债的计量方式有两种:一是以未来应付的金额计量;二是按公允价值计量,具体计量方式需要根据企业会计准则规定划分不同情形确定。通常情况下,除以公允价值计量且其变动计入当期损益的金融负债和债务重组中的负债外，其他流动负债主要是按照一般金融工具计量的基本原则，以公允价值和相关交易费用作为初始确认金额，并按照摊余成本进行后续计量（一般情况下实质就是按照初始金额计量）。

第二节　商业信用融资

一、商业信用的含义与类型

商业信用是企业在以信用为基础的交易中形成的信贷关系，即企业在经营活动和交易中由于延期付款或预先收款所形成的债权债务关系，其实质是以一方按照契约规定履行承诺为前提获得另一方资金的使用权，体现了以企业信用为基础的融资关系。

在商业信用交易中，企业可能在采购商品、接受劳务时采取延期付款方式，即在获得商品或劳务时未同时付款，或者在销售商品、提供劳务时采取预先收款方式，即在提供商品或劳务之前预先收取对方的款项，因此都会产生需待未来偿付的应付义务，这就是由商业信用交易形成的流动负债。这种负债的形成和偿付，实质上就是企业以商业信用为基础获得一定期限内暂时的资金使用权，因此也可看作是通过商业信用方式进行融资。通过这种融资方式形成的流动负债主要包括应付账款、应付票据、预收账款和其他应付款等。

二、应付账款

（一）应付账款的确认与计量

应付账款是指企业因购买材料、商品和接受劳务等而应付给供应单位的款项，是由于在购销活动中取得物资与支付货款的时间不一致而产生的负债，在一般工商企业中是一种最基本、最常见的流动负债。

应付账款的确认，首先是确定应付账款的入账时间。理论上，在企业赊购商品或劳务的情况下，应付账款的入账应以所有权的转移为标志，即与所购物资所有权有关的风险和报酬已经转移，或者劳务已经接受。在实际工作中，所有权的转移需要区别具体情况来判断和处理：如果货物和发票账单同时到达，或者货物在收到发票后到达，一般是等货物验收入库后才根据发票金额登记应付账款。由于收到发票与货物的时间往往比较接近，这样处理，不仅可以确保所购物资在品种、数量和质量上都与合同条件相符，同时也可避免短时间内因验收发现货物数量或质量存在错、漏、损等问题而不得不调整已入账的应付账款,从而简化核算工作。然而,由于应付账款需根据发票账单登记入账,有时货物已到,发票账单要间隔一段时间后才能到达。如果到期末已经收到发票但仍未收到货物,这时负债事实上已经成立,为正确反映企业财务状况,应根据发票上的金额登记应付账款。实际工作中,往往采用在月终将所购物资和应付账款估计入账,待下月初再用红字予以冲回的办法。

应付账款一般按未来应付金额入账,而不按到期应付金额的现值入账。这种作法虽然会导致高估负债,但符合谨慎性原则,而且由于流动负债受货币时间价值的影响很小,通常也不会产生重要性差异。如果形成一笔应付账款时的购货条件包括一定的现金折扣,在我国一般采用“总价法”进行处理,即应付账款按扣除现金折扣前的发票金额入账;如果企业在折扣期内付款享受了现金折扣,则视为理财收益,冲减财务费用。

(二)应付账款的账务处理

企业应设置“应付账款”账户核算因购买材料、商品和接受劳务等经营活动而应支付的款项,贷方登记企业购买材料、商品、接受劳务供应的应付而未付的款项;借方登记偿还的应付账款以及用商业汇票抵付的应付账款;期末贷方余额反映尚未支付的应付账款余额。该账户可按债权人设置明细账,进行明细核算。

企业购入的材料、商品等验收入库但货款尚未支付,根据有关凭证(发票账单、随货同行发票上记载的实际价款或暂估价值),借记“材料采购”等账户;按专用发票上注明的增值税额,借记“应交税费——应交增值税(进项税额)”等账户;按应付的价款,贷记“应付账款”账户。企业接受供应单位提供劳务而发生的应付未付款项,根据供应单位的发票账单,借记“生产成本”、“管理费用”等账户,贷记“应付账款”账户。企业偿付应付款时,借记“应付账款”账户,贷记“银行存款”等账户。企业开出承兑商业汇票抵付应付账款,借记“应付账款”账户,贷记“应付票据”账户。

【例 3.1】 A公司2月5日向甲公司购入材料一批,增值税专用发票列明,价款45万元,增值税税率17%。该材料已经验收入库,款项定于4月5日支付。

2月5日购货时的账务处理:

借:原材料	450 000	
应交税费——应交增值税(进项税额)	76 500	
贷:应付账款——甲公司		526 500

4月5日支付款项时的账务处理:

借:应付账款——甲公司	526 500	
贷:银行存款		526 500

【例 3.2】 沿用例3.1资料,假设上述购货时的现金折扣条件为:2/10, N/30,则2月5日购货时的账务处理:

借:原材料	450 000	
应交税费——应交增值税(进项税额)	76 500	

贷:应付账款——甲公司　　526 500

在规定的折扣期内付款:

$$实际付款金额 = 526\ 500 \times (1 - 2\%) = 515\ 970(元)$$

借:应付账款——甲公司　　526 500

　贷:银行存款　　515 970

　　财务费用　　10 530

超过规定的折扣期付款:

借:应付账款——甲公司　　526 500

　贷:银行存款　　526 500

应付账款到期不能按时付款,如果以承兑的票据抵偿,将应付账款的账面价值转为应付票据:借记"应付账款"账户,贷记"应付票据"账户。

三、应付票据

应付票据是采用商业汇票结算方式的信用交易所形成的流动负债。商业汇票是由出票人签发,由付款人在指定日期无条件支付一定款项给收款人或持票人的票据。在我国,应付票据还要求经承兑人承兑。应付票据与应付账款虽然都是由于交易而引起的流动负债,但应付账款是尚未结清的普通债务,而应付票据是一种期票,有承诺付款的票据作为凭证。

商业汇票根据承兑人不同可分为商业承兑和银行承兑两种类型。在商业承兑方式下,付款人就是票据的承兑人,承诺在一定时期内支付票据所载明的债务,并因此确认一项负债;在银行承兑方式下,商业汇票由在承兑银行开立存款账户的存款人签发,由开户银行承兑。不过,银行承兑只是为收款人按期收回债权提供了信用保证,但对于付款人来说,其支付义务依然存在,并不因银行承兑而使这项负债消失。因此,即使是由银行承兑的汇票,付款人仍然应将其作为一项负债。

应付票据按是否带息又分为带息应付票据和不带息应付票据。对于带息票据,其面值是不含利息的票据现值。由于商业汇票期限较短,不需要按月计提利息,通常只在会计期末对尚未支付的应付票据计提利息,计入当期财务费用。不带息票据的面值就是票据到期时的应付金额。在我国会计实务中,一般按照票据的面值入账。

由商业汇票形成的债务,在会计核算上设置"应付票据"账户反映,贷方登记开出的商业汇票的票面金额和期末带息票据的应计利息,借方登记已支付的票据款项,期末贷方余额反映企业尚未到期的商业汇票的票面金额。

企业开出、承兑商业汇票或以承兑商业汇票抵付货款、应付账款时,借记"材料采购"、"库存商品"、"应付账款"、"应交税费——应交增值税(进项税额)"等账户,贷记"应付票据"账户。支付银行承兑汇票的手续费时,借记"财务费用"账户,贷记"银行存款"账户。收到银行支付到期票据的付款通知时,借记"应付票据"账户,贷记"银行存款"账户。

企业开出的商业汇票如为带息票据，应于期末计提应付利息，借记“财务费用”账户，贷记“应付票据”账户。票据到期支付本息时，按票据账面余额借记“应付票据”账户，按未计的利息借记“财务费用”账户，按实际支付的金额贷记“银行存款”账户。

【例 3.3】 A 公司采用商业汇票方式购入一批原材料，根据有关发票账单，购入材料的实际成本为 30 万元，增值税专用发票注明的增值税金额为 5.1 万元。材料已验收入库。企业开出 3 个月期限的商业承兑汇票，并用银行存款支付运杂费 2 000 元。假定该企业采用实际成本进行核算。根据上述资料，企业应进行如下账务处理：

借：原材料	302 000	
应交税费——应交增值税（进项税额）	51 000	
贷：应付票据		351 000
银行存款		2 000

票据到期支付票据款时：

借：应付票据	351 000	
贷：银行存款		351 000

企业开出并承兑的商业汇票如果不能如期支付的，应在票据到期时，将“应付票据”账面价值转入“应付账款”账户，如果以重新签发新的票据抵偿原票据的，再从“应付账款”转入“应付票据”。银行承兑汇票到期，如果企业无力支付到期票款，承兑银行凭票向持票人无条件付款，同时对出票人尚未支付的汇票金额转为逾期贷款处理，并按天计收利息。企业无力支付到期银行承兑汇票，在接到银行转来的“××号汇票无款支付转入逾期贷款户”等有关凭证时，应借记“应付票据”，贷记“短期借款”处理。对于计收的利息，按短期借款利息处理。

四、预收账款

预收账款是指企业按照合同规定，向购货单位预先收取的定金或部分货款而形成的一项负债。预收账款应按实际收到的金额入账。

预收账款的核算，应视企业的具体情况而定。如果预收账款比较多，可以设置“预收账款”账户。该账户贷方反映预收的货款和补付的货款，借方反映应收的货款和退回多收的货款；期末贷方余额，反映尚未结清的预收账款，借方余额反映应收对方的款项。该账户应按购货单位设置明细账，进行明细核算。

企业向购货单位预收款项时，借记“银行存款”等账户，贷记“预收账款”账户；销售实现时，按实现的收入和应交的增值税借记“预收账款”账户，按实现的营业收入贷记“主营业务收入”账户，按应交的增值税额贷记“应交税费——应交增值税（销项税额）”等账户；收到购货单位补付的款项时，借记“银行存款”账户，贷记“预收账款”账户；退还多收的款项，作相反的会计分录。

预收账款业务不多的企业，也可以不设“预收账款”账户，发生预收款项业务时，可以将企业预收的款项直接计入“应收账款”账户的贷方。

五、其他应付款

企业经营过程中，除了应付账款、应付票据以外，有时还会发生一些应付、暂收其他单位或个人的款项，如应付租入固定资产、包装物的租金，暂收存入保证金，应付统筹退休金等。这些暂收或应付的款项，也构成企业的流动负债，统称为其他应付款，即企业除应付票据、应付账款、预收账款、应付职工薪酬、应付利息、应付股利、应交税费等以外的其他各项应付、暂收的款项。在会计上通过“其他应付款”账户核算，并根据对方单位（或个人）设置明细账。该账户贷方登记应付或暂收其他单位或个人的款项，借方登记已经偿还的款项，期末贷方余额反映企业尚未支付给其他单位或个人的暂收和应付款项。

企业发生应付、暂收的款项，借记“管理费用”、“库存现金”等有关账户，贷记“其他应付款”账户。偿付、退还应付款项时，借记“其他应付款”账户，贷记“银行存款”、“库存现金”等账户。采用售后回购方式融资的，应将收到的价款作为负债确认，通过“其他应付款”反映，有关会计处理详见收入一章（第十三章）。

第三节　短期借款与交易性金融负债

一、短期借款

短期借款是指企业向银行或其他金融机构等借入的期限在1年以内的各种借款。短期借款一般是出于满足短期资金周转的需要，为了维持正常生产经营或者为抵偿某项债务而借入的。

企业应设置“短期借款”账户核算借入的各种短期借款，该账户贷方登记取得的各种短期借款，借方登记归还的各种借款。期末贷方余额反映企业尚未偿还的借款本金。该账户应按债权人设置明细账，并按借款种类进行明细核算。

企业借入各种短期借款时，借记“银行存款”账户，贷记“短期借款”账户。短期借款应当按照借款本金和确定的利率按期计提利息，计入当期损益，一般直接计入当期财务费用。如果短期借款的利息是按季度或半年度支付的，或者利息是在借款到期时连同本金一并归还并且数额较大的，为了正确地计算各期的损益，可以采用预提的办法，按月提取计入财务费用，借记“财务费用”账户，贷记“应付利息”账户；实际支付利息时，借记“应付利息”、“财务费用”账户，贷记“银行存款”账户。如果短期借款的利息是按月份支付的，或者利息是在借款到期时连同本金一并归还并且数额不大的，可以在实际支付时，直接计入当期财务费用，借记“财务费用”账户，贷记“银行存款”账户。企业归还借款本金时，借记“短期借款”账户，贷记“银行存款”账户。

在以应收债权取得质押借款的情况下，与应收债权有关的风险和报酬并未转移，企业仍然自行承担应收债权可能产生的风险，因此不应冲减账面上的应收款项，而应按照实际收到的款项，借记“银行存款”账户，按实际支付的手续费，借记“财务费用”账户，按银行贷款本金贷记“短期借款”等账户。企业应设置备查簿，详细记录质押的应收债权的账面金额、质押期限及回款情况等。

二、交易性金融负债

(一) 交易性金融负债的含义

企业承担的金融负债，在初始确认时可以分为以下两类：(1)以公允价值计量且其变动计入当期损益的金融负债；(2)其他金融负债。其中，以公允价值计量且其变动计入当期损益的金融负债，又包括交易性金融负债和直接指定为以公允价值计量且其变动计入当期损益的金融负债。

1. 交易性金融负债

满足以下条件之一的金融负债，应当划分为交易性金融负债：

(1) 承担该金融负债的目的，主要是为了近期内出售或回购。

(2) 属于进行集中管理的可辨认金融工具组合的一部分，且有客观证据表明企业近期采用短期获利方式对该组合进行管理。在这种情况下，即使组合中有某个组成项目持有的期限稍长也不受影响。

(3) 属于衍生工具。但是，被指定为有效套期工具的衍生工具、属于财务担保合同的衍生工具、与在活跃市场中没有报价且其公允价值不能可靠计量的权益工具投资挂钩并须通过交付该权益工具结算的衍生工具除外。其中，财务担保合同是指保证人和债权人约定，当债务人不履行债务时，保证人按照约定履行债务或者承担责任的合同。

2. 直接指定为以公允价值计量且其变动计入当期损益的金融负债

通常情况下，对于混合工具以外的金融负债，只有能够产生更相关的会计信息时才能将该项金融负债直接指定为以公允价值计量且其变动计入当期损益的金融负债。

符合以下条件之一，说明直接指定能够产生更相关的会计信息：

(1) 该指定可以消除或明显减少由于该金融负债的计量基础不同而导致的相关利得或损失在确认和计量方面不一致的情况。

设立这项条件，目的在于通过直接指定为以公允价值计量，并将其变动计入当期损益，以消除会计上可能存在的不配比现象。例如，有些金融资产可以被划分为交易性金融资产，从而其公允价值变动计入当期损益，但与之直接相关的金融负债却以摊余成本进行后续计量，从而导致“会计不配比”。但是，如果将以上金融资产和金融负债均直接指定为以公允价值计量且其变动计入当期损益类,那么这种会计上的不配比就能够消除。

(2) 企业的风险管理或投资策略的正式书面文件已载明,该金融负债组合或该金融资产和金融负债组合,以公允价值为基础进行管理、评价并向关键管理人员报告。

(二) 交易性金融负债的会计处理

对于以公允价值计量且其变动计入当期损益的金融负债,应按照其公允价值进行初始计量和后续计量,相关交易费用不应计入金融负债的价值,而应当在发生时直接计入当期损益。其中,金融负债的公允价值,应当以市场交易价格为基础确定。

交易费用,是指可直接归属于购买、发行或处置金融工具新增的外部费用。新增的外部费用,是指企业不购买、发行或处置金融工具就不会发生的费用,包括支付给代理机构、咨询公司、券商等的手续费和佣金及其他必要支出,不包括债券溢价、折价、融资费用、内部管理成本及其他与交易不直接相关的费用。交易费用构成实际利息的组成部分。

对于以公允价值计量且其变动计入当期损益的金融负债,其公允价值变动形成利得或损失,除与套期保值有关外,应当计入当期损益。

企业对于以公允价值计量且其变动计入当期损益的金融负债,应当设置"交易性金融负债"账户核算其公允价值,并按交易性金融负债类别,分别按"本金"、"公允价值变动"等进行明细核算。企业承担的交易性金融负债,应按实际收到的金额,借记"银行存款"等账户,按发生的交易费用,借记"投资收益"账户,按交易性金融负债的公允价值,贷记"交易性金融负债——本金"账户。资产负债表日,按交易性金融负债票面利率计算的利息,借记"投资收益"账户,贷记"应付利息"账户。资产负债表日,交易性金融负债的公允价值高于其账面余额的差额,借记"公允价值变动损益"账户,贷记"交易性金融负债——公允价值变动"账户;公允价值低于其账面余额的差额作相反的会计分录。处置交易性金融负债,应按该金融负债的账面余额,借记本账户,按实际支付的金额,贷记"银行存款"等账户,按其差额,贷记或借记"投资收益"账户。同时,按该金融负债的公允价值变动,借记或贷记"公允价值变动损益"账户,贷记或借记"投资收益"账户。

第四节 应 交 税 费

一、应交税费的种类

应交税费,是指企业按照税法规定应计算缴纳的各种税费,包括增值税、消费税、营业税、所得税、资源税、土地增值税、城市维护建设税、房产税、城镇土地使用税、车船税、教育费附加、矿产资源补偿费,以及代扣代缴的个人所得税等。企业在一定时期内取得的营业收入和实现的利润或发生的特定经营行为，要按照规定向国家缴纳各种税金和费用，在尚未缴纳之前，按照权责发生制的原则提取计入有关账户，就形成一定的负债。

企业的应交税费按照征税对象的不同主要分为：

(1) 流转税，是对企业经营中发生的应税流转额征收的一种税，以销售商品、提供劳务等的收入为基础计征。主要包括增值税、营业税、消费税、关税等。

(2) 所得税，是对企业应税所得征收的一种税，以一定期间内企业经营的净所得为计征基础。

(3) 财产税，是对企业所有或支配的某些动产与不动产征收的税，是以特定财产为计征基础的税种，如房产税等。

(4) 行为税，是以企业的某些特定行为为征税对象所征收的一种税，以应税行为的发生为计征基础，如车船税、印花税等。

(5) 资源税，是对我国境内开发自然资源的单位和个人，就其资源和开发条件的差别而形成的级差收入所征收的税，包括资源税(种)、土地增值税、城镇土地使用税等。

此外，企业经营中可能需要负担的还有城市建设维护税，以及教育费附加、矿产资源补偿费等特定税目，有些情况下，还可能发生代扣代缴的个人所得税等。本章主要介绍一般企业常见的增值税、消费税、营业税等税种。

二、增值税

(一) 增值税的缴纳规定

增值税是对在我国境内销售货物或提供加工、修理修配劳务，以及进口货物的单位和个人，就其取得的货物或应税劳务以及进口货物等的增值部分征收的一种流转税。其中，货物是指有形动产，包括电力、热力和气体在内；销售货物是指有偿转让货物的所有权；加工是指受托加工货物，即委托方提供原料及主要材料，受托方按照委托方的要求，制造货物并收取加工费的业务；修理修配是指受托对损伤和丧失功能的货物进行恢复，使其恢复原状和功能的业务，但是企业聘用的员工为本单位或者雇主提供加工、修理修配劳务，不包括在内。

按照《中华人民共和国增值税暂行条例》规定，企业购入货物或接受应税劳务支付的增值税(即进项税额)，可以从销售货物或提供劳务按规定收取的增值税(即销项税额)中抵扣。不过，企业购入货物或接受劳务必须具备以下凭证，其进项税额才能予以扣除：

(1) 增值税专用发票。实行增值税以后，一般纳税企业销售货物或者提供应税劳务均应开具增值税专用发票，增值税专用发票记载了销售货物的售价、税率以及税额等，购货方以增值税专用发票上记载的购入货物已支付的税额，作为扣税和记账依据。

(2) 进口完税凭证。企业进口货物缴纳的增值税根据从海关取得的进口增值税专用缴款书上注明的增值税额，作为扣税依据。

(3) 农产品收购发票和农产品销售发票。购进免税农产品或收购废旧物资，按照经税务机关批准的收购发票或销售发票上注明的价款或收购金额的一定比例(13%)计算进项税额，并以此作为扣税和记账的依据。

(4) 运输费用结算单据。购进或者销售货物以及在生产经营过程中支付运输费用的，可以按照运输费用结算单据上注明的运输费用金额和7%的扣除率计算扣除的进项税额。

按照规定，企业购入货物或者接受应税劳务供应，没有按照规定取得并保存增值税扣税凭证，或者增值税扣税凭证上未按照规定注明增值税额及其他有关事宜的，其进项税额不能从销项税额中抵扣。会计核算中，如果企业不能取得有关的扣税证明，则购进货物或接受应税劳务支付的增值税额不能作为进项税额扣税，只能计入购入货物或接受劳务的成本。

增值税纳税人按其经营规模及会计核算资料是否健全划分为一般纳税人和小规模纳税人。按照税法有关规定，小规模纳税人的标准是：从事货物生产或提供应税劳务，以及从事货物生产或提供应税劳务为主，并兼营货物批发或零售的纳税人，年应税销售额在50万元以下的(含50万元)；除上项规定以外的纳税人，年应税销售额在80万元以下的(含80万元)。以从事货物生产或者提供应税劳务为主，是指纳税人的年货物生产或者提供应税劳务的销售额占年应税销售额的比重在50%以上。此外，年应税销售额超过小规模纳税人标准的其他个人也按小规模纳税人纳税。除此之外的其他增值税纳税人为一般纳税人。

(二) 增值税税额的计算方法

1. 一般纳税人应纳增值税税额计算

一般纳税人应纳增值税的计算采用扣税法，其计算公式为：

$$应交增值税 = 当期销项税额 - 当期进项税额$$

其中，当期销项税额 = 销售应税货物或提供应税劳务的收入 × 适用增值税税率，是企业向购货方收取的增值税额；当期进项税额则是企业购买货物或接受应税劳务时向销售方支付的增值税额。由此可见，增值税实际上是一种价外税，采用价税分离、对增值额计征的办法。应纳税额为当期销项税额抵扣当期进项税额后的余额。如果纳税人当期销项税额小于当期进项税额，则其差额可以结转下期抵扣。

需要注意的是，上式中的“销售应税货物或提供应税劳务的收入”应为不含增值税的收入。如果一般纳税人将销售货物或提供应税劳务采用销售额和销项税额合并定价的方法，在计算应纳税额时，应将含税的销售额换算为不含税的销售额，其计算公式为：

$$不含税销售额 = 含税销售额 \div (1 + 增值税税率)$$

2. 小规模纳税人应纳增值税的计算

小规模纳税人销售货物或者应税劳务，实行按照销售额和征收率计算应纳税额的简易办法，并且不得抵扣进项税额。小规模纳税人的增值税征收率为3%，其计算公式为：

$$应纳增值税额 = 不含税销售额 \times 征收率$$

小规模纳税人采用销售额和应纳税额合并定价方法的，其销售额根据下列公式计算：

$$不含税销售额 = 含税销售额 \div (1 + 征收率)$$

(三) 增值税核算的账户设置

为了正确反映增值税的计算及缴纳情况，一般纳税人企业应在“应交税费”账户下设置“应交增值税”、“未交增值税”明细账户进行核算，并在“应交税费——应交增值税”明细账内，分别设置“进项税额”、“已交税金”、“减免税款”、“出口抵减内销产品应纳税额”、“转出未交增值税”、“销项税额”、“出口退税”、“进项税额转出”、“转出多交增值税”等专栏。

“应交税费——应交增值税”账户的借方发生额，反映企业购进货物或接受应税劳务支付的进项税额、实际已缴纳的增值税额和月末转出的当月应交未交的增值税额；贷方发生额，反映企业销售货物或提供应税劳务收取的销项税额、出口企业收到的出口退税以及进项税额转出数和转出多交增值税；期末借方余额，反映企业尚未抵扣的增值税。“应交增值税”明细账户格式如表3.1所示：

表 3.1　应交增值税明细账

略	借方						贷方					借或贷	余额
	合计	进项税额	已交税金	减免税款	出口抵减内销产品应纳税额	转出未交增值税	合计	销项税额	出口退税	进项税额转出	转出多交增值税		

上述“应交税费——应交增值税”明细账户反映的内容分别为：

“进项税额”栏，记录企业购入货物或接受应税劳务已经支付的、可直接从当期销项税额中抵扣的增值税额。企业购货退还应冲回的进项税额，用红字登记。

“已交税金”栏，记录企业已缴纳的增值税。

“减免税款”栏，记录企业经主管税务机关批准，实际减免的增值税额。

“出口抵减内销产品应纳税额”栏，记录内资企业以及1993年12月31日以后批准设立的外商投资企业直接出口或委托外贸企业代理出口的货物，按规定的退税率计算的出口货物的进项税额抵减内销产品的应纳税额。

“转出未交增值税”栏，记录企业月末转出的当月发生的应交未交的增值税额。

“销项税额”栏，记录企业销售货物或提供应税劳务收取的增值税额。企业退回已销货物应冲减的增值税，用红字登记。

"出口退税"栏,记录企业出口适用零税率的货物,向海关办理报关出口手续后,凭出口报关单等有关凭证,向税务机关申报办理出口退税而收到退回的税款。出口货物退回的增值税额,用蓝字登记;出口货物办理退税后发生退货或退关而补交已退的税款,用红字登记。

"进项税额转出"栏,记录企业的购进货物发生非正常损失以及其他原因,不应从销项税额中抵扣而应按规定转出的进项税额。

"转出多交增值税"栏,记录企业月末转出当月多交的增值税。

"应交税费——未交增值税"账户的借方发生额,反映企业月末转入的多交的增值税;贷方发生额,反映企业月末转入的当月发生的应交未交增值税;期末借方余额反映多交的增值税,贷方余额反映未交的增值税。

根据国家税务总局关于"增值税日常稽查办法的通知",增值税一般纳税人在税务机关对其增值税纳税情况进行检查后,凡涉及应交增值税账务调整的,应设立"应交税费——增值税检查调整"专门账户。凡检查后应调减账面进项税额或调增销项税额和进项税额转出的,借记有关账户,贷记"应交税费——增值税检查调整"账户;凡检查后应调增账面进项税额或调减销项税额和进项税额转出的,借记"应交税费——增值税检查调整"账户,贷记有关账户;全部调账事项入账并对该账户的余额进行处理后,该账户无余额。

由于小规模纳税人按照简易办法计征增值税,并且不得抵扣进项税额,因此小规模纳税企业只需在"应交税费"账户下设置"应交增值税"明细账户,而不需要设置"未交增值税"明细账户,而且不需要在"应交增值税"明细账户中设置上述专栏,只需采用"三栏式"明细账格式进行核算。

(四)一般纳税企业的账务处理

1. 一般购销业务的账务处理

一般纳税人企业销售货物或提供应税劳务,可以开具增值税专用发票;购入货物取得的增值税专用发票(或海关完税凭证、购进免税农产品凭证以及外购货物支付的运输费用的结算单据)上注明的增值税额,可以抵扣销项税额;如果企业销售货物或提供应税劳务采用销售额和销项税额合并定价方法的,应先将含税销售额换算为不含税销售额,再按不含税销售额计算销项税额。

一般纳税企业在购销业务的账务处理上有以下特点:一是在购入货物时,账务处理实行价税分离,价与税分别为增值税专用发票上注明的价款与增值税额,价款计入购入货物成本,增值税额计入进项税额;二是在销售货物时,向购货方收取(或应收取)的款项属于价款的部分计入当期收入,属于增值税的部分计入销项税额。

企业购进货物或者接受应税劳务等按规定准予抵扣进项税额的,应按增值税专用发票或海关开具的进口增值税专用缴款书上注明的增值税额,借记"应交税费——应交增值税(进项税额)"账户;按发票上记载的应计入采购成本或加工修理等货物成本的金额,借记"材料采购"、"原材料"、"库存商品"、"委托加工物资"等账户;按实际支付或应付的金额，贷记"银行存款"、"应付账款"、"应付票据"等账户。

根据现行税法规定，企业外购货物、设备等所支付的运输费用，以及一般纳税企业销售货物所支付的运输费用（不包括代垫运费），可按运费结算单据（普通发票）所列运费金额和7%的扣除率计算进项税额予以抵扣。

企业销售货物或提供应税劳务等，应按实现的营业收入（不含增值税）和应交的增值税额，借记"银行存款"、"应收账款"、"应收票据"等账户；贷记"主营业务收入"、"其他业务收入"等账户；同时按根据营业收入和规定税率计算出的增值税额，贷记"应交税费——应交增值税（销项税额）"账户。发生销售退回时作相反的会计分录。

【例3.4】 C公司为一般纳税人，购入一批原材料，增值税专用发票上注明材料的价款40万元，增值税税率17%，增值税额6.8万元。款项已经支付，材料已验收入库。该公司当月销售货物实现收入70万元（不含增值税），增值税税率17%，销项税额11.9万元，款项尚未收到。该公司的购销业务账务处理如下：

购进货物验收入库：

借：原材料	400 000	
应交税费——应交增值税（进项税额）	68 000	
贷：银行存款		468 000

销售货物：

借：应收账款	819 000	
贷：主营业务收入		700 000
应交税费——应交增值税（销项税额）		119 000

2. 出口货物业务的账务处理

按照增值税暂行条例规定，出口货物实行零税率（另有规定除外）。所以，一般纳税企业出口适用零税率的货物，向海关办理出口手续后，凭出口报关单等凭证，可以按月向税务机关申报办理该项出口货物的退税。根据规定，不同的出口企业实行不同的退税办法。对于有进出口经营权的生产企业自营出口或委托外贸企业代理出口货物的增值税实行"免、抵、退"的办法。由于出口货物实行零税率，出口货物在国内采购的进项税额应全部退还出口企业，但由于财政困难等原因，可能只退还企业一部分增值税，即存在退税率的问题，不予以退税的部分计入企业的销售成本。

实行"免、抵、退"办法的生产企业自营或委托外贸企业代理出口自产货物的，出口货物免征出口环节增值税，其耗用的购进货物所负担的进项税额，计入"应交税费——应交增值税（进项税额）"账户；按该出口货物适用的增值税税率与退税率之差乘以出口货物的离岸价格折合人民币金额，计算出口货物不得免征和抵扣的税额，计入出口货物成本，借记"主营业务成本"账户，贷记"应交税费——应交增值税（进项税额转出）"账户；按规定计算的当期抵扣内销产品应纳税额的出口货物进项税额，借记"应交税费——应交增值税（出口抵减内销产品应纳税额）"账户，贷记"应交税费——应交增值税（出口退税）"账户；因应抵扣的税额大于应纳税额而未全部抵扣，按规定应予退回的税额，借记"其他应收款"

账户，贷记“应交税费——应交增值税(出口退税)”账户；实际收到退回的税款时，借记“银行存款”账户，贷记“其他应收款”账户。出口货物办理退税后，发生的退货或者退关补交已退回的税款时，作与上述相反的会计分录。

【例 3.5】 C公司为一般纳税人，20×9 年 9 月购入货物 150 万元，增值税税率 17%，增值税额 25.5 万元，款项全部支付，货物验收入库。当期将该货物出口销售三分之一，销售价格 10 万美元，期初汇率 1∶6.82，款项尚未收到。按规定该货物出口退税率为 8%。C公司应作出账务处理如下：

购进货物时：

借：库存商品　　　　1 500 000

　应交税费——应交增值税(进项税额)　　　　255 000

　贷：银行存款　　　　1 755 000

出口销售：

借：应收账款　　　　682 000(100 000×6.82)

　贷：主营业务收入　　　　682 000

结转销售成本：

借：主营业务成本　　　　500 000

　贷：库存商品　　　　500 000

出口退税率为 8%，另 9%不予以退税，转入销售成本：

借：主营业务成本　　　　45 000(500 000×9%)

　贷：应交税费——应交增值税(进项税额转出)　　　　45 000

出口退税部分，企业有内销产品的，将退税部分抵减内销产品应纳的增值税额：

借：应交税费——应交增值税(出口抵减内销产品应纳税额)

　　　　40 000(500 000×8%)

　贷：应交税费——应交增值税(出口退税)　　　　40 000

如果当期出口销售部分超过当期全部销售额的 50%，且用以抵减内销产品应纳税额大于内销产品的应纳税额时，经主管税务机关批准，未抵减完的部分应予以实际退税。应实际退税部分，企业应作如下会计分录：

借：其他应收款

　贷：应交税费——应交增值税(出口退税)

假定上述出口销售额占当期全部销售额的 50%以上，而当期内销产品的应纳税额为 30 000 元，出口退税率 8%(出口抵减内销产品应纳税额为 40 000 元)，则：

借：其他应收款　　　　10 000

　应交税费——应交增值税(出口抵减内销产品应纳税额)　　　　30 000

　贷：应交税费——应交增值税(出口退税)　　　　40 000

3. 购入免税农产品业务的账务处理

按照增值税暂行条例规定，对农业生产者的自产农产品、古旧图书等项目免征增值税。企业销售免税项目的货物，不能开具增值税专用发票，只能开具普通发票。企业购进免税产品，一般情况下不能扣税，但按税法规定，对于购进免税农产品、收购废旧物资等可以按买价或收购金额的一定扣除率（13%）计算计入进项税额，并准予从当期销项税额中抵扣，剩余的买价作为购进农产品或收购废旧物资的成本。这里购进免税农产品的买价是指购进免税农产品支付给农业生产者的价款。

【例 3.6】 甲公司收购农业产品，实际支付价款 50 万元，产品已验收入库。

$$进项税额 = 50 \times 13\% = 6.5(万元)$$

借：原材料	435 000	
应交税费——应交增值税（进项税额）	65 000	
贷：银行存款		500 000

4. 不予抵扣项目的账务处理

按照增值税暂行条例及其实施细则的规定，企业有些购进货物或接受应税劳务时所支付的进项税额不得从销项税额中扣除。不予抵扣的项目包括：

(1) 用于非增值税应税项目的购进货物或者应税劳务。所谓非增值税应税项目，是指提供非增值税应税劳务、转让无形资产、销售不动产和不动产在建工程。这里的不动产是指不能移动或者移动后会引起性质、形状改变的财产，包括建筑物、构筑物和其他土地附着物。纳税人新建、改建、扩建、修缮、装饰不动产，均属于不动产在建工程。

(2) 用于免征增值税项目的购进货物或者应税劳务。

(3) 用于集体福利或者个人消费的购进货物或者应税劳务。

(4) 非正常损失的购进货物及相关的应税劳务。所谓非正常损失，是指因管理不善造成被盗、丢失、霉烂变质的损失。

(5) 非正常损失的在产品、产成品所耗用的购进货物或者应税劳务。

(6) 国务院财政、税务主管部门规定的纳税人自用消费品，比如摩托车、汽车、游艇，其进项税额不得从销项税额中抵扣。

(7) 上述 6 项规定中的货物的运输费用和销售免税货物的运输费用。

属于购入时即能确定其进项税额不能抵扣的，如购入直接用于免税项目或者直接用于集体福利和个人消费等项目的货物或应税劳务，其增值税专用发票上注明的增值税额，计入所购货物或接受劳务的成本。如果购入货物或接受劳务时，不能确定其进项税额是否可以抵扣的，其增值税专用发票上注明的增值税额应先计入“应交税费——应交增值税（进项税额）”账户，如果这部分货物或应税劳务以后用于按规定不得抵扣的项目，再将已计入增值税的进项税额转出，计入有关成本费用，如“在建工程”、“待处理财产损溢”等。

【例 3.7】 C公司 20×9 年 6 月购入一座楼房，增值税专用发票上注明价款 1 000 万元，增值税 170 万元。楼房已验收，款项已支付。其账务处理为：

借：固定资产	11 700 000	
贷：银行存款		11 700 000

【例 3.8】 C公司购入一批材料，增值税专用发票上注明价款10万元，增值税1.7万元，材料验收入库，款项转账支付。其后该公司将该批材料的一半用于办公楼工程耗用。其账务处理为：

购入材料：

借：原材料　　100 000

　应交税费——应交增值税（进项税额）　　17 000

　贷：银行存款　　117 000

工程领用该材料：

借：在建工程　　58 500

　贷：原材料　　50 000

　　应交税费——应交增值税（进项税额转出）　　8 500

5. 视同销售业务的账务处理

企业发生的下列行为，不属于销售业务，但按增值税暂行条例实施细则的规定应视同销售，计算缴纳增值税：

(1) 将货物交付其他单位或者个人代销；

(2) 销售代销货物；

(3) 设有两个以上机构并实行统一核算的纳税人，将货物从一个机构移送其他机构用于销售（相关机构设在同一县/市的除外）；

(4) 将自产、委托加工的货物用于非增值税应税项目；

(5) 将自产、委托加工的货物用于集体福利或个人消费；

(6) 将自产、委托加工或者购进的货物作为投资，提供给其他单位或者个体工商户经营者；

(7) 将自产、委托加工或者购进的货物分配给股东或者投资者；

(8) 将自产、委托加工或者购进的货物无偿赠送其他单位或者个人。

发生视同销售业务时，企业应按确认的营业收入和增值税额，借记"长期股权投资"、"应付职工薪酬"、"营业外支出"等账户，按确认的营业收入，贷记"主营业务收入"、"其他业务收入"等账户，按增值税专用发票上注明的增值税额，贷记"应交税费——应交增值税（销项税额）"账户。

【例 3.9】 C公司以一批材料向乙公司投资，该材料的账面成本40万元，公允价值为50万元，增值税税率17%。C公司账务处理为：

对外投资材料的销项税额 $= 50 \times 17\% = 8.5$（万元）

借：长期股权投资　　485 000

　贷：原材料　　400 000

　　应交税费——应交增值税（销项税额）　　85 000

相应地，接受投资的乙公司应视同购进存货处理。

【例 3.10】 某企业将自产的产品发放给管理部门职工，作为福利品供个人消费，该产品的实际成本为8万元，售价9万元，该企业增值税税率17%。其账务处理如下：

借:应付职工薪酬　　105 300
　　贷:主营业务收入　　90 000
　　　　应交税费——应交增值税(销项税额)　　15 300
借:主营业务成本　　80 000
　　贷:库存商品　　80 000
借:管理费用　　105 300
　　贷:应付职工薪酬　　105 300

6. 进货退出与进货折让的账务处理

一般纳税人因购进货物退出或者折让而收回的增值税额,应从发生购进货物退出或者折让当期的进项税额中扣除。税法规定,销售方销售货物并向购货方开具专用发票后,应视不同情况分别办理:

(1) 一般纳税人在开具专用发票当月,发生销售退回、开票有误等情形,收到退回的发票联、抵扣联符合作废条件的,按作废处理。作废条件,是指收到退回的发票联、抵扣联时间未超过销售方开票当月;销售方未抄税并且未记账;购买方未认证或者认证结果为"纳税人识别号码认证不符"、"专用发票代码、号码认证不符"。

(2) 不符合作废条件的,或者因销货部分退回及发生销售折让的,购买方应向主管税务机关填报《开具红字增值税专用发票申请单》,主管税务机关审核后出具《开具红字增值税专用发票通知单》(以下简称《通知单》)。销售方凭购买方提供的《通知单》开具红字增值税专用发票,在防伪税控系统中以销项负数开具,红字增值税专用发票应与《通知单》一一对应。购买方必须暂依《通知单》所列增值税税额从当期进项税额中转出,未抵扣增值税进项税额的可列入当期进项税额,待取得销售方开具的红字增值税专用发票后,与留存的《通知单》一并作为记账凭证。购买方按红字增值税专用发票上注明的增值税额,红字借记"应交税费——应交增值税(进项税额)"账户,按发票上注明的价款,红字借记"原材料"等账户,按价税合计数,红字贷记"应付账款"、"银行存款"等账户。

7. 销货退回、销货折让的账务处理

一般纳税人因销售货物退回或者折让而退还给购买方的增值税额,应从发生销售货物退回或者折让当期的销项税额中扣减;因购进货物退出或者折让而收回的增值税额,应从发生购进货物退出或者折让当期的进项税额中扣减。一般纳税人销售货物或者应税劳务,开具增值税专用发票后,发生销售货物退回或者折让、开票有误等情形,应按国家税务总局的规定开具红字增值税专用发票,未按规定开具红字增值税专用发票的,增值税额不得从销项税额中扣减。

企业发生的销售退回或销售折让,按应冲减的营业收入,借记"主营业务收入"等账户,按红字增值税专用发票上注明的增值税额,借记"应交税费——应交增值税(销项税额)"账户,按实际支付或应退还的金额,贷记"银行存款"、"应收账款"等账户。

8. 减免增值税的账务处理

增值税减免分为直接减免和先征后退(或即征即退、先征后返)两类形式。对于直接

减免的增值税，企业在按规定享受直接减免时，应借记“应交税费——应交增值税（减免税款）”账户，贷记“营业外收入”账户；对于先征后退或即征即退、先征后返的增值税减免，企业应在实际收到先征后退、即征即退、先征后返的增值税时，借记“银行存款”账户，贷记“营业外收入”账户，不需通过“应交税费——应交增值税（减免税款）”账户核算。

9. 上缴增值税、转出多交和未交增值税的账务处理

企业按规定期限申报缴纳的增值税，在收到银行退回的税收缴款书后，借记“应交税费——应交增值税（已交税金）”账户，贷记“银行存款”账户。当月缴纳以前各期未交的增值税，通过“应交税费——未交增值税”账户，不通过“应交税费——应交增值税（已交税金）”账户核算。

为了反映一般纳税企业增值税的缴纳和欠缴情况，避免用以后各月进项税额抵扣以前各月应交未交增值税的情况，确保企业及时足额地上缴增值税，企业应在“应交税费”账户下，设置“未交增值税”明细账户，反映企业月份终了，从“应交税费——应交增值税”明细账户转入的当月应交未交或多交的增值税；同时，在“应交税费——应交增值税”明细账户下，设置“转出未交增值税”和“转出多交增值税”专栏。月末，计算出企业当月应交未交的增值税，借记“应交税费——应交增值税（转出未交增值税）”账户，贷记“应交税费——未交增值税”账户；当月多交增值税，借记“应交税费——未交增值税”账户，贷记“应交税费——应交增值税（转出多交增值税）”账户；月末终了，“应交税费——应交增值税”账户余额，反映企业待下月继续抵扣的进项税额。

未交增值税在以后月份上缴时，借记“应交税费——未交增值税”账户，贷记“银行存款”账户；多交的增值税在以后月份退回或抵缴当月应交增值税时，借记“银行存款”账户或“应交税费——应交增值税（已交税金）”账户，贷记“应交税费——未交增值税”账户。

【例 3.11】 C公司9月初没有待抵扣的进项税额。当月购进货物支付进项税额6万元，当月销售货物收取销项税额19.5万元，增值税的其他有关专栏没有发生额。月末以银行存款上缴当月增值税10万元。该公司账务处理如下：

$$当月应交增值税 = 当月销项税额 - 当月进项税额 = 19.5 - 6 = 13.5(万元)$$

上缴当月增值税：

借：应交税费——应交增值税（已交税金）　　100 000

　　贷：银行存款　　100 000

当月尚未缴纳的增值税转出：

$$尚未缴纳的增值税 = 13.5 - 10 = 3.5(万元)$$

借：应交税费——应交增值税（转出未交增值税）　　35 000

　　贷：应交税费——未交增值税　　35 000

企业当月缴纳当月增值税，通过“应交税费——应交增值税（已交税金）”账户，当月缴纳以前各月欠缴的增值税，通过“应交税费——未交增值税”账户，不通过“应交税费——

应交增值税(已交税金)”账户。

假定该公司10月份以银行存款缴纳增值税9万元,其中包括以前各月欠缴的3.5万元,当月应缴的5.5万元,则会计分录为:

借:应交税费——未交增值税	35 000	
应交税费——应交增值税(已交税金)	55 000	
贷:银行存款		90 000

(五) 小规模纳税企业的账务处理

根据增值税暂行条例规定,小规模纳税企业销售货物或提供应税劳务,一般只能开具普通发票,不能开具增值税专用发票。同时小规模纳税企业销售货物或提供应税劳务,实行简易办法计算应纳税额,按照销售额的3%计算。此外,小规模纳税企业的销售额不包括其应纳的增值税额。采用销售额和应纳税额合并定价方法的,按照公式先将其还原为不含税销售额,再计算应纳税额。

从会计核算的角度看,小规模纳税企业无论是否具有增值税专用发票,其支付的增值税额均不计入进项税额,不得抵扣销项税额,而应计入购货成本。相应地,其他企业从小规模纳税企业购进货物或接受应税劳务时支付的增值税额,如果不能取得增值税专用发票,也不能作为进项税额抵扣,应计入货物或应税劳务成本。

【例3.12】 某企业为小规模纳税企业,本期购进货物,增值税专用发票注明价款40万元,增值税6.8万元,货物验收入库,款项已支付。本期销售货物61.8万元(含税价格),货款已收。企业按3%的征收率计收增值税,账务处理为:

购入货物:

借:原材料	468 000	
贷:银行存款		468 000

销售货物:

$$将含税价格换算为不含税价 = 618\ 000 \div (1 + 3\%) = 600\ 000(元)$$

$$应交增值税 = 600\ 000 \times 3\% = 18\ 000(元)$$

借:银行存款	618 000	
贷:主营业务收入		600 000
应交税费——应交增值税		18 000

三、消费税

消费税是为了调节消费结构,正确引导消费方向,在普遍征收增值税的基础上,有选择地对部分消费品征收的一种流转税。

消费税的征收方法有从价定率和从量定额两种。实行从价定率办法是以销售额为基础,如果应税消费品的销售额中未扣除增值税或是不能开具增值税专用发票而发生价款和增值税额合并收取的,计算消费税时,应将应税消费品的销售额换算为不含增值税的销售额。实行从量定额办法计征的应纳税额的销售量是指应税消费品的数量;属于销售应税消费品的,为应税消费品的销售量;属于自产自用应税消费品的,为应税消费品的移送使用量;属于委托加工应税消费品的,为纳税人收回的应税消费品的数量;属于进口应税消费品的,为海关核定的应税消费品进口征税数量。

(一) 消费税核算的账户设置

企业按规定应交的消费税,在"应交税费"账户下设置"应交消费税"明细账户。"应交消费税"账户的借方发生额,反映企业实际缴纳的消费税和待扣的消费税;贷方发生额反映企业按规定应交的消费税;期末贷方余额,反映企业尚未缴纳的消费税;期末借方余额,反映企业多交或待扣的消费税。

(二) 产品销售业务的账务处理

企业销售产品时应缴纳的消费税,应分别情况处理。

1. 企业将生产的消费税应税产品直接对外销售

企业对外销售产品应缴纳的消费税,通过"营业税金及附加"账户核算。企业按规定计算出应交的消费税,借记"营业税金及附加"账户,贷记"应交税金——应交消费税"账户。退税时作相反的会计分录。

【例 3.13】 C公司 20×0 年 9 月销售汽车 10 辆,每辆售价 20 万元(不含增值税),收到商业承兑汇票一张,金额 234 万元。汽车的增值税税率 17%,消费税税率 10%。该公司对该笔经济业务应作如下账务处理:

$$销售产品的销项税额 = 200 \times 17\% = 34(万元)$$

$$应交的消费税额 = 200 \times 10\% = 20(万元)$$

借:应收票据　　2 340 000

　　贷:主营业务收入　　2 000 000

　　　　应交税费——应交增值税(销项税额)　　340 000

借:营业税金及附加　　200 000

　　贷:应交税费——应交消费税　　200 000

【例 3.14】 某石化公司销售汽油 100 吨,销售收入 60 万元(不含增值税)。该公司为一般纳税企业,其增值税税率 17%,该产品的消费税税率为每升 0.2 元。该公司该笔销售业务的账务处理为:

$$销项税额 = 60 \times 17\% = 10.2(万元)$$

销售汽油的消费税征收从量定额:1 吨 = 1 388 升,100 吨 = 138 800 升。

应交消费税额 = 0.2 × 138 800 = 27 760(元)

借:银行存款	702 000	
贷:主营业务收入		600 000
应交税费——应交增值税(销项税额)		102 000
借:营业税金及附加	27 760	
贷:应交税费——应交消费税		27 760

2. 视同销售缴纳消费税

企业用应税消费品对外投资,或用于在建工程等非应税项目方面,按规定应缴纳的消费税,计入长期股权投资、在建工程等相关成本。

企业以应税消费品换取生产资料和消费资料的,应按照非货币性资产交换的原则处理,视同销售并确认收入,同时计算缴纳消费税。

【例 3.15】 C公司为一般纳税企业,以其生产的应税消费品换取原材料,应税消费品的生产成本10万元,售价12万元(不含增值税)。该产品的增值税税率17%,消费税税率10%。换入原材料的公允价值为10万元,进项税额1.7万元。C公司应作如下账务处理:

换出应税消费品的销项税额 = 12 × 17% = 2.04(万元)

换出应税消费品的消费税额 = 12 × 10% = 1.2(万元)

借:原材料	100 000	
应交税费——应交增值税(进项税额)	17 000	
营业外支出	23 400	
贷:主营业务收入		120 000
应交税费——应交增值税(销项税额)		20 400
借:主营业务成本	100 000	
贷:库存商品		100 000
借:营业税金及附加	12 000	
应交税费——应交消费税		12 000

有关以应税消费品交换资产的具体处理原则和方法,将在非货币性资产交换一章(第十五章)详细介绍。

企业以应税消费品抵债,应按照债务重组的原则处理,视同销售并确认收入,同时计交增值税、消费税等有关税金。

【例 3.16】 C公司以应税消费品抵偿债务,债务总额90万元。应税消费品的成本为75万元,其售价80万元。该应税消费品增值税税率17%,消费税税率10%。假设该应税消费品没有计提减值准备。

应缴纳增值税额 = 80 × 17% = 13.6(万元)

应缴纳消费税额 = 80 × 10% = 8(万元)

借:应付账款　　900 000
　　营业外支出——债务重组损失　　36 000
　　贷:主营业务收入　　800 000
　　　　应交税费——应交增值税(销项税额)　　136 000
借:主营业务成本　　750 000
　　贷:库存商品　　750 000
借:营业税金及附加　　80 000
　　贷:应交税费——应交消费税　　80 000

有关以应税消费品抵偿债务的具体处理原则和方法,将在债务重组一章(第六章)详细介绍。

企业以应税消费品对外投资,或用于非应税项目如不动产工程等方面,按规定应缴纳的消费税,应计入有关成本。借记"长期股权投资"、"在建工程"等账户,贷记"库存商品"、"应交税费——应交消费税"等账户。

3. 委托加工应税消费品业务的账务处理

按照税法的规定,委托加工消费税应税产品,由受托方在向委托方交货时代收代缴税款(委托加工或翻新改制金银首饰除外,由受托方缴纳消费税)。这里的委托加工应税消费品,是指由委托方提供原材料和主要材料,受托方只收取加工费和代垫部分辅助材料加工的应税消费品。对于由受托方提供原材料生产的应税消费品,或者受托方先将原材料卖给委托方,然后再接受加工的应税消费品,以及由受托方以委托方的名义购进的原材料生产的应税消费品,都不作为委托加工应税消费品,而应按销售自制应税消费品缴纳消费税。

委托加工的应税消费品直接销售的,不再征收消费税;委托加工的应税消费品,委托方用于连续生产应税消费品的,所缴纳税款准予按规定抵扣。在账务处理上,需要缴纳消费税的委托加工应税消费品,于委托方提货时,由受托方代收代缴税款。受托方将按应扣税款金额,借记"应收账款"、"银行存款"等账户,贷记"应交税费——应交消费税"账户。委托加工应税消费品收回后,直接用于销售的,委托方应将代收代缴的消费税计入委托加工的应税消费品成本,借记"委托加工物资"、"生产成本"等账户,贷记"应付账款"、"银行存款"等账户,待委托加工应税消费品销售时,不需要再缴纳消费税;委托加工的应税消费品收回后用于连续生产应税消费品,按规定准予抵扣的,委托方应按代收代缴的消费税款,借记"应交税费——应交消费税"账户,贷记"应付账款"、"银行存款"等账户,待用委托加工的应税消费品生产出应纳消费税的产品销售时,再缴纳消费税。有关委托加工应税消费品的会计处理,可参见采购与存货一章(第十二章)。

企业从事受托加工或翻新改制金银首饰,按规定由受托方缴纳消费税。企业应于向委托方交货时,按规定缴纳消费税,借记"营业税金及附加"账户,贷记"应交税费——应交消费税"账户。

4. 进出口应税消费品业务的账务处理

需要缴纳消费税的进口消费品,其缴纳的消费税由海关代征,按照组成计税价格和规定税率计算。其组成计税价格、应纳税额的计算公式为：

组成计税价格 ＝（关税完税价格＋关税）÷（1－消费税税率）

应纳税额 ＝ 组成计税价格×消费税税率

或应纳税额 ＝ 应税消费品数量×消费税税率

进口应税消费品应纳消费税额应计入该进口消费品的成本，借记“固定资产”、“物资采购”等账户，贷记“银行存款”等账户。

【例 3.17】 C公司进口小汽车 10 辆，海关完税价格为 1 500 万元，应纳进口关税 300 万元，小汽车适用的消费税税率 5%，款项已转账支付。该公司应作账务处理：

应纳消费税额 ＝（1 500＋300）÷（1－5%）×5% ＝ 94.7（万元）

应纳增值税额 ＝（1 500＋300＋94.7）×17% ＝ 322.1（万元）

	借方	贷方
借：物资采购	18 947 000	
应交税费——应交增值税（进项税额）	3 221 000	
贷：银行存款		22 168 000

免征消费税的出口应税消费品分别不同的情况进行账务处理：属于生产企业直接出口应税消费品或通过外贸企业出口应税消费品，按规定直接予以免税的，可以不计算应交消费税；属于委托外贸企业代理出口应税消费品的生产企业，应在销售时先计算应缴纳消费税，按应缴纳消费税额，借记“其他应收款”等账户，贷记“应交税费——应交消费税”账户；在应税消费品出口后，收到外贸企业退回的税金，借记“银行存款”账户，贷记“其他应收款”账户。发生退关、退货而补交已退的消费税，则作相反的会计分录。

【例 3.18】 某企业将自制的应税消费品出口，售价折合人民币 100 万元。货款尚未收到。其账务处理为：

	借方	贷方
借：应收账款	1 000 000	
贷：主营业务收入		1 000 000

【例 3.19】 某企业委托外贸公司出口销售一批产品，该产品的售价总额为 500 万元，消费税税率 10%。产品出口后，收到外贸公司退税款 50 万元。

出口销售：

	借方	贷方
借：应收账款	5 000 000	
贷：主营业务收入		5 000 000
借：其他应收款	500 000	
贷：应交税费——应交消费税		500 000

收到退税款：

	借方	贷方
借：银行存款	500 000	
贷：其他应收款		500 000

收到货款：

借：银行存款　　5 000 000

　　贷：应收账款　　5 000 000

如果生产企业将产品销售给外贸企业，由外贸企业自营出口，由外贸企业代收代缴的消费税，生产企业应视同销售产品计算缴纳消费税，借记“应交税费——应交消费税”账户，贷记“银行存款”账户。

四、营业税

营业税是对提供劳务、转让无形资产或者销售不动产的单位和个人征收的税种。在我国营业税的应税劳务范围包括：交通运输、建筑、金融保险、邮电通讯、文化体育、娱乐、服务等。加工和修理、修配，不属于征收营业税的劳务，称为非应税劳务。

营业税按照营业额和规定税率计算应纳税额，其计算公式为：

$$应纳税额 = 营业额 \times 税率$$

上式中的营业额是指企业提供应税劳务、转让无形资产或者销售不动产向对方收取的全部价款和价外费用。价外费用包括向对方收取的手续费、补贴、基金、集资费、返还利润、奖励费、违约金、滞纳金、延期付款利息、赔偿金、代收款项、代垫款项、罚息及其他各种性质的价外收费，但不包括代为收取的政府性基金或者行政事业性收费。

企业按规定应缴纳的营业税，在“应交税费”账户下设置“应交营业税”明细账户，其借方发生额反映企业已缴纳的营业税；贷方发生额反映企业应缴纳的营业税；期末借方余额反映企业多缴纳的营业税；期末贷方余额反映企业尚未缴纳的营业税。

对于从事服务业的企业，其主营业务收入均属计算营业税的基础。核算时，借记“营业税金及附加”账户，贷记“应交税费——应交营业税”账户。

【例 3.20】 某通讯公司 5 月份营业收入 30 万元，其营业税税率 3%。月末计提本月应交营业税的账务处理为：

借：营业税金及附加　　9 000

　　贷：应交税费——应交营业税　　9 000

对于工业企业生产经营以外的其他业务所取得的收入，如提供应税劳务、转让无形资产、销售不动产等，均不属于主营业务，但该类业务所取得的收入作为其他业务收入，均需缴纳营业税。这类企业按规定应缴纳的营业税，借记“固定资产清理”、“其他业务成本”等账户，贷记“应交税费——应交营业税”账户。

【例 3.21】 某制造企业兼营对外提供运输服务，收入 20 万元，款项已收到并存入银行，该服务业务的营业税税率 3%，其账务处理为：

借：银行存款　　200 000

　　贷：其他业务收入　　200 000

借:其他业务成本　　6 000
　贷:应交税费——应交营业税　　6 000

【例 3.22】 C公司销售办公用房屋一幢,其原值 300 万元,已折旧 30 万元。售价 320 万元,出售时支付清理费 1 万元,款项已通过银行收付,销售不动产的营业税税率 5%。该项业务的账务处理如下:

$$出售房屋应缴纳营业税额 = 320 \times 5\% = 16(万元)$$

借:固定资产清理　　2 700 000
　累计折旧　　300 000
　贷:固定资产　　3 000 000
借:银行存款　　3 200 000
　贷:固定资产清理　　3 200 000
借:固定资产清理　　10 000
　贷:银行存款　　10 000
借:固定资产清理　　160 000
　贷:应交税费——应交营业税　　160 000
借:固定资产清理　　330 000
　贷:营业外收入　　330 000

五、资源税

资源税是对在我国境内开采矿产品或者生产盐的单位和个人就其资源和开发条件差异而形成的级差收入征收的一种税。资源税按照应税产品的课税数量和规定的单位税额计算,其计算公式为:

$$应纳税额 = 课税数量 \times 单位税额$$

上式中的课税数量为:开采或生产应税产品销售的,以销售数量为课税数量;开采或生产应税自用的,以自用数量为课税数量。而单位税额则按不同产区的产品分别规定差别税额。

资源税通过在“应交税费”账户下设置“应交资源税”明细账户核算。销售应税矿产品时按应缴纳的资源税,借记“营业税金及附加”账户,贷记“应交税费——应交资源税”账户。自产自用应税矿产品,于领用时,借记“生产成本”、“制造费用”等账户,贷记“应交税费——应交资源税”账户。

收购未税矿产品,按收购未税矿产品实际支付的收购款以及代扣代缴的资源税,作为收购矿产品的成本,将代扣代缴的资源税,计入“应交税费——应交资源税”账户。

外购液体盐用于加工固体盐,所购入液体盐缴纳的资源税可以抵扣。购入液体盐时,按所允许抵扣的资源税，借记“应交税费——应交资源税”账户，按外购价扣除允许抵扣资源税后的数额，借记“物资采购”或“原材料”账户，按应支付的全部价款，贷记“银行存款”、“应付账款”等账户；加工成固体盐销售时，按计算出的销售固体盐应交的资源税，借记“营业税金及附加”账户，贷记“应交税费——应交资源税”账户；将销售固体盐应纳资源税抵扣液体盐已纳资源税后的差额上缴时，借记“应交税费——应交资源税”账户，贷记“银行存款”账户。

六、其他常见税费

（一）城市维护建设税和教育费附加

城市维护建设税是为了加强城市的维护建设，扩大和稳定城市维护建设资金的来源开征的税种。城市维护建设税是一种附加税，它根据当期应交增值税、营业税、消费税的税额为依据计算缴纳。在会计核算上，企业按规定计算出应交城市维护建设税，借记“营业税金及附加”等账户，贷记“应交税费——应交城市维护建设税”账户。实际上缴时，借记“应交税费——应交城市维护建设税”账户，贷记“银行存款”账户。

教育费附加是国家为了发展我国的教育事业，不断提高人民的文化素质而征收的一项费用。企业按规定计算应缴纳的教育费附加，借记“营业税金及附加”账户，贷记“应交税费——应交教育费附加”账户；上缴时，借记“应交税费——应交教育费附加”账户，贷记“银行存款”账户。

（二）土地增值税

土地增值税是对转让国有土地使用权、地上建筑物及其附着物并取得收入的单位和个人征收的一种税。土地增值税按照转让房地产所取得的增值额和规定税率计算征收。这里的增值额是指转让房地产所取得收入扣除规定项目金额后的余额。转让房地产所取得的收入包括货币收入、实物收入和其他收入。

计算土地增值额的主要扣除项目有：

（1）取得土地使用权所支付的金额；

（2）开发土地的成本、费用；

（3）新建房屋及配套设施的成本、费用，或者旧房及建筑物评估价；

（4）与转让房地产有关的税金。

在账务处理时，企业缴纳的土地增值税通过“应交税费——应交土地增值税”账户核算。主营房地产业务的企业通过“营业税金及附加”账户核算。兼营房地产业务的企业，应当由当期营业收入负担的土地增值税，借记“其他业务成本”账户，贷记“应交税费——应交土地增值税”账户。土地使用权连同地上建筑物及其附着物一并转让的，应缴纳的土地增值税，借记“固定资产清理”账户，贷记“应交税费——应交土地增值税”账户。土地使用权在“无形资产”账户核算的，按实际收到的金额，借记“银行存款”账户，按摊销的无形资产金额，借记“累计摊销”账户，按已计提的无形资产减值准备，借记“无形资产减值准备”账户，按无形资产账面余额，贷记“无形资产”账户，按应缴纳的土地增值税，贷记“应交税费——应交土地增值税”账户，按其差额，借记“营业外支出”账户或贷记“营业外收入”账户。

（三）房产税、城镇土地使用税、车船税

房产税是国家在城市、县城、建制镇和工矿区征收的由产权所有人缴纳的一种税。房产税依照房产原值一次减除10%至30%后的余额计算缴纳。没有房产原值为依据的，由房产所在地税务机关参考同类房产核定，房产出租的，以房产租金收入为房产税的计税依据。

城镇土地使用税是国家为了合理利用城镇土地，调节土地级差收入，提高土地使用效益，加强土地管理而开征的一种税，以纳税人实际占有的土地面积为计税依据，依照规定税额计算征收。

车船税由拥有并且使用车船的单位和个人缴纳。车船税依照适用税额计算缴纳。

企业按规定计算应缴纳的房产税、城镇土地使用税、车船税，借记“管理费用”账户，贷记“应交税费——应交房产税、应交城镇土地使用税、应交车船税”账户；实际上缴时，借记“应交税费——应交房产税、应交城镇土地使用税、应交车船税”账户，贷记“银行存款”账户。

（四）印花税、耕地占用税、车辆购置税

印花税是对书立、领受购销合同等凭证行为征收的税款，实行由纳税人根据规定自行计算缴纳税额，购买并一次贴足印花税票的缴纳方法。应纳税凭证包括：购销、加工承揽、建设工程承包、财产租赁、货物运输、仓储保管、借款、财产保险、技术合同或者具有合同性质的凭证；产权转移书据；营业账簿；权利、许可证照等。纳税人根据应纳税凭证的性质，分别按比例税率或按件定额计算应纳税额。

企业缴纳的印花税，是由纳税人根据规定自行计算应纳税额以购买并一次贴足印花税票的方法缴纳的税款。一般情况下，企业需要预先购买印花税票，待发生应税行为时，再根据凭证的性质和规定的比例税率或者按件计算应纳税额，将已购买的印花税票粘贴在应纳税凭证上，并在每枚税票的骑缝处盖戳注销或者划销，办理完税手续。企业缴纳的印花税，不会发生应付未付税款的情况，不需要预计应纳税额，同时也不存在与税务机关结算或清算的问题，因此，企业缴纳的印花税不需要通过“应交税费”账户核算，只需在购买印花税票时，直接借记“管理费用”等账户，贷记“银行存款”账户。

耕地占用税是国家为了利用土地资源，加强土地管理，保护农用耕地而征收的税款。耕地占用税以实际占用的耕地面积计税，按照规定税额一次征收。企业缴纳的耕地占用税，不需要通过“应交税费”账户核算。企业按规定计算缴纳耕地占用税时，借记“在建工

程”账户，贷记“银行存款”账户。

此外，企业缴纳的车辆购置税等不需要预计应交数的税金，与印花税、耕地占用税类似，也不通过“应交税费”账户核算。例如，车辆购置税是对在中华人民共和国境内购置应税车辆的单位和个人征收的一种税。企业购置应税车辆，按规定缴纳的车辆购置税以及购置的减税、免税车辆改制后用途发生变化的，按规定应补交的车辆购置税，借记“固定资产”账户，贷记“银行存款”账户。

（五）所得税

企业应交的所得税包括企业所得税和代扣代缴的个人所得税。

企业所得税的会计处理，在利润及其分配一章（第十七章）介绍。另外，所得税会计的处理方法和相关理论，作为高级财务会计的内容。

个人所得税是以个人（自然人）取得的各项应税所得为征税对象所征收的一种税。企业按规定计算应代扣代缴的职工个人所得税，借记“应付职工薪酬”账户，贷记“应交税费——应交个人所得税”账户；上缴个人所得税时，借记“应交税费——应交个人所得税”账户，贷记“银行存款”账户。个人所得税的核算，可参见下一节应付职工薪酬部分。

第五节　应付职工薪酬

一、职工薪酬的范围

职工薪酬，是指企业为获得职工提供的服务而给予的各种形式的报酬以及其他相关支出，包括职工在职期间和离职后提供给职工的全部货币性薪酬和非货币性福利。

此处的职工是指与企业订立劳动合同的所有人员，含全职、兼职和临时职工；也包括虽未与企业订立正式劳动合同但由企业正式任命的人员，如董事会成员、监事会成员和内部审计委员会成员等。在企业的计划和控制下，虽未与企业订立正式劳动合同或未由其正式任命，但为企业提供与职工类似服务的人员，如劳务用工合同人员，也视同企业职工。此外，企业提供给职工配偶、子女或其他被赡养人的福利等，也属于职工薪酬。

具体来说，职工薪酬主要包括以下内容：

（一）职工工资、奖金、津贴和补贴

职工工资、奖金、津贴和补贴，是指按照国家统计局的规定构成工资总额的计时工资、计件工资、支付给职工的超额劳动报酬和增收节支的劳动报酬、为了补偿职工特殊或额外的劳动消耗和因其他特殊原因支付给职工的津贴，以及为了保证职工工资水平不受物价

影响支付给职工的物价补贴等。

企业按规定支付给职工的加班加点工资，以及根据国家法律、法规和政策规定，企业在职工因病、工伤、产假、计划生育假、婚丧假、事假、探亲假、定期休假、停工学习、执行国家或社会义务等特殊情况下，按照计时工资或计件工资的一定比例支付的工资，也属于职工工资范畴。

（二）职工福利费

职工福利费，是指企业为职工提供的福利，如尚未实行分离办社会职能的企业的内设福利部门所发生的设备、设施和人员费用，包括职工食堂、职工浴室、理发室、医务所、托儿所、疗养院等集体福利部门的设备、设施及维修保养费用和福利部门工作人员的工资薪金、社会保险费、住房公积金、劳务费等；为职工卫生保健、生活、住房、交通等所发放的各项补贴和非货币性福利费用，包括企业向职工发放的因公外地就医费用、未实行医疗统筹企业职工医疗费用、职工供养直系亲属医疗补贴、供暖费补贴、职工防暑降温费、职工困难补贴、救济费、职工食堂经费补贴、职工交通补贴等。按照其他规定发生的其他职工福利费，包括丧葬补助费、抚恤费、安家费、探亲假路费等。

（三）社会保险费

社会保险费，是指企业按照国家规定，向社会保险经办机构缴纳的医疗保险费、养老保险费、失业保险费、工伤保险费和生育保险费等。

养老保险费包括基本养老保险费、补充养老保险费和商业养老保险费。企业根据国家规定的基准和比例计算，向社会保险经办机构缴纳的养老保险费为基本养老保险费；根据《企业年金试行办法》、《企业年金基金管理试行办法》等相关规定，向有关单位（企业年金基金账户管理人）缴纳的养老保险费为补充养老保险费；以商业保险形式提供给职工的各种保险待遇为商业养老保险费。

（四）住房公积金

住房公积金，是指企业按照国家《住房公积金管理条例》规定的基准和比例计算，向住房公积金管理机构缴存的住房公积金。

（五）工会经费和职工教育经费

工会经费和职工教育经费，是指企业为了改善职工文化生活、提高职工业务素质用于开展工会活动和职工教育及职业技能培训，根据国家规定的基准和比例，从成本费用中提取的金额。

（六）非货币性福利

非货币性福利，是指企业以自产产品或外购商品发放给职工作为福利，将自己拥有的资产无偿提供给职工使用，为职工无偿提供医疗保健服务等。

（七）辞退福利

辞退福利，即解除与职工的劳动关系所给予的补偿，是指企业由于分离办社会、实施主辅业分离、辅业改制、分流安置富余人员、实施重组或改组计划、职工不能胜任等原因，在职工劳动合同到期之前解除与职工的劳动关系，或者为鼓励职工自愿接受裁减而从提出补偿建议的计划中给予职工的经济补偿。

辞退福利包括：(1)职工劳动合同到期前，不论职工本人是否愿意，企业决定解除与职工的劳动关系而给予的补偿；(2)职工劳动合同到期前，为鼓励职工自愿接受裁减而给予的补偿，职工有权选择继续在职或接受补偿离职。

（八）其他与获得职工提供的服务相关的支出

其他与获得职工提供的服务相关的支出，是指除上述七种薪酬以外的其他为获得职工提供的服务而给予的薪酬，例如，企业提供给职工以权益形式结算的认股权、以现金形式结算但以权益工具公允价值为基础确定的现金股票增值权等。

二、普通职工薪酬的会计处理

（一）职工薪酬的一般确认原则

企业应当在职工为其提供服务的会计期间，将应付的职工薪酬（不包括辞退福利）确认为负债，并根据职工提供服务的受益对象，分别下列情况处理：(1)应由生产产品、提供劳务负担的职工薪酬，计入产品成本或劳务成本；(2)应由在建工程、无形资产开发成本负担的职工薪酬，计入建造固定资产或无形资产的开发成本；(3)上述两项之外的其他职工薪酬，计入当期损益。

（二）职工薪酬的一般计量方法

计量应付职工薪酬时，如果有规定的计提基础和计提比例的，应当按照规定的标准计提。例如，应向社会保险经办机构等缴纳的医疗保险费、养老保险费（包括根据企业年金计划向企业年金基金相关管理机构缴纳的补充养老保险费）、失业保险费、工伤保险费、生育保险费等社会保险费，应向住房公积金管理机构缴存的住房公积金，以及工会经费和职工教育经费等，应当在职工为其提供服务的会计期间，根据工资总额的一定比例计算确定。

对于没有规定计提基础和计提比例的职工薪酬，企业应当根据历史经验数据和实际情况进行合理预计。当期实际发生金额大于预计金额的，应当补提应付职工薪酬；当期实际发生金额小于预计金额的，应当冲回多提的应付职工薪酬。

对于在职工提供服务的会计期末以后 1 年以上到期的应付职工薪酬，企业应当选择合理的折现率，以应付职工薪酬折现后的金额计入相关资产成本或当期损益；应付职工薪酬金额与其折现后金额相差不大的，也可按照未折现金额计入相关资产成本或当期损益。

(三) 职工薪酬的账务处理

"应付职工薪酬"账户核算企业根据有关规定应付给职工的各种薪酬。外商投资企业按规定从净利润中提取的职工奖励及福利基金，也在本账户核算。本账户可按"工资"、"职工福利"、"社会保险费"、"住房公积金"、"工会经费"、"职工教育经费"、"非货币性福利"、"辞退福利"、"股份支付"等进行明细核算。本账户期末贷方余额，反映企业应付未付的职工薪酬。

1. 货币性职工薪酬

企业发生应付职工薪酬时，生产部门人员的职工薪酬，借记"生产成本"、"制造费用"、"劳务成本"等账户，贷记"应付职工薪酬"账户。应由在建工程、研发支出负担的职工薪酬，借记"在建工程"、"研发支出"等账户，贷记"应付职工薪酬"账户。管理部门人员、销售人员的职工薪酬，借记"管理费用"或"销售费用"账户，贷记"应付职工薪酬"账户。企业向职工支付工资、奖金、津贴、福利费等，从应付职工薪酬中扣还的各种款项(代垫的家属药费、个人所得税等)等，借记"应付职工薪酬"账户，贷记"银行存款"、"库存现金"、"其他应收款"、"应交税费——应交个人所得税"等账户。支付工会经费和职工教育经费用于工会活动和职工培训，借记"应付职工薪酬"账户，贷记"银行存款"等账户。按照国家有关规定缴纳社会保险费和住房公积金，借记"应付职工薪酬"账户，贷记"银行存款"等账户。

【例 3.23】 20×8 年 6 月，B 公司当月应发工资 2 000 万元，其中：生产部门直接生产人员工资 1 000 万元；生产部门管理人员工资 200 万元；公司管理部门人员工资 360 万元；公司专设产品销售机构人员工资 100 万元；建造厂房人员工资 220 万元；内部开发存货管理系统人员工资 120 万元。

根据所在地政府规定，B 公司分别按照职工工资总额的 10%、12%、2%和 10.5%计提医疗保险费、养老保险费、失业保险费和住房公积金，缴纳给当地社会保险经办机构和住房公积金管理机构。公司内设医务室，根据 20×7 年实际发生的职工福利费情况，公司预计 20×8 年应承担的职工福利费义务金额为职工工资总额的 2%，职工福利的受益对象为上述所有人员。公司分别按照职工工资总额的 2%和 1.5%计提工会经费和职工教育经费。假定公司存货管理系统已处于开发阶段并符合资本化为无形资产的条件。

应计入生产成本的职工薪酬金额 = 1 000 + 1 000 ×(10% + 12% + 2% + 10.5% + 2% + 2% + 1.5%) = 1 400(万元)

应计入制造费用的职工薪酬金额 = 200 + 200 ×(10% + 12% + 2% + 10.5% + 2% + 2% + 1.5%) = 280(万元)

应计入管理费用的职工薪酬金额 = 360 + 360 ×(10% + 12% + 2% + 10.5% + 2% + 2% + 1.5%) = 504(万元)

应计入销售费用的职工薪酬金额 = 100 + 100 × (10% + 12% + 2% + 10.5% + 2% + 2% + 1.5%) = 140(万元)

应计入在建工程的职工薪酬金额 = 220 + 220 × (10% + 12% + 2% + 10.5% + 2% + 2% + 1.5%) = 308(万元)

应计入无形资产成本的职工薪酬金额 = 120 + 120 × (10% + 12% + 2% + 10.5% + 2% + 2% + 1.5%) = 168(万元)

公司在分配工资、职工福利费、各种社会保险费、住房公积金、工会经费和职工教育经费等职工薪酬时,应当作如下账务处理:

借:生产成本	14 000 000	
制造费用	2 800 000	
管理费用	5 040 000	
销售费用	1 400 000	
在建工程	3 080 000	
研发支出——资本化支出	1 680 000	
贷:应付职工薪酬——工资		20 000 000
——职工福利		400 000
——社会保险费		4 800 000
——住房公积金		2 100 000
——工会经费		400 000
——职工教育经费		300 000

2. 非货币性职工薪酬

企业以其自产产品作为非货币性福利发放给职工的,应当根据受益对象,按照该产品的公允价值,计入相关资产成本或当期损益,同时确认应付职工薪酬。

【例 3.24】 C公司是一家彩电生产企业,有职工 200 名,其中一线生产工人为 170 名,总部管理人员为 30 名。20×9 年 2 月,C公司决定以其生产的液晶彩色电视机作为福利发给职工。该彩色电视机单位成本为 10 000 元,单位计税价格(公允价值)为 14 000 元,适用的增值税税率为 17%。C公司的账务处理如下:

决定发放非货币性福利时:

计入生产成本的金额 = 170 × 14 000 × (1 + 17%) = 2 784 600(元)

计入管理费用的金额 = 30 × 14 000 × (1 + 17%) = 491 400(元)

借:生产成本	2 784 600	
管理费用	491 400	
贷:应付职工薪酬		3 276 000

实际发放非货币性福利时:

应交的增值税销项税额 = 170 × 14 000 × 17% + 30 × 14 000 × 17% = 476 000(元)

借:应付职工薪酬　　3 276 000

　贷:主营业务收入　　2 800 000

　　应交税费——应交增值税(销项税额)　　476 000

借:主营业务成本　　2 000 000

　贷:库存商品　　2 000 000

企业将拥有的房产等资产无偿提供给职工使用的,应当根据受益对象,将该住房每期计提的折旧计入相关资产成本或当期损益,同时确认应付职工薪酬。租赁住房等资产供职工无偿使用的,应当根据受益对象,将每期应付的租金计入相关资产成本或当期损益,并确认应付职工薪酬。难以认定受益对象的非货币性福利,直接计入当期损益和应付职工薪酬。

【例 3.25】 D公司决定为每位部门经理提供轿车免费使用,同时为每位副总裁租赁一套住房免费使用。D公司部门经理共有 15 名,副总裁共有 5 名。假定每辆轿车月折旧额为 1 000 元,每套住房月租金为 6 000 元。D公司的账务处理如下:

计提轿车折旧:

借:管理费用　　15 000

　贷:应付职工薪酬　　15 000

借:应付职工薪酬　　15 000

　贷:累计折旧　　15 000

确认住房租金费用:

借:管理费用　　30 000

　贷:应付职工薪酬　　30 000

借:应付职工薪酬　　30 000

　贷:银行存款　　30 000

非货币性职工薪酬还有一种较为常见的形式,即向职工提供支付了补贴的商品或服务,或者说以低于企业取得成本的价格向职工提供资产或服务,例如以低于成本的价格向职工出售住房、以低于企业支付的价格向职工提供医疗保健服务等。以提供包含补贴的住房为例,企业在出售住房等资产时,应当将出售价款与成本的差额(即相当于企业补贴的金额)分别情况处理:

(1) 企业出售住房的合同或协议中规定了职工在购得住房后至少需要提供服务的年限的,企业应当将该项差额作为长期待摊费用处理,并在合同或协议规定的服务年限内平均摊销,根据受益对象分别计入相关资产成本或当期损益。

(2) 出售住房的合同或协议中未规定职工在购得住房后必须服务的年限。在这种情况下,该项差额相当于是对职工过去提供服务成本的一种补偿,不以职工的未来服务为前提,因此,企业应当将该项差额直接计入出售住房当期损益。

企业应当注意将以补贴后价格向职工提供商品或服务的非货币性福利，与企业直接向职工提供购房补贴、购车补贴等区分开来，后者属于货币性补贴，与其他货币性职工薪酬如工资一样，应当在职工提供服务的会计期间，按照企业各期预计补贴金额，确认企业应承担的薪酬义务，并根据受益对象计入相关资产的成本或当期损益。

【例 3.26】 20×8 年 5 月，B 公司购买了 100 套全新的公寓，准备以优惠价格向职工出售。该公司共有 100 名职工，其中 80 名为直接生产人员，20 名为总部管理人员。B 公司拟向直接生产人员出售的住房平均每套购买价为 120 万元，向职工出售的价格为每套 100 万元；拟向管理人员出售的住房平均每套购买价为 150 万元，向职工出售的价格为每套 120 万元。假定 100 名职工均在 20×8 年度中购买了公司出售的住房，售房协议规定，职工在取得住房后必须在公司服务 15 年。

出售住房时应作如下账务处理：

借：银行存款　　　　104 000 000(100×80＋120×20)

　　长期待摊费用　　　　22 000 000

　　贷：固定资产　　　　126 000 000(120×80＋150×20)

出售住房后的 15 年内，公司每年摊销长期待摊费用，账务处理如下：

借：生产成本　　　　1 066 667

　　管理费用　　　　400 000

　　贷：应付职工薪酬——非货币性福利　　　　1 466 667

借：应付职工薪酬——非货币性福利　　　　1 466 667

　　贷：长期待摊费用　　　　1 466 667

3. 带薪缺勤

带薪缺勤是企业对各种原因产生的缺勤进行的补偿，例如年休假、生病、短期伤残、婚假、产假、丧假、探亲假等。根据带薪权利能否结转下期使用，带薪缺勤可以分为两类：累积带薪缺勤和非累积带薪缺勤。

(1) 累积带薪缺勤的会计处理。

累积带薪缺勤是指权利可以结转下期的带薪缺勤，如果本期的权利没有用完，可以在未来期间使用。如果累积带薪缺勤在职工离开企业时，对未行使的权利有权获得现金支付，就是《国际会计准则第 19 号——雇员福利》中所称的“既定累积带薪缺勤”。

当职工提供了服务从而增加了其享有的未来带薪缺勤的权利时，企业就产生了一项义务，应当予以确认；职工累积未使用的权利在其离开企业时是否有权获得现金支付，不影响义务的确认，但影响义务金额的计量：如果职工在离开企业时能够获得现金支付，企业就应当确认其必须支付的、职工全部累积未使用权利的金额；如果职工在离开企业时不能获得现金支付，而职工可能在使用累积非既定权利之前离开企业，则企业应当根据资产负债表日因累积未使用权利而导致的预期支付的追加金额，作为累积带薪缺勤的预期费用计量。

【例 3.27】 D 公司实行累积带薪缺勤制度。该制度规定，每个职工每年可享受 5 个工作日的带薪病假，未使用的病假可以向后结转一个日历年度，超过 1 年未使用的权利作废，不能在职工离开公司时获得现金支付。职工休病假以“后进先出”为基础，即首先从当年可享受的权利中扣除，再从上年结转的带薪病假余额中扣除。

假设 D 公司共有 1 000 名职工，20×8 年 12 月 31 日，每个职工当年平均未使用带薪病假为 2 天。该公司根据过去的经验预期，20×9 年有 950 名职工将享受不超过 5 天的带薪病假，剩余 50 名职工(假定均为总部管理人员)每人将平均享受 7 天带薪病假，该公司每名职工每个工作日平均工资为 300 元。

根据以上资料分析：20×8 年 12 月 31 日，D 公司应当预计由于职工未使用的累积带薪病假权利而导致的预期支付的追加额，即相当于 100 天(50×2 天)的病假工资 3 万(100×300)元：

借：管理费用　　30 000

　　贷：应付职工薪酬——累积带薪缺勤　　30 000

假定 20×9 年 12 月 31 日，上述 50 名部门经理中有 40 人享受了 7 天病假，并随同正常工资支付。另有 10 人只享受了 5 天病假，由于公司带薪缺勤制度规定，未使用权利只能结转一年，因此超过 1 年未使用的带薪缺勤权利作废。

借：应付职工薪酬——累积带薪缺勤　　24 000

　　贷：银行存款　　24 000

借：应付职工薪酬——累积带薪缺勤　　6 000

　　贷：管理费用　　6 000

【例 3.28】 沿用例 3.27 资料，假定 D 公司的带薪缺勤制度规定，职工累积未使用的带薪缺勤权利可以无限期结转，且可在职工离开企业时以现金支付。假设 D 公司 1 000 名职工中，150 名为总部管理人员，800 名为直接从事生产的工人，另有 50 名工人正在建造一幢自用楼房。

在这种情况下，D 公司在 20×8 年 12 月 31 日应当预计由于职工累积未使用的带薪病假权利而导致的全部金额，即相当于 2 000 天(1 000×2 天)的病假工资 60 万(2 000×300)元，账务处理如下：

借：管理费用　　90 000

　　生产成本　　480 000

　　在建工程　　30 000

　　贷：应付职工薪酬——累积带薪缺勤　　600 000

【例 3.29】 A 公司从 20×8 年 1 月 1 日起实行累积带薪缺勤制度，制度规定，该公司每名职工每年有权享受 12 个工作日的带薪休假，休假权利可以向后结转 2 个日历年度。在获得休假权利后的第 2 年年末，公司将对职工未使用的带薪休假权利支付现金。假定该公司每名职工平均每月工资 3 000 元，每月工作日为 20 天，每日平均工资为 150 元。

在此以 A 公司一名直接从事产品生产的职工为例进行分析：

假定 20×8 年 1 月，该职工没有休假。公司应当在职工为其提供服务的当月，累积相

当于1个工作日工资的带薪休假义务:

借:生产成本 3 150

　贷:应付职工薪酬——工资 3 000

　　　　　　　——累积带薪缺勤 150

假定20×8年2月,该职工实际休假1天。公司应当在职工为其提供服务的当月,累积相当于1个工作日工资的带薪休假义务,反映职工使用累积权利的情况:

借:生产成本 3 150

　贷:应付职工薪酬——工资 3 000

　　　　　　　——累积带薪缺勤 150

借:应付职工薪酬——累积带薪缺勤 150

　贷:生产成本 150

上述第一笔会计分录反映的是企业因职工当期提供服务而应付的工资和累积的带薪休假权利,第二笔分录则反映了职工使用上期累积的带薪休假权利。

假定第2年年末(20×9年12月31日),该职工累计有4个未使用的带薪休假工作日,公司以现金支付其未使用的带薪休假。

借:应付职工薪酬——累积带薪缺勤 600

　贷:库存现金 600

(2) 非累积带薪缺勤的会计处理。

非累积带薪缺勤,是指权利不能结转下期的带薪缺勤,即当期没有行使完的权利就予以取消,并且职工在离开企业时对未使用的权利无权获得现金支付。

我国《劳动法》规定,国家实行带薪年休假制度,劳动者在法定休假日和婚丧假期间以及依法参加社会活动期间,用人单位应当依法支付工资。因此,我国企业职工休婚假、产假、丧假、探亲假、病假期间的工资通常属于非累积带薪缺勤。由于职工提供服务本身不能增加其能够享受的福利金额,企业应当在职工缺勤时确认负债和相关资产成本或当期损益。实务中,我国企业一般是在职工缺勤期间计提应付工资时一并处理。

4. 利润分享和奖金计划

为鼓励职工长期留在企业提供服务,有的企业可能制定利润分享和奖金计划,规定当职工在企业工作满特定年限后,能够分享按照企业净利润的一定比例计算的奖金。如果职工在企业工作到特定期末,其提供的服务就会增加企业应支付的职工薪酬金额。尽管企业没有支付这类奖金的法定义务,但是如果有支付此类奖金的惯例,这样的计划就使企业产生了一项推定义务。

由于利润分享和奖金计划产生的推定义务具有结果上的不确定性,因此当且仅当符合下列两个条件时,企业才应确认由利润分享和奖金计划所产生的应付职工薪酬义务:(1)企业因过去事项而在当前负有作出支付的法定义务或推定义务。(2)利润分享和奖金计划义务的金额能够可靠估计。符合以下三种情形之一的,视为义务金额能够可靠估计:第一,在财务报表批准报出之前企业已确定应支付的奖金金额。第二,该奖金计划的正式条款中包括确定奖金金额的公式。第三,过去的惯例为企业确定推定义务金额提供了明显证据。

实务中,实行工效挂钩的企业根据企业经济效益增长的实际情况提取的工资,类似于利润分享和奖金计划。但是,这类计划是按照企业实现净利润的一定比例确定享受的福利,尽管与企业经营业绩挂钩,但仍然是由于职工提供服务而产生的,而不是由企业与其所有者之间的交易而产生,因此,企业应当将利润分享和奖金计划作为费用或相关资产成本,不能作为净利润的分配。

【例 3.30】 某公司按照净利润的一定比例向总部高级管理人员发放奖金,有关制度规定,在实行利润分享型奖金制度的年度,管理人员只要在公司工作满一整年即可获得奖金。如果 20×9 年没有管理人员离开公司,企业应支付的奖金总额为当年净利润的 8%,公司根据管理人员当年的流动率,预计奖金总额将减少到净利润的 6%,公司当年净利润为 1 000 万元。

根据以上资料,按照上述利润分享处理的有关原则分析,20×9 年 12 月 31 日,该公司应当将 60 万元 (1 000 ×6%) 奖金计入当年损益:

借:管理费用　　600 000

　　贷:应付职工薪酬——工资　　600 000

三、辞退福利

(一) 辞退福利的含义和分类

辞退福利是指根据《劳动法》和类似规定,为保障职工权益,企业与其职工提前解除劳动关系时应当给予的经济补偿,属于企业的法定义务。辞退福利是对不再为企业带来经济利益的职工支付的薪酬,也就是说,导致企业产生支付义务的事项直观看来是辞退而不是职工提供的服务,但由于企业在辞退中产生的这种补偿义务是以职工已经提供的服务为前提的,所以从根本上还是因职工的服务而成立,属于职工薪酬范围。

辞退福利包括两种基本形式:一是在职工劳动合同尚未到期前,不论职工本人是否愿意,企业决定解除与职工的劳动关系而给予的补偿,也就是职工没有选择继续在职的权利;二是在职工劳动合同尚未到期前,为鼓励职工自愿接受裁减而给予的补偿,职工有权利选择继续在职或接受补偿离职。当公司控制权发生变动时,对辞退的管理层人员进行的补偿也属于辞退福利。

辞退福利通常采取在解除劳动关系时一次性支付补偿的方式,也有通过提高退休后养老金或其他离职后福利的标准,或者将职工工资支付至辞退后未来某一期间的方式。

在确定企业对职工提供的经济补偿是否为辞退福利时,还应当注意以下几个问题:

(1) 辞退福利与正常退休养老金应当区分开来。辞退福利是在职工与企业签订的劳动合同到期前,企业根据法律与职工本人或职工代表大会签订协议,或者基于商业惯例,承诺当其提前终止对职工的雇佣关系时支付的补偿,引发补偿的事项是辞退,因此,企业应当在辞退时进行确认和计量。而职工在正常退休时获得的养老金，是其与企业签订的劳动合同到期时，或者职工达到了国家规定的退休年龄时获得的退休后生活补偿金额，此种情况下给予补偿的事项是职工在职时提供的服务而不是退休本身，因此，企业应当在职工提供服务的会计期间确认和计量。

（2）职工虽然没有与企业解除劳动合同，但未来不再为企业带来经济利益，企业承诺提供实质上具有辞退福利性质的经济补偿，比照辞退福利处理。

（3）无论职工因何种原因离开都要支付的福利属于离职后福利，而不是辞退福利。

（4）有些企业对职工本人提出的自愿辞退比企业提出的要求职工非自愿辞退情况下支付较少的补偿，在这种情况下，非自愿辞退提供的补偿与职工本人要求辞退提供的补偿之间的差额，才属于职工薪酬准则所称的辞退福利。

（二）辞退福利的确认

辞退福利同时满足下列条件的，应当确认因解除与职工的劳动关系给予补偿而产生的预计负债，同时计入当期管理费用：

（1）企业已经制定正式的解除劳动关系计划或提出自愿裁减建议，并即将实施。

企业制定的"正式"解除劳动关系计划或建议，应当包括拟解除劳动关系或裁减的职工所在部门、职位及数量；根据有关规定按工作类别或职位确定的解除劳动关系或裁减补偿金额；拟解除劳动关系或裁减的时间。正式的辞退计划或建议应当经过董事会或类似权力机构的批准。"即将实施"是指辞职工作一般应当在一年内实施完毕，但因付款程序等原因使部分款项推迟至一年后支付的，视为符合应付职工薪酬的确认条件。

（2）企业不能单方面撤回解除劳动关系计划或裁减建议。

如果企业能够单方面撤回解除劳动关系计划或裁减建议，则表明未来经济利益流出不是很可能，因而不符合负债的确认条件。

在确认辞退福利时，需要注意以下三个方面的问题：

（1）由于被辞退的职工不再为企业带来未来经济利益，因此，对于所有辞退福利，均应当于辞退计划满足职工薪酬准则预计负债确认条件的当期计入费用，而不应计入资产成本。

（2）对于分期或分阶段实施的解除劳动关系计划或自愿裁减建议，企业应当将整个计划看做是由一个个单项解除劳动关系计划或自愿裁减建议组成，在每期或每阶段计划符合预计负债确认条件时，将该期或该阶段计划中由提供辞退福利产生的预计负债予以确认，计入该部分计划满足预计负债确认条件的当期费用，不能等全部计划都符合确认条件时再予以确认。

（3）对于企业实施的职工内部退休计划，由于这部分职工不再为企业带来经济利益，企业应当比照辞退福利处理。具体来说，在内退计划符合职工薪酬准则规定的确认条件时，按照内退计划规定，将自职工停止提供服务日至正常退休日期间，企业拟支付的内退人员工资和缴纳的社会保险费等，确认为预计负债，计入当期管理费用，不能在职工内退后各期分期确认因支付内退职工工资和为其缴纳社会保险费而产生的义务。

（三）辞退福利的计量

辞退福利的计量因辞退计划中职工有无选择权而有所不同：

(1) 对于职工没有选择权的辞退计划，应当根据计划条款规定拟解除劳动关系的职工数量、每一职位的辞退补偿等计提应付职工薪酬（预计负债）。

(2) 对于自愿接受裁减的建议，因接受裁减的职工数量不确定，企业应当根据或有事项的有关处理原则，预计将会接受裁减建议的职工数量（即最佳估计数），根据预计的职工数量和每一职位的辞退补偿等计提应付职工薪酬（预计负债），可参照或有负债与预计负债一章（第五章）。

(3) 实质性辞退工作在一年内实施完毕但补偿款项超过一年支付的辞退计划，企业应当选择恰当的折现率，以折现后的金额计量应计入当期管理费用的辞退福利金额，该项金额与实际应支付的辞退福利款项之间的差额，作为未确认融资费用，在以后各期实际支付辞退福利款项时，计入财务费用。

（四）辞退福利的账务处理

企业确认因辞退福利产生的预计负债时，借记“管理费用”、“未确认融资费用”账户，贷记“应付职工薪酬——辞退福利”账户；各期支付辞退福利款项时，借记“应付职工薪酬——辞退福利”账户，贷记“银行存款”账户；同时，借记“财务费用”账户，贷记“未确认融资费用”账户。

【例 3.31】 A 公司为一家电气制造企业，20×7 年 10 月，为了能够在下一年度顺利实施转产，A 公司管理层制定了一项辞退计划，拟从 20×8 年 1 月 1 日起，以职工自愿方式，辞退其某型号彩电生产车间的职工。辞退计划的详细内容均已与职工沟通，并达成一致意见。辞退计划已于当年 12 月 15 日经董事会正式批准，并将于下一个年度内实施完毕。计划的详细内容如表 3.2 所示。

表 3.2 A 公司 20×7 年辞退计划一览表

所属部门	职　　位	辞退数量（人）	工龄（年）	每人补偿（万元）
×彩电生产车间	车间主任 副主任	10	1—10	10
			10—20	20
			20—30	30
	高级技工	50	1—10	8
			10—20	16
			20—30	25
	一般技工	100	1—10	5
			10—20	11
			20—30	18
小　计		160		

假定在本例中，对于主任和副主任级别、工龄在 1—10 年的职工，接受辞退的各种职工数量及发生概率如表 3.3 所示：

表 3.3 辞退人数最佳估计数计算表

接受辞退的职工数量	发生概率	最佳估计数
0	0	0
1	3%	0.03
2	5%	0.1
3	7%	0.21
4	20%	0.8
5	22%	1.1
6	25%	1.5
7	8%	0.56
9	10%	0.9
10	0	0
合计	100%	5.2

由上表计算结果可知，车间主任和副主任级别、工龄在 1—10 年的职工接受辞退计划的最佳估计数为 5.2 名，则应确认该职级的辞退福利金额应为 52(5.2×10) 万元，账务处理如下：

借：管理费用　　520 000

　　贷：应付职工薪酬——辞退福利　　520 000

四、以现金结算的股份支付

股份支付，即“以股份为基础的支付”，是指企业为获取职工和其他方提供的服务，而授予权益工具或者承担以权益工具为基础确定的负债的交易。股份支付中最典型的形式，就是企业向其雇员支付期权作为激励或奖励措施。

按照股份支付的最终结算方式，可划分为权益结算的股份支付和现金结算的股份支付。权益结算的股份支付是以对职工或其他方最终授予股份或认股权等方式进行结算，因此最终增加所有者权益；现金结算的股份支付则要对职工或其他方最终支付以权益工具为基础确定的现金，因此在未支付之前的性质是一项负债，构成企业职工薪酬的组成部分。

对以职工为对象的以现金结算的股份支付，应当按照企业承担的以股份或其他权益工具为基础确定的负债的公允价值计量。有关会计处理见所有者权益一章(第二章)中股份支付与资本公积变动部分。

第六节 其他流动负债

一、应付利息

应付利息，是指企业按照合同约定应支付的利息，包括按季付息的短期借款、分期付息到期还本的长期借款以及企业债券等应支付的利息。

资产负债表日，应按根据摊余成本和实际利率计算确定的利息费用，借记“在建工程”、“财务费用”、“研发支出”等账户，按根据合同利率计算确定的应付未付利息，贷记“应付利息”，按借贷双方之间的差额，借记或贷记“长期借款——利息调整”等账户。

合同利率与实际利率差异较小的，也可以采用合同利率计算确定利息费用。实际支付利息时，借记“应付利息”账户，贷记“银行存款”等账户。“应付利息”账户可按债权人进行明细核算，该账户期末贷方余额，反映企业应付未付的利息。

二、应付股利和应付利润

应付利润是指企业的税后利润在按照规定计提盈余公积金和公益金之后，根据企业章程和相关规定，在企业投资者之间进行分配而形成的，应付而尚未支付给投资者的利润，在股份有限公司通常称为应付股利，即经企业股东大会或类似机构审议批准分配的现金股利或利润。企业股东大会或类似机构审议批准的利润分配方案、宣告分派的现金股利或利润，在实际支付前，形成企业的负债。

企业作为独立核算的经济实体，对其实现的经营成果除了按照税法及有关规定缴纳税、费外，还必须对投资者投入的资金给予一定的回报。分配利润或股利就是投资者对企业的经营成果的分享。企业应分配给投资者的股利，在未实际支付前就形成一笔对投资者的负债。在会计核算中设置“应付股利”账户反映(非公司制企业设置“应付利润”账户)。“应付股利(利润)”账户贷方反映企业应支付的现金股利或利润，借方反映实际支付的现金股利或利润，期末贷方余额，反映企业应付未付的现金股利或利润。“应付股利(利润)”账户可按投资者进行明细核算。

股利有现金股利和股票股利两种基本形式。但是股票股利不通过“应付股利”账户核算，也就是说股票股利不构成负债。这是因为，股票股利只是所有者权益项目内部的一种转化，即从未分配利润或盈余公积转化为股本，这种转化不会使企业经济利益外流。而现金股利在实际发放日是要以现金偿付的，所以才会使经济利益最终流出企业。

企业根据股东大会或类似机构审议批准的利润分配方案，按应支付的现金股利或利润，借记“利润分配”账户，贷记“应付股利”账户；实际发放现金股利时，借记“应付股利”账户，贷记“银行存款”等账户。企业董事会或类似机构通过的利润分配方案中拟分配的现金股利或利润，不作账务处理，但应在附注中披露。

【本章小结】

负债按清偿时间的长短可分为流动负债和长期负债。流动负债是指将在一年或超过一年的一个营业周期内偿付的债务，常见形式包括短期借款、交易性金融负债、应付及预收款项、应交税费、应付职工薪酬、应付股利、应付利息等。流动负债既是企业经营不可避免的义务，也是企业重要的资金来源。

流动负债的确认应当满足负债的基本定义并遵循金融工具确认的一般原则。除债务重组、交易性金融负债等特殊事项外，流动负债一般按其实际发生额，也就是按未来的应付金额计量。

企业在商业信用交易中形成的信贷关系，会产生需待未来偿付的应付义务，也就是通过商业信用融资产生的流动负债。这种流动负债主要包括应付账款、应付票据、预收账款和其他应付款等。

短期借款是指企业向银行或其他金融机构等借入的期限在 1 年以内的各种借款。短期借款应当按照借款本金和确定的利率按期计提利息，计入当期损益。

对于以公允价值计量且其变动计入当期损益的金融负债，应按照其公允价值进行初始计量和后续计量，相关交易费用不应计入金融负债的价值，而应当在发生时直接计入当期损益。

应交税费，是指企业按照税法规定计算应缴纳的各种税费，包括增值税、消费税、营业税、所得税、资源税、土地增值税、城市维护建设税、房产税、城镇土地使用税、车船税、教育费附加、矿产资源补偿费，以及代扣代缴的个人所得税等。其中一般企业最为常见的主要是增值税、营业税、所得税、城市维护建设税、教育费附加等。企业按照规定应向国家缴纳各种税金和费用，应当按照权责发生制的原则提取计入有关账户，确认相应的流动负债。

职工薪酬，是指企业为获得职工提供的服务而给予的各种形式的报酬以及其他相关支出，包括对各类在职职工、离职职工和职工被赡养人的各种货币性薪酬和非货币性福利。

职工薪酬的一般确认原则是：企业应当在职工为其提供服务的会计期间，将应付的职工薪酬确认为负债，并根据职工提供服务的受益对象，计入产品或劳务成本，或者固定资产或无形资产成本，或者当期损益。职工薪酬的一般计量方法是：有规定的计提基础和计提比例的，应当按照规定的标准计提；没有规定的计提基础和计提比例的，根据历史经验数据和实际情况进行合理预计。

辞退福利是企业与其职工提前解除劳动关系时应当给予的经济补偿，是一种特殊的职工薪酬。辞退福利包括两种基本形式：一是职工没有选择权的解除劳动关系补偿；二是职工自愿接受裁减而给予的补偿。

辞退福利同时满足下列条件的，应当确认因解除与职工的劳动关系给予补偿而产生的预计负债，同时计入当期管理费用：(1)企业已经制定正式的解除劳动关系计划或提出自愿裁减建议，并即将实施。(2)企业不能单方面撤回解除劳动关系计划或裁减建议。

辞退福利的计量因辞退计划中职工有无选择权而有所不同：(1)对于职工没有选择权的辞退计划，应当根据计划条款规定拟解除劳动关系的职工数量、每一职位的辞退补偿等计提应付职工薪酬(预计负债)；(2)对于自愿接受裁减的建议，应当根据或有事项的有关处理原则，预计将会接受裁减建议的职工数量(即最佳估计数)，并根据辞退补偿标准计提应付职工薪酬，作为预计负债确认；(3)实质性辞退工作在一年内实施完毕但补偿款项超过一年支付的辞退计划，应当选择恰当的折现率，以现值计入当期管理费用，该金额与实际应支付的辞退福利之间的差额，作为未确认融资费用，在以后各期实际支付时，计入财务费用。

【本章思考题】

1. 什么是流动负债？流动负债的基本特征是什么？

2. 流动负债包括哪些基本内容？可划分为几种类型？

3. 流动负债的确认和计量标准是什么？

4. 什么是商业信用融资？表现为哪些形式？应付账款和应付票据的确认和计量标准是什么？

5. 企业常见的应交税费有哪些？分别如何进行会计处理？

6. 应付职工薪酬的一般确认和计量原则是什么？辞退福利的确认与计量有哪些特殊之处？

【练习与案例分析】

一、选择题

1. 预收账款不多的企业，可将预收账款并入(　　)核算。

A. “预付账款”账户的贷方　　B. “应付账款”账户的贷方

C. “应收账款”账户的贷方　　D. “应收账款”账户的借方

2. 某企业为小规模纳税人，本期销售产品价款总额为 150 000 元，则该企业应交的增值税为(　　)。

A. 19 500　　B. 21 795　　C. 6 000　　D. 4 500

3. 下列税金中，一般不计入损益的是(　　)。

A. 增值税　　B. 营业税　　C. 消费税　　D. 所得税

4. 委托加工应纳消费税产品收回后，若用于继续生产应税产品的，其由受托方代收代缴的消费税，应计入(　　)。

A. 主营业务成本　　B. “应交消费税”账户的借方

C. 制造费用　　D. 委托加工物资成本

5. 职工薪酬的确认原则是(　　)。

A. 计入当期损益　　B. 根据收益对象计入生产成本

C. 在支付期间确认　　D. 在职工提供服务的期间确认

6. 辞退福利的计量(　　)。

A. 与一般薪酬相同　　B. 均采用最佳估计数判断法

C. 需要区分自愿接受辞退和强制辞退　　D. 不考虑现值

二、业务处理

1. 某企业属一般纳税企业，“应交税费——未交增值税”账户月初没有余额。本月发生下列与增值税有关的业务(假设所有款项收支均通过银行完成)：

(1) 购入原材料价款 60 000 元，增值税 10 200 元，已经验收入库，款项已付。

(2) 销售库存商品一批，价款(不含增值税)100 000 元，增值税税率 17%，款项已收存银行。

(3) 购入免税农产品 5 000 千克，价款(不含增值税)20 000 元，规定的扣除率为 13%，已经验收入库，款项已付。

(4) 以前述购入免税农产品中的 1 000 千克作为福利发放给职工。

(5) 实际缴纳增值税 22 000 元。

要求：

(1) 根据上述业务编制相关会计分录；

(2) 计算本月应缴纳的增值税；

(3) 结转月末未交或多交增值税。

2. 20×9 年 6 月，D 公司购买了 100 套全新的公寓，准备以优惠价格向职工出售。该公司共有 100 名职工，其中 80 名为从事销售的业务人员，20 名为管理人员。D 公司拟向销售人员出售的住房每套购买价为 100 万元，向职工出售的价格为每套 70 万元；拟向管理人员出售的住房平均每套购买价为 150 万元，向职工出售的价格为每套 100 万元。假定 100 名职工全部在 20×9 年度购买了公司出售的住房。售房协议规定，业务人员购买住房后不受离职的影响，管理人员在取得住房后必须在公司服务满 10 年。

要求：根据上述业务编制相关会计分录。

第四章

长 期 负 债

【本章学习目的】

1. 了解长期负债的特点和种类。
2. 理解长期负债的确认和计量标准。
3. 理解长期负债费用的含义、内容和处理原则，掌握负债费用资本化的条件和处理方式。
4. 掌握长期借款、应付债券和长期应付款的会计处理方法。

课前案例

隐蔽的信用陷阱

AB公司由世界500强之一的A公司和国内某上市企业B公司合资组建。因到期贷款未按期归还，遭多家银行起诉后宣告破产。按照企业破产清偿顺序，AB公司的破产财产需先行支付清算费用、职工工资，再补偿税收，最后对普通债权人进行清偿。

由于AB公司连续经营未满10年，按国家有关规定，公司存续期间享受的所得税两免三减半的优惠应全数予以追缴，该公司资产已不足补缴税收，因此公司普通债权人均无法得到清偿。

AB公司的债权人大都是看到AB公司的发起人A公司的"500强"光环，因此乐观地认为由世界500强公司组建的企业理应与其出资人一样具有卓越的信用和强大的抗风险能力，特别是各家银行，因同业竞争的白热化，在AB公司财务状况恶化的情况下仍纷纷向其发放长期信用贷款。

但正如A公司所说，"AB公司是具有独立法人地位的有限责任公司，只能以自身的资产对所有债务负责；中方出资人和A公司都只能以其出资额为限并按各自出资比例承担责任(偿还AB公司的债务)"。而出资人在获得了AB公司的历年盈利分红后早已收回了各自的出资额。

思考:企业举借长期负债对于企业及其债权人和股东，分别具有怎样的影响?

第一节　长期负债概述

长期负债是指偿还期在1年或者超过1年的一个营业周期以上的负债。根据筹借方式的不同,长期负债可分为长期借款、应付债券、长期应付款和专项应付款等。本章主要介绍长期负债的特点、分类,长期负债的确认与计量原则,借款费用的处理原则与方法,以及长期借款、应付债券等主要长期负债的会计处理。

一、长期负债的特点

长期负债的特点可通过与短期负债和权益融资的比较来认识。

与短期负债相比,长期负债主要有以下特点:第一,长期负债主要是为满足企业的长期、大额资金需要所举借,一般数额较大,偿还期较长;第二,长期负债的还款付息方式较为灵活,可采取分期付息、到期一次还本方式,也可采用到期一次还本付息方式,或者分期偿还本息等方式;第三,长期负债的资金成本和风险相对高于短期负债;第四,长期负债的债权人更容易也更可能干预企业的经营,比如要求企业提供反映财务状况、盈利水平、资信状况等方面的信息,或在借款合同中添加对资金用途、债务水平、融资计划等方面的限制性条款。

与发行股票筹资相比,长期负债有一些明显的优势。适当举借长期债务,有利于增加企业收益和股东价值。首先,债务融资不会像权益融资那样导致流通股数增加和每股盈利及市值相对降低,因此有利于保持原有股东的持股比例和对企业的控制权,不容易造成股权“稀释”,也有利于保持企业股票价格的稳定。其次,由于债权人可得到固定的本金偿付和利息收益,其资金风险相对较低,因此要求的回报一般也低于权益资金。相应地,对举债企业来说,债务融资的资金成本通常低于吸收权益资金,只要使用债务资金经营的报酬率高于负债的利息率,其盈余部分就会成为企业收益并增加股东价值,而且负债的财务杠杆效应往往导致净收益的增长速度高于营业收入的增长速度。再次,举借长期负债往往可以起到“税盾”的作用,即增加计税扣除项目从而减少企业的所得税支出,相比起股利必须从税后净利润中支付的特点,可使企业得到部分避税利益。

当然,以上优势并不表明债务融资没有缺陷,更不意味着负债比例越高的资本结构越好。举借长期负债会导致偿债压力和财务风险上升,降低企业财务结构的安全性,并且因破产成本的存在而影响企业价值。首先,权益资金通常没有到期日和固定的付息要求,而债务清偿义务相对固定,并且债权人对企业资产有优先求偿权,一旦企业资金周转困难,或投资回报率未达到支付债务利息所需的水平,债权人的求偿要求可能使企业面临破产清算。这意味着在多数情况下,举债经营的财务风险更大。其次,举借长期负债在某些情况下可能减少企业的盈利或加速企业的亏损。企业的股息多数可随经营情况调整,一般不会形成固定的财务负担。与之相反,无论企业的财务和经营状况好坏,负债的利息都必须按约定时间和方式支付。如果举债经营获得的投资报酬率低于负债的利率,就会减少企业的收益或带来亏损,而且因为债务负担的固定性,还会使亏损的增加速度高于营业收入的减少速度。这反映出财务杠杆的"双刃剑"作用,即负债在增加企业收益的同时,也扩大了风险。再次,举借长期负债容易影响企业的财务灵活性。长期负债有明确的偿还日期和偿还方式,要求企业必须提前安排好所需资金。为对还款加以保证,在长期借款契约中,还常常附有某些限制企业财务决策的条款,例如规定资金的用途,或者限定负债比例以阻止企业增加新的债务,这些都会影响企业的财务弹性。不仅如此,举借长期负债还可能降低企业未来的融资潜力。债务融资会使企业的资产负债率上升,资本结构稳定性下降,从而降低企业的信用等级,并影响债权人对企业未来偿债能力的信心。所以,随着负债总额增加,企业的再融资能力往往随之下降。而采用增加股东投资方式筹集资金,扩大自有资本比重,会使财务状况得到改善,可为企业将来举债融资创造较好的条件。

由于举借长期负债同时具有上述优点和弊端,企业在进行财务决策时应充分考虑各方面情况,选择适当的筹资来源和方法。通常,企业举借长期负债的目的主要是为满足长期资金需要,一般是为了扩充经营规模,如购置不动产、对外投资或进行长期的技术研发等,而不是满足临时性的资金周转要求。但是,不同企业受其所属经营环境、行业特点以及管理能力等各方面因素的影响,其财务战略和融资决策往往各有差异,在资金来源与运用的搭配上也存在着对冲型、保守型和激进型等不同形式。但无论企业采用何种具体的融资策略,长期负债始终是企业不可或缺的重要资金来源。同时,随着金融市场的不断创新,可供企业选择的筹资方式也日趋丰富和复杂,经常出现各种组合融资的形式,例如发行可转换债券和附有认股权证的债券等。考虑到金融期权如债券转换或认股权行使的可能性和时间,这些融资方式已经不再是单纯的股权或债权性质,也对会计确认提出了更为复杂的要求。

二、长期负债的分类

(一) 按资金筹措方式划分

长期负债按筹措资金方式的不同,可以分为长期借款、应付债券、长期应付款和专项应付款,以及递延收益、递延所得税负债等,此外还有因或有事项引起的预计负债。

长期借款是企业向银行或其他金融机构等借入的期限在一年以上或者超过一年的一个营业周期以上的各种借款,是目前我国企业长期负债的主要形式。

应付债券是企业因发行期限在一年以上的债券所形成的债务。与其他长期负债相比,企业债券具有形式多样、面额灵活、可以在证券市场自由流通的特点,能够在短期内吸收大量的资金，因而在发达的金融市场中，是企业举借长期负债的主要方式之一。

长期应付款是指企业除长期借款、应付债券以外的其他长期应付债务，如应付引进设备价款、融资租入固定资产的租赁费等。

专项应付款是企业接受国家作为企业所有者投入的具有专项或特定用途的款项，如专项用于技术改造、研究开发等的款项。

递延收益主要是企业确认的应在以后期间计入损益的款项，如政府补助。

递延所得税负债是由企业确认应纳税暂时性差异所产生的所得税负债，属于高级财务会计中的所得税会计专题。预计负债是由某些或有事项所导致的特殊负债，其确认和计量方式与普通负债相比具有明显差异，对此将在或有负债与预计负债一章中专门讲述。

(二) 按偿还方式划分

长期负债按债务偿还方式的不同可分为定期偿还和分期偿还两种。定期偿还是指在约定的负债到期日一次还清债务本金；分期偿还则是指在规定的举债期限内分若干次偿还债务本金。另外，长期负债的利息也有多种支付方式，例如到期一次支付、分期等额支付、采用实际利率法和贴现法支付等。

(三) 按担保条件划分

长期负债按有无担保可划分为担保长期负债和无担保长期负债(也称信用长期负债)。担保长期负债是以企业提供的担保为基础举借的长期负债；信用长期负债则是以企业的信用为基础而无担保措施的长期负债。

三、长期负债的确认与计量

(一) 长期负债的确认

长期负债的确认包括初始确认和终止确认。

长期负债初始确认的原则是，一项义务符合长期负债的定义，并且同时满足以下条件：(1)与该义务有关的经济利益很可能流出企业；(2)未来流出的经济利益的金额能够可靠地计量。按照我国《企业会计准则第 22 号——金融工具确认和计量》的规定，企业成为金融工具合同的一方时，应当确认一项金融资产或金融负债，这从另一角度诠释了长期负债确认的基本标准，即企业成为金融工具合同的一方，并由此承担未来导致经济利益流出的义务。这一标准与前述长期负债确认条件在本质上是相通的，其核心是企业承担在较长时期后履行的义务，而该义务的履行将通过交付资产、承担债务或授予对方权益等方式引起企业经济利益的流出。

所谓长期负债的终止确认，是指将该负债从企业的账户和资产负债表内予以转销。负债的现时义务已经全部或部分解除的，才能终止确认该负债或其一部分。某些时候，企业(债务人)可能与债权人之间签订协议,以承担新负债的方式替换现存的长期负债,这种情况下,如果新负债与现存负债的合同条款实质上不同,应当终止确认现存负债,并同时对新负债进行初始确认。另外,如果企业对现存长期负债的全部或部分合同条款作出实质性修改,导致现时负债义务实质解除的,也应当终止确认现存负债或其一部分,同时将修改条款后的负债确认为一项新负债。

企业的长期负债全部或部分终止确认的,应当将终止确认部分的账面价值与支付的对价(包括转出的非现金资产或承担的新金融负债)之间的差额,计入当期损益。如果回购长期负债的一部分引起终止确认的,企业应当在回购日按照继续确认部分和终止确认部分的相对公允价值,将该负债整体的账面价值进行分配,分配给终止确认部分的账面价值与支付的对价(包括转出的非现金资产或承担的新金融负债)之间的差额,计入当期损益。

(二)长期负债的计量

长期负债的计量可分为初始计量和后续计量。

企业初始确认长期负债时,一般应当按照公允价值计量。相关交易费用应当计入初始确认金额。

长期负债的后续计量主要采用摊余成本模式,并采用实际利率法计算利息和各期的摊销额。但是属于衍生金融工具的部分长期负债除外,这种衍生金融负债的确认和计量具有特殊性,属于高级财务会计的研究内容。以摊余成本计量的长期负债,在终止确认、发生减值或摊销时产生的利得或损失,计入当期损益。

第二节 长期负债费用

一、长期负债费用的概念与内容

长期负债费用是指企业因借入资金(主要是长期债务资金)而发生的有关费用,习惯上往往称为借款费用。显然,这里的“借款”是一种广义的概念,泛指包括发行债券、融资租赁引起的长期应付款等在内的各种负债。由于短期负债费用的处理相对单一,通常不涉及资本化问题,所以负债费用的概念主要针对长期负债,因此通常又将长期负债费用简称为负债费用。

负债费用包括长短期借款和银行透支利息,与借款有关的折价或溢价的摊销额,外币借款产生的汇兑差额,以及借款的辅助费用如手续费等,由融资租赁引起的融资费用,也属于负债费用。

二、负债费用的处理原则

对负债费用的处理有两种基本的处理方式，一种是在发生时直接确认为当期费用，即“费用化”；另一种则是予以“资本化”，也就是将与建造或生产某项资产直接相关的负债费用计入该项资产成本。

认为负债费用应当费用化的理由是：首先，负债费用是由企业筹资活动引起的，它与举债所购置的资产无关。其次，负债费用主要与其发生的当期损益相关，比如外币折算差额由于汇率变动所引起，并且在每一会计期间受汇率变动影响而带给企业利得和损失，但与企业资产的价值无关，只有将负债费用作为当期利润的减项，才能合理反映企业的当期损益与现金流量。再次，如果将负债费用资本化，会使同类资产由于筹资方式不同导致其账面值也不同。

认为负债费用应当资本化的理由是：首先，负债费用是因企业对长期资金的需求而借入的，而筹集长期资金的主要用途之一就是满足资产的购建需要，也就是说举借长期负债与资产密切相关，因此不能说负债费用与资产没有关系。其次，在企业购入资产所支付的款项中经常含有借款的利息和外币借款的汇兑差额等负债费用，因此已在事实上计入所购资产的价值之中，只是没有在买价中单独反映出来，这只不过是由于付款方式不同造成的影响。例如，为了购买一项长期资产，企业可能分别采取一次性付款或分期付款方式，但两种方式下都需要举借长期负债以满足资金需求。在一次性付款的情况下，已经考虑到未来利息支付对现金流量的影响并反映到资产价值之内，如果在分期付款方式下，不将资产买价中包含的负债费用资本化，仅按照本金分期确认，就会使分期付款购买时的资产价值低于一次性付款时的资产价值，造成同一种资产仅仅由于付款方式不同产生账面价值的差异，因此，只有将负债费用资本化，才能反映所购建资产的“真实”成本。再次，将负债费用全部列作费用，还会使企业的融资周期明显影响各期损益，造成损益计算结果不能完全客观地反映企业经营状况。

《国际会计准则第 23 号——借款费用》中规定，对负债费用的基准处理方法是：不管借款如何使用，负债费用应于发生的当期确认为一项费用。作为允许选用的处理方法，对于可直接计入相关资产的购置、建造或生产成本的负债费用，应通过资本化使其成为该资产成本的组成部分。总体看来，国际会计准则是将费用化作为负债费用会计处理的基本原则，而将资本化作为特例。其理由主要是：尽管从理论上讲，负债费用在某些情况下应当予以资本化，但从实务上考虑，将其费用化处理更便于企业操作，而且这样做更符合稳健性原则的要求。根据上述原则，负债费用资本化是目前多数国家允许采用的一种方法，但一般不作为基准方法。

我国的企业会计制度和原会计准则中，对负债费用资本化的范围作了更为狭窄的限定，仅限于为购建固定资产而专门借入的款项。2006 年，在修订后的《企业会计准则第 17 号——借款费用》中进一步借鉴国际会计准则，扩大了负债费用资本化的范围，并对资本化的标准进行了部分修订，但仍以费用化为基本处理方法。目前我国在负债费用的处理原则方面与国际会计准则基本一致。

三、负债费用的资本化

(一) 资本化范围的确定

根据我国《企业会计准则第 17 号——借款费用》的规定，企业发生的借款费用，可直接归属于符合资本化条件的资产的购建或者生产的，应当予以资本化，计入相关资产成本；其他借款费用，应当在发生时根据其发生额确认为费用，计入当期损益。所谓符合资本化条件的"相关资产"，是指需要经过相当长时间的购建或者生产活动才能达到预定可使用或者可销售状态的固定资产、投资性房地产和存货等资产。那些日常性生产或生产周期较短且重复大量生产的存货不属于这里所说的相关资产，那些在购置时就打算使用或销售的资产也不属于相关资产。可"直接归属于"相关资产的购置、建造和生产成本的负债费用，是指那些如果不发生则相关资产上的支出就可以避免的负债费用。

(二) 资本化时间的确定

负债费用资本化有一定的起讫期间，从负债费用开始资本化到停止资本化的期间，称为资本化期间。负债费用暂停资本化的期间不包括在内。我国《企业会计准则》对资本化期间的具体规定是，当同时满足以下三个条件时，企业为购建某项资产而借入的负债所发生的费用才能开始资本化，计入所购建资产的成本：

(1) 资产支出已经发生，资产支出包括为购建或者生产符合资本化条件的资产而以支付现金、转移非现金资产或者承担带息债务等形式发生的支出。

(2) 负债费用已经发生。

(3) 为使资产达到预定可使用状态所必要的购建活动已经开始。

购建或者生产符合资本化条件的资产达到预定可使用或者可销售状态时，负债费用应当停止资本化。在此之后所发生的借款费用，应当在发生时确认为费用，计入当期损益。购建或者生产符合资本化条件的资产达到预定可使用或者可销售状态，可从下列几个方面进行判断：

(1) 符合资本化条件的资产的实体建造(包括安装)或者生产工作已经全部完成或者实质上已经完成。

(2) 所购建或者生产的符合资本化条件的资产与设计要求、合同规定或者生产要求相符或者基本相符，即使有极个别与设计、合同或者生产要求不相符的地方，也不影响其正常使用或者销售。

(3) 继续发生在所购建或生产的符合资本化条件的资产上的支出金额很少或者几乎

不再发生。

购建或者生产符合资本化条件的资产需要试生产或者试运行的，在试生产结果表明资产能够正常生产出合格产品或者试运行结果表明资产能够正常运转或者营业时，应当认为该资产已经达到预定可使用或者可销售状态。

购建或者生产的符合资本化条件的资产的各部分分别完工，且每部分在其他部分继续建造过程中可供使用或者可对外销售，且为使该部分资产达到预定可使用或可销售状态所必要的购建或者生产活动实质上已经完成的，应当停止与该部分资产相关的借款费用的资本化。如果购建或者生产的资产的各部分分别完工，但必须等到整体完工后才可使用或者可对外销售的，则需要在该资产整体完工时停止借款费用的资本化。

符合资本化条件的资产在购建或者生产过程中发生非正常中断且中断时间连续超过3个月的，应当暂停借款费用的资本化。在中断期间发生的借款费用应当确认为费用，计入当期损益，直至该资产的购建或者生产活动重新开始。但是，如果这种中断是使所购建或者生产的符合资本化条件的资产达到预定可使用或者可销售状态必要的程序(即属于正常中断)，借款费用的资本化应当继续进行。

所谓非正常中断，通常是由于企业管理决策或者其他不可预见的原因等导致的中断。比如，企业因与施工方发生了质量纠纷，或者工程、生产用料没有及时供应，或者资金周转发生了困难，或者施工、生产发生了安全事故，或者发生了与资产购建、生产有关的劳动纠纷等原因，导致资产购建或者生产活动发生中断，均属于非正常中断。

非正常中断与正常中断显著不同。正常中断通常仅限于因购建或者生产符合资本化条件的资产达到预定可使用或者可销售状态所必要的程序，或者事先可预见的不可抗力因素导致的中断。例如，某些工程建造到一定阶段必须暂停下来进行质量或者安全检查，检查通过后才可继续下一阶段的建造工作，这类中断是在施工前可以预见的，而且是工程建造必须经过的程序，属于正常中断。某些地区的工程在建造过程中，由于可预见的不可抗力因素(如雨季或冰冻季节等原因)导致施工出现停顿，也属于正常中断。

(三) 资本化金额的确定

在资本化期间内，每一会计期间的利息(包括折价或溢价的摊销)资本化金额，应当按照下列规定确定：

(1) 为购建或者生产符合资本化条件的资产而借入专门借款的，应当以专门借款当期实际发生的利息费用，减去将尚未动用的借款资金存入银行取得的利息收入或进行暂时性投资取得的投资收益后的金额确定。这里的专门借款，是指为购建或者生产符合资本化条件的资产而专门借入的款项。

(2) 为购建或者生产符合资本化条件的资产而占用了一般借款的，企业应当根据累计资产支出超过专门借款部分的资产支出加权平均数乘以所占用一般借款的资本化率，计算确定一般借款应予资本化的利息金额，其计算公式如下：

$$一般借款应予资本化的利息金额 = 累计资产支出超过专门借款部分的资产支出加权平均数 \times 资本化率$$

累计资产支出加权平均数的计算方法是：

$$累计资产支出加权平均数 = \sum\left(每笔资产支出金额 \times \frac{每笔资产支出实际占用的天数}{会计期间涵盖的天数}\right)$$

为简化计算，也可以月数替代天数作为计算累计资产支出加权平均数的权数。

资本化率的确定方法为：如果企业为购建某项资产只使用了一笔一般借款，资本化率即为该项借款的利率；如果企业为购建资产使用了一笔以上的借款，资本化率为这些借款的加权平均利率。其计算公式如下：

$$加权平均利率 = \frac{当期实际发生的借款利息之和}{借款本金加权平均数} \times 100\%$$

其中，借款本金加权平均数的计算方法为：

$$借款本金加权平均数 = \sum\left(每笔借款本金 \times \frac{每笔借款实际占用的天数}{会计期间涵盖的天数}\right)$$

为简化计算，也可以月数替代天数作为计算借款本金加权平均数的权数。

在计算资本化率时，如果企业发行债券发生债券折价或溢价的，应当将每期应摊销的折价或溢价金额，作为利息的调整额，对资本化率进行相应调整，其加权平均利率的计算公式如下：

$$加权平均利率 = \frac{当期实际发生的借款利息之和 +（或 -）折价（或溢价）摊销额}{借款本金加权平均数} \times 100\%$$

如果企业发行债券的发行费用小于发行期间冻结资金所产生的利息收入，按发行期间冻结资金所产生的利息收入减去发行费用后的差额，视同发行债券的溢价收入，在债券存续期间内于计提利息时摊销。

需要注意的是，在资本化期间内，每一会计期间的利息资本化金额不应当超过当期相关借款实际发生的利息金额。

融资租赁中的有关负债费用，比照上述利息费用的资本化原则处理，具体方法见高级财务会计中的租赁有关内容。

除利息以外的其他负债费用的处理相对比较简单，主要是专门借款发生的有关费用才需考虑资本化问题。外币专门借款本金及利息的汇兑差额，在资本化期间内（即所购建或者生产的符合资本化条件的资产达到预定可使用或者可销售状态之前）发生的，应当予以资本化，计入符合资本化条件的资产的成本；在此之后发生的，计入当期损益。

专门借款发生的辅助费用，在所购建或者生产的符合资本化条件的资产达到预定可使用或者可销售状态之前发生的，应当在发生时根据其发生额予以资本化，计入符合资本化条件的资产的成本；在所购建或者生产的符合资本化条件的资产达到预定可使用或者可销售状态之后发生的，在发生时确认为费用，计入当期损益。一般借款发生的辅助费用，应当在发生时确认为费用，计入当期损益。

【例4.1】 C公司于20×6年1月1日动工兴建一幢厂房，工期为18个月，工程采用出包方式，分别于20×6年1月1日、20×6年7月1日和20×7年1月1日分三次支付工程进度款。厂房于20×7年6月30日完工，达到预定可使用状态。

C公司为建造厂房于20×6年1月1日借入5年期专门借款4 000万元，年利率为6%。在20×6年7月1日又借入3年期专门借款8 000万元，年利率为7%(假设名义利率与实际利率均相同)。借款利息按年支付。闲置借款资金均用于固定收益债券短期投资，该投资月收益率为0.5%。

C公司为建造该厂房的支出情况如表4.1所示。

表4.1 C公司建造厂房支出情况　　单位:万元

日　　期	每期资产支出	累计资产支出	闲置借款资金用于短期投资金额
20×6年1月1日	3 000	3 000	1 000
20×6年7月1日	5 000	8 000	4 000
20×7年1月1日	3 000	11 000	1 000
合　　计	11 000		6 000

由于C公司厂房建造支出没有超过专门借款金额，因此C公司20×6年、20×7年为建造厂房应予资本化的利息金额为资本化期间内(即20×6年1月1日至20×7年6月30日)专门借款实际发生的利息金额减去闲置借款资金短期投资的收益，计算如下：

(1) 20×6年专门借款发生的利息金额为：4 000 × 6% + 8 000 × 7% × 6/12 = 520(万元)。

20×7年1月1日至6月30日止专门借款的利息金额为：4 000 × 6% × 6/12 + 8 000 × 7% × 6/12 = 400(万元)。

(2) 计算在资本化期间内利用闲置专门借款资金进行短期投资的收益：

20×6年短期投资收益 = 1 000 × 0.5% × 6 + 4 000 × 0.5% × 6 = 150(万元)

20×7年1月1日至6月30日短期投资收益 = 1 000 × 0.5% × 6 = 30(万元)

(3) 计算确定专门借款利息的资本化金额：

20×6年的利息资本化金额 = 520 − 150 = 370(万元)

20×7年的利息资本化金额 = 400 − 30 = 370(万元)

有关账务处理如下：

20×6年12月31日：

借：在建工程　　　　3 700 000

　应收利息（或银行存款）　　　　150 000

　贷：应付利息　　　　5 200 000

20×7 年 6 月 30 日：

借：在建工程　　　　3 700 000

　应收利息（或银行存款）　　　　300 000

　贷：应付利息　　　　4 000 000

【例 4.2】 M 公司 20×8 年 7 月 1 日开始建造一座办公用楼房，至 20×9 年 6 月完工。其中 20×8 年各月发生的工程支出分别为：7 月支出 300 万元，8 月支出 360 万元，9 月支出 240 万元，10 月支出 120 万元，11 月支出 150 万元，12 月支出 240 万元。假设各月支出均在月初发生，M 公司以 1 年作为借款费用资本化的周期。该公司计算购建资产的累计加权平均支出见表 4.2。

表 4.2　20×8 年 M 公司购建资产累计加权平均支出

月　份	支出金额（元）	资本化权重	加权支出数（元）
7	3 000 000	6/12	1 500 000
8	3 600 000	5/12	1 500 000
9	2 400 000	4/12	800 000
10	1 200 000	3/12	300 000
11	1 500 000	2/12	250 000
12	2 400 000	1/12	200 000
合　计	14 100 000		4 550 000

M 公司为建造该厂房共使用了三笔款项，其中，20×8 年 7 月 1 日向建设银行借入 5 年期专门借款 600 万元，年利率为 9%；同日向工商银行借入 5 年期一般借款 500 万元，年利率为 8%；10 月 1 日平价发行 5 年期公司债券 1 000 万元，年利率为 12%。利息均按年支付。

由表 4.2 可以看出，到 20×8 年 8 月，M 公司为建造该资产的累计支出为 300＋360＝660（万元），已超过专门借款数额，因此需要分别计算专门借款和一般借款利息费用的资本化金额。

到 20×8 年末，累计资产支出超过专门借款部分的资产支出加权平均数为：(300＋360－600)×5/12＋80＋30＋25＋20＝180（万元）。

接下来需要确定购建该资产占用一般借款的加权平均资本化率，为此需要确定占用一般借款的本金加权平均数和一般借款的利息费用。

20×8 年占用一般借款本金加权平均数为：500×6/12＋1 000×3/12＝500（万元）。

该资产使用一般借款的利息费用计算见表 4.3。

表 4.3　20×8 年 M 公司一般借款利息费用计算表

负债类型	期限(年)	金额(元)	利 率	利息费用(元)
银行借款	5	5 000 000	8%×6/12	200 000
长期债券	5	10 000 000	12%×3/12	300 000
合　　计		15 000 000		500 000

因此，

$$加权平均资本化率 = 500\,000/5\,000\,000 \times 100\% = 10\%$$

$$20\times 8 年专门借款利息资本化金额 = 600 \times 9\% \times 6/12 = 27(万元)$$

$$20\times 8 年一般借款利息资本化金额 = 180 \times 10\% = 18(万元)$$

$$20\times 8 年借款利息资本化总额 = 27 + 18 = 45(万元)$$

$$20\times 8 年借款利息费用化金额 = 50 - 18 = 32(万元) 或:= 27 + 50 - 45 = 32(万元)$$

20×8 年 12 月 31 日有关账务处理如下：

借:在建工程　　450 000

　财务费用　　320 000

　贷:应付利息　　770 000

第三节　长 期 借 款

一、长期借款概述

(一) 长期借款的种类

长期借款是企业向银行和其他金融机构借入的、偿还期在 1 年或超过 1 年的一个营业周期以上的债务。这里所说的银行包括国内银行和国外银行,也包括世界银行、亚洲开发银行等国际金融机构。其他金融机构指财务公司、信托投资公司等。

长期借款按照有无担保可分为担保借款和无担保借款。所谓担保借款即以企业提供的担保为基础取得的借款。根据企业提供担保的不同,担保借款又可分为保证借款、抵押借款和质押借款。保证借款是指以第三方承诺在企业不能偿还借款时承担一般保证责任或者连带责任而取得的借款;抵押借款是指以企业或第三方的资产作为抵押物而取得的借款;质押借款是指以企业或第三方的资产作为质押物而取得的借款。无担保借款,也称信用借款，即完全以债务人信用作为保证，无任何担保的借款。

长期借款按借款的币种可划分为人民币借款和外汇借款。人民币借款，即以人民币或者以人民币为基准计算的借款；外汇借款，即以外币或者以外币为基准计算的借款。

长期借款还可按借款的偿还方式划分为定期偿还借款和分期偿还借款。

此外，长期借款按举借方式还可划分为先借后用和随用随借两种不同形式。所谓先借后用，即按照借款合同一次取得资金，之后由借款人在借款合同规定范围内自由安排使用的借款方式；而随用随借则是指贷款人根据借款合同，授予借款人一定的借款额度，由借款人根据需要从额度内支用，按照实际使用金额确定贷款数额的借款方式，在这种方式下，借款人取得借款额度时并未实际使用，也不确认长期借款的发生，只有实际使用了借款额度内的资金，才作为长期借款的发生额加以确认。

(二) 长期借款的利息

长期借款的利息是长期负债费用的基本内容，其计算方式有单利和复利两种。

1. 单利计算法

单利计算法是指仅按本金计算利息，其所生利息不再加入本金重复计算利息的计息方法。目前我国的银行借款一般采用这种计息方法，其计算公式为：

$$利息 = 本金 \times 利率 \times 期间数$$

$$本利和 = 本金 \times (1 + 利率 \times 期间数) = 本金 + 利息$$

2. 复利计算法

复利计算法是指除按本金计算利息外，尚未支付的利息也要加入本金计算利息，即本金及利息都同样计算利息的计息方法。这种计息方法将一定期间所生利息加入本金再计利息，俗称“利滚利”，其计算公式为：

$$利息 = 本金 \times 利率 \times (1 + 利率)^{期间数-1}$$

$$= 第1期利息 \times (1 + 利率)^{期间数-1}$$

$$本利和 = 本金 \times (1 + 利率)^{期间数}$$

二、长期借款的会计处理

企业向金融机构借入的长期借款，通过设置“长期借款”账户核算。长期借款的利息以及外币借款的汇兑差额，均与本金一起计入“长期借款”账户，不需单独设置账户反映。在长期借款的核算中需要注意以下几点：

(1) 长期借款所发生的利息支出，应按照权责发生制的原则按期计入资产成本或当期财务费用。如果长期借款是用于购建符合资本化条件的资产，应根据有关负债费用资本化的原则处理，即在资产达到预定可使用或可销售状态之前发生的借款利息费用，应当计入相关资产的价值；在资产达到预定可使用或可销售状态后发生的借款利息费用，一般确认为当期费用。

(2) 外币长期借款所发生的汇兑差额，也应按照负债费用的有关处理原则，按期计算汇兑损益，记入相关资产成本或当期损益。

(3) 长期借款的举借和偿还方式不同，对企业的资金使用和利息负担会产生不同的影响，因此应在会计处理中作相应的调整。

(一) 长期借款取得、使用和计息的账务会计处理

【例 4.3】 F公司 20×6 年 1 月 1 日向银行借入 3 年期借款 1 000 万元，年利率为 8%，于每年末支付利息，期满后一次还清本金。F公司将该借款全部用于购建一套流水线设备，采取出包方式进行资产购建。20×6 年 3 月支付工程款包括料、工、费共计 720 万元，20×7 年 1 月支付工程款 120 万元，3 月又支付 150 万元。厂房于 20×7 年 3 月底完工并交付使用，同时办理了竣工决算手续。该企业以 1 年作为资本化期间，3 年内无其他专门借款和固定资产购建活动，假设不考虑专门借款闲置收益。根据上述资料，有关的账务处理如下：

(1) 借入资金：

借:银行存款　　10 000 000

　贷:长期借款　　10 000 000

(2) 20×6 年建造厂房，支付工程款：

借:在建工程　　7 200 000

　贷:银行存款等有关账户　　7 200 000

(3) 20×6 年末计算年利息 = 1 000 × 8% = 80(万元)，由于该借款为专门借款，其利息应全部资本化(假设无闲置资金收益)：

借:在建工程　　800 000

　贷:长期借款　　800 000

(4) 偿还借款利息：

借:长期借款　　800 000

　贷:银行存款　　800 000

(5) 20×7 年发生工程建造费用：

借:在建工程　　2 700 000

　贷:银行存款等有关账户　　2 700 000

(6) 资产完工交付使用，计算 20×7 年 1 月至 3 月借款利息的资本化金额：

借:在建工程　　200 000

　贷:长期借款　　200 000 (1 000 × 8% × 3/12)

结转工程成本：

借:固定资产　　10 900 000

　贷:在建工程　　10 900 000

(7) 20×7 年 12 月,确认计入当期损益的利息费用 1 000 × 8% × 9/12 = 60(万元):

借:财务费用　　600 000

　贷:长期借款　　600 000

(8) 年末偿还借款利息的会计分录同(4)。

(9) 到期还本时:

借:长期借款　　10 000 000

　贷:银行存款　　10 000 000

(二) 不同还本付息方式的长期借款的核算

1. 到期一次还本付息

【例 4.4】 F 公司为购建一套新的办公用楼房,于 20×1 年初向银行借入 4 年期借款 20 万元,年利率为 10%,复利计息,借款合同规定到期一次还本付息。假定借款取得后于 20×1 年 1 月一次性投入该流水线购建,工程于第二年年终完工交付使用并办妥竣工决算手续。该借款每年末应计利息计算如下:

20×1 年, 200 000 × 10% = 20 000(元);

20×2 年, 220 000 × 10% = 22 000(元);

20×3 年, 242 000 × 10% = 24 200(元);

20×4 年, 266 200 × 10% = 26 620(元);

四年应计利息合计 92 820 元。

有关会计分录如下:

20×1 年初取得长期借款时:

借:银行存款　　200 000

　贷:长期借款　　200 000

由于该项借款是用于购建固定资产,因此在资产完工并达到预定可使用状态前,该项借款的利息支出应全部资本化。

20×1 年年末,应计利息 20 000 元:

借:在建工程　　20 000

　贷:长期借款　　20 000

20×2 年年末,应计利息为 22 000 元:

借:在建工程　　22 000

　贷:长期借款　　22 000

在建工程完工,固定资产交付使用:

借:固定资产　　242 000

　贷:在建工程　　242 000

从第三年起，建造工程业已结束，所发生的借款利息停止资本化。因此20×3年年末，应计利息24 200元应作为当期费用处理：

借：财务费用　　24 200

　贷：长期借款　　24 200

20×4年年末，应计利息为26 620元：

借：财务费用　　26 620

　贷：长期借款　　26 620

借款利息到期时应偿还的本利和为200 000＋92 820＝292 820(元)，20×4年年末还本付息：

借：长期借款　　292 800

　贷：银行存款　　292 800

2. 分期偿还本息

【例4.5】 沿用例4.4资料，假设借款合同规定的偿还方式为从第三年开始偿还，第三年年终偿还全部应偿还本利和的半数，剩余部分(包括第四年新增利息)于第四年年终一次还清，其他条件不变。有关计算和会计分录如下：

计算各年的应付利息：

20×1年应付利息：200 000×10%＝20 000(元)；

20×2年应付利息：220 000×10%＝22 000(元)；

20×3年应付利息：242 000×10%＝24 200(元)；

20×3年年终应偿还款：(242 000＋24 200)×50%＝133 100(元)；

20×4年应付利息：133 100×10%＝13 310(元)；

20×4年应偿还款：133 100＋13 310＝146 410(元)；

四年还本付息共计：133 100＋146 410＝279 510(元)。

本例中，取得借款及前三年末计息的会计处理与例4.4相同，不再赘述。第三年年终偿还长期借款的半数时：

借：长期借款　　133 100

　贷：银行存款　　133 310

第四年年终时，偿还剩余本息146 410元：

借：财务费用　　13 310

　长期借款　　133 100

　贷：银行存款　　146 410

3. 分期付息到期还本

【例4.6】 沿用例4.4资料，假设借款合同改为每年年终付息一次，第四年年终还本，其他条件不变，则每年应付利息均为200 000×10%＝20 000(元)，有关会计分录如下：

取得借款的会计分录与例4.4相同，不再赘述，20×1年、20×2年年终分别支付利息

20 000 元时：

借：在建工程　　20 000

　贷：银行存款　　20 000

2003 年年终支付利息 20 000 元时：

借：财务费用　　20 000

　贷：银行存款　　20 000

2004 年年终还本付息时：

借：长期借款　　200 000

　财务费用　　20 000

　贷：银行存款　　220 000

比较以上三例可以看出，即使长期借款的本金、利率和期限都相同，但在不同的偿付条件下，企业实际使用长期借款的数额和时间是不同的，负担的利息费用也不相同。因此，长期借款采用何种方式偿付，与采用何种方式融资一样，都是企业理财决策的重要组成部分。

第四节　应 付 债 券

一、应付债券概述

（一）应付债券的特点

应付债券是企业按照法定程序报经核准后向社会公开发售的，以按约定方式在一定日期偿还本金和支付利息为条件，用于筹集长期资金的一种借款凭证，又称公司债券或企业债券。它是一种债权债务契约，是企业筹措长期资金的重要方式，也是有价证券的主要种类之一。

债券筹资和银行借款的主要区别是：借款只能从银行或其他金融机构取得，而发行债券筹资的范围更广，可以面向非银行的单位和个人，筹资对象也比较分散；其次，债券可以比较自由地交易，债券的持有者可凭债券向金融机构申请抵押或办理贴现，也可以直接转让与他人，而借款通常情况下无法交易转让。但是，发行债券筹资往往受到更多的法律限制，比如发债主体的资格、筹集资金的用途或债券的利率水平等方面，经常有法律法规的特定要求。

与股票相比，公司债券的主要特点与长期借款类似，都体现了本章概述中所述债务融资有别于权益融资的特点。

(二) 应付债券的分类

1. 按债券有无担保分类

(1) 担保债券:指发行企业以特定的资产作为担保物而发行的债券。这里的特定资产可以是不动产如房屋建筑物,也可以是动产如有价证券等。

(2) 信用债券:指无特定资产作为担保物,单凭发行公司的信誉而发行的债券。持有这种债券的投资风险要高于担保债券,因此,其利率一般也高于担保债券的利率。

2. 按债券是否记名分类

(1) 记名债券:指在公司债券发行时,将债券购买人的姓名、地址和身份证明等事项记载于债券票面之上,并在债券发行公司进行登记的债券。记名债券必须凭债券和本人的身份证明才能领取利息和收回到期本息。债券买卖时,必须办理过户手续。

(2) 无记名债券:指债券的票面上不记载债券持有人的姓名,债券持有人的姓名和地址也不需要在债券发行公司进行登记的债券。这种债券通常附有息票,在债券的存续期内,持有人可以凭息票在付息日领取利息。

3. 按本金偿还方式分类

(1) 一次还本债券:指在到期日一次偿还全部本金的债券。

(2) 分期还本债券:指在一定的期间内分次偿还本金的债券,每个偿还日的间隔和偿还金额可能相同,也可能不同。

4. 按付息方式分类

(1) 附息票的公司债券:指在票面上附有可到期领取利息的息票的债券。息票本身也是一种有价证券,持票人可以凭息票领取到期利息,也可以将其在证券市场中流通、转让。

(2) 贴现的公司债券:指发行时按规定的贴现率折算,以低于票面金额的价格发行(即发行时预先扣除利息),到期按面额偿还本金的债券。

5. 按发行方式分类

(1) 公募公司债券:指按法定手续经证券主管机构批准在市场上公开发行的债券。

(2) 私募公司债券:指以少数与发行者有特定关系的投资者为募集对象发行的债券。

6. 特殊类型的债券

(1) 可转换债券:指债券持有人可以在一定时期后,按规定的比率转换为普通股股票的债券。持有可转换债券,对投资人来说可以获得比股利更为稳定的利息收益,又可以在企业经营状况较好时选择转换为股票,获取比债券利息更高的股利收益,因此可转换债券对投资人更具有吸引力,也比普通债券具有更强的融资能力。

(2) 可赎回债券:指发行企业可以在债券到期之前按适当价格从债券持有人手中赎回的债券。发行这种债券有利于企业提高理财的灵活性。

(3) 以特定商品偿还的债券:指生产某些特定商品的企业通过发行债券吸收投资,待债券到期时以其生产的商品偿还本息的债券。

(4) 收益债券:指只在发行企业有盈利的情况下才能支付利息的债券。

(5) 收入债券:指债券利息从发行企业某种特定收入中支付的债券,只有在发行公司取得该种收入时,债券的持有人才能得到利息。

(6) 可要求偿还债券:指债券持有人按照发行契约,有权要求债券发行公司提前偿还的债券。

二、债券的发行价格

(一) 债券的溢价与折价

一般情况下,债券本身都有票面价值,但现实中债券的发行价格往往与其面值不同。这是因为债券的发行价格由债券未来现金流量(包括票面本金和利息)的现值所决定,而计算现值时使用的市场利率可能与债券票面利率不同。由于债券的票面利率可能高于、等于或低于市场利率,债券的现值也可能高于、等于或低于其面值。

当债券的票面利率高于发行时的市场利率时,债券的现值高于其面值,债券发行价格就会超过其票面价值,即溢价发行,发行价格高于面值的差额称为债券溢价。因为这种情况下发行企业在未来期间会付出超过市场利率水平的利息费用,所以要以收取溢价的方式在发行时预先得到补偿。如果债券的票面利率低于发行时的市场利率,则债券的现值低于其面值。在这种情况下,可按低于债券票面价值的价格发行,称为折价发行,发行价格低于面值的差额称为债券折价。折价发行表明企业以后期间少付利息费用而预先给债券投资者或持有人以补偿。如果债券的票面利率与发行时的市场利率相同,债券现值恰好等于其面值。在这种情况下,债券可按票面价值发行,称为平价发行。可见,溢价或折价是在债券存续期内对利息费用的一种调整。

(二) 债券发行价格的确定

企业发行的债券一般都有较长的偿还期,发行企业在债券到期时按面值偿还本金。由于货币时间价值的影响,到期时的债券价值(即终值)并不等于债券面值,而是面值和利息之和,而债券发行时的价值应当是债券利息和本金的现值。也就是说,债券的价值包括如下两部分:(1)债券到期本金(即面值)所折算的现值;(2)债券按票面利率计算的各期利息折算的现值。两者之和即为债券的发行价格。为了使债券的现值公平合理,保证发行企业和债券持有人双方的利益,折算时应以市场利率为准,其计算公式为:

$$\begin{aligned}\text{债券发行价格} &= \text{债券面值折现值} + \text{债券利息折现值} = \text{债券面值} \times \text{复利现值系数} \\ &\quad + \text{债券面值} \times \text{票面利率} \times \text{年金现值系数}\end{aligned}$$

上式中的复利现值系数与年金现值系数均可通过查表求得。

作为一种有价证券,公司债券可以在二级市场中转让,其发行价格虽然以现值为基础，但还受到其他多种因素的影响，如：债券的相对风险程度、市场供求关系和经济环境波动等。因此，债券的价格并非总是刚好等于其现值，而且当债券经由发行市场进入流通市场后，其市场价格常常随市场的变动而不断变化。但是从根本上说，现值仍然是决定债券价格的最主要的影响因素。一般来说，债券的现值近似等于其内在价值，因此，发行企业和债券投资者通常都以债券的现值作为其确定发行价格的基本依据。

【例 4.7】 E公司 20×1 年 1 月 1 日发行 5 年期面值 40 万元的公司债券，年利率为 10%，每半年付息一次，收到的债券发行款项存入银行。

若债券发行时市场利率为 10%，每半年付息一次，付息期共 10 期，每期利率为 5%，从年金现值系数表和复利现值系数表查得利率 5%、期数为 10 的年金现值系数是 7.721 734，复利现值系数是 0.613 913 3，则债券的发行价格是：

$$
\begin{aligned}
&400\,000\times5\%\times7.721\,734+400\,000\times0.613\,913\,3\\
&=154\,434.68+245\,565.32\\
&=400\,000(\text{元})
\end{aligned}
$$

若债券发行时市场利率为 8%，每半年付息一次，每期利率为 4%，从年金现值系数表和复利现值系数表查得利率 4%、期数为 10 的年金现值系数是 8.110 9，复利现值系数是 0.675 6，则债券的发行价格是：

$$
\begin{aligned}
&400\,000\times5\%\times8.110\,9+400\,000\times0.675\,6\\
&=162\,218+270\,240\\
&=432\,458(\text{元})
\end{aligned}
$$

$$\text{溢价}=432\,458-400\,000=32\,458(\text{元})$$

若债券发行时市场利率为 12%，每半年付息一次，每期利率 6%，从年金现值系数表和复利现值系数表查得利率 6%、期数为 10 的年金现值系数是 7.360 1，复利现值系数是 0.558 4，则债券的发行价格是：

$$
\begin{aligned}
&400\,000\times5\%\times7.360\,1+400\,000\times0.558\,4\\
&=147\,202+223\,360\\
&=370\,562(\text{元})
\end{aligned}
$$

$$\text{折价}=400\,000-370\,562=29\,438(\text{元})$$

从上述计算中，可以验证决定公司债券发行价格的基础：当市场利率等于债券票面利率时，债券的发行价格等于其票面价值，债券按面值即平价发行；当市场利率低于债券票面利率时，债券的发行价格高于其票面价值，债券按溢价发行；当市场利率高于债券票面利率时，债券的发行价格低于其票面价值，债券按折价发行。

三、应付债券的账务处理

为核算企业发行债券的资金收入、归还和支付利息情况，需要设置“应付债券”账户。

在“应付债券”账户下设置“面值”、“应计利息”和“利息调整”等明细账户。其中,“面值”用来核算发行债券应偿还的本金,其贷方登记已发行的应付债券本金;借方登记已偿还的债券本金;余额在贷方,表示尚未偿还的债券本金。“应计利息”用来核算已发行债券发生的应付票面利息,其贷方登记按期提取的应付债券利息;借方登记已支付的债券利息;余额在贷方,表示已提取但尚未支付的债券利息。“利息调整”用来核算发行债券发生的溢价和折价,其贷方登记已发行债券发生的溢价,借方登记已发行债券的折价。

(一) 债券发行的账务处理

无论是按面值发行,还是溢价或折价发行,均按债券面值计入“应付债券”的“面值”明细账户。实际收到的价款与面值的差额,即债券的溢价或折价,计入“利息调整”账户,并在债券的存续期间内进行摊销,摊销方法一般采用实际利率法,当直线法与实际利率法确定的利息费用的差额不具有重要性时,也可采用直线法。债券的利息费用应根据权责发生制原则按期计提。

有时发行债券时还会发生一定的发行费用,比如委托银行、券商或其他经纪人代销债券的佣金或手续费,债券发行的法律费用等。对债券发行费用通常有两种处理方法,其一是将发行费用在债券到期前采用直线法或实际利率法分期摊销;其二是从发行收入中直接扣除,实质上等于将债券发行费用视为债券溢价或折价的一部分。我国《企业会计准则第 17 号——借款费用》规定,企业发行债券的相关费用,作为借款辅助费用处理。其中,可直接归属于符合资本化条件的资产的购建或者生产的(即属于专门借款性质的),在相关资产达到预定可使用或可销售状态之前发生的,根据其发生额予以资本化,计入相关资产的成本;在相关资产达到预定可使用或可销售状态之后发生的,根据其发生额确认为财务费用,计入当期损益。但是属于一般借款性质的债券发生的借款辅助费用,应当在发生时确认为费用,计入当期损益。

需要注意的是,上述资本化或计入当期损益的发行费用的“发生额”,不一定是债券发行时实际支付的金额,而是指按照实际利率法所确定的发行费用对每期利息费用的调整额(借款实际利率与合同利率差异较小的,也可以采用合同利率计算确定)。因为借款辅助费用与金融负债的交易费用性质是一致的,其会计处理原则也应当保持一致。根据我国《企业会计准则第 22 号——金融工具确认和计量》的规定:“除以公允价值计量且其变动计入当期损益的金融负债之外,其他金融负债的相关交易费用应当计入金融负债的初始确认金额”,为购建或生产符合资本化条件的资产所举借的借款(包括发行的债券),通常都属于“以公允价值计量且其变动计入当期损益的金融负债之外的”其他金融负债。因此,这些负债的借款辅助费用一般都需要计入负债的初始确认金额,实际上就是抵减了债券发行所收到的本金,相当于增加了债券的折价,从而变相导致实际利率的上升,于是就影响以后各期实际利息的计算,需要对各期利息费用作相应调整。

【例 4.8】 D公司于 20×3 年 1 月 1 日发行面值为 5 000 万元的公司债券,期限 5 年,票面利率为 10%,每年 12 月 31 日付息一次,到期一次还本,无任何发行费用。假设发行时的市场利率分别为10%、12%、8%。查表得期数为5、市场利率为10%的复利现值系数和年金现值系数分别为0.620 92和3.790 79；期数为5、市场利率为12%的复利现值系数和年金现值系数分别为0.567 43和3.604 78；期数为5、市场利率为8%的复利现值系数和年金现值系数分别为0.680 58和3.992 71，则债券的发行价格分别为：

债券发行价格＝50 000 000×0.620 92＋50 000 000×10%×3.790 79
＝31 046 000＋18 954 000＝50 000 000(元)

债券发行价格＝50 000 000×0.567 43＋50 000 000×10%×3.604 78
＝28 371 500＋18 023 900＝46 395 400(元)

债券发行价格＝50 000 000×0.680 58＋50 000 000×10%×3.992 71
＝34 029 000＋19 963 550＝53 992 550(元)

债券的发行价格等于债券面值，即债券平价发行，会计分录为：

借：银行存款　　50 000 000
　贷：应付债券——面值　　50 000 000

债券发行价格低于债券面值，即债券折价发行，会计分录为：

借：银行存款　　46 395 400
　应付债券——利息调整　　3 604 600
　贷：应付债券——面值　　50 000 000

债券发行价格高于债券面值，即债券溢价发行，会计分录为：

借：银行存款　　53 992 550
　贷：应付债券——面值　　50 000 000
　　应付债券——利息调整　　3 992 550

债券到期时，"应付债券"账户中的"面值"和"应计利息"两个明细账户，反映债券的票面价值与按票面价值和票面利率计算的应计利息。

【例4.9】 假设例4.8中D公司发行债券时一次性支付债券发行费用50万元，则上述债券发行应作如下调整处理：

平价发行时：

借：银行存款　　49 500 000
　应付债券——利息调整　　500 000
　贷：应付债券——面值　　50 000 000

折价发行时：

借：银行存款　　45 895 400
　应付债券——利息调整　　4 104 600
　贷：应付债券——面值　　50 000 000

溢价发行时：

借:银行存款　　53 492 550
　　贷:应付债券——面值　　50 000 000
　　　　应付债券——利息调整　　3 492 550.

此后,在每期确认债券利息费用时,需要根据溢价或折价情况对各期利息进行调整。由于发行费用被视作折价的一部分计入了债券初始确认金额,在调整各期利息费用时也应一并计算确定发行费用在当期的摊销额。如果计息和摊销发生在符合资本化条件的资产达到预定可使用或可销售状态之前,应将摊销额计入相关资产的成本;如果发生在相关资产达到预定可使用或者可销售状态之后,则将摊销额计入当期损益。

前面所述会计处理均假定债券是在付息日发行的,但在现实当中,由于各种原因,债券可能并不刚好在规定的付息日发行。此时,通常需要将债券到期日的价值折算为实际发行日的现值,并加收从起息日至发行日按票面利率计算的利息,确定债券的发行价格;或者也可按原定发行日的发行价格,加上起息日至实际发行日之间按市场利率计算的利息,确定债券的发行价格。该发行价格除债券本金和预先收回的按票面利率计算的应计利息外,其余部分为债券的溢价。

【例 4.10】 沿用例 4.8 资料,假设债券为溢价发行,发行时间由原定的 20×3 年 1 月 1 日延至 20×3 年 7 月 1 日,自 20×3 年 1 月 1 日至 7 月 1 日,按市场利率 8%计算的债券利息为 2 159 702(53 992 550 × 8% ÷ 12 × 6) 元, 则发行日债券的发行价格应为 56 152 252(53 992 550+2 159 702)元。在债券的发行价格中除债券本金 5 000 万元和预先收回的按票面利率计算的利息 250 万元 (50 000 000×10%÷12×6) 外, 其余部分为债券溢价 3 652 252 元。

借:银行存款　　56 152 252
　　贷:应付债券——面值　　50 000 000
　　　　　　　　——应计利息　　2 500 000
　　　　　　　　——利息调整　　3 652 252

在延期发行条件下,公司债券平价和折价发行的价格计算方法与溢价发行时相同,此处不再详细介绍。

在瞬息万变的证券市场中,未偿还债券的现行市场利率是不断变化的,同样,其现值也在不断变化,那么,当现行市场利率发生变化时,是否应调整已确认的债券价值和各期利息费用的计量?理论上,具有相关性的会计信息需要反映现行市场状况和价格水平,因此应当按照最新的市场利率和现行价格调整债券账面价值和利息费用。但在实务中财务会计一般并不反映这种变化,而是在债券存续期内一直沿用发行日的实际利率来确定债券的利息费用。这是因为,尽管市场利率会不断变动并影响债券价值,但发行企业在正常情况下并不会按照变动后的价格偿还或回购债券,因此按照现行利率反映债券价值和利息费用也就没有实际意义。首先,发行公司与债券持有人之间所订立的债券契约不是可以随意改变的,现行市场的变动并不意味着企业可以不受限制地按照当前价格回购已发行债券,或按照新利率重新发行债券;其次,即使债券市价下跌为发行公司提供了按照有利条件赎回债券的机会，但由于可供赎回的债券数量有限，这种机会并不总是具有现实意义，而且如果发行公司正在有效地运用借入的资金，提早偿还本金还可能影响正常经营；再次，如果债券的价格上涨，提早偿还原先发行的债券后再以较低的成本重新筹资也可能对企业有利，但这样做是否可行往往取决于债券持有人是否愿意出售其持有的债券，而提前出售意味着要他们放弃高于现行市场利率的利息收入，所以提前偿还的设想往往并不实际。因此，按照现行市场利率变化不断调整债券账面价值和利息费用的做法不但繁琐，也缺乏足够的实际意义。总体看来，按固定利率计算和摊销债券利息的传统会计处理方法更为实用，也更加符合客观性原则。也就是说，与多数金融负债相类似，应付债券应当按摊余成本后续计量，并且一般采用固定的利率计算确定各期利息。

(二) 应付债券的计息及溢价、折价摊销

企业发行债券应于规定的付息日按债券面值和票面利率计算并向债券持有人支付利息；如果付息期与会计结账期不一致，则在每一个会计结账期末都应按照权责发生制计算利息费用。在平价发行债券的情况下，公司各期的债券利息费用一般等于当期支付或应付的债券票面利息。而在溢价或折价发行的情况下，各期的债券利息费用则应通过对溢价或折价进行摊销，即对当期应付的债券票面利息加以调整后才能确定。下面分别三种情况说明债券利息费用的确认。

1. 平价发行债券的利息处理

在债券平价发行的情况下，发行企业确认的利息费用等于按债券票面利率计算的债券应计利息，即各期支付的利息与按市场利率计算的利息费用相等。

承例 4.8，债券到期前的每年 12 月 31 日，D 公司计算并支付利息时：

借：财务费用（或在建工程等）　　5 000 000

　　贷：应付利息　　5 000 000

2. 溢(折)价发行债券的利息处理

如前所述，债券发行的溢价或折价，实质上是对债券存续期内各期利息费用的调整。债券的溢价，是由于发行企业按债券票面利率支付的各期利息高于按实际（市场）利率支付的利息，因此在债券发行时以溢价的形式一次性得到补偿。因此，溢价应在债券的整个存续期内进行摊销，即在每期计算利息费用时，将发行时预收的溢价逐期抵减按票面利率计算的债券应计利息，以便按市场利率水平反映企业实际负担的利息费用。而债券的折价，反映了企业按票面利率支付的债券利息低于按实际（市场）利率计算的利息，因而在发行债券时，将以后各期少付的利息以折价的形式预先补偿给投资者。因此，折价总额也应在债券存续期内进行摊销，即在每期支付债券利息时，将预先付出的折价逐期增加按票面利率计算的债券利息，最终按市场利率水平确认企业各期的利息费用。

债券溢价或折价的摊销主要有直线法和实际利率法两种方法。国际会计准则和我国会计准则目前都优先选择实际利率法，因为该方法更为准确地反映了企业的债务负担水

平，也更加符合配比原则。不过，如果采用其他方法计算的结果与采用实际利率法计算的结果无重大差别，也可以采用其他方法。下面分别说明两种不同方法下，债券溢（折）价摊销的计算公式。

(1) 直线法。

本期应付利息(票面利息) = 债券面值 × 票面利率

本期溢(折)价摊销额 = 溢(折)价总额 ÷ 期数

本期利息费用(实际负担利息) = 本期应付利息 − 本期溢价摊销额

或 = 本期应付利息 + 本期折价摊销额

(2) 实际利率法。

本期应付利息 = 债券面值 × 票面利率

本期利息费用 = 期初应付债券账面余额 × 实际利率(市场利率)

本期溢(折)价摊销额 = 本期应付利息 − 本期利息费用

期末未摊销溢(折)价余额 = 期初未摊销溢(折)价余额 − 本期溢(折)价摊销额

期末应付债券账面余额 = 期初应付债券账面余额 − 本期溢价摊销额

或 = 期初应付债券账面余额 + 本期折价摊销额

【例 4.11】 沿用例 4.8 资料，假设 D 公司按 46 395 400 元发行债券，折价为3 604 600元，分别按不同方法说明折价摊销和利息费用的计算及会计处理：

① 直线法摊销。

采用直线法摊销债券折价，按公式计算如下：

每年应付利息 = 50 000 000 × 10% = 5 000 000(元)

每年折价摊销额 = 3 604 600 ÷ 5 = 720 920(元)

每年利息费用 = 5 000 000 + 720 920 = 5 720 920(元)

其各年的会计处理如下：

年末摊销折价并计算利息：

借：财务费用　　5 720 920

　贷：应付债券——利息调整　　720 920

　　应付利息　　5 000 000

实际支付利息时：

借：应付利息　　5 000 000

　贷：银行存款　　5 000 000

② 实际利率法摊销。

采用实际利率法摊销债券折价时，各期折价摊销额及利息费用等的计算见表 4.4。

表 4.4　债券折价摊销计算表(实际利率法)　　单位：元

会计期间	应付利息 1 = 面值 × 10%	利息费用 2 = 上期 5 × 12%	折价摊销额 3 = 2 − 1	未摊销折价余额 4 = 上期 4 − 3	应付债券账面余额 5 = 上期 5 + 3
20×3 年 1 月				3 604 600	46 395 400
20×3 年 12 月	5 000 000	5 567 448	567 448	3 037 152	46 962 848
20×4 年 12 月	5 000 000	5 635 541.7	635 541.7	2 461 610.3	47 598 389.7
20×5 年 12 月	5 000 000	5 711 806.6	711 806.6	1 689 803.7	48 310 195.3
20×6 年 12 月	5 000 000	5 797 223.4	797 223.4	892 580.3	49 107 418.7
20×7 年 12 月	5 000 000	5 892 580	892 580	0	50 000 000
合　计	25 000 000	28 604 600	3 604 600		

20×3 年年末，计提利息并摊销折价：

借：财务费用　　5 567 448

　贷：应付利息　　5 000 000

　　应付债券——利息调整　　567 448

20×3 年年末支付利息：

借：应付利息　　5 000 000

　贷：银行存款　　5 000 000

以后各年的会计处理同上，数字依表 4.4 类推。

通过采用实际利率法或直线法对发行债券的折价进行摊销，“应付债券——利息调整”账户的余额逐期下降，相应地，应付债券的账面余额，即应付债券的面值减去债券折价余额的差额，也随之逐期上升，在债券到期还本时，债券折价摊销完毕，“应付债券——利息调整”账户中的债券折价的余额为零，应付债券的账面余额正好等于“应付债券——债券面值”账户的余额。

【例 4.12】　沿用例 4.8 资料，假设债券按溢价 53 992 550 元发行，溢价总额为 3 992 550元，分别按不同方法说明溢价摊销和利息费用的计算及会计处理：

① 直线法摊销。

采用直线法摊销债券溢价，可按公式计算如下：

$$\text{每年应付利息} = 50\,000\,000 \times 10\% = 5\,000\,000(\text{元})$$

$$\text{每年溢价摊销额} = 3\,992\,550 \div 5 = 798\,510(\text{元})$$

$$\text{每年利息费用} = 5\,000\,000 - 798\,510 = 4\,201\,490(\text{元})$$

每年末计提利息并摊销溢价时：

借:财务费用　　　　4 201 490
　应付债券——利息调整　　　　798 510
　贷:应付利息　　　　5 000 000

每年末支付利息时:

借:应付利息　　　　5 000 000
　贷:银行存款　　　　5 000 000

② 实际利率法摊销。

按实际利率法摊销债券溢价时,各年溢价摊销额及利息费用等的计算见表 4.5。

表 4.5　债券溢价摊销计算表(实际利率法)　　单位:元

会计期间	应付利息 1 = 面值×10%	利息费用 2 = 上期 5×8%	溢价摊销额 3 = 1－2	未摊销溢价余额 4 = 上期 4－3	应付债券账面余额 5 = 上期 5－3
20×3 年 1 月				3 992 550	53 992 550
20×3 年 12 月	5 000 000	4 319 404	680 596	3 311 954	53 311 954
20×4 年 12 月	5 000 000	4 264 956.3	735 043.7	2 576 910.3	52 576 910.3
20×5 年 12 月	5 000 000	4 206 152.8	793 847.2	1 783 063.1	51 783 063.1
20×6 年 12 月	5 000 000	4 142 644.8	857 355.2	925 707.9	50 925 707.9
20×7 年 12 月	5 000 000	4 074 292	925 707.9	0	50 000 000
合　计	25 000 000	28 992 550	3 992 550		

20×3 年年末摊销债券溢价时:

借:财务费用　　　　4 319 404
　应付债券——利息调整　　　　680 596
　贷:应付利息　　　　5 000 000

20×3 年年末支付利息时:

借:应付利息　　　　5 000 000
　贷:银行存款　　　　5 000 000

与债券折价摊销的情况相类似,通过采用实际利率法或直线法对发行债券的溢价进行摊销,"应付债券——利息调整"账户反映的债券溢价余额逐期下降,相应地,应付债券账面余额,即应付债券的面值加上债券溢价的余额之和,也将逐期下降,最终在债券到期还本时,债券溢价摊销完毕,"应付债券——利息调整"账户的余额为零,应付债券账面余额正好等于"应付债券——面值"账户的余额。

上述债券计息与溢(折)价摊销的会计处理中,债券的付息日都与会计的结账日一致。如果债券付息日与会计结账日不一致,发行企业应根据权责发生制,在每个会计期末确定本期利息费用及溢(折)价的摊销额,在付息日实际支付利息。

【例 4.13】　沿用例 4.8 资料,假设 D 公司按面值发行债券,发行时间为 20×3 年 1 月

1日，付息日为每年的7月1日，结账日为每年的12月31日，则每年12月31日应计提当年7月1日至12月31日的应付利息250万元（5 000 000×10%×6/12）。

20×3年7月1日支付利息时：

借：财务费用　　2 500 000

　贷：银行存款　　2 500 000

此后每年12月31日计提利息费用时：

借：财务费用　　2 500 000

　贷：应付利息　　2 500 000

从20×4年起，每年7月1日支付利息时：

借：财务费用　　2 500 000

　应付利息　　2 500 000

　贷：银行存款　　5 000 000

【例4.14】 沿用例4.8资料，假设债券按折价发行，发行日为20×3年1月1日，付息日为每年的7月1日，结账日为每年的12月31日，债券利息调整采用实际利率法，则每年12月31日应计提当年的应付利息并摊销相应的折价。

20×3年7月1日支付利息时（假设计息和折价摊销仍按年计算）：

借：应付利息　　2 500 000

　贷：银行存款　　2 500 000

20×3年12月31日，确认当年7月1日至12月31日的应付利息250万元，以及应摊销的折价567 448元（见表4.4）：

借：财务费用　　5 567 448

　贷：应付债券——利息调整　　567 448

　　应付利息　　5 000 000

20×4年7月1日支付利息时：

借：财务费用　　2 500 000

　应付利息　　2 500 000

　贷：银行存款　　5 000 000

此后每年作上述相同的会计处理，只是年末计提利息费用和折价摊销金额不同（具体数额见表4.4）。

【例4.15】 沿用例4.8资料，假设债券按溢价发行，发行日为20×3年1月1日，付息日为每年的7月1日，结账日为每年的12月31日，债券利息调整采用实际利率法，则每年12月31日应计提当年应付利息并摊销相应的溢价。

20×3年7月1日支付利息时（假设计息和溢价摊销仍按年计算）：

借：应付利息　　2 500 000

　贷：银行存款　　2 500 000

20×3年12月31日，确认当年7月1日至12月31日的应付利息250万元，以及应摊销的溢价 680 596 元(见表 4.5)：

借:财务费用　　4 319 404

　应付债券——利息调整　　680 596

　贷:应付利息　　5 000 000

20×4 年 7 月 1 日支付利息时：

借:财务费用　　2 500 000

　应付利息　　2 500 000

　贷:银行存款　　5 000 000

此后每年作上述相同的会计处理,只是年末计提利息费用和溢价摊销金额不同(具体数额见表 4.5)。

(三) 应付债券的偿还

债券发行企业应根据发行时规定的到期日和偿还条件,向债券持有人偿还本金。债券可以到期一次偿还,也可以提前偿还,还可以分期偿还。

1. 债券到期一次偿还

债券到期一次偿还,是指债券的本金在债券到期时一次全部清偿。无论债券是按平价、溢价还是折价发行,经过各期计息时的利息调整即溢(折)价摊销,到期时其账面价值均等于面值。因此,债券到期一次偿还的会计处理比较简单。承例 4.7,债券于 20×5 年 12 月 31 日到期时,其会计分录如下：

借:应付债券——面值　　400 000

　贷:银行存款　　400 000

2. 债券提前偿还

债券提前偿还,是指在债券没有到期之前进行偿还,主要发生在以下两种情形下:一种是企业发行的债券为可赎回债券,在发行时即明确了发行方有权提前偿还;另一种是公开上市的债券,发行企业可以从证券市场上提前回购。如果有足够的资金可供调度,在市场利率和债券市价下降时,企业根据情况变动提前偿还利率较高的债券,可以降低利息水平和减轻企业的财务负担。提前偿还债券可以采用现金偿还和实质性偿还两种方式。

(1) 现金偿还。

通常情况下,提前赎回债券的价格往往不等于债券的账面价值。债券偿还价格与其账面价值之间的差额,形成债券提前偿还损益。如果债券提前偿还日与付息日不一致,则债券账面价值还应包括上一个付息日至提前偿还日之间按票面利率计算的利息,并加上未摊销的债券溢价或减去未摊销的债券折价,为此还需要作出相应的利息计提和调整。

【例 4.16】 沿用例 4.8 资料,D 公司于 20×5 年 7 月 1 日提前购回 20×3 年 1 月 1 日以折价发行的全部债券,回购价格为债券面值的 104%,其中包括当年 1 月 1 日至 6 月 30 日之间的应计利息。假设该债券的折价按实际利率法摊销。有关债券偿还损益的计算及会计处理如下：

20×5 年 1 月 1 日至 6 月 30 日的应计利息＝50 000 000×10%÷12×6

＝2 500 000(元)

在计提债券利息的同时，还应摊销相应的债券折价以作出利息调整。上述债券 20×5 年应摊销的折价为 711 806 元(见表 4.4)，所以 1 月 1 日至 6 月 30 日应摊销的折价估算为 711 806÷2＝355 903(元)。①

在提前偿还债券时，如果已发行债券一次性全部回购或偿付，剩余的债券溢(折)价应全部转销，因此在补提利息时也可不作相应的折价摊销，待冲减债券账面价值时将剩余折价一并转销，并将摊销额与其他折价一同转入当期损益(符合资本化条件的除外)。

计提 20×5 年 1 月 1 日至 6 月 30 日利息费用的会计处理：

借：财务费用	2 860 460	
贷：应付利息		2 500 000
应付债券——利息调整		355 903

用于提前偿还债券本金的价款＝50 000 000×104%－2 500 000＝49 500 000(元)

偿还债券的面值＝50 000 000(元)

尚未摊销的折价＝3 604 600－567 448－635 541－355 903＝2 045 708(元)

偿还债券的账面价值＝50 000 000－2 045 708＝47 954 292(元)

偿还债券损失＝49 500 000－47 954 292＝1 545 708(元)

偿还债券的会计处理：

借：应付债券——面值	50 000 000	
应付利息	2 500 000	
债券提前偿还损失	1 545 708	
贷：应付债券——利息调整		2 045 708
银行存款		52 000 000

上项会计分录中的“债券提前偿还损失”，反映了提前偿还债券时偿还价格与债券账面价值之间的差额所形成的损益。通常，将这种损益作为偿还期当期的利息费用是一种基本的处理方法，但这可能使当期利息费用为数太大，导致营业损益出现巨大波动。因此还存在另外其他几种会计处理思路：其一，将债券提前偿还损益作为偿还期的一项特殊利得或损失，计入非营业项目。其二，将债券提前偿还损益在原债券的剩余年限内摊销，这种观点认为债券提前偿还减少了债券剩余年限内的利息费用，影响了债券剩余年限内各期的损益，因此也应该在整个剩余期限内分期确认其影响。其三，将债券提前偿还损益作

① 严格来说，摊销债券溢(折)价所作的利息调整，应采用实际利率法，即在本例中，应按照利率为 6%、期限为 10 期计算各期利息和折价调整额，但由于上述计算的结果与估算值相差不大，即不形成重要差异，因此按估算额简化计算。

为举借新债的费用，这种观点认为债券提前偿还损益既可以看做取消旧债的额外费用或收益，也可以看做为获得较低利息负担或其他利益而举借新债所引起的费用或收益，因此可将债券提前偿还损益计入发行新债务的账面价值，作为溢价或折价，再通过分期摊销计入未来期间的利息费用。

上述几种观点在各国会计实务中的应用存在一定差异。美国公认会计原则（如 APB-26 和 FAS-4）对这一问题的看法是：债券提前偿还损益应作为一个单独的损益项目，计入偿还期的当期损益。而国际会计准则和我国会计准则对这个问题都未作具体规定，我国现行会计实务中也没有与“债券提前偿还损失”或“债券提前偿还利得”相类似的账户。对这一问题的不同理解决定不同的处理方法：如果将债券提前偿还损益作为一个与被偿还债券相关的损益项目，则可计入“财务费用”账户；如果将债券提前偿还损益作为偿还期的一个特殊项目，则可计入“营业外支出”账户；如果认为债券提前偿还损益是为了减少旧债券剩余年限内的利息费用，则应将债券提前偿还损益作为一个递延项目在旧债券剩余年限内予以摊销；如果将债券提前偿还损益作为举借新债的费用，则可将该损益计入发行新债的溢价或折价。

总体上看，上述几种处理方法都存在一定缺陷。将债券提前偿还损益全部计入当期财务费用不但数额过大，而且可能扭曲该损益信息的相关性，因为这项损益是因债券提前偿还而发生，而非使用债务本金所引起，所以其性质不属于正常的财务费用。另外，由于债券已经偿还，未来企业已不存在这项负债，也不发生相关的费用，这种情况下如果还将债券提前偿还损益在旧债券剩余年限内摊销，缺乏合理的配比基础。至于作为发行新债的费用，也存在一定问题，因为企业提前偿还了债券后并不一定马上发行新债，即便举借了新的债务，也难以认定其与原债券的提前偿还是否具有足够的相关性。相对来说，将债券提前偿还损益作为特殊项目单独计入当期损益较为合理，但债券无论提前偿还是到期偿还都是企业正常的融资活动，与此有关的损益也应该属于营业活动范畴，作为营业外项目反映有失允当。

（2）实质性偿还。

实质性偿还是指债券发行企业将其外购的有价证券以不可撤回方式存入银行或信托公司，以这些证券的本金和利息收入作为向债券持有人偿还债券本金和利息的担保品。在这种方式下，尽管债券发行人在法律上并没有解除其作为原始债务人的责任，但在实质上已经用其他有价证券提前做好了清偿债券本金和利息的准备，即原本应该在未来清偿债券的现金支出已经流出企业，因此相当于实质上已经偿还。

采用实质性偿还方式对发行企业的有利之处主要有两方面：一是能避免提前收回债券所需支付的较高的收兑成本，以及从分散的债券持有人手中回购的困难；二是在市场利率上涨时，债券的市场价格一般会低于其账面价值，因此公司用于清偿债券的外购有价证券的成本通常低于债券账面价值，从而可以获得一项偿还利得。

【例 4.17】 F 公司为了清偿其账面价值 360 万元的应付债券，委托信托公司购入 300 万元政府债券，作为偿还应付债券本金和利息的担保。该公司在这项业务完成后就可以从资产负债表中将360万元的应付债券消除，同时在利润表中确认60万元的债券提前偿还利得。相应的会计分录为：

借：应付债券　　3 600 000

　贷：银行存款　　3 000 000

　　债券提前偿还利得　　600 000

实质性偿还方式之下，债券偿还的会计处理，包括上个计息日到偿还日之间的计息以及剩余溢(折)价的摊销等，与现金偿还的会计处理基本一致。

3. 分期还本债券

分期还本债券是指本金在到期前分若干次偿还的债券。分期还本债券发行价格的确定、债券溢(折)价的摊销等方面与到期一次还本债券有一定的区别。

(1) 分期还本债券的发行价格。分期还本债券的发行价格确定方式与到期一次还本债券一样，也是由债券本金和各期票面利息按市场利率折算的现值。不同的是，由于分期还本债券的本金需按不同的到期日偿还，因此，需根据不同的到期日分别计算债券的现值。

【例 4.18】 P公司于20×1年1月1日发行面值为200万元、期限7年、年利率10%的分期还本债券，债券契约规定每年12月31日付息。自20×3年开始，每年年末支付本金40万元，至20×7年年末全部清偿。债券发行时的市场利率为8%。

各年末的应付债券利息计算如下：

20×1年至20×3年末分别为：2 000 000 × 10% = 200 000(元)；

20×4年年末：1 600 000 × 10% = 160 000(元)；

20×5年年末：1 200 000 × 10% = 120 000(元)；

20×6年年末：800 000 × 10% = 80 000(元)；

20×7年年末：400 000 × 10% = 40 000(元)。

各年年末支付的本金及利息按市场利率折成现值分别为：

第一年：200 000 × 0.925 9 = 185 180(元)；

第二年：200 000 × 0.857 3 = 171 460(元)；

第三年：(400 000 + 200 000) × 0.793 8 = 476 280(元)；

第四年：(400 000 + 160 000) × 0.735 0 = 411 600(元)；

第五年：(400 000 + 120 000) × 0.680 6 = 353 912(元)；

第六年：(400 000 + 80 000) × 0.630 2 = 302 496(元)；

第七年：(400 000 + 40 000) × 0.583 5 = 256 740(元)；

合计：2 157 668元。

因此，债券的发行价格应为2 157 668元，溢价157 668元，作会计分录如下：

借：银行存款　　2 157 668

　贷：应付债券——面值　　2 000 000

　　应付债券——利息调整　　157 668

分期还本债券也可视为多项到期一次还本的债券，分别计算其现值以确定发行价格。如上例中的分期还本债券可以看做由期限分别为 3 年、4 年、5 年、6 年、7 年，面值 40 万元的到期一次还本债券合计而成。在计算其发行价格时，分别将这 5 种到期一次还本债券的本金和利息折算为现值，合计在一起即为发行价格，其计算如下：

20×3 年 12 月 31 日到期债券的现值＝400 000×(P，8%，3)＋40 000×(P/A，8%，3)
＝400 000×0.793 8＋40 000×2.577 1
＝420 604(元)

20×4 年 12 月 31 日到期债券的现值＝400 000×(P，8%，4)＋40 000×(P/A，8%，4)
＝400 000×0.735 0＋40 000×3.312 1
＝426 484(元)

20×5 年 12 月 31 日到期债券的现值＝400 000×(P，8%，5)＋40 000×(P/A，8%，5)
＝400 000×0.680 6＋40 000×3.992 7
＝431 948(元)

20×6 年 12 月 31 日到期债券的现值＝400 000×(P，8%，6)＋40 000×(P/A，8%，6)
＝400 000×0.630 2＋40 000×4.622 9
＝436 996(元)

20×7 年 12 月 31 日到期债券的现值＝400 000×(P，8%，7)＋40 000×(P/A，8%，7)
＝400 000×0.583 5＋40 000×5.206 4
＝441 656(元)

5 种债券现值合计＝2 157 688(元)

(2) 分期还本债券溢(折)价的摊销。分期还本债券溢(折)价的摊销也有直线法和实际利率法两种方法。

① 直线法摊销。分期还本债券溢(折)价的摊销，由于各期应付债券的面值余额不同，因而不能简单地将溢价或折价总额在债券存续期内平均分摊，而应当将分期还本债券视为一个整体，将溢价或折价按各期债券账面价值的比例进行分摊，使每单位债券面值承担相同金额的溢价或折价。承例 4.18，计算其债券溢价的摊销见表 4.6。

根据分期还本债券溢价摊销表，作分期还本付息时的会计处理(以 20×4 年 12 月 31 日为例)：

借：应付债券——面值	400 000	
应付债券——利息调整	25 227	
财务费用	134 773	
贷：银行存款		560 000

除上述方法外，还可以按若干种定期偿还债券的组合，先计算出每一种定期偿还债券溢价或折价直线法摊销在各期的平均摊销额，然后汇总计算各期的摊销总额。

表 4.6　分期还本债券溢价摊销表(直线法)

日　期	应付利息(元) A=上期 G× 票面利率 10%	摊销比例 B=上期 G/G 的合计	溢价摊销额(元) C=溢价 157 668×B	利息费用 (元) D=A−C	未摊销溢价余额 (元) E=上期 E−C	偿还本金 (元) F	已发行未 偿还债券(元) G=上期 G−F
20×1年1月1日					157 668		2 000 000
20×1年12月31日	200 000	1/5	31 534	168 466	126 134		2 000 000
20×2年12月31日	200 000	1/5	31 534	168 466	94 600		2 000 000
20×3年12月31日	200 000	1/5	31 534	168 466	63 066	400 000	1 600 000
20×4年12月31日	160 000	4/25	25 227	134 773	37 839	400 000	1 200 000
20×5年12月31日	120 000	3/25	18 920	101 080	18 919	400 000	800 000
20×6年12月31日	80 000	2/25	12 613	67 387	6 306	400 000	400 000
20×7年12月31日	40 000	1/25	6 306	33 694	0	400 000	0
合　计	1 000 000		157 668	842 332	157 668	2 000 000	10 000 000

② 实际利率法摊销。采用实际利率法摊销分期偿还债券的溢(折)价与定期偿还的摊销方法基本相同,需要将期限不同的债券视为一个整体,根据期初账面价值乘以实际利率计算当期利息费用,当期利息费用与实际支付利息的差额即为溢(折)价的摊销额。承例 4.18,分期还本债券按实际利率法计算的各期摊销额见表 4.7。

仍以 2004 年 12 月 31 日为例,作会计处理如下:

借:财务费用　　　　　　　　　　133 501

　应付债券——面值　　　　　　　400 000

　应付债券——利息调整　　　　　26 499

　贷:银行存款　　　　　　　　　　　　560 000

表 4.7　分期偿还公司债券溢价摊销表(实际利率法)　　单位:元

日　期	应付利息 A=上期 E×票 面利率 10%	利息费用 B=上期 F×实 际利率 8%	溢价摊销额 C=A−B	偿还本金 D	已发行未 偿还债券 E=上期 E−D	债券账面 价值 F=上 期 F−C−D
2001年1月1日					2 000 000	2 157 668
2001年12月31日	200 000	172 613	27 387		2 000 000	2 130 281
2002年12月31日	200 000	170 422	29 578		2 000 000	2 100 703
2003年12月31日	200 000	168 056	31 944	400 000	1 600 000	1 668 759
2004年12月31日	160 000	133 501	26 499	400 000	1 200 000	1 242 260
2005年12月31日	120 000	99 381	20 619	400 000	800 000	821 641
2006年12月31日	80 000	65 731	14 269	400 000	400 000	407 372
2007年12月31日	40 000	32 628	7 372	400 000	0	0
合　计	1 000 000	842 332	157 668	2 000 000		

四、应付债券的特殊业务

(一) 偿债基金及其会计处理

在某些情况下,为了对债券持有人提供足够的保证,有些债券契约要求债券发行人预先筹措支付到期债务的款项,定期提存一定的资金,作为偿还债券的专用基金即偿债基金,偿债基金通常是交存选定的信托管理人,由其使用这笔资金投资于一定的对象,取得投资收益则增加偿债基金,从而积累起用于偿还到期应付债券所需要的款项。

【例 4.19】 M公司于 20×4 年 1 月 1 日发行 5 年期票面利率 10%的公司债券 4 000 万元。根据债券契约的规定,M公司必须在债券发行日及以后每年年初提存偿债基金,以备到期偿还债券本金。经信托管理人估计,偿债基金的投资报酬率为 8%。偿债基金的计算和会计处理如下:

(1) 计算每年应提存的偿债基金。每年提存偿债基金的终值应等于债券的本金,由于这笔偿债基金在每年年初提存,因此属于预付年金。n 期预付年金的终值系数等于 $n+1$ 期普通年金的终值系数减 1,则每年应提存偿债基金的计算如下:

$$每年应提存的偿债基金=\frac{债券本金}{6\ 年期、利率\ 8\%\ 的普通年金终值系数-1}$$

$$=\frac{40\ 000\ 000}{7.335\ 92-1}$$

$$=6\ 313\ 220(元)$$

(2) 每年年初提存偿债基金。提存偿债基金时,将款项交信托管理人,但此时尚未实际偿还债券,因此不能直接抵销账面债务,需要设置资产类的"债券偿债基金"账户进行相应会计处理。根据计算的提存数,作如下会计分录:

借:债券偿债基金　　　　6 313 220
　贷:银行存款　　　　　　6 313 220

(3) 确认投资收益。信托管理人通常每半年或一年向企业报告偿债基金的基本情况以及有关收入和费用的资料,企业可据此确认财务状况变动,并按估计的投资报酬率确定投资损益。本例中,20×4 年年末,M 公司确定当年的投资收益为 505 058(6 313 220×8%) 元。会计分录为:

借:债券偿债基金　　　　505 058
　贷:债券偿债基金收益　　　505 058

(4) 到期偿还债券。信托管理人在债券即将到期时应选择有利时机出售偿债基金投资,以备企业清偿全部债券。本例中,假设信托管理人于 20×9 年年末出售偿债基金投资,售价超过账面价值部分为 5 万元,企业应将其作为投资收益,作如下会计分录:

借:债券偿债基金　　　　　　　　　　　　　　　　50 000

　　贷:债券偿债基金收益　　　　　　　　　　　　　　　　50 000

假设至 20×9 年年末,偿债基金累计已达 4 260 万元,其中 4 000 万元用于偿还应付债券,其余 260 万元转入一般银行存款账户,会计处理为:

借:应付债券　　　　　　　　　　　　　　　　40 000 000

　　贷:债券偿债基金　　　　　　　　　　　　　　　　40 000 000

借:银行存款　　　　　　　　　　　　　　　　2 600 000

　　贷:债券偿债基金　　　　　　　　　　　　　　　　2 600 000

如果偿债基金不足以清偿债券的本金,则应首先从债券发行企业的银行存款账户中予以补足,然后再进行偿还。

(二) 可转换债券

1. 可转换债券的性质与特点

可转换债券是指发行企业依照法定程序发行,在债券发行契约中预先规定,投资人可以在一定期间之后,依据约定的条件和转换比率或转换价格,转换为发行企业的股份的债券。可转换债券在转换为股份前,其持有人仍然是债权人身份,不具有股东的权利和义务。

可转换债券具有债权性证券与权益性证券的双重性质,因而又称为混合性证券。对于可转换债券的持有者来说,一方面有权获取固定的利息收入,并到期收回本金,即使企业破产清算,债权人的求偿权也在股东之前,因而可转换债券投资具有债权的性质;另一方面,当债券发行企业效益较好或股票价格上涨时,债券持有人可以行使转换权,将债券按规定条件转换为发行企业的股票,从而成为企业的股东,可享受股东的权利并得到股票增值带来的利益。如果在转换期间内未行使转换权利,则债券持有者作为债权人,仍然有权要求企业清偿债券本息。由于可转换债券具有双重性质,债券持有者可选择享受股东权利或债权人权利,风险相对较小,因而可转换公司债券的利率一般相对较低,企业通过发行可转换公司债券,可以较低的筹资成本取得长期资金使用。同时,如果发行企业直接增发股票有困难的,通过发行可转换债券,可使债券持有者在不需要追加投资的情况下成为企业的股东,从而使企业达到增资的目的。

可转换债券的售价应从两方面考虑:一是债券面值及利息按市场利率折算的现值;另一个是转换权的价值,转换权之所以有价值,是因为当股票价格上涨时,债权人可以把债券按原定转换比率换成股票,从而享受股票增值的利益。例如,按原发行条款的规定,面值 1 000 元的债券,在转换期内可转换 50 股普通股,转换期初普通股每股市价 18 元,则 50 股共计 900 元,若转换期末普通股每股市价涨为 25 元,将 1 000 元债券转换为 50 股普通股,市价总额为 1 250 元,债权持有人可获收益 250 元。可见,转换权价值是发行可转换债券所得的款项超过出售同类无转换权债券可得款项的差额。会计实务中对可转换债券的售价(即发行价格)有两种处理方法:一种是不确认转换权价值,只按债券面值及利息按市场利率折算的现值发行,实际是将可转换债券作为普通债券发行处理;另一种是确认转换权价值,将债券本身价值和转换权价值分别单独入账。

2. 可转换债券的会计处理

如上所述,可转换债券在发行时有两种处理方法,主要区别在于是否确认转换权价值。如果确认转换权价值,在可转换债券发行时,要将转换权的期权价值单独确认为资本公积;如果不确认转换权价值,则在可转换债券发行时,不单独反映转换权的期权价值,而将全部发行收入都作为债券本身的价值。

在我国的会计处理中,企业发行的可转换债券在"应付债券"账户下设"可转换公司债券"明细账户,其核算的问题和主要程序是:

(1) 如果可转换债券的发行价只包含债券本身的售价,其发行的核算与前述普通债券相同;如果考虑转换权价值,则应将债券本身价值及转换权价值分别入账。根据我国《企业会计准则第 37 号——金融工具列报》的规定,企业发行的非衍生金融工具包含负债和权益成分的,应当在初始确认时将负债和权益成分进行分拆,分别进行处理。在进行分拆时,应当先确定负债成分的公允价值并以此作为其初始确认金额,再按照该金融工具整体的发行价格扣除负债成分初始确认金额后的金额,确定权益成分的初始确认金额。发行该金融工具发生的交易费用,也要在负债成分和权益成分之间按照各自的相对公允价值进行分摊。因此,可转换债券在初始确认时应首先确认负债成分的价值,再按照可转换债券发行价格扣除负债成分后的金额确定转换权的价值。即发行可转换债券时,按实际收到的金额,借记"银行存款"等账户,按该项可转换债券包含的负债成分的面值,贷记"应付债券——可转换公司债券(面值)"账户,按权益成分的公允价值,贷记"资本公积——其他资本公积"账户,按其差额,借记或贷记"应付债券——可转换公司债券(利息调整)"账户。

(2) 可转换债券在未转换为股份前的会计处理与一般债券相同,即按期计提利息并调整摊销债券溢(折)价。

(3) 可转换债券到期未转换为股份的,应按照可转换债券募集说明书的约定,在期满后的规定期限内偿还本息,偿还本息的会计处理与一般债券相同。

(4) 债券持有者行使转换权利,将可转换债券转换为股份时,按债券的账面价值结转,不确认转换损益。对债券面额不足转换 1 股股份的部分,企业应当以现金偿还。相应的会计处理为:按可转换债券的余额,借记"应付债券——可转换公司债券(面值、利息调整)"账户,如为确认转换权的可转换债券,则按其权益成分的金额,借记"资本公积——其他资本公积"账户,按股票面值和转换的股数计算的股票面值总额,贷记"股本"账户,按实际用现金支付的不可转换股份的部分,贷记"银行存款"等账户,借贷方的差额,记入"资本公积——股本溢价"账户。

【例 4.20】 X 公司为股份有限公司,经批准于 20×6 年 1 月 1 日发行 5 年期 1.5 亿元可转换公司债券,债券票面利率 6%,按面值发行。债券发行一年后可转换为股票,每 100 元转为普通股 5 股,股票面值 1 元。假如未发生发行费用,债券到期后一次全部转换为股份,不确认转换权价值。

收到发行收入时:

借:银行存款　　150 000 000

　　贷:应付债券——可转换公司债券(面值)　　150 000 000

年末计提利息时:

借:财务费用(或在建工程等)　　9 000 000

　　贷:应付债券——可转换公司债券(应计利息)　　9 000 000

转换为股份时:

$$转换股份数 = 150\ 000\ 000 \div 100 \times 5 = 7\ 500\ 000(股)$$

借:应付债券——可转换公司债券(面值)　　150 000 000

　　　　——可转换公司债券(应计利息)　　9 000 000

　　贷:股本　　7 500 000

　　　　资本公积——股本溢价　　151 500 000

【例 4.21】 Y公司于20×6年1月1日发行面值10万元的2年期债券,票面利率10%,每年计息并支付利息一次,本金到期一次偿还,发行时市场利率12%,考虑转换权价值。采用直线法摊销溢价或折价。

假设若不附转换权,该债券发行价格为96 620,折价3 380元;因该债券附有转换权,规定发行一年后,可按1 000元面值转换成该企业每股面值20元的普通股50股,该类可转换债券市场利率为8%,发行价为103 567元,则转换权价值为103 567－96 620＝6 947(元)。

借:银行存款　　103 567

　　应付债券——可转换公司债券(利息调整)　　3 380

　　贷:应付债券——可转换公司债券(面值)　　100 000

　　　　资本公积——其他资本公积　　6 947

发行企业年底计算应付利息时:

借:财务费用(或在建工程等)　　11 690

　　贷:应付债券——可转换公司债券(利息调整)　　1 690 (3 380÷2)

　　　　　　——可转换公司债券(应计利息)　　10 000

可转换债券未到期之前,提前转换成普通股股票时,应将债券尚未摊销的溢(折)价等,连同债券面值一并转销。其他会计处理原则与到期转换相同。

20×7年1月1日,Y公司将上年发行的面值10万元的债券全部转换为普通股股票5 000股,股票面值20元,市价为25元,应付债券账面余额为101 690元,尚有未摊销溢价1 690元,应记:

借:应付债券——可转换债券(面值)　　100 000

　　　　——可转换债券(利息调整)　　1 690

　　资本公积——其他资本公积　　6 947

　　贷:股本　　100 000

　　　　资本公积——股本溢价　　8 637

第五节　其他长期负债

一、其他长期负债的种类

其他长期负债是指企业除长期借款和应付债券以外的其他各种长期应付款，包括长期应付款，长期应付票据，专项应付款和递延所得税负债等。这类负债的特点是：(1)数额大，偿还期限长；(2)具有分期付款性质，如融资租入固定资产的租赁费是在整个租赁期内逐期偿还；(3)经常涉及外汇汇率的变动，如采用补偿贸易方式引进国外设备的价款需通过一定汇率将外币折算为人民币，还款时如汇率发生变动，会影响人民币的偿付数额。

二、长期应付款的会计处理

长期应付款是指企业除长期借款、应付债券和专项应付款以外的其他各种长期应付款项，主要包括以分期付款方式购入固定资产（包括补偿贸易方式引进设备）发生的应付款项、应付融资租入固定资产的租赁费等。为了反映各种长期应付款项，应设置“长期应付款”账户进行核算。

分期付款购置固定资产业务主要在固定资产一章（第九章）介绍，本章主要介绍补偿贸易方式引进设备发生的长期应付款的核算。补偿贸易是指从国外进口设备，再以该设备生产的产品所实现的销售收入归还设备价款的贸易方式。开展补偿贸易的企业，在引进设备的当时不发生现金的支付，而且在补偿期内可以按有关规定免交引进设备所生产产品的流转税。在补偿贸易方式下引进设备，应将其价款作为企业的一项负债，计入“长期应付款”账户，待引进设备生产产品后，以其销售款偿还该项负债。

【例 4.22】 K公司以补偿贸易方式从国外引进一专用设备，价款及国外运杂费共计500 000美元，已通过银行支付。当日美元外汇中间汇率为1美元折合人民币8.28元，另外以人民币支付进口关税和增值税合计960 000元，国内运费2 000元及安装费18 000元。安装完毕交付使用。设备投产后，第一批产品1 000件，每件售价150美元，单位成本1 000元，全部用于还款，销售当日美元外汇中间汇率为1美元折合人民币8.30元，作会计分录如下：

(1) 设备运到，验收入库：

借：工程物资　　　　4 140 000（500 000×8.28）

　贷：长期应付款——应付补偿贸易引进设备款　　　　4 140 000

(2) 支付关税和增值税：

借:工程物资　　960 000

　　贷:银行存款　　960 000

(3) 支付国内运费:

借:工程物资　　2 000

　　贷:银行存款　　2 000

(4) 设备投入安装:

借:在建工程　　5 102 000

　　贷:工程物资　　5 102 000

(5) 支付安装费:

借:在建工程　　18 000

　　贷:银行存款　　18 000

(6) 安装完毕,交付使用:

借:固定资产　　5 120 000

　　贷:在建工程　　5 120 000

(7) 产品销售,同时结转已销产品成本:

借:应收账款　　1 245 000 (150×1 000×8.30)

　　贷:主营业务收入　　1 245 000

借:主营业务成本　　1 000 000

　　贷:库存商品　　1 000 000

(8) 以产品价款偿还设备款:

借:长期应付款——应付补偿贸易引进设备款　　1 245 000

　　贷:应收账款　　1 245 000

融资租赁是指实质上转移了与租赁资产有关的全部风险和报酬的租赁。在融资租赁之下,租赁资产所有权可能最终转移,也可能不转移,但不论结果如何,承租人实质上通过长期租用的办法,达到了添置固定资产的目的,因此一般视同取得了租赁资产的所有权,将其作为自有资产核算,并相应承担一项长期负债,作为企业的长期应付款。

根据我国有关租赁会计准则,企业融资租入的固定资产,按租赁开始日租赁资产的公允价值与最低租赁付款额的现值两者中较低者作为入账价值,借记"固定资产"、"在建工程"等账户,同时将最低租赁付款额贷记"长期应付款"账户,并将两者的差额作为"未确认融资费用"。在租赁谈判和签订租赁合同过程中承租人发生的可直接归属于租赁项目的初始直接费用,如印花税、佣金、律师费、差旅费等,计入租入资产价值。

按期支付租赁费时,借记"长期应付款"账户,贷记"银行存款"账户,同时计算未确认融资费用中应于当期确认的利息费用,借记"财务费用"等账户,贷记"未确认融资费用"账户,未确认融资费用的分摊,可采用实际利率法,也可采用直线法、年数总和法等。有关融资租赁固定资产会计处理的详细内容,参见固定资产一章和高级财务会计有关内容。

三、专项应付款的会计处理

专项应付款是指企业取得政府作为企业所有者投入的具有专项或特定用途的款项。对于企业收到的政府投入的具有专项或特定用途的款项，应通过“专项应付款”账户核算，该账户的贷方反映企业收到的政府投入的具有专项或特定用途的款项，借方反映企业按专项或特定用途使用的该款项，期末贷方余额反映企业尚未转销的专项应付款。“专项应付款”账户可按资本性投资项目进行明细核算。

企业收到或应收的资本性拨款，借记“银行存款”等账户，贷记“专项应付款”账户。将专项或特定用途的拨款用于工程项目，借记“在建工程”等账户，贷记“银行存款”、“应付职工薪酬”等账户。工程项目完工形成长期资产的部分，借记“专项应付款”账户，贷记“资本公积——资本溢价”账户；对未形成长期资产需要核销的部分，借记“专项应付款”账户，贷记“在建工程”等账户；拨款结余需要返还的，借记“专项应付款”账户，贷记“银行存款”账户。上述资本溢价转增实收资本或股本，借记“资本公积——资本溢价（或股本溢价）”账户，贷记“实收资本”或“股本”账户。

四、递延收益

递延收益是指企业确认的应在以后期间计入当期损益的政府补助。“递延收益”账户贷方反映企业收到或应收的政府补助，借方反映递延收益分配或补偿金额，期末贷方余额反映企业应在以后期间计入当期损益的政府补助。“递延收益”账户可按政府补助的项目进行明细核算。

企业收到或应收的与资产相关的政府补助，借记“银行存款”、“其他应收款”等账户，贷记“递延收益”账户。在相关资产使用寿命内分配递延收益，借记“递延收益”账户，贷记“营业外收入”账户。

企业收到或应收的与收益相关的政府补助，用于补偿企业以后期间相关费用或损失的，按收到或应收的金额，借记“银行存款”、“其他应收款”等账户，贷记“递延收益”账户。在发生相关费用或损失的未来期间，按应补偿的金额，借记“递延收益”账户，贷记“营业外收入”账户。用于补偿企业已发生的相关费用或损失的，按收到或应收的金额，借记“银行存款”、“其他应收款”等账户，贷记“营业外收入”账户。

【本章小结】

长期负债是指偿还期限超过1年或一个营业周期的负债，构成企业重要的资金来源，具有短期负债和权益融资所不具备的多种优点，但也存在风险较高、加重企业财务负担等缺陷。因此,长期负债的举借和使用是企业重要的资本结构决策内容之一。

我国目前常见的长期负债主要有长期借款、应付债券、长期应付款、专项应付款等,随着金融市场的发展,长期负债的内容和种类将更加丰富,使用方式也日趋灵活。

长期负债核算中一个重要的基础性问题是负债费用的处理。对此,我国会计准则划分了费用化和资本化两类基本的会计处理方式,并根据长期负债费用的种类,从资本化的范围、时间和金额等方面作出了规定。

本章对长期借款的会计处理主要介绍了长期借款、应付债券和长期应付款。长期借款的核算主要从借款的取得、计息(包括资本化)、偿还等环节掌握;此外,长期借款还有不同的还本付息方式并影响到相关的会计处理。应付债券的会计处理中,债券的发行方式和与此相关的发行价格(特别是债券溢价和折价)是具有基础性的问题,债券的发行、计息、摊销和还本等均与此有着密切联系;另外,债券的还本付息方式不同,也决定了债券资金实际使用和成本负担的不同以及会计处理上的差异。长期应付款主要是核算应付补偿贸易引进设备款和应付融资租入固定资产的租赁费等。

【本章思考题】

1. 长期负债的主要特点是什么,在企业融资来源中地位如何?
2. 长期负债费用有哪些处理方式,各有何理论依据?
3. 长期负债费用资本化的条件是什么?
4. 溢价和折价与负债的利息之间具有什么关系?债券的发行价格应当如何确定?

【练习与案例分析】

一、业务处理

A公司于20×8年1月1日动工兴建一座厂房,工程采用出包方式,每半年支付一次工程进度款。工程于20×9年6月30日完工,达到预定可使用状态。建造工程支出情况如下:

(1) 20×8年1月1日,支出3 000万元;

(2) 20×8年7月1日,支出5 000万元,累计支出8 000万元;

(3) 20×9年1月1日,支出3 000万元,累计支出11 000万元。

该公司为建造厂房于20×8年1月1日专门借款4 000万元,借款期限为3年,年利率为8%。除此之外,无其他专门借款。此外,厂房的建造还占用了两笔一般借款:

(1) B银行长期贷款4 000万元,期限为20×6年12月31日至20×9年12月31日,年利率为6%,按年支付利息;

(2) 发行公司债券2亿元，发行日为20×7年1月1日，期限为5年，年利率为8%，按年支付利息。

A公司闲置专门借款资金用于固定收益债券短期投资，月投资收益率为0.5%。假定全年按360天计。

要求：根据上述资料计算A公司20×8年、20×9年负债费用资本化的金额，并作出相关会计分录。

二、案例分析

资料：厦门路桥1999年2月在招股说明书中向投资者披露了公司当时主要的收入来源及募集资金的投向。该公司1999年的主营业务收入来自厦门大桥的过桥费收入，同时从事厦门海沧大桥的投资建设。海沧大桥工程总投资人民币287 400万元，是厦门有史以来投资最大的交通基础设施建设项目。

根据招股说明书披露，海沧大桥项目资金安排情况为：(1)日本输入银行贷款13 000万美元，折合人民币107 900万元，利率为浮动利率，即6个月的LIBOR(伦敦银行间同业拆放利率)加0.25%和转贷手续费0.6%，期限15年；(2)国家开发银行贷款30 000万元，年利率为12.42%，期限12年；(3)交通部安排车购费26 900万元；(4)厦门市财政局贴息借款30 000万元；(5)IPO(首次公开招股)募股资金投入49 617万元；(6)其余42 983万元资金缺口通过厦门海沧大桥过桥费收入补充、财政预算安排、有关金融机构承诺贷款等方式弥补。

海沧大桥在1999年2月厦门路桥IPO招股时已经进入施工期，并于1999年12月30日通车，股份公司于2000年1月起开始征收通行费。

表4.8　厦门路桥1999—2001年年度利润表　　单位：元

	1999年	2000年	2001年
主营业务收入	136 978 449	230 175 574	254 428 433
主营业务利润	114 819 787	133 811 378	129 657 753
营业费用	3 881 629	3 288 399	4 342 254
管理费用	15 249 858	22 502 986	24 530 601
财务费用	−8 301 596	72 337 066	69 653 708
营业利润	105 491 295	46 851 599	37 975 895
营业利润率	77%	20%	15%

从海沧大桥通车后的2000年厦门路桥的利润情况来看，实现营业利润4 685万元，比1999年的10 549万元下降了55.6%(表4.8)，其中财务费用上升约8 000万元是较为主要的因素。公司的负债规模并没有较大改变，却出现了财务费用的异常变化，核心原因是海沧大桥的竣工使得利息支出不再可以资本化。

思考：结合上述资料，分析借款费用的处理原则及其对会计信息的影响。

第五章

或有负债与预计负债

【本章学习目的】

1. 了解或有事项的含义和常见类型；
2. 理解预计负债的确认和计量原则；
3. 掌握或有负债的主要会计处理方法和相关信息披露要求。

课前案例

当担保成为责任——或有负债仅仅是“或有”的吗?

广东万家乐股份有限公司(以下简称万家乐公司)主营输变电设备、燃气用具的生产及销售,其品牌“万家乐”曾是我国燃气热水器行业唯一同时拥有“中国驰名商标”和“中国名牌”称号的商标。万家乐公司1998年和1999年时业绩尚比较稳定,但2000年业绩却大幅度下降,每股收益仅4分,而2001年更是报出惊人亏损,全年亏损9.78亿元,每股亏损达1.7元,其上市股票因此被戴上ST的帽子。如此严重的亏损是什么原因造成的?从万家乐公司2001年的财务数据中可以找到部分答案,如表5.1所示。

表5.1 万家乐公司2001年利润表主要项目 单位:元

项　目	金　额	项　目	金　额
主营业务收入	1 122 820 029	投资收益	8 143 650
主营业务成本	747 780 864	补贴收入	995 909
主营业务税金及附加	5 637 198	营业外收入	374 447
主营业务利润	369 401 967	营业外支出	719 839 465
其他业务利润	−3 634 533	利润总额	−1 009 778 429
营业费用	273 628 189	所得税	−397 339
管理费用	286 823 426	少数股东收益	−29 109 355
财务费用	104 768 789	净利润	−978 556 713
营业利润	−299 452 970		

从表中可以看到，万家乐公司2001年经营不佳，由于热水器行业竞争激烈等原因，营业利润项下出现了近3亿元亏损。但更糟糕的是，企业当年列支了高达7亿元的营业外支出。

在2001年年度报告的注释中，万家乐公司解释巨额营业外支出的主要原因是计提固定资产和无形资产减值准备，以及确认对外担保预计负债等。其中对外担保形成的预计负债损失约为2.86亿元，占营业外支出的40%。这接近3亿的负债来自1992年12月至1999年9月期间该公司为其原大股东广东新力集团和广东万家乐集团公司提供的贷款担保。

由于承担担保责任使万家乐公司大量资产遭受法院查封冻结，严重影响了其正常业务运作，致使经营业绩受到不利影响。同时，确认预计负债所导致的巨额损失，更是造成万家乐公司2001年严重亏损的重要原因。2001年年末，根据已审结并判决承担连带责任的担保本息余额，结合被担保单位的债务偿还能力等因素进行分析，万家乐公司确定了清偿该负债所需支出的最佳估计数，并据此计提了286 357 085.06元的预计负债，此外还有122 724 465.05元计入表外附注，作为可能需要公司偿还的或有负债。不仅如此，万家乐公司还对尚未涉及诉讼，但根据有关担保合同承担连带保证责任的借款本息进行估计，最终将44 667 878.56元的金额计入表外，也作为或有负债揭示。

思考：

1. 本例中，利润表的数字能够揭示什么问题？
2. 以上案例中出现的或有负债、预计负债等概念之间有什么联系和区别？

第一节　或有事项与或有负债、预计负债

在企业的经营活动中，有时会面临诉讼、仲裁、重组等具有较大不确定性的事项，也可能由于为其他单位提供债务担保或者对消费者提供产品质量保证等导致可能需要承担经济义务。这些事项的共同特点是结果具有不确定性，往往无法在其发生时准确认定对企业的具体影响，而一旦结果明确，就可能会使企业的财务状况和经营成果发生明显的波动。在会计上将这类事项称为或有事项。根据性质和影响的不同，或有事项的结果可能产生或有资产或者或有负债。随着某些未来事项的发生，或有负债可能转化为企业的普通负债或预计负债，也可能不形成负债而消失；或有资产也有可能形成企业的一般资产或者消失。

一、或有事项的概念和特征

从会计角度看，或有事项是指过去的交易或者事项形成的，其结果须由某些未来事项的发生或不发生才能决定的不确定事项。常见的或有事项主要包括：未决诉讼或未决仲裁、债务担保、产品质量（含产品安全）保证、亏损合同、重组义务、环境污染整治、承诺等。或有事项具有以下特征：

（1）或有事项由过去的交易或者事项形成。

作为一种不确定事项，或有事项是一种由过去的交易或事项所引起的客观存在的现实状况。例如，未决诉讼虽然是正处在进行过程中的诉讼程序，结果尚不明确，但该事项是因过去的某些经济活动导致企业起诉他人或被他人起诉，已经是一种现实状况，而不是未来才可能发生的事项。

由于或有事项具有"因过去的交易或者事项而形成"这一特征，那些单纯的未来事项，如将来可能发生的自然灾害、交通事故、经营亏损等，尽管也具有不确定性，但与过去交易或事项无直接关系，因此不属于或有事项的范围。

（2）或有事项的结果具有不确定性。

或有事项结果的不确定性，是指或有事项的结果是否发生不确定，或者虽然预计结果将会发生，但发生的具体时间或金额不确定。例如在未决诉讼中，最终胜诉还是败诉在案件审理过程中有时是难以确定的，需要根据法院判决情况才能确定。再如，企业因生产造成环境污染而遭到起诉，估计如无特殊情况很可能败诉而面临赔付，但是，在诉讼未结束之前，企业因败诉将支出多少金额，或者在何时发生这些支出，可能是难以确定的。

（3）或有事项的结果须由未来事项决定。

由未来事项决定，是指或有事项的结果只能由未来某些不确定事项的发生或不发生决定。或有事项对企业的影响是有利还是不利，影响程度多大，在或有事项发生时是难以确定的，只能通过未来不确定事项的发生或不发生才能证实。例如，企业为其他单位提供了债务担保，就形成了可能需要在未来承担的债务连带责任，但该责任最终是否需要履行从而导致企业偿还债务，取决于被担保方的未来经营情况和偿债能力。如果被担保方信用良好并且经营和财务状况正常，则担保企业一般不需要付款；而在被担保方到期无力还款时，担保企业就需要承担偿还债务的连带责任。

需要注意的是，虽然或有事项总是与不确定性联系在一起，但并不是会计处理中存在不确定性的事项都是或有事项。例如，提取折旧需要对固定资产净残值和使用寿命进行估计，具有一定的不确定性，但固定资产原值是确定的，其价值最终转移到成本或费用中的结果也是确定的，因此固定资产折旧本身并不是或有事项，只是对折旧引起资产价值下降和成本转移的认定存在不确定性。可见，对具有不确定性的事项不能简单认定为或有事项，而应当按照或有事项的定义和特征进行判断。

根据或有事项的性质和结果及其对企业财务会计报告的影响，或有事项主要分为或有负债和或有资产。

二、或有负债和或有资产

(一) 或有负债

或有负债,是指过去的交易或事项形成的潜在义务,其存在须通过未来不确定事项的发生或不发生予以证实;或者是指由于过去的交易或者事项形成的现时义务,履行该义务不是很可能导致经济利益流出企业或该义务的金额不能可靠计量。由以上定义可以看出,或有负债涉及两类义务:一类是潜在义务;另一类是现时义务。

1. 表现为潜在义务的或有负债

潜在义务是指一种可能成立的义务,其结果取决于未来的某些不确定事项。也就是说,潜在义务最终是否转变为现时义务而引起清偿并导致经济利益流出,需要由某些未来不确定事项的发生或不发生决定。例如,企业将持有的商业汇票贴现给银行,即引起一项可能需要由企业偿付的潜在义务,当票据到期而承兑人无力支付票据款时,申请贴现的企业就要承担连带支付责任而负有了现时义务。但是如果承兑人按时付款,申请贴现的企业就不必承担付款责任,作为潜在义务的或有负债最终就不会转化为现时义务。可见,或有负债作为潜在义务时,其结果如何只能由未来不确定事项的发生或不发生来证实。

2. 表现为现时义务的或有负债

现时义务是指企业在现行条件下已承担的义务。或有负债作为现时义务的主要特征是:该义务的履行不是很可能导致经济利益流出企业,或者该义务的金额不能可靠地计量。所谓"不是很可能导致经济利益流出企业",用概率来描述,是指该现时义务导致经济利益流出企业的可能性不超过50%(含50%);至于"金额不能可靠计量",是指该现时义务导致经济利益流出的金额难以合理预计,因而履行现时义务的结果具有较大的不确定性。

【例5.1】 20×1年10月,甲公司从银行贷款1 000万元,期限2年,由A公司全额担保;20×2年4月,乙公司从银行贷款200万美元,期限2年,由A公司担保50%;20×3年6月,丙公司通过银行从G公司贷款2 000万元人民币,期限1年,由A公司担保60%。截至20×3年12月31日,甲公司贷款逾期未还,银行已起诉甲公司和A公司;乙公司由于内部管理不善等原因,经营效益下降,可能无法偿还到期债务;丙公司经营情况良好,预期不存在还款困难。

(1) 对甲公司债务而言,A公司很可能需要履行连带责任,但损失金额还难以预计,因此属于流出金额无法可靠计量的现时义务;

(2) 对乙公司债务而言,A公司可能需要履行连带责任,该债务对A公司也属于现时义务,但该义务尚不是很可能导致经济利益流出A公司;

(3) 对丙公司债务而言,A公司履行连带责任的可能性极小,是否最终承担偿还责任需视丙公司未来偿还债务的情况而定，因此该义务属于潜在义务。

根据或有事项的定义，这三项债务担保均不符合正式负债的确认条件，而是形成 A 公司的或有负债。因此，A 公司不对以上担保进行确认，但应当在 20×3 年 12 月 31 日的会计报表附注中披露以上债务担保的相关信息，包括被担保单位、担保金额及财务影响等。

企业的或有负债经常出现在涉及诉讼、仲裁、担保、重组等存在争议或具有明显不确定性的事项中。其中比较常见的类型主要有未决诉讼或未决仲裁中的或有支付义务、债务担保责任、产品质量（含产品安全）保证责任、待执行的亏损合同、重组义务、环境污染整治、企业承诺等。

（二）或有资产

或有资产，是指过去的交易或者事项形成的潜在资产，其存在须通过未来不确定事项的发生或不发生予以证实。作为一种潜在资产，或有资产的结果具有较大的不确定性，只有通过某些未来不确定事项的发生或不发生才能证实其是否会形成企业真正的资产。

例如，甲企业起诉乙企业侵犯了其商标权，法院尚未进行审理，甲企业能否胜诉目前尚难判断。对甲企业而言，将来可能胜诉而获得的赔偿就属于一项或有资产，但这项或有资产是否会转化为真正的资产，要视法院的判决结果确定。如果判决结果是甲企业胜诉，那么这项或有资产就转化为甲企业的一项现实资产；相反，如果判决结果是甲企业败诉，那么或有资产就不会形成甲企业的真正资产，而是自动消失。

（三）或有负债、或有资产与负债、资产的关系

根据以上对或有事项概念的分析，对比负债与资产的定义，可以看出，或有负债和或有资产在或有事项发生时不符合一般负债或资产要素的定义和确认条件，所以企业无法对其进行常规的会计确认和计量，通常只能根据或有事项的性质进行相应的披露。

但是，影响或有负债和或有资产的各种因素处于不断变化之中，因此对于这些因素需要持续地予以关注，根据情况的变化决定或有事项的确认。随着时间推移和各种因素的发展变化，或有负债对应的潜在义务可能转化为现时义务，原本不是很可能导致经济利益流出的现时义务可能转化为很可能导致经济利益流出企业的义务，原本金额不能可靠计量的现时义务也可能成为能够可靠计量的义务。这时，或有负债就符合了一般负债（或预计负债）的确认条件，因而应当予以确认并转化为企业的现实负债。同样，或有资产对应的潜在经济利益最终能否流入企业也会随着时间推移和条件变化逐渐得以明确，如果某一时点企业基本确定能够得到这项潜在资产并且其金额能够可靠计量，就应当将其确认为现实资产。

例如，在未决诉讼中，对于预期会胜诉的一方而言，可能因诉讼产生一项或有资产，但该或有资产最终是否会转化为现实的资产，要根据最终的判决是否胜诉而定。而对于预期会败诉的一方而言，因未决诉讼产生了一项或有负债，该或有负债是否转化为企业的负债，也只能根据诉讼的进展来判定。企业根据法律规定、律师建议等因素判断自己很可能

败诉且赔偿金额能够合理估计时，这项或有负债就形成企业的预计负债；如果在法院最终判决之前，企业未能对判决结果作出可靠估计，则在法院最终判决其败诉时，该或有事项就直接转化为企业的负债。

但需要注意的是，企业不应当将未来可能发生的经营亏损确认为预计负债。尽管预计未来发生的亏损也可能造成企业经济利益的流出，从而带来一定的损失，但对亏损的预估并不形成一项现时或潜在义务，也就不符合或有负债的定义。

三、预计负债

与或有事项相关的义务同时满足下列条件的，称为预计负债：(1)该义务是企业承担的现时义务；(2)履行该义务很可能导致经济利益流出企业；(3)该义务的金额能够可靠地计量。

通过分析以上定义可以看出，当一项与或有事项有关的义务同时满足上述三个条件时，就能够以可靠金额确认为现时义务，也就不再仅仅是可能发生的不确定性事项，更不是潜在义务，所以不属于或有负债，而是成为一项现实负债。另一方面，由于这种负债与或有事项有关，或者说是由或有事项引起和转化而来，不同于普通负债在发生时就是确定的现时义务这一特点，所以将其单独归为一类特殊的负债，称为预计负债。

第二节　或有负债的确认与计量

或有事项的确认和计量，通常主要是指与或有事项有关的义务的确认和计量，而不包括或有资产。因为或有资产只有在企业基本确定能够收到的时候，才会转变为真正的现实资产，从而可以被确认；而或有事项的主要特征之一恰恰是不确定性，也就是不能在有关事项发生时确定其是否会形成现实资产，反过来，一旦相关资产基本确定能够收到时，也就不再具有或有事项的性质。因此，或有事项的确认和计量一般不包括或有资产，而主要针对与或有事项有关的义务。

在与或有事项有关义务的确认和计量中，主要又是针对预计负债。这是因为，负债的定义明确界定为“现时”义务，并且预期“很可能”导致经济利益以“能够可靠计量”的金额流出企业；而或有负债中包括了部分潜在义务，即便是或有负债中的现时义务部分，也不能确定其导致经济利益流出企业的可能性，或无法可靠计量其引起经济利益流出企业的金额。可见，或有负债同样不满足会计报表要素确认的基本条件，也就无法进行正式的确认和计量。这样，在与或有事项相关的内容中，只有预计负债的特征满足负债确认的基本要求。所以，归纳起来，或有事项的确认和计量，通常就是指预计负债的确认和计量。

一、预计负债的确认条件

根据前述预计负债的定义和特征，与或有事项相关的义务同时满足下列条件时，应当作为预计负债加以确认：首先，该义务是企业承担的现时义务；其次，履行该义务很可能导致经济利益流出企业；再次，该义务的金额能够可靠地计量。当一项与或有事项有关的义务同时满足以上几个条件时，很明显已经不再是或有负债，而是满足了一般负债的确认标准。但是，与一般负债发生时即为应付金额确定的现时义务不同，这里所称的满足负债确认标准的义务，原本是潜在义务或金额不确定的义务，是由或有事项在相关因素变化和结果明确后转化而来。因此，在会计上将这一类事项单独确认为与一般负债和或有负债都不相同的预计负债。

（一）该义务是企业承担的现时义务

所谓现时义务，是指与或有事项相关的义务是在企业当前条件下已承担的义务，并且企业没有其他可能的选择，只能履行该义务。也就是说，该义务虽然是由某些或有事项引起的，但并不是仅仅有可能在未来发生的潜在义务，而是当前已经明确存在的责任。企业履行这种义务的结果虽然具有不确定性，但这种义务本身已经是现实存在。

这里所称的义务包括法定义务和推定义务。其中，法定义务是指因合同、法规或其他司法解释等产生的义务，通常是企业在经营管理中，依照经济法律、法规的规定必须履行的责任。例如，企业与其他企业和单位签订购货合同产生的义务。推定义务，是指在法定义务之外的企业义务，这种义务不是因法规、合同等规定，而是因企业的特定行为而产生。企业的特定行为，泛指企业以往的习惯做法、已公开的承诺或已公开宣布的经营政策。由于这些习惯做法，或通过公开承诺或声明，企业向外界表明了自己将承担特定的责任，从而使受影响的各方形成了企业将履行那些责任的合理预期。例如，某化工企业 C 公司为扩大经营规模，在 F 国设立了一家分公司。F 国尚未制定相关法律规范甲公司这类化工企业的环境污染责任，因而 C 公司的分公司对其在 F 国生产经营可能产生的环境污染不需承担法定义务。但是，C 公司为树立良好的企业形象，自行向社会公告宣称将对本企业可能产生的环境污染进行治理，为此承担的义务就属于推定义务。

（二）履行该义务很可能导致经济利益流出企业

企业仅仅因或有事项承担了现时义务，并不说明该义务一定会导致经济利益的流出。只有在履行某项义务很可能导致经济利益流出企业时，才可以认为该义务符合预计负债确认的必要条件。

那么，很可能的含义是什么？又根据什么标准来判断？通常，对或有事项中各种情况的可能性按照概率水平分别确定，划分为很小可能、可能、很可能和基本确定四种类型。在我国《企业会计准则第 13 号——或有事项》中，划分了履行或有事项相关义务导致经济利益流出的几种可能性，并且分别规定了各种可能性对应的概率水平，通常按照表 5.2 中的概率情况加以判断：

表 5.2　各种可能性对应的概率情况

结果的可能性	对应的概率区间
基本确定	大于 95%但小于 100%
很可能	大于 50%但小于或等于 95%
可能	大于 5%但小于或等于 50%
极小可能	大于 0 但小于或等于 5%

依据上表中的标准判断，在实务中，“很可能”的含义应当是指履行与或有事项相关的现时义务时，导致经济利益流出企业的可能性大于 50%但小于或等于 95%。

例如，20×1 年甲企业与乙企业签订协议，承诺为乙企业的 3 年期银行借款提供全额担保。根据这一协议，甲企业由于担保事项而承担了一项现时义务，但这项义务的履行是否很可能导致经济利益流出甲企业，需要视乙企业的财务和经营情况等确定。假定 20×2 年年末，乙企业财务状况恶化，且没有迹象表明可能发生好转。这种情况下乙企业很可能无力偿付银行借款，因此违约的概率超过 50%，从而导致甲企业不得不履行担保责任所形成的现时义务，也就是将很可能引起经济利益流出。此时，可以认为甲企业由担保形成的或有事项符合确认预计负债所需要的上述必要条件，即经济利益流出的可能性达到了“很可能”的水平。

（三）该义务的金额能够可靠地计量

金额能够可靠地计量，是指与或有事项相关的现时义务的金额能够被合理地估计，即能够依据明确而可靠的证据，以合理的判断为基础，对现时义务引起经济利益流出的金额作出相对客观的认定。

由于或有事项的结果由某些不确定因素决定，所以由或有事项产生的现时义务的金额也具有不确定性，需要通过估计加以确定。但根据预计负债的定义，对与或有事项有关义务的确认必须是可靠金额，由此决定了如果要将或有事项确认为一项预计负债，相关现时义务的金额必须能够可靠估计。

例如，甲企业涉及一桩诉讼案。根据以往的同类案例推断，甲企业很可能会败诉，而且相关的赔偿金额也可以估算出一个范围。在这种情况下，可以认为甲企业因未决诉讼所承担的现时义务的金额能够可靠地估计，因而应对该未决诉讼确认一项预计负债。

二、预计负债的计量

如前所述，预计负债的确认必须满足金额能够可靠计量这一必要条件，但或有事项本身具有不确定性，所以对可靠计量的理解应当是“合理估计”而并不是绝对确定。因此，预计负债的计量主要就是对或有事项引起的现时义务进行恰当的估计，或者说是为预计负债确定尽可能合理的估计金额。这种通过合理估计对预计负债确定的金额，称为“最佳估计数”。

另一方面，企业在确认一项预计负债的同时，也可能会因或有事项形成某些预期可能获得的补偿。例如，在一起诉讼案件中，甲企业因使用某种侵权软件受到起诉，被要求支付侵权行为的赔偿费用。在案件审结判决之前，甲企业根据以往类似案件的结果和律师意见，估计很可能败诉并需要支付确定数额的赔偿，因而确认了一项预计负债。但甲企业使用的侵权软件是委托乙公司开发的，因此在承担赔偿责任的同时，向乙公司提出赔偿要求。因为证据充分，法律依据明确，甲企业认为自己向乙公司索取赔偿的权利和可获得的预期赔偿额基本可以确定。这样，在确定预计负债的同时，还要考虑与预计负债有关的预期可获得补偿的确认和计量。

综上所述，预计负债的计量主要涉及两个问题：最佳估计数的确定和预期可获得补偿的处理。

(一) 最佳估计数的确定

预计负债计量的基本原则是，按照履行相关现时义务所需支出的最佳估计数进行初始计量，所以主要的问题是如何确定最佳估计数。最佳估计数的确定需要区分两类情况，分别采用不同的方法。

1. 平均值法

这种方法主要适用于：预计负债所需支出存在一个连续范围，且该范围内各种结果发生的可能性相同。这种情况下，最佳估计数应当按照该范围内的中间值，即上下限金额的平均数确定。

【例 5.2】 20×3 年 4 月 20 日，A 公司与 B 银行签订信用贷款协议，贷款 1 000 万元，期限 2 年，年利率 7.2%，无需担保和抵押。20×5 年 4 月 20 日，A 公司的借款本息到期，但因与 B 银行之间存在其他经济纠纷，而未按时归还贷款。B 银行经与 A 公司协商未达成协议。20×5 年 10 月 25 日，B 银行向法院提起诉讼。截至 20×5 年 12 月 31 日，法院尚未对该案进行审理。

20×5 年 12 月 31 日，A 公司估计如无特殊情况很可能败诉。为此，A 公司不仅须偿还贷款本金和利息，还可能支付罚息、诉讼费等费用。假定 A 公司预计将要支付的罚息、诉讼费等费用在 30 万元至 36 万元之间，而且在此区间内每个金额的可能性都大致相同。根据或有事项的确认和计量要求，对此项未决诉讼，A 公司应在 20×5 年 12 月 31 日确认一项预计负债 (30＋36)÷2＝33(万元)，其中诉讼费为 3 万元，同时在资产负债表附注中进行披露。有关账务处理如下：

借：管理费用——诉讼费	30 000	
营业外支出——罚息支出	300 000	
贷：预计负债——未决诉讼		330 000

与此相对,B银行作出如无特殊情况很可能胜诉的判断,并预计可以收回贷款本金和利息,还可能获得罚息等。假定B银行在提起诉讼时已作出估计,将来最可能获得的罚息等收入为30万元。根据或有事项的定义与确认要求,B银行不应当确认或有资产,但应当在20×5年12月31日的资产负债表附注中披露或有资产30万元,同时说明很可能收回B公司所欠的贷款本金和利息1 144万元。

2. 可能性(概率)估算法

如果预计负债所需支出不存在一个连续范围,或者虽然存在一个连续范围但该范围内各种结果发生的可能性不同,则需要运用概率方法,按照支出发生的可能性估算最佳估计数。具体分为两种情况,分别按照如下方法确定:

(1) 或有事项涉及单个项目的,按照最可能发生的金额确定。"涉及单个项目"指或有事项涉及的项目只有一个,如一项未决诉讼、一项未决仲裁或一项债务担保等。这时,只需对该项目中产生的预计负债估计一个最可能发生的支付额,也就是出现概率最高的支付额,作为最佳估计数。

【例5.3】 20×5年11月2日,B公司因债务违约遭到起诉,A公司因与B公司签订了互相担保协议,成为相关诉讼的第二被告。截至20×5年12月31日,该诉讼尚未判决。但由于B公司经营不佳,财务困难,A公司很可能要承担连带还款责任。A公司预计需承担还款责任,支付金额1 500万元的可能性为70%,而支付金额1 000万元的可能性为30%(假定不考虑诉讼费等其他费用)。

本例中,A公司因连带责任而承担了现时义务,且履行该义务很可能导致经济利益流出,该义务的金额也能够可靠地计量。根据或有事项的定义和确认条件,A公司应在20×5年12月31日确认一项预计负债。由于该未决诉讼只涉及一个项目,因此根据各种结果发生的可能性或概率大小,确定最可能发生的支付金额为1 500万元,作为预计负债的计量结果。同时在报表附注中作相关披露。有关账务处理如下:

借:营业外支出——赔偿支出	15 000 000	
贷:预计负债——未决诉讼		15 000 000

(2) 或有事项涉及多个项目的,按照各种项目的可能结果及相关概率计算确定。所谓"涉及多个项目",是指或有事项涉及的项目不止一个,并且各个项目的结果可能分别对应不同的概率水平。比如在产品质量保证中,提出产品保修要求的可能有许多客户。相应地,企业对这些客户负有多项保修义务,并且对不同客户适用的保证条款也可能不同。因此,产品质量保证这一事项涉及的项目和对应的概率都不是单一的,在计量时也就需要分别考虑所有不同项目的情况。

【例5.4】 20×6年,甲企业产品销售收入1.5亿元。甲企业的产品质量保证条款规定:产品售出后一年内如发生质量问题,甲企业免费负责修理。根据以往的经验,如果出现较小的质量问题,则需发生的修理费为销售额的1%;如果出现较大的质量问题,则需发生的修理费为销售额的2%。甲企业预测本年度已售产品中,有85%不会发生质量问题,有10%将发生较小质量问题,有5%将发生较大质量问题。

本例中，由产品质量保证引起的或有事项涉及不需要修理、出现较小质量问题、出现较大质量问题等多个项目，需要根据各种结果及其发生概率计算预计保修费用的最佳估计数，因此甲企业 20×6 年年末应确认的预计负债最佳估计数 $=(1.5\times1\%)\times10\%+(1.5\times2\%)\times5\%=0.003$（亿元）。其账务处理如下：

借：销售费用　　300 000

　贷：预计负债——产品质量保证　　300 000

（二）预期可获得补偿的处理

企业在确认预计负债时，有时会预期从第三方获得与之相关的补偿。这种补偿可能带给企业未来经济利益流入，从这个意义上看，其性质近似于资产。但同时应当看到，企业是否能够收到这种补偿并使之最终转化为真正的资产，具有较大的不确定性。所以这种预期可获得的补偿是一种潜在资产，企业只有在基本确定能够收到该补偿时才能对其进行确认。其次，需要注意的是，根据资产和负债不可随意抵销的原则，这种补偿在基本确定能够收到时应当单独确认为一项资产，而不能作为预计负债金额的抵减。

预期可获得补偿作为资产确认时，需要遵循以下原则：如果企业清偿预计负债所需支出预期可全部或部分由第三方补偿，则只有在补偿金额基本确定能够收到时，才能作为资产单独确认，而且确认的补偿金额不应超过预计负债的账面价值。也就是说，确认与预计负债相关的预期补偿金额主要涉及两个问题：一是确认时间，补偿只有在"基本确定"能够收到时予以确认；二是确认金额，确认的金额是基本确定能够收到的金额，而且不能超过相关预计负债的金额。

【例 5.5】 甲企业因一项未决诉讼确认了一项预计负债 50 万元，同时，甲企业预计，因为该诉讼形成的或有事项，可以从乙企业获得 35 万元的赔偿，且这笔赔偿金额基本确定能够收到。由于该补偿已基本确定能够收到，而且预期能够收到的金额不超过确认的预计负债金额。在这种情况下，甲企业应分别确认一项预计负债 50 万元和一项资产 35 万元，其账务处理如下：

借：营业外支出　　500 000

　贷：预计负债　　500 000

借：其他应收款　　350 000

　贷：营业外收入　　350 000

之所以要求预期可获得补偿在"基本确定"能够收到时才可以确认，而不是与预计负债一样在"很可能"发生的情况下确认，主要是考虑到预计负债与或有资产的性质和对企业的影响不同。预计负债来自或有事项中的义务，带给企业的是未来支付责任，也就是导致经济利益流出的不利影响；而预期可获得补偿是或有事项形成的一种潜在资产，带给企业的是可能实现的经济利益流入。根据谨慎性要求，在处理类似的带有不确定性的事项时，需要进行估计和判断，而这种判断应当基于尽可能稳健的基础，即充分估计可能发生的不利因素，而不应提前预计可能实现的有利因素，以确保不会高估收益或资产、低估费用或负债。因此，对预计负债和预期可获得补偿的确认采用了不同的处理原则。同理，在确定预期可获得补偿的金额时，不得超过预计负债的账面价值，也体现了谨慎性要求。

（三）预计负债计量中需要考虑的因素

为了使预计负债的计量尽可能科学，企业在确定最佳估计数时，需要综合考虑与或有事项有关的风险、不确定性和货币时间价值等因素。

1. 风险和不确定性

风险的概念描述了过去交易或事项的结果变化的可能性。因为或有事项结果的多样性和影响因素的复杂性，使其存在多种可能且难以预先确定，所以风险实际上意味着不确定性，而且这种不确定性在或有事项中难以避免。

具体到预计负债的计量，风险的变动可能影响预计负债的金额，导致实际支付额的增加。因此企业在不确定的情况下进行判断需要遵循谨慎的观念，使得收益或资产不会被高估，费用或负债不会被低估。但是，不确定性的存在并不意味着企业应当过度确认预计负债，更不等于故意夸大负债，也就是说预计负债的计量并不是越多越好。无原则、无限制地确认预计负债，很容易导致谨慎过度，这与缺乏谨慎性一样会使会计信息偏离客观和公允，甚至可能成为人为操纵会计信息的工具。

所以，企业需要运用适度谨慎的观念，充分考虑与或有事项有关的风险和不确定性，既不能忽略其对或有事项计量的影响，也要避免对其进行重复确认和夸大，从而寻找到适度、合理的计量平衡点，避免低估和高估预计负债金额。

2. 货币时间价值的影响

通常情况下，预计负债的金额应当等于未来应支付的金额，但有些或有事项的结果需要在未来较长时期后才能明确，由此决定了预计负债的支付也发生在未来较长时间之后，并进一步导致未来应支付金额与其现值可能相差较大。例如某些固定资产（油气井及相关设施或核电站等）的弃置费用，在资产形成和投入使用时企业就已明确承担未来弃置时的义务，并对此确认了预计负债，但弃置活动的发生和有关费用的支付是在资产终止使用后，并且距离资产的形成有相当长的时间间隔。在这种情况下，为了使预计负债的计量更加科学、准确而且具有解释力，需要按照未来应支付金额的现值确定预计负债的数额。

在预计负债的计量中，之所以有时需要采用现值模式，是因为在货币时间价值的影响下，资产负债表日发生的现金流出，相比一段时间之后发生的同样金额的现金流出，实际上负担了更大的义务。所以，如果预计负债的确认时点距离实际清偿有较长的时间跨度，货币时间价值的影响就比较重大，故而在确定预计负债的金额时，采用现值模式计量才能提供更为相关和具有决策价值的信息。也就是说，应当对相关未来现金流出进行折现后确定最佳估计数。在实务中，通常预计负债的清偿时间为3年以上且金额较大的，视为货币时间价值的影响重大。

在预计负债计量中，将未来现金流出折算为现值时，需要注意以下三点：

（1）用来计算现值的折现率，应当是反映货币时间价值的当前市场估计和相关负债特有风险的税前利率。

(2) 风险和不确定性既可以在计量未来现金流出时作为调整因素，也可以在确定折现率时予以考虑，但不能重复反映。

(3) 随着时间的推移，即使在未来现金流出和折现率均不改变的情况下，预计负债的现值也将逐渐增长。此时，企业应当在资产负债表日，对预计负债的现值进行重新计量。

3. 未来事项的影响

在确定预计负债的金额时，企业应当考虑可能影响履行现时义务所需金额的相关未来事项。也就是说，对于这些未来事项，如果有足够的客观证据表明它们将发生，则应当在预计负债计量中予以体现。但在相关未来事项的影响中，不应考虑预期处置相关资产形成的利得。

此外，虽然预期的未来事项可能对预计负债的计量较为重要，但是这种预计需要得到相当客观的证据支持。例如，某核电企业预计在生产结束时清理核废料的费用将因未来技术的发展而显著降低。那么，该企业确认的预计负债金额应当反映技术进步以及由此带来的清理费用减少的影响，但是，对这种影响的反映应当以足够的、具有相当客观性的证据为基础，比如得到有关专家对技术发展以及相关费用变化趋势的合理预测。

三、亏损合同与重组义务的处理

(一) 待执行的亏损合同

待执行合同，是指合同各方尚未履行任何合同义务，或仅部分履行了同等义务的合同。企业与其他企业签订的商品销售合同、劳务合同、租赁合同等，均属于待执行合同。待执行合同本身不属于或有事项的内容，但是，待执行合同变为亏损合同的，应当作为或有事项。亏损合同，是指在履行合同义务过程中，发生的成本预期将超过与合同相关的未来经济利益流入的合同。这里所称“发生的成本”，是指履行合同义务不可避免要发生的成本，反映了退出该合同的最低净成本，即履行该合同的成本与未能履行该合同而发生的补偿或处罚两者之中的较低者。

待执行合同的确认原则是：待执行合同变为亏损合同，同时该亏损合同产生的义务满足预计负债的确认条件时，应当确认为预计负债。企业对亏损合同进行会计处理时，需要把握以下两个要点：

(1) 企业是否存在与亏损合同有关的不可撤销的义务。如果与亏损合同相关的义务不需支付任何补偿即可撤销，企业通常就不存在现时义务，也就不应确认预计负债；如果与亏损合同相关的义务不可撤销，那就意味着企业承担了现时义务，此时，如果同时满足该义务很可能导致经济利益流出和金额能够可靠地计量的条件，企业应当确认预计负债。

(2) 待执行亏损合同中是否存在标的资产。当待执行合同变为亏损合同时，如果合同存在标的资产，应当对标的资产进行减值测试并确认减值损失，假如预计亏损超过该减值损失，则将超过部分确认为预计负债；如果合同不存在标的资产，同时亏损合同相关义务满足预计负债的确认条件，则将有关义务确认为预计负债。

【例 5.6】 C公司为一家上市公司，20×1 年 1 月 1 日采用经营租赁方式租入一条生产线，用于生产甲产品，租赁期 4 年，年租金 10 万元。C公司利用该生产线生产甲产品，每年可获利 25 万元。20×2 年 12 月 31 日，C公司因市政规划调整不得不迁址，同时因国家宏观经济政策调整，决定停产甲产品，但经营租赁合同不可撤销，还要持续 2 年，且生产线无法转租给其他单位。

本例中，C公司签订的租赁合同是不可撤销合同，负有法定义务，必须继续履行租约并缴纳租金，但因租入生产线停产造成经营活动和收入受到影响，使预期收益无法全部实现。因此，C公司执行原经营租赁合同所要发生的费用很可能超过预期获得的经济利益，该经营租赁合同变成了亏损合同。据此，应当在 20×2 年 12 月 31 日根据未来应支付租金的最佳估计数确认预计负债为 10 × 2 ＝ 20(万元)，其账务处理如下：

借：营业外支出　　　　200 000

　贷：预计负债　　　　200 000

上例中，由于合同剩余年限仅为 2 年，预计负债计量受货币时间价值的影响相对较小，也就是说未来应支付额与其现值之间差别不大，因此直接采用了租金为主体的未来应支付额为基础确定预计负债最佳估计数。如果预计负债偿付时间较长，未来应支付额与其现值的差额具有重大影响，则应当采用现值模式计量，以体现货币时间价值的影响并使预计负债的数额得到恰当的反映。

【例 5.7】 B公司 20×5 年 2 月 1 日与某外贸公司签订了一项产品销售合同，约定在 20×5 年 4 月 15 日以每件 150 元的价格向外贸公司提供 1 万件乙产品。如不能按期交货，B公司需要支付总价款 30%的违约金。B公司正常生产乙产品的平均单位成本为 135 元。由于这批乙产品为定制产品，签订合同时尚未开始生产，当B公司开始筹备原料以生产该批产品时，市场环境突然发生重大变化，造成所需原料价格大幅上升，预计每件产品生产成本需要多花费 40 元。

此时，假设B公司按约生产乙产品，则每件产品成本为 175 元，而销售价格为每件 150 元，也就是说每销售 1 件亏损 25 元，共计损失 25 万元。如果撤销合同，则需要缴纳合同违约金 150×30% ＝ 45(万元)。因此，这份待执行的销售合同变为一项亏损合同。有关账务处理如下：

(1) B公司按照履行合同损失与承担违约金两者中的较低者(25 万元)确认一项预计负债。

借：营业外支出　　　　250 000

　贷：预计负债　　　　250 000

(2) 待相关产品生产完成后，将已确认的预计负债 25 万元冲减产品成本。

借：预计负债　　　　250 000

　贷：库存商品　　　　250 000

通过以上会计处理，虽然未能将亏损合同的损失消除，但稍作分析即可发现，这种做法所揭示的会计信息与不作预计负债确认有显著不同，也可以说确认预计负债的会计处理具有显著的经济效果。

如果不作上述预计负债的确认，B公司只能在销售合同最终履行并导致现实亏损时才加以反映，而这种亏损事实上早已得以预见，但有关信息使用者只能待企业确认后才能从当期会计报表中了解这些事实，也就是说信息的披露是在损失实际发生的期间。如果根据这些信息进行相关决策，显然缺乏足够的时效性，而且在缺少这些信息的前提下所作出的决策，也很难保证充分的谨慎。

相反，通过预计负债的上述处理，B公司在销售合同可能转化为亏损合同时就加以确认，同时将有关损失预先通过"营业外支出"计入当期损益，也就是在亏损尚未实际发生时提前加以预计。这样，当亏损事实出现时，就不必再行确认损失。这种处理方式其实是把未来可能发生的损失提前加以反映，可以使有关信息使用者预见到可能出现的不利情况，并据以作出稳健的决策，从而有助于提高会计信息的及时性和谨慎性，由此增强财务会计报告的信息含量和决策价值。

(二) 重组义务

重组是指企业制定和控制的，将显著改变企业组织形式、经营范围或经营方式的有计划实施的行为。重组事项主要包括：

(1) 出售或终止企业的部分业务；

(2) 对企业的组织结构进行较大调整；

(3) 关闭企业的部分营业场所，或将营业活动由一个国家或地区迁移到其他国家或地区。

需要说明的是，这里的重组并不是广义上的企业重组概念，应当将重组与企业重组、企业合并、债务重组等概念相互区别。本章所称的重组通常是指企业内部资源的调整和组合，其目的是为谋求现有资产效能的最大化；而企业合并是在不同企业之间的资本重组和规模扩张；债务重组则通过是债权人对债务人作出让步，使债务人减轻债务负担，债权人尽可能减少损失；至于广义的企业重组，涵盖企业内部和外部两方面，泛指调整企业组织运营方式和变更法律关系的各种形式，如合并、分立、改制、准改组等等，包括企业为提高效率而对内外部各种资源的整合与重新配置，涉及资产增减和内部调配、债权债务重组和股权重置等多个方面。也就是说，这里所称的重组与企业合并、债务重组一样，都是广义企业重组的一种形式，但广义的企业重组除了这些形式外，还有大量的其他形式。

企业在重组的过程中存在大量未知因素和不确定性，在重组完成之前其结果无法明确而形成或有事项，并可能由此导致预计负债的发生。但是，在重组业务中对预计负债的确认需要满足有关条件。只有在企业因重组而承担了重组义务，并且同时满足前述预计负债的确认条件时，才能确认预计负债。

首先，同时存在下列情况的，表明企业承担了重组义务：

(1) 有详细、正式的重组计划，包括重组涉及的业务、主要地点、需要补偿的职工人数、预计重组支出、计划实施时间等；

(2) 该重组计划已对外公告。

其次，需要判断重组义务是否同时满足预计负债的确认条件，即判断企业承担的重组义务是不是现时义务、履行重组义务是否很可能导致经济利益流出企业、重组义务的金额是否能够可靠计量。只有同时满足这三个确认条件，才可以将重组义务确认为预计负债。

例如，某企业董事会决定关闭一个事业部。如果有关决定尚未传达到受影响的各方，也未采取任何实质性措施实施该项决定，该企业就没有开始承担重组义务，也就不应确认预计负债；如果有关决定已经传达到受影响的各方并使各方对企业将关闭事业部形成合理预期，通常表明企业开始承担重组义务，如果此时企业能够同时确认该义务很可能导致经济利益流出企业，而且金额能够可靠地计量，就应当确认预计负债。

在有关重组义务的计量方面，企业应当按照与重组有关的直接支出确定预计负债金额。所谓直接支出是指企业重组必须承担的直接支出，不包括留用职工的岗前培训、市场推广、新系统开发和营销网络投入等项目。根据谨慎性要求，企业在计量预计负债时不应当考虑预期处置相关资产的利得，因此在计量与重组义务相关的预计负债时，也不考虑处置相关资产（厂房、店面，有时是整个事业部）可能形成的利得或损失，即使资产出售本身构成重组的一部分。

四、对预计负债账面价值的复核

由于或有事项的结果具有不确定性，受多种因素的影响，而且在初始计量与或有事项有关的现时义务时，很难完全准确地预见所有这些因素及其变化结果，因而这实际上意味着或有负债确认为预计负债后，其金额并不一定等于未来的实际支付额，而是很可能因某些事项的影响而需要调整，因此预计负债的账面价值很可能在初始计量后发生变化，也就需要对已确认的预计负债账面价值进行复核。

一般情况下，企业应当在资产负债表日对预计负债的账面价值进行复核。有确凿证据表明，该账面价值不能真实反映当前最佳估计数的，应当按照当前最佳估计数对该账面价值进行调整。

例如，某企业生产经营活动对环境造成一定污染，按照国家原有的法律规定，企业只需要承担对污染物进行清理的责任。随着政府和居民对环保重视程度的加强，有关环保法规进行了修订。按照当前的法律规定，污染企业除必须对污染进行清理外，还需要对受影响的居民进行赔偿。这种法规的变化显然会对企业预计负债的计量产生影响，所以企业应当在资产负债表日据此对原已确认的预计负债进行复核，如有确凿证据表明预计负债金额不再能反映当前的真实情况，则需要按照当前情况下企业清理污染和赔偿支出的最佳估计数对预计负债的账面价值进行相应的调整。

又例如，企业因产品质量保证承诺确认的预计负债是根据当期销售情况和以往相关费用水平等因素估计确定的。不难想象，保证费用的实际发生数与估计金额经常并不相等，而且企业政策、产品和市场等变化还可能导致保证费用的预计比例发生改变。这就要求对相关预计负债进行适时的复核。此外还要考虑到，企业在每个会计期间都可能支付由以前期间销售产品所导致的产品质量保证费用，同时也会因本期销售确认新的预计负债，所以预计负债的金额在每一会计期末都可能变化，因而需要重新计量。

【例 5.8】 A 公司是一家从事机械设备生产制造和销售的企业。20×3 年第一季度、第二季度、第三季度、第四季度分别销售产品 200 台、300 台、400 台和 350 台，每台售价为 50 万元。A 公司对购买其产品的客户作出如下承诺：产品售出后 3 年内如出现非人为因素造成的故障和质量问题，A 公司免费负责保修(含零部件更换)。根据以往的经验，保修费的发生额一般在销售额的 1%至 1.5%之间。假定 A 公司 20×3 年四个季度实际发生的维修费分别为 20 万元、200 万元、180 万元和 350 万元，20×2 年“预计负债——产品质量保证”账户年末贷方余额 120 万元。

本例中，A 公司因销售而承担了现时义务，该义务的履行很可能导致经济利益流出 A 公司，且该义务的金额能够可靠地计量。根据预计负债的定义和确认标准，A 公司应在每季度末确认一项预计负债。有关账务处理如下：

(1) 第一季度实际发生产品质量保证费用(支付维修费)：

借：预计负债——产品质量保证　　200 000

　　贷：银行存款(原材料)等　　200 000

第一季度末应确认的产品质量保证负债：

$$200 \times 500\,000 \times (0.01 + 0.015) \div 2 = 125(\text{万元})$$

借：销售费用　　1 250 000

　　贷：预计负债——产品质量保证　　1 250 000

第一季度末，“预计负债——产品质量保证”账户余额为 120－20＋125＝225(万元)。

(2) 第二季度发生产品质量保证费用(支付维修费)：

借：预计负债——产品质量保证　　2 000 000

　　贷：银行存款(原材料)等　　2 000 000

第二季度末应确认的产品质量保证负债：

$$300 \times 500\,000 \times (0.01 + 0.015) \div 2 = 187.5(\text{万元})$$

借：销售费用　　1 875 000

　　贷：预计负债——产品质量保证　　1 875 000

第二季度末，“预计负债——产品质量保证”账户余额为 225－200＋187.5＝212.5(万元)。

(3) 第三季度发生产品质量保证费用(支付维修费):

借:预计负债——产品质量保证　　1 800 000

　贷:银行存款(原材料)等　　1 800 000

第三季度末应确认的产品质量保证负债:

$$400 \times 500\,000 \times (0.01 + 0.015) \div 2 = 250(\text{万元})$$

借:销售费用　　2 500 000

　贷:预计负债——产品质量保证　　2 500 000

第三季度末,“预计负债——产品质量保证”账户余额为 212.5 − 180 + 250 = 282.5(万元)。

(4) 第四季度发生产品质量保证费用(支付维修费):

借:预计负债——产品质量保证　　3 500 000

　贷:银行存款(原材料)等　　3 500 000

第四季度末应确认的产品质量保证负债:

$$350 \times 500\,000 \times (0.01 + 0.015) \div 2 = 218.75(\text{万元})$$

借:销售费用　　2 187 500

　贷:预计负债——产品质量保证　　2 187 500

第四季度末,“预计负债——产品质量保证”账户余额为 282.5 − 350 + 218.75 = 151.25(万元)。

在针对产品质量保证承诺确认的预计负债进行复核时,还需注意以下几个问题:

(1) 如果发现产品质量保证费用的实际发生额与预计数相差较大,应及时对预计比例进行调整;

(2) 如果企业是针对特定批次产品确认的预计负债,则在该批次产品保修期结束时,应将“预计负债——产品质量保证”账户的余额全部冲销,不再保留余额;

(3) 对于企业已对其确认预计负债的产品,如果不再继续生产,应当在相应的产品质量保证期满后,将“预计负债——产品质量保证”账户余额冲销,不留余额。

如果是对由未决诉讼引起的预计负债进行复核,对于企业当期实际发生的担保诉讼损失金额与已计提的相关预计负债之间的差额,应分别按情况处理:

(1) 企业在前期资产负债表日,依据当时实际情况和所掌握的证据合理预计了预计负债,则应将当期实际发生的诉讼损失金额与已计提的相关预计负债之间的差额,直接计入或冲减当期营业外支出。

(2) 企业在前期资产负债表日,依据当时实际情况和所掌握的证据原本应当能够合理估计诉讼损失,但企业所作的估计却与当时的事实严重不符(如未合理预计损失或不恰当地多计或少计损失),应当视为重大前期差错,按照会计差错更正的方法进行处理。

(3) 企业在前期资产负债表日,依据当时实际情况和所掌握的证据,确实无法合理预计诉讼损失，因而未确认预计负债，则在该项损失实际发生的当期，直接计入当期营业外支出。

(4) 资产负债表日后至财务会计报告批准报出日之间发生的需要调整或说明的未决诉讼，作为资产负债表日后事项，按照有关原则进行处理。

第三节　或有负债的披露

一、或有事项的披露原则和形式

广义上的或有事项披露，泛指与或有事项有关的信息在财务会计报告中的揭示，也称为列报，包括会计报表中的列示和报表附注中的补充说明。狭义的或有事项披露主要是指或有事项的相关信息在会计报表附注中的说明。

或有事项披露的内容包括或有负债、或有资产和预计负债。其中，总的披露原则是：或有负债主要通过附注披露；或有资产除非在很可能会给企业带来经济利益时才加以说明，否则一般不应披露；预计负债则既要作为正式报表项目列示，还要在报表附注中补充说明。也就是说，或有事项披露的内容以或有负债和预计负债为主。

通常情况下，在会计报表中列示的项目必须是经过正式会计确认的，而在或有事项中，或有负债和或有资产都不能完全满足会计确认的要求，因此都不作为正式的会计报表要素确认，也就无法在报表内列示，而只能在附注中披露有关信息。只有预计负债符合会计确认的基本条件，可以在资产负债表中作为正式项目加以列示。同时，为了更为完整、透彻地揭示有关信息，预计负债也需要在表外附注中作补充说明。因此，对或有事项的披露，表外附注是很重要的形式。另一方面，企业的或有事项(包括承诺)，属于需要说明的重要事项，因此与资产负债表日后事项、关联方交易等一样，都属于会计报表附注的重要组成部分。

二、或有负债和或有资产的披露

(一) 或有负债的披露

1. 或有负债的披露内容

或有负债无论作为潜在义务还是现时义务，均不符合负债的确认条件，因而不予确认。但是，企业应当在附注中披露与或有负债有关的下列信息：

(1) 或有负债的种类及其形成原因，包括已贴现商业承兑汇票、未决诉讼、未决仲裁、对外提供担保等形成的或有负债。

(2) 经济利益流出不确定性的说明。

(3) 或有负债预计产生的财务影响，以及获得补偿的可能性；无法预计的，应当说明原因。

或有负债如果只有极小可能会导致经济利益流出企业的，可以不予披露。另外，根据我国《企业会计准则》的相关规定，在涉及未决诉讼、未决仲裁的情况下，如果披露全部或部分信息预期将对企业造成重大不利影响的，企业可以无须披露这些信息，但应当披露该未决诉讼、未决仲裁的性质，以及没有披露这些信息的事实和原因。

2. 或有负债的披露要求

企业对报表重要项目的说明，应当按照资产负债表、利润表、现金流量表、所有者权益变动表的顺序，并按照各报表项目格式列示，所以或有负债应当在资产负债表对应的附注中加以说明。披露的方式采用文字和数字描述相结合。此外，报表附注中有关或有负债项目的金额，应当与报表对应项目金额相衔接。

(二) 或有资产的披露

或有资产作为一种潜在资产，不符合资产确认的条件，因而不予确认。企业通常不应当披露或有资产，但或有资产很可能会给企业带来经济利益的，应当披露其形成的原因、预计产生的财务影响等。

三、预计负债的披露

(一) 预计负债的列示

在资产负债表中，预计负债作为因或有事项而确认的负债，应与其他负债项目区别开来，单独反映。如果企业因多项或有事项确认了预计负债，在资产负债表上一般只须通过"预计负债"项目进行总括反映。在将或有事项确认为负债的同时，应确认一项费用或支出。这项费用或支出在利润表中不单列项目反映，而应与其他费用或支出项目(如"销售费用"、"管理费用"、"营业外支出"等)合并反映。例如，企业因产品质量保证承诺确认负债时所确认的费用，在利润表中应作为"销售费用"的组成部分予以反映；又如，企业因对其他单位提供债务担保时所确认的费用，在利润表中应作为"营业外支出"的组成部分予以反映。

(二) 预计负债的表外披露

在资产负债表中列示预计负债的同时，为了使会计报表使用者获得充分、详细的有关或有事项的信息，企业还应在会计报表附注中披露以下内容：

(1) 预计负债的种类、形成原因以及经济利益流出不确定性的说明。

(2) 各类预计负债的期初、期末余额和本期变动情况。

(3) 与预计负债有关的预期补偿金额和本期已确认的预期补偿金额。

在资产负债表中列示的有关预计负债的期初和期末余额，还需在附注中披露。披露要求和格式与或有负债相同。

(三) 预计负债的披露格式

在资产负债表附注中，预计负债一般比照其他流动负债进行披露，具体披露格式如表5.3所示：

表 5.3 预计负债披露格式

项　目	期末账面余额	期初账面余额
1. ×××		
2. ×××		
……		
合　计		

【本章小结】

或有事项是指过去的交易或者事项形成的，其结果须由某些未来事项的发生或不发生才能决定的不确定事项。根据性质和影响的不同，或有事项的结果可能产生或有资产和或有负债。

或有负债是指过去的交易或事项形成的潜在义务，或者不是很可能导致经济利益流出企业或金额不能可靠计量的现时义务。

与或有事项相关的义务同时满足下列条件的，称为预计负债：(1)该义务是企业承担的现时义务；(2)履行该义务很可能导致经济利益流出企业；(3)该义务的金额能够可靠地计量。

或有事项的确认和计量，通常就是指预计负债的确认和计量。

预计负债的确认，必须同时满足其定义中规定的下列特征：首先，该义务是企业承担的现时义务；其次，履行该义务很可能导致经济利益流出企业；再次，该义务的金额能够可靠地计量。

预计负债的计量主要涉及两个问题：最佳估计数的确定和预期可获得补偿的处理。其中，最佳估计数的确定主要需要区分两类情况，分别采用平均值法和概率估算法，并需要综合考虑与或有事项有关的风险、不确定性和货币时间价值等因素的影响。预期可获得补偿只有在补偿金额基本确定能够收到时，才能作为资产单独确认，而且确认的补偿金额不应超过预计负债的账面价值。

由于或有事项的结果受多种因素的影响而具有不确定性，为保证计量的可靠和信息的有用性，预计负债的账面价值很可能需要复核。企业一般应当在资产负债表日对预计负债的账面价值进行复核。有确凿证据表明该账面价值不能真实反映当前最佳估计数的，应当按照当前的最佳估计数对该账面价值进行调整。

或有事项的披露原则是：或有负债主要通过报表附注披露；或有资产除非在很可能会给企业带来经济利益时才加以说明，否则一般不应披露；预计负债则既要作为正式报表项目列示，还要通过报表附注补充说明。

【本章思考题】

1. 什么是或有事项？与未来事项或不确定性事项是何关系？

2. 预计负债的确认条件是什么？与普通负债和或有负债有何不同？

3. 确定预计负债的最佳估计数都有哪些方法？受哪些因素的影响？

4. 预期可获得补偿在什么情况下才可以确认？与预计负债的确认有何不同？为什么？

5. 或有事项的哪些信息需要在财务会计报告中披露？分别采取什么形式披露？

【练习与案例分析】

一、选择题

1. 对于"预计负债——产品质量保证"账户正确的会计处理是(　　)。

A. 如果发现保证费用的实际发生额与预计数相差较大，应及时对预计比例进行调整

B. 如果企业针对特定批次产品确认预计负债，则应在保修期结束时，将"预计负债——产品质量保证"余额冲销，不留余额

C. 如果企业针对特定批次产品确认预计负债，则应在保修期结束时，将"预计负债——产品质量保证"余额转为其他产品的预计负债

D. 如企业不再生产已对其确认预计负债的产品，应在相应的产品质量保证期期满后，将"预计负债——产品质量保证"余额冲销，不留余额

2. 甲公司于20×8年成立。当年该公司分别销售A、B产品1万件和2万件，销售单价分别为100元和50元。甲公司向购买者承诺提供产品售后2年内免费保修服务，预计保修期内将发生的保修费在销售额的2%—8%之间。20×8年实际发生保修费1万元。假定无其他或有事项，则甲公司20×8年年末资产负债表"预计负债"项目的金额为(　　)万元。

A. 3　　　B. 9　　　C. 10　　　D. 15

3. 甲公司20×9年销售收入为1 000万元。甲公司的产品质量保证条款规定：产品售出后一年内，如发生正常质量问题，甲公司免费负责修理。根据以往的经验，如果出现较小的质量问题，需要支出的修理费为销售收入的1%；而如果出现较大的质量问题，则发生的修理费为销售收入的2%。据预测，本年度已售产品中，有80%不会发生质量问题，有15%将发生较小质量问题，有5%将发生较大质量问题。据此，20×9年年末甲公司应确认的负债金额为(　　)万元。

A. 1.5　　　B. 1　　　C. 2.5　　　D. 30

二、业务处理

1. 甲股份有限公司(下称甲公司)20×1年发生如下事项：(1)20×1年10月5日，因甲公司产品发生质量事故，导致一名消费者死亡。12月3日消费者家属起诉至法院，要求赔偿180万元，至年末该诉讼尚未判决。质量事故已被权威部门认定，甲公司因此认为该诉讼胜诉的可能性几乎为零。但因为有关法律没有针对此类情况的具体赔偿规定，律师认为赔偿金额难以估计。(2)甲公司2年前为某联营企业的一笔借款提供了担保。20×1年12月21日，甲公司接到法院通知，由于联营企业在借款到期后无力偿还，债权人已提起诉讼，要求甲公司履行担保责任，代为清偿借款本息合计为120万元。甲公司经研究认为，目前联营企业的财务状况很差，甲公司有80%的可能性承担偿还贷款本息的责任。(3)20×1年12月10日，甲公司认为本企业应享受的一项税收优惠迟迟未得到落实执行，遂将税务部门起诉至法院。律师认为，由于法律有明文规定，本诉讼基本确定能够获胜，并且估计胜诉后可获得税收返还款210万元。(4)20×1年10月12日，甲公司货车在高速公路上发生事故，交警已明确应由甲公司负完全责任。11月1日，事故受害单位要求甲公司赔偿车辆连同货物损失20万元。甲公司认为情况属实，同意赔偿。赔付款中除5万元可获得保险公司理赔外，其余15万元全部由公司承担。该赔偿款在12月31日尚未支付。(5)20×1年12月20日，甲公司生产中发生事故，造成有毒液体外泄，使附近的一口鱼塘受到污染。该鱼塘业主已上诉至法院，要求赔偿10万元。律师研究后认为，甲公司胜诉的可能性仅为5%。根据市场价格，赔偿损失的金额为8万—10万元。至20×1年12月31日，诉讼仍在进行中。(6)甲公司上年A产品销售总额为1 000万元。产品质量保证条款中规定，产品保修期一年，在一年之内产品如果发生质量问题，公司将免费修理。根据以往经验，预计已售产品中有80%不会出现问题；15%可能出现较小的质量问题，此类产品维修费为销售额的1%；另有5%可能出现较大的质量问题，此类产品维修费为销售额的3%。20×1年年初，由于产品结构调整，已停止A产品的生产和销售。20×1年度实际发生了维修支出2万元。

要求：就上述经济事项首先说明是否属于或有事项；如果是或有事项，根据或有事项的性质作出恰当的处理。

2. 甲企业为工业生产企业，从20×6年起生产和销售A、B两种产品，并为售出产品在规定年限内提供免费售后维修服务。假定甲企业按年进行产品售后维修服务的会计处理。

(1) 甲企业为A产品提供质量保证所确认的预计负债在20×7年初账面余额为30万元，A产品的质量保证期限为3年，按照A产品销售收入的1.5%—2.5%预计售出A产品可能发生的维修费用。甲企业20×7年A产品的销售收入及发生的维修费用如表5.4所示：

表5.4 20×7年A产品销售收入及维修费用 单位:万元

项 目	第一季度	第二季度	第三季度	第四季度
A产品销售收入	1 000	800	1 200	600
发生的维修费用	15	10	30	20
其中:原材料成本	10	8	10	15
人工成本	5	2	5	5
用银行存款支付的其他支出			15	

(2) 甲企业为B产品提供质量保证所确认的预计负债在20×7年初账面余额为8万元，B产品的售后质量保证截止日期为20×7年12月31日。假定B产品于20×7年3月31日停产，甲企业库存的B产品在20×7年已全部售出。20×7年第四季度发生的B产品维修费用为5万元(均为人工成本)，其他各季度均未发生维修费用。

要求：

(1) 计算20×7年年末对A产品应确认的预计负债；

(2) 编制对A产品20×7年年末确认预计负债的相关会计分录；

(3) 编制20×7年售出A产品发生维修费用的相关会计分录；

(4) 编制B产品20×7年与预计负债相关的会计分录；

(5) 计算甲企业20×7年12月31日预计负债的账面余额(注明借方或贷方)。

第六章

债 务 重 组

【本章学习目的】

1. 了解什么是债务重组，债务重组的特征以及类型。
2. 掌握债务重组会计处理的基本原则。
3. 掌握在不同债务重组方式下债权人的会计处理。
4. 掌握在不同债务重组方式下债务人的会计处理。

课前案例

上市公司突击债务重组将戴“紧箍咒”

上海国家会计学院2008年度CFO论坛上传出消息，财政部近期将出台《企业会计准则解释第2号》，对通过关联方豁免债务等方式实现的债务重组收益作出约束性规定。

上海证券交易所副总经理周勤业在此次论坛上发表演讲时指出，根据上市公司2007年年报执行新会计准则的情况，债务重组收益已成为对利润影响较大的一个主要因素。统计显示，在862家沪市上市公司中，共有150家披露了债务重组的数据。其中108家存在债务重组收益，债务重组收益的平均值为6 464万元；42家存在债务重组损失，债务重组损失的平均值为173.8万元。债务重组收益对上市公司利润的影响远远大于债务重组损失对利润的影响。

周勤业特别指出，新会计准则下债务重组收益直接计入利润表后，客观上成为少数ST公司的主要利润来源，成为这些公司“保牌”的主要手段。2007年年报显示，沪市有20家公司在扣除债务重组收益后由盈转亏；债务重组收益绝对数前10位公司全部为ST公司，这10家公司中扣除债务重组收益后仍盈利的仅1家。

周勤业表示，自2001年启动体现优胜劣汰原则的退市机制以来，沪市已有21家公司退市，深市已有23家公司退市，两市退市公司达到了44家。但是，如果任由债务重组游戏玩下去，今后很可能就没有退市公司了。因为连亏3年后搞一次债务豁免扭亏为盈，又可以玩上3年。而且，少数公司采用与关联方之间的债务重组实现盈利，交易的公允性存在一定问题，操作利润变得更为直接和容易。

周勤业提醒少数公司，债务重组收益新规出台在即，仍在打这种算盘恢复上市的还需尽早作出调整。

（资料来源：彭友：《上海证券报》，2008年9月11日。）

思考：

1. 债务重组主要对企业的哪些报表项目有影响？
2. 如何限制公司采用债务重组来操纵利润？

第一节　债务重组概述

随着市场竞争程度与日俱增，投资与经营的风险都会越来越高，在企业之间各种资金来往和经济交往逐渐频繁的背景下，有的企业可能会因为经营不善或其他因素，导致经营亏损或盈利能力下降，资金周转不畅，现金支付能力降低，到期债务无法偿还。当然，其债权人可以依法向法院申请其破产，以其破产资产清偿债务，但由于破产程序繁杂且持续时间长，又不能保证其债权最大限度收回，所以，债务双方也可选择另一种较为经济的解决债务纠纷的方法，即债务重组。

一、债务重组的概念与特征

债务重组，是指在债务人发生财务困难的情况下，债权人按照其与债务人达成的协议或者法院的裁定作出让步的事项。债务重组涉及债权人与债务人，对债权人而言，为“债权重组”，对债务人而言，为“债务重组”。为便于表述，统称为“债务重组”。

债务人发生财务困难、债权人作出让步是债务重组的基本特征。债务人发生财务困难，是指因债务人出现资金周转困难、经营陷入困境或者其他原因，导致其无法或者没有能力按原定条件偿还债务。债务人发生财务困难是债务重组的前提。债权人作出让步，是指债权人同意发生财务困难的债务人现在或者将来以低于重组债务账面价值的金额或者价值偿还债务。债权人作出让步是债务重组的业务实质。债权人作出让步的情形包括债权人减免债务人部分债务本金或者利息、降低债务人应付债务的利率等。由此可见，债务重组的基本特征排除了债务人不处于财务困难条件下的债务重组、处于清算或改组时的债务重组，以及虽修改了债务条件，但实质上债权人并未作出让步的债务重组事项。例如，如果在债务人发生财务困难时，债权人同意债务人用等值库存商品抵偿到期债务，但不调整偿还金额，这种业务实质上债权人并未作出让步，因而不属于债务重组。

二、债务重组的方式

(一) 以资产清偿债务

以资产清偿债务，是指债务人转让其资产给债权人以清偿债务的债务重组方式。债务人用于清偿债务的资产包括现金资产和非现金资产，主要有：货币资金、存货、各种投资(包括股票投资、债券投资、基金投资、权证投资等)、固定资产、无形资产等。

(二) 债务转为资本

债务转为资本，是指债务人将债务转为资本，同时，债权人将债权转为股权的债务重组方式。债务转为资本时，对股份有限公司而言，是将债务转为股本，对其他企业而言，是将债务转为实收资本。其结果是，债务人因此而增加股本(或实收资本)，债权人因此而增加长期股权投资。债务人根据转换协议将应付可转换公司债券转为资本，属于正常情况下的转换，不能作为债务重组处理。

(三) 修改其他债务条件

修改其他债务条件，是指债务人不以其资产清偿债务，也不将其债务转为资本，而是与债权人达成债务重组协议，以减少未来债务本金、降低利率、减少或免除债务利息等方式清偿债务。例如，债务人欠债权人货款 11 万元(其中 1 万元为债务利息)，债务人发生财务困难，经协商进行债务重组，债权人同意将积欠的利息减免，同时将债务延期两年偿还，这属于修改其他债务条件的债务重组。

(四) 混合重组方式

混合重组方式，是指采用以上三种方式的组合清偿债务的债务重组方式。例如，债务人以一部分现金资产清偿债务的某一部分，以非现金资产、债务转为资本方式的组合清偿债务的另一部分；又如，债务的一部分以资产清偿，一部分转为资本，另一部分则修改其他债务条件等。

三、债务重组的会计处理原则

(一) 债务重组日的确定

债务重组日，是指债务人履行协议或法院裁定，将相关资产转让给债权人、将债务转为资本或修改后的偿债条件开始执行的日期。债务重组可能发生在债务到期前、到期日或到期后。具体来讲，以资产方式进行抵偿的债务重组日为资产已经到达债权人手里或已经交付债权人使用，并办理了有关债务解除手续的日期；债务转为资本的债务重组日为债务人已经办妥增资批准手续，向债权人出具出资证明，并办理了有关债务解除手续的日期；修改其他债务条件的债务重组日为旧的债务解除，新债务开始日。

【例 6.1】 甲企业欠乙企业货款 100 万元，到期日为 20×8 年 12 月 31 日。甲企业发生财务困难，无法按期偿还债款。经 20×9 年 1 月 15 日协商，乙企业同意甲企业以价值 90 万元的产成品抵债。甲企业于 20×9 年 2 月 20 日将产成品运抵企业并办理有关债务解除手续。在此项债务重组交易中，20×9 年 2 月 20 日为重组日，而不是 20×9 年 1 月 15 日的协商日。

（二）债务重组的会计处理基本原则

债务人进行债务重组可以采用不同的方式，在不同的债务重组方式下，债务人的会计处理原则基本相同，即债务人以重组债务的账面价值转销债务，以转让资产的账面价值转销资产，重组债务账面价值与转让的资产或股权的公允价值之间的差额确认为债务重组利得，计入当期损益。

需要注意的是，债务的“账面价值”一般为债务的面值，如应付账款；如果有利息的，还应该加上应计未付利息，如长期借款；有溢（折）价的，还应加上尚未摊销的溢价或减去尚未摊销的折价，如应付债券。资产的“账面价值”一般为资产的账面余额扣除相关资产减值准备后的金额。例如，存货的账面价值就是存货的账面余额扣除有关存货跌价准备后的金额；固定资产的账面价值就是固定资产的账面余额扣除累计折旧后，再扣除有关固定资产减值准备后的金额；持有至到期的债券投资的账面价值就是债券投资的面值，加上应收利息，再加（或减）未摊销折价（溢价）后，扣除有关投资减值准备后的金额。

对于债权人来说，在债务重组下，债权人应该以重组债权的账面价值转销债权，以受让的资产或者股权的公允价值登记资产的增加，重组债权账面价值与受让的资产或者股权的公允价值之间的差额确认为债务重组损失，计入当期损益。这里，债权的账面价值是指债权的账面余额扣除相关资产减值准备后的金额。例如，应收账款的账面价值就是应收账款的账面余额扣除有关坏账准备后的金额。

（三）账务重组中公允价值的确定

公允价值，是指在公平交易中，熟悉情况的双方自愿进行资产交换或者债务清偿的金额。

非现金资产的公允价值应当按照下列规定进行计量：

（1）非现金资产属于企业持有的股票、债券、基金等金融资产，且该金融资产存在活跃市场的，应当以金融资产的市价作为非现金资产的公允价值。

（2）非现金资产属于金融资产但该金融资产不存在活跃市场的，应当按照金融工具确认和计量的相关准则规定的估值技术等合理的方法确定其公允价值。

(3) 非现金资产属于存货、固定资产、无形资产等其他资产，且存在活跃市场的，应当以其市场价格为基础确定其公允价值；不存在活跃市场但与其类似资产存在活跃市场的，应当以类似资产的市场价格为基础确定其公允价值；在上述两种情况下仍不能确定非现金资产公允价值的，应当采用估值技术等合理的方法确定其公允价值。

对于债权人因放弃债权而享有的股权，其公允价值的确定原则为：对于上市公司，其发行的股票有市价，因此，应以市价作为股份或者股权的公允价值；对于其他企业，债权人因放弃债权而享有的股份或者股权可能没有市价，因此，应当采用恰当的估值技术确定其公允价值。

第二节　债务重组中债权人的会计处理

一、债权人收到以资产方式偿债的会计处理

(一) 收到以现金资产方式清偿债务的会计处理

债权人应当将重组债权的账面价值与收到的现金之间的差额，确认为债务重组损失，计入营业外支出。债权人已对债权计提减值准备的，应当先将重组债权账面余额和收到现金之间的差额冲减减值准备，冲减后尚有余额的，计入营业外支出；冲减后减值准备仍有余额的，应予转回并抵减当期资产减值损失。未对债权计提减值准备的，应直接将重组债权账面余额和收到现金之间的差额确认为债务重组损失。

【例 6.2】 20×7 年 10 月 10 日，甲公司从乙公司处购买了一批商品，收到的增值税专用发票上注明的商品价款为 200 000 元，增值税进项税额为 34 000 元，商品已验收入库，款项尚未支付。20×7 年年底，甲公司资金周转发生困难，无法按照合同规定偿还债务，经双方协定，乙公司同意减免甲公司 18 000 元债务，余额用现金立即偿还。乙公司为该应收账款已计提坏账准备 2 400 元，不考虑相关税费。

债权人乙公司对在债务重组中的债务重组损失的相关计算如下：

应收账款账面余额	234 000
减：已计提坏账准备	2 400
账面价值	231 600
实际收到款项	216 000
债务重组损失	15 600

债权人乙公司在债务重组交易完成时的会计处理为：

借：银行存款 216 000

坏账准备 2 400

营业外支出——债务重组损失 15 600

贷：应收账款——甲公司 234 000

（二）收到以非现金资产方式清偿债务的会计处理

对债权人来说，以非现金资产清偿债务的，债权人应当对受让的非现金资产按其公允价值入账，如果重组债权没有计提减值准备，重组债权的账面余额与受让的非现金资产的公允价值之间的差额，确认为债务重组损失，计入营业外支出。如果重组债权已经计提了减值准备的，则分别按以下情况进行处理：

（1）如果债权人对重组债权分别提取了减值准备，那么只需要将上述差额冲减已计提的减值准备，减值准备不足以冲减的部分作为债务重组损失，计入营业外支出；冲减后减值准备仍有余额的，应予转回并抵减当期资产减值损失，不再确认债务重组损失。

（2）如果债权人对重组债权不是分别提取减值准备，而是采取一揽子提取减值准备的方法，则债权人应将对应于该债务人的损失准备倒算出来，再确定是否确认债务重组损失。

【例 6.3】 20×7 年 10 月 10 日，甲公司从乙公司处购买了一批商品，收到的增值税专用发票上注明的商品价款为 200 000 元，增值税进项税额为 34 000 元，商品已验收入库，款项尚未支付。20×7 年底，甲公司资金周转发生困难，无法按照合同规定偿还债务，经双方协定，达成的债务重组协议内容如下：乙公司同意甲公司用其存货、固定资产抵偿该账款。其中：用于抵债的存货市价为 80 000 元，增值税税率为 17%，产品成本为 70 000 元；抵债设备的账面原价为 120 000 元，累计折旧为 30 000 元，评估确认的净值为 85 000 元。抵债资产均已转让完毕。假定乙公司已对该项债权计提坏账准备 2 400 元，不考虑其他相关税费。

债权人乙公司的相关计算如下：

重组债权应收账款的账面余额与受让资产的公允价值及增值税进项税额之间的差额 $=234\,000-[80\,000\times(1+17\%)+85\,000]=55\,400$(元)。

差额 55 400 元扣除计提的减值准备 2 400 元后的余额 53 000 元，作为债务重组损失，计入营业外支出。

债权人乙公司的会计处理如下：

借：库存商品 80 000

应交税费——应交增值税（进项税额）13 600

固定资产 85 000

坏账准备 2 400

营业外支出——债务重组损失 53 000

贷：应收账款——甲公司 234 000

二、债权人的债权转换为股权的会计处理

对债权人而言，将债权转为资本，应当将因放弃债权而享有股份的公允价值确认为对债务人的投资，重组债权的账面余额与股份的公允价值之间的差额，确认为债务重组损失，计入营业外支出。债权人已对债权计提减值准备的，应当先将该差额冲减减值准备，减值准备不足以冲减的部分，确认为债务重组损失计入营业外支出。债权人因放弃债权而取得的股权分别按照相关的准则确定为长期股权投资、交易性金融资产或者可供出售金融资产，发生的相关税费，分别按照长期股权投资或者金融工具确认和计量的相关准则的规定进行处理。

【例 6.4】 20×7 年 10 月 10 日，甲公司从乙公司处购买了一批商品，收到的增值税专用发票上注明的商品价款为 200 000 元，增值税进项税额为 34 000 元，商品已验收入库，款项尚未支付。20×7 年年底，甲公司资金周转发生困难，无法按照合同规定偿还债务，经双方协定，达成的债务重组协议内容如下：乙公司同意甲公司以其股权抵偿该账款。假设转账后甲公司注册资本为 5 000 000 元，净资产的公允价值为 7 600 000 元，抵债股权占甲公司注册资本的 2%。相关手续已办理完毕。乙公司已对该项债权计提坏账准备 2 400 元，假定不考虑其他相关税费。

债权人乙公司的相关计算如下：

重组债权应收账款的账面余额与所转让股权的公允价值之间的差额 = 234 000 − 7 600 000 × 2% = 82 000(元)。

差额 82 000 元，扣除坏账准备 2 400 元，计 79 600 元，作为债务重组损失，计入营业外支出。

债权人乙公司的会计处理如下：

借：长期股权投资——甲公司	152 000	
营业外支出——债务重组损失	79 600	
坏账准备	2 400	
贷：应收账款——甲公司		234 000

三、债权人以修改其他债务条件方式收回债权的会计处理

企业采用修改其他债务条件进行债务重组的，债权人应当区分是否涉及或有应收金额进行会计处理。所谓或有应收金额，是指需要根据未来某种事项出现而发生的应收金额，而且该未来事项的出现具有不确定性。如债务重组协议规定，“将 X 公司债务 250 万元免除 20 万元，剩余债务展期两年，并按照 3%的年利率计收利息。如果该公司一年后盈利，则自第二年起将按 5%的利率计收利息”，根据此债务重组协议，债务人依未来是否盈利而发生的利息，对于债权人来讲，即为或有应收金额。因为债务人是否盈利，在债务重

组时不能确定，因而其具有不确定性。

(一) 不涉及或有应收金额的债务重组

不涉及或有应收金额的债务重组，是指在债务重组中不存在或有应收金额。对债权人而言，以修改其他债务条件进行债务重组，如修改后的债务条款中不涉及或有应收金额，则债权人应当将修改其他债务条件后的债权的公允价值作为重组后债权的账面余额，重组债权的账面余额与重组后债权的账面余额之间的差额为债务重组损失，计入营业外支出。如债权人已对该债权计提减值准备的，应当先将该差额冲减减值准备，减值准备不足以冲减的部分，作为债务重组损失，计入营业外支出。

【例 6.5】 20×8 年 2 月 22 日，A 公司从 B 公司购买一批商品，付给 B 公司 6 个月期、不带息 100 000 元商业票据一张。20×8 年 8 月 22 日，A 公司发生财务困难，无法履行债务，与 B 公司协商进行债务重组。双方达成的债务重组协议如下：B 公司同意豁免 A 公司债务 10 000 元，其余款项于重组日起 1 年后付清，B 公司加收余款 2%的利息，利息与债务本金一同支付。假定 B 公司为债权计提的坏账准备为 10 000 元，现行贴现率为 6%。

债权人 B 公司的相关计算如下：

债务重组日，重组债权的账面价值 = 100 000 − 10 000 = 90 000(元)。

将来应收金额 = (100 000 − 10 000) × 1.02 = 91 800(元)。

将来应收金额的现值(公允价值) = 91 800 × 0.943 = 86 567(元)(贴现率为 6%、期数为 1 的 1 元复利现值系数查表得 0.943)。

重组债权的账面价值与重组后债权公允价值之间的差额 3 433 元作为债务重组损失，计入营业外支出。

债权人 B 公司的会计处理如下：

借：应收账款	86 567	
营业外支出——债务重组损失	3 433	
坏账准备	10 000	
贷：应收票据——A 公司		100 000

一年后收回债权时：

借：银行存款	91 800	
贷：应收账款		86 567
财务费用		5 233

(二) 涉及或有应收金额的债务重组

涉及或有应收金额的债务重组，是指在债务重组协议中附或有应收条件的重组。对债权人而言，以修改其他债务条件进行债务重组，修改后的债务条款中涉及或有应收金额的，根据谨慎性原则，或有应收金额属于或有资产，而或有资产不予确认，因而债权人不应当确认或有应收金额，不得将其计入重组后债权的账面价值，只有在或有应收金额实际发生时，才计入当期损益。

【例6.6】 甲企业20×8年4月因购买原材料而欠乙企业货款35.1万元，由于甲企业财务困难，不能按照合同规定归还欠款，经甲乙企业协商，于20×8年12月27日达成重组协议，将债务到期日延至20×9年12月31日，债务本金减至30万元。但是附有条件：债务重组后，如果甲企业20×9年盈利，则应付金额为32万元(2万元为利息)，如果无盈利，则维持原30万元不变。假设乙企业已经对该债权提取了1万元的坏账准备，现行贴现率为6%。不考虑其他相关税费。

债权人乙企业的相关计算如下：

债务重组日，重组债权的账面价值 = 35.1 − 1 = 34.1(万元)。

不含或有应收金额的将来应收金额 = 30(万元)。

不含或有应收金额的将来应收金额的现值(公允价值) = 30 × 0.943 = 28.29(万元)。

重组债权的账面价值与重组后不含或有应收金额的将来应收金额的现值之间的差额5.81万元作为债务重组损失，计入营业外支出。

债权人乙企业的会计处理如下：

借：应收账款　　282 900

　　营业外支出——债务重组损失　　58 100

　　坏账准备　　10 000

　　贷：应收账款——甲企业　　351 000

如果甲企业20×9年无盈利，乙企业在20×9年12月31日收回该债权时：

借：银行存款　　300 000

　　贷：应收账款　　282 900

　　　　财务费用　　17 100

如果甲企业20×9年盈利，且在20×9年12月31日归还乙企业本利32万元，则乙企业在20×9年12月31日收回该债权时：

借：银行存款　　320 000

　　贷：应收账款　　282 900

　　　　财务费用　　17 100

　　　　营业外收入——债务重组利得　　20 000

四、债权人以混合重组方式收回债权的会计处理

混合重组方式，指以下三种方式中的两种或两种以上方式的组合：以资产清偿债务、债务转为资本以及修改其他债务条件。根据组合方法不同，混合重组可以有多种不同的方式。例如，债务的一部分以资产清偿，另一部分转为资本；或者债务的一部分以资产清偿，另一部分则修改其他债务条件等。

在混合重组方式下，债权人则应分别以下情况进行会计处理：

(1) 以现金、非现金资产两种方式的组合清偿某项债务的，债权人应先以收到的现金冲减重组债权的账面价值，再按以非现金资产清偿债务进行债务重组应遵循的原则进行处理；债权人重组债权的账面价值(账面余额扣除已提减值准备后的差额)与收到的现金、受让的非现金资产的公允价值的差额作为债务重组损失。

(2) 以现金、债务转为资本两种方式的组合清偿某项债务的，债权人应先以收到的现金冲减重组债权的账面价值，再按受让的股权的公允价值确定股权的入账价值；债权人重组债权的账面价值(账面余额扣除已提减值准备后的差额)与收到的现金、受让股权的公允价值之间的差额作为债务重组损失。

(3) 以非现金资产、债务转为资本两种方式的组合清偿某项债务的，债权人应先以收到的非现金资产冲减重组债权的账面价值，再按受让的股权的公允价值确定股权的入账价值；债权人重组债权的账面价值(账面余额扣除已提减值准备后的差额)与收到的非现金资产的公允价值、受让股权的公允价值之间的差额作为债务重组损失。

(4) 以现金、非现金资产、债务转为资本三种方式的组合清偿某项债务的，债权人应先以收到的现金冲减重组债权的账面价值，再分别按受让的非现金资产和股权的公允价值确定其入账价值；债权人重组债权的账面价值(账面余额扣除已提减值准备后的差额)与收到的现金、受让的非现金资产的公允价值、受让股权的公允价值之间的差额作为债务重组损失。

(5) 以现金、非现金资产、债务转为资本方式的组合清偿某项债务的一部分，并对该债务的另一部分以修改其他债务条件进行债务重组的，债权人应先以收到的现金、受让的非现金资产的公允价值、因放弃债权而享有的股权的公允价值冲减重组债权的账面价值，差额与重组后债权的公允价值进行比较，据此计算债务重组损失。

需要注意的是，在混合重组方式下，债权人在进行会计处理时，应依据债务清偿的顺序。一般情况下，应先考虑以现金清偿，接下来是以非现金资产清偿或以债务转为资本方式清偿，最后是修改其他债务条件。修改其他债务条件的结果是，债务实质上还要延续，因此将其放在最后考虑是比较合理的。

【例 6.7】 甲公司持有乙公司的应收票据为 50 000 元，票据到期时，累计利息为 2 500 元，甲公司没有对其计提坏账准备。由于乙公司资金周转发生困难，经与甲公司协商，同意乙公司支付 12 500 元现金，同时转让一项无形资产以清偿该项债务。该项无形资产的账面价值为 30 000，公允价值为 35 000 元，乙公司因转让无形资产应缴纳的营业税为 2 250 元。假定乙公司没有对转让的无形资产计提减值准备，且不考虑其他税费。

债权人甲公司的相关计算如下：

债务重组日，重组债权的账面价值 ＝ 50 000 ＋ 2 500 ＝ 52 500(元)。

债务重组损失 ＝ 52 500 － 12 500 － 35 000 ＝ 5 000(元)。

债权人甲公司的会计处理如下：

借：银行存款	12 500
无形资产	35 000
营业外支出——债务重组损失	5 000

贷:应收票据　　50 000

财务费用　　2 500

【例 6.8】 甲公司销售一批商品给乙公司,价款 1 000 000 元(含增值税)。双方协议,乙公司以一批产品偿还债务的一部分,剩下的部分转为甲公司对乙公司的投资。乙公司转让的该批产品的成本 300 000 元,市价为 360 000 元,适用的增值税税率为 17%;用于抵债的普通股为 100 000 股,股票面值为 1 元,市价为每股 5.4 元。乙公司没有对转让的产品计提减值准备,甲公司也未对债权计提坏账准备。假定不考虑其他相关税费。

债权人甲公司的相关计算如下:

债权的账面价值		1 000 000
受让的存货的公允价值	360 000	
增值税的进项税额	61 200	
受让股权的公允价值	540 000	961 200
债务重组损失		38 800

债权人甲公司的会计处理如下:

借:长期股权投资　　540 000

库存商品　　360 000

应交税费——应交增值税(进项税额)　　61 200

营业外支出——债务重组损失　　38 800

贷:应收账款　　1 000 000

【例 6.9】 甲公司销售一批商品给乙公司,价款 1 170 000 元(含增值税)。债务到期时,因财务发生困难,乙公司与甲公司商议进行债务重组。重组协议如下:甲公司先豁免一部分债务,金额为 70 000 元;乙公司剩余的 1 100 000 元债务中,一部分转为甲公司对乙公司的股权投资,另一部分以一项无形资产抵债。用于抵债的普通股为 180 000 股,股票面值为 1 元,市价为每股 5.4 元。用于抵债的无形资产的账面价值为 120 000 元,公允价值为 110 000 元。假定整个交易没有发生相关税费,乙公司没有对用于抵债的无形资产计提减值准备,甲公司也没有对重组债权计提坏账准备。

债权人甲公司的相关计算如下:

债权的账面价值		1 170 000
受让的无形资产的公允价值	110 000	
受让股权的公允价值	972 000	1 082 000
债务重组损失		88 000

债权人甲公司的会计处理如下:

借:无形资产　　110 000

长期股权投资　　972 000

营业外支出——债务重组损失 88 000

贷:应收账款 1 170 000

【例 6.10】 甲公司持有乙公司承兑的不带息应收票据 100 000 元,票据到期。由于乙公司资金周转发生暂时困难,经双方协议进行债务重组。重组协议规定:乙公司以一台设备抵偿部分债务,并将部分债务转为股权,此外,一年后乙公司再支付 8 000 元清偿剩余债务。假设这台设备的原值为 50 000 元,累计折旧为 20 000 元,评估确认的原价为 50 000 元,评估确认的净价为 36 000 元;债务人的注册资本为 1 000 000 元,债权人因放弃债权而享有的股权的评估确认价为 54 000 元(占债务人注册资本的 1%)。假设甲公司没有对重组债权计提坏账准备,且不考虑相关税费,贴现率为 5%。

债权人甲公司的相关计算如下:

债权的账面价值		100 000
受让的固定资产的公允价值	36 000	
受让股权的公允价值	54 000	
将来应收金额的现值(8 000/1.05)	7 619	97 619
债务重组损失		2 381

债权人甲公司的会计处理如下:

借:固定资产 36 000

长期股权投资 54 000

应收账款 7 619

营业外支出——债务重组损失 2 381

贷:应收票据 100 000

一年后甲公司收回剩余款项时:

借:银行存款 8 000

贷:应收账款 7 619

财务费用 381

第三节 债务重组中债务人的会计处理

一、债务人以资产方式偿债的会计处理

(一) 债务人以现金偿债的会计处理

以现金清偿债务的,债务人应当将重组债务的账面价值与实际支付现金之间的差额,

确认为债务重组利得，计入营业外收入。重组债务的账面价值，一般为债务的面值或本金、原值，如应付账款；如有利息的，还应加上应计末付利息，如长期借款等。

【例 6.11】 沿用例 6.2 资料，债务人甲公司在债务重组交易完成时的会计处理为：

借：应付账款——乙公司　　234 000

　贷：银行存款　　216 000

　　营业外收入——债务重组利得　　18 000

（二）债务人以非现金资产偿债的会计处理

以非现金资产清偿债务的，债务人应分清债务重组利得与资产转让损益的界限，并于债务重组当期予以确认。债务重组利得是指重组债务的账面价值超过非现金资产（即抵债资产）的公允价值之间的差额，应计入营业外收入。资产转让损益，是指抵债的非现金资产的公允价值与其账面价值之间的差额。

以非现金资产清偿债务的，债务人核算资产转让损益时，一般不需要单独设置账户进行核算。债务人以存货清偿债务的，应把转让的存货作为销售处理，资产转让损益为销售收入（存货的公允价值）与其成本及相关减值准备之间的差额；债务人以固定资产清偿债务的，应把转让视同固定资产处置，资产转让损益为固定资产清理收入（固定资产的公允价值）与清理支出之间的差额，计入营业外收入或者营业外支出；债务人以无形资产清偿债务的，视同无形资产处置，资产转让损益为该项收入（无形资产的公允价值）与相关成本之间的差额，计入营业外收入或者营业外支出；债务人以其在其他企业的投资清偿债务的，该项投资的公允价值扣除投资的账面价值（对投资计提减值准备的，还应将相关的减值准备予以结转）及直接相关费用之后的余额应确认为资产转让损益，计入投资收益。

【例 6.12】 沿用例 6.3 资料，债务人甲公司的相关计算如下：

重组债务应付账款的账面价值与抵债资产的公允价值及增值税销项税额之间的差额 ＝ 234 000－[80 000×(1＋17%)＋85 000]＝55 400(元)。

差额 55 400 元为债务重组利得，计入营业外收入。

各种非现金资产的转让损益计算如下：

抵债产品的公允价值 80 000 元与其账面价值 70 000 元（若计提了存货跌价准备，应扣除计提的存货跌价准备）的差额 10 000 元，为转让存货收益，体现在营业利润中。

抵债设备的公允价值 85 000 元与其账面价值 90 000 元（账面原价－累计折旧－计提的减值准备，即 120 000－30 000－0）的差额为－5 000 元，为转让固定资产损失，计入营业外支出。

债务人甲公司的会计处理如下：

(1) 将固定资产净值转入固定资产清理：

借：固定资产清理——××设备　　90 000

　　累计折旧——××设备　　30 000

　贷：固定资产——××设备　　120 000

(2) 结转债务重组利得及转让资产损益：

借：应付账款——乙公司　234 000

　贷：主营业务收入　80 000

　　应交税费——应交增值税(销项税额)　13 600

　　固定资产清理——××设备　85 000

　　营业外收入——债务重组利得　55 400

借：主营业务成本　70 000

　贷：库存商品　70 000

借：营业外支出——处置非流动资产损失　5 000

　贷：固定资产清理——××设备　5 000

二、债务人的债务转为资本的会计处理

对债务人而言，将债务转为资本，应当将债权人因放弃债权而享有股份的面值总额(或者股权份额)确认为股本(或者实收资本)，股份的公允价值总额与股本(或者实收资本)之间的差额确认为股本溢价(或者资本溢价)计入资本公积。重组债务账面价值超过股份的公允价值总额(或者股权的公允价值)的差额，确认为债务重组利得，计入当期营业外收入。

债务转为资本，债务人可能会发生一些税费，与股票发行直接相关的手续费等，可以作为抵减资本公积处理，其他税费，可以直接计入当期损益，如印花税等。

【例 6.13】 沿用例 6.4 资料，债务人甲公司的相关计算如下：

重组债务应付账款的账面价值与所转股权的公允价值之间的差额 = 234 000 − 7 600 000×2% = 82 000(元)。

差额 82 000 元作为债务重组利得，所转股份的公允价值 152 000 元与实收资本 100 000 元(5 000 000×2%)的差额 52 000 元作为资本公积。

债务人甲公司的会计处理如下：

借：应付账款——乙公司　234 000

　贷：实收资本　100 000

　　资本公积——资本溢价　52 000

　　营业外收入——债务重组利得　82 000

三、债务人以修改其他债务条件方式清偿债务的会计处理

企业采用修改其他债务条件进行债务重组的，应当区分是否涉及或有应付金额进行会计处理。所谓或有应付金额，是指需要根据未来某种事项出现而发生的应付金额，而且该未来事项的出现具有不确定性。

（一）不涉及或有应付金额的债务重组

对债务人来说，以修改其他债务条件进行债务重组，如修改后的债务条款中不涉及或有应付金额，则重组债务的账面价值大于重组后债务的入账价值（即修改其他债务条件后债务的公允价值）的差额为债务重组利得，计入营业外收入。

【例 6.14】 沿用例 6.5 资料，债务人 A 公司的相关计算如下：

债务重组日，重组债务的账面余额 ＝ 100 000（元）。

将来应付金额 ＝（100 000 － 10 000）× 1.02% ＝ 91 800（元）。

将来应付金额的现值（公允价值）＝ 91 800 × 0.943 ＝ 86 567（元）（贴现率为 6%、期数为 1 的 1 元现值系数查表得 0.943）。

重组债务的账面价值与重组后债务公允价值之间的差额 13 433 元作为债务重组利得，计入营业外收入。

债务人 A 公司的会计处理如下：

	借方	贷方
借：应付票据	100 000	
贷：应付账款		86 567
营业外收入——债务重组利得		13 433

一年后债务人付款时：

	借方	贷方
借：应付账款	86 567	
财务费用	5 233	
贷：银行存款		91 800

（二）涉及或有应付金额的债务重组

以修改其他债务条件进行的债务重组，修改后的债务条款如涉及或有应付金额，且该或有应付金额符合或有事项准则中有关预计负债确认条件的，债务人应当将该或有应付金额确认为预计负债；重组债务的账面价值，与重组后债务的入账价值（即重组后债务的公允价值）和预计负债金额之和的差额，作为债务重组利得，计入营业外收入。

例如，债务重组协议规定，债务人在债务重组后一定时间里，其业绩改善到一定程度或者符合一定要求（如扭亏为盈、摆脱财务困境等），应向债权人额外支付一定款项，当债务人承担的或有应付金额符合预计负债确认条件时，应当将该或有应付金额确认为预计负债。上述或有应付金额在随后会计期间没有发生的，企业应当冲销已确认的预计负债，同时确认营业外收入。

【例 6.15】 沿用例 6.6 资料，假设在债务重组日或有应付金额符合预计负债的确认条件，则债务人甲企业的相关计算如下：

债务重组日，重组债务的账面价值 ＝ 35.1 万元，包含或有应付金额的将来应付金额 ＝ 32 万元。

包含或有应付金额的将来应付金额的现值（公允价值）＝ 32 × 0.943 ＝ 30.176

(万元)。

重组债务的账面价值与重组后包含或有应付金额的将来应付金额的现值之间的差额4.924万元作为债务重组利得,计入营业外收入。

债务人甲企业的会计处理如下:

借:应付账款　　351 000

　贷:应付账款　　282 900 (300 000×0.943)

　　预计负债　　18 860 (20 000×0.943)

　　营业外收入——债务重组利得　　49 240

如果甲企业20×9年盈利,且在20×9年12月31日归还乙企业本利32万元,则甲企业在20×9年12月31日偿还该债务时:

借:应付账款　　282 900

　预计负债　　18 860

　财务费用　　18 240

　贷:银行存款　　320 000

如果甲企业20×9年无盈利,则甲企业在20×9年12月31日偿还该债务时:

借:应付账款　　282 900

　预计负债　　18 860

　财务费用　　18 240

　贷:银行存款　　300 000

　　营业外收入——债务重组利得　　20 000

四、债务人以混合重组方式清偿债务的会计处理

债务重组以现金清偿、非现金资产清偿、债务转为资本、修改其他债务条件等方式组合进行的,对债务人来说,应当依次以支付的现金、转让的非现金资产的公允价值、债权人享有股份的公允价值冲减重组债务的账面价值;修改其他债务条件的,应当将修改其他债务条件后债务的公允价值作为重组后债务的入账价值,重组债务的账面价值与重组后债务的入账价值之间的差额,作为债务重组利得,计入营业外收入。

修改后的债务条款如涉及或有应付金额,且该或有应付金额符合预计负债确认条件的,债务人应当将该或有应付金额确认为预计负债;重组债务的账面价值与重组后债务的入账价值和预计负债金额之和的差额,计入营业外收入。以上所产生的债务重组利得、资产转让损益等均于债务重组当期确认。

具体来说,在混合重组方式下,债务人应分别以下情况进行会计处理:

(1) 以现金、非现金资产两种方式的组合清偿某项债务的,重组债务的账面价值与支付的现金、转让的非现金资产的公允价值的差额作为债务重组利得。非现金资产的公允价值与其账面价值的差额作为资产转让损益。

(2) 以现金、债务转为资本两种方式的组合清偿某项债务的，重组债务的账面价值与支付的现金、债权人因放弃债权而享有的股权的公允价值的差额作为债务重组利得。股权的公允价值与股本(或实收资本)的差额作为资本公积。

(3) 以非现金资产、债务转为资本两种方式的组合清偿某项债务的，重组债务的账面价值与转让的非现金资产的公允价值、债权人因放弃债权而享有的股权的公允价值之间的差额为债务重组利得。非现金资产的公允价值与账面价值之间的差额作为资产转让损益；股权的公允价值与股本(或实收资本)的差额作为资本公积。

(4) 以现金、非现金资产、债务转为资本三种方式的组合清偿某项债务的，重组债务的账面价值与支付的现金、转让的非现金资产的公允价值、债权人因放弃债权而享有的股权的公允价值之间的差额为债务重组利得。非现金资产的公允价值与账面价值之间的差额作为资产转让损益；股权的公允价值与股本(或实收资本)的差额作为资本公积。

(5) 以现金、非现金资产、债务转为资本方式的组合清偿某项债务的一部分，并对该债务的另一部分以修改其他债务条件进行债务重组的，债务人应先以支付的现金、转让的非现金资产的公允价值、债权人因放弃债权而享有的股权的公允价值冲减重组债务的账面价值，差额与重组后债务的公允价值进行比较，据此计算债务重组利得。债权人因放弃债权而享有的股权的公允价值与股本(或实收资本)的差额作为资本公积；非现金资产的公允价值与账面价值之间的差额作为资产转让损益，在债务重组当期确认。

【例 6.16】 沿用例 6.7 资料，债务人乙公司的相关计算如下：

债务重组日，重组债务的账面价值为 52 500 元 (50 000 + 2 500)	
减：支付的现金	12 500 元
转让的无形资产的公允价值	35 000 元
债务重组利得：	5 000 元

非现金资产转让损益：

无形资产的公允价值	35 000 元
减：支付的相关税费	2 250 元
账面价值	30 000 元
	2 750 元

	借	贷
借：应付票据	50 000	
财务费用	2 500	
贷：银行存款		12 500
无形资产		30 000
应交税费——应交营业税		2 250
营业外收入——债务重组利得		5 000
——无形资产处置收益		2 750

【例 6.17】 沿用例 6.8 资料，债务人乙公司的相关计算如下：

债务重组日，重组债务的账面价值	1 000 000 元

减:转让的产成品的公允价值	360 000 元
增值税的销项税额	61 200 元
普通股的公允价值	540 000 元
债务重组利得	38 800 元

资产转让收益:

产成品的市价	360 000 元
产成品的成本	300 000 元
	60 000 元

债务人乙公司的会计处理如下:

	借方	贷方
借:应付账款	1 000 000	
贷:主营业务收入		360 000
应交税费——应交增值税(销项税额)		61 200
股本		100 000
资本公积——股本溢价		440 000
营业外收入——债务重组利得		38 800
借:主营业务成本	300 000	
贷:库存商品		300 000

【例 6.18】 沿用例 6.9 资料,债务人乙公司的相关计算如下:

债务重组日,重组债务的账面价值	1 170 000 元
减:转让的股权份额的公允价值	972 000 元
转让的无形资产的公允价值	110 000 元
债务重组利得	88 000 元

资产转让损失:

转让的无形资产的账面价值	120 000 元
转让的无形资产的公允价值	110 000 元
	10 000 元

债务人乙公司的会计处理如下:

	借方	贷方
借:应付账款	1 170 000	
营业外支出——无形资产处置损失	10 000	
贷:无形资产		120 000
股本		180 000
资本公积——股本溢价		792 000
营业外收入——债务重组利得		88 000

【例 6.19】 沿用例 6.10 资料,债务人乙公司的相关计算如下:

债务重组日,重组债务的账面价值	100 000 元
减:转让的固定资产的公允价值	36 000 元

债权人享有的股权份额的公允价值　　54 000 元

将来应付金额的现值　　7 619 元

债务重组利得　　2 381 元

固定资产转让收益：

转让的固定资产的公允价值　　36 000 元

固定资产的账面价值(50 000－20 000)　　30 000 元

　　6 000 元

债务人乙公司的会计处理如下：

借:固定资产清理　　30 000

　累计折旧　　20 000

　贷:固定资产　　50 000

借:应付票据　　100 000

　贷:固定资产清理　　36 000

　　股本　　10 000

　　资本公积——股本溢价　　44 000

　　应付账款　　7 619

　　营业外收入——债务重组利得　　2 381

借:固定资产清理　　6 000

　贷:营业外收入——固定资产处置收益　　6 000

一年后支付剩余债务时,乙公司应作账务处理如下：

借:财务费用　　381

　应付账款　　7 619

　贷:银行存款　　8 000

【本章小结】

债务重组,是指在债务人发生财务困难的情况下,债权人按照其与债务人达成的协议或者法院的裁定作出让步的事项。债务人发生财务困难、债权人作出让步是债务重组的基本特征。

债务人进行债务重组可以采用不同的方式,在不同的债务重组方式下,债务人的会计处理原则基本相同,即债务人以重组债务的账面价值转销债务,以转让资产的公允价值转销资产,重组债务账面价值与转让的资产或股权的公允价值之间的差额确认为债务重组利得,计入当期损益。

对于债权人来讲,在债务重组下,债权人应该以重组债权的账面价值转销债权,以受让的资产或者股权的公允价值登记资产的增加,重组债权账面价值与受让的资产或者股权的公允价值之间的差额确认为债务重组损失,计入当期损益。

对债权人而言,以修改其他债务条件进行债务重组,修改后的债务条款中涉及或有应收金额的,根据谨慎性原则,或有应收金额属于或有资产,或有资产不予确认,因而债权人不应当确认或有应收金额,不得将其计入重组后债权的账面价值,只有在或有应收金额实际发生时,才计入当期损益。

对债务人而言,以修改其他债务条件进行的债务重组,修改后的债务条款如涉及或有应付金额,且该或有应付金额符合或有事项准则中有关预计负债确认条件的,债务人应当将该或有应付金额确认为预计负债;重组债务的账面价值与重组后债务的入账价值(即重组后债务的公允价值)和预计负债金额之和的差额,作为债务重组利得,计入营业外收入。上述或有应付金额在随后会计期间没有发生的,企业应当冲销已确认的预计负债,同时确认营业外收入。

【本章思考题】

1. 什么是债务重组?
2. 债务重组有哪些方式?
3. 债务重组的基本会计处理原则是什么?
4. 什么是公允价值? 如何判断公允价值?

【练习与案例分析】

1. 甲公司 20×7 年年初销售给乙公司一批产品,产品不含税价格为 2 000 万,增值税税率为 17%,按照合同规定,乙公司应于 20×7 年 4 月 1 日前偿还货款。由于乙公司发生严重财务困难,无法按照合同规定的期限偿还债务,经过双方协议于 20×7 年 7 月 1 日债务重组。债务重组协议规定:

(1) 甲公司同意乙公司用现金偿还 840 万元,以公允价值为 1 500 万的丙公司长期股权投资抵偿债务。

(2) 如果甲公司之前对该项应收债权计提了 340 万坏账准备,债务重组协议规定:乙公司以 1 000 万现金偿还债务,公允价值为 800 万的固定资产偿还剩余款项。

要求:就上述经济事项首先说明债务重组协议(1)是否属于债务重组,并说明理由;其次,债务重组协议(2)中甲公司应该确定的债务重组损失为多少?

2. A 公司持有甲公司的应收票据为 100 000 元,票据到期时,累计利息为 2 000 元。由于甲公司发生财务困难,双方达成债务重组协议。根据协议,甲公司支付 20 000 元现金,同时转让某项专利的所有权抵偿该项债务。该项专利的账面余额为 65 000 元,计提减值准备1 000元，公允价值为60 000元，甲公司因转让专利权应缴纳营业税3 000元。假设不考虑其他税费。

要求：作出A公司和甲公司的相关账务处理。

3. 甲公司20×2年发生如下经济业务：

(1) 2月1日鉴于以前销售给乙公司的一批货款1 000 000元迟迟不能收回，遂与乙公司达成如下协议：

乙公司目前正上马一新项目，预计效益不错，甲公司同意将债权转为股权。乙公司将债务转为资本后，注册资本为2 000 000元，甲公司所占股权比例为40%（公允价值为820 000元）。乙企业于4月5日办妥了增资手续，并出具了出资证明。已知甲公司对此笔应收账款计提了150 000元的坏账准备。

(2) 甲公司应收丙公司的一笔货款500 000元，因急需资金不断催还，丙公司出于无奈，经双方协商后决定，丙公司开出一张银行承兑汇票，偿还甲公司债务，商业汇票面值500 000元，票面利率6%（年息），1个月期限。甲公司于6月11日收到商业汇票。

(3) 7月1日，甲公司销售一批商品给丁公司，含税收入为2 340 000元（增值税税率为17%），甲公司收到丁公司开出的期限为2个月的带息商业承兑汇票，票面利率10%。票据到期后，丁公司无法归还货款，9月5日，两公司达成协议，从9月6日起，延期1年归还欠款，到期后归还欠款2 000 000元。贴现率为6%。

(4) 8月1日甲公司出售无形资产给戊公司，取得转让收入3 000 000元，款项未收到，甲公司将其计入到了其他应收款项目中。10月5日两公司达成协议：

① 戊公司用银行存款200 000元归还部分欠款，甲公司于10月8日收到，存入银行。

② 戊公司将其拥有的对C公司10%的长期股权投资（账面价值和公允价值均为1 200 000元）归还部分欠款，股权转让手续已于10月15日办妥，甲公司将其作为长期股权投资管理。

③ 戊公司将一辆五成新的奔驰汽车抵偿部分债务，账面原值为1 000 000元，已提折旧500 000元，公允价值450 000元。奔驰汽车已于10月10日办完过户手续。

④ 在上述还债基础上，甲公司免除债务150 000元，剩余欠款1 000 000元，从10月15日起，一年后偿还，贴现率为6%。

甲公司于20×2年10月15日办妥了债务解除手续。

要求：

(1) 指出上述业务哪些属于债务重组，哪些不是债务重组，并说明理由；

(2) 如果属于债务重组，指出债务重组日；

(3) 对债务重组业务，分别作出债务人和债权人的账务处理。

第Ⅲ篇　资金投放篇

开篇案例

企业目标和企业战略

——不同投资理念的分歧

设计师赵刚与投资人王军各投入了货币资金 50 万元合资成立甲公司。公司成立后，为了生产产品甲公司用 20 万元购买原材料，用 40 万元购入一台使用年限为 5 年的设备，为了增加产品在市场上的竞争力用 15 万元购买了一项专利权。为了提高资金使用效率，会计师建议将部分剩余资金，进行组合投资，要么购买国库券或其他业绩良好公司的股票，要么投资设立一个本企业的专营店，不把“鸡蛋放在一个篮子里”；而投资人王军认为设立企业的目的是为了生产产品，通过产品的生产、销售，提高企业的市场占有率，怎么能把自己的钱借给别人用呢？因此他认为会计师的建议是“不务正业”。通过上述资金的投放，我们可以看出投资理念的不同，资金的投放形式不同。企业为了生产产品，必须购买原材料，购置机器设备，购买专利，进行生产经营，为了分散投资风险，企业可以利用闲置资金，短期购买另外公司的股票或债券；也可以出于长远考虑，如确保重要原材料的来源或销售渠道，而对供应商或销售商进行长期投资。

思考：

1. 流动资产与固定资产的比例应如何确定？
2. 对内投资与对外投资的区别？
3. 企业应建立怎样的投资理念？

投资的意义

企业通过权益融资和债务融资，取得资金后，必须将资金投入使用，以使资金得以保值增值，谋求最大的经济效益，否则，筹资就失去了目的和效用。

投资的类型与资金运动形式

在经济学中，投资是指为达到某种特定目的而投放的资财。企业资金按使用目的不同可以分为对内投资和对外投资。

对内投资主要是指企业为了进行生产经营活动而占用资金，如购置流动资产、固定资产、无形资产等；对外投资主要指企业为了提高资金使用效率或其他长期利益而将资金投放于其他企业，如购买其他企业的股票、债券、房产或与其他企业联营等。

无论企业购买内部所需资产，还是购买各种证券，都要支付资金，形成资金的流出。当企业变卖其对内投资形成的各种资产或收回其对外投资时，则会产生资金的流入。这种因企业投资而产生的资金收付，便是投资的资金运动。

投资业务与会计报表要素变动的关系

企业的投资业务主要是企业资金的运用过程，企业会根据不同的投资目的，为了生产产品购入原材料；为了形成生产能力而购入机器设备；为了提高资金使用效率而将暂时闲置的资金，用于购买房产或其他企业的股票、债券；也可能出于长远考虑，如确保重要原材料的来源，而对供应商进行长期投资。

从资金运动角度看，投资业务主要是资金占用，它会引起一项资产增加和另一项资产减少，或者引起一项负债、所有者权益的增加，最终导致会计等式中的资产一增一减，或等式两侧金额的同时增加。

出于不同的投资目的，会形成企业不同的资产，由于这些资产的变现速度和收益能力的不同，在资产负债表中分别以交易性金融资产、存货、可供出售金融资产、持有至到期投资、长期股权投资、固定资产、投资性房地产、无形资产等项目列示。

有关投资业务引起资金运动和会计报表要素变动的各种具体情况，可以参照图Ⅲ.1。

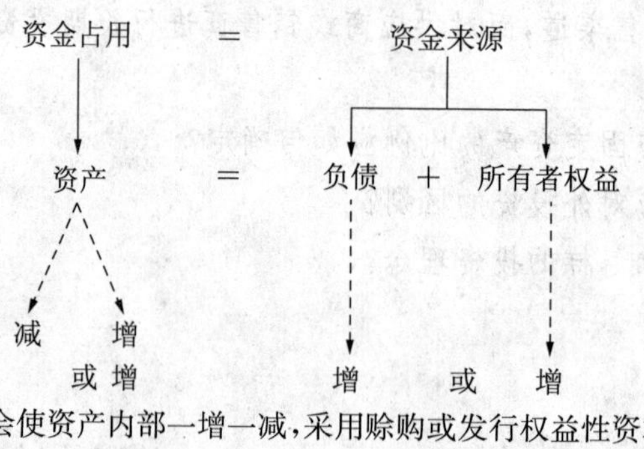

注：企业采用现购方式会使资产内部一增一减，采用赊购或发行权益性资本方式会使资产增加、负债增加或所有者权益增加。

图Ⅲ.1 投资业务资金运动

第七章

对外投资

【本章学习目的】

1. 理解对外投资的概念、特点和分类。

2. 掌握以公允价值计量且其变动计入当期损益的金融资产、持有至到期投资、可供出售金融资产的确认与会计核算。

3. 理解持有至到期投资和可供出售金融资产之间的重分类。

4. 理解以公允价值计量且其变动计入当期损益的金融资产、持有至到期投资、可供出售金融资产和长期股权投资的区别。

5. 掌握长期股权投资的初始计量、后续计量的成本法和权益法的原理及应用。

6. 理解成本法与权益法的转换原理。

课前案例

企业购入的股票、债券等金融资产应如何用会计语言表述

黄河公司为一家主要经营机制纸及板纸和造纸原料、造纸机械、电力与热力的生产与销售业务的上市公司，下表是该公司披露的2008年资产负债表(部分)。

资产负债表

会企01表

编制单位：黄河公司　　　　2008年12月31日　　　　单位：万元

资　　产	行次	期末余额	年初余额	负债和所有者权益(或股东权益)	行次	期末余额	年初余额
流动资产：	1			流动负债：	36		
货币资金	2	1.00		短期借款	37	500.00	
交易性金融资产	3	200.00		…	…		
…	…			…	…		
流动资产合计	15	201.00		其他流动负债	50	1.00	

（续表）

资　　产	行次	期末余额	年初余额	负债和所有者权益(或股东权益)	行次	期末余额	年初余额
非流动资产：	16			流动负债合计	51	501.00	
可供出售金融资产	17	600.00		非流动负债：	52		
持有至到期投资	18	800.00		长期借款	53	100.00	
…	19			应付债券	54	700.00	
长期股权投资	20	7 000.00		…	…		
…	…			非流动负债合计	59	800.00	
				负债合计	60	1 301.00	
				所有者权益(或股东权益)：	61		
				…	…		
				所有者权益(或股东权益)合计	67	7 300.00	
非流动资产合计	34	8 400.00		…	69		
资产总计	35	8 601.00		负债和所有者权益(或股东权益)合计	70	8 601.00	

附注 20：交易性金融资产。

交易性金融资产代表本集团在沪市购入的已上市权益性证券，本集团将通过收取股利收入和交易性收益获得回报。

……

附注 32：可供出售金融资产。

可供出售金融资产代表本集团在沪市购入的已上市权益性证券，本集团将通过收取股利收入和转让收益获得回报。

附注 33：持有至到期投资。

持有至到期投资代表本集团在沪市购入的已上市债权性证券，本集团将通过定期收取利息和到期收回本金获得回报。

附注 35：长期股权投资。

长期股权投资代表本集团购入的准备长期持有且转让期限不确定的股票。本集团持有的 7 000 万元长期股权投资中，4 000 万元为购入的 A 公司股票，占 A 公司表决权资本的 50%，与其他企业一起构成对 A 企业的共同控制，采用权益法核算；400 万元为购入的 B 公司股票，占 B 公司股权的 5%，且对 B 公司无重大影响，在公开市场中没有市价，采用成本法核算；600 万元为购入的 C 公司股票，占 C 公司股权的 20%，且能够对 C 公司施加重大影响，采用权益法核算；2 000 万元为购入的D公司股票，占D公司股权的51%，对D公司形成控制，采用成本法核算，编制合并报表时将成本法转换为权益法。

思考：

1. 企业应按何种标准划分不同对外投资所形成的资产？
2. 各种对外投资所形成的资产有何特点？
3. 各种对外投资的会计处理方法有何不同？

第一节 对外投资概述

一、对外投资的概念及特点

（一）投资的概念

投资，属于商品经济的范畴，是使资本金得以保值增值的一种资本价值的垫付行为，在现实中表现为经济主体为获得利润而投放资本于企业或其他企业的行为，既包括直接用于本企业的生产性投资，也包括购买其他企业的股票、债券等的金融资产投资。会计上的对外投资是指企业按照国家法律、法规等的规定，以现金、实物、无形资产等方式购买其他企业的股票、债券等有价证券向其他企业的投资。它一般仅包括权益性投资、债权性投资，而不包括房地产投资、期货投资、固定资产投资、存货投资等。本章所述的投资仅指权益性投资和债权性投资。

（二）投资的特点

投资具有以下特点：

（1）投资的形成过程实际上是一种资产形态向另一种资产形态转换的过程，即企业通过让渡一项资产而换取了被投资企业的一项财务权利，如支付现金购买债券，让渡固定资产、无形资产换取股权等。这项资产与其他资产一样，能为投资企业带来未来的经济利益。

（2）投资所带来的经济利益流入，与其他资产为企业带来的经济利益在形式上有所不同。企业所拥有和控制的除投资以外的其他资产，通常能为企业带来直接的经济利益，如企业的产成品是为出售而储备的，出售这些存货可以直接为企业带来经济利益。而投资通常是将企业的部分资产转给其他企业使用，通过分配其他企业使用投资企业投入的资产所创造的效益，或者通过投资改善贸易关系等从而达到获取利益的目的。

（3）投资只包括对外投资，不包括企业为生产经营而进行的购买设备、兴建厂房等内部生产经营投资。本章所述的投资与现金流量表中的投资活动的范围不同，现金流量表中的投资范围除了包括本章所述的投资外，还包括企业对长期资产的投资，如购置固定资产、无形资产等。

(4) 投资的最终目的是为了获得一定的经济利益，企业可通过被投资企业的利润分配来增加投资企业的现金和现金等价物。企业也可以通过对外扩张性投资，对另一个或多个企业进行控制，同时获得一定的收益。

二、投资的分类

对投资进行适当的分类，是确定投资会计核算方法和如何在会计报表中列示的前提。按照不同的标准，可以把投资作如下分类：

(一) 按照投资性质分类

按照投资的性质不同，投资可以分为债权性投资、权益性投资、混合性投资等。

(1) 债权性投资，是指为取得债权所作的投资。投资企业作为债权人，有权了解被投资企业的财务状况，并有权到期收回投资本金及按期获取规定的利息。当被投资企业财务状况不佳时，债权人可以转让所持债券，而不能提前向发售债券的企业索回投资。如果被投资企业破产，在分配剩余财产时，债权人有权先于股东分得部分剩余财产。因此，企业进行债券投资，其风险性小于股票投资，但不参与投资企业的经营管理与决策。

企业购入的债券按发行者的不同，可分为国家债券、企业债券和金融债券三大类。

① 国家债券，又称为政府债券，它是国家根据信用原则，以发行债券的形式举借的各种债务，包括国库券、公债等。与其他债券相比，国家债券信誉高、风险性小。

② 企业债券，是企业为筹措资金而向投资者出具的、承诺在一定时期还本付息的债务凭证。国家对于企业发行的企业债券，在发行数额、发行时间、期限、利率等方面都作出具体规定，以保护投资者的利益。目前，我国企业债券的发行规模还比较小，种类也还比较单一，主要是到期一次还本付息债券。

③ 金融债券，是银行或其他金融机构作为债务人向投资者发行的借债凭证，目的在于筹措中长期贷款的资金来源。金融债券到期还本付息，债权人不能提前抽回本金，期限1—5年不等，利率略高于同期的定期存款。

(2) 权益性投资，是指为获取另一企业的权益或净资产所作的投资。企业以其依法支配的资产通过证券市场购买并持有某企业的股票后，即成为该企业的股东，有权参与发行企业的生产经营管理活动，有权按所持股份比例分享利润和红利。企业购买股票后，不得退股，但可以抵押或转让。权益性投资风险较大，收益不固定，且要按照所持股份对发行企业承担责任或亏损。

(3) 混合性投资，是指那些兼有债务和权益性质的证券投资，例如企业发行的优先股股票和可转换债券等。优先股股票一般定期派发股利，而且比率预先约定，这一点类似债务投资；它又有类似权益投资的特征，即代表发行企业资产中的剩余所有权。但通常将优先股归入权益证券之列。可转换债券系公司债的持券人有权将它们转换为发行公司的其他证券，如普通股股票等，在未转换以前，属债务证券，在转换为股票后则属于权益性证券。

（二）按照投出资产的具体形态分类

（1）货币资产投资，即以货币资产所进行的投资。这种投资很容易被投资者所接受，且在会计上不会产生计量上的困难，对于投资的确认比较容易。

（2）实物资产投资，即以固定资产、存货等实物资产进行的投资。

（3）无形资产投资，即以专利权、商标权等无形资产所进行的投资。

（三）按照投资目的和持有期限分类

（1）短期投资，是指能够随时变现并且持有时间不准备超过一年的投资。

（2）长期投资，是指短期投资以外的各种投资。

（四）按照企业自身业务特点、投资策略和风险管理要求分类

（1）以公允价值计量且其变动计入当期损益的金融资产。

（2）持有至到期投资。

（3）可供出售金融资产。

（4）长期股权投资。

三、投资的确认与计量

企业应合理地确认和计量投资。投资的确认是指投资应否、何时和如何作为会计要素加以记录并列示于资产负债表中；投资的计量是指投资应按多少金额入账并列示于资产负债表之中。投资的目的不同，投资的确认和计量标准就不同，因此投资的确认和计量应按以公允价值计量且其变动计入当期损益的金融资产、持有至到期投资、可供出售金融资产、长期股权投资分别进行。

第二节　以公允价值计量且其变动计入当期损益的金融资产

一、以公允价值计量且其变动计入当期损益的金融资产的确认

《企业会计准则第 22 号——金融工具确认和计量》规定：以公允价值计量且其变动计

入当期损益的金融资产,可以进一步分为交易性金融资产和直接指定为以公允价值计量且其变动计入当期损益的金融资产。

(一) 交易性金融资产

交易性金融资产是指企业为了近期出售,以赚取价差为目的而持有的股票、债券、基金、权证等金融资产。

满足以下条件之一的,应当划分为交易性金融资产:

(1) 取得该金融资产的目的,主要是为了近期内出售、回购。例如,企业购入的、准备随时出售的股票、债券和基金等。

(2) 属于进行集中管理的可辨认金融工具组合的一部分,且有客观证据表明企业近期采用短期获利方式对该组合进行管理。在这种情况下,即使组合中有某个组成项目持有的期限稍长也不影响。其中,"金融工具组合"指金融资产组合。例如,企业购入股票的同时附带 500 万元企业债券。

(3) 属于衍生金融工具。例如国债期货、远期合同、股指期货等,其公允价值变动大于零时,应将其确认为交易性金融资产。

(二) 直接指定为以公允价值计量且其变动计入当期损益的金融资产

直接指定为以公允价值计量且其变动计入当期损益的金融资产是指企业指定以公允价值计量,避免由于计量基础不同而产生的差异对企业的风险管理、战略投资产生影响的那些金融资产。

企业不能随意将某项金融资产直接指定为以公允价值计量且其变动计入当期损益的金融资产。只有在满足以下条件之一时,企业才能将某项金融资产直接指定为以公允价值计量且其变动计入当期损益的金融资产:

(1) 该指定可以消除或明显减少由于该金融资产的计量基础不同所导致的相关利得或损失在确认或计量方面不一致的情况。

(2) 企业风险管理或投资策略的正式书面文件已载明,该金融资产组合等,以公允价值为基础进行管理、评价并向关键管理人员报告。

在活跃市场中没有报价、公允价值不能可靠计量的权益工具投资,不得指定为以公允价值计量且其变动计入当期损益的金融资产。

某项金融资产划分为以公允价值计量且其变动计入当期损益的金融资产后,不能再重分类为其他类别的金融资产;其他类别的金融资产也不能再重分类为以公允价值计量且其变动计入当期损益的金融资产。

企业应设置"交易性金融资产"账户,核算以公允价值计量且其变动计入当期损益的金融资产,并按照持有的债券投资、股票投资和基金投资等,分别按"成本"、"公允价值变动"等进行明细核算。需要注意的是,划分为交易性金融资产的衍生金融资产,不通过"交易性金融资产"账户核算,应通过单独设置的"衍生工具"账户核算。

二、以公允价值计量且其变动计入当期损益的金融资产的初始计量

以公允价值计量且其变动计入当期损益的金融资产在初始确认时，应按公允价值计量，相关交易费用应当直接计入当期损益。

交易费用，是指可直接归属于购买、发行或处置金融工具新增的外部费用。新增的外部费用，是指企业不购买、发行或处置金融工具就不会发生的费用，包括支付给代理机构、咨询公司、券商等的手续费和佣金及其他必要支出，不包括债券溢价、折价、融资费用、内部管理成本及其他与交易不直接相关的费用。

对于企业支付的交易费用，会计上有两种可供选择的方法进行处理：一是资本化，将发生的交易费用直接计入交易性金融资产的入账成本（公允价值），资产的入账价值符合实际成本原则；二是费用化，将发生的交易费用直接作为投资费用处理，资产的入账价值能够按照公允价值反映，但在处置时不能准确反映其真实投资收益。在实际工作中，交易费用数额一般不大，可以直接作为投资费用处理，以简化核算手续，因而《企业会计准则第22号——金融工具确认和计量》规定将其作为投资费用处理，直接借记“投资收益”，不再将其计入投资成本。

企业取得金融资产所支付的价款中包含的已到期或已宣告但尚未领取或发放的债券利息或现金股利，属于企业暂时垫支的款项，应当单独确认为应收项目进行处理。

企业取得交易性金融资产时，应按公允价值（不含支付的价款中所含的已到期或已宣告但尚未领取或发放的债券利息或现金股利），借记“交易性金融资产——成本”账户，按发生的交易费用，借记“投资收益”账户，按已宣告（到期）但尚未发放（领取）的现金股利（债券利息），借记“应收股利（应收利息）”账户，按实际支付的金额，贷记“银行存款”等账户；收到股利（利息）时，借记“银行存款”账户，贷记“应收股利（应收利息）”账户。

【例7.1】 黄河公司于20×8年2月1日购入长江公司股票（股票A）20 000股作为交易性金融资产，每股成交价5.2元（长江公司已宣告分派但尚未发放的现金股利每股0.2元，股权截止日为2月19日），另付手续费、佣金等计800元，所有款项均以银行存款支付。其账务处理如下：

(1) 20×8年2月1日，购入长江公司股票：

初始投资成本＝20 000×(5.2－0.2)＝100 000(元)

借：交易性金融资产——长江公司股票（成本）	100 000	
应收股利——长江公司	4 000	
投资收益	800	
贷：银行存款		104 800

(2) 20×8年4月10日，收到发放的现金股利：

借：银行存款	4 000	
贷：应收股利		4 000

【例 7.2】 黄河公司于 20×8 年 1 月 1 日以银行存款 30 600 元购入东方公司当年 1 月 1 日发行的面值为 30 000 元，票面利率为 8% 的三年期债券，该债券利息每半年支付一次，到期收回本金，黄河公司将其划分为交易性金融资产。另以银行存款支付手续费 350 元，该企业购入债券共付款 30 950 元。其账务处理如下：

交易性金融资产初始投资成本＝30 600(元)

借：交易性金融资产——东方公司债券(成本)　　30 600
　　投资收益　　350
　　贷：银行存款　　30 950

三、以公允价值计量且其变动计入当期损益的金融资产持有收益的确认

企业在持有以公允价值计量且其变动计入当期损益的金融资产期间所获得的现金股利或债券利息，应当确认为投资收益。

持有以公允价值计量且其变动计入当期损益的金融资产期间，被投资企业宣告发放股利或资产负债表日分期付息债券计提利息时，按权责发生制的要求，企业应确认短期债权，同时确认投资收益即借记"应收股利"或"应收利息"账户，贷记"投资收益"账户。

【例 7.3】 沿用例 7.1 资料，20×8 年 9 月 10 日，长江公司宣告 20×8 年上半年的利润分配方案，每股分配现金股利 0.1 元，并于 20×8 年 10 月 10 日发放。其账务处理如下：

(1) 20×8 年 9 月 10 日，长江公司宣告发放现金股利：

$$应收股利 = 20\,000 \times 0.1 = 2\,000(元)$$

借：应收股利　　2 000
　　贷：投资收益　　2 000

(2) 20×8 年 10 月 10 日，收到长江公司派发的现金股利：

借：银行存款　　2 000
　　贷：应收股利　　2 000

【例 7.4】 沿用例 7.2 资料，20×8 年 6 月 30 日，黄河公司对持有的面值为 30 000 元，票面利率为 8% 的三年期的债券计提利息。其账务处理如下：

$应收利息 = 30\,000 \times 8\% \times 6 \div 12 = 1\,200(元)$

借：应收利息　　1 200
　　贷：投资收益　　1 200

四、以公允价值计量且其变动计入当期损益的金融资产的期末计量

以公允价值计量且其变动计入当期损益的金融资产的期末计量，就是按照一定的方

法确定期末持有的以公允价值计量且其变动计入当期损益的金融资产在资产负债表上反映的价值,并进行相关账务处理的过程。在初始计量确认之后,金融工具的价值由于通常会受到市场因素和其他因素的直接或间接的影响,一般都会发生变化,使金融工具的历史成本、账面价值和公允价值之间出现差异。以公允价值计量且其变动计入当期损益金融资产的持有目的是为了近期出售、短期获利,因此公允价值更能反映企业资产的现实可变现价值。《企业会计准则第22号——金融工具确认和计量》规定:以公允价值计量且其变动计入当期损益的金融资产的后续计量,应当按照公允价值计量,且不扣除将来处置该金融资产时可能发生的交易费用,同时将公允价值的变动计入当期损益。

资产负债表日,以公允价值计量且其变动计入当期损益金融资产的公允价值高于其账面价值时,应按两者之间的差额,借记"交易性金融资产——公允价值变动"账户,贷记"公允价值变动损益"账户;以公允价值计量且其变动计入当期损益金融资产的公允价值低于其账面价值时,应按两者之间的差额,借记"公允价值变动损益"账户,贷记"交易性金融资产——公允价值变动"账户。

【例7.5】 黄河公司每年6月30日和12月31日对持有的以公允价值计量且其变动计入当期损益的金融资产按公允价值进行计量。20×8年6月30日公司持有的以公允价值计量且其变动计入当期损益的金融资产的账面余额和当日的公允价值资料见表7.1。

表7.1 以公允价值计量且其变动计入当期损益的金融资产账面余额和公允价值表

20×8年6月30日 单位:元

交易性金融资产项目	账面余额	期末公允价值	公允价值变动损益
长江公司股票	100 000	101 000	1 000
东方公司债券	30 600	30 100	−500

根据表7.1的资料,黄河公司20×8年6月30日的账务处理如下:

借:交易性金融资产——长江公司股票(公允价值变动) 1 000
　　贷:公允价值变动损益 1 000
借:公允价值变动损益 500
　　贷:交易性金融资产——东方公司债券(公允价值变动) 500

五、以公允价值计量且其变动计入当期损益的金融资产的处置

处置以公允价值计量且其变动计入当期损益的金融资产,主要指以公允价值计量且其变动计入当期损益的金融资产的出售、转让等情形。

以公允价值计量且其变动计入当期损益的金融资产在处置时,其损益已经全部实现,包括:(1)出售价款与其账面价值的差额;(2)将待实现的收益"公允价值变动损益"转入已实现收益"投资收益"。

处置以公允价值计量且其变动计入当期损益的金融资产时，应按实际收到的处置价款，借记“银行存款”等账户，按该以公允价值计量且其变动计入当期损益的金融资产的初始成本，贷记“交易性金融资产——成本”账户，按该金融资产的公允价值变动，贷记或借记“交易性金融资产——公允价值变动”账户，按其差额，贷记或借记“投资收益”账户。同时，将该金融资产持有期间已确认的公允价值变动净损益，转入“投资收益”账户，借记或贷记“投资收益”账户，贷记或借记“公允价值变动损益”账户。

【例 7.6】 沿用例 7.1、例 7.5 资料，黄河公司于 20×8 年 11 月 20 日将持有的长江公司股票 20 000 股全部出售，实际收到的价款为 102 500 元。股票出售日，股票的账面价值为 101 000 元，其中成本 100 000 元，公允价值变动收益 1 000 元。其账务处理如下：

处置损益 ＝ 102 500 － 101 000 ＝ 1 500(元)

借：银行存款	102 500	
贷：交易性金融资产——成本		100 000
——公允价值变动		1 000
投资收益		1 500
借：公允价值变动损益	1 000	
贷：投资收益		1 000

【例 7.7】 沿用例 7.2、例 7.5 资料，黄河公司于 20×8 年 10 月 15 日将持有的东方公司债券全部出售，实际收到的价款为 28 000 元。出售日，债券的账面价值为 30 100 元，其中成本 30 600 元，公允价值变动损失 500 元。其账务处理如下：

处置损益 ＝ 28 000 － 30 100 ＝－ 2 100(元)

借：银行存款	28 000	
交易性金融资产——公允价值变动	500	
投资收益	2 100	
贷：交易性金融资产——成本		30 600
借：投资收益	500	
贷：公允价值变动损益		500

需要注意的是，第一，处置以公允价值计量且其变动计入当期损益的金融资产时，其成本根据以下不同情况结转：①全部处置时，其成本为账面价值，这里的账面价值是指初始成本和公允价值变动之和；②部分处置时，其成本应按出售部分占该金融资产的比例计算其处置部分的成本。第二，跨年度处置以公允价值计量且其变动计入当期损益的金融资产时，除了转销该金融资产的成本外，还应将原来作为待实现的公允价值变动损益在本期实现的部分，由“公允价值变动损益”转为“投资收益”反映，这时，尽管“公允价值变动损益”账户已无余额，但无论借记还是贷记“公允价值变动损益”，都既不会影响以前年度的经营利润，也不会影响处置年度的经营利润。因为公允价值变动损益和投资收益都是经营利润的组成部分，两个项目的一增一减对经营利润总额不会产生影响，只不过将待实现损益（公允价值变动损益）转为已实现损益（投资收益）通过利润表的不同项目反映而已。

这种处理方法既能够单独了解本期实现了多少投资收益，又能反映资产负债的交易性金融资产的真实价值(初始成本＋公允价值变动)。

第三节　持有至到期投资

一、持有至到期投资的概念

持有至到期投资，是指到期日固定、回收金额固定或可确定，且企业有明确意图和能力持有至到期的非衍生金融资产，如企业购入的固定利率国债、浮动利率公司债券等。符合持有至到期投资条件的、具有长期性质或期限较短(1年以内)的债券，可以划分为持有至到期投资。企业购入的股权投资，因没有固定的到期日，不符合持有至到期投资的条件，不能划分为持有至到期投资。

企业在将金融资产划分为持有至到期投资时，应当注意把握其特征：

(1) 到期日固定、回收金额固定或可确定。

(2) 有明确意图持有至到期。

(3) 有能力持有至到期。

企业应当设置“持有至到期投资”账户，核算持有至到期投资的摊余成本，并按照“成本”、“利息调整”、“应计利息”等进行明细核算。

二、持有至到期投资的初始计量

持有至到期投资初始确认时，应当按照取得时的公允价值和相关交易费用之和作为初始确认金额。由于持有至到期投资一般时间较长，相关交易费用金额也较大，影响的会计期间也较长，因此我国《企业会计准则第22号——金融工具确认和计量》规定，将持有至到期投资的相关交易费用资本化，计入持有至到期投资的成本。

实际支付的价款中包括的已到期但尚未领取的债券利息，应单独确认为应收利息。

企业购入债券，实际支付的价款与债券面值经常会不一致，这往往是由于市场利率与票面利率的不同而引起的，债券的发行可能会出现以下三种情形：

(1) 平价发行。若票面利率等于市场利率，发行者和投资者均可接受债券的票面额，此时债券的发行价格等于其票面额，故称平价发行。

(2) 溢价发行。若票面利率大于市场利率，企业仍按票面额发行，投资者固然乐意购买，但却加大了债券发行者的筹资费用，转而按通行的较低的市场利率从其他渠道筹资。所以，在这种情况下，发行者必然以大于债券票面额的价格发行，以补偿其较高的利息支付。由于发行价格大于债券票面金额，故称溢价发行，发行价格大于票面额的部分称为溢价额。

(3) 折价发行。若票面利率小于市场利率时，仍按票面额发行，必然导致发售的困难，因为投资者显然会把资金投向具有较高报酬率的其他渠道。因此，企业只有按低于票面额的价格发行，才能顺利地发行债券，筹集到所需的资金。因为债券的发行价格低于票面额，故称为折价发行。发行价格低于票面额的部分称作折价额。

企业取得持有至到期投资，应按该投资的面值，借记“持有至到期投资——成本”账户，按支付的价款中包括的已到付息期但尚未领取的利息，借记“应收利息”账户，按实际支付的金额，贷记“银行存款”等账户，按其差额，借记或贷记“持有至到期投资——利息调整”账户。收到支付的价款中包含的已到付息期但尚未领取的利息，借记“银行存款”账户，贷记“应收利息”账户。

【例 7.8】 黄河公司于 20×8 年 7 月 1 日购入 B 公司 20×8 年 7 月 1 日发行的年利率为 12%、5 年期、面值为 100 000 元的债券，该债券每年付息两次，所有款项均用银行存款支付，企业准备持有至到期。则对于三种不同的购买价格，账务处理亦有所不同。

(1) 以 100 000 元平价购入时的账务处理：

借:持有至到期投资——成本	100 000	
贷:银行存款		100 000

(2) 以 102 000 元溢价购入时的账务处理：

借:持有至到期投资——成本	100 000	
——利息调整	2 000	
贷:银行存款		102 000

(3) 以 99 000 元折价购入时的账务处理：

借:持有至到期投资——成本	100 000	
贷:银行存款		99 000
持有至到期投资——利息调整		1 000

三、持有至到期投资投资利息收入的确认

按照权责发生制的原则，持有至到期投资在其存续期间内的应计利息，应当计入当期损益，以准确地反映投资企业的当期投资收益。通常采用直线法和实际利率法进行摊销。

持有至到期投资应在资产负债表日按票面利率计算确定的应收未收利息，借记“应收利息”或“持有至到期投资——应计利息”账户，按持有至到期投资的摊余成本和实际利率计算确定的利息收入，贷记“投资收益”账户，按其差额，借记或贷记“持有至到期投资——利息调整”账户。收到利息时，借记“银行存款”账户，贷记“应收利息”或“持有至到期投资——应计利息”账户。

(一) 直线法

直线法,是将持有至到期投资的面值与其取得成本之间的差额(利息调整)平均摊入持有至到期投资存续期间的方法,即在债券的存续期间内,以相等摊销额调整(减少或增加)应计利息并以此确定投资收益的一种方法。采用这一方法,投资企业每期的投资收益都是不变的。

【例 7.9】 黄河公司购买甲公司发行的 2 000 张面值为 100 元、期限 5 年、年利率 10%的到期一次还本付息债券。实际支付价款 202 000 元,以银行存款支付,企业准备持有至到期。黄河公司的账务处理如下:

(1) 购入时:

借:持有至到期投资——成本　　200 000

　　　　　　　　——利息调整　　2 000

　贷:银行存款　　202 000

(2) 每期结账时,该公司当期应计利息为 20 000 元(200 000×10%),应计利息中包括应分摊的持有至到期投资——利息调整 400(2 000÷5)元,故企业每期应得到的利息收入为 19 600(20 000−400)元。

借:持有至到期投资——应计利息　　20 000

　贷:持有至到期投资——利息调整　　400

　　投资收益　　19 600

第一年至第四年计息的会计分录同上。第五年债券到期时,"持有至到期投资——成本"账户的余额为 200 000 元,与债券面值相等;"持有至到期投资——应计利息"账户的余额为 100 000 元,与按面值和票面利率计算的应计利息数额相等。

(二) 实际利率法

实际利率法,是指按照金融资产或金融负债(含一组金融资产或金融负债)的实际利率计算其摊余成本及各期利息收入或利息费用的方法。每期实际利息收入与每期按票面利率计算的利息收入的差额,即为每期的利息调整的摊销额。其中,实际利率,是指使持有至到期投资未来收回的利息和本金的现值之和恰等于持有至到期投资取得成本的折现率,应当在取得持有至到期投资时确定,在该持有至到期投资预计存续期间或使用的更短期间内保持不变;摊余成本,是指该金融资产的初始确认金额经下列调整后的金额:(1)扣除已偿还的本金;(2)加上或减去采用实际利率法将该初始确认金额与到期日金额之间的差额进行摊销形成的累计摊销额;(3)扣除已发生的减值损失。

由于按实际利率法计算的投资收益比较符合客观实际,相对比较准确,因此我国《企业会计准则第 22 号——金融工具确认和计量》规定,采用实际利率法来确认企业的投资收益,如果实际利率与票面利率差别较小,也可按票面利率计算利息收入,计入投资收益。

【例 7.10】 黄河公司 20×6 年 7 月 1 日购入同日发行的票面额 80 000 元、票面利率

8%、实际市场利率 10%、期限 3 年、每年付息 2 次的债券，购买价格为 75 939.45 元，全部款项的收付通过银行进行，黄河公司准备持有至到期。

(1) 购入时：

借：持有至到期投资——成本　　80 000

　贷：持有至到期投资——利息调整　　4 060.55

　　银行存款　　75 939.45

(2) 每期期末应计利息的计算和摊销额如表 7.2 所示：

表 7.2　利息收入确认表　　单位：元

计息日期	实际利息(a)(按 5%计算)	应收利息(b)	利息调整(c=a−b)	期末摊余成本(d=上期 d+c)
20×6 年 7 月 1 日				75 939.45
20×6 年 12 月 31 日	3 796.97*	3 200	596.97	76 536.42
20×7 年 7 月 1 日	3 826.82	3 200	626.82	77 163.24
20×7 年 12 月 31 日	3 858.16	3 200	658.16	77 821.40
20×8 年 7 月 1 日	3 891.07	3 200	691.07	78 512.47
20×8 年 12 月 31 日	3 925.62	3 200	725.62	79 238.08
20×9 年 7 月 1 日	3 961.91	3 200	761.91	80 000
合　计	23 260.55**	19 200	4 060.55	

注：* 表示数字四舍五入取整；

　　** 表示数字考虑了计算过程中出现的尾差。

黄河公司应根据摊销表，作出收款和利息收益确认的分录。例如，第一个付息日的会计分录如下：

借：应收利息　　3 200

　持有至到期投资——利息调整　　596.97

　贷：投资收益　　3 796.97

由表 7.2 可见，每次收到的利息是根据票面额和票面利率计算而得，且各期均保持不变；每期的实际利息则根据市场利率和持有至到期投资每期期初账面价值求得，由于持有至到期投资的每期期初账面价值逐期增加，而实际利率不变，故各期的实际收益也逐期增加，由此导致各期的摊销额也逐期增加。债券到期时，持有至到期投资的账面价值也恰等于票面价值。

【例 7.11】 黄河公司 20×5 年 1 月 1 日购入同日发行的票面额 100 000 元、票面利率 6%、期限 5 年、每年 12 月 31 日付息的债券，购买价格为 105 600 元，全部款项的收付均通过银行进行，黄河公司准备持有至到期。

(1) 计算实际利率：

由于黄河公司取得债券的成本高于债券的面值，因此，该项持有至到期投资的实际利率一定低于票面利率。5 期、5%的年金现值系数和复利现值系数分别为 4.329 476 和 0.783 526。

$$债券年利息额 = 100\ 000 \times 6\% = 6\ 000(元)$$

$$利息和本金的现值 = 6\ 000 \times 4.329\ 476 + 100\ 000 \times 0.783\ 526 = 104\ 329(元)$$

上式计算结果小于债券的成本，说明实际利率小于 5%。再按 4%作为折现率进行测算，5 期、4%的年金现值系数和复利现值系数分别为 4.451 820 和 0.821 927。

$$利息和本金的现值 = 6\ 000 \times 4.451\ 820 + 100\ 000 \times 0.821\ 927 = 108\ 906(元)$$

上式计算结果大于债券的成本，说明实际利率大于 4%。因此，实际利率介于 4%和 5%之间。使用插值法估算实际利率如下：

$$实际利率 = 4\% + (5\% - 4\%) \times (108\ 906 - 105\ 600)/(108\ 906 - 104\ 329) = 4.72\%$$

(2) 采用实际利率法确认利息收入：

黄河公司采用实际利率法确认利息收入，见表 7.3。

表 7.3　利息收入确认表　　单位：元

计息日期	应计利息	实际利率	利息收入	利息调整	摊余成本
20×5 年 1 月 1 日					105 600
20×5 年 12 月 31 日	6 000	4.72%	4 984	1 016	104 580
20×6 年 12 月 31 日	6 000	4.72%	4 956	1 064	103 520
20×7 年 12 月 31 日	6 000	4.72%	4 886	1 114	102 407
20×8 年 12 月 31 日	6 000	4.72%	4 856	1 164	101 240
20×9 年 12 月 31 日	6 000	4.72%	4 758	1 242	100 000
合　计	30 000		24 400	5 600	—

根据表 7.3 的计算结果，黄河公司编制的各年确认利息收入的会计分录如下：

(1) 20×5 年 12 月 31 日，确认利息收入：

借：应收利息　　6 000

　贷：投资收益　　4 984

　　持有至到期投资——利息调整　　1 016

(2) 20×6 年 12 月 31 日，确认利息收入：

借：应收利息　　6 000

　贷：投资收益　　4 956

　　持有至到期投资——利息调整　　1 064

以后各年确认利息收入的会计分录可依此类推。

四、持有至到期投资的重分类

企业因持有意图或能力发生改变，使某项投资不再适合划分为持有至到期投资的，应当将其重分类为可供出售金融资产，并以公允价值进行后续计量。重分类日，该投资的账面价值与公允价值之间的差额计入所有者权益（资本公积），在该可供出售金融资产发生减值或处置时转出，计入当期损益。

企业将持有至到期投资重分类为可供出售金融资产时，应在重分类日按投资的公允价值，借记“可供出售金融资产”账户，按投资的账面余额，贷记“持有至到期投资——成本”、“持有至到期投资——应计利息”账户，贷记或借记“持有至到期投资——利息调整”账户，按其差额，贷记或借记“资本公积——其他资本公积”账户。已计提减值准备的，还应同时结转减值准备。

【例 7.12】 沿用例 7.11 资料，黄河公司因持有意图发生改变，于 20×6 年 12 月 31 日将 20×5 年 1 月 1 日购入同日发行的票面额 100 000 元、票面利率 6%、期限 5 年、每年 12 月 31 日付息、购买价格为 105 600 元的债券，重分类为可供出售金融资产，重分类日，该债券的公允价值为 105 000 元，持有至到期投资的摊余价值为 103 520 元，其中，成本 100 000 元，利息调整借方 3 520 元。黄河公司账务处理如下：

借：可供出售金融资产——成本	105 000	
贷：持有至到期投资——成本		100 000
——利息调整		3 520
资本公积——其他资本公积		1 480

五、持有至到期投资的处置

处置持有至到期投资时，按所收到的处置收入与持有至到期投资账面价值的差额确认为当期投资收益。部分处置某项持有至到期投资时，应按该项投资的总平均成本确定其处置部分的成本，并按相应比例结转已计提的减值准备。

处置持有至到期投资时，应按实际收到的金额，借记“银行存款”账户，按持有至到期投资的账面余额，贷记“持有至到期投资——成本”、“持有至到期投资——应计利息”账户，贷记或借记“持有至到期投资——利息调整”账户，按其差额，贷记或借记“投资收益”账户。已计提减值准备的，还应同时结转减值准备。

【例 7.13】 沿用例 7.11 资料，黄河公司于 20×6 年 12 月 31 日将 20×5 年 1 月 1 日购入同日发行的票面额 100 000 元、票面利率 6%、期限 5 年、每年 12 月 31 日付息的债券，提前出售，取得转让收入为 102 100 元，转让日，持有至到期投资的摊余价值为 103 520 元，其中，成本 100 000 元，利息调整借方 3 520 元。黄河公司账务处理如下：

借:银行存款　　102 100
投资收益　　1 420
贷:持有至到期投资——成本　　100 000
——利息调整　　3 520

第四节　可供出售金融资产

一、可供出售金融资产的概念

可供出售金融资产是指在活跃市场中有报价或其公允价值能够可靠计量的,企业没有划分为以公允价值计量且其变动计入当期损益的金融资产、持有至到期投资、贷款和应收款项、长期股权投资的金融资产,如企业购入的在活跃市场上有报价的股票、债券和基金等。

"可供出售金融资产"账户核算企业持有的可供出售金融资产的公允价值,按照持有的债券和股票,分别以"成本"、"应计利息"、"利息调整"和"公允价值变动"等进行明细核算。

二、可供出售金融资产的初始计量

可供出售金融资产应当按照取得该金融资产的公允价值与相关费用之和作为初始确认金额。可供出售金融资产作为企业的非流动资产,相关费用也应予以资本化,在资产负债观下保证企业各期资产的真实。

如果支付的价款中包含已到期或已宣告但尚未领取或发放的债券利息或现金股利,属于企业暂时垫支的款项,应当单独确认为应收项目进行处理。

企业取得可供出售金融资产如为股票投资,应按其公允价值与交易费用之和,借记"可供出售金融资产——成本"账户,按支付的价款中包含的已宣告但尚未发放的现金股利,借记"应收股利",按实际支付的金额,贷记"银行存款"等账户。收到支付的价款中包含的已宣告但尚未发放的现金股利,借记"银行存款"账户,贷记"应收股利"账户。

企业取得可供出售金融资产如为债券投资,应按债券的面值,借记"可供出售金融资产——成本"账户,按支付的价款中包含的已到期但尚未领取的利息,借记"应收利息",按实际支付的金额,贷记"银行存款"等账户,按其差额,借记或贷记"可供出售金融资产——利息调整"。收到支付的价款中包含的已到期但尚未领取的利息,借记"银行存款"账户,贷记"应收利息"账户。

【例 7.14】 黄河公司于 20×6 年 1 月 1 日从股票市场上以每股 12.2 元的价格购入乙公司发行的股票 300 万股，划分为可供出售金融资产，股票购买价格中包含每股 0.20 元已宣告但尚未发放的现金股利，20×6 年 5 月 15 日黄河公司收到乙公司发放的现金股利。黄河公司账务处理如下：

(1) 20×6 年 1 月 1 日：

借：可供出售金融资产——成本 36 000 000

应收股利 600 000

贷：银行存款 36 600 000

(2) 20×6 年 5 月 15 日：

借：银行存款 600 000

贷：应收股利 600 000

【例 7.15】 黄河公司于 20×6 年 1 月 3 日从证券市场上购入乙公司当日发行的债券，该债券为面值 300 000 元、3 年期、票面利率 9%、每年 12 月 31 日支付利息、到期还本的债券，实际支付的价款为 310 000 元。黄河公司购入债券后将其划分为可供出售金融资产。

借：可供出售金融资产——成本 300 000

——利息调整 10 000

贷：银行存款 310 000

三、可供出售金融资产持有收益的确认

可供出售金融资产持有期间取得的利息或现金股利，应当计入投资收益。可供出售金融资产若为股票，则应借记“应收股利”，贷记“投资收益”；可供出售金融资产若为债券，则应按票面利率和面值计算的利息，借记“应收利息”或“可供出售金融资产——应计利息”，按可供出售金融资产的摊余成本与实际利率计算确定的利息收入，贷记“投资收益”，按其差额，借记或贷记“可供出售金融资产——利息调整”账户。收到股利或利息时，借记“银行存款”账户，贷记“应收股利”或“应收利息”账户。

【例 7.16】 沿用例 7.14 资料，20×7 年 4 月 15 日乙公司发放 20×6 年股利，每股分派现金股利 0.1 元，该现金股利 20×7 年 5 月 15 日发放，账务处理如下：

(1) 20×7 年 4 月 15 日宣告发放股利：

借：应收股利 300 000

贷：投资收益 300 000

(2) 20×7 年 5 月 15 日发放股利：

借：银行存款 300 000

贷：应收股利 300 000

【例 7.17】 沿用例 7.15 资料，黄河公司购入债券后将其划分为可供出售金融资产。

(1) 计算实际利率：

由于黄河公司取得债券的成本高于债券的面值，因此，该项持有至到期投资的实际利率一定低于票面利率。3 期、8%的年金现值系数和复利现值系数分别为 2.577 10 和0.793 83。

$$债券年利息额 = 300\,000 \times 9\% = 27\,000(元)$$

$$利息和本金的现值 = 27\,000 \times 2.577\,10 + 300\,000 \times 0.793\,83 = 307\,731(元)$$

上式计算结果小于债券的成本，说明实际利率小于 8%。再按 7%作为折现率进行测算，3 期、7%的年金现值系数和复利现值系数分别为 2.624 32 和 0.816 30。

$$利息和本金的现值 = 27\,000 \times 2.624\,32 + 300\,000 \times 0.816\,30 = 315\,747(元)$$

上式计算结果大于债券的成本，说明实际利率大于 7%。因此，实际利率介于 8%和 7%之间。使用插值法估算实际利率如下：

$$实际利率 = 7\% + (8\% - 7\%) \times (315\,747 - 310\,000)/(315\,747 - 307\,731) = 7.72\%$$

(2) 采用实际利率法确认利息收入：

黄河公司采用实际利率法确认利息收入，见表 7.4。

表 7.4 利息收入确认表 单位：元

计息日期	应计利息	实际利率	利息收入	利息调整	摊余成本
20×6 年 1 月 1 日					310 000
20×6 年 12 月 31 日	27 000	7.72%	23 932	3 068	306 932
20×7 年 12 月 31 日	27 000	7.72%	23 695	3 305	303 627
20×8 年 12 月 31 日	27 000	7.72%	23 373	3 627	300 000
合　计	81 000		71 000	10 000	—

根据表 7.4 的计算结果，黄河公司编制的各年确认利息收入的会计分录如下：

20×6 年 12 月 31 日，确认利息收入：

借：应收利息　　27 000

　贷：投资收益　　23 932

　　可供出售金融资产——利息调整　　3 068

以后各年确认利息收入的会计分录可依此类推。

四、可供出售金融资产的期末计价

为了使可供出售金融资产能够反映预计给企业带来经济效益的能力，在资产负债表日，应按当日各项可供出售金融资产的公允价值对其账面价值进行调整。

资产负债表日，可供出售金融资产公允价值与其账面价值的差额应增减可供出售金融资产账面价值，一方面记录为该可供出售金融资产待实现收益的增加或待实现损失的减少，另一方面反映企业可供出售金融资产公允价值的变动。即可供出售金融资产公允价值高于其账面价值时，应按其差额借记“可供出售金融资产——公允价值变动”账户，贷记“资本公积——其他资本公积”；可供出售金融资产公允价值低于其账面价值时，应按其差额作相反分录。

【例 7.18】 沿用例 7.14 资料，20×6 年 12 月 31 日乙公司股票市场价值为每股 12.5 元。黄河公司账务处理如下：

借：可供出售金融资产——公允价值变动　　1 500 000

　贷：资本公积——其他资本公积　　1 500 000

【例 7.19】 沿用例 7.17 资料，黄河公司购入债券后将其划分为可供出售金融资产。20×6 年 12 月 31 日该债券的市场价值为 305 000 元。黄河公司账务处理如下：

20×6 年末债券摊余成本 = 310 000 − 3 068 = 306 932(元)

20×6 年末债券市价下跌 = 306 932 − 305 000 = 1 932(元)

借：资本公积——其他资本公积　　1 932

　贷：可供出售金融资产——公允价值变动　　1 932

五、可供出售金融资产的处置

可供出售金融资产处置时，应将出售收入与其账面价值的差额，以及原来已经作为资本公积入账的金额，均作为投资收益入账，以集中反映出售可供出售金融资产实际实现的损益。如果可供出售金融资产是部分出售的，无论是其账面价值，还是原来已经计入资本公积的金额，均应按出售的可供出售金融资产占该可供出售金融资产比例计算。

处置可供出售金融资产时，应按实际收到的金额，借记“银行存款”账户，按其账面余额，贷记“可供出售金融资产——成本”、“可供出售金融资产——应计利息”账户，贷记或借记“可供出售金融资产——利息调整”、“可供出售金融资产——公允价值变动”账户，按应从所有者权益中转出的公允价值累计变动额，借记或贷记“资本公积——其他资本公积”账户，按其差额，贷记或借记“投资收益”账户。

【例 7.20】 沿用例 7.18 资料，20×6 年 12 月 31 日股票市场价值为每股 12.5 元，20×7 年5 月 20 日将其持有的乙公司的股票全部出售，所得价款为 3 710 万元。黄河公司账务处理如下：

借：银行存款　　37 100 000

　资本公积——其他资本公积　　1 500 000

　贷：可供出售金融资产——成本　　36 000 000

　　可供出售金融资产——公允价值变动　　1 500 000

　　投资收益　　1 100 000

【例 7.21】 沿用例 7.19 资料，黄河公司购入债券后将其划分为可供出售金融资产。

20×6 年 12 月 31 日该债券的市场价值为 305 000 元。20×7 年 7 月 1 日将其全部出售，所得价款为 304 500 元。黄河公司账务处理如下：

借：银行存款　　304 500

　投资收益　　2 711.50

　贷：资本公积——其他资本公积　　1 932

　　可供出售金融资产——成本　　300 000

　　　　——利息调整　　5 279.50(10 000－3 068－1 652.50)

第五节　长期股权投资

长期股权投资作为金融资产的一个重要组成部分，由于目的、性质与其他金融资产有着显著的不同，因此《企业会计准则第 2 号——长期股权投资》对其单独进行了规范。

一、长期股权投资的概念及特征

（一）长期股权投资的概念

长期股权投资是指投资企业主要为了控制、影响被投资企业的财务和经营决策而进行长期性质的股权投资。对于投资企业对被投资企业不具有控制、共同控制或重大影响并且在活跃市场中没有报价、公允价值不能可靠计量的权益性投资，由于其公允价值不能可靠计量，不能作为交易性金融资产和可供出售金融资产，只能作为长期股权投资。

（二）长期股权投资的特征

长期股权投资具有如下特征：

（1）长期持有，没有明确出售计划。长期股权投资的目的是为了长期持有被投资企业的股份，成为被投资企业的股东，并通过所持有的股份，对被投资企业实施控制或施加影响，或为了改善和巩固贸易关系，或持有在活跃市场中没有报价、公允价值不能可靠计量的股权投资。虽然在一定条件下，企业可能出售长期股权投资，但在取得投资时并没有明确的出售计划。

（2）获取收益，承担风险。长期股权投资的最终目的是获取收益，这种收益可以通过股利方式取得，也可以通过其他方式取得，如保证产品销售或稳定取得原材料的供应等。如果被投资企业经营情况不佳，发生亏损，投资企业需承担相应的投资损失。

(3) 除股票投资外，长期股权投资通常不能随意出售。投资企业一旦成为被投资企业的股东，按《公司法》的有关规定，依所持股份依法享有股东的权利并承担相应的义务，不能随意抽回投资。

二、投资企业与被投资企业的关系

根据投资企业对被投资企业的影响程度及是否存在活跃市场、公允价值能否可靠取得，可以将投资企业与被投资企业之间的关系，分为以下几种：

(一) 控制

控制是指一个企业能够决定另一个企业的财务和经营决策，并能据以从另一个企业的经营活动中获取利益的权利。拥有控制权的投资企业一般称为母公司，被母公司控制的企业，一般称为子公司。控制包括两种情形：

(1) 投资企业拥有被投资单位50%以上的表决权。这种情形是指：投资企业直接拥有被投资企业50%以上的表决权资本；投资企业间接拥有被投资企业50%以上的表决权资本；投资企业直接和间接拥有被投资企业50%以上的表决权资本。

(2) 投资企业虽未拥有被投资企业半数以上的表决权资本，但通过其他方式可以对被投资企业实施有效控制。这种情形是指：通过其他投资者的协议，投资企业拥有被投资企业50%以上的表决权；根据章程或协议，投资企业有权控制被投资企业的财务和经营政策；投资企业有权任免被投资企业董事会等类似权力机构的多数成员；投资企业在被投资企业董事会或类似机构占有半数以上投票权。

(二) 共同控制

共同控制是指按照合同规定被投资企业的经营活动由投资双方或若干方共同控制的情形，即投资企业与其他方一同对被投资企业实施共同控制的合营投资。合营企业的主要特点在于投资各方均不能对被投资企业的财务和经营单独作出决策，必须由投资各方共同作出决策。实际工作中，在确定是否构成共同控制时，一般应考虑：(1)任何一个合营方均不能单独控制合营企业的生产经营活动。(2)涉及合营企业基本经营活动的决策需要各合营方一致同意。(3)各合营方可能通过合同或协议的形式任命其中的一个合营方对合营企业的日常活动进行管理，但其必须在各合营方已经一致同意的财务和经营决策范围内行使管理权。

(三) 重大影响

重大影响是指投资企业对被投资企业具有重大影响，但被投资企业不是投资企业的子公司或合营企业。联营企业和重大影响是相互联系的，如果投资企业能对被投资企业施加重大影响，则该被投资企业视为投资企业的联营企业。企业通常可以通过以下一种或几种情形来判断是否对被投资企业具有重大影响:(1)在被投资企业的董事会或类似权力机构中派有代表。(2)参与被投资企业的政策制定过程,包括股利分配政策等的制定。(3)与被投资企业之间发生重要交易。(4)向被投资企业派出管理人员。(5)向被投资企业提供关键技术资料。实际工作中,较为常见的重大影响体现为在被投资企业的董事会或类似权力机构中派有代表,通过在被投资企业生产经营决策制定过程中的发言权实施重大影响。投资企业直接或通过子公司间接拥有被投资企业20%以上但低于50%的表决权股份时,一般认为对被投资企业具有重大影响,除非有明确的证据表明这种情况下不能参与被投资企业的生产经营决策,不形成重大影响。

(四) 无重大影响

无重大影响是指投资企业对被投资企业不具有控制和共同控制权,也不具有重大影响,并且在活跃市场没有报价,公允价值不能可靠取得。

在确定能否对被投资企业实施控制或重大影响时,应当考虑投资企业和其他方持有的被投资企业当期可转换公司债券、当期可执行认股权证等潜在表决权因素。

三、长期股权投资初始成本的确认

不同方式取得的长期股权投资,初始投资成本的确定有所不同。企业的长期股权投资的取得,可以分为两大类:一类是企业合并取得的,另一类是非企业合并取得的。

(一) 企业合并形成的长期股权投资

企业合并,是指将两个或者两个以上单独的企业合并形成一个报告主体的交易或事项。企业合并按合并方式划分为控股合并、新设合并和吸收合并。新设合并和吸收合并后被合并方均失去法人资格,合并方不会形成对被合并方的股权投资,因此新设合并和吸收合并不属于《企业会计准则第2号——长期股权投资》规范的内容。

控股合并取得的长期股权投资,又分为同一控制下的企业合并取得的长期股权投资和非同一控制下的企业合并取得的长期股权投资。

1. 同一控制下的企业合并取得的长期股权投资

同一控制下的企业合并,是指参与合并的企业在合并前后均受同一方或相同的多方最终控制,且该控制并非暂时性的。同一控制下的企业合并,在合并日取得对其他参与合并企业控制权的一方为合并方,参与合并的其他企业为被合并方。

同一控制下的企业合并,一方面合并双方的合并行为可能不完全是自愿进行的,这种企业合并不属于交易行为,而是参与各方资产和负债的重新组合。另一方面,最终控制方在企业合并前及合并后能够控制的资产并没有发生变化。合并方以支付货币资金、转让非现金资产或承担债务和以发行股票等方式作为合并对价取得的股权投资,所支付的价款并不一定是公允的,因此合并方的长期股权投资的初始投资成本可以按照享受的被合并方的所有者权益账面价值份额进行初始计量。

同一控制下的企业合并，本质上不作为购买，而是两个或多个会计主体权益的整合。合并方在企业合并中取得的长期股权投资的初始投资成本与支付对价之间的差额，应当作为合并方和被合并方所有者间利益的整合，即一方所有者将其自身的利益(资本公积、留存收益)让予对方。在根据合并差额调整合并方的所有者权益时，应首先调整资本公积(资本溢价或股本溢价)，资本公积(资本溢价或股本溢价)的余额不足的，应冲减留存收益。

合并方为企业合并而发行债券或承担其他债务支付的手续费、佣金等，应当计入发行债券及其他债务的初始计量金额；为进行企业合并发生的各项直接相关费用，如为进行企业合并而支付的审计费用、评估费用、法律费用等，应当于发生时计入当期损益(管理费用)。

合并方为进行企业合并而发行权益性证券发生的手续费、佣金等费用，应当抵减权益性证券溢价收入，溢价收入不足冲减的，冲减留存收益。

实际支付的价款或对价中包含的已宣告但尚未发放的现金股利或利润，应作为应收项目处理。

合并方应在合并日按取得被合并方所有者权益账面价值的份额，借记“长期股权投资”账户，按应享有被投资企业已宣告但尚未发放的现金股利或利润，借记“应收股利”账户，按支付的合并对价的账面价值，贷记有关资产或负债账户，若以发行权益性证券作为合并对价，则应按权益性证券的面值，贷记“股本”账户，按其贷方差额，贷记“资本公积”账户。如为借方差额，应借记“资本公积”账户，资本公积不足冲减的，应依次借记“盈余公积”、“利润分配——未分配利润”账户。

【例 7.22】 黄河公司与A公司属于同一母公司下的两个子公司。20×7年1月1日，黄河公司与A公司达成协议，黄河公司以账面原价为500万元、累计摊销为100万元的一项专利权和300万元的银行存款作为合并对价，换取A公司60%的股权。20×7年3月10日，黄河公司获得对A公司的实际控制权，当日，A公司的所有者权益的账面价值为1 000万元。黄河公司“资本公积”账户余额为80万元。同时在两公司的合并中，黄河公司支付了审计费、法律服务费用共计8万元。

本例中黄河公司与A公司属于同一控制下的企业合并，因此长期股权投资的初始成本应按A公司所有者权益的账面价值份额即 $1\,000\times60\%=600$(万元)确认。合并日为20×7年3月1日。账务处理为：

借：长期股权投资	6 000 000	
累计摊销	1 000 000	
资本公积	800 000	
盈余公积	200 000	
贷：无形资产		5 000 000
银行存款		3 000 000

支付审计费用、法律费用：

借:管理费用　　80 000
　贷:银行存款　　80 000

【例 7.23】 黄河公司与 B 公司属于同一母公司下的两个子公司。20×7 年 1 月 1 日,黄河公司与 B 公司达成协议,黄河公司以增发的权益性证券作为合并对价,换取 B 公司 80%的股权,20×7 年 4 月 1 日黄河公司以增发的每股面值为 1 元的普通股股票 2 000 万股,支付手续费等 60 万元换取 B 公司的股权,当日 B 公司的所有者权益总额为 3 000 万元。账务处理如下:

借:长期股权投资　　24 000 000
　贷:股本　　20 000 000
　　银行存款　　600 000
　　资本公积　　3 400 000

2. 非同一控制下企业合并取得的长期股权投资

非同一控制下的企业合并,是指参与合并的各方在合并前后不受同一方或相同的多方最终控制的合并交易。相对于同一控制下的企业合并而言,非同一控制下的企业合并是合并各方自愿进行的交易行为,作为一种公平的交易,应当以公允价值为基础进行计量。

非同一控制下的企业合并,在购买日取得对其他参与合并企业控制权的一方为购买方,参与合并的其他企业为被购买方。购买日是指购买方实际取得对被购买方控制权的日期。

非同一控制下的企业合并,购买方应当以公允价值作为合并成本,但是由于企业合并实现的方式不同,合并成本的构成也不同:

(1) 一次交易实现的企业合并。合并成本为购买方在购买日为取得对被购买方的控制权而付出的资产、发生或承担的负债以及发行的权益性证券的公允价值。

(2) 通过多次交换交易分步实现的企业合并,合并成本为每一单项交易成本之和。其中企业合并前,长期股权投资采用成本法核算的,企业合并后长期股权投资的成本应为原账面价值加上购买日新支付对价的公允价值之和;企业合并前,股权投资采用权益法核算的,企业合并后应对权益法下长期股权投资的账面余额进行调整,将有关长期股权投资的账面余额调整至最初取得成本,在此基础上加上购买日新支付对价的公允价值作为购买日长期股权投资的成本。

(3) 购买方为进行交易发生的各项直接相关费用,如为进行企业合并而支付的审计费用、评估费用、法律费用等也应计入企业合并成本。

(4) 在合并合同或协议中对可能影响合并成本的未来事项作出约定的,购买日如果估计未来事项很可能发生且对合并成本的影响金额能够可靠计量的,购买方应当将其计入合并成本。

(5) 实际支付的价款或对价中包含的已宣告但尚未发放的现金股利或利润,应作为应收项目处理。

购买方应在购买日按确定的企业合并成本,借记“长期股权投资”账户,按享有被投资企业已宣告但尚未发放的现金股利或利润，借记“应收股利”账户，按支付合并对价的账面价值，贷记有关资产等账户，按发生的直接费用，贷记“银行存款”账户，按其差额，贷记“营业外收入”或借记“营业外支出”等账户。

【例 7.24】 20×7 年 1 月 1 日，黄河公司以一台固定资产和银行存款 100 万元向 B 公司投资（不属于同一控制的两个公司），占 B 公司注册资本的 60%，该固定资产的账面原价为 4 000 万元，已计提累计折旧 300 万元，已计提固定资产减值准备 100 万元，公允价值为 5 000 万元，不考虑其他相关税费。黄河公司的账务处理如下：

	借方	贷方
借：固定资产清理	36 000 000	
累计折旧	3 000 000	
固定资产减值准备	1 000 000	
贷：固定资产		40 000 000
借：长期股权投资	51 000 0000	
贷：固定资产清理		36 000 000
银行存款		1 000 000
营业外收入		14 000 000

（二）以其他方式取得的长期股权投资

除企业合并形成的长期股权投资外，企业还可以通过合营投资、联营投资等方式取得长期股权投资，由于企业投出的资产不同，长期股权投资的初始成本的构成也不同。

1. 以支付现金取得的长期股权投资

以支付现金取得的长期股权投资，应当按照实际支付的购买价款与取得长期股权投资直接相关的费用、税金及其他必要支出作为初始投资成本。但所支付价款中包含的被投资企业已宣告但尚未发放的现金股利或利润应作为应收项目核算，不构成取得长期股权投资的成本。

企业支付现金取得长期股权投资时，按照确定的初始投资成本，借记“长期股权投资”账户，按享有被投资企业已宣告但尚未发放的现金股利或利润，借记“应收股利”账户，按照实际支付的买价及手续费、税金等，贷记“银行存款”等账户。

【例 7.25】 黄河公司于 20×8 年 1 月 1 日，自二级市场中买入乙公司 20%的股份，实际支付价款 1 000 万元。另外，在购买过程中支付手续费等相关费用 10 万元。黄河公司取得该部分股权后，能够对乙公司的生产经营决策施加重大影响。

黄河公司应当按照实际支付的购买价款作为取得长期股权投资的成本，其账务处理为：

	借方	贷方
借：长期股权投资	10 100 000	
贷：银行存款		10 100 000

2. 以发行权益性证券方式取得的长期股权投资

以发行权益性证券方式取得的长期股权投资，其成本为所发行权益性证券的公允价值，但不包括应自被投资企业收取的已宣告但尚未发放的现金股利或利润。为发行权益性证券支付给有关证券承销机构等的手续费、佣金等与权益性证券发行直接相关的费用，不构成取得长期股权投资的成本，应自权益性证券的溢价发行收入中扣除，权益性证券的溢价收入不足冲减的，应冲减盈余公积和未分配利润。

企业以发行权益性证券方式取得长期股权投资时，按照确定的初始投资成本，借记“长期股权投资”账户，按享有被投资企业已宣告但尚未发放的现金股利或利润，借记“应收股利”账户，按照权益性证券的面值，贷记“股本”账户，按为发行权益性证券支付给有关证券承销机构等的手续费、佣金等直接相关的费用，贷记“银行存款”账户，按其差额，借记或贷记“资本公积——股本溢价”账户或者借记“盈余公积”、“利润分配——未分配利润”等账户。

【例 7.26】 20×8 年 4 月，黄河公司与 B 公司达成协议，通过增发每股面值 1 元的普通股 1 000 万股本公司股票，取得 B 公司 20%的股权，每股的发行价格为 2 元。为增发该部分股份，黄河公司向证券承销机构等支付了 10 万元的佣金和手续费。假定黄河公司取得该部分股权后，能够对 B 公司的生产经营决策施加重大影响。

黄河公司应当以所发行股份的公允价值作为取得长期股权投资的成本，账务处理为：

借：长期股权投资	20 000 000	
贷：股本		10 000 000
资本公积——股本溢价		9 900 000
银行存款		100 000

3. 投资者投入的长期股权投资

投资者投入的长期股权投资，应当按照投资合同或协议约定的价值作为初始投资成本，但合同或协议约定的价值不公允的除外。

收到投资者投入的长期股权投资时，按照确定的初始投资成本，借记“长期股权投资”账户，按享有被投资企业已宣告但尚未发放的现金股利或利润，借记“应收股利”，按照投资企业占被投资企业实收资本（股本）的份额，贷记“实收资本”或“股本”账户，按其差额，贷记“资本公积”。

【例 7.27】 黄河公司的股东甲以其持有的对 A 公司的长期股权投资作为出资投入本公司。投资各方在投资合同中约定，该项长期股权投资作价 200 万元，占黄河公司有表决权资本的 10%，黄河公司注册资本为 1 500 万元。黄河公司的账务处理如下：

借：长期股权投资	2 000 000	
贷：实收资本		1 500 000
资本公积——资本溢价		500 000

4. 以非货币性资产交换方式取得的长期股权投资

以非货币性资产交换方式取得的长期股权投资，其初始投资成本应按照《企业会计准则第 7 号——非货币性资产交换》的规定确定。

5. 以债务重组方式取得的长期股权投资

以债务重组方式取得的长期股权投资，其初始投资成本应按照《企业会计准则第 12

号——债务重组》的规定确定。

四、长期股权投资的后续计量

企业取得的长期股权投资在持有期间，要根据所持股份的目的、性质、占被投资企业股份总额比例的大小以及对被投资企业财务和经营政策的影响，分别采用成本法和权益法进行会计核算。

（一）长期股权投资成本法

1. 长期股权投资成本法的概念

当投资企业对被投资企业具有控制或无重大影响时，长期股权投资应当采用成本法核算。成本法，是指长期股权投资的价值通常按初始投资成本计量，除追加和减少投资外，一般不对长期股权投资的账面价值进行调整的一种会计处理方法。

投资企业对被投资企业实施控制时，投资企业应将被投资企业纳入合并财务报表中，在会计核算时采用成本法核算，编制合并财务报表时按照权益法进行调整。

2. 成本法的基本核算程序

(1) 确认长期股权投资的初始投资成本：①同一控制下的企业合并，长期股权投资应按投资企业占被投资企业所有者权益账面价值的份额作为初始投资成本。②非同一控制下的企业合并，长期股权投资应以付出的资产、发生或承担的负债以及发行的权益性证券的公允价值作为初始投资成本。③无控制、无共同控制和无重大影响的长期股权投资，应以付出的资产、发生或承担的负债以及发行的权益性证券的公允价值作为初始投资成本。

(2) 企业发生追加投资和收回投资时，应按照追加或收回投资的数额调整股权的初始投资成本。

(3) 被投资企业宣告分派现金股利或利润时，投资企业按应享有的部分确认为当期投资收益。

(4) 被投资企业宣告分配股票股利，投资企业只作备忘记录，不作任何会计处理。

3. 会计核算

长期股权投资采用成本法核算时，取得的长期股权投资，应按确定的初始投资成本，借记“长期股权投资”账户，贷记“银行存款”等账户；按照享有被投资企业已宣告但尚未发放的现金股利或利润，借记“应收股利”账户，贷记“投资收益”账户。

4. 长期股权投资成本法下投资收益的确认

在长期股权投资采用成本法核算时，投资企业应于被投资企业宣告分派现金股利或利润时，借记“应收股利”账户，贷记“投资收益”账户；实际收到时，借记“银行付款”账户，贷记“应收股利”账户。

【例 7.28】 黄河公司于 20×7 年 2 月 15 日从证券交易所购入 C 公司 19×6 年发行的 100 万股普通股股票的 15%，每股售价 4 元，另支付交易费 3 000 元，采用成本法核算。20×7 年 3 月 16 日宣告发放 20×6 年的现金股利每股 0.10 元，20×7 年 4 月 20 日发放现金股利。其账务处理如下：

20×7 年 2 月 15 日购入时的账务处理：

	借方	贷方
借：长期股权投资——C 公司	603 000	
贷：银行存款		603 000

20×7 年 3 月 16 日宣告发放现金股利：

	借方	贷方
借：应收股利	15 000	
贷：投资收益		15 000

20×7 年 4 月 20 日发放现金股利：

	借方	贷方
借：银行存款	15 000	
贷：应收股利		15 000

(二) 长期股权投资的权益法

投资企业对被投资企业具有共同控制或重大影响的长期股权投资，即对合营企业和联营企业的投资，应当采用权益法核算。

权益法，是指投资最初以初始投资成本计量后，在投资持有期间根据投资企业享有被投资企业所有者权益的份额的变动对投资的账面价值进行调整的方法。

1. 权益法的基本核算程序

(1) 初始投资成本的调整。

(2) 持有长期股权投资期间投资收益的确认。

(3) 投资企业取得现金股利或利润。

(4) 被投资企业所有者权益的其他变动对投资企业的影响。

2. 会计账户的设置

在"长期股权投资"账户下分别设置"成本"、"损益调整"和"其他权益变动"明细账户。

(1) 成本，反映长期股权投资的入账成本，即长期股权投资的初始投资成本与投资时应享有的被投资企业可辨认净资产公允价值份额较高者。

(2) 损益调整，反映投资企业应享有或应分担的被投资企业实现的净损益的份额及被投资企业分派的现金股利或利润中投资企业应获得的份额。

(3) 其他权益变动，反映被投资企业资本公积增减变动，投资企业应享有或承担的份额。

3. 初始投资成本的调整

投资企业取得对联营企业或合营企业的投资以后，应对取得长期股权投资的成本进行调整，即按初始投资成本与应享有被投资企业可辨认净资产公允价值份额较高者确认长期股权投资的入账价值。

可辨认净资产公允价值是指被投资企业可辨认资产的公允价值减去负债及或有负债公允价值后的余额。

(1) 初始投资成本大于取得投资时应享有被投资企业可辨认净资产公允价值份额的，该部分差额实质上是投资企业通过购买作价体现的被投资企业商誉及不符合确认条件的资产价值。由于被投资企业的商誉不会因为投资企业的投资活动而成为投资企业的商誉，投资企业不应确认为商誉，而应作为购入资产(长期股权投资)付出的成本，即作为长期股权投资的入账投资成本。

(2) 初始投资成本小于取得投资时应享有被投资企业可辨认净资产公允价值份额的，两者之间的差额体现为双方在交易作价过程中转让方的让步，不属于投资企业正常业务取得的收入，应当计入当期的营业外收入，同时调整增加长期股权投资的账面价值。

【例 7.29】 沿用例 7.25 资料，黄河公司取得乙公司部分股权后，能够对乙公司的生产经营决策施加重大影响，采用权益法核算。有关账务处理如下：

黄河公司应当按照实际支付的购买价款作为取得长期股权投资的成本，其账务处理为：

借:长期股权投资——成本	10 100 000	
贷:银行存款		10 100 000

假设取得时乙公司的可辨认净资产的公允价值为 5 000 万元。因长期股权投资的初始投资成本 1 010 万元大于 1 000 万元(5 000×20%)，不调整长期股权投资的入账价值。

假设取得时乙公司的可辨认净资产的公允价值为 6 000 万元。

初始投资成本 1 010 万元与乙公司可辨认净资产公允价值的份额 1 200 万元(6 000×20%)的差额 190 万元，应计入投资成本。

借:长期股权投资——成本	1 900 000	
贷:营业外收入		1 900 000

4. 持有长期股权投资期间投资收益的确认

投资企业取得长期股权投资后，应当按照应享有或应分担的被投资企业实现净利润或发生净亏损的份额(法规或章程规定不属于投资企业的净损益除外)确认为投资损益，并调整长期股权投资的账面价值。

在确认应享有或应分担被投资企业的净利润或净亏损时，在被投资企业账面净利润的基础上，应考虑以下因素的影响进行适当调整：

(1) 被投资企业采用的会计政策及会计期间与投资企业不一致的，应按投资企业的会计政策及会计期间对被投资企业的财务报表进行调整。

(2) 以取得投资时被投资企业资产、负债的公允价值为基础对被投资企业净损益进行调整。

由于长期股权投资的初始投资成本已经按照应享有被投资企业可辨认净资产公允价值的份额进行了调整，即投资企业的长期股权投资是按被投资企业有关资产、负债的公允价值为基础来确认的，而被投资企业的净损益是以其持有的资产、负债账面价值为基础计算的,因此为了统一口径,应将被投资企业以资产、负债的账面价值为基础计算的净损益调整为投资企业取得投资时被投资企业资产、负债的公允价值为基础计算的净损益,投资企业按应享有的份额确认投资收益,并调整"长期股权投资——损益调整"的账面价值。

符合下列条件之一的,投资企业可以以被投资企业的账面净利润为基础,计算确认投资损益,同时应在会计报表附注中说明不能按照准则中规定进行核算的原因:①投资企业无法合理确定取得投资时被投资企业各项可辨认净资产等的公允价值;②投资时被投资企业可辨认净资产的公允价值与其账面价值相比,两者之间的差额不具重要性的;③其他原因导致无法取得被投资企业的有关资料,不能按照准则中规定的原则对被投资企业的净损益进行调整的。

【例 7.30】 沿用例 7.25、例 7.29 资料,黄河公司取得乙公司部分股权后,能够对乙公司的生产经营决策施加重大影响,采用权益法进行核算。假设取得股权时乙公司的可辨认净资产的公允价值为 5 000 万元。因长期股权投资的初始投资成本 1 010 万元大于 1 000 万元(5 000×20%),不调整长期股权投资的入账价值。当年乙公司实现利润 100 万元,黄河公司与乙公司采用的会计政策相同,由于投资时乙公司的各项资产的账面价值与其公允价值相同,因此不需要对乙公司当年实现的净损益进行调整,即黄河公司应确认的投资收益为 20(100 × 20%)万元。

【例 7.31】 黄河公司 20×6 年 1 月取得 B 公司 40%的股权,支付价款为 5 000 万元,取得股权时 B 公司净资产的公允价值为 15 000 万元,除表 7.5 所列项目外,B 公司其他资产、负债的公允价值与账面价值相同。

表 7.5 B 公司固定资产与无形资产概况

项　　目	账面原价(万元)	已提折旧或摊销(万元)	公允价值(万元)	B 公司预计使用年限(年)	取得投资后剩余使用年限(年)
固定资产	1 000	500	600	20	10
无形资产	500	300	100	10	4
合　　计	1 500	800	700		

假定 B 公司当年实现净利润 100 万元,黄河公司与 B 公司的会计年度及采用的会计政策相同。固定资产、无形资产均按直线法提取折旧、摊销,预计净残值均为 0。

黄河公司在确定其应享有的投资收益时,应在 B 公司实现净利润的基础上,根据取得投资时 B 公司有关资产的账面价值与其公允价值差额的影响进行调整(假定不考虑所得税影响):

$$\text{固定资产公允价值与账面价值差额应调整增加的折旧额} = 600 \div 10 - 1\,000 \div 20 = 10(\text{万元})$$

$$\text{无形资产公允价值与账面价值差额应调整增加的摊销额} = 100 \div 4 - 500 \div 10 = -25(\text{万元})$$

$$\text{调整后的净利润} = 100 - 10 - (-25) = 115(\text{万元})$$

$$\text{黄河公司应享有份额} = 115 \times 40\% = 46(\text{万元})$$

确认投资收益的账务处理为:

借：长期股权投资——损益调整　　46

　贷：投资收益　　46

5. 超额亏损的确认

按照权益法核算的长期股权投资，当被投资企业发生巨额亏损时，投资企业应按应分担的被投资企业发生净亏损（经上述调整）的份额，确认投资损失，并冲减长期股权投资的账面价值。由于投资企业承担有限责任，因此投资企业在确认投资损失时，原则上应以长期股权投资及其他实质上构成对被投资企业净投资的长期权益减记至零为限，投资企业负有承担额外损失义务的除外。"其他实质上构成对被投资企业净投资的长期权益"通常是指长期应收项目，例如，投资企业对被投资企业的长期债权，该债权没有明确的清收计划且在可预见的未来期间不准备收回，实质上构成对被投资企业的净投资。

投资企业在确认应分担被投资企业发生的亏损时，具体应按照以下顺序处理：

（1）减记长期股权投资的账面价值。

（2）在长期股权投资的账面价值减记至零的情况下，对于未确认的投资损失，应当以其他实质上构成对被投资企业净投资的长期权益的账面价值为限，继续确认投资损失，冲减长期应收项目等的账面价值。

（3）经过上述处理，按照投资合同或协议约定，投资企业仍需要承担额外义务的，应按预计将承担的义务金额确认预计负债，计入当期投资损失。

（4）如果经过上述处理后，仍有未确认的亏损分担额，投资企业应作备忘记录。

（5）待被投资企业以后期间实现盈利时，先冲减备忘记录中的应分担的亏损额，然后按以上相反顺序分别减记已确认的预计负债、恢复其他长期权益及长期股权投资的账面价值，同时确认投资收益。

在被投资企业发生亏损时，投资企业按应分担的份额借记"投资收益"账户，贷记"长期股权投资——损益调整"、"长期应收款"和"预计负债"账户。待被投资企业以后期间实现盈利时，应当按顺序分别借记"预计负债"、"长期应收款"、"长期股权投资"账户，贷记"投资收益"账户。

【例 7.32】 黄河公司 20×6 年 1 月购入 B 公司 30%的股份，对 B 公司具有重大影响，黄河公司采用权益法进行会计核算。假定投资当时，B 公司可辨认净资产公允价值与其账面价值之间的差额较小，黄河公司按其初始投资成本 900 万元入账，除了对 B 公司的长期股权投资外，黄河公司还有一笔 300 万元的长期应收款，该债权没有明确的清收计划且在可预见的未来期间不准备收回。

20×6 年 B 公司当年实现净利润 500 万元。20×7 年 B 公司发生亏损 1 200 万元。20×8 年B 公司继续亏损 3 000 万元。20×9 年 B 公司当年实现净利润 1 000 万元。

黄河公司的账务处理如下：

20×6 年黄河公司确认收益份额：

$$应享有的收益份额 = 500 \times 30\% = 150(万元)$$

借:长期股权投资——损益调整　　1 500 000

　贷:投资收益　　1 500 000

长期股权投资的账面价值="成本"900 万元+"损益调整"150 万元=1 050 万元

20×7 年黄河公司应分担的亏损额:

$$应分担的亏损额 = 1\,200 \times 30\% = 360(万元)$$

借:投资收益　　3 600 000

　贷:长期股权投资——损益调整　　3 600 000

长期股权投资的账面价值 ="成本"900 万元 +"损益调整"(-210) 万元 = 690 万元

20×8 年黄河公司应分担的亏损额:

$$应分担的亏损额 = 3\,000 \times 30\% = 900(万元)$$

长期股权投资的账面价值="成本"900 万元+"损益调整"(-210)万元=690 万元

因此只能确认 690 万元的投资损失。黄河公司还有一笔对 B 公司的长期应收款 300 万元,该债权没有明确的清收计划且在可预见的未来期间不准备收回。应冲减长期应收款 210 万元,并确认投资损失。

借:投资收益　　9 000 000

　贷:长期股权投资——损益调整　　6 900 000

　　长期应收款　　2 100 000

20×9 年黄河公司应确认的收益额:

$$应享有的收益份额 = 1\,000 \times 30\% = 300(万元)$$

由于当年应享有的收益份额超过了尚未恢复的长期应收款的冲减额,因此,在完全恢复了长期应收款的账面价值后,应按超过部分继续恢复长期股权投资的账面价值。

$$应恢复长期股权投资账面价值 = 300 - 210 = 90(万元)$$

借:长期股权投资——损益调整　　900 000

　长期应收款　　2 100 000

　贷:投资收益　　3 000 000

6. 取得现金股利或利润的处理

投资企业自被投资企业取得的现金股利或利润,属于被投资企业净损益的减少,应抵减长期股权投资的账面价值。在被投资企业宣告分派现金股利或利润时,借记"应收股利"账户,贷记"长期股权投资——损益调整"账户。

被投资企业宣告分配股票股利,投资企业只作备忘记录,不作任何会计处理。

【例 7.33】 沿用例 7.32 资料,黄河公司 20×6 年 1 月购入 B 公司 30%的股份,对 B 公司具有重大影响,黄河公司采用权益法进行会计核算。假定投资当时,B 公司可辨认净资产公允价值与其账面价值之间的差额较小，黄河公司按其初始投资成本900万元入账。

20×6年B公司当年实现净利润500万元。

20×7年B公司宣告发放20×6年现金股利300万元。

20×7年B公司发生亏损1 200万元。

20×8年B公司宣告发放20×7年现金股利300万元。

黄河公司的账务处理如下：

20×6年黄河公司确认收益份额：

$$应享有的收益份额 = 500 \times 30\% = 150(万元)$$

借：长期股权投资——损益调整　　1 500 000

　贷：投资收益　　1 500 000

长期股权投资的账面价值="成本"900万元+"损益调整"150万元=1 050万元

20×7年B公司宣告发放20×6年现金股利300万元：

$$应享有的现金股利 = 300 \times 30\% = 90(万元)$$

借：应收股利　　900 000

　贷：长期股权投资——损益调整　　900 000

$$长期股权投资“损益调整” = 150 - 90 = 60(万元)$$

20×7年黄河公司确认应分担的亏损额：

$$应分担的亏损额 = 1\,200 \times 30\% = 360(万元)$$

借：投资收益　　3 600 000

　贷：长期股权投资——损益调整　　3 600 000

$$长期股权投资“损益调整” = 60 - 360 = -300(万元)$$

20×8年B公司宣告发放20×7年现金股利300万元：

$$应享有的现金股利 = 300 \times 30\% = 90(万元)$$

黄河公司取得的现金股利180(90+90)万元超过已确认损益调整的部分(-300万元)应视同投资成本的收回，冲减长期股权投资的账面价值。

借：应收股利　　900 000

　贷：长期股权投资——成本　　900 000

7. 被投资企业资本公积增减变动

采用权益法核算时，投资企业对于被投资企业资本公积增减变动，在持股比例不变的情况下，应按照持股比例将被投资企业资本公积增减变动中归属于本企业的部分，相应调整"长期股权投资——其他权益变动"的账面价值，同时增加或减少资本公积(其他资本公积)。

【例 7.34】 黄河公司持有 B 公司 40%的股份，能够对 B 公司施加重大影响。当期 B 公司因持有的可供出售金融资产公允价值的变动计入资本公积的金额为 1 000 万元。假定黄河公司与 B 公司采用的会计政策、会计期间相同，投资时 B 公司有关资产、负债的公允价值与其账面价值亦相同。

黄河公司在确认应享有被投资企业所有者权益的变动时，应进行的账务处理为：

借：长期股权投资——其他权益变动　　　　　　4 000 000

　贷：资本公积——其他资本公积　　　　　　　　4 000 000

四、长期股权投资核算方法的转换及处置

（一）长期股权投资核算方法的转换

长期股权投资在持有期间，因投资企业追加或减少投资，会引起投资企业与被投资企业之间的关系发生变化，从而导致其核算方法的改变。

1. 成本法改为权益法

长期股权投资的核算由成本法转为权益法，主要有两种原因：一是因投资企业追加投资，使原来对被投资企业不具有控制、共同控制或重大影响，且在活跃市场中没有报价、公允价值不能可靠计量的长期股权投资，因追加投资导致持股比例上升，能够对被投资企业施加重大影响或实施共同控制；二是因投资企业出售被投资企业的股份，投资企业由原来对被投资企业实施控制转为具有重大影响或与其他投资方一起实施共同控制。

(1) 对因追加投资，使原来对被投资企业不具有控制、共同控制或重大影响，且在活跃市场中没有报价、公允价值不能可靠计量的长期股权投资，因追加投资导致持股比例上升，能够对被投资企业施加重大影响或实施共同控制，从而使会计核算方法由成本法改为权益法的，应区别原持有的长期股权投资部分和追加投资新增的长期股权投资部分分别进行会计处理。

① 原持有的长期股权投资部分。应将长期股权投资的账面价值调整为最初投资时的长期股权投资的初始投资成本与按照原持股比例计算确定应享有原取得投资时被投资企业可辨认净资产公允价值份额两者中较高者，形成的差额，一方面应调整长期股权投资的账面价值，另一方面应同时调整留存收益。

② 追加投资新增的长期股权投资部分。应按新增投资的成本与取得该部分投资时应享有被投资企业可辨认净资产公允价值的份额较高者，确认长期股权投资的入账成本，差额计入取得当期的营业外收入。

③ 对于最初取得投资后至新取得投资的交易日之间被投资企业可辨认净资产公允价值的变动应归原持股比例的部分，属于在此期间被投资企业实现净损益中应享有份额的，一方面应当调整长期股权投资的账面价值，同时应调整留存收益；属于其他原因导致的被投资单位可辨认净资产公允价值变动中应享有份额的，在调整长期股权投资账面价值的

同时，应当计入“资本公积——其他资本公积”。

【例 7.35】 20×6 年 1 月 1 日，黄河公司以 200 万元的价款（包括相关税费）取得 B 公司有表决权股份的 10%作为长期股权投资，采用成本法核算。20×7 年 1 月 1 日，黄河公司又以 1 000 万元的价款（包括相关税费）取得 B 公司有表决权股份的 20%。至此，黄河公司已累计持有 B 公司 30%的股份，能够对 B 公司施加重大影响，因此，长期股权投资改按权益法核算。20×5 年 12 月 31 日，B 公司可辨认净资产公允价值为 2 400 万元；20×6 年 12 月 31 日，B 公司可辨认净资产公允价值为 3 200 万元。20×6 年度，B 公司实现净利润 600 万元，未分派现金股利。20×7 年度，B 公司实现净利润 400 万元，黄河公司按照净利润的 10%提取盈余公积。

黄河公司的账务处理如下：

20×6 年 1 月 1 日，购入 B 公司股票：

借：长期股权投资——成本　　2 000 000

　贷：银行存款　　2 000 000

20×7 年，追加投资：

借：长期股权投资——成本　　10 000 000

　贷：银行存款　　10 000 000

追加投资成本 1 000 万元与按照 20%的持股比例计算的应享有 B 公司可辨认净资产公允价值份额 640（3 200×20%）万元之间的差额 360 万元，属于追加投资时体现的商誉，这部分差额不调整长期股权投资的账面价值。

成本法转换为权益法：

原持有的长期股权投资部分：

原持有的长期股权投资成本 200 万元与应享有原取得投资时被投资企业可辨认净资产公允价值份额 240 万元（2 400 × 10%）之间的差额 40 万元，应调整长期股权投资的账面价值，同时调整留存收益。

借：长期股权投资——损益调整　　400 000

　贷：盈余公积　　40 000

　　利润分配——未分配利润　　360 000

被投资企业可辨认净资产变动的处理：

对于被投资企业可辨认净资产在原投资时至新增投资交易日之间公允价值的变动 800（3 200－2 400）万元应属于黄河公司的部分 80（800 × 10%）万元，其中属于投资后被投资企业实现净利润部分 60 万元（600 × 10%），应调整增加长期股权投资的账面余额，同时调整留存收益；除实现净损益外其他原因导致的可辨认净资产公允价值的变动 20 万元，应当调整增加长期股权投资的账面余额，同时计入资本公积（其他资本公积）。账务处理为：

借：长期股权投资——损益调整　　600 000

　　　　　　　——其他权益变动　　200 000

贷:资本公积——其他资本公积　　200 000

　　盈余公积　　60 000

　　利润分配——未分配利润　　540 000

20×7 年度,B 公司实现净利润 400 万元:

$$黄河公司应享有的收益份额 = 400 \times 30\% = 120(万元)$$

借:长期股权投资——损益调整　　1 200 000

　贷:投资收益　　1 200 000

(2) 因投资企业出售被投资企业的股份,投资企业由原来对被投资企业实施控制转为具有重大影响或与其他投资方一起实施共同控制时,应由成本法转换为权益法核算。具体会计处理如下:

① 应按处置或收回投资的比例结转应终止确认的长期股权投资成本。

② 剩余长期股权投资的成本应按剩余的长期股权投资成本与按照剩余持股比例计算最初投资时投资企业应享有被投资企业可辨认净资产公允价值的份额较高者确认,差额应调整留存收益。

③ 对于最初取得投资后至转变为权益法核算之间被投资企业实现净损益(扣除已发放及已宣告发放的现金股利和利润)中应享有的份额,一方面应当调整长期股权投资的账面价值,同时调整留存收益;其他原因导致被投资企业所有者权益变动中应享有的份额,在调整长期股权投资账面价值的同时,应当计入"资本公积——其他资本公积"。

【例 7.36】 黄河公司原持有 B 公司 60%的股权,其账面余额为 6 000 万元,未计提减值准备,采用成本法核算。20×6 年 1 月 1 日,黄河公司将其持有的对 B 公司 20%的股权出售给某企业,出售取得价款 3 600 万元,由于持股比例下降,不能对 B 公司生产经营决策实施控制,对 B 公司长期股权投资应由成本法改为按照权益法进行核算。当日 B 公司可辨认净资产公允价值总额为 16 000 万元。黄河公司原取得对 B 公司 60%股权时,B 公司可辨认净资产公允价值总额为 8 000 万元(假定可辨认净资产的公允价值与账面价值相同)。自取得对 B 公司长期股权投资后至处置投资前,B 公司实现净利润 6 000 万元。假定 B 公司一直未进行利润分配。黄河公司按净利润的 10%提取盈余公积。

20×6 年 1 月 1 日确认长期股权投资处置损益:

借:银行存款　　36 000 000

　贷:长期股权投资　　20 000 000

　　投资收益　　16 000 000

调整长期股权投资账面价值:

剩余长期股权投资的账面价值为 4 000 万元,与原投资时应享有被投资企业可辨认净资产公允价值份额之间的差额 800(4 000－8 000×40%)万元为商誉,该部分商誉的价值不需要对长期股权投资的成本进行调整。

原取得投资后至转让投资日被投资企业可辨认净资产公允价值的变动 8 000(16 000－

8 000)万元应由黄河公司享有的份额为 3 200[(16 000－8 000)×40%]万元，其中 2 400(6 000×40%)万元为被投资企业实现的净损益的分享额，应调整增加长期股权投资的账面价值，同时调整留存收益。除实现净损益外其他原因导致的可辨认净资产公允价值的变动 800(3 200－2 400)万元，应当调整增加长期股权投资的账面余额，同时计入资本公积(其他资本公积)。应进行以下账务处理：

借：长期股权投资——损益调整　　24 000 000
　　　　　　　——其他权益变动　　8 000 000
　贷：盈余公积　　2 400 000
　　利润分配——未分配利润　　21 600 000
　　资本公积——其他资本公积　　8 000 000

2. 权益法改为成本法

长期股权投资的核算由权益法转为成本法，主要有两种原因：一是因投资企业追加投资，使原来对被投资企业施加重大影响或实施共同控制的长期股权投资，因追加投资导致持股比例上升，能够对被投资企业实施控制；二是因投资企业出售被投资企业的股份，投资企业由原来对被投资企业施加重大影响或实施共同控制的长期股权投资，变为对被投资企业不具有控制、共同控制或重大影响，且在活跃市场中没有报价、公允价值不能可靠计量的长期股权投资。

(1) 因投资企业追加投资，使原来对被投资企业施加重大影响或实施共同控制的，因追加投资导致持股比例上升，能够对被投资企业实施控制，从而使会计核算方法由权益法改为成本法。即通过多次交换交易分步实现的企业合并，合并成本为每一单项交易成本之和。应在追加投资时对原权益法下长期股权投资的账面余额进行调整，将有关长期股权投资的账面余额调整至最初取得成本，在此基础上加上追加日新支付对价的公允价值作为购买日长期股权投资的成本。

(2) 因投资企业出售被投资企业的股份，投资企业由原来对被投资企业施加重大影响或实施共同控制的长期股权投资，变为对被投资单位不具有控制、共同控制或重大影响，且在活跃市场中没有报价、公允价值不能可靠计量的长期股权投资，应中止采用权益法，改按成本法核算，并以权益法下长期股权投资的账面价值作为按照成本法核算的初始投资成本。

改按权益法后，自被投资企业分得的现金股利或利润，属于已记入长期股权投资账面价值的部分，应冲减长期股权投资的成本，不作为投资收益。

【例 7.37】 20×6 年 1 月 10 日，黄河公司以 3 000 万元的价款取得 B 公司 40%的股份，采用权益法核算；20×7 年 3 月 10 日黄河公司又以 2 400 万元的价款取得 B 公司 20%的股份。至此黄河公司对 B 公司的持股比例增至 60%，B 公司改按成本法核算。黄河公司已按权益法确认了在 B 公司 20×6 年度实现的净利润中应享有的份额 300 万元，假设 B 公司未分配现金利润，黄河公司按照净利润的 10%提取盈余公积。黄河公司账务处理如下：

调整权益法核算的长期股权投资账面余额：

借：盈余公积　　300 000

　利润分配——未分配利润　　2 700 000

　　贷：长期股权投资——损益调整　　3 000 000

追加投资：

借：长期股权投资——成本　　24 000 000

　　贷：银行存款　　24 000 000

【例 7.38】 黄河公司持有 B 公司 300 万股，占 B 公司 30%的有表决权股份，因此采用权益法进行核算。20×6 年 10 月，黄河公司将该项投资中的 50%对外出售，取得价款 2 200 万元，出售以后，无法再对 B 公司施加重大影响，且该项投资不存在活跃市场，公允价值无法可靠确定，出售以后黄河公司对该项投资转为采用成本法核算。出售时，该项长期股权投资的账面价值为 3 600 万元，其中投资成本 3 000 万元，损益调整为 600 万元。

黄河公司账务处理如下：

确认处置损益：

借：银行存款　　22 000 000

　　贷：长期股权投资——成本　　15 000 000

　　　　　　　　　——损益调整　　3 000 000

　　　投资收益　　4 000 000

借：长期股权投资　　18 000 000

　　贷：长期股权投资——成本　　15 000 000

　　　　　　　　　——损益调整　　3 000 000

20×7 年 4 月 10 日，B 公司宣告发放 20×6 年的现金股利每股 0.1 元。

处置投资后，黄河公司该项长期股权投资的账面价值为 1 800 万元，剩余股份应分得的现金股利 15 万元(150 万股×0.1 元)，在转换时黄河公司长期股权投资(损益调整)为 300 万元，则黄河公司未来期间自 B 公司分得现金股利或利润时，取得的现金股利或利润未超过 300 万元的金额，应冲减长期股权投资的账面价值，超过部分确认为投资收益。

借：应收股利　　150 000

　　贷：长期股权投资　　150 000

(二) 长期股权投资的处置

长期股权投资的处置是指将长期股权投资转让的行为，包括在二级市场出售、债务重组转出、非货币性资产交换转出等。

在符合股权转让条件时，应按所售股权的份额结转长期股权投资的账面价值，出售所得价款与处置长期股权投资账面价值之间的差额，应确认为处置损益。

采用权益法核算的长期股权投资，原计入资本公积中的金额，在处置时亦应进行结转，应按所售股权的份额自资本公积转入当期损益(投资收益)。

【例 7.39】 黄河公司因生产急需资金将其持有的B公司股权40%的1/3转让。转让前因对B公司具有重大影响，采用权益法核算。转让时，该长期股权投资的账面价值为2 490万元，其中：投资成本1 800万元，损益调整600万元，其他权益变动90万元。出售取得价款900万元。黄河公司账务处理如下：

确认处置损益：

	借方	贷方
借：银行存款	9 000 000	
贷：长期股权投资——成本		6 000 000
——损益调整		2 000 000
——其他权益变动		300 000
投资收益		700 000

除应将实际取得价款与出售长期股权投资的账面价值进行结转，确认出售损益以外，还应将原计入资本公积的部分按比例转入当期损益。

	借方	贷方
借：资本公积——其他资本公积	300 000	
贷：投资收益		300 000

第六节 金融资产减值

一、金融资产减值概述

企业应当在资产负债表日对金融资产的账面价值进行检查，有客观证据表明该金融资产发生减值的，应当计提减值准备。

企业不同的金融资产为企业带来的预期经济利益是不同的，如应收债权、持有至到期投资、可供出售金融资产主要是通过收回债权、收取股息及处置金融资产等方式实现其价值，即其为企业带来的预期经济利益是预计未来现金流量；而企业对子公司、联营企业及合营企业的投资主要是通过投资，成为被投资企业的股东，并通过所持有的股份，对被投资企业实施控制或施加影响，或为了改善和巩固贸易关系，价值的回收主要是通过收取股利以及在投资企业与被投资企业的协同效应中取得收益，即其为企业带来的预期经济利益是可收回金额。因此不同的金融资产，其减值认定的标准是不同的，我国《企业会计准则》分别进行了规范。其中对子公司、联营企业及合营企业的投资，应当按照《企业会计准则第8号——资产减值》(具体见有关章节)的规定确定其可收回金额及应予计提的减值准备；企业持有的对被投资企业不具有共同控制或重大影响、在活跃市场中没有报价、公允价值不能可靠计量的长期股权投资，持有至到期投资，贷款及应收款项和可供出售金融资产，应当按照《企业会计准则第22号——金融工具确认和计量》的规定确定其预计未来现金流量的现值及应予计提的减值准备。

根据《企业会计准则第22号——金融工具确认和计量》的规定，金融资产发生减值的客观证据，包括下列各项：

(1) 发行方或债务人发生严重财务困难；

(2) 债务人违反了合同条款，如偿付利息或本金发生违约或逾期等；

(3) 债权人出于经济或法律等方面因素的考虑，对发生财务困难的债务人作出让步；

(4) 债务人很可能倒闭或进行其他财务重组；

(5) 因发行方发生重大财务困难，该金融资产无法在活跃市场继续交易；

(6) 无法辨认一组金融资产中的某项资产的现金流量是否已经减少，但根据公开的数据对其进行总体评价后发现，该组金融资产自初始确认以来的预计未来现金流量确已减少且可计量，如该组金融资产的债务人支付能力逐步恶化，或债务人所在国家或地区失业率提高、担保物在其所在地区的价格明显下降、所处行业不景气等；

(7) 债务人经营所处的技术、市场、经济或法律环境等发生重大不利变化，使权益工具投资人可能无法收回投资成本；

(8) 权益工具投资的公允价值发生严重或非暂时性下跌；

(9) 其他表明金融资产发生减值的客观证据。

二、金融资产减值的计量

企业在资产负债表日对金融资产进行检查时，有客观证据证明金融资产有了减值的迹象，并不一定必须计提减值准备，而应比较各项金融资产的账面价值与预计未来现金流量(不包括尚未发生的未来信用损失)现值孰低，只有当预计未来现金流量现值低于账面价值时，才能确认金融资产的减值。

(一) 持有至到期投资、贷款和应收款项的减值

1. 减值损失的确认

持有至到期投资、贷款和应收款项等金融资产发生减值时，应当将该金融资产的账面价值减记至预计未来现金流量(不包括尚未发生的未来信用损失)现值，减记的金额确认为资产减值损失，计入当期损益。

2. 减值测试的方法

在考虑持有至到期投资、贷款和应收款项等金融资产的减值测试时，应根据本企业的实际情况，将持有至到期投资、贷款和应收款项分为单项金额重大和不重大两类。

对单项金额重大的金融资产，单独进行减值测试。如有客观证据表明其已发生减值，应当确认减值准备(坏账准备或持有至到期投资减值准备)，并计入当期损益(资产减值损失)。

对单项金额不重大的金融资产，可以单独进行减值测试，或包括在具有类似信用风险

特征的金融资产组合中进行减值测试。

实务中，企业可以根据具体情况确定单项金额重大的标准，如取得成本在 100 万元以上等。该项标准一经确定，应当一致运用，不得随意变更。

3. 金融资产价值的恢复

对持有至到期投资、贷款和应收款项等金融资产确认减值损失后，如有客观证据表明该金融资产价值已恢复，且客观上与确认该损失后发生的事项有关（如债务人的信用评级已提高等），原确认的减值损失应当予以转回，计入当期损益。

但是，该转回后的账面价值不应当超过假定不计提减值准备情况下该金融资产在转回日的摊余成本。

4. 外币金融资产的减值

外币金融资产发生减值的，预计未来现金流量现值应先按外币确定，在计量减值时再按资产负债表日即期汇率折算为记账本位币反映的金额。

该项金额小于相关外币金融资产以记账本位币反映的账面价值的部分，确认为资产减值损失，计入当期损益。

5. 期末投资收益(利息收入)的确认

持有至到期投资、贷款和应收款项等金融资产确认减值损失后，期末投资收益（利息收入）应当按照确认减值损失时对预计未来现金流量进行折现采用的折现率作为利率和扣除减值准备后的摊余成本计算确认。

(二) 可供出售金融资产

1. 减值损失的确认和累计损失的处理

可供出售金融资产是否发生减值，应当注重该金融资产公允价值是否持续下降。或在综合考虑各种相关因素后，预期这种下降趋势属于非暂时性的，可以认定该可供出售金融资产已发生减值，应当确认减值准备（可供出售金融资产——公允价值变动），同时计入当期损益（资产减值损失）。

可供出售金融资产发生减值时，即使该金融资产没有终止确认，原直接计入所有者权益的因公允价值下降形成的累计损失，也应当予以转出，计入当期损益。

该转出的累计损失，为可供出售金融资产的初始取得成本扣除已收回本金和已摊销金额、当前公允价值和原已计入损益的减值损失后的余额。

2. 公允价值回升后的处理

对于已确认减值损失的可供出售债务工具，在随后的会计期间公允价值已上升且客观上与原减值损失确认后发生的事项有关的，原确认的减值准备应当予以转回，并冲减当期损益（资产减值损失）。

可供出售权益工具投资发生的减值损失，不得通过损益转回，应通过“资本公积”账户转回。但是，在活跃市场中没有报价且其公允价值不能可靠计量的权益工具投资，或与该权益工具挂钩并须通过交付该权益工具结算的衍生金融资产发生的减值损失，不得转回。

3. 期末投资收益(利息收入)的确认

可供出售金融资产发生减值后，期末投资收益（利息收入）应当按照确认减值损失时对预计未来现金流量进行折现采用的折现率作为利率和扣除减值准备后的摊余成本计算确认。

三、会计账户设置与核算

“资产减值损失”账户用于核算企业根据《企业会计准则第 8 号——资产减值》等计提各项资产减值准备所形成的损失。本账户应当按照资产减值损失的项目进行明细核算。企业根据《企业会计准则第 8 号——资产减值》等确定资产发生的减值的，按应减记的金额，借记本账户，贷记相关账户。

【例 7.40】 黄河公司 20×7 年 7 月 1 日购入同日发行的票面额 80 000 元、票面利率 8%、实际市场利率 10%、期限 3 年、每年付息 2 次的债券，购买价格为 75 939.45 元，全部款项的收付通过银行进行，黄河公司准备持有至到期。20×8 年 12 月 31 日，黄河公司对持有至到期投资进行减值测试，发现发行债券公司财务出现困难，所持有的债券预计只能收回分期支付的利息以及 70%的本金，该债券的摊余成本为 77 821.40 元。

3 期、5%的复利现值系数和年金现值系数分别为 0.863 8 和 2.723 2。

黄河公司财务处理如下：

20×8 年 12 月 31 日：

$$\text{持有至到期投资的预计未来现金流量的现值} = 80\,000 \times 70\% \times 0.8638 + 80\,000 \times 8\% \times 1/2 \times 2.7232 = 57\,087.04(\text{元})$$

$$\text{持有至到期投资减值损失} = 77\,821.40 - 57\,087.04 = 19\,734.36(\text{元})$$

借：资产减值损失　　　　19 734.36

　贷：持有至到期投资减值准备　　　　19 734.36

20×9 年 6 月 30 日确认利息收入：

$$\text{应确认的利息收入} = (\text{期初摊余成本 } 77\,821.40 - \text{发生的减值损失 } 19\,734.36) \times 5\% = 2\,854.35(\text{元})$$

借：应收利息　　　　3 200(80 000×8%×1/2)

　贷：持有至到期投资——利息调整　　　　345.65

　　投资收益　　　　2 854.35

【例 7.41】 20×5 年 1 月 1 日黄河公司从股票二级市场以每股 10 元的价格购入乙公司的股票 20 000 股，对乙公司无重大影响，公司将其划分为可供出售金融资产。

20×5 年 4 月 10 日宣告发放现金股利，每股 0.2 元。20×5 年 5 月 20 日收到上述宣告发放的股利。20×5 年 12 月 31 日该股票的市价为每股 10.5 元。20×6 年 12 月 31 日该股票的市价为每股 9.8 元。20×7 年由于受国际金融市场的影响，股票市价持续下跌，12 月 31 日该股票的市价为每股 8 元。20×8 年，国际金融市场好转，乙公司经过整改，股票价格回升，至 12 月 31 日该股票的市场价格上升到每股 10 元。

黄河公司账务处理如下：

20×5 年 1 月 1 日购入股票：

借：可供出售金融资产——成本　　200 000

　贷：银行存款　　200 000

20×5 年 4 月确认现金股利：

借：应收股利　　4 000

　贷：投资收益　　4 000

20×5 年 5 月收到现金股利：

借：银行存款　　4 000

　贷：应收股利　　4 000

20×5 年 12 月 31 日确认股票公允价值变动：

借：可供出售金融资产——公允价值变动　　10 000

　贷：资本公积——其他资本公积　　10 000

20×6 年 12 月 31 日确认股票公允价值变动：

借：资本公积——其他资本公积　　14 000[20 000×(10.5−9.8)]

　贷：可供出售金融资产——公允价值变动　　14 000

20×7 年 12 月 31 日，确认股票投资的减值损失：

借：资产减值损失　　40 000

　贷：资本公积——其他资本公积　　4 000

　　可供出售金融资产——公允价值变动　　36 000

20×8 年 12 月 31 日确认股票价格上涨：

借：可供出售金融资产——公允价值变动　　40 000

　贷：资本公积——其他资本公积　　40 000

【本章小结】

投资是使资本金得以保值增值的一种资本价值的垫付行为，在现实中表现为经济主体为获得利润而投放资本于企业或其他企业的行为，既包括直接用于本企业的生产性投资，也包括购买其他企业的股票、债券等的金融资产投资。本章所述的投资仅指权益性投资和债权性投资，不同投资的确认和计量标准不同，按照企业自身业务特点、投资策略和风险管理要求将投资分为以公允价值计量且其变动计入当期损益的金融资产、持有至到期投资、可供出售金融资产和长期股权投资四类。

投资的初始计量均应当按照公允价值计量(同一控制下的企业合并除外),但不包括已宣告但尚未发放的现金股利或已到期但尚未领取的利息。投资的后续计量则各不相同,以公允价值计量且其变动计入当期损益的金融资产、可供出售金融资产应以公允价值进行后续计量,公允价值变动损益形成的利得和损失,分别计入当期损益和所有者权益,在该资产终止确认时转出,计入当期损益;持有至到期投资按摊余成本进行后续计量,并按实际利率法确认各期的投资收益;长期股权投资按照投资企业对被投资企业的影响程度不同,分别采用不同的方法。当投资企业对被投资企业具有控制或无重大影响时,采用成本法核算;当投资企业对被投资企业具有共同控制或重大影响时,采用权益法核算。

采用成本法进行长期股权投资核算,在被投资企业宣告发放现金股利时,投资企业按应享有的部分确认为当期投资收益。

采用权益法进行长期股权投资核算,应将初始投资成本按照被投资企业可辨认净资产公允价值和持股比例进行调整。初始投资成本大于投资时应享有被投资企业可辨认净资产公允价值的差额,性质与商誉相同,不调整长期股权投资的初始成本;初始投资成本小于投资时应享有被投资企业可辨认净资产公允价值的差额,应计入当期损益,同时调整长期股权投资的成本。被投资企业的净利润应以其各项可辨认资产等的公允价值为基础进行调整后加以确定。被投资企业分派的现金股利,应视为投资的收回,被投资企业除损益以外所有者权益的增加,应调整长期股权投资的账面价值,并计入资本公积。

每期期末,企业应对除以公允价值计量且其变动计入当期损益的金融资产以外的投资的账面价值进行检查,如果出现减值迹象,应对其进行减值测试。

【本章思考题】

1. 以公允价值计量且其变动计入当期损益的金融资产的确认标准是什么?

2. 持有至到期投资利息调整产生的原因是什么?

3. 如何采用实际利率法确认投资收益和利息调整的摊销?

4. 如何区分以公允价值计量且其变动计入当期损益的金融资产、持有至到期投资、可供出售金融资产和长期股权投资四类投资?

5. 可供出售金融资产应如何进行会计核算?

6. 在不同情况下如何确认长期股权投资的初始投资成本?

7. 简述长期股权投资成本法的使用条件及会计核算方法。

8. 简述长期股权投资权益法的使用条件及会计核算方法。

【练习与案例分析】

一、业务处理

1. 甲公司为上市公司,按年对外提供财务报表,有关资料如下:

(1) 20×7 年 3 月 10 日甲公司以赚取差价为目的从二级市场购入乙公司发行的股票 100 万股,作为交易性金融资产,取得时公允价值为 7.8 元/股,含已宣告但尚未发放的现金股利 0.3 元,另支付相关交易费用 7.5 万元,全部价款以银行存款支付。

(2) 20×7 年 3 月 20 日收到上述价款中包含的现金股利。

(3) 20×7 年 12 月 31 日该股票公允价值为 6.75 元/股。

(4) 20×8 年 2 月 15 日乙公司宣告发放现金股利 0.45 元/股。

(5) 20×8 年 3 月 20 日收到现金股利。

(6) 20×8 年 12 月 31 日该股票公允价值为 7.95 元/股。

(7) 20×9 年 3 月 17 日将该股票全部处置,每股售价 7.65 元,支付交易费用 7.5 万元。

要求:根据上述资料,编制甲公司有关交易性金融资产的会计分录(单位:万元)。

2. 甲公司为上市公司,按季计提利息并对外提供财务报表。20×9 年有关业务资料如下:

(1) 1 月 6 日,甲公司以赚取差价为目的从二级市场购入一批债券作为交易性金融资产,该债券为 20×8 年 1 月 1 日发行,面值总额为 200 万元,利率为 6%,3 年期,每半年付息一次。取得时公允价值为 206 万元,含已到付息期但尚未领取的 20×8 年下半年的利息 6 万元,另支付交易费用 4 万元,全部价款以银行存款支付。

(2) 1 月 16 日,收到 20×8 年下半年的债券利息 6 万元。

(3) 3 月 31 日,该债券公允价值为 220 万元。

(4) 3 月 31 日,按债券票面利率计算利息。

(5) 6 月 30 日,该债券公允价值为 196 万元。

(6) 6 月 30 日,按债券票面利率计算利息。

(7) 7 月 16 日,收到 20×9 年上半年的债券利息 6 万元。

(8) 8 月 16 日,将该债券全部处置,实际收到价款 240 万元。

要求:根据上述资料,编制甲公司有关交易性金融资产的会计分录(单位:万元)。

3. 甲公司于 20×6 年 1 月 3 日从证券市场上购入乙公司于 20×5 年 1 月 1 日发行的债券,该债券 4 年期、票面利率 4%、每年 1 月 6 日支付上年度利息、到期日为 20×9 年 1 月 1 日、到期日一次归还本金和最后一次利息。甲公司购入债券的面值为 5 000 万元,实际支付价款 4 963.85 万元,另支付相关费用 100 万元。甲公司购入债券后将其划分为持有至到期投资,购入债券的实际利率为 5%,按年计提利息。

要求:编制甲公司从 20×6 年 1 月 3 日至 20×9 年 1 月 1 日与上述业务有关的会计分录(单位:万元)。

4. 甲公司于 20×6 年 1 月 1 日从股票市场上以每股 12 元的价格购入乙公司发行的

股票300万股，划分为可供出售金融资产，5月15日甲公司收到乙公司发放的上年现金股利400万元，12月31日该股票的市场价格为每股9.6元。

20×7年，乙公司因违反相关证券法规，受到证券监管部门查处，受此影响，乙公司股票12月31日市场价格下跌到每股4元。

20×8年12月31日，乙公司整改完成，股票价格回升到每股8元。

20×9年1月10日，甲公司将持有的乙公司股票对外出售，每股售价7.5元。

要求：编制甲公司从20×6年1月1日至20×9年1月31日与上述业务有关的会计分录(单位：万元)

5. 甲公司于20×5年1月1日从证券市场上购入乙公司于20×4年1月1日发行的债券，该债券5年期、票面利率5%、每年1月5日支付上年度利息，到期日为20×9年1月1日，到期日一次归还本金和最后一次利息。甲公司购入债券的面值为800万元，实际支付价款804.28万元，另支付相关费用8万元。甲公司购入债券后将其划分为持有至到期投资，购入债券的实际利率为6%，按年计提利息。

20×5年12月31日，该债券的预计未来现金流量现值为744万元(不属于暂时性的公允价值变动)。

20×6年1月2日，甲公司将持有至到期投资重分类为可供出售金融资产，其公允价值为740万元。

要求：编制甲公司从20×5年1月1日至20×9年1月1日与上述业务有关的会计分录(单位：万元)。

6. A公司于20×7年5月12日通过拍卖方式取得某上市公司的法人股100万股作为可供出售金融资产，每股6元，另支付相关费用4万元，款项通过银行支付。

20×7年6月30日，每股公允价值为5.6元。

20×7年9月30日，每股公允价值为5.2元。

20×7年12月31日，由于该上市公司发生严重财务困难，每股公允价值为2元，A公司对其拥有的法人股计提减值准备。

20×8年1月5日，A公司将上述法人股对外出售，每股售价1.8元。

要求：根据上述资料，编制A公司有关会计分录(单位：万元)。

7. A公司于20×7年1月1日以2 070万元(含支付的相关税费2万)购入B公司股票400万股，每股面值2元，占B公司实际发行在外股数的30%，A公司采用权益法核算此项投资。20×7年1月1日B公司可辨认净资产公允价值6 000万元，取得投资时B公司固定资产公允价值600万元，账面价值400万元，固定资产的预计使用年限10年，净残值为零，按直线法摊销，20×7年B公司实现净利润400万元，提取盈余公积80万元。20×8年B公司发生亏损8 000万元，增加资本公积200万元，20×9年A公司实现净利润1 040万元，不考虑所得税和其他事项。

要求：编制A公司上述有关投资业务的会计分录(单位：万元)。

8. 甲公司20×7—20×8年与投资有关的资料如下：

(1) 甲公司20×7年1月1日以1 080万元对乙公司投资，占其注册资本的30%，对乙公司能够实施重大影响，取得投资日乙公司可辨认净资产公允价值为3 600万元，账面价值为3 200万元，甲公司另支付10万元相关税费，除下表外，乙公司账面价值与公允价值相等。

项　目	账面价值	公允价值	预计使用年限
存　货	200	300	
固定资产	1 000	1 160	20
无形资产	400	540	10
小　计	1 600	2 000	

(2) 20×7年4月10日乙公司宣告分派20×6年现金股利200万元。

(3) 乙公司20×7年实现净利润1 000万元，甲公司投资时的存货在20×7年销售了70%。

(4) 乙公司20×7年3月20日宣告分派20×7年现金股利240万元。

(5) 乙公司20×8年实现净利润420万元，20×8年甲公司投资时剩余的存货30%对外出售。

(6) 乙公司20×8年因持有可供出售金融资产公允价值上升计入资本公积80万元。

要求：编制甲公司上述业务处理的会计分录(单位：万元)。

9. A公司20×6年1月2日，以银行存款6 000万元购入B公司10%的股份，不具有重大影响，并在活跃市场中没有报价，公允价值不能可靠计量，采用成本法核算。B公司相关资料如下：

(1) 20×6年4月20日B公司宣告分派20×5年现金股利150万元，B公司20×6年实现净利润600万元。

(2) 20×7年4月20日B公司宣告分派20×6年现金股利750万元，B公司20×7年实现净利润700万元。

(3) 20×8年4月20日B公司宣告分派20×7年现金股利600万元，B公司20×8年实现净利润550万元。

(4) 20×9年4月20日B公司宣告分派20×8年现金股利300万元。

要求：编制A公司上述业务处理的会计分录(单位：万元)。

10. A公司是一家在深圳证券交易所上市的公司，该公司20×6年年报中交易性金融资产的金额比20×5年12月31日的数字有了异常增长，达1.6亿元之巨。经研究其年报附注和其他资料发现，此系A公司在2006年年末进行了投资的重分类所致使的，具体情况如下：

在该公司第1季度的季报上，交易性金融资产仅为0.35万元，持有至到期投资有1.50亿元，其中1.25亿元为A公司所购买的B公司债券。但在20×6年6月30日的资产负债表中，对B公司债券的1.25亿元投资被重分类为交易性金融资产，是按其公允价值1.5亿元从持有至到期投资账户结转至交易性金融资产账户的，并增加了当期损益0.25亿元，到20×6年12月31日该债券市场价格为1.8亿元，A、B公司没有出现经营意外情况。A公司20×6年的净利润为0.125亿元。审计A公司20×6年度会计报表的M会计师事务所和注册会计师出具的审计意见是"无保留意见"。

提示：持有至到期投资重分类应满足哪些条件？应重分类为何种金融资产？

要求：

(1) 请分析A公司对该项投资是否应该进行重分类？为什么？

(2) 请分析若A公司对该项投资重分类的会计处理不正确，其可能的动机何在？

(3) 请分析M会计师事务所出具的审计意见是否正确？若不正确，正确的审计意见应该是什么？(请解释具体原因)

二、案例分析

资料：南方证券股份有限公司(以下简称"南方证券")自1992年9月成立(当时注册资本为10亿元)之后，由于管理混乱、内控不力、经营不当，财务、资金状况不断恶化。鉴于南方证券违法违规经营，为保护投资者和债权人的合法权益，中国证券监督管理委员会、深圳市人民政府决定自2004年1月2日起对南方证券实施行政接管。

行政接管后，与南方证券关系最紧密的股东们纷纷作出了反应，先后有8家上市公司发表公告对投资者进行风险预警。上海汽车和首创股份同为南方证券的第一大股东，各持10.41%的股份，但是这两家公司计提减值准备的情况却不一样。从2003年年报看，上海汽车对此项长期投资计提了100%的准备，而首创股份仅计提了15%的投资减值准备(全额应为3.96亿元)，金额为5 940万元。东电B股投资2.2亿元，参股南方证券2亿股，占该公司股权比例为5.78%，以前年度未提任何减值准备，2003年度提取减值准备18 015万元。

作为南方证券的主要投资人，上海汽车、首创股份、东电B股三家上市公司2003年的业绩情况如下：上海汽车在中国汽车业的高速发展中快速行进，年报显示，公司2003年度实现主营业务收入68.92亿元，净利润15.17亿元，每股收益0.602 0元，分别同比增长44.5%、41.7%、41.6%，每股收益为0.602 0元，资产收益率达到15.48%；首创股份如果不考虑对南方证券的投资减值准备，公司2003年的利润总额为47 741.57万元，同比增长2.64%，每股收益也有望达到0.42元，扣除非经常性损益后的利润为3.99亿元，净资产收益率已不足10%，仅为9.08%，同比下降了13.28%；东电B股在2003年经营业绩取得了较快的增长，全年实现主营业务收入47.38亿元、主营业务利润15.59亿元，分别较2002年增长42.68%和43.68%，在计提南方证券长期股权投资减值准备1.8亿元的情况下，2003年公司仍实现利润总额10.76亿元，较2002年增长32.51%，实现净利润6.09亿元，较2002年增长11.69%。

提示：计提长期股权投资减值准备的前提依据是什么？

思考：从公司业绩与减值准备计提基础角度，分析为何同为南方证券的股东，上海汽车、首创股份、东电B股三家上市公司对同一项投资计提的减值准备的差异却如此悬殊。

第八章

投资性房地产

【本章学习目的】

1. 了解投资性房地产的特征和范围。
2. 掌握投资性房地产的计量原则。
3. 掌握采用成本计量模式计量的投资性房地产的核算。
4. 掌握采用公允价值模式计量的投资性房地产的核算。

课前案例

昆百大 A:采用公允价值计量投资性房地产

昆百大 A(000560)公司董事会决议采用公允价值计量投资性房地产,本次涉及变更会计准则的投资性地产面积 3.2 万平方米,评估后价格相比原始账面价值增加了 5.02 亿元。

变更会计准则的目的在于真实反映公司资产价值,因为在成本模式下,资产会随着摊销而减少,而采用公允价值计量能够体现房产的实际升值情况,利于投资者全面认识公司价值。

采用公允价值后,原有资产无需计提折旧,每年将减少摊销费用约 480 万元;公司资产负债率将由 95.5%降为 77.1%,举债发展能力得到提升;每股净资产将由 0.69 元变为 3.49 元,具备了送股条件。

一季度期末公司预收账款为 5.93 亿元,来自昆明野鸭湖和无锡百大春城,昆明城市理想项目目前已完成约 3.3 亿元销售额,由于公司拥有该项目 49%股权,没有达到并表条件,但按股权比例计算的公司实际预收账款目前约为 7.58 亿元,完成 2008 年预计结算收入的 64%。

预计公司 2008 年将实现每股收益 1.1 元,赋予其 2008 年 15 倍市盈率,合理价格 16.5 元,建议买入。

(资料来源:曹旭特:新浪财经网,2008 年 6 月 5 日。)

思考:如果昆百大 A 对投资性房地产采用成本模式进行计量,对其财务报表会有什么影响?

第一节　投资性房地产概述

房地产是土地和房屋及其权属的总称。在我国,土地归国家或集体所有,企业只能取得土地使用权。因此,房地产中的土地是指土地使用权。房屋是指土地上的房屋等建筑物及构筑物。随着经济的发展和投资观念的改变,房地产市场日益活跃,企业持有的房地产除了用作自身管理、生产经营活动场所和对外销售之外,出现了将房地产用于赚取租金或增值收益的活动。有的企业将房地产的投资作为主营业务,有的企业在经营其他业务的同时,兼营房地产投资业务;有的企业投资房地产主要是为了房地产的增值而盈利,有的企业投资房地产则是为了抵御通货膨胀的影响。用于出租或增值的房地产,它在用途、状态、目的等方面与企业自用的厂房、办公楼等作为生产经营场所的房地产和房地产开发企业用于销售的房地产是不同的。因而,在会计实务上,迫切需要将投资性房地产从原有的固定资产中划分出来,作为单独一类制定相关的会计规范。

一、投资性房地产的概念和特征

投资性房地产是指为赚取租金或资本增值,或者两者兼有而持有的房地产。投资性房地产主要有以下特征:

第一,投资性房地产业务是一种经营性活动。投资性房地产的主要形式是出租建筑物、出租土地使用权,这实质上属于一种让渡资产使用权行为。房地产租金就是让渡资产使用权取得的使用费收入,是企业为完成其经营目标所从事的经营性活动以及与之相关的其他活动形成的经济利益总流入。投资性房地产的另一种形式是持有并准备增值后转让的土地使用权,尽管其增值收益通常与市场供求、经济发展等因素有关,但目的是为了增值后转让以赚取增值收益,也是企业为完成其经营目标所从事的经营性活动以及与之相关的其他活动形成的经济利益总流入。根据税法的规定,企业出租房地产、转让土地使用权均视为一种经营活动,其取得的房地产租金收入或土地使用权转让收益应当缴纳营业税,如土地使用权转让增值额达到法定标准的,还需缴纳土地增值税。在我国实务中,持有并准备增值后转让的土地使用权这种情况较少。

第二,投资性房地产应当能够单独计量和出售。投资性房地产在用途、状态、目的等方面与作为生产经营场所的房地产和用于销售的房地产不同,这就需要将投资性房地产单独作为一项资产核算和反映,与自用的厂房、办公楼等房地产和作为存货(商品房)的房地产加以区别,从而更加清晰地反映企业所持有房地产的构成情况和盈利能力。

二、投资性房地产的范围

投资性房地产的范围限定为已出租的土地使用权、持有并准备增值后转让的土地使用权、已出租的建筑物。

(一) 已出租的土地使用权

已出租的土地使用权,是指企业通过出让或转让方式取得的、以经营租赁方式出租的土地使用权。企业取得的土地使用权通常包括在一级市场上以缴纳土地出让金的方式取得的土地使用权,也包括在二级市场上接受其他单位转让的土地使用权。例如,甲公司与乙公司签署了土地使用权租赁协议,甲公司以年租金 720 万元租赁使用乙公司拥有的 40 万平方米土地使用权,那么,自租赁协议约定的租赁期开始日起,这项土地使用权属于乙公司的投资性房地产。

对于以经营租赁方式租入土地使用权再转租给其他单位的,不能确认为投资性房地产。

(二) 持有并准备增值后转让的土地使用权

持有并准备增值后转让的土地使用权,是指企业取得的、准备增值后转让的土地使用权。这类土地使用权很可能给企业带来资本增值收益,符合投资性房地产的定义。例如,企业发生转产或厂址搬迁,部分土地使用权停止自用,管理层决定继续持有这部分土地使用权,待其增值后转让以赚取增值收益。

按照国家有关规定认定的闲置土地,不属于持有并准备增值后转让的土地使用权,也就不属于投资性房地产。

(三) 已出租的建筑物

已出租的建筑物是指企业拥有产权的、以经营租赁方式出租的建筑物,包括自行建造或开发活动完成后用于出租的建筑物。例如,甲公司将其拥有的某栋厂房整体出租给乙公司,租赁期 2 年,对于甲公司而言,自租赁期开始日起,该栋厂房属于投资性房地产。企业在判断和确认已出租的建筑物时,应当把握以下要点:

(1) 用于出租的建筑物是指企业拥有产权的建筑物。企业以经营租赁方式租入再转租的建筑物不属于投资性房地产。例如,甲企业与乙企业签订了一项经营租赁合同,乙企业将其持有产权的一栋办公楼出租给甲企业,为期 5 年。甲企业一开始将该办公楼装修后用于自行经营餐馆。2 年后,由于连续亏损,甲企业将餐馆转租给丙公司,以赚取租金差价。这种情况下,对于甲企业而言,该栋楼不属于其投资性房地产。对于乙企业而言,则属于其投资性房地产。

(2) 已出租的建筑物是企业已经与其他方签订了租赁协议,约定以经营租赁方式出租的建筑物。自租赁协议规定的租赁期开始日起，经营租出的建筑物才属于已出租的建筑物。企业计划用于出租但尚未出租的建筑物，不属于已出租的建筑物。例如，甲企业在当地房地产交易中心通过竞拍取得一块土地的使用权。甲企业按照合同规定对这块土地进行了开发，并在这块土地上建造了一栋商场，拟用于整体出租，但尚未找到合适的承租人，此时这栋商场不属于投资性房地产。直到甲企业与承租人签订经营租赁合同，自租赁期开始日起，这栋商场才能转换为投资性房地产；同时，相应的土地使用权(无形资产)也应当转换为投资性房地产。

(3) 企业将建筑物出租，按租赁协议向承租人提供的相关辅助服务在整个协议中不重大的，应当将该建筑物确认为投资性房地产。例如，企业将其办公楼出租，同时向承租人提供维护、保安等日常辅助服务，企业应当将其确认为投资性房地产。

三、不属于投资性房地产的项目

(一) 自用房地产

自用房地产是指为生产商品、提供劳务或者经营管理而持有的房地产，如企业生产经营用的厂房和办公楼属于固定资产，企业生产经营用的土地使用权属于无形资产。自用房地产的特征在于服务于企业自身的生产经营，其价值会随着房地产的使用而逐渐转移到企业的产品或服务中去，通过销售商品或提供服务为企业带来经济利益，在产生现金流量的过程中与企业持有的其他资产密切相关。

例如，企业出租给本企业职工居住的宿舍，虽然也收取租金，但间接为企业自身的生产经营服务，因此具有自用房地产的性质。又如，企业拥有并自行经营的旅馆饭店。旅馆饭店的经营者在向顾客提供住宿服务的同时，还提供餐饮、娱乐等其他服务，其经营目的主要是通过向客户提供服务取得服务收入，因此，企业自行经营的旅馆饭店是企业的经营场所，应当属于自用房地产。

(二) 作为存货的房地产

作为存货的房地产通常是指房地产开发企业在正常经营过程中销售的或为销售而正在开发的商品房和土地。这部分房地产属于房地产开发企业的存货，其生产、销售构成企业的主营业务活动，产生的现金流量也与企业的其他资产密切相关。因此，具有存货性质的房地产不属于投资性房地产。

从事房地产经营开发的企业依法取得的、用于开发后出售的土地使用权，属于房地产开发企业的存货，即使房地产开发企业决定待增值后再转让其开发的土地，也不得将其确认为投资性房地产。

实务中，存在某项房地产部分自用或作为存货出售、部分用于赚取租金或资本增值的情形。如果该项房地产不同用途的部分能够单独计量和出售的，应当分别确认为固定资产(或无形资产、存货)和投资性房地产。例如,甲开发商建造了一栋商住两用楼盘,一层出租给一家大型超市,已签订经营租赁合同;其余楼层均为普通住宅,正在公开销售中。这种情况下,如果一层商铺能够单独计量和出售,应当确认为甲企业的投资性房地产,其余楼层为甲企业的存货,即开发产品。

四、投资性房地产的会计处理要求

(一) 投资性房地产的确认标准

投资性房地产只有在符合定义的前提下,同时满足下列条件的,才能予以确认:①与该投资性房地产有关的经济利益很可能流入企业;②该投资性房地产的成本能够可靠地计量。对已出租的土地使用权、已出租的建筑物,其作为投资性房地产的确认时点一般为租赁开始日,即土地使用权、建筑物进入出租状态,开始赚取租金的日期。但企业管理当局对企业持有的以备经营出租的空置建筑物,作出正式书面决议,明确表示将该空置建筑物用于经营出租且持有意图短期内不再发生变化的,也可视为投资性房地产,其作为投资性房地产的时点为企业管理当局就该事项作出正式书面决议的日期。这里的“空置建筑物”是指企业新购入、自行建造或开发完工但尚未使用的建筑物,以及不再用于日常生产经营活动且经整理后达到可经营出租状态的建筑物。对持有并准备增值后转让的土地使用权,其作为投资性房地产的确认时点为企业将自用土地使用权停止自用,准备增值后转让的日期。

(二) 投资性房地产的计量模式

投资性房地产应当按照成本进行初始确认和计量。在后续计量时,通常应当采用成本模式,但如果同时满足以下两个条件:①投资性房地产所在地有活跃的房地产交易市场,②企业能够从房地产交易市场上取得同类或类似房地产的市场价格及其他相关信息,从而对投资性房地产的公允价值作出科学合理的估计,那么企业也可以采用公允价值模式计量投资性房地产。但是,需要注意的是,同一企业只能采用一种模式对所有投资性房地产进行后续计量,不得同时采用两种计量模式。

此外,为了保证会计信息的可比性,企业对投资性房地产的计量模式一经确定,不得随意变更。只有在房地产市场比较成熟、能够满足采用公允价值模式条件的情况下,才允许企业对投资性房地产从成本模式计量变更为公允价值模式计量。成本模式转为公允价值模式的,应当作为会计政策变更处理,并按计量模式变更时公允价值与账面价值的差额调整期初留存收益。已采用公允价值模式计量的投资性房地产,不得从公允价值模式转为成本模式。

(三) 主要账户设置

(1) 投资性房地产。本账户核算企业采用成本模式计量的投资性房地产的成本。本账户可按投资性房地产类别和项目进行明细核算。企业采用公允价值模式计量投资性房地产的,也通过本账户核算。采用公允价值模式计量的投资性房地产,还应当分别按"成本"和"公允价值变动"进行明细核算。

本账户期末借方余额,企业采用成本模式计量的,反映企业的投资性房地产的成本,企业采用公允价值模式计量的,反映投资性房地产的公允价值。

(2) 投资性房地产累计折旧(摊销)。本账户核算采用成本模式计量的投资性房地产的累计折旧或累计摊销,比照"累计折旧"等账户进行处理。

(3) 投资性房地产减值准备。本账户核算采用成本模式计量的投资性房地产的减值,比照"固定资产减值准备"等账户进行处理。

(4) 主营业务收入、主营业务成本、其他业务收入、其他业务成本。就某些企业而言,投资性房地产属于日常经营性活动,形成的租金收入或转让增值收益确认为企业的主营业务收入,在这种情况下,应通过"主营业务收入"和"主营业务成本"账户核算相关的损益。但对于大部分企业而言,投资性房地产是与经营性活动相关的其他经营活动,形成的租金收入或转让增值收益构成企业的其他业务收入,在这种情况下,应通过"其他业务收入"和"其他业务成本"账户核算相关的损益。

(5) 公允价值变动损益。本账户核算企业交易性金融资产、交易性金融负债,以及采用公允价值模式计量的投资性房地产、衍生工具、套期保值业务等公允价值变动形成的应计入当期损益的利得或损失。本账户可按交易性金融资产、交易性金融负债、投资性房地产等进行明细核算。期末,应将本账户余额转入"本年利润"账户,结转后本账户无余额。

第二节　投资性房地产的初始计量

在外购或者自行建造方式下取得投资性房地产时,不管是采取成本模式还是公允价值模式,投资性房地产都应当按照成本进行初始确认和计量。在采用成本模式计量下,企业应将取得的投资性房地产,按应计入投资性房地产成本的金额,借记"投资性房地产"账户,贷记"银行存款"、"在建工程"、"开发产品"等账户。在采用公允价值模式计量下,企业应将取得的投资性房地产,按应计入投资性房地产成本的金额,借记"投资性房地产——成本"账户,贷记"银行存款"、"在建工程"、"开发产品"等账户,其实际成本的确定与采用成本模式计量的投资性房地产一致。

由非投资性房地产转换为投资性房地产方式下取得的投资性房地产,其在成本模式计量和公允价值模式计量下成本的初始确认有所不同。在采用成本模式计量下，企业应将原非投资性房地产在转换日的账面价值作为投资性房地产的入账价值，不确认任何损益。在采用公允价值模式计量下，企业应将原非投资性房地产在转换日的公允价值作为投资性房地产的入账价值，公允价值与原非投资性房地产的账面价值之间的差额，根据稳健性原则，如果是损失，直接在当期利润表中确认；如果是收益，则先暂时计入“资本公积”，待处置该项投资性房地产时，再将相应部分转为已实现收益，确认在营业收入中。

一、外购或自行建造的投资性房地产

外购的土地使用权和建筑物，应当按照取得时的实际成本进行初始计量，其成本包括购买价款、相关税费和可直接归属于该资产的其他支出。需要注意的是，外购的房地产，只有在购入的同时开始出租，才能作为投资性房地产加以确认。如果购入后，没有同时开始出租，应该先作为固定资产加以确认，直至租赁开始日才能从固定资产转换为投资性房地产。

自行建造的投资性房地产，其成本由建造该项资产达到预定可使用状态前发生的必要支出构成，包括土地开发费、建筑安装成本、应予以资本化的借款费用、支付的其他费用和分摊的间接费用等。建造过程中发生的非正常性损失直接计入当期损益，不计入建造成本。

企业购入或自行建造的投资性房地产，部分用于出租(或资本增值)、部分自用，用于出租(或资本增值)的部分应当予以单独确认的，应按照不同部分的公允价值占公允价值总额的比例将成本在不同部分之间进行合理分配。

【例 8.1】 20×7 年 3 月，甲企业计划购入一栋写字楼用于对外出租。3 月 15 日，甲企业与乙企业签订了经营租赁合同，约定自写字楼购买日起将这栋写字楼出租给乙企业，为期 5 年。4 月 5 日，甲企业实际购入写字楼，支付价款共计 1 200 万元(假设不考虑其他因素，甲企业采用成本模式进行后续计量)。

甲企业的账务处理如下：

借：投资性房地产——写字楼　　12 000 000

　　贷：银行存款　　12 000 000

【例 8.2】 沿用例 8.1 资料，假设甲企业拥有的投资性房地产符合采用公允价值模式计量的条件，采用公允价值模式进行后续计量。

20×7 年 4 月 5 日，甲企业在购置写字楼时的账务处理如下：

借：投资性房地产——成本(写字楼)　　12 000 000

　　贷：银行存款　　12 000 000

【例 8.3】 20×7 年 3 月，甲企业从其他单位购入一块土地的使用权，并在该块土地上开始自行建造三栋厂房。20×7 年 6 月，甲企业预计厂房即将完工，与乙企业签订了经营租赁合同，将其中的一栋厂房租赁给乙企业使用。租赁合同约定，该厂房于完工(达到预定可使用状态)时开始起租。20×7 年 7 月 5 日,三栋厂房同时完工(达到预定可使用状态)。该块土地使用权的成本为 600 万元;三栋厂房的造价均为 1 000 万元,能够单独出售(假设不考虑其他因素,甲企业采用成本模式进行后续计量)。

20×7 年 7 月 5 日,三栋厂房同时完工时,甲企业的账务处理如下:

土地使用权中的对应部分同时转换为投资性房地产:600×(1 000÷3 000)=200(万元)。

借:投资性房地产——厂房	10 000 000	
固定资产——厂房	20 000 000	
贷:在建工程		30 000 000
借:投资性房地产——土地使用权	2 000 000	
贷:无形资产——土地使用权	2 000 000	

【例 8.4】 沿用例 8.3 资料,假设甲企业拥有的投资性房地产符合采用公允价值模式计量的条件,采用公允价值模式进行后续计量。

20×7 年 7 月 5 日,三栋厂房同时完工时,甲企业的账务处理如下:

借:投资性房地产——成本(厂房)	10 000 000	
固定资产——厂房	20 000 000	
贷:在建工程		30 000 000
借:投资性房地产——成本(土地使用权)	2 000 000	
贷:无形资产—土地使用权		2 000 000

二、非投资性房地产转换为投资性房地产

非投资性房地产转换为投资性房地产,实质上是因房地产用途发生改变而对房地产进行的重新分类。企业必须有确凿证据表明房地产用途发生改变,才能将非投资性房地产转换为投资性房地产,包括:作为存货的房地产改为出租;自用建筑物或土地使用权停止自用改为出租;自用土地使用权停止自用,改用于资本增值等。这里的确凿证据包括两个方面:一是企业管理当局应当就改变房地产用途形成正式的书面决议;二是房地产因用途改变而发生实际状态上的改变,如从自用状态改为出租状态。

(一) 作为存货的房地产转换为投资性房地产

作为存货的房地产转换为投资性房地产,通常指房地产开发企业将其持有的开发产品以经营租赁的方式出租,存货相应地转换为投资性房地产。这种情况下,转换日为房地产的租赁期开始日。租赁期开始日是指承租人有权行使其使用租赁资产权利的日期。

企业将作为存货的房地产转换为采用成本模式计量的投资性房地产时,应当按该项存货在转换日的账面价值;借记"投资性房地产"账户,原已计提跌价准备的,借记"存货跌价准备"账户;按其账面余额,贷记"开发产品"等账户。

企业将作为存货的房地产转换为采用公允价值模式计量的投资性房地产时,应当按

该项房地产在转换日的公允价值，借记“投资性房地产——成本”账户；原已计提跌价准备的，借记“存货跌价准备”账户；按其账面余额，贷记“开发产品”等账户。同时，转换日的公允价值小于账面价值的，按其差额，借记“公允价值变动损益”账户；转换日的公允价值大于账面价值的，按其差额，贷记“资本公积——其他资本公积”账户。待该项投资性房地产处理时，因转换计入资本公积的部分应转入当期的营业收入，借记“资本公积——其他资本公积”账户，贷记“其他业务收入”等账户。

【例 8.5】 甲企业是从事房地产开发业务的企业，20×7 年 3 月 10 日，甲企业与乙企业签订了租赁协议，将其开发的一栋写字楼出租给乙企业使用，租赁期开始日为 20×7 年 4 月 15 日。20×7 年 4 月 15 日，该写字楼的账面余额 55 000 万元，公允价值为 60 000 万元，未计提存货跌价准备(假设不考虑其他因素，甲企业采用成本模式进行后续计量)。

20×7 年 4 月 15 日，甲企业的账务处理如下：

借：投资性房地产——写字楼	550 000 000	
贷：开发产品		550 000 000

【例 8.6】 沿用例 8.5 资料，假设甲企业拥有的投资性房地产符合采用公允价值模式计量的条件，采用公允价值模式进行后续计量。

20×7 年 4 月 15 日，甲企业的账务处理如下：

借：投资性房地产——成本(写字楼)	600 000 000	
贷：开发产品		550 000 000
资本公积——其他资本公积		50 000 000

(二) 自用房地产转换为投资性房地产

企业将原本用于生产商品、提供劳务或者经营管理的房地产改用于出租，应于租赁期开始日，将相应的固定资产或无形资产转换为投资性房地产。

企业将自用土地使用权或建筑物转换为以成本模式计量的投资性房地产时，应当按该项建筑物或土地使用权在转换日的原价、累计折旧或累计摊销、减值准备等，分别转入“投资性房地产”、“投资性房地产累计折旧(摊销)”、“投资性房地产减值准备”账户，按其账面余额，借记“投资性房地产”账户，贷记“固定资产”或“无形资产”账户，按已计提的折旧或摊销，借记“累计折旧”或“累计摊销”账户，贷记“投资性房地产累计折旧(摊销)”账户，原已计提减值准备的，借记“固定资产减值准备”或“无形资产减值准备”账户，贷记“投资性房地产减值准备”账户。

企业将自用房地产转换为采用公允价值模式计量的投资性房地产时，应当按该项土地使用权或建筑物在转换日的公允价值，借记“投资性房地产——成本”账户；按已计提的累计摊销或累计折旧，借记“累计摊销”或“累计折旧”账户；原已计提减值准备的，借记“无形资产减值准备”、“固定资产减值准备”账户；按其账面余额，贷记“固定资产”或“无形资产”账户。同时，转换日的公允价值小于账面价值的，按其差额，借记“公允价值变动损益”账户；转换日的公允价值大于账面价值的，按其差额，贷记“资本公积——其他资本公积”

账户。待该项投资性房地产处置时，因转换计入资本公积的部分应转入当期的营业收入，借记“资本公积——其他资本公积”账户，贷记“其他业务收入”等账户。

【例 8.7】 20×7 年 6 月，甲企业打算搬迁至新建办公楼，由于原办公楼处于商业繁华地段，甲企业准备将其出租，以赚取租金收入。20×7 年 10 月，甲企业完成了搬迁工作，原办公楼停止自用。20×7 年 12 月，甲企业与乙企业签订了租赁协议，将其原办公楼租赁给乙企业使用，租赁期开始日为 20×8 年 1 月 1 日，租赁期限为 3 年。20×8 年 1 月 1 日，该办公楼的公允价值为 35 000 万元，其原价为 50 000 万元，已提折旧 14 250 万元；假设甲企业对投资性房地产采用成本模式计量。

甲企业应当于租赁期开始日（20×8 年 1 月 1 日）将自用房地产转换为投资性房地产。20×8 年 1 月 1 日，甲企业的账务处理如下：

借：投资性房地产——办公楼　　500 000 000
　　累计折旧　　142 500 000
　　贷：固定资产　　500 000 000
　　　　投资性房地产累计折旧（摊销）　　142 500 000

【例 8.8】 沿用例 8.7 资料，假设甲企业拥有的投资性房地产符合采用公允价值模式计量的条件，采用公允价值模式进行后续计量。

20×8 年 1 月 1 日，甲企业的账务处理如下：

借：投资性房地产——成本（办公楼）　　350 000 000
　　公允价值变动损益　　7 500 000
　　累计折旧　　142 500 000
　　贷：固定资产　　500 000 000

第三节　投资性房地产的后续计量以及后续支出

投资性房地产在后续计量时，通常应当采用成本模式，满足特定条件的情况下也可以采用公允价值模式。但是，需要注意的是，同一企业只能采用一种模式对所有投资性房地产进行后续计量，不得同时采用两种计量模式。

一、采用成本模式进行后续计量的投资性房地产

采用成本模式进行后续计量的投资性房地产，应当按照固定资产或无形资产的有关规定，按期（月）计提折旧或摊销，借记“其他业务成本”等账户，贷记“投资性房地产累计折旧（摊销）”。取得的租金收入，借记“银行存款”等账户，贷记“其他业务收入”等账户。

投资性房地产存在减值迹象的，还应当适用资产减值的有关规定。经减值测试后确定发生减值的，应当计提减值准备，借记“资产减值损失”账户，贷记“投资性房地产减值准备”账户。如果已经计提减值准备的投资性房地产的价值又得以恢复，已经计提的减值损失不得转回。

【例 8.9】 20×7 年 1 月 1 日，甲企业将一栋办公楼出租给乙企业使用，已确认为投资性房地产，采用成本模式进行后续计量。假设该栋办公楼的成本为 1 800 万元，按照直线法计提折旧，使用寿命为 20 年，预计净残值为零。按照经营租赁合同约定，乙企业每月支付甲企业租金 8 万元。当年 12 月，这栋办公楼发生减值迹象，经减值测试，其可收回金额为 1 200 万元，此时办公楼的账面价值为 1 710 万元，以前未计提减值准备。假设甲企业的投资性房地产是与经营性活动相关的其他经营活动，形成的租金收入构成企业的其他业务收入。

甲企业的账务处理如下：

每月计提折旧：

$$月折旧额 = 1\,800 \div 20 \div 12 = 7.5(万元)$$

借：其他业务成本	75 000	
贷：投资性房地产累计折旧（摊销）		75 000

每月确认租金收入：

借：银行存款（或其他应收款）	80 000	
贷：其他业务收入		80 000

计提减值准备：

借：资产减值损失	5 100 000	
贷：投资性房地产减值准备		5 100 000

二、采用公允价值模式进行后续计量的投资性房地产

采用公允价值模式计量投资性房地产，应当同时满足以下两个条件：①投资性房地产所在地有活跃的房地产交易市场；②企业能够从房地产交易市场上取得同类或类似房地产的市场价格及其他相关信息，从而对投资性房地产的公允价值作出科学合理的估计。这两个条件必须同时具备，缺一不可。

企业可以参照活跃市场上同类或类似房地产的现行市场价格（市场公开报价）来确定投资性房地产的公允价值；无法取得同类或类似房地产现行市场价格的，可以参照活跃市场上同类或类似房地产的最近交易价格，并考虑交易情况、交易日期、所在区域等因素予以确定。

企业只有在存在确凿证据表明其公允价值能够持续可靠取得时，才允许采用公允价值模式计量。企业一旦选择公允价值模式，就应当对其所有投资性房地产采用公允价值模式进行后续计量。

投资性房地产采用公允价值模式计量的，不计提折旧或摊销，应当以资产负债表日的公允价值计量。资产负债表日，投资性房地产的公允价值高于其账面余额的差额，借记“投资性房地产——公允价值变动”账户，贷记“公允价值变动损益”账户；公允价值低于其账面余额的差额作相反的分录。

【例 8.10】 甲企业为从事房地产经营开发的企业。20×7 年 8 月，甲企业与乙企业签订租赁协议，约定将甲企业开发的一栋精装修的写字楼于开发完成的同时开始租赁给乙企业使用，租赁期为 10 年。当年 10 月 1 日，该写字楼开发完成并开始起租，写字楼的造价为 9 000 万元。20×7 年 12 月 31 日，该写字楼的公允价值为 9 200 万元。假设甲企业对投资性房地产采用公允价值模式计量。

甲企业的账务处理如下：

20×7 年 10 月 1 日，甲企业开发完成写字楼并出租：

借：投资性房地产——成本　　90 000 000

　贷：开发成本　　90 000 000

20×7 年 12 月 31 日，按照公允价值为基础调整其账面价值，公允价值与原账面价值之间的差额计入当期损益

借：投资性房地产——公允价值变动　　2 000 000

　贷：公允价值变动损益　　2 000 000

三、投资性房地产由成本模式计量转换为公允价值模式计量

为保证会计信息的可比性，企业对投资性房地产的计量模式一经确定，不得随意变更。只有在房地产市场比较成熟、能够满足采用公允价值模式条件的情况下，才允许企业对投资性房地产从成本模式计量变更为公允价值模式计量。成本模式转为公允价值模式的，应当作为会计政策变更处理，并按计量模式变更时公允价值与账面价值的差额调整期初留存收益。已采用公允价值模式计量的投资性房地产，不得从公允价值模式转为成本模式。

【例 8.11】 沿用例 8.9 资料，20×8 年 1 月 1 日，假设甲企业持有的此投资性房地产满足采用公允价值模式条件，甲企业决定采用公允价值模式对该办公楼进行后续计量，20×8 年1 月 1 日该办公楼的公允价值为 1 300 万元。假设甲企业按照净利润的 10%计提盈余公积，不考虑其他因素。

20×8 年 1 月 1 日，甲企业的账务处理如下：

借：投资性房地产——成本（办公楼）　　13 000 000

　投资性房地产累计折旧（摊销）　　900 000

　投资性房地产减值准备　　5 100 000

　贷：投资性房地产——办公楼　　18 000 000

　　利润分配——未分配利润　　900 000

　　盈余公积　　100 000［（1 300 万－1 200 万）×10%］

四、与投资性房地产有关的后续支出

(一) 资本化的后续支出

与投资性房地产有关的后续支出，满足投资性房地产确认条件的应当计入投资性房地产成本。例如，企业为了提高投资性房地产的使用效能，往往需要对投资性房地产进行改建、扩建而使其更加坚固耐用，或者通过装修而改善其室内装潢。改扩建或装修支出满足资产确认条件的，应当将其资本化。企业对某项投资性房地产进行改扩建等再开发且将来仍将其作为投资性房地产的，在再开发期间应继续将其作为投资性房地产，再开发期间不计提折旧或摊销。

采用成本模式计量的，投资性房地产进入改良或者装修阶段后，应当将其账面价值转入"在建工程"账户。借记"在建工程"、"投资性房地产累计折旧(摊销)"等账户，贷记"投资性房地产"账户。发生资本化的改良或装修支出，通过"在建工程"账户归集，借记"在建工程"账户，贷记"银行存款"、"应付账款"等账户。改良或者装修完成后，继续用于投资性房地产的，应当从在建工程转入投资性房地产，借记"投资性房地产"账户，贷记"在建工程"账户。

采用公允价值模式计量的，投资性房地产进入改良或者装修阶段后，借记"在建工程"账户，贷记"投资性房地产——成本"、"投资性房地产——公允价值变动"等账户；在改良或者装修完成后，继续用于投资性房地产的，借记"投资性房地产——成本"账户，贷记"在建工程"账户。

【例 8.12】 20×7 年 3 月，甲企业与乙企业的一项厂房经营租赁合同即将到期，该厂房按照成本模式进行后续计量，原价为 2 000 万元，已计提折旧 600 万元。为了提高厂房的租金收入，甲企业决定在租赁期满后对厂房进行改扩建，并与丙企业签订了经营租赁合同，约定自改扩建完工时将厂房出租给丙企业。3 月 15 日，与乙企业的租赁合同到期，厂房随即进入改扩建工程。12 月 15 日，厂房改扩建工程完工，共发生支出 150 万元，即日按照租赁合同出租给丙企业。

本例中，改扩建支出属于资本化的后续支出，应当记入投资性房地产的成本。

甲企业的账务处理如下：

20×7 年 3 月 15 日，投资性房地产转入改扩建工程：

借：在建工程	14 000 000	
投资性房地产累计折旧(摊销)	6 000 000	
贷：投资性房地产——厂房		20 000 000

20×7 年 3 月 15 日—12 月 15 日：

借：在建工程	1 500 000	
贷：银行存款等		1 500 000

20×7 年 12 月 15 日，改扩建工程完工：

借：投资性房地产——厂房　　15 500 000

　贷：在建工程　　15 500 000

（二）费用化的后续支出

与投资性房地产有关的后续支出，不满足投资性房地产确认条件的应当在发生时计入当期损益。例如，企业对投资性房地产进行日常维护发生的一些支出。企业在发生投资性房地产费用化的后续支出时，借记“其他业务成本”等账户，贷记“银行存款”等账户。

【例 8.13】 甲企业对其某项投资性房地产进行日常维修，发生维修支出 1.5 万元。假设甲企业的投资性房地产是与经营性活动相关的其他经营活动，形成的租金收入或转让增值收益构成企业的其他业务收入。

本例中，日常维修支出属于费用化的后续支出，应当记入当期损益。

甲企业的账务处理如下：

借：其他业务成本　　15 000

　贷：银行存款　　15 000

第四节　投资性房地产的终止确认

如果投资性房地产因房地产的用途发生了改变需要对房地产进行重新分类，比如投资性房地产开始自用；或者当投资性房地产被处置，或者永久退出使用且预计不能从其处置中取得经济利益时，应当终止确认该项投资性房地产。

一、投资性房地产转换为自用房地产

企业将原本用于赚取租金或资本增值的房地产改用于生产商品、提供劳务或者经营管理，投资性房地产相应地应该转换为固定资产或无形资产。例如，企业将出租的厂房收回，并用于生产本企业的产品。在此种情况下，转换日为房地产达到自用状态，企业开始将房地产用于生产商品、提供劳务或者经营管理的日期。

企业将采用成本模式计量的投资性房地产转换为自用房地产时，应当按该项投资性房地产在转换日的账面余额、累计折旧、减值准备等，分别转入“固定资产”、“累计折旧”、“固定资产减值准备”等账户；按投资性房地产的账面余额，借记“固定资产”或“无形资产”账户，贷记“投资性房地产”账户；按已计提的折旧或摊销，借记“投资性房地产累计折旧

(摊销)”账户,贷记“累计折旧”或“累计摊销”账户;原已计提减值准备的,借记“投资性房地产减值准备”账户,贷记“固定资产减值准备”或“无形资产减值准备”账户。

企业将采用公允价值模式计量的投资性房地产转换为自用房地产时,应当以其转换当日的公允价值作为自用房地产的账面价值,公允价值与原账面价值的差额计入当期损益。转换日,按该项投资性房地产的公允价值,借记“固定资产”或“无形资产”账户,按该项投资性房地产的成本,贷记“投资性房地产——成本”账户;按该项投资性房地产的累计公允价值变动,贷记或借记“投资性房地产——公允价值变动”账户;按其差额,贷记或借记“公允价值变动损益”账户。

【例 8.14】 20×7 年 8 月 1 日,甲企业将出租在外的厂房收回,开始用于本企业生产商品。该项房地产在转换前采用成本模式计量,其账面价值为 2 800 万元,其中,原价 5 000 万元,累计已提折旧 2 200 万元。

甲企业的账务处理如下:

	借	贷
借:固定资产	50 000 000	
投资性房地产累计折旧(摊销)	22 000 000	
贷:投资性房地产——厂房		50 000 000
累计折旧		22 000 000

【例 8.15】 20×8 年 10 月 15 日,甲企业因租赁期满,将出租的写字楼收回,准备作为办公楼用于本企业的行政管理。20×8 年 12 月 1 日,该写字楼正式开始自用,相应由投资性房地产转换为自用房地产,当日的公允价值为 4 800 万元。该项房地产在转换前采用公允价值模式计量,原账面价值为 4 750 万元,其中,成本为 4 500 万元,公允价值变动为增值 250 万元。

甲企业的账务处理如下:

	借	贷
借:固定资产	48 000 000	
贷:投资性房地产——成本		45 000 000
——公允价值变动		2 500 000
公允价值变动损益		500 000

二、投资性房地产的处置

企业可以通过对外出售或转让的方式处置投资性房地产,取得投资收益。对于那些由于使用而不断磨损直到最终报废,或者由于遭受自然灾害等非正常损失发生毁损的投资性房地产应当及时进行清理。此外,企业因其他原因,如非货币性交易等而减少的投资性房地产也属于投资性房地产的处置。

企业出售、转让、报废投资性房地产或者发生投资性房地产毁损,应当将处置收入扣除其账面价值和相关税费后的金额计入当期损益。

处置采用成本模式计量的投资性房地产时,应当按实际收到的金额,借记“银行存款”等账户，贷记“其他业务收入”等账户；按该项投资性房地产的账面价值，借记“其他业务成本”账户；按其账面余额，贷记“投资性房地产”账户；按照已计提的折旧或摊销，借记“投资性房地产累计折旧(摊销)”账户；原已计提减值准备的，借记“投资性房地产减值准备”账户。

处置采用公允价值模式计量的投资性房地产时，应当按实际收到的金额，借记“银行存款”等账户，贷记“其他业务收入”账户；按该项投资性房地产的账面余额，借记“其他业务成本”账户；按其成本，贷记“投资性房地产——成本”账户；按其累计公允价值变动，贷记或借记“投资性房地产——公允价值变动”账户。同时，将投资性房地产累计公允价值变动转入其他业务收入，借记或贷记“公允价值变动损益”账户，贷记或借记“其他业务收入”账户。若存在原转换日计入资本公积的金额，也一并转入其他业务收入，借记“资本公积——其他资本公积”账户，贷记“其他业务收入”账户。

【例 8.16】 甲公司将其出租的一栋写字楼确认为投资性房地产，采用成本模式计量。租赁期届满后，甲公司将该栋写字楼出售给乙公司，合同价款为 3 亿元，乙公司已用银行存款付清。出售时，该栋写字楼的成本为 28 000 万元，已计提折旧 3 000 万元。

甲企业的账务处理如下：

借:银行存款	300 000 000	
贷:其他业务收入		300 000 000
借:其他业务成本	250 000 000	
投资性房地产累计折旧(摊销)	30 000 000	
贷:投资性房地产——写字楼		280 000 000

【例 8.17】 甲为一家房地产开发企业，20×7 年 1 月 10 日，甲企业与乙企业签订了租赁协议，将其开发的一栋写字楼出租给乙企业使用，租赁期开始日为 20×7 年 1 月 15 日。20×7 年 1 月 15 日，该写字楼的账面余额为 45 000 万元，公允价值为 47 000 万元。20×7 年 6 月 30 日，该项投资性房地产的公允价值为 48 000 万元。20×7 年 11 月租赁期届满，企业收回该项投资性房地产，并以 55 000 万元出售，出售款项已收讫。假设甲企业采用公允价值模式计量。

甲企业的账务处理如下：

(1) 20×7 年 1 月 15 日，存货转换为投资性房地产：

借:投资性房地产——成本	470 000 000	
贷:开发产品		450 000 000
资本公积——其他资本公积		20 000 000

(2) 20×7 年 6 月 30 日，公允价值变动：

借:投资性房地产——公允价值变动	10 000 000	
贷:公允价值变动损益		10 000 000

(3) 20×7 年 11 月，收回并出售投资性房地产：

借:银行存款	550 000 000	
贷:其他业务收入		550 000 000

借:其他业务成本 480 000 000

　　贷:投资性房地产——成本 470 000 000

　　　　　　　　——公允价值变动 10 000 000

同时,将投资性房地产累计公允价值变动损益转入其他业务收入:

借:公允价值变动损益 10 000 000

　　贷:其他业务收入 10 000 000

同时,将转换时原计入资本公积的部分转入其他业务收入:

借:资本公积——其他资本公积 20 000 000

　　贷:其他业务收入 20 000 000

【本章小结】

投资性房地产是指为赚取租金或资本增值,或者两者兼有而持有的房地产。投资性房地产的范围限定为已出租的土地使用权、持有并准备增值后转让的土地使用权、已出租的建筑物。投资性房地产应当按照成本进行初始确认和计量。在后续计量时,通常应当采用成本模式,满足特定条件的情况下也可以采用公允价值模式。但是需要注意的是,同一企业只能采用一种模式对所有投资性房地产进行后续计量,不得同时采用两种计量模式。

采用成本模式进行后续计量的投资性房地产,应当按照固定资产或无形资产的有关规定,按期(月)计提折旧或摊销,投资性房地产存在减值迹象的,还应当适用资产减值的有关规定。经减值测试后确定发生减值的,应当计提减值准备。如果已经计提减值准备的投资性房地产的价值又得以恢复,不得转回。

企业只有在存在确凿证据表明其投资性房地产的公允价值能够持续可靠取得时,才允许采用公允价值模式计量。企业一旦选择公允价值模式,就应当对其所有投资性房地产采用公允价值模式进行后续计量。投资性房地产采用公允价值模式计量的,不计提折旧或摊销,应当以资产负债表日的公允价值计量。资产负债表日,投资性房地产的公允价值高于或者低于其账面余额的差额,计入公允价值变动损益。

为保证会计信息的可比性,企业对投资性房地产的计量模式一经确定,不得随意变更。只有在房地产市场比较成熟、能够满足采用公允价值模式条件的情况下,才允许企业对投资性房地产从成本模式计量变更为公允价值模式计量。成本模式转为公允价值模式的,应当作为会计政策变更处理,并按计量模式变更时公允价值与账面价值的差额调整期初留存收益。已采用公允价值模式计量的投资性房地产,不得从公允价值模式转为成本模式。

与投资性房地产有关的后续支出,满足投资性房地产确认条件的应当计入投资性房地产成本,不满足投资性房地产确认条件的应当在发生时计入当期损益。

企业出售、转让、报废投资性房地产或者发生投资性房地产毁损，应当将处置收入扣除其账面价值和相关税费后的金额计入当期损益。

【本章思考题】

1. 简述投资性房地产的范围。
2. 简述两种计量模式下投资性房地产会计处理的不同要求。
3. 简述与投资性房地产有关的后续支出的会计处理原则。
4. 思考采用成本计量模式和公允价值计量模式对企业损益的影响。

【练习与案例分析】

1. 20×8 年 3 月，甲公司从其他单位取得一块土地的使用权，并在该块土地上开始自行建造 A、B 两栋厂房。20×8 年 9 月，甲公司预计厂房即将完工，与乙公司签订了经营租赁合同，将其中的 A 栋厂房租赁给乙公司使用。租赁合同约定，该厂房于完工时开始起租。20×8 年 10 月 10 日，两栋厂房同时完工。该块土地使用权的成本为 200 万元；A 厂房的造价为 1 000 万元，B 厂房的造价为 3 000 万元，且均能够单独出售。甲公司采用成本模式计量。

要求：编制甲公司出租 A 厂房业务的会计分录。

2. 甲上市公司 20×7 年 10 月 1 日建成一栋楼房，建造成本 3 000 万元，当日与丙公司签订了租赁协议，租期为 10 年，年租金为 120 万元，租金于每年年末结清。按照当地的房地产交易市场的价格体系，该房产 20×7 年年末的公允价值为 3 200 万元，20×8 年年末的公允价值为 3 120 万元。20×9 年 1 月 1 日以 3 000 万元的价格对外转让该房产，营业税税率为 5%，该公司对投资性房地产采用公允价值模式计量。假设不考虑其他相关税费。

要求：对该投资性房地产的取得及处置进行账务处理。

3. A 公司于 2×06 年 12 月 31 日购置并投入使用的一栋办公楼，建筑面积 1 000 平方米，价格 1 000 万元。折旧年限 50 年，到 2×16 年 12 月 31 日已累计折旧 200 万元。A 公司于 2×17 年 1 月 1 日将该办公楼对外出租，同地段的房地产在房地产交易所的交易价格每平方米 40 000 元。2×17 年 12 月 31 日同地段的房地产在房地产交易所的交易价格为每平方米 82 000 元。2×18 年 4 月 1 日 A 公司将该办公楼在房地产交易所出售，成交价每平方米 80 000 元，营业税按 5%计算，并且已由房地产交易所代扣，实际收到金额 7 600 万元。假设不考虑其他相关税费。

要求：分别按照公允价值模式和成本模式计量，对该办公楼转换为投资性房地产以及处置投资性房地产的账务进行处理。

4. 丙公司自20×7年3月起有关房地产的相关业务资料如下：

(1) 20×7年9月，丙公司准备将其自用的一栋写字楼出租，以赚取租金，采用成本模式进行后续计量，与甲公司签订了租赁协议，租赁开始日为20×7年10月1日，租赁期为1年，每月支付12万元租金。该办公楼的原价为3 600万元，直线法计提折旧，使用年限为30年，预计净残值为零，已计提折旧300万元，未计提减值准备。

(2) 20×7年12月，丙公司对这栋写字楼进行日常维修，发生维修支出1.4万元。

(3) 20×8年3月31日，该写字楼所在地有活跃的房地产交易市场，并能够从房地产交易市场上取得同类的市场价格及相关信息，丙公司决定采用公允价值模式对该写字楼进行计量。20×8年3月公允价值为4 000万元，假设丙公司按净利润的10%计提盈余公积。

(4) 20×8年10月，丙公司与甲公司的合同到期，为了提高写字楼的租金收入，丙公司在租赁期满后对写字楼进行装修，并与乙公司签订了经营租赁合同，约定自装修完工时将写字楼出租给乙公司。20×8年12月，写字楼装修完工，发生支出120万元。

要求：编制丙公司相关会计分录。

第九章

固定资产

【本章学习目的】

1. 了解固定资产的概念、特征及分类。
2. 掌握不同取得方式下固定资产的会计核算。
3. 掌握固定资产折旧的方法以及会计处理。
4. 区分并掌握固定资产费用化支出与资本化支出。
5. 掌握固定资产减少的会计处理。
6. 掌握固定资产清理的会计核算。

课前案例

固定资产折旧调节利润

根据《企业会计准则》的规定，变更固定资产预计使用年限属于会计估计变更，其会计处理采用未来适用法，即只对变更后的折旧额进行处理，而不需要调节以前已计提的累计折旧，不需要计算累积影响数，从而直接将调整的结果反映在当期的利润指标中。显然，这种做法会对当年的利润产生较大的影响。因此，就出现了某些上市公司通过改变固定资产预计使用年限来调节当期利润的情形。

2001 年，我国某石化公司通过增加固定资产预计使用年限，使 2001 年净利润大幅上涨。该石化公司在 2001 年整个石化行业不景气的背景下，主营业务收入比 2000 年减少了 4%，经营活动产生的现金流量同比减少 1 亿多元，但是净利润却从 2000 年的—1 000 万元增加到 1.1 亿元。仔细分析该公司 2001 年会计报表可以发现，其净利润增长的原因主要来自企业会计估计的变更。

该石化公司 2001 年延长了固定资产的折旧年限，即将炼油装置机器设备的预计使用年限由原来的 9 年调整为 14 年，化工装置设备由原来的 10 年调整为 13 年，运输设备由原来的 7 年调整为 9 年，并对这些调整采用未来适用法处理。调整的结果是直接减少了 2001 年相关费用 8 365 万元，利润总额相应上涨了

8 365 万元，而净利润增加了 5 603 万元，占 2001 年净利润的 50%；同时也间接提高了当年的净资产收益率，使该指标从调整前的 3.5%上升到调整后的 7.1%，增加了一倍多。

显然，通过对固定资产折旧年限的调整带来的收益，不能真实反映企业的经营成果。原因在于这部分净利润并不是企业经营活动所创造的，更不会为企业带来现金流量和连续性的收益。而且，这一调整在大幅增加当年利润总额的同时也增加了企业所得税费用的支出，从而对企业今后的经营产生严重的影响。既然危害如此之大，该石化公司为何要作如此调整呢？

究其原因，首先，调整后企业的利润大幅上涨提升了企业的整体形象。这体现在该石化公司在我国石化行业中属于中型企业，规模相对较小，产品结构也相对单一，企业的经营存在一定的风险。1999 年该公司业绩大幅度下滑，2000 年出现亏损，这无疑会对企业的形象产生很严重的负面影响，从而使投资者的信心减弱，并且 2001 年石化行业竞争进一步加剧，成品油价格六次大幅下降，再次严重影响了企业的经营状况。但是通过对固定资产折旧年限的增加，该石化公司 2001 年净利润比调整前增长了一倍，这无疑会提升企业的市场形象，从而吸引更多的投资者。

另外，经过调整之后，企业当年的净资产收益率由原来的 3.5%上升为 7.1%，超过了中国证监会固定的 6%的申请配股资格线，直接影响到该石化公司今后的配股融资行为。从该石化公司的会计报告可以看出，其前期募集的资金已经全部投入经营项目的建设和改造当中，要想获得新的资金注入，在自筹资金不到位的情况下，只能通过配股进行融资。从这一点来看，该石化公司对固定资产预计使用年限的调整不仅仅使净利润增加了一倍，同时也满足了申请配股净资产收益率不低于 6%的要求，便于企业今后的配股融资。

思考：

1. 该石化公司通过变更固定资产预计使用年限对当年的财务状况产生了哪些影响？

2. 企业还可以通过哪些方式来调节固定资产折旧的数额？

第一节　固定资产概述

一、固定资产的概念

固定资产是企业赖以生存的物质基础，是企业进行生产制造的物质资料，固定资产的结构、状况、管理水平等直接影响着企业的生命力和竞争力。科学地管理及正确地核算固定资产，有利于促进企业正确评估固定资产的整体状况，加强对固定资产的维护，提高固定资产的使用效率，增强企业的综合竞争力和企业的生命力。

（一）固定资产的概念

根据《企业会计准则第 4 号——固定资产》的规定，固定资产是指企业为生产商品、提供劳务、出租或经营管理而持有的，使用寿命超过一个会计期间的房屋、建筑物、机器、机械、运输工具等有形资产。

（二）固定资产的特征

企业所拥有的固定资产具有以下三个特征：

1. 固定资产是一种有形资产

有形资产具有实物形态，如房屋及建筑物、机器设备、运输工具等。固定资产是一种有形资产，这一特征将固定资产与无形资产区别开来。对于无形资产，它可能符合固定资产的其他特征，包括为生产商品、提供劳务而持有，使用寿命超过一个会计期间，但由于其没有实物形态，因此不属于固定资产。

2. 为生产商品、提供劳务、出租或经营管理而持有

企业持有固定资产的目的是作为劳动工具，为当前生产商品、提供劳务、出租或经营管理而持有，而不是用于出售或其他的目的。销售公司为销售目的而持有的设备、房地产公司为销售而建造的建筑物，都不属于固定资产的范畴，而应当计入存货。另外，“出租”的固定资产，是企业以经营租赁方式出租的机器设备类固定资产，不包括以经营租赁方式出租的建筑物，以经营租赁方式出租的建筑物属于企业的投资性房地产。企业的环保设备和安全设备等资产，虽然不能直接为企业带来经济利益，却有助于企业从相关资产获得经济利益，应当确认为企业的固定资产。

3. 使用寿命超过一个会计期间

固定资产的使用寿命，是指企业使用固定资产的预计期间，或者该固定资产所能生产产品或提供劳务的数量，如自用房屋建筑物的使用寿命为企业对该建筑物的预计使用年限。企业的某些机器设备或运输设备等固定资产，其使用寿命为该固定资产所能生产产品或提供劳务的数量。

固定资产使用寿命超过一个会计期间，表明固定资产在使用的过程中保持物质形态基本不变，其价值逐步以折旧的形式转化成产品成本。相应地，企业为获得固定资产并把它投入生产经营所发生的支出属于资本性支出。

二、固定资产的分类

企业的固定资产种类繁多，规格不一。因此，为了企业经营需要和核算要求，为了科学合理地管理固定资产，需要根据固定资产的具体使用情况，对固定资产进行分类。主要有以下几种分类方法：

（一）按固定资产的经济用途分类

按固定资产的经济用途分类，可将固定资产分为生产经营用固定资产和非生产经营用固定资产。

1. 生产经营用固定资产

生产经营用固定资产是指参加企业生产、经营过程或直接为生产经营服务的资产，如生产经营用房屋、建筑物、机器、设备、工具、仪器等。

2. 非生产经营用固定资产

非生产经营用固定资产是指不直接服务于生产、经营过程的各种固定资产，如职工宿舍、学校、幼儿园、食堂、医院、浴室等使用的房屋、设备和其他固定资产等。

将固定资产按经济用途分类，可以归类反映和监督企业生产经营用固定资产和非生产经营用固定资产的构成及变化情况，并对其进行考核，以促使企业合理配置固定资产，充分发挥固定资产的效用。

（二）按固定资产的使用情况分类

按固定资产的使用情况分类，可将固定资产分为使用中的固定资产、未使用的固定资产和不需用的固定资产。

1. 使用中的固定资产

使用中的固定资产是指企业正在使用中的生产经营用固定资产和非生产经营用固定资产。特别地，由于季节性经营或大修理等原因暂时停止使用的固定资产，仍然属于使用中固定资产的范畴。另外，企业以经营租赁方式出租给其他单位使用或内部替换使用的固定资产，也属于使用中的固定资产。

2. 未使用的固定资产

未使用的固定资产是指企业已完工或已购建的尚未交付使用的新增固定资产，进行改建、扩建的固定资产以及因经营任务变更经批准停止使用的固定资产，如企业构建的尚待安装的固定资产。

3. 不需用的固定资产

不需用的固定资产是指本企业不需用或多余的、需要调配处理的各种固定资产。

固定资产按所有权分类，有利于反映固定资产的使用情况和相应各部分的比例，便于分析固定资产的利用效率，充分挖掘固定资产的使用潜力，合理使用固定资产并进行折旧。

（三）按固定资产的所有权分类

按固定资产的所有权分类，可分为自有固定资产和租入固定资产。

1. 自有固定资产

自有固定资产是指企业具有所有权的，可供企业使用的固定资产，包括自用固定资产和经营租出固定资产。

2. 租入固定资产

租入固定资产是指企业不具有所有权的或以融资租赁方式租入的固定资产。

固定资产按所有权分类，便于考核和分析企业固定资产的产权结构及利用情况，并将自有固定资产和租入固定资产的经济效益进行对比。

（四）按固定资产的经济用途和使用情况综合分类

会计上，将企业的固定资产按经济用途和使用情况综合分类，可以把固定资产分为以下7类：

(1) 生产经营用固定资产。

(2) 非生产经营用固定资产。

(3) 租出固定资产。

租出固定资产是指企业采用经营租赁方式出租给外单位使用的固定资产。

(4) 不需用的固定资产。

(5) 未使用的固定资产。

(6) 土地。

土地，是指过去已经估价单独入账的土地，而不是指土地使用权。因征用土地而支付的土地补偿费等，应计入与土地有关的房屋、建筑物的价值，不再单独计算土地价值。企业取得的土地使用权作为无形资产管理。

(7) 融资租入固定资产。

融资租入固定资产是指企业以融资租赁方式租入的固定资产，虽然在办理财产转移手续前，租入企业只拥有使用权而不拥有所有权，但在租赁期内，企业将融资租入的固定资产视同自有固定资产使用和管理。

(8) 持有待售固定资产。

持有待售固定资产，是指在当前状况下仅根据出售同类固定资产的惯例就可以直接出售且极可能出售的固定资产，如已经与买主签订了不可撤销的销售协议等。

企业对于持有待售的固定资产，应当调整该项固定资产的预计净残值，使该项固定资产的预计净残值能够反映其公允价值减去处置费用后的金额，但不得超过符合持有待售条件时该项固定资产的原账面价值，原账面价值高于预计净残值的差额，应作为资产减值损失计入当期损益。持有待售的固定资产从划归为持有待售之日起停止计提折旧和减值测试。

由于企业的经营性质不同，生产规模各异，因此对固定资产的分类情况不可能完全一致。按照《企业会计准则》的规定，企业应当根据固定资产定义，结合本企业的具体情况，制定适合于本企业的固定资产目录、分类方法、每类或每项固定资产的折旧年限、折旧方法，作为进行固定资产核算的依据。企业制定的固定资产目录、分类方法、每类或每项固定资产的预计使用年限、预计净残值、折旧方法等，应当编制成册，并按照管理权限，经股东大会或董事会，或经理(厂长)会议或类似机构批准，按照法律、行政法规的规定报送有关各方备案，同时备置于企业所在地，以供投资者等有关各方查阅。企业已经确定并对外报送，或备置于企业所在地的有关固定资产目录、分类方法、预计净残值、预计使用年限、折旧方法等，一经确定不得随意变更，如需变更，仍然应当按照上述程序，经批准后报送有关各方备案，并在会计报表附注中予以说明。

未作为固定资产管理的工具、器具等，作为低值易耗品核算。

三、固定资产的确认与初始计量

(一) 固定资产的确认条件

根据《企业会计准则第 4 号——固定资产》的规定，固定资产同时满足以下条件的，才能予以确认。

1. 该固定资产包含的经济利益很可能流入企业

企业在确认固定资产时，首先需要判断该项固定资产包含的经济利益是否很可能流入企业。在会计实务中，判断固定资产所包含的经济利益是否很可能流入企业的主要依据是，与该固定资产所有权相关的风险与报酬是否转移到了企业。其中，与固定资产所有权相关的风险是指由于经营情况变化，造成相关收益的变动，以及由于资产闲置、技术陈旧造成的损失等；与固定资产所有权相关的报酬是指在固定资产可使用的年限内，直接使用固定资产而获得的经济利益或资产增值，以及处置固定资产所实现的收益等。企业在作这种判断时，需要考虑多种相关因素，通常，取得固定资产的所有权是判断与该固定资产所有权相关的风险与报酬是否转移的重要标志，即凡是所有权已属于企业，无论企业是否收到或持有该固定资产，均作为企业的固定资产；反之则不能作为企业的固定资产。但是有些情况下，虽然企业没有取得与固定资产有关的所有权，但与固定资产所有权有关的风险和报酬已经实质上转移给了企业。例如，对于采用融资租赁方式租入的固定资产，企业能够控制该项固定资产所包含的经济利益，虽然没有取得它的所有权，但仍然将该固定资产作为本企业的固定资产核算。

如果该固定资产包含的经济利益很可能流入企业，并且满足固定资产确认的其他条件，则企业应将其确认为固定资产；否则，不应将其确认为固定资产。

2. 该固定资产的成本能够可靠地计量

成本能够可靠计量是指取得固定资产的支出能够被确切地计量或合理地估计。企业在确定固定资产成本时必须取得确凿证据，在无法取得确凿证据时需要根据所获得的购建数据，对固定资产的成本进行合理可靠的估计。例如，企业对于已达到预定可使用状态但尚未办理竣工决算的固定资产，应当根据取得固定资产的各有关资料，合理估计固定资产的价值，以估计的价值入账，待固定资产办理完竣工决算手续后，再对其入账价值进行调整。

企业在对固定资产进行确认时，应当按照固定资产的定义和确认条件，考虑企业的具体情形加以判断。如企业的环保设备和安全设备等资产，其使用不能直接为企业带来经济利益，但是有助于企业从相关资产获得经济利益，或者将减少企业未来经济利益的流出，因此，对于这类设备，企业应将其确认为固定资产，但这类资产的账面价值不能超过其可收回金额。又如工业企业持有的工具、用具、备品备件、维修设备等资产，施工企业所持有的模板、挡板、架料等周转材料，以及地质勘探企业所持有的管材等资产，企业应当根据实际情况，分别管理和核算。尽管该类资产具有固定资产的某些特征，例如，使用期限超过一年，也能够带来经济利益，但由于数量多单价低，考虑到成本效益原则，在实务中，通常确认为存货。但符合固定资产定义和确认条件的，例如企业(民用航空运输)的高价周转件等，应当确认为固定资产。

另外，构成固定资产的各组成部分，如果各自具有不同使用寿命或者以不同方式为企业提供经济利益，从而适用不同折旧率或折旧方法的，该各组成部分实际上是以独立的方式为企业提供经济利益，企业应当分别将各组成部分确认为单项固定资产。例如，飞机的引擎，如果其与飞机机身具有不同的使用寿命，适用不同折旧率或折旧方法，则企业应当将其确认为单项固定资产。

(二) 固定资产的初始计量

根据《企业会计准则第 4 号——固定资产》的规定，固定资产的初始计量，指确定固定资产的取得成本。固定资产应当按照成本计量。固定资产的成本包括买价、进口关税、运输和保险等相关费用以及为使固定资产达到预定可使用状态前所发生的一切合理、必要的支出，并通过“固定资产”、“在建工程”账户反映。

第二节　固定资产增加的账务处理

企业取得固定资产的形式有购置、自行建造、股东投入、接受捐赠、无偿调入、融资租入、非货币性交换换入、债务重组取得等。

固定资产增加的账务处理，主要是对固定资产取得成本，即历史成本的账务处理。由于固定资产的来源渠道不同，其取得成本的具体构成也就有所不同。但从理论上讲，包括为使固定资产达到预定可使用状态所发生的一切合理的必要支出。固定资产取得时的成本应当根据具体情况分别确定。

一、购置的固定资产

企业外购的固定资产的成本，包括购买价款，进口关税和其他税费，使固定资产达到预定可使用状态前所发生的可归属于该项资产的场地整理费、运输费、装卸费、安装费和专业人员服务费等。外商投资企业因采购国产设备而收到税务机关退还的增值税款，冲减固定资产的入账价值。

以一笔款项购入多项没有单独标价的固定资产时，应当按照各项固定资产公允价值比例对总成本进行分配，分别确定各项固定资产的成本。

对于外购固定资产是否达到预定可使用状态的判断，需要根据具体情况具体分析。如果固定资产购入后即可发挥作用，即已达到预定可使用状态。如果固定资产购入后需要安装调试才可发挥作用，则安装调试并符合要求后才达到预定可使用状态。

(一) 购入不需安装的固定资产

企业购入不需安装的固定资产，其取得成本为企业实际支付的购买价款、包装费、运杂费、保险费、专业人员服务费和相关税费等，账务处理为：按固定资产的取得成本，借记“固定资产”账户，贷记“银行存款”、“其他应付款”、“应付票据”等账户。

【例 9.1】 20×9 年 1 月 1 日，某公司购入不需要安装的设备一台，取得的增值税专用发票上注明的设备价款为 200 万元，增值税进项税额为 34 万元，发生运输费 10 000 元，款项均已银行转账支票支付，设备已验收交付使用。若不考虑其他相关税费，账务处理如下：

借：固定资产	2 010 000	
应交税费——应交增值税(进项税额)	340 000	
贷：银行存款		2 350 000

甲公司购置设备的成本 = 2 000 000 + 10 000 = 2 010 000(元)

(二) 购入需要安装的固定资产

购入后需要安装的固定资产的取得成本包括企业实际支付的购买价款、包装费、运杂费、保险费、专业人员服务费和相关税费等购置费用和安装调试成本等。购入需要安装的固定资产应先通过“在建工程”账户归集固定资产的购入成本和安装成本，待固定资产安装完毕交付使用时再转入“固定资产”账户。

【例 9.2】 20×9 年 1 月 20 日，某公司购入需要安装的设备一台，取得的增值税专用发票上注明的设备价款为 100 万元，增值税进项税额为 17 万元，支付的运输费为 5 000 元，款项已通过银行转账支票支付；设备到达后进行安装，领用原材料 2 万元，该批原材料负担的增值税进项税额为 3 400 元；以现金支付安装工人工资 5 000 元。若不考虑其他相关税费，该公司的账务处理如下：

购入设备，支付买价、增值税及运杂费：

借：在建工程——安装工程　　1 005 000

　应交税费——应交增值税（进项税额）　　170 000

　贷：银行存款　　1 175 000

安装领用原材料：

借：在建工程——安装工程　　23 400

　贷：原材料　　20 000

　　应交税费——应交增值税（进项税额转出）　　3 400

支付安装工人工资：

借：在建工程——安装工程　　5 000

　贷：应付职工薪酬　　5 000

设备安装完毕交付使用：

借：固定资产　　1 033 400

　贷：在建工程　　1 033 400

固定资产的成本 = 1 005 000 + 23 400 + 5 000 = 1 033 400（元）

二、自行建造的固定资产

企业经营所需的固定资产，如房屋建筑物等，在很多情况下都是通过自行建造取得的。企业自行建造固定资产，按建造该项资产达到预定可使用状态前所发生的必要合理支出作为入账价值。通过"在建工程"、"工程物资"等账户反映。

企业自行建造固定资产按照实施方式不同，分为自营建造和出包建造两种。无论采用何种方式，所建工程都应当按照实际发生的支出确定其工程成本并单独核算。

（一）自营方式建造固定资产

企业以自营方式建造固定资产，是指企业自行组织工程物资采购、自行组织施工人员从事工程施工等。其成本包括工程物资成本、人工成本、应予以资本化的固定资产借款费用、缴纳的相关税费以及应分摊的其他间接费用等，并通过"在建工程"账户反映，"在建工程"账户应设置"建筑工程"、"安装工程"、"其他支出"等明细账户。

企业自行建造固定资产领用工程物资时，借记"在建工程——建筑工程、安装工程等"账户，贷记"工程物资"账户。在建造过程中若领用企业原材料，则应当按照原材料实际成本加上其负担的增值税进项税额，借记"在建工程——建筑工程、安装工程等"账户，贷记"原材料"、"应交税费——应交增值税（进项税额转出）"账户。若领用本企业自行生产的半成品、产成品，则应按照商品的实际成本加上按卖价计算的销项税额，借记"在建工程"账户（建筑工程、安装工程等），贷记"库存商品"、"应交税费——应交增值税（销项税额）"账户。在工程达到预定可使用状态时，借记"固定资产"账户，贷记"在建工程"账户。

建设期间，对于盘亏、报废及毁损的工程物资，减去残料价值以及保险公司、过失人等赔款后的部分，工程项目尚未完工的，计入所建工程项目的成本；工程项目已经完工的，计入当期损益(营业外支出)。盘盈的工程物资或处置净收益，工程项目尚未完工的，冲减所建工程项目的成本；工程项目已经完工的，计入当期损益(营业外收入)。工程完工后，剩余的工程物资转为本企业存货的，按其实际成本或计划成本进行结转。

工程项目在达到预定可使用状态前，试运行而生产的能够对外销售的产品，按其生产成本，计入"在建工程"账户，按其销售收入冲减工程成本。所建造工程项目达到预定可使用状态，但尚未办理竣工结算手续的，应当自该项固定资产达到预定可使用状态时，根据各项成本数据，安装暂估价值由"在建工程"账户转入"固定资产"账户。待办理完竣工结算手续后，再进行调整。

【例 9.3】 某公司自行建造仓库一座，20×9 年发生业务如下：

(1) 购入工程物资一批，取得的增值税专用发票上标明价款 100 000 元，增值税进项税额 17 000 元，运费 2 000 元，并已经验收入库，相关款项已通过银行存款支付。

(2) 仓库建造过程中，按价款领用工程物资 50 000 元。

(3) 领用本企业生产用原材料一批，该原材料实际成本 30 000 元，其负担的增值税进项税额为 5 100 元。

(4) 为建造工程借入一笔专门借款，应予资本化的利息为 4 000 元。

(5) 建造过程中应支付工人工资 20 000 元。

(6) 工程剩余物资转作供生产使用的原材料，其所负担的进项税额可以抵扣。

(7) 工程完工，仓库交付使用。

若不考虑其他相关税费，账务处理如下：

(1) 购入工程物资时：

借:工程物资　　119 000

　　贷:银行存款　　119 000

(2) 领用工程物资时：

借:在建工程——建筑工程　　59 500

　　贷:工程物资　　59 500

(3) 领用原材料时：

借:在建工程——建筑工程　　35 100

　　贷:原材料　　30 000

　　　　应交税费——应交增值税(进项税额转出)　　5 100

(4) 将借款利息资本化：

借:在建工程——建筑工程　　4 000

　　贷:长期借款——应计利息　　4 000

(5) 计提应支付的工人工资：

借:在建工程——建筑工程　　20 000

贷:应付职工薪酬　　20 000

(6) 将剩余工程物资转作原材料:

借:原材料　　51 000

　应交税费——应交增值税(进项税额)　　8 500

　贷:工程物资　　59 500

(7) 仓库完工,结转成本:

借:固定资产　　118 600

　贷:在建工程——建筑工程　　118 600

(二) 出包方式建造固定资产

在出包方式建造固定资产情况下,工程项目的具体支出由承包单位核算。对于发包企业而言,建筑工程支出、安装工程支出是构成在建工程成本的重要内容,发包企业按照合同规定的结算方式和工程进度定期结算的进度款,借记"在建工程——建筑工程、安装工程"账户,贷记"银行存款"、"预付账款"等账户。工程完成时,按合同规定补付的工程款,借记"在建工程"账户,贷记"银行存款"等账户。企业将需安装的设备交付承包企业安装时,借记"在建工程——在安装设备"账户,贷记"工程物资——××设备"账户。

【例 9.4】 20×9 年,某公司以出包方式建造厂房一座,预付工程款 200 000 元,工程竣工结算时,需补付工程价款 50 000 元,其账务处理如下:

预付工程款时:

借:在建工程——建筑工程　　200 000

　贷:银行存款　　200 000

补付工程价款:

借:在建工程——建筑工程　　50 000

　贷:银行存款　　50 000

结转工程成本:

借:固定资产　　250 000

　贷:在建工程——建筑工程　　250 000

三、股东投入的固定资产

企业对于接受股东投入固定资产的成本,应当按照投资合同或协议约定的价值加上相关税费确定,但合同或协议约定价值不公允的除外。在投资合同或协议约定价值不公允的情况下,按照该项固定资产的公允价值作为入账价值。接受固定资产投资的企业在办理完固定资产移交手续后,按照确定的成本,借记"固定资产"账户,按照确认的在其注册资本中所占份额,贷记"实收资本、股本"账户,按照差额,贷记"资本公积",按照应支付的相关税费,贷记"银行存款、应交税费"等账户。

四、接受捐赠的固定资产

企业以接受捐赠方式增加的固定资产，应当按照以下原则确定其入账价值。

(1) 捐赠方提供了有关资料的，应当按照有关资料加上支付的相关税费确定为入账价值。

(2) 捐赠方并未提供有关资料的，应当按照以下原则确定：

① 同类或类似固定资产存在活跃市场的，按照同类或类似固定资产的市场价格加上支付的相关税费确定为入账价值。

② 同类或类似固定资产不存在活跃市场的，按照该固定资产预计未来现金流量的现值作为入账价值。

按照我国税法的规定，企业以接受捐赠方式获得的固定资产，应当将按照税法有关规定确定的入账价值确认为捐赠收入，一般不包括受赠企业另外支付的其他相关税费等费用。该捐赠收入期末应缴纳所得税。

企业以接受捐赠方式获得的固定资产，按照会计上确认的入账价值，借记"固定资产"账户，按照税法规定确认的捐赠收入，贷记"待转资产价值——接受捐赠非货币性资产"账户，按照应当支付的其他税费，贷记"银行存款"、"应交税费"等账户。

期末，对按照税法规定确认的捐赠收入征收所得税时，借记"待转资产价值——接受捐赠非货币性资产"账户，按照捐赠收入与所得税税率计算的应交所得税，贷记"应交税费——应交所得税"账户，按照其差额，贷记"资本公积——接受捐赠非货币性资产准备"账户。

【例 9.5】 20×9 年，甲企业接受乙企业捐赠的旧设备一台，类似固定资产市场价格为 40 000 元，专家根据其新旧程度估计，该固定资产已耗损 10 000 元，同时发生设备运输费 1 000 元。甲企业适用所得税税率为 25%，账务处理如下：

借：固定资产	31 000	
贷：待转资产价值——接受捐赠非货币性资产		30 000
银行存款		1 000

期末计算应缴所得税时：

借：待转资产价值——接受捐赠非货币性资产	30 000	
贷：应交税费——应交所得税		7 500
资本公积——接受捐赠非货币性资产准备		22 500

五、无偿调入的固定资产

企业以无偿调入的形式获得的固定资产，应当按照固定资产在调出单位的账面价值加上发生的运输费、安装费等相关费用，作为入账价值。在收到无偿调入的固定资产时，企业根据调入固定资产的原账面价值，借记“在建工程——调入固定资产”账户，贷记“资本公积——无偿调入固定资产”账户。根据发生的运杂费、安装费、材料费等借记“在建工程”账户，贷记“银行存款”、“应付职工薪酬”、“原材料”等账户。待固定资产达到预定可使用状态投入使用后，将“在建工程”转入“固定资产”账户。

六、融资租入的固定资产

企业融资租入固定资产，按租赁开始日租赁资产的公允价值与最低租赁付款额的现值两者中孰低者作为其入账价值。

七、非货币性交换换入的固定资产

以非货币性交换换入的固定资产，按换出资产的公允价值或账面价值加上应支付的相关税费，作为其入账价值，涉及补价的，直接调整换入资产的入账价值。具体会计处理参见以后相关章节。

八、债务重组取得的固定资产

企业接受债务人以固定资产抵偿债务方式取得的固定资产，按其公允价值加上相关税费，作为入账价值，涉及补价的，直接调整资产的入账价值。具体会计处理参见以后相关章节。

值得注意的是，在确认固定资产入账价值时，如果预计固定资产的弃置费用较大，还需要考虑预计弃置费用的现值。弃置费用是指根据国家法律和行政法规、国际公约等的规定，企业因承担环境保护和生态恢复等义务而发生的支出，如核电站设施的弃置和恢复环境义务等。在进行账务处理时，将预计的弃置费用现值，借记“固定资产”账户，贷记“预计负债”账户。

第三节　固定资产折旧

一、折旧的本质

在企业中，固定资产会在连续多个经营周期内为企业的生产经营服务。在这个连续的期间内，固定资产一方面可以为企业带来经济利益，另一方面其价值会随着固定资产的使用以及技术的进步而逐渐耗损和贬值。固定资产损耗和贬值的这部分价值，应当在其有效使用年限内逐步合理、系统地以折旧的形式分摊到成本中，并相应地从各期的收益中得到补偿。这部分随着固定资产的使用而逐步分摊掉的价值，就是我们所说的固定资产折旧。

固定资产折旧的过程，实际上是一个持续的固定资产成本的分配过程，也就是将固定资产价值计入成本、费用的过程，并不是为了计算固定资产的净值。

根据固定资产的耗损原因，可以将固定资产耗损分为有形耗损和无形耗损。有形耗损是由于固定资产的机械性磨损以及自然原因的老化而产生的价值损失。而无形耗损则源于科技的进步和消费者偏好的转变。企业应当根据固定资产的耗损方式，合理确定固定资产的使用年限和净残值，并选择合适的折旧方法。

二、影响折旧的基本因素

固定资产的应计折旧总额应当在其使用寿命内，按照确定的方法系统、合理地分摊。为了正确计提固定资产的折旧，首先需要了解影响固定资产折旧的因素，影响固定资产折旧的因素主要有以下几个方面：

(1) 固定资产的原值。

固定资产的原值，指固定资产的取得成本，即固定资产的初始计量金额。固定资产原值的高低，直接影响各期折旧额的大小，其为固定资产计提折旧的基础，固定资产所提折旧不能超过其原值。

(2) 固定资产的使用年限。

固定资产的使用年限，指固定资产的预计经济使用年限，或者该固定资产所能生产产品或提供劳务的数量。企业固定资产使用年限受到有形损耗和无形损耗双重因素的影响。一般来讲，有形损耗决定固定资产的最长使用年限，即物质使用年限；无形损耗决定固定资产的实际使用年限，即经济使用年限。另外，某些固定资产的使用年限也受到法律或者类似规定的限制。例如，对于融资租入的固定资产，根据《企业会计准则第 21 号——租赁》的规定，能够合理确定租赁期届满时将会取得租赁资产所有权的，应当在租赁资产使用寿命内计提折旧；如无法合理确定租赁期届满时能够取得租赁资产所有权的，应当在租赁期与租赁资产使用寿命两者中较短的期间内计提折旧。

(3) 固定资产的预计净残值。

固定资产的预计净残值，指假定固定资产使用寿命已满并处于使用寿命终了时的预期状态，企业预期从该项固定资产的处置中收回的残余价值扣除预计处置费用后的金额。固定资产预计净残值是对固定资产使用期满后其收回金额的一个预计数，在计算固定资产折旧时应从固定资产原值中扣除。国际上通常以固定资产原值的百分比来估计固定资产预计净残值。为了避免计算过程受到人为因素的影响，我国《企业所得税法》规定了固定资产预计净残值的比例标准，即固定资产预计净残值率应在其原值的

5%以内，具体比例由企业自行决定。如果企业由于特殊原因需调整净残值比例，应报主管税务机关备案。固定资产原值减去其预计净残值后的数额，即为固定资产应计折旧额。

（4）固定资产减值准备。

固定资产减值准备，指固定资产已计提的固定资产减值准备累计金额。固定资产计提减值准备后，应当在剩余使用寿命内根据调整后的固定资产账面价值，即固定资产账面余额扣除累计折旧和累计减值准备后的金额，与预计净残值重新计算确定折旧率和折旧额。

三、折旧的范围

计提折旧时，企业应当明确哪些固定资产应计提折旧，哪些不应计提折旧。通常，已提足折旧仍继续使用的固定资产、单独计价作为固定资产入账的土地以及更新改造期间的固定资产不应计提折旧。除前述三者外，其他固定资产均应当计提折旧，具体包括：

（1）房屋、建筑物。根据《企业会计准则》的规定，企业的房屋、建筑物不论是否在用，除尚未作为固定资产的在建工程外，均应按期计提折旧。

（2）在用的机器设备、运输工具、仪表、仪器。

（3）季节性停用、大修理停用的固定资产。

（4）融资租赁方式租入的固定资产。

（5）经营租赁方式租出的固定资产。

在确定计提折旧的范围时还应注意以下几点：

（1）固定资产应当按月计提折旧，并根据用途计入相关资产的成本或者当期损益。固定资产应自达到预定可使用状态时开始计提折旧，终止确认时或划分为持有待售非流动资产时停止计提折旧。并且，当月增加的固定资产，当月不计提折旧，从下月起计提折旧；当月减少的固定资产，当月仍计提折旧，从下月起不计提折旧。

（2）固定资产提足折旧后，不论能否继续使用，均不再计提折旧，提前报废的固定资产也不再补提折旧。所谓提足折旧是指已经提足该项固定资产的应计折旧额。

（3）已达到预定可使用状态但尚未办理竣工决算的固定资产，应当按照有关资料估计确定其成本，并计提折旧；待办理竣工决算后再按实际成本调整原来的暂估价值，但不需要调整原已计提的折旧额。

四、折旧的方法

固定资产的折旧方法是指将固定资产成本在其使用期限内合理系统地进行分摊的方法。我国《企业会计准则第4号——固定资产》规定，可选用的折旧方法包括年限平均法、工作量法、双倍余额递减法和年数总和法等。前两种方法属于平均法,后两种方法属于加速折旧法。企业选用不同的固定资产折旧方法,将影响固定资产使用寿命期间内不同时期的折旧费用,因此,固定资产的折旧方法一经确定,不得随意变更。如需变更应当符合《企业会计准则第 4 号——固定资产》第十九条的规定,并且在会计报表附注中说明。

(一) 平均法

平均法是指按照固定资产的预计使用年限或者完成的生产量计提折旧的方法,主要有年限平均法和工作量法。

1. 年限平均法

年限平均法又称直线法,是指将固定资产的应计折旧总额均衡地分摊到各期的一种方法。采用这种方法计算的每期折旧额均相等,适用于那些在预计使用年限内提供的效用和发生的损耗都比较均衡的固定资产。其计算公式如下:

$$年折旧额 = (固定资产原值 - 预计净残值) / 预计使用年限$$

在实际工作中,固定资产折旧额一般根据固定资产原值和折旧率计算,计算公式如下:

$$年折旧率 = (1 - 预计净残值率) / 预计使用年限 \times 100\%$$

$$月折旧率 = 年折旧率 \div 12$$

$$月折旧额 = 固定资产原价 \times 月折旧率$$

【例 9.6】 某公司拥有某机器,原值为 60 000 元,预计可使用年限为 10 年,预计净残值率为 4%,采用年限平均法计算该项固定资产的折旧率和折旧额。

$$年折旧率 = (1 - 4\%)/10 \times 100\% = 9.6\%$$

$$月折旧率 = 9.6\%/12 = 0.8\%$$

$$月折旧额 = 60\,000 \times 0.8\% = 480(元)$$

事实上,固定资产在不同使用年限提供的经济效益是不同的。一般来讲,固定资产在其使用前期工作效率相对较高,所带来的经济利益也相对较多;而在其使用后期,工作效率相对较低,所带来的经济利益也相应减少。因此采用年限平均法计算固定资产折旧存在着明显的局限性。

2. 工作量法

工作量法,是根据固定资产的实际工作量计提每期折旧额的一种方法。这种方法假定固定资产的价值随着其使用而逐渐递减,其效能与固定资产的新旧程度无关,一定期间计提的折旧额随着工作量的变动呈正比例变动。这种方法适用于那些耗损程度取决于工作量而非使用期限的固定资产。具体计算公式如下:

$$单位工作量折旧额 = 固定资产原值 \times (1 - 预计净残值率) / 预计总工作量$$

$$某项固定资产月折旧额 = 该项固定资产当月工作量 \times 单位工作量折旧额$$

【例 9.7】 某公司有一台机器设备，其原价为 600 000 元，预计其有效生产产品产量为 2 000 000 个，预计净残值率为 5%，本月生产产品 60 000 个；假设该公司没有对该机器设备计提减值准备。则该台机器设备的本月折旧额计算如下：

$$单个折旧额 = 600\,000 \times (1 - 5\%) / 2\,000\,000 = 0.285(元/个)$$

$$本月折旧额 = 60\,000 \times 0.285 = 17\,100(元)$$

(二) 加速折旧法

加速折旧法，是指在固定资产使用的早期多提折旧，之后每期折旧额逐期减少的方法，主要包括双倍余额递减法和年数总和法，其理论基础为：

首先，固定资产的使用效率和经济效用是随着固定资产的使用逐年递减的，因此折旧费用按照权责发生制原则与配比原则的要求，也应逐年递减。

其次，固定资产的使用成本由折旧费用和修理费用组成，其修理费用随着固定资产的使用和损耗而逐年增加。因此，在修理费用较少的前期少提折旧，在修理费用较多的后期多提折旧有助于均衡固定资产每期的使用成本。

第三，随着科学技术的发展，固定资产使用效益的不确定性逐年增加，从而可能使固定资产因为不经济而提前报废。采用加速折旧法可以减少固定资产因提前报废而造成的损失。

1. 双倍余额递减法

双倍余额递减法，是指在不考虑固定资产预计净残值的情况下，根据每期期初固定资产净值和双倍的直线法折旧率计算固定资产折旧的一种方法。具体公式如下：

$$年折旧率 = 2/预计使用年限 \times 100\%$$

$$月折旧率 = 年折旧率 \div 12$$

$$年折旧额 = 年折旧率 \times 固定资产净值$$

$$月折旧额 = 固定资产净值 \times 月折旧率$$

使用双倍余额递减法每年年初固定资产净值没有扣除预计净残值，因此，为了避免固定资产的账面折余价值降低到其预计净残值以下，通常应在其折旧年限到期前两年内，将固定资产净值扣除预计净残值后的余额平均摊销，即最后两年改用直线法。

【例 9.8】 某企业某项设备原始价值为 60 万元，预计可使用 5 年，预计净残值率为 4%；假设该企业没有对该机器设备计提减值准备。该设备采用双倍余额递减法计算折旧，每年折旧额计算如下：

$$年折旧率 = 2/5 \times 100\% = 40\%$$

$$第一年应提的折旧额 = 60 \times 40\% = 24(万元)$$

$$第二年应提的折旧额 = (60 - 24) \times 40\% = 14.4(万元)$$

$$第三年应提的折旧额 = (60 - 24 - 14.4) \times 40\% = 8.64(万元)$$

从第四年起改按年限平均法(直线法)计提折旧：

$$\begin{aligned}第四、五年应提的折旧额 &= (60 - 24 - 14.4 - 8.64 - 60 \times 4\%) \div 2\\ &= 5.28(万元)\end{aligned}$$

2. 年数总和法

年数总和法，又称合计年限法，是将固定资产的原值减去预计净残值的净额乘以一个逐年递减的折旧率计算每年折旧额的一种方法。其中，折旧率以固定资产尚可使用寿命为分子、以预计使用寿命逐年数字之和为分母。其计算公式如下：

$$年折旧率 = 尚可使用年限 / 预计使用寿命的年数总和 \times 100\%$$

$$月折旧率 = 年折旧率 \div 12$$

$$年折旧额 = (固定资产原值 - 预计净残值) \times 年折旧率$$

$$月折旧额 = (固定资产原值 - 预计净残值) \times 月折旧率$$

【例 9.9】 沿用例 9.8 资料，采用年数总和法计算的各年折旧额如表 9.1 所示：

表 9.1 折旧的计算 单位：元

年 份	尚可使用年限	原值－预计净残值	年折旧率	每年折旧额	累计折旧
第 1 年	5	576 000	5/15	192 000	192 000
第 2 年	4	576 000	4/15	153 600	345 600
第 3 年	3	576 000	3/15	115 200	460 800
第 4 年	2	576 000	2/15	76 800	537 600
第 5 年	1	576 000	1/15	38 400	576 000

采用年数总和法，其计算的基数是不变的，变的只是每年的折旧率，其折旧率各年呈递减趋势，因此计算的折旧额也呈递减趋势。

五、提取折旧的账务处理

按照我国《企业会计准则第 4 号——固定资产》规定，企业的固定资产应当按类别逐月计提折旧，当月增加的固定资产当月不计提折旧，从下一个月开始计提；当月减少的固定资产当月照提折旧，从下一个月开始停止计提。

在实务中，为简化核算，企业通常按月编制"固定资产折旧计算表"，并以该表为依据进行总分类核算。“固定资产折旧计算表”格式如表 9.2 所示：

表 9.2　固定资产折旧计算表

单位：××公司　　　　2010 年 10 月　　　　单位：元

使用部门	资产项目	上月折旧额	上月增加固定资产		上月减少固定资产		本月折旧额	分配费用
			原价	折旧额	原价	折旧额		
A 车间	厂房	5 000					5 000	制造费用
	机器设备	6 000	50 000	200			6 200	
	小计	11 000					11 200	
B 车间	厂房	6 000					6 000	
	机器设备	60 000					60 000	
	小计	66 000					66 000	
C 车间	厂房	3 500					3 500	
	机器设备	10 000			20 000	600	9 400	
	小计	13 500					12 900	
行政管理部门	建筑物	3 000					3 000	管理费用
	办公工具	4 000					4 000	
	小计	7 000					7 000	
合计		97 500	50 000	200	20 000	600	97 100	

固定资产计提的折旧应通过“累计折旧”账户核算，“累计折旧”账户是“固定资产”账户的抵减账户。所提折旧费用根据用途计入相关资产的成本或者当期损益：

(1) 企业基本生产车间所使用的固定资产，其计提的折旧额应计入“制造费用”账户。

(2) 行政管理部门所使用的固定资产，其计提的折旧额应计入“管理费用”账户。

(3) 销售部门所使用的固定资产，其计提的折旧额应计入“销售费用”账户。

(4) 自行建造固定资产过程中使用的固定资产，其计提的折旧应计入“在建工程”账户。

(5) 企业经营租出的固定资产，其计提的折旧额应计入“其他业务成本”账户。

(6) 企业未使用的固定资产，其计提的折旧额应计入“管理费用”账户。

【例 9.10】 根据上述固定资产折旧计算表即表 9.2，编制如下会计分录：

借：制造费用——A 车间　　11 200

　　　　　　——B 车间　　66 000

　　　　　　——C 车间　　12 900

　　管理费用　　7 000

　　贷：累计折旧　　　　97 100

六、固定资产使用寿命、预计净残值和折旧方法的复核

由于企业的固定资产使用寿命长于一年或一个营业周期，属于企业的非流动资产，因此企业至少应当于每年年度终了时，对固定资产的使用寿命、预计净残值和折旧方法进行复核。

在固定资产使用过程中，其使用寿命和预计净残值可能受到固定资产所处经济环境、技术环境以及其他环境的影响。例如，固定资产的高强度使用，会使固定资产实际使用寿命大大缩短；比该项固定资产效率更高的替代品的出现会使其实际使用寿命缩短，预计净残值减少等。为更加真实地核算固定资产，企业应当至少于每年年度终了，对固定资产使用寿命和预计净残值进行复核，并对其与原先估计数的差异进行调整。

另外，固定资产使用过程中所处经济环境、技术环境以及其他环境的变化也可能对与固定资产有关的经济利益的预期实现方式产生重大影响。如果固定资产给企业带来经济利益的方式发生重大变化，企业应当相应改变固定资产折旧方法。

固定资产使用寿命、预计净残值和折旧方法的改变应作为会计估计变更。按照《企业会计准则第 28 号——会计政策、会计估计变更和差错更正》处理。

第四节　固定资产改良和维修

固定资产改良和维修属于固定资产在后续使用中所发生的活动，其所发生的支出属于固定资产的后续支出。固定资产的后续支出是指固定资产在投入使用后发生的更新改良支出、维修费用等。对于这些支出的处理应当根据不同的情况，或费用化或资本化。根据《企业会计准则第 4 号——固定资产》的规定，固定资产后续支出的处理应遵循以下原则：如果这些支出使流入企业的经济利益超过了原先的估计，如延长了固定资产的使用寿命或使产品的质量发生实质性的提高，或使产品的成本发生实质性的降低，则可以资本化，计入固定资产的账面价值；反之，若支出不能使流入企业的经济利益超过原先的估计，则应费用化，计入当期损益。

一、固定资产改良

企业固定资产投入使用后，为了适应新科技发展的需要或者提高固定资产的使用效能，往往需要对企业的固定资产进行改进，如对企业的机器设备进行改良以提高其生产能力或提高产品质量、降低生产成本；对企业的厂房车间进行改扩建，以延长固定资产的使

用寿命。这些改进，都会使流入企业的经济利益超出原来的预期，其相应的支出应予以资本化，具体包括：

(1) 使固定资产的使用寿命延长；

(2) 使固定资产的生产能力提高；

(3) 使固定资产所产产品的质量提高；

(4) 使固定资产所产产品的生产成本降低；

(5) 提高了单位时间内产品的产出数量；

(6) 使产品品种、性能、规格等发生良好的变化，提高了其生产产品的精度，实现了产品的更新换代；

(7) 提高了产品的价格竞争力；

(8) 使企业经营管理环境或条件改善。

根据《企业会计准则第 4 号——固定资产》的规定，固定资产发生资本化的后续支出时，企业应当改变其固定资产的账面价值，并调整以后年度固定资产的折旧。但是固定资产增加后其新的账面价值不能超过固定资产的可收回金额。

在实际工作中，企业固定资产改良时，应将该固定资产的原值、已计提的累计折旧和减值准备转销，将固定资产的账面价值转入"在建工程"账户，在此基础上重新确定固定资产原价。由于在固定资产改良期间其价值已转入"在建工程"账户，因此应当停止计提折旧。在固定资产发生的后续支出完工并达到预定可使用状态时，再从"在建工程"账户转入"固定资产"账户，并按重新确定的固定资产原价、使用寿命、预计净残值和折旧方法计提折旧。

【例 9.11】 某公司 20×1 年 12 月 30 日自行建成了一条生产流水线，建造成本为 1 200 000 元；采用年限平均法计提折旧；预计净残值为 20 000 元，预计使用寿命为 5 年。在投入使用后发生如下活动：

20×4 年 1 月 1 日，由于生产的产品适销对路，公司决定对现有生产流水线进行改扩建，以提高其生产能力。假定该生产线未发生减值。

20×4 年 1 月 1 日至 3 月 31 日，经过三个月的改扩建，完成了对这条生产流水线的改扩建工程，共发生支出 500 000 元，以银行转账支票支付。

该生产流水线改扩建工程达到预定可使用状态后，大大提高了生产能力，预计将其使用寿命延长 5 年，即为 10 年。假定改扩建后的生产流水线的预计净残值不变；折旧方法仍为年限平均法。

不考虑其他相关税费，有关的账务处理如下：

20×2 年 1 月 1 日至 20×3 年 12 月 31 日两年间，该条生产流水线的应计折旧额为 (1 200 000－20 000)×2/5＝472 000(元)，年折旧额为 472 000/2＝236 000(元)。其账务处理为：

借：制造费用	236 000	
贷：累计折旧		236 000

20×4 年 1 月 1 日，固定资产的账面价值＝1 200 000－472 000＝728 000(元)，固定资产改扩建时：

借：在建工程　　728 000
　累计折旧　　472 000
　贷：固定资产　　1 200 000

20×4 年 1 月 1 日至 3 月 31 日，发生改扩建工程支出时：

借：在建工程　　500 000
　贷：银行存款等　　500 000

20×4 年 3 月 31 日，生产线改扩建工程达到预定可使用状态，固定资产的入账价值为 728 000＋500 000＝1 228 000(元)：

借：固定资产　　1 228 000
　贷：在建工程　　1 228 000

20×4 年 3 月 31 日，转为固定资产后，按重新确定的使用寿命、预计净残值和折旧方法计提折旧：

$$应计折旧额 = 1\,228\,000 - 20\,000 = 1\,208\,000(元)$$

$$月折旧额 = 1\,208\,000/(7\times12+9) = 12\,989.25(元)$$

$$20\times4\ 年应计提的折旧额 = 12\,989.25\times9 = 116\,903.25(元)$$

相关会计分录为：

借：制造费用　　116 903.25
　贷：累计折旧　　116 903.25

值得注意的是，企业在对某些固定资产进行改良时，可能涉及替换原固定资产的某些组成部分，当此类后续支出符合固定资产确认条件时，应将其计入固定资产成本，同时将被替换部分的账面价值扣除。这样可以避免将替换部分的成本和被替换部分的成本同时计入固定资产成本，而导致固定资产成本高估的错误。

【例 9.12】 某航空公司 20×1 年 12 月购入一架飞机，其价值为 5 000 万元(含发动机)，其中发动机价值为 500 万元。公司未将发动机作为一项单独的固定资产进行核算。20×9 年年初，为提高飞机运营效率，延长飞机的空中飞行时间，公司决定更换一部性能更优的发动机。新发动机购价 600 万元，另支付安装费用 50 000 元。假定飞机的年折旧率为 6%，不考虑预计净残值和相关税费的影响，其账务处理为：

20×9 年年初飞机已计提的累计折旧金额为 50 000 000×6%×8＝24 000 000(元)，将固定资产转入在建工程时：

借：在建工程　　26 000 000
　累计折旧　　24 000 000
　贷：固定资产　　50 000 000

安装新发动机时：

借：在建工程　　6 050 000

　贷：工程物资　　6 000 000

　　银行存款　　50 000

20×9 年年初老发动机的账面价值为 5 000 000－5 000 000×6%×8＝2 600 000(元)，终止确认老发动机的账面价值时：

借：营业外支出　　2 600 000

　贷：在建工程　　2 600 000

发动机安装完毕，飞机投入使用时：

借：固定资产　　29 450 000

　贷：在建工程　　29 450 000

二、固定资产维修

固定资产在其使用过程中，由于各个组成部分的使用和耐用程度不同，会出现固定资产的局部损坏。为了保持固定资产的正常使用及其运作效率，企业需要对固定资产进行必要的维修。由于对固定资产的维修是为了恢复固定资产的性能，而不会延长其使用寿命或提高产品质量、降低生产成本，因此会计上通常将发生的维修费用支出费用化，在发生时应直接计入当期损益。企业生产车间(部门)和行政管理部门等发生的固定资产维修费用计入“管理费用”；企业设置专设销售机构的，其发生的与专设销售机构相关的固定资产维修费用计入“销售费用”。企业固定资产更新改造支出不满足固定资产的确认条件，在发生时也应直接计入当期损益。

【例 9.13】 20×9 年 3 月 15 日，某公司对现有的一台生产用机器设备进行日常维护，维护过程中支付维护人员的工资为 5 000 元；不考虑其他相关税费。其账务处理为：

借：管理费用　　5 000

　贷：应付职工薪酬　　5 000

三、经营租入固定资产改良支出

根据《企业会计准则第 4 号——固定资产》的规定，企业对以经营租赁方式租入的固定资产进行改良所发生的支出，应予资本化，作为长期待摊费用，并进行合理的摊销。发生改良支出时，借记“长期待摊费用”账户，贷记“银行存款”等账户；摊销时，借记“制造费用”、“管理费用”、“销售费用”等账户，贷记“长期待摊费用”账户。

第五节　固定资产处置

一、固定资产处置的概念

固定资产的处置主要包括企业的固定资产因使用而不断磨损直至最终报废，由于技术进步等原因发生的提前报废，由于遭受自然灾害等非常原因发生的毁损，将不适用或不需用的固定资产出售转让，将固定资产对外投资、捐赠、抵债、调拨并终止确认。

固定资产满足下列条件之一的，应当予以终止确认：

(1) 该固定资产处于处置状态。

企业中处于处置状态的固定资产因不再用于生产商品、提供劳务、出租或经营管理，不再符合固定资产的定义及确认条件，应予以终止确认。

(2) 该固定资产预期通过使用或处置不能产生经济利益。

固定资产的确认条件之一是“与该固定资产有关的经济利益很可能流入企业”，如果一项固定资产预期通过使用或处置不能产生经济利益，那么它就不再符合固定资产的定义和确认条件，应予以终止确认。

二、固定资产处置的账务处理

(一) 固定资产清理

企业因出售、报废、毁损等原因减少固定资产，要通过“固定资产清理”账户进行核算。固定资产清理是指企业由于出售、试用期届满发生报废或技术进步、管理不善发生提前报废，以及各种不可抗力的自然灾害而遭到毁损等原因减少固定资产，按照规定程序办理出售、报废手续并进行清理的过程。

“固定资产清理”账户借方反映转入清理的固定资产净值、发生的清理费用及应交税费等，贷方反映清理固定资产的残料收入和应由保险公司或过失人承担的赔偿等，差额计入当期损益。

其会计核算一般经过以下几个步骤：

(1) 固定资产净值转入清理。

企业将出售、报废和毁损的固定资产转入清理时，应按固定资产账面价值，借记“固定资产清理”账户，按已计提的累计折旧，借记“累计折旧”账户，按已计提的减值准备，借记“固定资产减值准备”账户，按固定资产原值，贷记“固定资产”账户。

(2) 发生的清理费用和应交税费。

固定资产清理过程中发生的清理费用以及应支付的相关税费，按实际发生额，借记“固定资产清理”账户，贷记“银行存款”、“应交税费——应交营业税”等账户。

(3) 出售收入、残料价值和保险、过失人赔偿等的处理。

企业收回出售固定资产的价款、报废固定资产的残料价值和变价收入等，借记“银行存款”、“原材料”等账户，贷记“固定资产清理”账户。企业计算的应由保险公司或过失人赔偿的损失，应借记“其他应收款”等账户，贷记“固定资产清理”账户。

(4) 清理净损益的处理。

固定资产清理完成后的净损失，属于生产经营期间正常的处理损失，借记“营业外支出——处置非流动资产损失”账户，贷记“固定资产清理”账户；属于生产经营期间由于自然灾害等不可抗力原因造成的固定资产清理损失，借记“营业外支出——非常损失”账户，贷记“固定资产清理”账户。固定资产清理完成后的净收益，借记“固定资产清理”账户，贷记“营业外收入”账户。

(二) 固定资产出售的核算

企业因调整经营方针或因技术进步，可以将闲置不用的固定资产出售给其他企业。固定资产的出售通过“固定资产清理”账户进行核算。企业若出售房屋建筑物等不动产，应计算缴纳应负担的营业税。

【例 9.14】 某公司有厂房一幢，拟出售。该厂房原值为 200 000 元，已计提累计折旧 80 000 元，已计提固定资产减值准备 5 000 元。在清理过程中，以银行存款支付固定资产清理费用 5 000 元，出售收入 100 000 元，营业税税率为 5%。有关账务处理如下：

固定资产转入清理时：

	借方	贷方
借：固定资产清理	115 000	
累计折旧	80 000	
固定资产减值准备	5 000	
贷：固定资产		200 000

支付清理费用时：

	借方	贷方
借：固定资产清理	5 000	
贷：银行存款		5 000

收到出售价款时：

	借方	贷方
借：银行存款	100 000	
贷：固定资产清理		100 000

计提应缴纳的营业税时：

$$应交营业税 = 100\,000 \times 5\% = 5\,000(元)$$

	借方	贷方
借：固定资产清理	5 000	

贷:应交税费——应交营业税　　5 000

结转清理净损益时:

借:营业外支出——处置非流动资产损失　　25 000

贷:固定资产清理　　25 000

(三)固定资产报废的核算

企业固定资产的报废主要包括正常报废和非正常报废两类,即由于使用期限届满不再继续使用而报废和由于技术进步而将设备提前报废。两者的会计处理基本相同。

【例 9.15】 某公司有一台机器设备,因使用期届满经管理部门批准报废。该设备原价为 100 000 元,已计提累计折旧 70 000 元、减值准备 10 000 元。在清理过程中,以银行存款支付清理费用 1 000 元,收到残料变卖收入 2 000 元存入银行,不考虑相关税费。其账务处理如下:

固定资产转入清理时:

借:固定资产清理　　20 000

累计折旧　　70 000

固定资产减值准备　　10 000

贷:固定资产　　100 000

支付清理费用时:

借:固定资产清理　　1 000

贷:银行存款　　1 000

收到残料变价收入时:

借:银行存款　　2 000

贷:固定资产清理　　2 000

结转固定资产清理净损益时:

借:营业外支出——处置非流动资产损失　　19 000

贷:固定资产清理　　19 000

(四)固定资产毁损的核算

固定资产毁损是指由于自然灾害或责任事故而造成的企业固定资产的毁损。对于企业发生的固定资产毁损,必须查明原因、明确责任。其会计处理方法与固定资产报废的会计处理方法基本相同,也通过"固定资产清理"账户核算,取得的保险公司和过失人的赔偿记入"其他应收款"账户。

(五)持有待售的固定资产

根据《企业会计准则第 4 号——固定资产》的规定,同时满足下列条件的固定资产,应当划分为持有待售:

(1) 企业已经就处置该固定资产作出决议;

(2) 企业已经与受让方签订了不可撤销的转让协议;

(3) 该项转让将在一年内完成。

企业对于持有待售的固定资产,应当调整该项固定资产的预计净残值,使该项固定资产的预计净残值能够反映其公允价值减去预计处置费用后的净额,但不得超过符合持有待售条件时该项固定资产的原账面价值,原账面价值高于预计净残值的差额,应作为资产减值损失计入当期损益。企业应当在报表附注中披露持有待售的固定资产的名称、账面价值、公允价值、预计处置费用和预计处置时间等。持有待售的固定资产不计提折旧,按照账面价值和公允价值减去预计处置费用后的净额孰低进行计量。

(六) 固定资产对外投资核算

企业对外投资的固定资产,一般用于股权投资。企业以固定资产对外投资时,应按照固定资产的净值,借记"固定资产清理"账户,按该项固定资产已计提的折旧,借记"累计折旧",按该固定资产已计提的固定资产减值准备,借记"固定资产减值准备"账户,按投出固定资产的账面原值,贷记"固定资产"账户,按投出固定资产应支付的相关税费,借记"固定资产清理"账户,贷记"银行存款"、"应交税费"等账户。最后,按照"固定资产清理"的账户余额,借记"长期股权投资"账户,贷记"固定资产清理"账户。

(七) 固定资产对外捐赠

企业将固定资产对外捐赠时,应按照固定资产的净值,借记"固定资产清理"账户,按该项固定资产已计提的折旧,借记"累计折旧",按该固定资产已计提的固定资产减值准备,借记"固定资产减值准备"账户,按捐出固定资产的账面原值,贷记"固定资产"账户,按捐出固定资产应支付的相关税费,借记"固定资产清理"账户,贷记"银行存款"、"应交税费"等账户。最后将"固定资产清理"账户的余额转入"营业外支出"账户。

三、固定资产的期末计价

在企业的生产经营过程中,由于固定资产可能发生损坏、技术陈旧或其他经济原因,固定资产的可收回金额可能会低于其账面价值,从而产生固定资产的价值减值。按照谨慎性原则的要求,企业在面对不确定性因素时不能高估资产或收益,低估负债或费用。因此,企业应当至少在每年年末对固定资产进行计价,以确认固定资产是否发生减值,从而避免资产的高估。

(一) 固定资产减值的判断标准

企业在对固定资产期末计价时,如果存在以下情况之一,应当计算固定资产的可收回金额,以确定固定资产是否发生了减值:

(1) 固定资产的市价在当期大幅度下跌,其跌幅明显高于因时间的推移或者正常使用而预计的下跌,并且预计近期内不会恢复;

(2) 企业经营所处的经济、技术或者法律等环境以及产品所处的市场在当期或者将在近期发生重大变化,并对企业产生不利影响;

(3) 同期市场利率或者其他市场投资报酬率大幅提高,从而影响企业计算固定资产预计未来现金流量现值的折现率,导致资产可收回金额大幅度降低;

(4) 固定资产已经陈旧过时或者其实体已经损坏;

(5) 固定资产已经或者将被闲置、终止使用或者计划提前处置,从而对企业产生负面影响;

(6) 其他表明固定资产已发生减值的情况。

当存在下列情况时,应当对固定资产全额计提减值准备:

(1) 长期闲置不用,在可预见的未来也不会再使用,且已无转让价值的固定资产;

(2) 由于技术进步等原因,已不可使用的固定资产;

(3) 虽然固定资产尚可使用,但使用后会产生大量不合格品的固定资产;

(4) 已遭损毁,以至于不再具有使用价值和转让价值的固定资产;

(5) 其他实质上已经不再给企业带来经济利益的固定资产。

(二) 固定资产减值的会计处理

企业应当设置"固定资产减值准备"账户,来核算提取的固定资产减值准备。该账户是固定资产的备抵账户,其贷方反映计提的固定资产减值准备,借方反映处置固定资产时注销的减值准备,期末贷方余额反映企业已提取的固定资产减值准备。

企业期末应将固定资产的可收回金额与其账面价值进行比较,资产可收回金额的估计,应当根据其公允价值减去预计处置费用后的净额与资产预计未来现金流量的现值两者之间较高者确定。如果其可收回金额大于其账面价值,则不作任何处理;如果其可收回金额小于账面价值,意味着固定资产发生了减值,应按单项固定资产计提减值准备,计提时借记"资产减值损失"账户,贷记"固定资产减值准备"账户。企业计提的固定资产减值损失不能转回。

【例 9.16】 某企业于 20×7 年 12 月购进不需要安装的机器设备一台,当月投入使用,入账价值 50 万元(含增值税进项税额),预计使用年限 7 年,预计净残值 10 000 元。假设该企业按年限平均法计提折旧。至 20×9 年 12 月该设备预计可收回金额 20 万元。其账务处理如下:

20×8 年、20×9 年该企业应计提折旧额为(50－1)×2/7＝14(万元),对于每一年来说:

借:制造费用　　70 000

　　贷:累计折旧　　70 000

20×9 年 12 月,该设备的账面价值为 360 000 元(500 000－140 000),预计可收回金额为 20 万元，应计提固定资产减值准备 160 000 元（360 000－200 000），会计分录为：

借：资产减值损失　　　　　　　　　　　　160 000

　　贷：固定资产减值准备　　　　　　　　　　　　160 000

第六节　固定资产的清查

一、固定资产清查的程序

（一）固定资产清查概述

为了保证固定资产核算的真实性，企业应定期对固定资产盘点清查。固定资产清查是指企业从实物管理的角度对单位实际拥有的固定资产进行实物清查，并与固定资产进行账务核对，确定盘盈、盘亏资产的程序。

企业对于固定资产的清查，每年至少实地盘点清查一次，对于发现的盘盈、盘亏固定资产，应填制固定资产盘盈、盘亏报告表，并报经企业管理部门批准处理。清查固定资产的损益，应于办理年终决算前查明原因，报经管理部门批准并及时处理。若年终结账前尚未处理完毕的，在对外提供财务报表时应按报批时提出的处理方案进行处理，并在会计报表附注中作出说明；如果其后批准处理的金额与已处理的金额不一致，应作出调整。

（二）固定资产清查的程序

（1）对本单位拥有的固定资产进行实物清点，并登记造册。

固定资产管理人员将固定资产有关记录核对准确，检查固定资产的编号、名称、规格、制造厂家、出厂编号及日期，并向有关单位询问其技术情况。

（2）将实物按品种、数量、型号等与固定资产账面记录进行核对。

会计人员将固定资产有关账簿核对准确，检查记录中固定资产的原始价值、折旧额、减值准备等数据。然后由会计人员和固定资产管理人员将各自的固定资产账簿记录进行账实核对。

（3）按照管理权限上报有关情况，并根据批复进行账务处理。

固定资产清查后，填写“固定资产盘盈、盘亏报告表”，详细记载固定资产的原值，报有关部门批复。

二、盘盈固定资产的账务处理

企业在固定资产的清查中，账面上没有记录但实际存在的固定资产为盘盈的固定资产。对盘盈的固定资产，依据下列证据，确认为固定资产盘盈入账：固定资产盘点表；使用保管人对于盘盈情况的说明材料；盘盈固定资产的价值确定依据；单项或批量数额较大固定资产的盘盈，企业难以取得价值确认依据的，应当委托社会中介进行估价，出具估价报告。

在具体确定盘盈固定资产的成本时，如果同类或类似固定资产存在活跃市场的，按照同类或者类似固定资产的市场价格，减去按该项固定资产的使用程度估计的价值损耗后的余额，作为入账价值；如果同类或类似固定资产不存在活跃市场的，按该项固定资产的预计未来现金流量的现值，作为入账价值。

盘盈的固定资产在进行会计核算时，作为前期差错处理，在按管理权限报经批准处理前，应先通过“以前年度损益调整”账户核算。

三、盘亏固定资产的账务处理

企业在固定资产的清查中，账面上有记录但实际不存在的固定资产为盘亏的固定资产。

对盘亏的固定资产，将其账面净值扣除责任人赔偿后的差额部分，依据下列证据，认定为损失：固定资产盘点表；盘亏情况说明（单项或批量金额较大的固定资产盘亏，要逐项作出专项说明，由社会中介机构进行职业推断和客观评判后出具经济鉴证证明）；社会中介机构的经济鉴证证明；内部有关责任认定和内部核准文件等。

企业在对财产清查中盘亏的固定资产进行实际账务处理时，应按盘亏固定资产的账面价值借记“待处理财产损溢——待处理固定资产损溢”账户，按已计提的累计折旧，借记“累计折旧”账户，按该项固定资产已计提的减值准备，借记“固定资产减值准备”账户，按固定资产原值，贷记“固定资产”账户。按管理权限报经批准后，将盘亏的固定资产净值转作营业外支出，按可收回的保险赔偿或过失人赔偿，借记“其他应收款”账户，按盘亏的固定资产净值，贷记“待处理财产损溢——待处理固定资产损溢”账户，按其差额借记“营业外支出”账户。

【例 9.17】 某公司年末对固定资产进行清查时，发现丢失机器一台。该机器账面原值 50 000 元，已计提折旧 30 000 元，已计提的减值准备 5 000 元。经查，机器丢失的原因为管理员看守失职。经有关部门批准，由保管员赔偿 5 000 元。其关账务处理如下：

确认机器设备盘亏时：

借：待处理财产损溢——待处理固定资产损溢	15 000
累计折旧	30 000

固定资产减值准备　　5 000

贷:固定资产　　50 000

报经批准后:

借:其他应收款　　5 000

营业外支出　　10 000

贷:待处理财产损溢——待处理固定资产损溢　　150 000

【本章小结】

固定资产是指企业为生产商品、提供劳务、出租或经营管理而持有的,使用寿命超过一个会计期间的有形资产。

企业所拥有的固定资产具有以下三个特征:(1)固定资产是一种有形资产;(2)为生产商品、提供劳务、出租或经营管理而持有;(3)使用寿命超过一个会计期间。

固定资产的确认应当符合两个条件:(1)该固定资产包含的经济利益很可能流入企业;(2)该固定资产的成本能够可靠地计量。

固定资产核算的重点在于固定资产的成本,固定资产的折旧,固定资产的后续支出以及固定资产的处置。

固定资产的成本包括买价、进口关税、运输和保险等相关费用以及为使固定资产达到预定可使用状态前所发生的一切合理、必要的支出。企业应当根据固定资产的不同取得方式合理确定固定资产的入账价值。

固定资产的折旧是指在固定资产的使用寿命内,按照确定的方法对应计折旧额进行的系统分摊。

固定资产的后续支出包括改良支出和维修支出,其重点在于判断支出应该资本化还是费用化。如果对企业的机器设备进行改良可以提高其生产能力或提高产品质量、降低生产成本,对企业的厂房、车间进行改扩建可以延长固定资产的使用寿命,那么相应的支出应当资本化,增加固定资产账面价值。如果对固定资产的维修只是恢复了固定资产的性能,而不会延长其使用寿命会提高产品质量、降低生产成本,那么相应的支出应当费用化,计入当期损益。

固定资产的处置主要包括企业的固定资产因使用而不断磨损直至最终报废,由于技术进步等原因发生的提前报废,由于遭受自然灾害等非常原因发生的毁损,将不适用或不需用的固定资产出售转让,将固定资产对外投资、捐赠、抵债、调拨并终止确认。固定资产的处置应当满足两个条件:(1)该固定资产处于处置状态;(2)该固定资产预期通过使用或处置不能产生经济利益。固定资产的处置通过“固定资产清理”账户核算。

【本章思考题】

1. 固定资产有哪些特点？应如何对固定资产进行分类？
2. 以不同方式取得的固定资产应如何确定入账价值？会计处理如何？
3. 比较分析固定资产各种折旧方法。
4. 固定资产修理和改良有何区别？其账务处理有何异同？
5. 如何进行固定资产处置的会计处理？
6. 固定资产期末计价如何进行？其意义如何？

【练习与案例分析】

一、选择题

1. 根据《企业会计准则第4号——固定资产》，在计提了减值准备的情况下，固定资产的应计折旧额是指(　　)。

A. 固定资产原价

B. 固定资产原价扣除其预计净残值后的余额

C. 固定资产原价扣除累计折旧后的余额

D. 固定资产的原价扣除其预计净残值和已计提减值准备累计金额后的余额

2. 某设备的账面原价为100 000元，预计使用年限为5年，预计净残值为5%，采用双倍余额递减法计提折旧，该设备在第4年应计提的折旧额为(　　)元。

A. 7 200　　B. 15 500　　C. 20 000　　D. 9 000

3. 根据《企业会计准则第4号——固定资产》，应对下列固定资产计提折旧(　　)。

A. 已提足折旧仍继续使用的固定资产　　B. 未使用或不需用的固定资产

C. 融资租入固定资产　　D. 经营租出固定资产

4. 甲公司为增值税一般纳税人，采用自营方式建造一条生产线，实际领用工程物资234万元(含增值税)。另外领用本公司所生产的产品一批，账面价值为240万元，该产品适用的增值税税率为17%，计税价格为260万元；发生的在建工程人员工资和应付福利费分别为130万元和18.2万元。假定该生产线已达到预定可使用状态，不考虑除增值税以外的其他相关税费。该生产线的入账价值为(　　)万元。

A. 622.2　　B. 648.2　　C. 666.4　　D. 686.4

二、业务处理

1. 2010年3月1日，甲公司一次性购进了3套不同型号且具有不同生产能力的设备A、B和C。甲公司为该批设备共支付货款8 000 000元，增值税税额1 360 000元，包装费50 000元，全部以银行存款支付。假定设备A、B和C均满足固定资产的定义及其确认条件，公允价值分别为 3 500 000 元、2 500 000 元和 4 000 000 元，不考虑其他相关税费。

要求：

(1) 分别计算 A、B、C 三种设备的入账价值；

(2) 编制甲公司购入固定资产的会计处理。

2. 某企业于 2010 年 9 月 5 日对一生产线进行改扩建，改扩建前该生产线的原价为 1 000 万元，已提折旧 400 万元，已提减值准备 50 万元。在改扩建过程中领用工程物资 500 万元，领用生产用原材料 100 万元，原材料的进项税额为 17 万元。发生改扩建人员工资 80 万元，用银行存款支付其他费用 60 万元。该生产线于 2011 年 12 月 20 日达到预定可使用状态。该企业对改扩建后的固定资产采用年限平均法计提折旧，预计尚可使用年限为 10 年，预计净残值为 50 万元。2013 年 12 月 31 日该生产线的销售净价为 900 万元，预计未来现金流量现值为 850 万元。2015 年 12 月 31 日该企业将该生产线以 700 万元销售，款项已收到并存入银行，支付销售费用 5 000 元，营业税税率为 5%。假定固定资产按年计提折旧，不考虑其他相关税费（金额单位用万元表示）。

要求：

(1) 编制上述与固定资产改扩建有关业务的会计分录。计算改扩建后固定资产的入账价值；

(2) 计算改扩建后的生产线 2012 年和 2013 年每年应计提的折旧额；

(3) 计算 2013 年 12 月 31 日该生产线是否应计提减值准备，若计提减值准备，编制相关会计分录；

(4) 计算该生产线 2014 年和 2015 年每年应计提的折旧额；

(5) 编制 2015 年 12 月 31 日该企业出售固定资产的会计处理。

三、案例分析

资料：国内 C 航空公司是另两家公司 A 公司和 B 公司的合资企业，20×2 年，A 公司和 B 公司对该航空公司的净利润的描述分别是 0.78 亿元、4.36 亿元。那么 C 航空公司的真实会计数据到底如何呢？据了解，对 C 航空公司净利润的争议很可能是对飞机折旧年限的看法存在差异。

A 公司和 B 公司分别持有 C 航空公司 60% 和 40% 的股权。C 航空公司自身经审计的会计报表中，飞机的折旧年限是 10 年。而按照 10 年的折旧期，C 航空公司 2002 年净利润为 0.78 亿元。而 A 公司在编制自身会计报表时即认同了 C 航空公司的这一折旧年限。

有关资料显示，国家有关部门对于民航飞机折旧年限问题，自 2002 年起有所调整，其中规定，小飞机从 8 年至 15 年延长到 10 年至 15 年，大飞机从 10 年至 15 年延长到 10 年至 20 年。这也就是说，飞机折旧年限存在一定的弹性空间。考虑到飞机折旧年限对于航空公司利润核算的重大影响，如果对航空公司飞机的折旧年限作出一定调整，其年度利润的差别会相当大。

然而，B 公司在合并 C 航空公司经审计的会计报表时并不认同 C 航空公司的飞机折旧年限，因此造成了对 C 航空公司净利润有不同的描述。

思考：分析折旧年限对企业利润的影响，进而分析折旧方法对企业净利润的影响。

第十章 无形资产和其他资产

【本章学习目的】

1. 了解无形资产的概念和特点。
2. 理解无形资产的确认条件。
3. 掌握无形资产取得、摊销和处置的会计处理。
4. 了解其他资产的构成。

课前案例

研发带来的竞争力

华为技术有限公司(以下简称"华为")是一家成立于1988年,由员工持股的高科技民营企业。它从事通信网络技术与产品的研究、开发、生产与销售,是电信运营商光网络、固定网、移动网和增值业务领域的网络解决方案的主要供应商之一。2004—2008年,华为的合同销售额从56亿美元快速上升至233亿美元,海外销售占比从43%上升至75%,年均增速大于40%,并且2008年的数字是在全球通讯设备巨头纷纷遭遇滑坡、亏损、重组的环境下取得的。华为是如何取得这些成绩的?

华为的整体实力和全球竞争力是过去几年持续研发创新的结果。

1. 华为的研发机构遍布全球

华为在瑞典斯德哥尔摩、美国达拉斯及硅谷、欧洲其他各国的主要城市、印度班加罗尔及中国的深圳、上海、北京、南京、西安、成都和武汉等地设立了研发机构,建立了一套完整的全球研发体系。华为的中央软件部、上海研究所、南京研究所和印度研究所均已通过国际软件质量管理最高等级认证——CMM5级认证。2009年6月26日,华为发布公告称,已在日本东京成立LTE实验室。该实验室不仅用于LTE技术的研发,同时为下一代无线技术的启动和商用提供测试和训练设备。

2. 大量的研发投入

华为坚持以不少于销售收入10%的费用和43%的员工投入研究开发，并将研发投入的10%用于前沿技术、核心技术以及基础技术的研究。按华为近年销售额及公司人员增长情况计算，华为最近两年的年均研发投入至少在10亿美元以上，同时研发人员达到4万人。

3. 专利申请量全球第一

世界知识产权组织公布的数据显示，2008年，华为以1 737件专利申请首次占据全球专利申请公司（人）排名榜的榜首，结束了飞利浦连续10年的榜首地位。截至2008年年底，华为已累计申请专利超过35 773件，连续6年蝉联中国企业专利申请数量第一。

思考：

1. 大量的研发投入和专利申请会给企业带来何种收益？
2. 华为应当如何对这些研发支出和专利申请进行会计处理？

第一节 无形资产

一、无形资产概述

（一）无形资产的概念与特点

所谓无形资产，是指企业拥有或者控制的没有实物形态的可辨认非货币性长期资产。

无形资产与其他资产相比主要有以下四个特点：

（1）无形资产没有实物形态。这是有关无形资产形态的描述，无形资产的这一特点可用于区分无形资产和固定资产等有形资产。需要注意的是，尽管无形资产没有实物形态，但是其仍具有使用价值，预期能够给企业带来经济利益的流入，这种使用价值体现为能够使企业获取未来盈利的能力。

（2）无形资产具有可辨认性。尽管无形资产没有实物形态，但是其应该是可辨认的。判断资产是否可辨认时，需要依据《企业会计准则》对可辨认性标准的相关规定。《企业会计准则》规定，资产满足下列条件之一的，符合无形资产定义中的可辨认性标准：第一，能够从企业中分离或者划分出来，并能单独或者与相关合同、资产或负债一起用于出售、转移、授予许可、租赁或者交换；第二，源自合同性权利或其他法定权利，无论这些权利是否可以从企业或其他权利和义务中转移或者分离。

（3）无形资产属于非货币性资产。无形资产未来会给企业带来的经济利益流入很大程度上受到技术进步、同业竞争等外部环境的影响，与其取得成本并不存在直接关系，从而无形资产未来给企业带来的经济利益具有高度的不确定性，也就是说其未来可收回的金额具有高度的不确定性，属于非货币性资产范畴。

(4) 无形资产属于长期资产。无形资产会在超过一年或一个营业周期的时间内即未来较长时期内给企业带来经济利益，其属于长期资产。无形资产的这一特征有助于区分无形资产和软件企业持有待售的无实物形态的存货。

(二) 无形资产的分类

为了加强企业对无形资产的管理和账务处理，企业应当按照不同的标准，将无形资产分为不同的种类，主要包含以下三种分类方式。

1. 按无形资产的具体经济内容分类

(1) 专利权。专利权是指国家专利主管机关依法授予发明创造人或权利受让人对特定的、先进的、独特的可以带来经济效益的技术及诀窍的发明创造在一定期限内依法享有的专用权与独占权。

(2) 非专利技术。非专利技术，与专利相似，也是指发明创造人持有的先进的、独特的可以带来经济效益的技术及诀窍，与专利相区别的是，企业未将此项发明公开，也未向国家专利主管机关申请专用权与独占权，不受法律的保护。

(3) 商标权。商标权是指商标主管机关依法授予商标所有人使用其注册商标的专有权。

(4) 著作权。著作权又称版权，是指法律授予作者或者其他应当享有著作权的公民、法人或其他组织享有的出版、发行、广播等方面的专有权利。

(5) 特许权。特许权是指企业获得的在约定条件下使用特许人的商标、专利技术等单项元素或者各种单项元素的组合使用的权利，如获得在一定区域内经营或销售某一特定商品的权利。

(6) 土地使用权。土地使用权是指企业依法或依约定享有的在一定期间内对国有土地开发、利用、经营的权利。一般情况下，企业取得的土地使用权应确认为无形资产，但改变土地使用权用途，用于赚取租金或资本增值时，应当将其转为投资性房地产。与建筑物相关的土地使用权应当依据具体情况区别对待。自行开发建造厂房等建筑物，相关的土地使用权与建筑物应当分别进行处理。外购土地及建筑物支付的价款应当在建筑物与土地使用权之间进行分配；难以合理分配的，应当全部作为固定资产。房地产开发企业取得土地用于建造对外出售的房屋建筑物，相关的土地使用权账面价值应当计入所建造的房屋建筑物成本。

2. 按无形资产的取得方式分类

按照无形资产的取得方式可将无形资产分为：外购无形资产、自行开发的无形资产、投资者投入无形资产、接受捐赠收到的无形资产、非货币性资产交换取得的无形资产、债务重组取得的无形资产、政府补助的无形资产以及企业合并取得的无形资产等。

3. 按无形资产的使用寿命能否确定分类

按照无形资产的使用寿命能否确定可将无形资产分为:使用寿命有限的无形资产和使用寿命不能确定的无形资产。

(1) 使用寿命有限的无形资产。企业持有无形资产的使用寿命,通常来源于合同性权利或其他法定权利,当合同或法律明确规定无形资产的使用寿命时,认为该无形资产的使用寿命是有限的。例如,《中华人民共和国专利法》明确规定,发明专利权有效期为20年,实用新型和外观设计专利权的有效期为10年,从而专利权属于使用寿命有限的无形资产。再如,依据《商标法》的规定,自核准之日起注册商标的有效期限为10年,在有效期期满前可申请续展注册,每次续展注册的期限也为10年,续展可以无限制地重复,即企业每一次注册申请商标权,商标的有效期限都为10年,即为使用寿命有限的无形资产。有些无形资产并没有合同或法律规定其使用年限,企业就应当综合各方面因素判断,以确定无形资产能为企业带来经济利益的期限。例如,通过与同行业的情况进行比较、参考历史经验或聘请相关专家进行论证等方式,确定无形资产的使用寿命。

(2) 使用寿命不能确定的无形资产。企业无法根据合同性权力和其他发行权利确定无形资产的使用寿命,同时也无法通过与同行业的情况进行比较、参考历史经验或聘请相关专家进行论证等方式确定无形资产的使用寿命时,就应将其确认为使用寿命不能确定的无形资产。例如,非专利技术和永久性特许使用权。

二、无形资产的确认条件

企业拥有的无形项目很多,只有同时满足以下三个条件才能将其确认为无形资产:

(1) 符合无形资产的定义。符合无形资产的定义要求资产应当同时具备没有实物形态、可辨认、非货币性和长期资产四个特征。若资产不具备任何一个特征都不应当作为无形资产的核算范畴。例如,商誉本身没有实物形态,同时也是非货币性长期资产,但是商誉不能从企业中分离出来,不具有可辨认性,从而不能将其作为无形资产。

(2) 与该无形资产有关的经济利益很可能流入企业。与该无形资产有关的经济利益能否流入企业包含两个方面的含义。要使与该无形资产有关的经济利益流入企业,首先,企业应当能够控制该无形资产所产生的经济利益,例如,依据合同或法律企业拥有该无形资产的所有权;其次,由于预期无形资产能够给企业带来的经济利益流入具有极大的不确定性,只有判断该无形资产能够带来经济利益流入的可能性大于不能带来经济利益流入的可能性时,才能将其确认为无形资产,例如,并不是所有的专利权都能够给企业带来经济利益的流入,当企业所拥有的专利权不能给企业带来经济利益的流入时,就不能将其作为无形资产。

需要注意的是，无形资产给企业带来经济利益的形式并不局限于增加企业的销售收入、劳务收入，使企业减少或节约生产成本，也属于其给企业带来经济利益的形式。

(3) 该无形资产的成本能够可靠地计量。与其他资产相同，只有能够可靠地计量成本时，才能确认无形资产。例如，企业内部产生的品牌、报刊名等，其成本无法可靠地计量，就不能作为无形资产。

三、无形资产取得的账务处理

企业取得无形资产的途径多种多样，根据无形资产的不同来源，应当分别进行不同的会计处理。

为了反映无形资产的成本，企业应当设置“无形资产”账户，该账户的借方登记企业取得无形资产的成本，贷方登记处置无形资产的成本，期末余额在借方反映企业当前拥有无形资产的成本。

（一）外购的无形资产

外购无形资产的成本，包括购买价款、相关税费以及直接归属于使该项资产达到预定用途所发生的其他支出。其中，直接归属于使该项资产达到预定用途所发生的其他支出，包括使无形资产达到预定用途所发生的专业服务费用、测试无形资产是否能够正常发挥作用的费用等。

需要注意，直接归属于使该项资产达到预定用途所发生的其他支出不包括为引入新产品进行宣传所发生的广告费、管理费用等其他间接费用，以及在该项资产达到预定用途之前发生的并非使无形资产达到预定用途所必不可少的其他经营活动支出。

【例 10.1】 20×9 年丰达公司从外部购入一项专利，合同约定，该专利的转让费用为 1 000 000 元。此外，丰达公司还支付该专利权过户费等费用 100 000 元，丰达公司已签发转账支票两张分别用以支付转让费和过户费等费用。

借：无形资产　　　　1 100 000

　贷：银行存款　　　　1 100 000

当企业外购房屋建筑物所支付的价款中包括建筑物和土地使用权的价款时，应当对实际支付的价款按照建筑物和土地使用权的公允价值比例分别确定建筑物和土地使用权的入账价值。若无法在建筑物和土地使用权之间合理分配实际支付价款时，则应当将其全部作为固定资产。

【例 10.2】 20×9 年丰达公司从外部购入一栋写字楼，合同约定的总价值为 8 000 000 元，根据该写字楼所处位置，估算该写字楼所占用土地使用权的公允价值为 6 000 000 元，建筑物的公允价值为 4 000 000 元。丰达公司用银行转账方式支付该笔价款。

确定土地使用权和建筑物的分配比例：

土地使用权的分配比例 = 6 000 000/(6 000 000 + 4 000 000) = 60%

建筑物的分配比例 = 4 000 000/(6 000 000 + 4 000 000) = 40%

确定土地使用权和建筑物的入账价值：

土地使用权的入账价值 = 8 000 000 × 60% = 4 800 000(元)

建筑物的入账价值 = 8 000 000 × 40% = 3 200 000(元)

相应的会计处理为：

借:无形资产　　4 800 000

　固定资产　　3 200 000

　贷:银行存款　　8 000 000

企业购买无形资产支付价款的时间超过正常信用条件延期支付的，通常 3 年以上，实质上具有融资性质，无形资产的成本以购买价款的现值为基础确定。实际支付的价款与购买价款的现值之间的差额，除按照《企业会计准则第 17 号——借款费用》的规定应予资本化的以外，应当在信用期间内计入当期损益。即，企业在购买无形资产时，按照购买价款的现值，借记"无形资产"账户，按照企业实际应当支付的价款，贷记"长期应付款"账户，两者之差，借记"未确认融资费用"账户。然后，在信用期内按照实际利率法摊销未确认融资费用，即区分无形资产是否达到预定状态，按照计算的摊销额，借记"在建工程"或"财务费用"账户，贷记"未确认融资费用"账户。

【例 10.3】 20×7 年 1 月 1 日，丰达公司购进一项专利技术，总价 10 000 000 元，合同约定，丰达公司应在专利技术过户完成后支付总价的 40%，即 4 000 000 元，其余 6 000 000 元，分三次在 20×7—20×9 年每年的 12 月 31 日支付。假定同期银行利率为 10%。

20×7 年 1 月 1 日，丰达公司购进专利技术时：

无形资产的现值 = 4 000 000 + 2 000 000(P/A, 10%, 3)
= 4 000 000 + 2 000 000 × 2.486 9
= 8 973 800(元)

企业未来实际应付金额 = 10 000 000(元)

未确认融资费用 = 10 000 000 − 8 973 800 = 1 026 200(元)

借:无形资产　　8 973 800

　未确认融资费用　　1 026 200

　贷:长期应付款　　6 000 000

　　银行存款　　4 000 000

确定各期的未确认融资费用分摊额如表 10.1 所示：

表 10.1　丰达公司未确认融资费用分摊表

20×7 年 1 月 1 日　　　　单位:元

日　　期 ①	分期付款额 ②	确认的融资费用 ③=期初⑤×10%	应付本金减少额 ④=②-③	应付本金余额 ⑤=期初⑤-④
20×7 年 1 月 1 日				4 973 800
20×7 年 12 月 31 日	2 000 000	497 380	1 502 620	3 471 180
20×8 年 12 月 31 日	2 000 000	347 118	1 652 882	1 818 298
20×9 年 12 月 31 日	2 000 000	181 702*	1 818 298	0
合　　计	6 000 000	1 026 200	4 973 800	

* 因计算中存在四舍五入的误差,最后一期数字系倒挤计算得出。

20×7 年 12 月 31 日付款时:

借:财务费用　　497 380
　　贷:未确认融资费用　　497 380
借:长期应付款　　2 000 000
　　贷:银行存款　　2 000 000

20×8 年 12 月 31 日付款时:

借:财务费用　　347 118
　　贷:未确认融资费用　　347 118
借:长期应付款　　2 000 000
　　贷:银行存款　　2 000 000

20×9 年 12 月 31 日付款时:

借:财务费用　　181 702
　　贷:未确认融资费用　　181 702
借:长期应付款　　2 000 000
　　贷:银行存款　　2 000 000

(二) 自行开发的无形资产

企业内部研究开发项目的支出,应当区分研究阶段支出和开发阶段支出。

研究是指为获取并理解新的科学或技术知识而进行的独创性的有计划调查。例如,意在获取知识而进行的活动,研究成果或其他知识的应用研究、评价和最终选择,材料、设备、产品、工序、系统或服务的可能替代品的配置、设计、评价和最终选择等,均属于研究活动。从其定义中可以看出,研究阶段是探索性的,为进一步的开发活动进行资料及相关方面的准备,已进行的研究活动将来是否会转入开发、开发后是否会形成无形资产均具有较大的不确定性。因此其不满足与该支出有关的经济利益很可能流入企业这一条件,从而企业内部研究开发项目的研究阶段支出不应当资本化,而应在发生时直接计入当期损益。

开发则是指在进行商业性生产或使用前，将研究成果或其他知识应用于某项计划或设计，以生产出新的或具有实质性改进的材料、装置、产品等。例如，生产前或使用前的原型和模型的设计、建造和测试，不具有商业性生产经济规模的试生产设施的设计、建造和运营等，均属于开发活动。相对于研究阶段而言，开发阶段应当是已完成研究阶段的工作，在很大程度上具备了形成一项新产品或新技术的基本条件，但能否真正形成一项新产品或新技术尚不确定。从上述描述可以看出，不能确定与该开发阶段支出有关的经济利益是否很可能流入企业，为此《企业会计准则》规定只有同时满足下列五个条件时，才能将其确认为无形资产：

(1) 完成该无形资产以使其能够使用或出售在技术上具有可行性。具有技术上的可行性是与该开发阶段支出有关的经济利益很可能流入企业的基础。企业在判断无形资产的开发在技术上是否具有可行性时，应当以目前阶段的成果为基础，并提供相关证据和材料，证明企业进行开发所需的技术条件等已经具备，不存在技术上的障碍或其他不确定性。例如，企业已经完成了全部计划、设计和测试活动，这些活动是使资产能够达到设计规划书中的功能、特征和技术所必需的活动，或经过专家鉴定等。

(2) 具有完成该无形资产并使用或出售的意图。企业能够说明其开发无形资产的目的。有意图完成并使用或出售无形资产是与开发阶段支出有关的经济利益很可能流入企业的前提。

(3) 无形资产产生经济利益的方式，包括能够证明运用该无形资产生产的产品存在市场或无形资产自身存在市场，无形资产将在内部使用的，应当证明其有用性。开发成功的无形资产产生经济利益的方式是与其有关的经济利益很可能流入企业的途径。判断无形资产是否能够为企业带来经济利益时，应当对运用该无形资产生产的产品的市场情况进行可靠预计，以证明所生产的产品存在市场并能够带来经济利益，或能够证明市场上存在对该无形资产的需求。

(4) 有足够的技术、财务资源和其他资源支持，以完成该无形资产的开发，并有能力使用或出售该无形资产。这一要求是与开发有关的经济利益很可能流入企业的保证。企业能够证明可以取得无形资产开发所需的技术、财务和其他资源，以及获得这些资源的相关计划。企业自有资金不足以提供支持的，应能够证明存在外部其他方面的资金支持，如银行等金融机构声明愿意为该无形资产的开发提供所需资金等。

(5) 归属于该无形资产的开发阶段支出能够可靠地计量。相关成本能够可靠地计量是确认无形资产的条件之一，将开发阶段支出确认为无形资产也不例外。企业对研究开发的支出应当单独核算，例如，直接发生的研发人员工资、材料费以及相关设备折旧费等。同时从事多项研究开发活动的，所发生的支出应当按照合理的标准在各项研究开发活动之间进行分配；无法合理分配的，应当计入当期损益。

从上述描述中可以看到，自行开发无形资产的成本包括达到预定用途前所发生的满足无形资产确认条件的开发支出总额。

需要注意的是，对同一项无形资产在开发过程中达到资本化条件之前已经计入当期损益的开发支出，不再进行调整。

为了全面地反映企业内部研究开发过程中发生的各种支出，企业应当设置“研发支出”账户。为了区分这些研究开发支出是否满足确认无形资产条件即资本化条件，企业应当分别设置“费用化支出”和“资本化支出”两个明细账户进行明细核算。

企业自行研发无形资产发生研究开发支出时，若该研究开发支出不满足无形资产确认条件，即需要费用化时，按照确定的支出金额，借记“研发支出——费用化支出”账户，按照支付的成本，贷记“银行存款”、“原材料”、“应付职工薪酬”等账户；若该开发支出满足无形资产确认条件，即需要资本化时，按照确定的支出金额，借记“研发支出——资本化支出”账户，按照支付的成本，贷记“银行存款”、“原材料”、“应付职工薪酬”等账户。

企业购买的满足资本化条件的正在进行中的研究开发项目，按照确定的金额，借记“研发支出——资本化支出”账户，贷记“银行存款”账户。企业继续进行开发发生的相关支出符合资本化条件时，按照确定的支出金额，借记“研发支出——资本化支出”账户，按照支付的成本，贷记“银行存款”、“原材料”、“应付职工薪酬”等账户。

期末，企业应将通过“研发支出——费用化支出”明细账归集的费用化支出金额转入当期损益，即按照归集的当期发生的应费用化的研发支出总额，借记“管理费用”账户，同时，贷记“研发支出——费用化支出”账户。

待研发项目达到预定用途时，按照通过“研发支出——资本化支出”明细账归集的资本化支出金额进行资本化，即按照归集的满足资本化条件研发支出总额，借记“无形资产”账户，同时，贷记“研发支出——资本化支出”账户。

【例 10.4】 丰达公司因竞争的需要 20×9 年 4 月组织研发团队研发专利技术。在研发过程中领用原材料 1 000 000 元，应付研发人员薪酬 500 000 元以及用银行存款支付其他相关费用 200 000 元。上述各项支出中，符合资本化条件的支出为 1 300 000 元。20×9 年 5 月，该专利技术研发成功，丰达公司成功申请专利，丰达公司在申请专利过程中共用银行存款支付相关费用 260 000 元。假定不考虑相关税费。

丰达公司 20×9 年 4 月份进行研发，发生各项支出时：

借：研发支出——费用化支出	400 000	
——资本化支出	1 300 000	
贷：原材料		1 000 000
应付职工薪酬		500 000
银行存款		200 000

4 月 30 日，丰达公司结转费用化支出时：

借：管理费用	400 000	
贷：研发支出——费用化支出		400 000

5 月份，丰达公司申请专利时：

借：研发支出——资本化支出	260 000	
贷：银行存款		260 000

专利申请成功时：

借：无形资产　　1 560 000

　　贷：研发支出——资本化支出　　1 560 000

（三）投资者投入的无形资产

投资者投入无形资产，应当按照投资合同或协议约定的价值，借记“无形资产”账户，同时，按照投资合同或者约定的投资者的出资额，贷记“实收资本”或者“股本”账户，若投资合同或协议中约定的无形资产价值大于双方约定的出资额，则将其差额计入“资本公积”账户的贷方。需要注意的是，当投资合同或协议约定的无形资产价值不公允时，就不能按照约定价值确认无形资产的入账价值。

【例 10.5】 实泰公司按照合同约定向丰达公司投资一项专利，合同约定该项专利价值 100 000 元，实泰公司在丰达公司占有 10%的股权，投资后丰达公司的注册资本总额为 1 000 000 元。

丰达公司的账务处理为：

借：无形资产　　100 000

　　贷：实收资本　　100 000

【例 10.6】 实泰公司按照合同约定向丰达公司投资一项专利，合同约定该项专利价值 100 000 元，实泰公司在丰达公司占有 10%的股权，投资后丰达公司的注册资本总额为 800 000 元。

丰达公司的账务处理为：

借：无形资产　　100 000

　　贷：实收资本　　80 000

　　　　资本公积　　20 000

（四）接受捐赠收到的无形资产

捐赠者向企业捐赠无形资产时，企业应当按照以下规定确定成本：(1)捐赠方提供了有关凭据的，按凭证标明的金额，确定无形资产成本；(2)捐赠方未提供有关凭据的，按以下顺序确定无形资产成本：①同类或类似无形资产存在活跃市场的，按同类或类似无形资产的市场价格估价金额，加上应支付的相关税费，作为无形资产成本；②同类或类似无形资产不存在活跃市场的，按接受无形资产的预计未来现金流量的现值，作为无形资产成本。

企业应按照确定的该无形资产的成本，借记“无形资产”账户，同时贷记“营业外收入”账户。

【例 10.7】 福达公司向丰达公司捐赠一项专利权，相关凭证列明该无形资产的价值为 100 000 元。

丰达公司的账务处理为：

借:无形资产　　　　　　　　　　　　　　　100 000

　　贷:营业外收入　　　　　　　　　　　　　　　100 000

(五) 其他方式取得的无形资产

非货币性资产交换、债务重组、政府补助和企业合并取得的无形资产成本,应当分别按照相关准则的规定进行确定。

四、无形资产价值摊销的账务处理

本章第一节已经述及,按照无形资产的使用寿命能否确定可将无形资产分为:使用寿命有限的无形资产和使用寿命不能确定的无形资产。使用寿命有限的无形资产,其价值将在其使用寿命内予以实现,而使用寿命不能确定的无形资产,其价值的实现期限难以确定,即无法估计其为企业带来经济利益的期限,从而《企业会计准则》对两类无形资产规定了不同的摊销方法。

(一) 使用寿命有限的无形资产

1. 摊销方法

使用寿命有限的无形资产其价值将在其使用寿命内实现,从而应当按照其价值的实现方式即与其相关经济利益的预期实现方式进行摊销。目前可供选择的摊销方法主要有直线法和生产总量法,即将无形资产的应摊销金额在其使用寿命年限或者构成使用寿命的产量内进行摊销。若企业无法可靠确定与无形资产相关经济利益的预期实现方式时,应当采用直线法摊销。

其中无形资产的应摊销金额为其成本扣除预计残值后的金额。已计提减值准备的无形资产,还应扣除已计提的无形资产减值准备累计金额。使用寿命有限的无形资产,其残值一般应当视为零,以下两种情况除外:(1)由第三方承诺在无形资产使用寿命结束时购买该无形资产;(2)可以根据活跃市场得到预计残值信息,并且该市场在无形资产使用寿命结束时很可能存在。

无形资产使用寿命的确认方法主要有两种:(1)源自合同性权利或其他法定权利取得的无形资产,其使用寿命不应超过合同性权利或其他法定权利的期限。如果合同性权利或其他法定权利能够在到期时因续约等延续,当有证据表明企业续约不需要付出重大成本时,续约期才能够包括在使用寿命的估计中。(2)没有明确的合同或法律规定的无形资产,企业应当综合各方面的情况,如聘请相关专家进行论证或与同行业的情况进行比较以及参考企业的历史经验等,确定无形资产的经济寿命。

企业确定无形资产使用寿命时通常应当考虑的因素:

(1) 运用该资产生产的产品通常的寿命周期、可获得的类似资产使用寿命的信息;

(2) 技术、工艺等方面的现阶段情况及对未来发展趋势的估计;

(3) 以该资产生产的产品或提供的服务的市场需求情况；

(4) 现在或潜在的竞争者预期采取的行动；

(5) 为维持该资产带来经济利益能力的预期维护支出，以及企业预计支付有关支出的能力；

(6) 对该资产控制期限的相关法律规定或类似限制，如特许使用期、租赁期等；

(7) 与企业持有其他资产使用寿命的关联性等。

2. 摊销期

无形资产的摊销期，应当为自无形资产可供使用即达到预定用途当月起，至不再作为无形资产确认时止。即当月增加的无形资产，当月开始摊销；当月报废的无形资产，当月停止摊销。

3. 无形资产摊销的会计处理

为了反映无形资产的摊销情况，应当设置"累计摊销"账户。该账户属于备抵类账户，贷方登记企业当期计提的摊销额，借方登记处置无形资产时转销的金额，期末余额在贷方反映企业累计计提的无形资产摊销额。

企业应当按月计提无形资产的摊销额，无形资产的摊销金额一般应当计入当期损益，若某项无形资产包含的经济利益通过所生产的产品或其他资产实现，其摊销金额应当计入相关资产的成本。即企业按照当月应当计提的摊销额，借记"管理费用"、"制造费用"等账户，贷记"累计摊销"账户。

【例 10.8】 20×9 年 5 月，丰达公司自行研发的专利技术已成功申请专利，丰达公司账面确认该项专利的总价值为 1 560 000 元，该项专利的法律保护期限为 20 年，丰达公司预计该项专利技术预期能给企业带来经济利益的期限仅为 10 年。不考虑残值因素，采用直线法进行摊销。

计算每月摊销额：

$$每年摊销额 = 1\,560\,000/10 = 156\,000(元)$$

$$每月摊销额 = 156\,000/12 = 13\,000(元)$$

20×9 年 5 月份起至寿命终了前一月止，丰达公司相关会计处理如下：

借：管理费用	13 000	
贷：累计摊销		13 000

4. 无形资产的复核

企业所处环境复杂多变，技术发展日新月异，无形资产预期会给企业带来经济利益流入的期限以及实现方式可能会发生变化，因此企业至少应于每年年度终了，对使用寿命有限的无形资产的使用寿命及摊销方法进行复核。无形资产的使用寿命及摊销方法与以前估计不同的，应当改变摊销期限和摊销方法，并按照《企业会计准则第 28 号——会计政策、会计估计变更和差错更正》进行会计处理。

(二) 使用寿命不能确定的无形资产

当企业无法根据合同性权力和其他法定权利确定无形资产的使用寿命，同时也无法通过与同行业的情况进行比较、参考历史经验或聘请相关专家进行论证等方式确定无形资产的使用寿命，或者企业无法预见无形资产为企业带来经济利益的期限时，企业就无法确定无形资产的摊销期间，从而《企业会计准则》规定对于此类使用寿命不能确定的无形资产不应摊销，只需要在每期期末进行减值测试。若该无形资产没有发生减值，则不需进行任何会计处理；若该无形资产发生减值，则应计提减值准备，确认减值损失。相关减值的内容将在资产减值一章(第十一章)进行讲解。

与使用寿命有限的无形资产相同，企业也应当于每个会计期末对使用寿命不能确定的无形资产的使用寿命进行复核。如果有证据表明无形资产的使用寿命是有限的，应当估计其使用寿命，并按照《企业会计准则第 28 号——会计政策、会计估计变更和差错更正》将其变更为使用寿命有限的无形资产处理。

五、无形资产处置的账务处理

无形资产的处置，通常包括无形资产的出售、出租以及无形资产预期不能为企业带来经济利益时的报废。

(一) 无形资产的出售

企业将无形资产出售，表明企业放弃无形资产的所有权，从而企业出售无形资产时应当结转无形资产的账面价值。此时，企业出售无形资产时取得的价款与该无形资产账面价值以及在出售该无形资产过程中发生的相关税费之间的差额即为企业出售无形资产的损益。由于企业出售无形资产不属于企业日常经营活动，从而企业出售无形资产的损益属于利得和损失的范畴，即企业在确认出售无形资产损益时，应当将其计入“营业外收入”账户或者“营业外支出”账户。

企业在出售无形资产时，按照实际收到的价款，借记“银行存款”等账户，按照无形资产已计提的累计摊销额，借记“累计摊销”账户，按照已对该无形资产计提的减值准备，借记“无形资产减值准备”账户，按照无形资产的成本，贷记“无形资产”账户，按照应缴纳的各种税金，贷记“应交税费”账户，按照借贷之差，借记“营业外支出——处置非流动资产损失”账户或者贷记“营业外收入——处置非流动资产利得”账户。

【例 10.9】 20×9 年 5 月，丰达公司将自行研发的专利出售，取得价款 1 600 000 元，该专利权的账面成本为 1 560 000 元，累计摊销为 156 000 元，已计提减值准备 100 000 元，出售过程中丰达公司应当承担相应的营业税 90 000 元，城市维护建设税为 6 300 元，教育费附加为 2 700 元。

借：银行存款　　　　　　　　　　　　1 600 000

累计摊销　　156 000
无形资产减值准备　　100 000
贷:无形资产　　1 560 000
应交税费——应交营业税　　90 000
——应交城市维护建设税　　6 300
——应交教育费附加　　2 700
营业外收入——处置非流动资产利得　　197 000

(二) 无形资产的出租

企业将无形资产出租,即企业让渡无形资产的使用权,从而企业出租无形资产时不应结转无形资产的账面价值,而应按照让渡资产使用权收入的相关规定,确认租金收入同时结转成本。

需要注意的是,企业出租土地使用权时,应当将其价值转入投资性房地产。

企业在出租无形资产时,按照实际收到的租金收入,借记"银行存款"等账户,贷记"其他业务收入"账户;同时,应当区分无形资产能否确定使用寿命,若使用寿命有限,则按照其应摊销金额,借记"其他业务成本"账户,贷记"累计摊销"账户;若使用寿命不能确定,则不需要确认其他业务成本。

【例 10.10】 20×9 年 5 月,丰达公司将自行研发的专利出租,双方合同约定,承租方应当按照当月的销售收入的 3%向丰达公司支付租金。该专利权的账面成本为 1 560 000 元,摊销期限为 10 年。20×9 年 6 月承租方实现销售收入 1 000 000 元。

丰达公司 20×9 年 6 月的账务处理为:

借:银行存款　　30 000
贷:其他业务收入　　30 000
借:其他业务成本　　13 000
贷:累计摊销　　13 000

(三) 无形资产的报废

当无形资产预期不再能为企业带来未来经济利益时,其不再符合无形资产的确认条件,应当将其账面价值予以转销。

当企业无形资产出现下列情况之一时,就可以判断该无形资产不再能为企业带来未来经济利益:(1)该无形资产已被其他新技术等所替代,且已不能为企业带来经济利益;(2)该无形资产不再受法律的保护,且不能给企业带来经济利益;(3)其他足以证明某项无形资产实质上已经丧失了使用价值的情形。

无形资产报废时,应当冲减无形资产的账面价值,即按照无形资产已计提的累计摊销额,借记"累计摊销"账户,按照已对该无形资产计提的减值准备,借记"无形资产减值准备"账户,按照无形资产的成本,贷记"无形资产"账户,同时按照无形资产的账面价值,借记“营业外支出——处置非流动资产损失”账户。

【例 10.11】 丰达公司拥有的专利技术已被其他新技术替代，预期不再能给企业带来未来经济利益，该专利权的账面成本为 1 560 000 元，累计摊销为 936 000 元，已计提减值准备 100 000 元。

借：累计摊销	936 000	
无形资产减值准备	100 000	
营业外支出——处置非流动资产损失	524 000	
贷：无形资产		1 560 000

第二节 其他资产

一、其他资产的概念

其他资产是指除货币资金、应收款项、对外投资、存货、固定资产、投资性房地产和无形资产以外的资产，主要包括长期待摊费用、生物资产、油气资产和递延所得税资产。其中递延所得税资产属于高级财务会计的讲授范围，本节将对长期待摊费用、生物资产和油气资产进行简单的讲解。

二、长期待摊费用

长期待摊费用是指企业已发生但应由本期和以后各期负担的分摊期限在 1 年以上的各项费用，如经营租赁方式租入固定资产发生的改良支出等。

企业应当设置“长期待摊费用”账户用以反映企业长期待摊费用的发生及摊销情况。该账户借方登记企业发生的长期待摊费用金额，贷方登记长期待摊费用的摊销额，余额在借方反映尚未摊销的长期待摊费用。

企业发生长期待摊费用时，借记“长期待摊费用”账户，贷记“银行存款”等账户；企业摊销长期待摊费用时，按照应摊销金额，借记“管理费用”等账户，贷记“长期待摊费用”账户。

经营方式租入固定资产发生的改良支出是指企业为了提高经营租入固定资产性能或扩大原有经营方式租入固定资产的规模而发生的支出。企业对经营方式租入固定资产发生的改良支出与对自有固定资产改良相同预期会增加企业未来经济利益的流入或者减少企业未来经济利益的流出，例如增加产量、提高产品质量或者降低生产成本等。又由于与经营方式租入固定资产所有权相关的风险与报酬并没有随着租赁而转移给承租方，因此企业不能将此改良支出确认为固定资产，只能在对经营方式租入固定资产发生改良支出时，按照改良支出的成本，借记“长期待摊费用”账户，贷记“原材料”、“银行存款”、“应付职工薪酬”等账户。与固定资产相同，该改良支出也应在整个受益期内进行分摊，由于经营方式租入固定资产将在租赁到期日归还给出租方，从而改良支出的受益期应为租赁期限与租赁资产尚可使用年限中较短的期限。即将长期待摊费用在租赁期限与租赁资产尚可使用年限的较短期限内进行分摊，按照分摊的金额，借记“制造费用”等账户，贷记“长期待摊费用”账户。

【例 10.12】 丰达公司对经营租赁方式租入的一台机器设备进行改良，改良过程中领用原材料 1 000 元，应付有关人员薪酬 6 000 元，用现金支付其他相关费用 2 000 元。该机器设备租赁期限为 5 年，预计该机器设备尚可使用 6 年。

归集长期待摊费用时：

借：长期待摊费用	9 000	
贷：原材料		1 000
应付职工薪酬		6 000
库存现金		2 000

每月摊销长期待摊费用时：

$$每月摊销额 = 9\,000 \div 5 \div 12 = 150(元)$$

借：制造费用	150	
贷：长期待摊费用		150

三、生物资产

除了前面讲述的资产以外，企业还可能会持有一些与农业生产相关的有生命的（活的）动物和植物，这些资产被称为生物资产。

依据企业持有生物资产的目的可以将生物资产分为：消耗性生物资产、生产性生物资产和公益性生物资产。

(1) 消耗性生物资产。消耗性生物资产是企业为了出售而持有的或在将来收获为农产品的生物资产，包括生长中的大田作物、蔬菜、用材林以及存栏待售的牲畜等。消耗性生物资产通常是一次性消耗并终止其服务能力或未来经济利益，在一定程度上具有存货的特征，从而应当参照存货的会计处理进行反映，并将其列报在资产负债表的存货项目之中。

(2) 生产性生物资产。生产性生物资产是为产出农产品、提供劳务或出租等目的而持有的生物资产，包括经济林、薪炭林、产畜和役畜等。生产性生物资产具有在生产经营中长期、反复使用，并在未来期间持续产出农产品，给企业带来经济利益的特征。从而，这类生产性生物资产具有固定资产的特征，可以参照固定资产的会计处理进行反映，但应将其在资产负债表上单独列报。

(3) 公益性生物资产。公益性生物资产是指以防护、环境保护为主要目的的生物资产,包括防风固沙林、水土保持林和水源涵养林。这种公益性生物资产不能给企业带来直接经济利益流入,但是有助于企业从相关资产获得经济利益,因此也应当确认为生物资产,并且应当单独核算。由于企业持有这种公益性生物资产具有非经营性的目的,因而《企业会计准则第 5 号——生物资产》规定不得对公益性生物资产计提减值准备。

值得注意的是,《企业会计准则第 5 号——生物资产》规定,通常应当按照成本模式对生物资产进行计量。但是当生物资产同时满足下列两个条件时,才可采用公允价值模式对生物资产进行计量:(1)生物资产具有活跃的交易市场,即该生物资产能够在交易市场中直接交易;(2)能够从交易市场上取得同类或类似生物资产的市场价格及其他相关信息,从而对生物资产的公允价值作出科学合理的估计。公允价值模式下,企业不对生物资产计提折旧和减值准备,应当以资产负债表日生物资产的公允价值减去估计销售时所发生费用后的净额调整其账面价值,其与原账面价值之间的差额计入当期损益。

四、油气资产

所谓油气资产是指从事石油天然气开采的企业所拥有或控制的井及相关设施和矿区权益。石油天然气开采企业的主要生产过程包括:矿区权益的取得、油气的勘探、油气开发和油气生产四个阶段。

(1) 矿区权益的取得支出。矿区权益,是指企业取得的在矿区内勘探、开发和生产油气的权利。油气开采企业为了取得矿区权益而发生的成本应当在发生时予以资本化,确认相应的资产,并按照产量法或年限平均法对探明矿区权益计提折耗,期末还要对矿区权益进行减值测试计提减值准备。值得注意的是,若取得的矿区权益因最终未能发现探明经济可采储量而放弃时,应当按照放弃时的账面价值转销该矿区权益并计入当期损益。因未完成义务工作量等因素导致发生的放弃成本,计入当期损益。

(2) 油气勘探支出。油气勘探,是指为了识别勘探区域或探明油气储量而进行的地质调查、地球物理勘探、钻探活动以及其他相关活动,包括钻井勘探支出和非钻井勘探支出。其中,钻井勘探支出在完井后,确定该井发现了探明经济可采储量的,应当结转为井及相关设施成本;确定该井未发现探明经济可采储量的,则应当将其扣除净残值后计入当期损益。若确定部分井段发现了探明经济可采储量,则应将发现探明经济可采储量的有效井段的钻井勘探支出结转为井及相关设施成本,无效井段钻井勘探累计支出转入当期损益。若未能确定该探井是否发现探明经济可采储量的,应当在完井后一年内将钻探该井的支出予以暂时资本化。在完井一年时仍未能确定该探井是否发现探明经济可采储量的,若已发现该井有足够数量的储量,但要确定其是否属于探明经济可采储量,还需要实施进一步的勘探活动,同时,进一步的勘探活动已在实施中或已有明确计划并即将实施时,应当将钻探该井的资本化支出继续暂时资本化,否则应当计入当期损益。若钻井勘探支出已费用化的探井又发现了探明经济可采储量的,已费用化的钻井勘探支出不作调整,重新钻探和完井发生的支出应当予以资本化。此外，非钻井勘探支出应当于发生时计入当期损益。

(3) 油气开发支出。油气开发，是指为了取得探明矿区中的油气而建造或更新井及相关设施的活动。油气开发活动所发生的支出，应当根据其用途分别予以资本化，作为油气开发形成的井及相关设施的成本。

(4) 油气生产成本。油气生产，是指将油气从油气藏提取到地表以及在矿区内收集、拉运、处理、现场储存和矿区管理等活动。油气的生产成本应当在其发生时或应计折耗期间计入当期费用。

值得注意的是，若油气企业承担了矿区的弃置义务，还应当依据《企业会计准则第13号——或有事项》的规定确认满足预计负债确认条件的预计负债，并相应增加井及相关设施的账面价值。若该弃置义务不满足预计负债的确认条件，则在矿区废弃时将发生的拆卸、搬移、场地清理等支出，直接计入当期损益即可。

【本章小结】

所谓无形资产，是指企业拥有或者控制的没有实物形态的可辨认非货币性资产。无形资产与其他资产相比主要有以下四个特点：(1)无形资产没有实物形态；(2)无形资产具有可辨认性；(3)无形资产属于非货币性资产；(4)无形资产属于长期资产。

企业拥有的无形项目很多，只有同时满足以下三个条件才能将其确认为无形资产：(1)符合无形资产的定义；(2)与该无形资产有关的经济利益很可能流入企业；(3)该无形资产的成本能够可靠地计量。

外购无形资产的成本，包括购买价款、相关税费以及直接归属于使该项资产达到预定用途所发生的其他支出。企业购买无形资产支付价款的时间超过正常信用条件延期支付，实质上具有融资性质的，无形资产的成本以购买价款的现值为基础确定。实际支付的价款与购买价款的现值之间的差额，作为未确认融资费用，并在付款期内按照实际利率法进行摊销。

企业内部研究开发项目的支出，应当区分研究阶段支出和开发阶段支出。企业内部研究开发项目的研究阶段支出应在发生时直接计入当期损益；开发阶段支出只有同时满足五个资本化条件，才能将其予以资本化，否则直接计入当期损益。

按照无形资产的使用寿命能否确定可将无形资产分为：使用寿命有限的无形资产和使用寿命不能确定的无形资产。

使用寿命有限的无形资产其价值将在其使用寿命内实现，从而应当按照其价值的实现方式进行摊销。企业应当自无形资产可供使用即达到预定用途当月起，至不再作为无形资产确认时止的期间内摊销无形资产。企业至少应于每年年度终了，对使用寿命有限的无形资产的使用寿命及摊销方法进行复核。

企业无法确定无形资产的使用寿命，或无法预见无形资产为企业带来经济利益的期限时，期末不需对此类无形资产的价值进行摊销，只需在每期期末进行减值测试即可。期末，企业也应对使用寿命不确定的无形资产的使用寿命进行复核。

无形资产的处置，通常包括无形资产的出售、出租以及无形资产预期不能为企业带来经济利益时的报废。企业将无形资产出售，表明企业放弃无形资产的所有权，从而企业出售无形资产时应结转无形资产的账面价值。企业将无形资产出租，即企业让渡无形资产的使用权，从而企业出租无形资产时不应结转无形资产的账面价值，而应按照让渡资产使用权收入的相关规定进行处理。当无形资产预期不再能为企业带来未来经济利益时，其不再符合无形资产的定义，应当将其账面价值予以转销。

其他资产是指除货币资金、应收款项、对外投资、存货、固定资产、投资性房地产和无形资产以外的资产，主要包括长期待摊费用、生物资产、油气资产和递延所得税资产。

【本章思考题】

1. 什么是无形资产？无形资产与其他资产相区别的特征有哪些？
2. 无形资产的确认条件是什么？
3. 自行研发的无形资产的研发费用应当如何进行会计处理？
4. 应当如何对无形资产进行摊销？
5. 出售无形资产的所有权和使用权分别应当如何进行会计处理？

【练习与案例分析】

一、选择题

1. 下列项目中，应确认为无形资产的是(　　)。

A. 企业自创商誉　　B. 企业租入的商标权

C. 企业内部研究开发项目研究阶段的支出　　D. 企业购入的专利权

2. 下列关于无形资产的表述中，正确的是(　　)。

A. 无形资产不具有实物形态

B. 无形资产具有可辨认性

C. 自用的土地使用权应确认为无形资产

D. 用于建造厂房的土地使用权的账面价值应当记入所建厂房的建造成本

3. 下列有关无形资产会计处理的表述中，正确的是(　　)。

A. 无形资产后续支出应在发生时计入当期损益

B. 购入但尚未使用的无形资产的价值不应进行摊销

C. 不能为企业带来经济利益的无形资产的账面价值应全部转入当期损益

D. 只有很可能为企业带来经济利益且成本能够可靠计量的无形资产才能予以确认

4. 关于无形资产的摊销，下列说法正确的有(　　)。

A. 使用寿命有限的无形资产，其应摊销金额应当在使用寿命内系统、合理地摊销

B. 企业摊销无形资产，应当自无形资产可供使用时起，至不再作为无形资产确认时止

C. 使用寿命有限的无形资产一定无残值

D. 无形资产的摊销方法只有直线法

5. 关于无形资产处置，下列说法中正确的是(　　)。

A. 企业出售无形资产，应将取得的价款与无形资产账面价值的差额计人营业外收入

B. 企业出租无形资产，应当将取得租金收入计入其他业务收入

C. 无形资产预期不能给企业带来经济利益的，应当将该无形资产的账面价值予以转销

D. 无形资产预期不能给企业带来经济利益的，也应按原预订方法和使用寿命摊销

二、业务处理

甲股份有限公司(系上市公司)发生下列与无形资产有关的经济业务：

(1) 甲公司 20×9 年 2 月 1 日用银行存款 500 万元购入一项非专利技术，甲公司无法预见该非专利技术为企业带来经济利益的期限。

(2) 甲公司从 20×9 年 3 月 1 日开始自行研究开发一项新产品专利技术，在研究开发过程中发生材料费 600 万元，人工工资 1 000 万元，以及用银行存款支付的其他费用 300 万元，总计 1 900 万元，其中，符合资本化条件的支出为 900 万元。

(3) 20×9 年 4 月 15 日，该专利技术已经达到预定用途。4 月份，在专利技术达到预定用途之前，甲公司又发生材料费 100 万元，人工工资 200 万元，并用银行存款支付了其他费用 300 万元，这些支出全部符合资本化条件。假定专利技术预计使用寿命为 10 年，甲公司对其采用直线法摊销。

(4) 甲公司 20×9 年 5 月 1 日出售一项专利权，售价为 200 万元，出售时该专利权的账面原价为 100 万元，累计摊销 20 万元，未计提减值准备，应交营业税 10 万元。甲公司已收到买方用以支付价款的转账支票。

(5) 20×9 年 6 月 1 日，甲公司出租一项专利技术，双方约定每月租金为 10 万元。该项专利技术每月应当摊销 6 万元。承租方于每月月末缴纳租金。

(6) 20×9 年 12 月 31 日，甲公司于 20×9 年 2 月 1 日购入的非专利技术的可收回金额为 450 万元。

要求：编制甲公司 20×9 年与无形资产相关的会计分录(单位：万元)。

第十一章 资产减值

【本章学习目的】

1. 掌握资产减值的范围与测试要求。
2. 了解资产减值的迹象。
3. 掌握资产可收回金额的计量原则。
4. 掌握资产减值损失的确认与计量。
5. 了解资产组的认定以及减值损失处理。

课前案例

看穿资产减值障眼法

资产减值，一个被估计出来的损失，一个时常又会在若干年后转变成收益的损失，是真实的毁损还是无关痛痒的数字游戏？简单地全盘接受或者置之不理都不足取。要排除其中的障眼法，就一定要从企业未来自由现金创造的角度，按照不同情形分别处理。

根据 ValueTool 绩效数据库，1 389 家非金融行业 A 股上市公司中，2002 年至 2007 年 90%以上的公司都存在或多或少的资产减值损失或者其转回。其中，当年转回资产减值损失占当年计提资产减值损失的比例在 10%左右。2006 年最高达到 19%，这显然与当时即将实施的新会计准则有很大关系。

整体上，资产减值损失对净利润的影响从 2005 年开始有了明显的下降。2002 年至 2004 年一般在 11%左右，而 2005 年至 2007 年下降到了 6%左右。2007 年，57%的公司资产减值损失与净利润相比高于这一水平。2007 年转回的资产减值损失占净利润比例在 20%以上的有 26 家。

最为常见的资产减值损失来自应收账款，在上述 26 家公司中几乎全部存在。对于应收账款，计提时的损失和转回时的收益都显而易见，更重要的是判断它是偶然发生还是经常发生，并根据性质调整其对诸如应收账款周转率、回报比率等财务指标的影响，以便作为绩效预测的合理基础。对于经常性发生的减值损失,必须将其损失与转回的净额视为一种长期存在的成本或者费用,在估值过程中予以体现。

固定资产减值损失虽然不算常见,但往往金额巨大。2000年,津劝业(600821)计提了共计6 600万元固定资产减值损失,2006年,以"主要经营场所价值回升"为由予以转回,两次会计处理都对当年损益造成巨大影响。这种损失实质上是虚构的。津劝业运用一定资金建造了部分营业场所的经济事实在任何时点都没有发生过任何变化。

另一种常见的资产减值损失来自存货。但如果这些存货不是彻底报废或已变卖,而是将继续用于生产中的原材料或者将用于销售的产成品,这种计提将没太多意义,只不过是对将来可能减少的收益的一次提前汇总。在这种情况下,排除计提或者转回的干扰,形成对未来毛利率的合理判断更关键。

(资料来源:北京中能兴业投资咨询公司:《证券市场周刊》,2008年9月22日。)

思考:对哪些资产可以计提减值损失?哪些资产减值损失可以转回?哪些资产减值损失不能转回?

第一节　资产减值概述

资产是指企业过去的交易或者事项形成的、由企业拥有或者控制的、预期会给企业带来经济利益的资源。资产的主要特征之一是它必须能够为企业带来经济利益的流入,如果资产不能够为企业带来经济利益或者带来的经济利益低于其账面价值,那么该资产就不能再予确认,或者不能再以原账面价值予以确认,否则将不符合资产的定义,也无法反映资产的实际价值,其结果会导致企业资产虚增和利润虚增。因此,当资产发生了减值,应按降低了的资产价值代替原先较高的资产价值记账,以释放风险,这就是资产减值会计的任务。资产减值同资产的损耗在本质上是一致的,都表现为资产自身价值的减少,不同的是在补偿对象上,资产的损耗往往是因生产产品而使其价值转移到其所生产的产品上,并通过销售该产品得到补偿;而资产减值往往是因外部因素的变化或者内部使用方式或范围的改变而使其价值降低,由于其不能直接从产品销售中得到补偿,因而只能通过企业的所有者权益予以补偿。

一、资产减值的范围

企业所有的资产在发生减值时,原则上都应当及时加以确认和计量。但是由于有关资产特性不同,其减值会计处理也有所差别,因而所适用的具体准则不尽相同。本章主要介绍企业非流动资产的减值会计问题，具体包括以下资产的减值：

（1）对子公司、联营企业和合营企业的长期股权投资；

（2）采用成本模式进行后续计量的投资性房地产；

（3）固定资产；

（4）生产性生物资产；

（5）无形资产；

（6）商誉；

（7）探明石油天然气矿区权益和井及相关设施等。

至于其他资产，例如存货、金融资产这些资产的减值，其会计处理由其他相关章节阐述，不在本章中介绍。

二、资产减值的迹象

企业在资产负债表日应当判断资产是否存在可能发生减值的迹象，主要可从外部信息来源和内部信息来源两方面加以判断。

（一）表明资产发生减值的外部迹象

从企业外部信息来源来看，如果出现了以下几种情况，均属于资产可能发生减值的迹象，企业需要据此估计资产的可收回金额，决定是否需要确认减值损失：

（1）资产的市价在当期大幅度下跌，其跌幅明显高于因时间的推移或者正常使用而预计的下跌。

（2）企业经营所处的经济、技术或者法律等环境以及资产所处的市场在当期或者将在近期发生重大变化，从而对企业产生不利影响。

（3）市场利率或者其他市场投资报酬率在当期已经提高，从而影响企业计算资产预计未来现金流量现值的折现率，导致资产可收回金额大幅度降低等。

（二）表明资产发生减值的内部迹象

从企业内部信息来源来看，如果出现了以下几种情况，均属于资产可能发生减值的迹象：

（1）有证据表明资产已经陈旧过时或者其实体已经损坏。

（2）资产已经或者将被闲置、终止使用或者计划提前处置。

（3）企业内部报告的证据表明资产的经济绩效已经低于或者将低于预期，如资产所创造的净现金流量或者实现的营业利润远远低于原来的预算或者预计金额、资产发生的营业损失远远高于原来的预算或者预计金额、资产在建造或者收购时所需的现金支出远远高于最初的预算、资产在经营或者维护中所需的现金支出远远高于最初的预算等。

上述列举的表明资产可能发生减值的外部和内部信息迹象并不能穷尽所有的减值迹象，企业应当根据实际情况来认定资产可能发生减值的迹象。

三、资产减值的测试

有确凿证据表明资产存在减值迹象的，应当在资产负债表日进行减值测试，资产存在减值迹象是资产是否需要进行减值测试的必要前提，但是有两项资产除外，即因企业合并形成的商誉和使用寿命不确定的无形资产，对于这两类资产，无论是否存在资产减值的迹象，企业至少应当于每年年度终了进行减值测试。

资产的减值是指资产的可收回金额低于其账面价值。资产存在减值迹象的，应当估计其可收回金额，然后将所估计的资产可收回金额与其账面价值相比较，以确定资产是否发生了减值，以及是否需要计提资产减值准备并确认相应的减值损失。

(一) 资产可收回金额的估计

资产可收回金额的估计，应当根据其公允价值减去处置费用后的净额与资产预计未来现金流量的现值两者之间较高者确定。

1. 资产的公允价值减去处置费用后的净额的估计

资产的公允价值减去处置费用后的净额，通常反映的是资产如果被出售或者处置时可以收回的净现金收入。其中，资产的公允价值是指在公平交易中，熟悉情况的交易双方自愿进行资产交换的金额；处置费用是指可以直接归属于资产处置的增量成本，包括与资产处置有关的法律费用、相关税费、搬运费以及为使资产达到可销售状态所发生的直接费用等，但是财务费用和所得税费用等不包括在内。

企业在估计资产的公允价值减去处置费用后的净额时，应当按照下列顺序进行：

首先，应当根据公平交易中资产的销售协议价格减去可直接归属于该资产处置费用的金额确定资产的公允价值减去处置费用后的净额。这是估计资产的公允价值减去处置费用后的净额的最佳方法，企业应当优先采用这一方法。但是在实务中，企业的资产往往都是内部持续使用的，取得资产的销售协议价格并不容易，为此，需要采用其他方法估计资产的公允价值减去处置费用后的净额。

其次，在资产不存在销售协议但存在活跃市场的情况下，应当根据该资产的市场价格减去处置费用后的金额确定。资产的市场价格通常应当按照资产的买方出价确定。但是如果难以获得资产在估计日的买方出价的，企业可以以资产最近的交易价格作为其公允价值减去处置费用后的净额的估计基础，其前提是资产的交易日和估计日之间，有关经济、市场环境等没有发生重大变化。

再次，在既不存在资产销售协议又不存在资产活跃市场的情况下，企业应当以可获取的最佳信息为基础，根据在资产负债表日如果处置资产的话，熟悉情况的交易双方自愿进行公平交易愿意提供的交易价格减去资产处置费用后的金额，估计资产的公允价值减去处置费用后的净额。在实务中，该金额可以参考同行业类似资产的最近交易价格或者结果进行估计。

如果企业按照上述要求仍然无法可靠估计资产的公允价值减去处置费用后的净额的，应当以该资产预计未来现金流量的现值作为其可收回金额。

2. 资产预计未来现金流量的现值的估计

资产预计未来现金流量的现值，应当按照资产在持续使用过程中和最终处置时所产生的预计未来现金流量，选择恰当的折现率对其进行折现后的金额加以确定。

(1) 资产预计未来现金流量的估计。

资产预计未来现金流量的估计应当考虑下列因素：

① 以资产的当前状况为基础预计资产未来现金流量。企业资产在使用过程中有时会因为改良、重组等原因而发生变化，因此，在预计资产未来现金流量时，企业应当以资产的当前状况为基础，不应当包括与将来可能会发生的、尚未作出承诺的重组事项或者与资产改良有关的预计未来现金流量。

② 预计资产未来现金流量不应当包括筹资活动和所得税收付产生的现金流量。企业预计的资产未来现金流量，不应当包括筹资活动产生的现金流入或者流出以及与所得税收付有关的现金流量。其原因如下：一是所筹集资金的货币时间价值已经通过折现因素予以考虑；二是折现率要求是以税前基础计算确定的，因此，现金流量的预计也必须建立在税前基础之上，这样可以有效避免在资产未来现金流量现值的计算过程中可能出现的重复计算等问题，以保证现值计算的正确性。

③ 对通货膨胀因素的考虑应当和折现率相一致。企业在预计资产未来现金流量和折现率时，考虑因一般通货膨胀而导致物价上涨的因素，应当采用一致的基础。如果折现率考虑了因一般通货膨胀而导致的物价上涨影响因素，资产预计未来现金流量也应予以考虑；反之，如果折现率没有考虑因一般通货膨胀而导致的物价上涨影响因素，资产预计未来现金流量也应当剔除这一影响因素。总之，在考虑通货膨胀因素的问题上，资产未来现金流量的预计和折现率的预计，应当保持一致。

④ 内部转移价格应当予以调整。在一些企业集团里，出于集团整体战略发展的考虑，某些资产生产的产品或者其他产出可能是供其集团内部其他企业使用或者对外销售的，所确定的交易价格或者结算价格基于内部转移价格，而内部转移价格很可能与市场交易价格不同，在这种情况下，为了如实测算企业资产的价值，就不应当简单地以内部转移价格为基础预计资产未来现金流量，而应当采用在公平交易中企业管理层能够达成的最佳的未来价格估计数进行预计。

此外，在预计资产未来现金流量时，企业管理层应当在合理和有依据的基础上对资产剩余使用寿命内整个经济状况进行最佳估计，并将资产未来现金流量的预计，建立在经企业管理层批准的最近财务预算或者预测数据之上。但是出于数据可靠性和便于操作等方面的考虑，建立在该预算或者预测基础上的预计现金流量最多涵盖 5 年，企业管理层如能证明更长的期间是合理的，可以涵盖更长的期间。

如果对资产未来现金流量的预计还包括最近财务预算或者预测期之后的现金流量，企业应当以该预算或者预测期之后年份稳定的或者递减的增长率为基础进行估计。但是，企业管理层如能证明递增的增长率是合理的，可以以递增的增长率为基础进行估计。同时，所使用的增长率除了企业能够证明更高的增长率是合理的之外，不应当超过企业经营的产品、市场、所处的行业或者所在国家或者地区的长期平均增长率，或者该资产所处市场的长期平均增长率。在恰当、合理的情况下，该增长率可以是零或者负数。

由于经济环境随时都在变化，资产的实际现金流量往往会与预计数有出入，而且预计资产未来现金流量时的假设也有可能发生变化，因此，企业管理层在每次预计资产未来现金流量时，应当首先分析以前期间现金流量预计数与现金流量实际数出现差异的情况，以评判当期现金流量预计所依据的假设的合理性。通常情况下，企业管理层应当确保当期现金流量预计所依据的假设与前期实际结果相一致。

(2) 折现率的估计。

为了资产减值测试的目的，计算资产预计未来现金流量的现值时所使用的折现率应当是反映当前市场货币时间价值和资产特定风险的税前利率。该折现率是企业在购置或者投资资产时所要求的必要报酬率。需要说明的是，如果在预计资产的未来现金流量时已经对资产特定风险的影响作了调整，折现率的估计不需要考虑这些特定风险。如果用于估计折现率的基础是税后的，应当将其调整为税前的折现率，以便于与资产未来现金流量的估计基础相一致。

企业在确定折现率时，应当首先以该资产的市场利率为依据。如果该资产的利率无法从市场获得，可以使用替代利率估计。在估计替代利率时，企业应当充分考虑资产剩余寿命期间的货币时间价值和其他相关因素，例如资产未来现金流量金额及其时间的预计离散程度、资产内在不确定性的定价等，如果资产预计未来现金流量已经对这些因素作了有关调整的，应当予以剔除。

在估计替代利率时，可以根据企业加权平均资金成本、增量借款利率或者其他相关市场借款利率作适当调整后确定。调整时，应当考虑与资产预计未来现金流量有关的特定风险以及其他有关政治风险、货币风险和价格风险等。

企业在估计资产预计未来现金流量的现值时，通常应当使用单一的折现率。但是，如果资产未来现金流量的现值对未来不同期间的风险差异或者利率的期间结构反应敏感，企业应当在未来各不同期间采用不同的折现率。

(3) 资产预计未来现金流量现值的估计。

在估计资产预计未来现金流量和折现率的基础之上，资产未来现金流量的现值只需将该资产的预计未来现金流量按照估计的折现率在预计期限内加以折现即可确定，其计算公式如下：

$$\text{资产预计未来现金流量的现值}(PV) = \sum \frac{\text{第 } t \text{ 年资产预计未来现金流量}(NCF_t)}{(1+\text{折现率 } R)^t}$$

(二) 资产的账面价值

资产的“账面价值”一般为资产的账面余额扣除相关资产减值准备后的金额。例如，固定资产的账面价值就是固定资产的账面余额扣除累计折旧后，再扣除有关固定资产减值准备后的金额；长期股权投资的账面价值就是长期股权投资的账面余额，扣除有关长期股权投资减值准备后的金额。

(三) 资产减值的测试

企业应当根据实际情况来认定资产可能发生减值的迹象，有确凿证据表明资产存在减值迹象的，应当在资产负债表日进行减值测试，估计资产可收回金额，然后将所估计的资产可收回金额与其账面价值相比较，以确定资产是否发生了减值，以及是否需要计提资产减值准备并确认相应的减值损失。

在估计资产的可收回金额时，通常需要同时估计该资产的公允价值减去处置费用后的净额和资产预计未来现金流量的现值，但是在下列情况下，可以有例外或者作特殊考虑：

(1) 资产的公允价值减去处置费用后的净额与资产预计未来现金流量的现值，只要有一项超过了资产的账面价值，就表明资产没有发生减值，不需再估计另一项金额。

(2) 没有确凿证据或者理由表明，资产预计未来现金流量的现值显著高于其公允价值减去处置费用后的净额的，可以将资产的公允价值减去处置费用后的净额视为资产的可收回金额。企业持有待售的资产往往属于这种情况，即该资产在持有期间(处置之前)所产生的现金流量可能很少，其最终取得的未来现金流量往往就是资产的处置净收入，在这种情况下，以资产公允价值减去处置费用后的净额作为其可收回金额是适宜的，因为资产预计未来现金流量的现值不大会显著高于其公允价值减去处置费用后的净额。

(3) 资产的公允价值减去处置费用后的净额如果无法可靠估计，应当以该资产预计未来现金流量的现值作为其可收回金额。

第二节 资产减值的会计处理

一、资产减值损失确认与计量的一般原则

企业在对资产进行减值测试并计算了资产可收回金额后，如果资产的可收回金额低于其账面价值的，应当将资产的账面价值减记至可收回金额，减记的金额确认为资产减值损失，计入当期损益，同时计提相应的资产减值准备。这样，企业当期确认的资产减值损

失应当反映在其利润表中，而计提的资产减值准备应当作为相关资产的备抵项目，反映于资产负债表中，从而夯实企业资产价值，避免利润虚增，如实反映企业的财务状况和经营成果。

资产减值损失确认后，减值资产的折旧或者摊销费用应当在未来期间作相应调整，以使该资产在剩余使用寿命内，系统地分摊调整后的资产账面价值（扣除预计净残值）。例如，固定资产计提了减值准备后，固定资产账面价值将根据计提的减值准备相应抵减，因此，固定资产在未来计提折旧时，应当按照新的固定资产账面价值为基础计提每期折旧。

固定资产、无形资产、商誉等资产发生减值后，一方面其价值回升的可能性比较小，通常属于永久性减值；另一方面从会计信息谨慎性要求考虑，为了避免确认资产重估增值和出现操纵利润的情况，《企业会计准则第 8 号——资产减值》规定，资产减值损失一经确认，在以后会计期间不得转回。以前期间计提的资产减值准备，在资产处置、出售、对外投资、以非货币性资产交换方式换出、在债务重组中抵偿债务等时，才可予以转出。

二、资产减值损失的账户设置

（一）资产减值损失

“资产减值损失”账户核算企业计提各项资产减值准备所形成的损失，可按资产减值损失的项目进行明细核算。企业的长期股权投资、固定资产、无形资产等资产发生减值的，按应减记的金额，借记本账户，贷记“长期股权投资减值准备”、“固定资产减值准备”、“无形资产减值准备”等账户。期末，应将本账户余额转入“本年利润”账户，结转后本账户无余额。

（二）长期股权投资减值准备

“长期股权投资减值准备”账户核算企业长期股权投资的减值准备，可按被投资单位进行明细核算。资产负债表日，长期股权投资发生减值的，按应减记的金额，借记“资产减值损失”账户，贷记本账户。处置长期股权投资时，应同时结转已计提的长期股权投资减值准备。本账户期末贷方余额，反映企业已计提但尚未转销的长期股权投资减值准备。

（三）固定资产减值准备

“固定资产减值准备”账户核算企业固定资产的减值准备。资产负债表日，固定资产发生减值的，按应减记的金额，借记“资产减值损失”账户，贷记本账户。处置固定资产还应同时结转减值准备。本账户期末贷方余额，反映企业已计提但尚未转销的固定资产减值准备。

（四）无形资产减值准备

“无形资产减值准备”账户核算企业无形资产的减值准备，可按无形资产项目进行明细核算。资产负债表日，无形资产发生减值的，按应减记的金额，借记“资产减值损失”账户，贷记本账户。处置无形资产还应同时结转减值准备。本账户期末贷方余额，反映企业已计提但尚未转销的无形资产减值准备。

企业的在建工程、工程物资、生产性生物资产、商誉、采用成本模式计量的投资性房地产等资产发生减值的，应当设置相应的减值准备账户，比照上述账户进行处理。

三、单项资产减值损失的账务处理

为了正确核算企业确认的资产减值损失和计提的资产减值准备，资产存在减值迹象的，应当估计其可收回金额，然后将所估计的资产可收回金额与其账面价值相比较，以确定资产是否发生了减值，以及是否需要计提资产减值准备并确认相应的减值损失。在估计资产可收回金额时，原则上应当以单项资产为基础，如果企业难以对单项资产的可收回金额进行估计，应当以该资产所属的资产组为基础确定资产组的可收回金额。

企业按照单项资产为基础估计资产可收回金额后，如果资产的可收回金额低于其账面价值的，应当将资产的账面价值减记至可收回金额，减记的金额计入“资产减值损失”账户，“资产减值损失”账户应当按照资产类别进行明细核算，反映各类资产在当期确认的资产减值损失金额；同时，应当根据不同的资产类别，分别设置“固定资产减值准备”、“在建工程减值准备”、“投资性房地产减值准备”、“无形资产减值准备”、“商誉减值准备”、“长期股权投资减值准备”、“生产性生物资产减值准备”等账户。

在期末，企业应当将“资产减值损失”账户余额转入“本年利润”账户，结转后该账户应当没有余额。各资产减值准备账户累积每期计提的资产减值准备，直至相关资产被处置等时才予以转出。

【例 11.1】 A 公司某类设备原值 1 000 万元，已提折旧 150 万元，已提减值准备 50 万元，20×8 年 12 月 31 日，A 公司该类设备明显存在减值迹象，减值测试表明，如果该公司出售设备，买方愿意以 560 万元的销售净价收购；如果继续使用，尚可使用 5 年，未来四年现金流量净值及第五年使用和期满处置现金流量净值分别为 200 万元、150 万元、125 万元、100 万元、95 万元，折现率为 5%。

A 公司的相关计算如下：

第一步，计算固定资产的账面价值：

账面价值 = 原值 − 累计折旧 − 累计减值损失 = 1 000 − 150 − 50 = 800(万元)

第二步，计算固定资产的可收回金额：

公允价值减去处置费用后的净额 = 560(万元)

预计未来现金流量的现值=591(万元)

表 11.1　固定资产可收回金额计算表

年　份	1	2	3	4	5	合计
现金流	200	150	125	100	95	
复利现值系数(5%)	0.952 4	0.907	0.863 8	0.822 7	0.783 5	
现值	190.48	136.05	107.95	82.27	74.432 5	591

因而,该固定资产的可收回金额为 591 万元,如表 11.1 所示。

第三步,确认减值损失:

减值损失 = 账面价值 - 可收回金额 = 800 - 591 = 209(万元)

根据计算结果,A 公司的账务处理如下:

借:资产减值损失——固定资产减值损失　　　　2 090 000

　贷:固定资产减值准备　　　　　　　　　　　　2 090 000

计提资产减值准备后,该设备的账面价值变为 591 万元,在该设备剩余使用寿命内,公司应当以此为基础计提折旧。如果发生进一步减值的,再作进一步的减值测试。

【例 11.2】 20×8 年年末甲企业在对外购专利权的账面价值进行检查时,发现市场上已经存在类似专利技术所生产的产品,从而对甲企业产品的销售造成重大不利影响。当时,该专利权的摊余价值为 6 000 万元,剩余摊销年限为 5 年。按 20×8 年年末的技术市场的行情,如果甲企业将该专利权予以出售,则在扣除发生的律师费和相关其他税费后,可以获得 5 000 万元。但是,如果甲企业打算继续利用该专利权进行产品生产,则在未来 5 年内预计可以获得的未来现金流量的现值为 4 500 万元(假定使用年限结束时处置收益为零)。

甲企业的相关计算如下:

第一步,计算该专利权的账面价值:

账面价值 = 6 000(万元)

第二步,计算该专利权的可收回金额:

公允价值减去处置费用后的净额 = 5 000(万元)

预计未来现金流量的现值 = 4 500(万元)

因而,该专利权的可收回金额为 5 000 万元。

第三步,确认减值损失:

减值损失 = 账面价值 - 可收回金额 = 6 000 - 5 000 = 1 000(万元)

根据计算结果,甲企业的账务处理如下:

借:资产减值损失——无形资产减值损失　　10 000 000

　　贷:无形资产减值准备　　10 000 000

【例 11.3】 20×8 年 1 月 1 日,X 企业持有 Y 企业的股份为 95 000 股,并按照权益法核算。X 企业该项长期股权投资的账面余额为 650 000 元,已计提了 50 000 元的减值准备。同年年底,由于 Y 企业所在的地区发生洪水,Y 企业被冲毁,大部分资产已经损失,并难有恢复的可能,使其股票下跌为每股 2 元(忽略处置费用)。此外,由于受损比较严重,因而无法判断该长期股权投资能带来的未来现金流量。

20×8 年年底,X 企业提取该项投资的长期股权投资减值准备的相关计算如下:

第一步,计算该长期股权投资的账面价值:

$$账面价值 = 650\ 000 - 50\ 000 = 600\ 000(元)$$

第二步,计算该长期股权投资的可收回金额:

$$公允价值减去处置费用后的净额 = 95\ 000 \times 2 = 190\ 000(元)$$

由于无法判断该长期股权投资能带来的未来现金流量,因而用公允价值减去处置费用后的净额作为该长期股权投资的可收回金额。

第三步,确认减值损失:

$$减值损失 = 账面价值 - 可收回金额 = 600\ 000 - 190\ 000 = 410\ 000(元)$$

根据计算结果,X 企业的账务处理如下:

借:资产减值损失——长期股权投资减值损失　　410 000

　　贷:长期股权投资减值准备　　410 000

假设 20×9 年 1 月 10 日 X 企业处置该项长期投资,处置价款总计 350 000 元,已通过银行收讫,则 X 企业的账务处理如下:

借:银行存款　　350 000

　　长期股权投资减值准备　　460 000

　　贷:长期股权投资　　650 000

　　　　投资收益　　160 000

四、资产组的认定以及减值损失的账务处理

(一) 资产组的认定

原则上来讲,企业应当以单项资产为基础估计其可收回金额,但是在企业难以对单项资产的可收回金额进行估计的情况下,应当以该资产所属的资产组为基础确定资产组的可收回金额。因此,资产组的认定十分重要。

资产组是企业可以认定的最小资产组合,其产生的现金流入应当基本上独立于其他

资产或者资产组。资产组应当由创造现金流入相关的资产组成。

从资产组的定义，我们可以看出，认定资产组应当考虑以下因素：

(1) 资产组的认定，应当以资产组产生的主要现金流入是否独立于其他资产或者资产组的现金流入为依据。因此，资产组能否独立产生现金流入是认定资产组的最关键因素。例如，企业的某一生产线、营业网点、业务部门等，如果能够独立于其他部门或者单位等创造收入、产生现金流入，或者其创造的收入和现金流入绝大部分独立于其他部门或者单位的，并且属于可认定的最小的资产组合的，通常应将该生产线、营业网点、业务部门等认定为一个资产组。例如，某矿业公司拥有一个煤矿，与煤矿的生产和运输相配套，建有一条专用铁路。该铁路除非报废出售，其在持续使用中，难以脱离与煤矿相关的其他资产而产生单独的现金流入，因此，企业难以对专用铁路的可收回金额进行单独估计，专用铁路和煤矿其他相关资产必须结合在一起，成为一个资产组，以估计该资产组的可收回金额。

在资产组的认定中，企业几项资产的组合生产的产品(或者其他产出)存在活跃市场的，无论这些产品或者其他产出是用于对外出售还是仅供企业内部使用，均表明这几项资产的组合能够独立创造现金流入，在符合其他相关条件的情况下，应当将这些资产的组合认定为资产组。例如，甲公司下设三个分厂，拥有A、B两项专利技术，其中，与A专利技术相关的产品生产主要由一分厂和二分厂负责；而与B技术相关的产品生产主要由三分厂负责。如果由两种专利技术生产出来的两种产品均可以在活跃的市场上进行销售，也就是说其可以独立地产生现金流入，由此可以认定，A专利技术和一、二分厂资产很可能是一个资产组，B专利技术和三分厂的资产也很可能是一个资产组。如果一、二分厂生产的产品属于中间产品，需要通过三分厂的继续加工才能形成最终产品，且所指的中间产品没有活跃市场，那么这种情况下，应将A、B专利技术与一、二、三分厂合起来作为一个资产组。

(2) 资产组的认定，应当考虑企业管理层对生产经营活动的管理或者监控方式(如是按照生产线、业务种类还是按照地区或者区域等)和对资产的持续使用或者处置的决策方式等。例如，企业各生产线都是独立生产、管理和监控的，那么各生产线很可能应当认定为单独的资产组；如果某些机器设备是相互关联、互相依存的，其使用和处置是一体化决策的，那么这些机器设备很可能应当认定为一个资产组。

(3) 资产组认定后不得随意变更。资产组一经确定后，在各个会计期间应当保持一致，不得随意变更，即资产组的各项资产构成通常不能随意变更。例如，甲设备在20×8年归属于A资产组，在无特殊情况下，该设备在20×9年仍然应当归属于A资产组，而不能随意将其变更至其他资产组。但是，如果由于企业重组、变更资产用途等原因，导致资产组构成确需变更的，企业可以进行变更，但企业管理层应当证明该变更是合理的，并应当在附注中作相应说明。

(二) 资产组减值测试

资产组减值测试的原理和单项资产是一致的，即企业需要预计资产组的可收回金额和计算资产组的账面价值，并将两者进行比较，如果资产组的可收回金额低于其账面价值，表明资产组发生了减值损失，应当予以确认。

1. 资产组账面价值和可收回金额的确定基础

资产组的可收回金额在确定时，应当按照该资产组的公允价值减去处置费用后的净额与其预计未来现金流量的现值两者之间较高者确定。

资产组账面价值的确定基础应当与其可收回金额的确定方式相一致。因为这样的比较才有意义，否则如果两者在不同的基础上进行估计和比较，就难以正确估算资产组的减值损失。因而，资产组的账面价值一般应当包括可直接归属于资产组并可以合理和一致地分摊至资产组的资产账面价值，通常不应当包括已确认负债的账面价值，但如不考虑该负债金额就无法确定资产组可收回金额的除外。这是因为在预计资产组的可收回金额时，既不包括与该资产组的资产无关的现金流量，也不包括与已在财务报表中确认的负债有关的现金流量。因此，为了与资产组可收回金额的确定基础相一致，资产组的账面价值也不应当包括这些项目。

此外，资产组在处置时如要求购买者承担一项负债(如环境恢复负债等)，该负债金额已经确认并计入相关资产账面价值，而且企业只能取得包括上述资产和负债在内的单一公允价值减去处置费用后的净额的，为了比较资产组的账面价值和可收回金额，在确定资产组的账面价值及其预计未来现金流量的现值时，应当将已确认的负债金额从中扣除。

例如，一公司在某国开矿，该国法律要求矿产所有者必须在完成开采后将该地区恢复原貌。恢复费用包括表土覆盖层的重置。在矿山开发前必须先移走表土覆盖层，表土覆盖层一旦移走，就应确认一笔表土覆盖层重置准备，该准备计入矿山成本，并在矿山使用期限内提取折旧。假设为恢复费用所提取的准备的账面价值(恢复费用的现值)为 500 万元。由于矿山中的有色金属储量远低于预期，因此，公司对该矿山进行了减值测试。企业已收到愿以 800 万元的价格购买该矿山的订单，该价格已经考虑了重置表土覆盖层成本，矿山的处置费用可忽略。矿山的未来现金流量的现值约 1 200 万元，不包括恢复费用。矿山的账面价值为 1 000 万元。

在本例中，该矿山公允价值减去处置费用后的净额为 800 万元(已扣除恢复费用)，预计未来现金流量的现值扣除恢复费用后为 700(1 200－500)万元，因而该矿山的可收回金额为 800 万元。根据资产组账面价值的确定基础应当与其可收回金额的确定方式相一致的基本原则，矿山的账面价值扣除恢复费用后为 500(1 000－500)万元。矿山的可收回金额高于其账面价值，因而该矿山没有发生减值。

2. 资产组减值损失的分摊顺序

根据减值测试的结果，资产组的可收回金额如低于其账面价值的，应当确认相应的减值损失。减值损失金额应当按照以下顺序进行分摊：

(1) 首先抵减分摊至资产组中商誉的账面价值。

(2) 然后根据资产组中除商誉之外的其他各项资产的账面价值所占比重，按比例抵减其他各项资产的账面价值。

以上资产账面价值的抵减，应当作为各单项资产(包括商誉)的减值损失处理，计入当期损益。抵减后的各资产的账面价值不得低于以下三者之中最高者：该资产的公允价值减去处置费用后的净额（如可确定）、该资产预计未来现金流量的现值（如可确定）和零。因此而导致的未能分摊的减值损失金额，应当按照相关资产组中其他各项资产的账面价值所占比重进行分摊。

3. 资产组减值损失的账务处理举例

【例 11.4】 A 企业在 20×7 年 1 月 1 日用 3 400 万元收购了 B 企业 100%的权益，B 企业可辨认资产的公允价值为 3 000 万元。A 企业在其合并财务报表中确认：商誉 400 万元；B 企业资产的公允价值为 3 000 万元，全部为可辨认资产，具体组成见表 11.2：

表 11.2　B 企业可辨认资产项目　　单位：万元

存货	500
固定资产	2 300
无形资产	200

假定 B 企业的全部资产是产生现金流量的最小组合。20×7 年年末，B 企业可收回金额为 2 000 万元，全部可辨认资产净值为 2 700 万元。

A 企业的相关计算如下：

$$\text{资产组的可收回金额} = 2\,000(\text{万元})$$

$$\text{资产组的账面价值} = 2\,700 + 400 = 3\,100(\text{万元})$$

$$\text{资产组的减值损失} = 3\,100 - 2\,000 = 1\,100(\text{万元})$$

资产组减值损失的分摊顺序：

首先冲减商誉 400 万元，剩余的 700 万元减值损失在各项可辨认资产之间按照账面价值比例进行分摊，具体分摊如表 11.3 所示：

表 11.3　可辨认净资产分摊表　　单位：万元

可辨认净资产项目	金　额	所占比重	应分摊减值损失金额
存货	500	16.67%	117
固定资产	2 300	76.67%	537
无形资产	200	6.67%	46
合计	3 000	100.00%	700

据此，A 企业的相关账务处理如下：

借：资产减值损失　　11 000 000

　贷：商誉　　4 000 000

　　存货跌价准备　　1 170 000

　　固定资产减值准备　　5 370 000

　　无形资产减值准备　　460 000

【例 11.5】 沿用例 11.4 资料，如果 B 企业存货的可实现净值为 100 万元，其他资料不变。

A 企业的相关计算如下：

资产组的可收回金额 = 2 000(万元)

资产组的账面价值 = 2 700 + 400 = 3 100(万元)

资产组的减值损失 = 3 100 − 2 000 = 1 100(万元)

资产组减值损失的分摊顺序：

首先冲减商誉 400 万元，剩余的 700 万元减值损失在各项可辨认资产之间按照账面价值比例进行分摊，但存货最多只能减计到可实现净值即 100 万元，也就是说，存货最多能分摊的减值损失为 100 万元，剩余的减值损失 600 万元应该在固定资产和无形资产之间按照账面价值比例进行分配，具体分摊如表 11.4 所示：

表 11.4 可辨认净资产分摊表

单位：万元

可辨认净资产项目	金额	所占比重	应分摊减值损失金额
固定资产	2 300	92.00%	552
无形资产	200	8.00%	48
合计	2 500	100.00%	600

据此，A 企业的相关账务处理如下：

借：资产减值损失　　11 000 000

　贷：商誉　　4 000 000

　　存货跌价准备　　1 000 000

　　固定资产减值准备　　5 520 000

　　无形资产减值准备　　480 000

五、总部资产的减值测试

（一）总部资产的认定和测试方法

企业总部资产包括企业集团或其事业部的办公楼、电子数据处理设备、研发中心等资产。总部资产的显著特征是难以脱离其他资产或者资产组而产生独立的现金流入，而且其账面价值难以完全归属于某一资产组。因此，总部资产通常难以单独进行减值测试，需要结合其他相关资产组或者资产组组合进行。这里的资产组组合，是指由若干个资产组组成的最小资产组组合，包括资产组或者资产组组合，以及按合理方法分摊的总部资产部分。

在资产负债表日，如果有迹象表明某项总部资产可能发生减值的，企业应当计算确定该总部资产所归属的资产组或者资产组组合的可收回金额，然后将其与相应的账面价值相比较，据以判断是否需要确认减值损失。

企业对某一资产组进行减值测试时，应当先认定所有与该资产组相关的总部资产，再根据相关总部资产能否按照合理和一致的基础分摊至该资产组分别下列情况处理：

(1) 对于相关总部资产能够按照合理和一致的基础分摊至该资产组的部分，应当将该部分总部资产的账面价值分摊至该资产组，再据以比较该资产组的账面价值(包括已分摊的总部资产的账面价值部分)和可收回金额，并按照前述有关资产组减值测试的顺序和方法处理。

(2) 对于相关总部资产中有部分资产难以按照合理和一致的基础分摊至该资产组的，应当按照下列步骤处理：

首先，在不考虑相关总部资产的情况下，估计和比较资产组的账面价值和可收回金额，并按照前述有关资产组减值测试的顺序和方法处理。

其次，认定由若干个资产组组成的最小的资产组组合，该资产组组合应当包括所测试的资产组与可以按照合理和一致的基础将该部分总部资产的账面价值分摊其上的部分。

最后，比较所认定的资产组组合的账面价值(包括已分摊的总部资产的账面价值部分)和可收回金额，并按照前述有关资产组减值测试的顺序和方法处理。

(二) 总部资产减值测试的会计处理

1. 总部资产能够按照合理和一致的基础分摊至相关资产组的核算举例

【例 11.6】 ABC 公司系高科技企业，其经营管理活动由总部负责，总部资产由一栋办公大楼构成，办公大楼的账面价值为 300 万元，且可以在合理和一致的基础上分摊至各资产组(ABC 公司一直根据各资产组按照剩余使用寿命加权平均计算的账面价值比例对总部资产进行分摊)。ABC 公司拥有 A、B、C 三个资产组，其中，A 资产组固定资产总额 200 万元(使用寿命还有 10 年)，B 资产组固定资产总额 300 万元(使用寿命还有 20 年)，C 资产组固定资产总额 400 万元(使用寿命还有 20 年)，采用直线法计提折价。由于 ABC 公司的竞争对手通过技术创新推出了更高技术含量的产品，并且受到市场欢迎，从而对 ABC 公司产品产生了重大不利影响，为此，ABC 公司于 20×7 年 12 月 31 日对各资产组进行减值测试，假定 A、B、C 三个资产组的可收回金额分别为 398 万元、328 万元和 542 万元。

ABC 公司 20×7 年 12 月 31 日进行如下计算和处理：

计算三个资产组资产使用寿命权数(以使用寿命最少的 A 资产组为“1”)：

$$\text{B资产组资产使用寿命权数} = 20 \div 10 = 2$$
$$\text{C资产组资产使用寿命权数} = 20 \div 10 = 2$$

计算三个资产组资产加权账面价值：

$$\text{A资产组资产加权账面价值} = 200 \times 1 = 200(\text{万元})$$
$$\text{B资产组资产加权账面价值} = 300 \times 2 = 600(\text{万元})$$
$$\text{C资产组资产加权账面价值} = 400 \times 2 = 800(\text{万元})$$

三个资产组资产加权账面价值总计 = 200 + 600 + 800 = 1 600(万元)

计算各资产组分摊总部资产的比例(各资产组资产加权计算后的账面价值÷各资产组资产加权计算后的账面价值总计):

A资产组分摊总部资产比例 = 200 ÷ 1 600 × 100% = 12.5%

B资产组分摊总部资产比例 = 600 ÷ 1 600 × 100% = 37.5%

C资产组分摊总部资产比例 = 800 ÷ 1 600 × 100% = 50%

计算总部资产的账面价值分摊到各资产组的金额:

A资产组分摊总部资产的金额 = 300 × 12.5% = 37.5(万元)

B资产组分摊总部资产的金额 = 300 × 37.5% = 112.5(万元)

C资产组分摊总部资产的金额 = 300 × 50% = 150(万元)

计算三个资产组分摊总部资产后的资产的账面价值:

A资产组分摊总部资产后的资产的账面价值 = 200 + 37.5 = 237.5(万元)

B资产组分摊总部资产后的资产的账面价值 = 300 + 112.5 = 412.5(万元)

C资产组分摊总部资产后的资产的账面价值 = 400 + 150 = 550(万元)

计算三个资产组年末计提的资产减值准备:

A资产组年末资产可收回金额398万元,大于账面价值237.5万元,不计提资产减值准备。

B资产组年末计提的资产减值准备 = 412.5 − 328 = 84.5(万元)

C资产组年末计提的资产减值准备 = 550 − 542 = 8(万元)

20×7年12月31日ABC公司分配计提的资产减值准备:

B资产组年末资产减值准备由总部资产(办公大楼)承担额 = 84.5 × (112.5 ÷ 412.5)
= 23.05(万元)

B资产组年末资产减值准备由本资产组承担额 = 84.5 × (300 ÷ 412.5) = 61.45(万元)

C资产组年末资产减值准备由总部资产(办公大楼)承担额 = 8 × (150 ÷ 550) = 2(万元)

C资产组年末资产减值准备由本资产组承担额 = 8 × (400 ÷ 550) = 6(万元)

20×7年12月31日ABC公司计提资产减值准备的会计分录如下:

借:资产减值损失——固定资产　　925 000

　贷:固定资产减值准备——固定资产(办公楼)　　250 500

　　　　——固定资产(B资产组)　　614 500

　　　　——固定资产(C资产组)　　60 000

通过上述计算和账务处理后,20×7年12月31日ABC公司各资产组固定资产账面价值(扣除资产减值准备后的价值):

办公大楼账面价值 = 300 − (23.05 + 2) = 274.95(万元)

$$A资产组固定资产账面价值 = 200 - 0 = 200(万元)$$

$$B资产组固定资产账面价值 = 300 - 61.45 = 238.55(万元)$$

$$C资产组固定资产账面价值 = 400 - 6 = 394(万元)$$

$$ABC公司全部固定资产账面价值总计 = 274.95 + 200 + 238.55 + 394 = 1\,107.50(万元)$$

2. 总部资产不能按照合理和一致的基础分摊至相关资产组的核算举例

【例 11.7】 甲公司下设三个分厂，并拥有一个研发中心。一、二、三分厂各生产不同的产品，且产品均可以在活跃的市场上进行销售，也就是说均可以独立地产生现金流入，因而甲公司将各分厂作为单独的资产组。20×7 年 12 月 31 日甲公司进行了减值测试。20×7 年 12 月 31 日一、二、三分厂资产（假设全部为机器）的账面价值分别为 200 万元、300 万元和 500 万元；研发中心的账面价值为 100 万元，研发中心的账面价值难以在合理和一致的基础上分摊至各相关资产组。经估计，一分厂的可收回金额为 150 万元，二分厂的可收回金额为 310 万元，三分厂的可收回金额为 480 万元，同时，通过估计得到甲公司作为一个整体的可收回金额为 1 040 万元。

甲公司 20×7 年 12 月 31 日进行如下计算和处理：

计算三个资产组年末计提的资产减值准备：

一分厂应该计提的减值准备为 200－150＝50(万元)；

二分厂的可收回金额高于账面价值，因而不需要计提减值准备；

三分厂应该计提的减值准备为 500－480＝20(万元)。

20×7 年 12 月 31 日甲公司的相关账务处理如下：

借：资产减值损失——固定资产	700 000	
贷：固定资产减值准备——固定资产(一分厂机器)		500 000
——固定资产(三分厂机器)		200 000

比较最小资产组组合的账面价值和可收回金额：

在此例中，考虑到研发中心的账面价值难以按照合理和一致的基础分摊至资产组，因此确定由一、二、三分厂三个资产组组成最小资产组组合（即为甲公司整个公司），通过计算该资产组组合的可收回金额，并将其与账面价值（包括研发中心的账面价值）进行比较，以确定相应的减值损失。

$$账面价值 = (200 - 50) + 300 + (500 - 20) + 100 = 1\,030(万元)$$

$$可收回金额 = 1\,040(万元)$$

由于可收回金额高于账面价值，因为企业不必再进一步确认减值损失。

【本章小结】

如果有确凿证据表明资产存在减值迹象的，企业应当在资产负债表日对资产进行减值测试。首先估计其可收回金额(资产可收回金额的估计应当根据其公允价值减去处置费用后的净额与资产预计未来现金流量的现值两者之间较高者确定),然后将所估计的资产可收回金额与其账面价值相比较,如果资产的可收回金额低于其账面价值的,应当将资产的账面价值减记至可收回金额,减记的金额确认为资产减值损失,计入当期损益,同时计提相应的资产减值准备。这样,企业当期确认的减值损失应当反映在其利润表中,而计提的资产减值准备应当作为相关资产的备抵项目,反映于资产负债表中,从而夯实企业资产价值,避免利润虚增,如实反映企业的财务状况和经营成果。资产减值损失一经确认,在以后会计期间不得转回。以前期间计提的资产减值准备,在资产处置、出售、对外投资、以非货币性资产交换方式换出、在债务重组中抵偿债务等时,才可予以转出。

为了正确核算企业确认的资产减值损失和计提的资产减值准备,在估计资产可收回金额时,原则上应当以单项资产为基础,如果企业难以对单项资产的可收回金额进行估计的,应当以该资产所属的资产组为基础确定资产组的可收回金额。资产组是企业可以认定的最小资产组合,其产生的现金流入应当基本上独立于其他资产或者资产组。对于资产组来讲,资产组的可收回金额如低于其账面价值的,应当确认相应的减值损失。减值损失金额应当按照以下顺序进行分摊:首先抵减分摊至资产组中商誉的账面价值;然后根据资产组中除商誉之外的其他各项资产的账面价值所占比重,按比例抵减其他各项资产的账面价值。以上资产账面价值的抵减,应当作为各单项资产(包括商誉)的减值损失处理,计入当期损益。抵减后的各资产的账面价值不得低于以下三者之中最高者:该资产的公允价值减去处置费用后的净额(如可确定)、该资产预计未来现金流量的现值(如可确定)和零。因此而导致的未能分摊的减值损失金额,应当按照相关资产组中其他各项资产的账面价值所占比重进行分摊。

企业总部资产包括企业集团或其事业部的办公楼、电子数据处理设备、研发中心等资产。总部资产通常难以单独进行减值测试,需要结合其他相关资产组或者资产组组合进行。这里的资产组组合,是指由若干个资产组组成的最小资产组组合,包括资产组或者资产组组合,以及按合理方法分摊的总部资产部分。在资产负债表日,如果有迹象表明某项总部资产可能发生减值的,企业应当计算确定该总部资产所归属的资产组或者资产组组合的可收回金额,然后将其与相应的账面价值相比较,据以判断是否需要确认减值损失。

【本章思考题】

1. 简述估计资产可收回金额的基本方法。
2. 企业如何估计资产的公允价值减去处置费用后的净额?
3. 预计资产未来现金流量应当考虑哪些因素?
4. 简述资产减值损失确认与计量的一般原则。
5. 如何认定资产组?

【练习与案例分析】

1. A公司拥有的甲设备原值为3 000万元，已计提的折旧为800万元，已计提的减值准备为200万元，该公司在20×6年12月31日对甲设备进行减值测试时发现，该类设备存在明显的减值迹象，即如果该公司出售甲设备，买方愿意以1 800万元的销售净价购买；如果继续使用，尚可使用年限为5年，未来4年现金流量净值以及第5年使用和期满处置的现金流量净值分别为600万元、550万元、400万元、320万元、180万元，采用折现率5%。

要求：确定该资产是否发生减值，如果发生减值了，计算其减值准备，并作出相关账务处理。

2. B公司有一条甲生产线，生产光学器材，由A、B、C三部机器构成，初始成本分别为40万元、60万元和100万元。使用年限为10年，预计净残值为零，以年限平均法计提折旧。三部机器均无法单独产生现金流量，但整条生产线构成完整的产销单位，属于一个资产组。20×8年该生产线所生产光学产品有替代产品上市，到年底导致公司光学产品销路锐减40%，因此，公司于年末对该条生产线进行减值测试。20×8年年末A机器的公允价值减去处置费用后的净额为15万元，B、C机器都无法合理估计其公允价值减去处置费用后的净额以及未来现金流量的现值。公司无法合理估计生产线的公允价值减去处置费用后的净额，但经估计未来5年现金流量及其折现率计算的现值为60万元。整条生产线预计尚可使用5年。

要求：确定该生产线是否发生减值，如果发生减值了，计算其减值准备，并作出相关账务处理。

3. 长江公司在甲、乙、丙三地拥有三家分公司，其中，丙分公司是上年吸收合并的公司。这三家分公司的经营活动由一个总部负责运作。由于甲、乙、丙三家分公司均能产生独立于其他分公司的现金流入，所以该公司将这三家分公司确定为三个资产组。20×8年12月1日，企业经营所处的技术环境发生了重大不利变化，出现减值迹象，需要进行减值测试。假设总部资产的账面价值为300万元，能够按照各资产组账面价值的比例进行合理分摊，甲分公司资产的使用寿命为10年，乙、丙分公司和总部资产的使用寿命为20年。减值测试时，甲、乙、丙三个资产组的账面价值分别为200万元、300万元和400万元(其中合并商誉为30万元)。该公司计算得出甲分公司资产的可收回金额为438万元，乙分公司资产的可收回金额为312万元，丙分公司资产的可收回金额为400万元。该公司确认的甲、乙、丙三个资产组的减值分别是200.5万元、100.5万元和150万元。

要求：分析、判断各个资产组计算的减值金额是否正确，如果不正确，请计算确定正确的金额(计算结果保留两位小数)。

第Ⅳ篇　营　运　篇

开篇案例

“戴尔模式”的奥秘:效率第一

谈起“戴尔模式”,人们立刻就会想到直销。其实直销只是以效率第一为目标的“戴尔模式”的一个组成部分。“戴尔模式”改变的不仅仅是商业供应链,也有制造业的运营,既没有零部件的库存,也没有成品的库存。

1984年戴尔公司在美国得克萨斯州奥斯汀的总部附近新建了一个工厂,主要从事计算机的生产和销售。客户从戴尔公司订货,无论是通过网络还是电话发出指令,不到一分钟,信息就会出现在控制中心的电脑里。控制中心再通过网络迅速通知供应商供货,同时也把用户要求的配置信息输入装配程序。配件的运输与需求的数量、规格、型号和装配全都按照控制系统的安排精确运行,前一道工序与后一道工序严丝合缝。由于有了加工装配技术的革新,比如流水线的提速、包装机的自动控制等,装配厂里的三条装配线每条每小时可以生产700台根据用户要求而配置不同的电脑,每台电脑从零部件进厂到最后装配检验完毕后装车出厂,只需要5个小时。有人把戴尔公司比作是一个像沃玛特那样的电脑“超级市场”。用戴尔本人的话来说,戴尔公司与沃玛特最大的相同之处就是都把效率作为首要追求目标。而最大的不同则是,沃玛特有仓库,戴尔没有。

从1991年到2003年共12年的时间,戴尔公司每年的营业额从不到1亿美元到超过414亿美元,增长得非常快,戴尔从过去的小公司、一个人的公司,成长为414亿美元的企业,市场占有率达到18%,在IT方面是第一。同时在2004年的第一季度,戴尔公司的营业额上升了20%,第一季度的营业额114亿美元,第一季度出货的电脑量达到768万台,这是非常大的一个数据,同时运营的成本相对降低了10个点,而营运成本的下降主要来自于零部件到产成品运转速度的提高。通过科学的管理,戴尔公司既没有零部件的库存,也没有成品的库存,实现了“零库存”,从而使存货周转天数为0,最大化地利用了资金,提高了资金的使用效率。戴尔公司通过直销方式减少了中间环节，节约了中间销售费用，降低了销售成本，增加了产品的竞争力，提高了市场占有率，加快了资金的回笼速度。

思考：

1. 为什么说零库存会提高资金使用效率？
2. 戴尔公司是如何实现零库存的？
3. 销售方式与销售量、市场份额的关系是怎样的？
4. 哪一种销售方式能够加快资金回笼速度？为什么？

营运的含义

营运是指企业将资本直接投入到生产经营活动所需要的固定资产和流动资产中，以形成从事产品生产或服务能力的过程。它是所有资本营运的基础，其关注的焦点是资本的保值增值，其主要特征是形成企业实际的生产经营活动。

营运的业务类型与资金运动模式

按照资金的运动过程来分，营运分为采购、生产和销售。相应地，资金运动依次经过储备资金、生产资金、产品资金和货币资金等形态。

企业以各种方式取得资金后，通过企业的采购部门采购企业生产所需的原材料、辅助材料、包装物和低值易耗品等资源，形成企业的储备资金；然后通过企业的生产部门将固定资产、原材料、劳动力等资源组合起来，进行产品的生产，经过加工生产，形成企业的生产资金；经过生产、加工，生产出产成品，形成企业的产品资金；最后，企业的营销部门通过各种方式将产品销售，并将货款收回，回笼资金，形成货币资金，完成资金的营运。

营运中的会计报表要素变动

企业营运的目的是为了资本的保值增值，实际上是一个投入产出过程。投入主要是企业采购物资的过程，它会引起一项资产增加另一项资产减少，或增加一项负债。而产出主要是企业产品的销售过程，它会引起收入的增加，资产的增加或负债的减少，最终会引起所有者权益的增加。

有关营运业务引起资金运动和会计报表要素变动的各种具体情况，可以参照图Ⅳ.1和图Ⅳ.2。

在本篇当中，将根据资金的运动，对采购、销售的内容和相关会计处理，分别进行介绍，而生产环节的业务由于专设成本会计这门课，在此不做介绍。

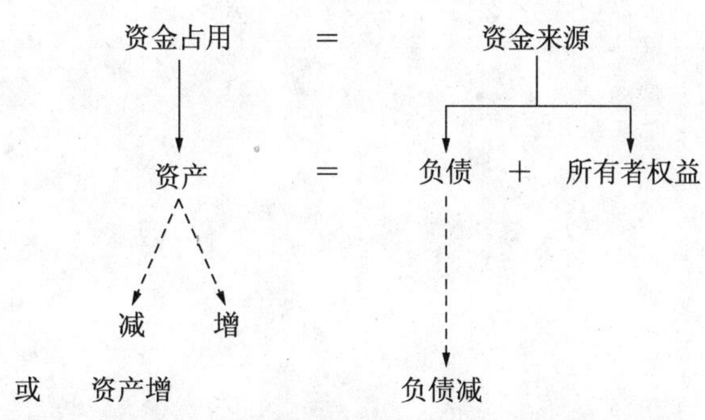

注：采用现购方式，会使一项资产（存货）增加，另一项资产（货币资金、预付账款）减少；采用赊购方式，会使资产（存货）增加，负债（应付账款、应付票据）增加。

图Ⅳ.1 营运业务资金运动之一——采购

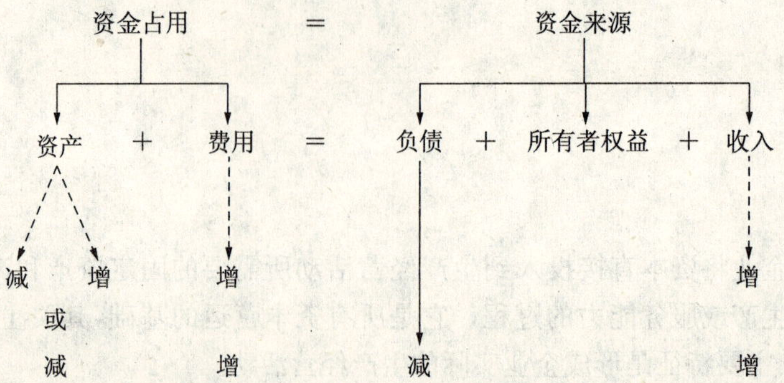

注：采用现销方式，会使资产（货币资金）增加，收入（营业收入）增加，费用（营业成本）增加，资产（存货）减少；采用赊销方式，会使资产（应收账款、应收票据）增加，或负债（预收账款）减少，收入（营业收入）增加，费用（营业成本）增加，资产（存货）减少。

图Ⅳ.2 营运业务资金运动之二——销售

第十二章

采购与存货

【本章学习目的】

1. 了解存货的概念与分类。
2. 理解存货的数量确认方法。
3. 理解存货的确认原则。
4. 掌握存货的取得成本和发出成本确认原则以及存货取得、发出的会计处理方法。
5. 掌握存货的期末计价原理以及会计处理。
6. 了解存货清查方法、程序和会计处理。

课前案例

存货计价方法的选择

福建福日电子股份有限公司(以下简称"福日电子")是一家生产彩电起家的电器公司。该公司于1999年4月向社会公开发行7 000万股普通股,募集资金2.54亿,并于同年5月14日在上海证券交易所挂牌交易。

福日电子的主要存货有显像管、机芯散件、外壳等原材料,外购商品以及自行生产的产品等。该公司上市时公布的《招股说明书》中披露存货计价原则为:"存货取得采用实际成本计价,存货发出采用以下方法计价:外购商品采用分批确认法;原材料按移动加权平均法;生产成本中费用分配按工时费用率;低值易耗品采用一次性摊销。根据该公司董事会决议,福日电子产成品核算方法从1998年1月1日起由原来的先进先出法改为后进先出法。"

值得注意的是,根据福日电子披露的财务数据,该公司产品成本中主要组成部分为显像管,显像管价格一直处于下跌趋势,这样的价格趋势下,改变存货计价方式后,平均每台彩电销售成本降低5%左右。如此一来,公司1997年的彩电产品毛利率为11%,如果产品价格维持不变,仅仅改变存货的计价方式就将使毛利率提高至15%的水平。

(资料来源:福建福日电子股份有限公司(筹)招股说明书概要 http://share.

jrj. com. cn/cominfo/ggdetail_1999-04-15_600203_118097. htm。)

思考：

1. 企业存货的计价方法有哪些?

2. 存货的计价方法将会怎样影响企业的毛利率?

第一节　存货概述

一、存货的概念

所谓存货，是指企业在日常活动中持有以备出售的产成品或商品、处在生产过程中的在产品、在生产过程或提供劳务过程中耗用的材料和物料。

存货与其他资产相比主要有以下三个特点：

(1) 存货是一种流动资产。存货的性质决定了它处于不断购置、消耗、销售的循环过程中，从而它的周转周期在一年或一个营业周期内。这一特点将存货和固定资产、无形资产等长期资产区分开来。

(2) 存货是一种非货币性资产。市场经济下，存货的价格处于不断变化中，从而存货的变现价值具有不确定性。这一特征使得存货与库存现金、银行存款、应收账款等货币性资产相区别。

(3) 存货是企业为销售或耗用而储备的资产。存货的这一特点描述了企业储备存货的目的，有助于区别存货与企业专门为建造固定资产而储备的物料。

二、存货的分类

为了加强企业对存货的管理和会计核算，不同企业应根据自身经营特点，按照不同的标准，将存货分为不同的种类，主要包含以下三种分类方式。

(一) 按具体经济内容分类

(1) 原材料，指企业购入直接用于生产产品的各种物料，包括原料及主要材料、辅助材料、外购半成品(外购件)、修理用备件(备品备件)、包装材料、燃料等。

(2) 在产品，指尚未完成全部加工程序，或虽已完成全部加工程序但尚未检验，或虽已检验合格但尚未办理入库手续的物品。

(3) 半成品，指已经完成部分加工步骤，已验收合格入库，若要形成最终产品，仍需进一步加工的中间产品。

从上述在产品与半成品的概念中，可以看到两者都是尚未完成全部加工程序的中间产品。两者之间最重要的区别是：是否验收合格入库。例如，某企业在生产过程中产生一中间产品，若将该中间产品直接运往下一步骤的生产车间继续进行生产，该中间产品就为在产品；若将该中间产品验收入库，该中间产品则为半成品。

(4) 产成品，指企业完成全部生产过程验收入库，可以作为商品直接对外销售的物品。企业接受外来原材料加工制造的代制品和为外单位加工修理的代修品，制造和修理完成验收入库后应视为企业的产成品。

(5) 商品，指企业购入不需任何加工就可以对外出售的商品。

(6) 周转材料，指使用过程不会改变其原始形态，可以重复使用，价值在使用过程中逐渐转移，并且不能被确认为固定资产的材料，如包装物、低值易耗品。包装物是为包装本企业的产品，并随同产品出售、出租或出借，而储备的各种包装容器，如各种箱、桶、罐等，但铁丝、木板等包装材料不属于包装物的范畴。低值易耗品则为不能作为固定资产核算的用具物品，如办公用品、工具、器具、劳保用品等。此外，施工企业的钢模板、本模板、脚手架和其他周转材料等也属于周转材料。但是，若周转材料符合固定资产定义的，应当作为固定资产处理。

(二) 按存货所在地点分类

(1) 在途存货，指已从企业外部购入，仍在运输途中，或虽已运到，但尚未验收入库的存货。

(2) 加工中存货，指企业自己或委托外单位正在加工中的存货，如在产品、半成品和委托加工物资等。

(3) 在库存货，指企业已验收入库，并且拥有所有权的存货。该类存货既包括存放于本企业的存货，也包括寄存于外单位的存货。

(4) 在售存货，指企业已经销售并发运给购货方，但是由于该销售活动尚未转移与该存货所有权相关的主要风险与报酬，存货仍然属于企业的核算范围，例如，无法估计退货率的附有销售退回条件的商品销售等。

(三) 按存货的取得方式分类

按照存货的取得方式可将存货分为：外购存货、自行生产存货、委托加工存货、投资者投入的存货、接受捐赠收到的存货、非货币性资产交换取得的存货、债务重组取得的存货、企业合并取得的存货、盘盈的存货等。

三、存货数量的确认方法

存货的计量应当包含数量和成本两个方面的内容。本节首先介绍存货数量的确认方法。企业的期初存货数量、本期购入存货数量、本期发出存货数量和期末存货数量四者之间存在着简单的数量关系：期初存货数量＋本期购入存货数量＝本期发出存货数量＋期末存货数量。其中，期初存货数量可以从存货账簿的期初资料中取得，本期购入存货数量可以从记录本期购入存货的账簿中得到，根据前述数量关系，可以了解，若可以得到本期发出存货数量或者期末存货数量两者之一，就可以得到另外一个数量。依据企业确定本期发出存货数量和期末存货数量的顺序，可以将存货数量确认方法区分为：定期盘存制和永续盘存制。

（一）定期盘存制

定期盘存制又称实地盘存制，这种方法下企业平时只需要记录存货购入数量，期末通过实物盘点先确定存货实际结存数量，然后倒挤出存货发出数量。

从上述对该方法的描述中可以看出，该种方法下，期末企业通过盘点首先确定本期发出存货数量，然后利用企业的期初存货数量、本期购入存货数量、本期发出存货数量和期末存货数量之间的数量关系"期初存货数量＋本期购入存货数量＝本期发出存货数量＋期末存货数量"，计算得出本期发出存货数量，即"本期发出存货数量＝期初存货数量＋本期购入存货数量－期末存货数量"。

（二）永续盘存制

永续盘存制又称账面盘存制，这种方法下企业需要逐日逐笔在存货明细账中登记存货购入和发出数量，并随时结计存货账面结存数量。

从上述对该方法的描述中可以看出，该种方法下本期发出存货数量通过逐日登记成为已知数，期末存货数量则变为倒轧结果：期末存货数量＝期初存货数量＋本期购入存货数量－本期发出存货数量。

既然期末结存存货数量是倒轧结果，期末还需要对存货进行盘点吗？这种方法下，期末仍需对存货进行盘点，只不过盘点的目的不再是为了确认存货期末数量，而是为了进行"账实核对"，加强存货管理。

（三）定期盘存制和永续盘存制的比较

定期盘存制和永续盘存制两种存货数量确认方法存在各自的优缺点。

定期盘存制的主要优点：(1)平时只记录存货购入数量，不需要记录存货发出数量，可以简化存货日常核算工作量；(2)通过盘点确定的期末存货数量，能够保证"账实相符"。

定期盘存制的主要缺点：(1)不能及时记录存货发出数量，管理人员不能动态地了解存货结存数量，无法实施有效的库存管理和控制；(2)存货发出数量是通过盘点确认期末库存而倒轧得到的，容易掩盖人为损失和浪费；(3)难以区分人为损失、浪费和生产耗用之间的差别，不能正确核算成本。

永续盘存制的主要优点：(1)逐日逐笔登记存货的购入、发出数量，随时结算出存货结存数量，有利于企业对库存的管理；(2)企业通过定期或不定期的存货盘点，进行"账实核对"，有利于加强对存货的管理与控制；(3)能够区分生产耗用和人为损失浪费的存货数量，正确核算成本。

永续盘存制的主要缺点：需要逐日逐笔登记存货的收、发、存数量，日常核算工作量繁重。

两种方法的适用范围并没有明确的界限，企业可以根据存货的特点结合两种方法的优缺点，依据成本效益原则进行选择。较明显的是，种类繁多、价值相对较低的存货，尤其是一些自然损耗大、数量变动大的鲜活商品可以采用定期盘存制。

四、存货的确认

存货需同时满足以下两个条件，才能予以确认：(1)与该存货有关的经济利益很可能流入企业；(2)该存货的成本能够可靠地计量。

一般情况下，与存货有关的经济利益能否流入企业与企业是否拥有该存货的所有权直接相关。从而，在判断存货是否应作为企业的存货加以核算时，应以盘存日存货所有权的归属为依据，而不应以其存放地点为界限。也就是说，凡是在盘存日，法定所有权属于企业的一切符合存货条件的货物，不论其存放地点，都应视为该企业的存货，反之，如果法定所有权不属于该企业，即使存放在本企业，也不应作为该企业的自有存货核算。

例如，已经签订购销合同售出的存货，即便尚未发出仍存放在本企业之内，也不应将其继续视为本企业所有；而已经签订购销合同取得所有权的外购存货，即便尚未运到，也应作为本企业存货资产加以确认。

存货所有权转移的具体时间与交易双方合同约定的交易方式相关，例如，需要运输的存货有两种交易方式："起运点交货"和"目的地交货"。两种交货方式下，所有权转移的时间就不尽相同："起运点交货"方式下，只要销货方将该批货物发出，该批货物的所有权就发生转移；而"目的地交货"方式下，只有货物到达购货方指定目的地之后，该批货物的所有权才会发生转移。

在判断存货的范围时，除了遵守上述原则外，还应当关注与该存货所有权相关的主要风险与报酬。例如，无法估计退货率的附有销售退回条件的商品销售，虽然形式上销售发票和货物已经交付给购货方，但是该商品所有权上主要的风险与报酬并没有转移给购货方，从而该存货依然属于销货方的核算范畴。

第二节　存货的取得

一、存货初始成本的确定

存货应当按照实际成本进行初始计量。存货的取得方式不同，存货成本的构成内容也就不完全相同，从而在确定存货的实际成本时应当依据存货的取得方式区别对待。

(一) 外购存货

外购存货的成本主要是指存货的采购成本，包括购买价款、相关税费以及其他可归属于存货采购成本的相关费用。

(1) 购买价款，指企业购入存货发票上列明的购买价款。

有时供应商为了提高销量或提前收回货款，会给购货方提供一定的折扣，包括商业折扣和现金折扣。其中，商业折扣是指供应商为了增加销量而给购货方的一种折扣。购销双方在签订购货合同时，已经协商确定商业折扣，供应商开具的发票金额为考虑商业折扣后企业应当支付的金额。从而，商业折扣的存在并不影响企业按照购入存货的发票价款确认存货购买价款。

现金折扣则是供应商为了提前收回货款而给予购货方的一种折扣。购销双方在签订购货合同时，不能确定购货方的付款时间，无法确定购货方享受的折扣，从而，供应商只能按照折扣前的价格开具发票。购货方应当按照折扣前的发票金额确认购买价款，还是按照折扣后的实际支付价款确认购买价款？现金折扣的情况下，主要存在两种存货成本计量方法：总价法和净值法。所谓总价法，就是按照扣除现金折扣前的发票金额确认存货成本。这种方法认为，购货方获得的现金折扣属于理财收益，而不应是存货购买成本的减少。净值法则要求按照发票价格扣除现金折扣后的金额确认存货的购买价款。这种方法认为，无论是否存在折扣，购货方实际支付的金额即为存货的购买价款。目前我国企业会计准则只允许采用总价法对现金折扣进行相应会计处理。本章后面对供应商给予购货方现金折扣的例题进行分析时仅采用总价法对存货成本进行计量。

(2) 相关税费，指企业购买存货发生的消费税、资源税、不能从销项税额中抵扣的增值税和企业从国外购买的存货，进口报关时按照有关规定缴纳的海关关税。

需要注意，此处可以计入外购存货采购成本的增值税仅仅是那些不能在销项税额中抵扣的增值税。为了区分能否在销项税额中抵扣增值税的企业，税法中依据企业的经营规模及会计核算是否健全将其纳税人划分为增值税一般纳税人和小规模纳税人。在此基础上税法有规定，只有一般纳税人在有供应商的增值税专用发票、进口货物海关的完税凭证、收购免税农产品或废旧物资时的收购凭证或者运费单据等凭证时才可以将增值税作为进项税额予以抵扣。从而，小规模纳税人购买存货所发生的增值税额应当计入存货成本，而一般纳税人只有在收到增值税专用发票等税法中允许抵扣的相关凭证时，不将增值税计入存货成本。

(3) 其他可归属于存货采购成本的相关费用，指买价和相关税费以外，其他为取得存货并使其处于可销售或使用状态所发生的相关费用，主要包括运输费、装卸费、保险费以及运输途中的合理损耗、入库前的挑选整理费等费用。需要注意的是，市内零星运杂费、采购人员差旅费、采购机构的经费等不应包括在其他可归属存货采购成本的相关费用之中。

若企业属于商业企业，其在采购商品过程中发生的运输费、装卸费、保险费以及其他可归属于存货采购成本的费用等进货费用，也应当计入存货采购成本。对于购销频繁的商业企业发生的上述进货费用也可以先进行归集，期末根据所购商品的存销情况进行分摊：对于已售商品的进货费用，计入当期损益；对于未售商品的进货费用，计入期末存货成本。企业采购商品的进货费用金额较小的，也可以在发生时直接计入当期损益。

（二）自行生产存货

企业自行生产存货的成本由材料成本、加工成本和其他成本构成。材料成本为企业在自行生产存货时所耗费的材料成本。加工成本是指企业在自行生产存货过程中发生的直接人工成本以及按照一定方法分配的制造费用。其中，直接人工成本是指在产品生产过程中，直接从事产品生产的工人工资、奖金、津贴、福利费等。制造费用是指企业为生产产品和提供劳务而发生的不能直接归属于产品的各项间接费用，如生产管理人员的工资、奖金、津贴、福利费以及与生产产品相关的折旧费、修理费、水电费等等。其他成本，是指除材料成本、加工成本以外，使存货达到目前场所或状态所发生的其他支出，如可直接归属于符合资本化条件的存货应当予以资本化的借款费用。其中，符合资本化条件的存货，是指需要经过相当长时间的生产活动才能达到预定可销售状态的存货。

在企业自行生产存货成本中，材料成本、直接人工成本以及其他成本可以直接归属于某一特定成本核算对象，因此，可以直接将自行生产过程中发生的材料成本、直接人工成本以及其他成本计入相应的存货成本。制造费用在发生时难以直接归属于某一特定成本核算对象，从而企业应当根据制造费用的性质，合理地选择分配方法，将制造费用在受益的各种存货之间进行分配。

需要注意，企业若在生产过程中发生非正常消耗的直接材料、直接人工和制造费用，如因自然灾害而产生的直接材料、直接人工和制造费用的耗费，这些耗费不是为了使存货达到目前场所或状态所必需的费用，从而不应将其计入自行生产存货的成本，而应在扣除残料和保险公司赔款之后计入营业外支出。

此外，存货入库后发生的仓储费用一般不应计入存货成本。但是若企业所发生的仓储费用是为了使产品达到规定的质量水平，而在生产过程中所必须发生的，则应计入存货成本。如葡萄酒生产商为使生产的葡萄酒达到一定的质量等级，必须经过必要的储存过程，相应的仓储费用就应计入葡萄酒的成本。

（三）委托加工存货

委托外单位加工存货的成本应当包括：该存货实际耗用的原材料或半成品的成本，受托单位收取的加工费，存货运输过程中发生的运费以及应计入存货成本的相关税金等。

需要注意的是，若企业委托加工的存货属于缴纳消费税的范畴，受托方在向委托方收取货款时应当代收代缴消费税。税法规定，委托加工应税消费品若用于连续生产应税消费品时，可以予以抵扣。从而，对于委托方在委托加工应税消费品时缴纳的消费税应当依据收回委托加工存货是否用于继续生产应税消费品区别对待。若委托方将收回的委托加工物资直接用于销售，则应将其在委托加工过程中支付给受托方的消费税计入委托加工存货成本。若委托方将委托加工物资收回后继续用于生产应税消费品，则其在委托加工过程中支付给受托方的消费税应当作为应交消费税的抵扣额计入“应交税费——应交消费税”的借方，不应计入委托加工存货成本。

（四）投资者投入存货

企业接受投资者投入的存货应当按照投资合同或协议约定的价值确定存货成本，但是，当合同或协议约定价值不公允时，应当按照公允价值入账。

（五）接受捐赠收到存货

企业接受捐赠收到的存货应当按照以下规定确定成本：(1)捐赠方提供了有关凭据的，按凭证标明的金额加上应支付的相关税费，确定存货成本。(2)捐赠方未提供有关凭据的，按以下顺序确定存货成本：①同类或类似存货存在活跃市场的，按同类或类似存货的市场价格估价金额，加上应支付的相关税费，作为存货成本；②同类或类似存货不存在活跃市场的，按接受存货的预计未来现金流量的现值，作为存货成本。

（六）其他方式取得存货

企业还可能在非货币性资产交换、债务重组、企业合并等交易中取得存货，其成本应当分别按照非货币性资产交换、债务重组和企业合并的相关规定予以确定。

二、存货取得的账务处理

（一）账户设置

按照《企业会计准则》的有关规定，存货的会计处理需设置“在途物资”、“原材料”、“库存商品”等账户。

1.“在途物资”账户

“在途物资”账户用于反映企业已经购入，但尚未验收入库的存货。该账户借方登记已经购入尚未验收入库的存货成本，贷方登记在途物资验收入库的存货成本，期末余额在借方反映企业已经购入尚未验收入库的存货成本。

2.“原材料”账户

“原材料”账户用于反映企业库存的各种材料，该账户借方登记企业验收入库的材料成本，贷方登记企业发出的材料成本，期末余额在借方反映期末企业库存材料成本。

3.“库存商品”账户

“库存商品”账户用于反映企业库存的各种商品，该账户借方登记企业验收入库的商品成本，贷方登记企业发出的商品成本，期末余额在借方反映期末企业库存商品成本。

(二) 存货取得的账务处理

企业取得存货的方式多种多样，根据存货的不同来源，分别进行不同的会计处理。

1. 外购存货

企业外购存货可能会因为结算方式、采购地点、凭证传递和运输方式的差异，造成企业收到存货与支付款项时间的不一致，进而会产生不同的会计处理方法。

(1) 收到存货同时支付价款。

这种情况下，企业应按照依据增值税专用发票等结算凭证确定的存货成本，借记"原材料"等账户，按照税法中允许抵扣的增值税额，借记"应交税费——应交增值税(进项税额)"账户，按照实际支付的价款，贷记"银行存款"等账户。

【例 12.1】 20×9 年 3 月 12 日丰达公司购入一批 A 存货，取得的增值税专用发票中的存货价款为 10 000 元，增值税额为 1 700 元，丰达公司在将存货验收入库后，已向供应商签发转账支票一张用以支付货款。丰达公司为一般纳税人，其账务处理为：

借：原材料　　10 000

　　应交税费——应交增值税(进项税额)　　1 700

　　贷：银行存款　　11 700

【例 12.2】 沿用例 12.1 资料，假如丰达公司在购买此批存货时，另支付 100 元的运费。

税法规定，购买存货发生的相关运费可以按照支付金额的 7%予以抵扣。从而，丰达公司支付的 100 元运费中，7 元(100×7%)可以作为增值税进项税额予以抵扣，另外 93 元(100×93%)计入存货成本。因此，该批原材料的成本为 10 093 元(10 000＋100×93%)，可以予以抵扣的增值税进项税额为 1 707 元(1 700＋7)。账务处理为：

借：原材料　　10 093

　　应交税费——应交增值税(进项税额)　　1 707

　　贷：银行存款　　11 800

【例 12.3】 沿用例 12.1 资料，假如丰达公司为小规模纳税人。

若企业为小规模纳税企业，其增值税额不能在销项税额中予以抵扣，从而应当根据丰达公司结算凭证中注明的包含增值税的交易金额 11 700 元，借记"原材料"等账户，按照实际支付的价款，贷记"银行存款"等账户。账务处理为：

借：原材料　　11 700

　　贷：银行存款　　11 700

(2) 收到存货尚未支付价款。

企业已收到存货，但尚未支付价款存在两种可能的原因：①信用政策允许企业在收到存货后的一定期限内支付货款；②企业尚未收到销货方开出的购货凭证。

① 信用政策允许企业在收到存货后的一定期限内支付货款。

这种情况下，企业应按照依据增值税专用发票等购货凭证确定的存货成本，借记"原材料"等账户，按照税法中允许抵扣的增值税额，借记"应交税费——应交增值税(进项税额)"账户，按照应支付的价款，贷记"应付账款"、"应付票据"等账户。

【例 12.4】 丰达公司 20×9 年 5 月 20 日购买 A 存货，取得的增值税专用发票中的存货价款为 20 000 元，增值税额为 3 400 元，该存货已经验收入库，但是丰达公司尚未支付该笔货款。丰达公司为一般纳税人。会计分录如下：

借：原材料	20 000	
应交税费——应交增值税(进项税额)	3 400	
贷：应付账款		23 400

有时销货方为了尽快收回货款会在提供给购货方的信用政策中包含一定的现金折扣。总价法下，购货方应当根据收到的增值税专用发票等购货凭证中的存货价款，借记"原材料"等账户，按照税法中允许抵扣的增值税额，借记"应交税费——应交增值税(进项税额)"账户，同时，按照享受折扣前应支付的价款总额，贷记"应付账款"。若购货方在折扣期内付款，能够享受折扣，则应按照折扣前应支付的价款总额，借记"应付账款"，按照实际支付的金额，贷记"银行存款"，将其享有的现金折扣作为理财收益，贷记"财务费用"。

【例 12.5】 20×9 年 5 月 20 日，丰达公司购买 A 存货，双方在购销合同中约定付款条件为(2/10, n/30)，丰达公司取得的增值税发票中存货的价款为 20 000 元，增值税额为 3 400 元，该存货已经验收入库。财务处理如下：

第一步：20×9 年 6 月 10 日，丰达公司购买 A 存货。

借：原材料	20 000	
应交税费——应交增值税(进项税额)	3 400	
贷：应付账款		23 400

第二步：假如丰达公司在 6 月 19 日(10 天之内)支付货款，享受 2%的折扣。

借：应付账款	23 400	
贷：银行存款		22 932
财务费用		468

假如丰达公司在 7 月 9 日(30 天之内)支付货款，不能享受任何折扣。

借：应付账款	23 400	
贷：银行存款		23 400

假如丰达公司到 7 月 10 日尚未支付货款，不需要作任何会计分录。

② 企业尚未收到销货方开出的相关购货凭证。

这种情况下，有两种会计处理方法：

第一种方法：当企业收到存货时，尚未收到相关购货凭证，可以暂不进行相关账务处理，待收到购货凭证时，按照收到存货同时支付价款情况进行会计处理。如果月末仍未收到相关购货凭证，则按暂估价，借记“原材料”等账户，贷记“应付账款”账户，并于次月月初用红字冲销。待结算凭证到达后，再分别按照收到存货同时支付货款或者信用政策允许企业在收到存货后的一定期限内支付货款的情况进行相应会计处理。

【例 12.6】 20×9 年 10 月 21 日，丰达公司以单价 100 元/吨购买 A 存货 1 000 吨。丰达公司已经将该存货验收入库，但是尚未收到相关发票账单。

该存货验收入库时，尚不作任何会计处理。若丰达公司在 10 月份内收到购货凭证，则在收到发票账单时，再分别按照收到存货同时支付货款或者信用政策允许企业在收到存货后的一定期限内支付货款的情况进行相应会计处理。

假如 10 月 30 日仍未收到相关购货凭证，则按照合同规定暂时估计存货成本 100 000 元(100×1 000)入账：

借：原材料　　100 000

　　贷：应付账款　　100 000

下月初(11 月初)用红字编制相同的会计分录冲销已经暂估入账的存货：

借：原材料　　[100 000]

　　贷：应付账款　　[100 000]

待收到购货凭证时再根据结算方式进行会计处理。

第二种方法：当企业收到存货时，尚未收到相关购货凭证，企业可以先按暂估价，借记“原材料”等账户，贷记“应付账款”账户。待收到购货凭证时，先用红字冲销暂估入账的会计分录，再分别情况按照收到存货同时支付价款或信用政策允许企业在收到存货后的一定期限内支付货款的情况进行相应会计处理。

【例 12.7】 沿用例 12.6 资料，当丰达公司将存货验收入库时，按照合同约定暂估价进行相应的会计处理：

借：原材料　　100 000

　　贷：应付账款　　100 000

待企业收到购货凭证时，先将原暂估入账的会计分录用红字冲销：

借：原材料　　[100 000]

　　贷：应付账款　　[100 000]

同时按照相应的结算方式作出存货购入的会计分录。

通过比较可以发现两种方法的差异在于：第一种方法下，应在存货入库后收到相应购货凭证前每个月月末和次月月初分别作一笔暂估和冲销会计分录，而第二种方法下，则只需要在存货入库和收到相应的购货凭证时分别作一笔暂估和冲销会计分录即可。

(3) 已经支付货款，存货尚未验收入库。

如果企业已经收到销货方开出的相关购货凭证，并已付款，但存货尚未验收入库，则按照确定的存货成本，借记“在途物资”账户，按照税法中允许抵扣的增值税额，借记“应交税费——应交增值税(进项税额)”账户,贷记“银行存款”等账户。

【例12.8】 20×9年3月5日丰达公司购买A存货1 500吨,100元/吨,丰达公司已经签发转账支票一张用以支付货款175 500元,其中购买价格为150 000元(100×1 500),增值税专用发票中标明的增值税额为25 500元,货物尚未验收入库。丰达公司的账务处理为:

借:在途物资	150 000	
应交税费——应交增值税(进项税额)	25 500	
贷:银行存款		175 500

(4) 存货尚未验收入库,也未支付货款。

如果企业已经收到销货方开出的相关购货凭证,但是存货尚未验收入库,也未支付货款,此时,按照确定存货成本,借记“在途物资”账户,按照税法中允许抵扣的增值税额,借记“应交税费——应交增值税(进项税额)”账户,同时,按照应支付的价款总额贷记“应付账款”、“应付票据”等账户。

【例12.9】 20×9年3月5日丰达公司购买A存货,该存货的购买价格为150 000元,增值税专用发票中标明的增值税额为25 500元,货物尚未验收入库,丰达公司也未支付货款。3月20日,丰达公司将存货验收入库,同时签发转账支票一张用以支付货款。丰达公司的账务处理为:

3月5日,购买A存货,并取得增值税专用发票时:

借:在途物资	150 000	
应交税费——应交增值税(进项税额)	25 500	
贷:应付账款		175 500

3月20日,将存货验收入库时:

借:原材料	150 000	
贷:在途物资		150 000

支付货款时:

借:应付账款	175 500	
贷:银行存款		175 500

(5) 按照合同或协议的约定,预先支付存货货款。

企业设置“预付账款”账户反映企业预先支付货款的业务。企业预付存货货款时,借记“预付账款——××公司”账户,贷记“银行存款”账户;待预付账款所购存货验收入库时,根据发票列明的存货价款和相应的增值税额等,借记“原材料”和“应交税费——应交增值税(进项税额)”等账户,贷记“预付账款——××公司”账户;若预先支付的货款少于所购存货的实际价款,需要补付货款,在补付货款时,按照补付金额,借记“预付账款——××公司”账户,贷记“银行存款”账户;若预先支付的货款多于所购存货的实际价款,需要收回多付款项,在收回多付款项时,按照收回金额,借记“银行存款”账户,贷记“预付账款——××公司”账户。

【例 12.10】 20×9 年 4 月 3 日丰达公司按照约定向生力公司预先支付购货款 500 000 元，4 月 21 日生力公司向丰达公司发出 A 存货 5 000 吨，同时开出增值税发票，发票中列明存货价款为 450 000 元，增值税额为 76 500 元，丰达公司已将该存货验收入库。丰达公司的账务处理为：

4 月 3 日丰达公司预付货款时：

借：预付账款——生力公司	500 000	
贷：银行存款		500 000

4 月 21 日收到生力公司发出的 A 存货和增值税发票时：

借：原材料	450 000	
应交税费——应交增值税(进项税额)	76 500	
贷：预付账款——生力公司		526 500

丰达公司补足货款时：

借：预付账款	26 500	
贷：银行存款		26 500

如果企业预付货款业务很少，可不单独设置"预付账款"账户，将其在"应付账款"账户中予以反映即可。

2. 自行生产存货

企业自行生产存货时，主要存在以下步骤：生产车间从仓库领用原材料；生产车间对原材料进行加工；将验收合格的产品交送仓库。相应会计处理如下：(1)生产车间从仓库领用原材料时，按照领用原材料的实际成本，借记"生产成本"，贷记"原材料"；(2)生产车间对原材料进行加工时，按照分配的人工成本和制造费用，借记"生产成本"，贷记"应付职工薪酬"、"制造费用"；(3)将验收合格的产品交送仓库时，按照根据相应成本归集方法确定的产品成本，借记"原材料"，贷记"生产成本"。

【例 12.11】 丰达公司甲车间领用 A 材料 1 000 吨用于生产 Z 产品，领用的 A 材料成本共计 10 000 元。丰达公司按照一定的成本归集方法，得出应当归集为 Z 产品的人工成本为 7 000 元，制造费用为 6 000 元。该批 Z 产品已经生产完工并且验收入库。丰达公司的账务处理为：

生产车间从仓库领用原材料时：

借：生产成本	10 000	
贷：原材料		10 000

生产车间对原材料进行加工时：

借：生产成本	13 000	
贷：应付职工薪酬		7 000
制造费用		6 000

将验收合格的产品交送仓库时：

借：库存商品	23 000	

贷:生产成本　　23 000

3. 委托加工存货

委托外单位加工存货时,主要存在以下步骤:向受托方交付准备加工的原材料;支付加工费和相应税金;收回委托加工存货和多余的原材料。为了区分存放在企业内部和委托加工而存放于外单位的存货,企业应当设置"委托加工物资"账户专门核算委托加工而存放于外单位的存货。

(1) 向受托方交付准备加工的原材料。

企业委托外单位加工存货向受托方交付准备加工的原材料时,按照发出存货的实际成本,借记"委托加工物资",贷记"原材料"。

(2) 支付加工费和相应税金。

企业支付加工费和相应增值税时,借记"委托加工物资"、"应交税费——应交增值税(进项税额)",贷记"银行存款"。若企业委托加工的物资属于缴纳消费税的范畴,受托方在向委托方收取货款时应当代收代缴消费税。委托加工的应税消费品,用于连续生产应税消费品的,所纳税款准予按规定抵扣。从而委托方应当根据收回委托加工存货的用途区分对消费税的会计处理:①委托方将收回的委托加工物资直接用于销售,则应将受托方代收的消费税款记入委托加工物资成本;②委托方将收回的委托加工物资收回后继续用于生产应税消费品,则应当将受托方代收的消费税记入"应交税费——应交消费税",以待销售最终应税消费品时予以抵扣。

(3) 收回委托加工存货和多余原材料。

企业收回委托加工存货和多余原材料时,按照收回委托加工存货和多余原材料的实际成本,借记"原材料",贷记"委托加工物资"。

【例 12.12】 丰达公司委托朝岳公司加工一批轮胎(消费税税率 3%),丰达公司向朝岳公司交付的原材料成本为 100 000 元,双方协商加工费为 45 500 元(不含增值税)。双方都是一般纳税企业,增值税税率为 17%。丰达公司的账务处理为:

第一步,丰达公司向朝岳公司交付准备加工的原材料。

借:委托加工物资　　100 000

　贷:原材料　　100 000

第二步,丰达公司向朝岳公司支付加工费和相应税金。

$$丰达公司支付的可以抵扣的增值税进项税额 = 45\,500 \times 17\% = 7\,735(元)$$

丰达公司支付的消费税为:

$$消费税组成计税价格 = (100\,000 + 45\,500)/(1 - 3\%) = 150\,000(元)$$

$$朝岳公司代扣代缴的消费税 = 150\,000 \times 3\% = 4\,500(元)$$

丰达公司将收回的轮胎直接用于销售时:

借:委托加工物资　　45 500

应交税费——应交增值税(进项税额)　　7 735

贷:银行存款　　53 235

丰达公司将收回的轮胎继续深加工为高级轮胎时:

借:委托加工物资　　41 000

应交税费——应交增值税(进项税额)　　7 735

应交税费——应交消费税　　4 500

贷:银行存款　　53 235

第三步,丰达公司收回委托加工存货。

丰达公司将收回的轮胎直接用于销售时:

借:库存商品　　145 500

贷:委托加工物资　　145 500

丰达公司将收回的轮胎继续深加工为高级轮胎时:

借:原材料　　141 000

贷:委托加工物资　　141 000

4. 投资者投入存货

投资者投入的存货,按照投资合同或协议约定的价值,借记"原材料"等账户,若企业收到增值税发票,则按照增值税发票中的增值税额借记"应交税费——应交增值税(进项税额)"等账户,按照投资合同或者约定的投资者的出资额,贷记"实收资本"或者"股本"账户,若投资合同或协议中约定的存货价值与增值税额之和大于双方约定的出资额,则将其差额计入"资本公积"的贷方。

【例 12.13】 实泰公司按照合同约定向丰达公司投资 100 000 元的存货,实泰公司提供的增值税发票中注明的增值税额为 17 000 元,该存货已验收入库。丰达公司的账务处理为:

借:原材料　　100 000

应交税费——应交增值税(进项税额)　　17 000

贷:实收资本　　117 000

【例 12.14】 沿用例 12.13 资料,若双方约定实泰公司的出资额为 90 000 元。丰达公司的账务处理为:

借:原材料　　100 000

应交税费——应交增值税(进项税额)　　17 000

贷:实收资本　　90 000

资本公积　　27 000

5. 接受捐赠收到存货

捐赠者向企业捐赠存货时,企业按照确定的该存货的成本,借记"原材料"等账户;如果受赠方获得可以抵扣的增值税专用发票,按照增值税专用发票中的增值税额借记"应交税费——应交增值税(进项税额)"账户;同时贷记"营业外收入"账户。

【例 12.15】 福达公司向丰达公司捐赠一批 A 存货，存货的价值为 100 000 元，福达公司提供的增值税发票中注明增值税额为 17 000 元，该存货已验收入库。丰达公司的账务处理为：

借：原材料　　100 000

　应交税费——应交增值税（进项税额）　　17 000

　贷：营业外收入　　117 000

6. 其他方式取得存货

企业还可能在非货币性资产交换、债务重组、企业合并等交易中取得存货，其会计处理应当分别参照非货币性资产交换、债务重组和企业合并的相关规定。

（三）外购存货短缺

企业在采购存货的过程中，可能会发生短缺、毁损等情况，其应当根据产生短缺、毁损的具体原因区别进行相关会计处理。企业在发现存货发生短缺、毁损时，应当按照短缺、毁损存货的成本，借记“待处理财产损溢——待处理流动资产损溢”账户，贷记“在途物资”账户。

（1）属于运输途中的合理损耗。此时短缺存货的成本应当计入存货的采购成本，即按照短缺成本借记“原材料”账户，贷记“待处理财产损溢——待处理流动资产损溢”账户。

（2）属于供货单位责任造成的短缺，应由供货方向企业补足存货或者赔偿货款。此种情况下按照应该向供货方补收的存货或者收取的赔款，借记“应付账款”账户，贷记“待处理财产损溢——待处理流动资产损溢”账户，同时转出不能抵扣的增值税进项税额，贷记“应交税费——应交增值税（进项税额转出）”账户。

（3）属于外部运输机构责任而造成的短缺，应由责任人向企业赔偿货款。此种情况下按照应该向责任人收取的赔款，借记“其他应收款”账户，按照存货短缺成本与不能抵扣增值税额总和扣除应该向责任人收取的赔款净损失，借记“管理费用”账户，按照短缺、毁损存货的成本，贷记“待处理财产损溢——待处理流动资产损溢”账户，同时转出不能抵扣的增值税进项税额，贷记“应交税费——应交增值税（进项税额转出）”。

（4）自然灾害或意外事故等非正常原因而造成的存货毁损。按照应由保险公司或其他责任人承担的赔款，借记“其他应收款”账户，按照短缺、毁损存货的成本，贷记“待处理财产损溢——待处理流动资产损溢”账户，同时转出不能抵扣的增值税进项税额，贷记“应交税费——应交增值税（进项税额转出）”，其中的净损失计入“营业外支出”的借方。

第三节 存货的发出

一、发出存货的计价方法

（一）存货成本流转假设

存货是企业中变动最为频繁的资产，总是处于不断变动状态，即企业需要不断购入存货，同时也需要不断发出存货，持续经营企业中，期末尚未发出的存货会结转到下期，成为下期期初存货，企业的存货就这样不断循环往复。存货实物的这种流转，称为存货实物流转。在存货实物流转的同时，存货的成本也随之流转。理论上讲，存货的成本流转应当与实物流转完全一致，也就是说，存货价值应当随着存货实物流转而变化。然而现实工作中，企业存货的品种多，数量大，变化频繁，价格多变，同时大多数存货的实物流转无规律可循，所以要使存货的成本流转与实物流转完全一致几乎不可能。从而，只能对存货实物流转作出某种假设，依据这种假设，将存货成本在发出存货和期末存货之间进行分配，进而确认发出存货价值，这就是存货成本流转假设。

（二）发出存货的计价方法

确认发出存货成本需要解决两个问题：数量和单价。存货发出数量的确定方法已在第一节中予以讲述，本节主要讲述存货发出单价的确定方法。存货发出单价的确定相对较为复杂。根据不同的存货实物流转假设，会产生不同的发出存货计价方法。主要的存货发出计价方法有：个别计价法、先进先出法、后进先出法和加权平均法等。

1. 个别计价法

个别计价法又称分批实际法、分批认定法、个别识别法或具体辨认法。这种方法认为，企业可以准确确认存货实物流转，保证存货实物流转和成本流转完全一致。这种方法要求对全部存货逐一辨认并详细记录，以便按照发出存货的实际成本进行计价。根据这种方法的特征，只可以采用永续盘存制确认存货发出数量。

【例 12.16】 丰达公司 20×9 年 3 月 A 存货的购入、发出及结存明细账如表 12.1 所示：

表 12.1　A 存货明细账

日期		摘要	收入			发出			结存		
月	日		数量(件)	单价(元/件)	金额(元)	数量(件)	单价(元/件)	金额(元)	数量(件)	单价(元/件)	金额(元)
3	1	期初余额							100	15	1 500
	6	购　入	300	16	4 800				400		
	10	发　出				200			200		
	14	购　入	200	14	2 800				400		
	16	发　出				300			100		
	20	购　入	300	13	3 900				400		
	22	发　出				300			100		
	28	购　入	100	17	1 700				200		
3	31	本月发生额及月末余额	900		13 200	800			200		

假设经过具体辨认，本期发出存货的具体情况如下：3 月 10 日发出的 200 件存货，均为 6 日购入；16 日发出的 300 件存货中，100 件为期初结存存货，其余 200 件为 14 日购入的存货；22 日发出的 300 件存货均为 20 日购入的存货。根据个别计价法，丰达公司 20×9 年 3 月 A 存货的购入、发出与结存的成本情况如表 12.2 所示：

表 12.2　A 存货明细账

日期		摘要	收入			发出			结存		
月	日		数量(件)	单价(元/件)	金额(元)	数量(件)	单价(元/件)	金额(元)	数量(件)	单价(元/件)	金额(元)
3	1	期初余额							100	15	1 500
	6	购　入	300	16	4 800				100 300	15 16	6 300
	10	发　出				200	16	3 200	100 100	15 16	3 100
	14	购　入	200	14	2 800				100 100 200	15 16 14	5 900
	16	发　出				100 200	15 14	4 300	100	16	1 600
	20	购　入	300	13	3 900				100 300	16 13	5 500
	22	发　出				300	13	3 900	100	16	1 600
	28	购　入	100	17	1 700				100 100	16 17	3 300
3	31	本月发生额及月末余额	900		13 200	800		11 400	100 100	16 17	3 300

从表中可以得出，丰达公司 20×9 年 3 月本期发出存货成本和期末存货成本分别是：

本期发出存货成本 $= 200 \times 16 + 100 \times 15 + 200 \times 14 + 300 \times 13 = 11\,400$(元)

$$\begin{aligned}期末存货成本 &= 期初存货成本 + 本期购入存货成本 - 本期发出存货成本 \\ &= 100 \times 15 + 300 \times 16 + 200 \times 14 + 300 \times 13 + 100 \times 17 - 11\,400 \\ &= 3\,300(元)\end{aligned}$$

或者：

$$期末存货成本 = 100 \times 16 + 100 \times 17 = 3\,300(元)$$

这一方法最准确，因为它是建立在存货的实物流转与成本流转完全一致的基础之上的，能够准确反映发出存货和期末存货的成本，能够同时保证本期利润和期末资产计价的准确性。这种方法要求对全部存货逐一辨认并详细记录，无疑会增加会计核算的工作量。另一方面，由于各批存货具有相似性，这就使企业可以根据当期的实际经营状况，选择较高或者较低的单位成本对发出存货计价，以进行盈余操纵。因此，企业通常对不能替代使用的存货，为特定项目专门购入或制造的存货以及提供劳务的成本，采用个别计价法确定发出存货的成本。

2. 先进先出法

先进先出法，这种方法是以先入库的存货先发出为存货实物流动假设，这种假设下，发出存货成本是依据存货的购入顺序依次确认。这种方法下，既可以采用定期盘存制，也可以采用永续盘存制，确认存货发出数量。

【例 12.17】 仍以表 12.1 丰达公司 20×9 年 3 月 A 存货的购入、发出及结存明细账为例，采用先进先出法对发出存货进行计价，结果如表 12.3 所示：

表 12.3 A 存货明细账

日期		摘要	收入			发出			结存		
月	日		数量(件)	单价(元/件)	金额(元)	数量(件)	单价(元/件)	金额(元)	数量(件)	单价(元/件)	金额(元)
3	1	期初余额							100	15	1 500
	6	购入	300	16	4 800				100 300	15 16	6 300
	10	发出				100 100	15 16	3 100	200	16	3 200
	14	购入	200	14	2 800				200 200	16 14	6 000
	16	发出				200 100	16 14	4 600	100	14	1 400
	20	购入	300	13	3 900				100 300	14 13	5 300
	22	发出				100 200	14 13	4 000	100	13	1 300
	28	购入	100	17	1 700				100 100	13 17	3 000
3	31	本月发生额及月末余额	900		13 200	800		11 700	100 100	13 17	3 000

若企业采用永续盘存制确定存货数量，则从表 12.3 中可以得出先进先出法下，丰达公司 20×9 年 3 月本期发出存货成本和期末存货成本分别是：

$$\begin{aligned}本期发出存货成本 &= 100\times15+100\times16+200\times16+100\times14+100\times14+200\times13\\ &= 11\,700(元)\end{aligned}$$

$$\begin{aligned}期末存货成本 &= 期初存货成本+本期购入存货成本-本期发出存货成本\\ &= 100\times15+300\times16+200\times14+300\times13+100\times17-11\,700\\ &= 3\,000(元)\end{aligned}$$

若企业采用定期盘存制确定存货数量，则应当先按照后购入存货的单位成本确定期末存货成本，再根据期初存货成本、本期购入存货成本与期末存货成本之间的关系确定本期发出存货成本。根据表 12.3，可以知道丰达公司 3 月 31 日期末存货数量为 200 件，根据后购入存货的顺序，确定其中 100 件为 28 日购入，单位成本为 17 元/件，100 件为 20 日购入，单位成本为 13 元/件。从而，丰达公司 20×9 年 3 月发出存货成本和期末存货成本分别为：

$$期末存货成本 = 100\times17+100\times13 = 3\,000(元)$$

$$\begin{aligned}本期发出存货成本 &= 期初存货成本+本期购入存货成本-期末存货成本\\ &= 100\times15+300\times16+200\times14+300\times13+100\times17-3\,000\\ &= 11\,700(元)\end{aligned}$$

从前述例题计算结果可以判断无论是采用永续盘存制还是实地盘存制确定存货数量，先进先出法下计算的本期发出存货成本和期末存货成本是完全一致的。

先进先出法建立在“先入库的存货先发出”这一存货实物流转假设基础之上，这一假设基本符合现实生活中存货的实物流转，尤其是容易变质的存货。这种方法下，期末结存存货成本反映的是最近购入存货的成本，也就是说，资产负债表中的存货成本更接近于市价。与此相反，本期发出存货成本是依据以前购入存货的成本计算而得，从而，此方法难以反映当期收入与当期成本费用的配比。因此，这种方法更加强调了“资产负债表”信息的价值相关性。但是，当企业面临通货膨胀、物价持续上涨时，该方法会虚增当期利润。另外，当存货收发频繁或者单价经常变动时，这种方法下会计核算的工作量繁重。

3. 后进先出法

后进先出法，这种方法是以后入库的存货先发出为存货实物流转假设，这种假设下，与先进先出法相反，以最近入库的存货成本确认发出存货成本。与先进先出法相同，这种方法下，既可以采用定期盘存制也可以采用永续盘存制确定存货发出数量。

【例 12.18】 仍以表 12.1 丰达公司 20×9 年 3 月 A 存货的购入、发出及结存明细账为例，采用后进先出法对发出存货进行计价，结果如表 12.4 所示：

表 12.4　A 存货明细账

日期		摘　要	收　入			发　出			结　存		
月	日		数量（件）	单价（元/件）	金额（元）	数量（件）	单价（元/件）	金额（元）	数量（件）	单价（元/件）	金额（元）
3	1	期初余额							100	15	1 500
	6	购　入	300	16	4 800				100 300	15 16	6 300
	10	发　出				200	16	3 200	100 100	15 16	3 100
	14	购　入	200	14	2 800				100 100 200	15 16 14	5 900
	16	发　出				200 100	14 16	4 400	100	15	1 500
	20	购　入	300	13	3 900				100 300	15 13	5 400
	22	发　出				300	13	3 900	100	15	1 500
	28	购　入	100	17	1 700				100 100	15 17	3 200
3	31	本月发生额及月末余额	900		13 200	800		11 500	100 100	15 17	3 200

若企业采用永续盘存制确定存货数量，则从表 12.4 中可以得出后进先出法下，丰达公司 20×9 年 3 月本期发出存货成本和期末存货成本分别是：

$$\begin{aligned}\text{本期发出存货成本} &= 200\times16+200\times14+100\times16+300\times13\\ &= 11\,500(\text{元})\end{aligned}$$

$$\begin{aligned}\text{期末存货成本} &= \text{期初存货成本}+\text{本期购入存货成本}-\text{本期发出存货成本}\\ &= 100\times15+300\times16+200\times14+300\times13+100\times17-11\,500\\ &= 3\,200(\text{元})\end{aligned}$$

若企业采用定期盘存制确定存货数量，则应当先按照先购入存货的单位成本确定期末存货成本，再根据期初存货成本、本期购入存货成本与期末存货成本之间的关系确定本期发出存货成本。根据表 12.4，可以知道丰达公司 3 月 31 日期末存货数量为 200 件，根据先购入存货的顺序，确定其中 100 件是期初结存存货，单位成本为 15 元/件，100 件为 6 日购入，单位成本为 16 元/件。从而，丰达公司 2009 年 3 月存货发出成本和期末结余成本分别为：

$$\text{期末存货成本} = 100\times15+100\times16 = 3\,100(\text{元})$$

$$\begin{aligned}\text{本期发出存货成本} &= \text{期初存货成本}+\text{本期购入存货成本}-\text{期末存货成本}\\ &= 100\times15+300\times16+200\times14+300\times13+100\times17-3\,100\\ &= 11\,600(\text{元})\end{aligned}$$

从计算结果可以看出,后进先出法下,企业采用永续盘存制和定期盘存制两种不同方法确定存货数量时,计算的本期发出存货成本和期末存货成本不同。

后进先出法建立在"后入库的存货先发出"这一存货实物流转假设基础之上。这种方法下,本期发出存货成本是依据最近购入存货的单位成本计算而得的,从而,收入与成本费用能够配比,依据此方法编制的利润表能够更加准确地反映企业当期的经营状况。然而,资产负债表中的期末存货成本只能反映最先购入存货的成本。比较而言,这种方法更加强调了"利润表"信息的价值相关性。但是,当企业面临通货膨胀或紧缩时,该方法会低估或者高估期末存货成本。在偏向"资产负债表"信息的价值相关性的今天,我国《企业会计准则》已经不再允许后进先出法的使用。

4. 加权平均法

加权平均法,这种方法认为根据存货购入的记录,可以确认全部存货的总成本,此时假设全部存货一次购入,可以计算出存货的平均成本,依据这一平均成本与按照相应发出存货数量的确认方法确认的发出存货数量,对发出存货进行计价。根据平均成本的计算时间不同,可以将加权平均法区分为"月末一次加权平均法"和"移动加权平均法"。月末一次加权平均法是每月月末计算一次存货平均成本,进而对发出存货进行计价;移动加权平均法则是企业每次购入存货都需计算一次存货的平均成本,并依此确认发出存货成本。

(1) 月末一次加权平均法。

月末一次加权平均法下的存货平均成本是月末根据期初存货成本与本月购入存货成本之和除以期初存货数量与本月购入存货数量之和计算而得。计算公式如下:

$$\text{月末一次加权平均法下的存货平均成本}=\frac{\text{期初存货成本}+\text{本月购入存货成本}}{\text{期初存货数量}+\text{本月购入存货数量}}$$

这种方法下,既可以采用定期盘存制,也可以采用永续盘存制,确认存货发出数量。无论采用永续盘存制还是定期盘存制确定存货数量,为了保证期末存货成本等于期末存货数量与存货平均成本之积,企业在确定存货发出成本和期末结存成本时,均应先确认期末存货成本。此外,在计算本期发出存货成本和期末结存成本时,不可以同时用单位成本分别与存货发出数量、存货期末结存数量之积求得。这是因为,若计算加权平均成本时出现约数,则会出现"期初存货成本+本期购入存货成本≠本期发出存货成本+期末存货成本"的情形,从而企业应在计算出存货期末结存成本之后倒轧本期存货发出成本。

【例 12.19】 仍以表 12.1 丰达公司 20×9 年 3 月 A 存货的购入、发出及结存明细账为例,采用月末一次加权平均法对发出存货进行计价,结果如表 12.5 所示:

表 12.5　A 存货明细账

日期		摘要	收入			发出			结存		
月	日		数量（件）	单价（元/件）	金额（元）	数量（件）	单价（元/件）	金额（元）	数量（件）	单价（元/件）	金额（元）
3	1	期初余额							100	15	1 500
	6	购　入	300	16	4 800				400		
	10	发　出				200			200		
	14	购　入	200	14	2 800				400		
	16	发　出				300			100		
	20	购　入	300	13	3 900				400		
	22	发　出				300			100		
	28	购　入	100	17	1 700				200		
3	31	本月发生额及月末余额	900		13 200	800		11 760	200	14.7	2 940

$$\text{月末一次加权平均法下的存货平均成本} = \frac{\text{期初存货成本}+\text{本月购入存货成本}}{\text{期初存货数量}+\text{本月购入存货数量}}$$

$$= \frac{100\times15+300\times16+200\times14+300\times13+100\times17}{100+300+200+300+100}$$

$$= 14.7(\text{元}/\text{件})$$

丰达公司 20×9 年 3 月 A 存货发出成本和期末结存成本分别为：

$$3\text{月份 A 存货期末结存成本} = 200\times14.7 = 2\,940(\text{元})$$

$$3\text{月份 A 存货发出成本} = 1\,500+13\,200-2\,940 = 11\,760(\text{元})$$

(2) 移动加权平均法。

移动加权平均法下的存货平均成本则是每当企业购入存货时，企业依据本次购入存货前的存货成本余额与本次购入存货成本之和除以企业购入存货前的存货数量余额与本次购入存货数量之和计算而得。其计算公式如下：

$$\text{移动加权平均法下的存货平均成本} = \frac{\text{本次购入存货前存货成本余额}+\text{本次购入存货成本}}{\text{本次购入存货前存货数量余额}+\text{本次购入存货数量}}$$

这种方法下，需要随时核算存货结余数量和成本，从而移动加权平均法下只可以采用永续盘存制，确认存货发出数量。与月末一次加权平均法相似，为了保证期末结存存货成本等于期末结存数量与平均成本之积，应当先确认结存存货成本，再倒轧发出存货成本。因此，应先利用购入前存货数量、本次购入存货数量、发出存货数量与结存存货数量之间的关系倒轧出期末结存存货数量，然后将结存存货数量与存货平均成本相乘得到结存存货成本，再倒轧出发出存货成本。

结存存货成本是结存存货数量与存货平均成本之积，其公式为：

结存存货成本 = 结存存货数量 × 存货平均成本

发出存货成本 = 本次购入存货前存货成本余额 + 本次购入存货成本 − 结存存货成本

【例 12.20】 仍以表 12.1 丰达公司 20×9 年 3 月 A 存货的购入、发出及结存明细账为例，采用移动加权平均法对发出存货进行计价，结果如表 12.6 所示：

表 12.6 A 存货明细账

日期		摘要	收入			发出			结存		
月	日		数量（件）	单价（元/件）	金额（元）	数量（件）	单价（元/件）	金额（元）	数量（件）	单价（元/件）	金额（元）
3	1	期初余额							100	15	1 500
	6	购入	300	16	4 800				400	15.75②	6 300①
	10	发出				200		3 150④	200	15.75	3 150③
	14	购入	200	14	2 800				400	14.88⑥	5 950⑤
	16	发出				300		4 462⑧	100	14.88	1 488⑦
	20	购入	300	13	3 900				400	13.47⑩	5 388⑨
	22	发出				300		4 041⑫	100	13.47	1 347⑪
	28	购入	100	17	1 700				200	15.24⑭	3 047⑬
3	31	本月发生额及月末余额	900		13 200	800		11 653	200	15.24	3 047

其中：

① 3 月 6 日存货结存余额为：1 500 + 300 × 16 = 6 300（元）

② 3 月 6 日企业购入存货后，其加权平均单位成本为：

$$3\text{月}6\text{日购入存货后的平均成本}=\frac{1\,500+300\times 16}{100+300}=15.75(\text{元/件})$$

③ 3 月 10 日存货结存余额为：200 × 15.75 = 3 150 元。

④ 3 月 10 日发出存货成本为：6 300 − 3 150 = 3 150 元。

⑤ 3 月 14 日存货结存余额为：3 150 + 200 × 14 = 5 950 元。

⑥ 3 月 14 日企业购入存货后，其加权平均单位成本为：

$$3\text{月}14\text{日购入存货后的平均成本}=\frac{3\,150+200\times 14}{200+200}=14.88(\text{元/件})$$

⑦ 3月16日存货结存余额为：$100 \times 14.88 = 1\,488$元。

⑧ 3月16日发出存货成本为：$5\,950 - 1\,488 = 4\,462$元。

⑨ 3月20日存货结存余额为：$1\,488 + 300 \times 13 = 5\,388$元。

⑩ 3月20日企业购入存货后，其加权平均单位成本为：

$$3\text{月}20\text{日购入存货后的平均成本} = \frac{1\,488 + 300 \times 13}{100 + 300} = 13.47(\text{元}/\text{件})$$

⑪ 3月22日存货结存余额为：$100 \times 13.47 = 1\,347$元。

⑫ 3月22日发出存货成本为：$5\,388 - 1\,347 = 4\,041$元。

⑬ 3月28日存货结存余额为：$1\,347 + 100 \times 17 = 3\,047$元。

⑭ 3月28日企业购入存货后，其加权平均单位成本为：

$$3\text{月}28\text{日购入存货后的平均成本} = \frac{1\,347 + 100 \times 17}{100 + 100} = 15.24(\text{元}/\text{件})$$

比较两种加权平均法的计算结果，月末一次加权平均法下，丰达公司20×9年3月存货发出成本为11 760元，期末存货结存成本为2 940元；移动加权平均法下，丰达公司20×9年3月存货发出成本为11 653元，期末存货结存成本为3 047元。两种方法计算的存货发出成本和期末存货结存成本存在明显差异。月末一次加权平均法下期末存货单位成本为14.7元/件，而移动加权平均法下期末存货单位成本为15.24元/件，比较结果可以发现，采用移动加权平均法计算的期末存货单位成本更接近于市价。月末一次加权平均法利用存货的平均单位成本同时确认发出存货成本和期末存货成本，对资产负债表中的存货成本和利润表中相应成本费用的反映都比较均衡。另外，从例12.19和例12.20的解答中，可以看出月末一次加权平均法的会计核算工作量远远小于移动加权平均法。当企业存货品种多、数量大且收发频繁时，运用月末一次加权平均法，可以降低会计核算工作量。

二、发出存货的会计处理

企业持有不同存货的具体用途是不同的：企业持有原材料是为了进一步加工或者出售，有时也会将原材料用于在建工程、发放职工福利，或者直接出售；企业持有库存商品的目的是为了出售，与原材料相似，有时企业也会将库存商品用于在建工程和发放职工福利；企业持有包装物的目的是为了包装本企业出售的商品，或者包装本企业的产品并一起出售，或者在销售本企业产品时将包装物暂时出租、出借给购货方；企业持有低值易耗品的目的是为了使用，它与原材料等存货的差异在于，低值易耗品在使用过程中可以保持实物形态不变，然而它的使用期限不及固定资产的标准。不同类别存货的具体用途和性质不同，从而发出不同存货的会计处理方法也不同。

（一）发出原材料的会计处理

当企业生产领用原材料时，依据按照存货发出计价方法确认的发出存货成本，借记“生产成本”、“制造费用”等账户，贷记“原材料”等账户；企业为了满足日常生产经营领用原材料时，按照确定的存货成本，借记“管理费用”、“销售费用”等账户，贷记“原材料”等账户。

企业自行建造固定资产或者福利部门领用原材料时，按照确定的存货成本加上转出的增值税进项税额，借记“在建工程”或“应付职工薪酬”等账户，按照确定的存货成本，贷记“原材料”账户，按照应当转出的增值税进项税额，贷记“应交税费——应交增值税（进项税额转出）”账户。

当企业出售多余的原材料时，按照确定的发出存货成本结转售出的原材料，借记“其他业务成本”，贷记“原材料”等账户。

（二）发出库存商品的会计处理

当企业出售产成品和库存商品时，按照该确定的产成品和库存商品的实际成本，借记“主营业务成本”账户，贷记“库存商品”账户。

（三）发出包装物的会计处理

企业发出包装物的情况有：生产领用包装物用于包装本企业产品，出售本企业产品的同时出售包装物，在销售本企业产品时将包装物暂时出租、出借给购货方。不同情况下，相应的会计处理方法不同。

（1）当生产领用包装物用于包装本企业产品时，该包装物成为产品的一部分，应将该包装物的实际成本计入产品成本。按照确认的包装物成本，借记“生产成本”账户，贷记“周转材料——包装物”账户。

（2）企业在出售本企业产品时领用包装物并将其作为产品的一部分一并出售时，需要根据交易的具体形式进行会计处理。当企业不对一并出售的包装物单独计价时，在发出包装物时，按照确定的发出包装物成本，借记“销售费用”账户，贷记“周转材料——包装物”账户；当企业对一并出售的包装物单独计价时，应当单独核算出售的包装物成本，按照确定的发出包装物成本，借记“其他业务成本”账户，贷记“周转材料——包装物”账户。

（3）企业在出售本企业产品时不将包装物作为产品的组成部分一并出售，而是仅仅将其暂时出租给购货方，或者企业领用包装物的目的就是将闲置的包装物暂时出租给外部单位使用。具体的会计处理如下：

① 企业领用包装物将其出租时。由于包装物可以周转使用，从而关于包装物的会计处理主要包括以下三种方法。

一次转销法。这种方法下，企业将领用的包装物一次计入相关成本费用。当企业第一次领用包装物将其出租给购货方或其他外部单位时，按照确定的包装物成本，借记“其他业务成本”账户，贷记“周转材料——包装物”账户。

五五摊销法。这种方法下，企业领用包装物将其出租给购货方或其他外部单位时，先摊销其价值的一半，待其报废时，再将其摊余的一半予以摊销。这种方法需要依据包装物的具体经济状况，设置“在库”、“在用”和“摊销”三个三级明细账户。在企业领用包装物将其出租给购货方或其他外部单位时，按照确定的包装物的成本，借记“周转材料——包装物——在用”账户，贷记“周转材料——包装物——在库”账户，同时按照确定的包装物成本的50%，借记“其他业务成本”账户，贷记“周转材料——包装物——摊销”账户；待该包装物报废时，再按照包装物的摊余成本，借记“其他业务成本”账户，贷记“周转材料——包装物——摊销”账户，同时，按照确定的包装物成本冲销包装物的账面价值，借记“周转材料——包装物——摊销”账户，贷记“周转材料——包装物——在用”账户。

分次摊销法。这种方法是按照包装物的使用次数将其成本在使用期内平均摊销。其具体会计处理方式与五五摊销法相类似，此处不再赘述。

② 收到购货方或其他外部单位支付的押金时，借记“库存现金”或“银行存款”账户，贷记“其他应付款”账户。

③ 购货方或其他外部单位支付包装物的租金时，按照收到的金额，借记“库存现金”或“银行存款”账户，贷记“其他业务收入”账户。

④ 购货方或其他外部单位如期将出租的包装物归还，企业按照退回的押金金额，借记“其他应付款”账户，贷记“库存现金”或“银行存款”账户。

若租赁期限已到，购货方或其他外部单位却没有归还包装物，企业没收已收到的押金。按照没收的押金金额，借记“其他应付款”，按照相应的增值税税额，贷记“应交税费——应交增值税(销项税额)”，按照差额，贷记“其他业务收入”。

⑤ 企业收回出租包装物时，若该包装物不能继续使用，需要报废时，则按照回收的残值，借记“原材料”，贷记“其他业务成本”。

(4) 企业在出售本企业产品时将包装物暂时无偿出借给购货方使用时，与前述出租包装物的会计处理基本类似，主要差异在于：企业在出借包装物时，不再将其成本结转为“其他业务成本”，而是直接计入期间费用“销售费用”账户。

(四) 发出低值易耗品的会计处理

低值易耗品在使用过程中保持实物形态不变，从而其会计处理与普通材料相比具有一定的特殊性：其成本需要按照一定的方法分摊计入相关成本。低值易耗品的摊销方法主要有以下几种与包装物类似的摊销方法：

(1) 一次摊销法。这种方法下，企业将领用的低值易耗品一次计入相关成本费用。当企业第一次领用低值易耗品时，按照企业领用低值易耗品的用途和确定的低值易耗品的成本，借记“管理费用”、“制造费用”等账户，贷记“周转材料——低值易耗品”。

(2) 五五摊销法。这种方法下，企业领用该低值易耗品时，先摊销其价值的一半，待其报废时,再将其摊余的一半予以摊销。这种方法需要依据低值易耗品的具体经济状况,设置“在库”、“在用”、“摊销”三个三级明细账户。在相关部门领用时,按照确定的低值易耗品的成本,借记“周转材料——低值易耗品——在用”账户,贷记“周转材料——低值易耗品——在库”账户,同时,按照低值易耗品的用途和低值易耗品成本的50%,借记“管理费用”或“制造费用”账户,贷记“周转材料——低值易耗品——摊销”账户;待该低值易耗品报废时,再按照低值易耗品的摊余成本,借记“管理费用”或“制造费用”账户,贷记“周转材料——低值易耗品——摊销”账户;同时,按照确定的低值易耗品成本,借记“周转材料——低值易耗品——摊销”账户,贷记“周转材料——低值易耗品——在用”账户。

(3) 分次摊销法。这种方法是按照低值易耗品的使用次数将其成本平均摊销。其具体会计处理方式与五五摊销法相类似,此处不再赘述。

若低值易耗品报废时,企业收到低值易耗品报废的残料,则按照确定的残料价值冲减报废当月的相关成本费用,借记“原材料”账户,贷记“管理费用”、“制造费用”等账户。

若低值易耗品在正常使用过程中,发生毁损、遗失,不能继续正常使用的,则将其摊余成本在发生毁损、遗失当月一次计入相关成本费用。

第四节 计划成本法

前面两节介绍的关于存货取得和发出的会计核算都是按照存货的实际成本来反映存货的购入、发出、结存。当企业存货品种多、数量大时,会计人员的工作量就会非常大。为了简化会计人员的工作,出现了相应的简化会计核算方法:计划成本法。

一、计划成本法概念

计划成本法是指企业按照预先制定的计划成本对存货的收入、发出以及结存进行计价,单独核算存货实际成本与计划成本之间差异的一种会计核算方法。

按照计划成本法对存货进行核算较实际成本法有两方面的优势:一是计划成本法下,平时只需要记录存货的采购、入库数量和出库数量,不需要对存货入库和出库进行相关会计处理,月末按照计划成本一并处理,可以降低存货收发频繁企业会计核算的工作量;二是通过比较存货计划成本和实际成本之间的差异,能够有效控制存货的采购成本。

二、账户设置

计划成本法下存货的收入、发出以及结存都需要按照计划成本计价,从而这种方法下账户的设置与实际成本法下账户的设置存在一定的差异，需要设置"材料采购"、"原材料"、"材料成本差异"三个账户分别核算存货的实际成本、计划成本以及两者之间的差异。

(一)"材料采购"账户

"材料采购"账户用于核算企业购入存货的实际成本。该账户借方登记企业购入存货的实际成本以及结转实际成本低于计划成本的节支差异，贷方登记企业验收入库存货的计划成本以及结转实际成本高于计划成本的超支差异，期末余额在借方反映企业已经购入尚未验收入库存货的实际成本。

(二)"原材料"账户

"原材料"账户用于核算企业库存存货的计划成本。该账户借方登记企业验收入库存货的计划成本，贷方登记企业发出存货的计划成本，期末余额在借方反映期末企业库存存货的计划成本。

(三)"材料成本差异"账户

"材料成本差异"账户用于核算企业购入存货的实际成本与计划成本的差异。借方登记入库存货实际成本大于计划成本的超支差异以及结转出库存货实际成本小于计划成本的节支差异；贷方登记入库存货实际成本小于计划成本的节支差异以及结转出库存货实际成本大于计划成本的超支差异；余额可能在借方也可能在贷方，借方余额表示期末库存存货应负担的实际成本大于计划成本的超支差异，贷方余额表示期末库存存货应负担的实际成本小于计划成本的节支差异。

三、计划成本法下存货增加的会计处理

【例 12.21】 丰达公司 20×9 年 3 月份发生了一系列购买 E 存货的业务，该存货的计划成本为 100 元/千克。丰达公司为一般纳税人。

4 日，购入 E 存货 1 000 千克，取得的增值税专用发票中的存货价款为 102 000 元，增值税额为 17 340 元，丰达公司已签发转账支票用以支付相关货款，该批存货已验收入库。会计处理为：

借：材料采购	102 000	
应交税费——应交增值税(进项税额)	17 340	
贷：银行存款		119 340

12 日，购买 E 存货 1 500 千克，取得的增值税专用发票中的存货价款为 147 000 元，增值税额为 24 990 元，该批存货已验收入库，丰达公司尚未支付该笔货款。会计处理为：

借：材料采购	147 000	
应交税费——应交增值税(进项税额)	24 990	

贷:应付账款　　171 990

18 日,购买 E 存货 2 000 千克,存货已经验收入库,丰达公司尚未收到相关结算凭证。暂时不作相应会计处理,月末一并暂估入账。

25 日,购买 E 存货 1 200 千克,110 元/千克,丰达公司已经按照收到的结算凭证支付货款 154 440 元,其中 E 存货的购买价格为 132 000 元,增值税专用发票中标明的增值税额为 22 440 元,该存货尚未验收入库。会计处理为:

借:材料采购　　132 000

　应交税费——应交增值税(进项税额)　　22 440

　贷:银行存款　　154 440

31 日,汇总记录已验收入库的 E 存货。

丰达公司 20×9 年 3 月 E 存货总共入库 4 500 千克(1 000+1 500+2 000),则入库 E 存货的计划成本为 450 000 元(100×4 500),其中丰达公司尚未收到 18 日购买的 2 000 千克 E 存货的结算凭证,需要按照计划成本暂估入账。会计处理为:

借:原材料　　450 000

　贷:材料采购　　250 000

　　应付账款——暂估应付款　　200 000

结转本月已收到相关结算凭证并且验收入库存货的材料成本差异,实际成本为 249 000(102 000+147 000)元,材料成本差异为-1 000 元(249 000-250 000)。会计处理为:

借:材料采购　　1 000

　贷:材料成本差异　　1 000

企业对尚未收到结算凭证而暂估入账存货的会计处理与实际成本法下的会计处理相同,可以在下月月初或者实际收到结算凭证时红字冲销暂估入账的存货,待企业收到结算凭证时再视同普通存货购入进行会计处理。

四、计划成本法下发出存货的会计处理

计划成本法下平时不对发出存货进行会计处理,待期末一并结转发出存货的成本。发出存货的实际成本应当等于其计划成本加上材料超支差异,减去材料节支差异,从而存货实际成本的结转包括两部分:计划成本和材料成本差异。发出存货的计划成本较容易确定,等于存货的计划成本与发出存货数量之积。材料成本差异的确定相对较为复杂。材料成本差异是由期初存货和本期购入存货共同形成的,这些差异应由本期发出存货和期末存货一起分担,从而应当计算一个材料成本差异率将期初存货和本期购入存货形成的材料成本差异在本期发出存货和期末存货之间进行分配。材料成本差异率的计算公式如下:

$$本月材料成本差异率 = \frac{月初结存材料成本差异 + 本月购入材料成本差异}{月初结存存货计划成本 + 本月购入存货计划成本} \times 100\%$$

为了简化成本差异率的计算，也可以直接用月初材料成本差异率作为材料成本差异的分配率。

$$月初材料成本差异率 = \frac{月初结存材料成本差异}{月初结存存货计划成本} \times 100\%$$

在计算材料成本差异率时，尚未收到结算凭证暂估入账存货的计划成本不应包含在分母计划成本的计算之中。

【例 12.22】 沿用例 12.21 资料，丰达公司 20×9 年 3 月份发生了一系列发出 E 存货的业务：

6 日，生产车间领用 1 200 千克用于生产产品；

10 日，生产车间领用 300 千克用于维修机器设备；

16 日，管理部门领用 100 千克；

20 日，生产车间又领用 1 500 千克用于生产产品；

24 日，施工部门领用 400 千克用于自建固定资产。

假设该公司期初有 E 存货 500 千克，计划成本为 50 000 元(500×100)，期初存货成本差异为超支 400 元。

相应的会计处理如下：

第一步：结转发出 E 存货的计划成本，其中应当转入“生产成本”270 000 元(1 200×100+1 500×100)，转入“制造费用”30 000 元(300×100)，转入“管理费用”10 000 元(100×100)，转入“在建工程”46 800 元(400×100+400×100×17%)。

借：生产成本	270 000	
制造费用	30 000	
管理费用	10 000	
在建工程	46 800	
贷：原材料		350 000
应交税费——应交增值税(进项税额转出)		6 800

第二步：计算材料成本差异率并作相应会计分录：

$$本月材料成本差异率 = \frac{400 + (-1\,000)}{50\,000 + 250\,000} \times 100\%$$

$$= -0.2\%$$

借：材料成本差异	700	
应交税费——应交增值税(进项税额转出)		13.6
贷：生产成本		540
制造费用		60

管理费用	20
在建工程	93.6

第五节　存货的期末计价

一、存货期末计价的基本原理

(一) 成本与可变现净值孰低法的含义

我国《企业会计准则》规定,资产负债表日,存货应当按照成本与可变现净值孰低法计量。所谓"成本与可变现净值孰低法"是指对期末存货按照成本与可变现净值两者之中较低者计价的方法。也就是说,当成本低于可变现净值时,期末存货应按成本计价;当可变现净值低于成本时,期末存货按可变现净值计价。成本与可变现净值孰低法中的"成本"指存货的历史成本;"可变现净值"指在日常活动中,存货的估计售价减去至完工时估计将要发生的成本、估计的销售费用以及相关税费后的金额。成本与可变现净值孰低法是对历史成本原则的修正。这一方法下,确认的存货更加符合资产的定义——虽然存货是以历史成本取得的,但该存货能给企业带来的未来的经济利益的流入为可变现净值,从而,存货价值应以可变现净值计价。根据谨慎性原则,应当提前确认未来可能的损失和费用,而不应提前确认尚未实现的收益。从而期末应当按照存货成本和可变现净值较低者对存货进行计价。也就是,当存货的可变现净值低于存货成本时,应当及时减少存货的账面价值并确认相应的存货跌价损失;当存货的可变现净值高于存货成本时,则不需要进行任何会计处理,依然将该存货的历史成本作为账面价值。

(二) 可变现净值的确定

1. 确定可变现净值应考虑的因素

企业确定存货的可变现净值,应当以取得的确凿证据为基础,并且考虑持有存货的目的、资产负债表日后事项的影响等因素。

(1) 确定存货的可变现净值应当以确凿证据为基础。这里所言的"确凿证据"主要是指该存货或与其类似存货的市场销售价格或者销货合同、劳务合同中确定的交易价格。

(2) 存货持有目的不同,确定存货可变现净值的方法就不同。比如,用于出售的存货和用于继续加工的存货的可变现净值的确认方法不同,企业为普通销售和为执行销售合同或劳务合同而持有的存货,其可变现净值的确认方法也不同,从而,企业在确定存货的可变现净值时,需要区分存货的持有目的。企业存货的持有目的主要有:为销售而持有的不需要进一步加工的存货；为普通销售而持有的需要进一步加工的存货；为执行销售合同或者劳务合同而持有的需要进一步加工的存货。

(3) 确定存货的可变现净值还应适当考虑资产负债表日后事项。这一点主要是强调资产负债表日存货的价值可能会受到资产负债表日后事项的影响。因此，在确定存货的可变现净值时，除了充分考虑资产负债表日与存货价值相关的信息外，还要考虑资产负债表日后事项对资产负债表日存货价值的影响。

2. 可变现净值的确定

(1) 为销售而持有的不需要进一步加工的存货。

为销售而持有的不需要进一步加工存货的可变现净值应当为存货的预计售价扣除与其相关的预计销售费用和税金之后的净额。

【例 12.23】 20×9 年 12 月 31 日，丰达公司库存 B 产品 1 000 件，其单位成本为 150 元/件，而该产品的市场价格为 140 元/件。丰达公司没有就此产品签订任何销售合同。请确定库存 B 产品的可变现净值。

假如丰达公司在销售这批存货时，不会发生任何其他相关费用及税金。库存 A 产品的可变现净值为 140 000 元(140×1 000)。

假如预计丰达公司在销售这些存货时，会发生销售费用及税金 5 000 元，则库存 A 产品的可变现净值为 135 000 元(140×1 000－5 000)。

(2) 为普通销售而持有的需要进一步加工的存货。

由于为生产而持有的存货最终是以产品的形式变现的，从而在确认存货的期末价值之前，应当首先比较用该存货生产的产品的成本与可变现净值。若用存货生产的产品的成本低于其可变现净值，说明该存货最终变现没有发生损失，从而该存货应当按照其成本计量。若由于材料价格的下降，用该存货生产的产品的成本高于其可变现净值，该存货则应当按照其可变现净值计量。

此处“存货生产的产品的成本”是指该产品的生产成本，“存货生产的产品的可变现净值”为预计产品售价扣除预计相关销售费用及税金之后的净额。“存货的可变现净值”为存货生产的产品的售价扣除材料成本之外的其他加工成本和相关的销售费用及税金之后的余额。

【例 12.24】 20×9 年 12 月 31 日，丰达公司库存 A 存货 1 500 件，其单位成本为 100 元/件，该存货的市场价格为 80 元/件，假设企业购买存货不发生其他购买费用。丰达公司可以用现有库存 A 存货生产 1 000 件 B 产品，由于存货市场价格的下降，用其生产的 B 产品的预计售价也有一定程度上的下降，由原销售单价 200 元/件下降为现行市场价格 180 元/件，销售总额由 200 000 元下降至 180 000 元。企业生产 B 产品耗费 A 存货的成本为 150 000 元(1 500×100)，将 A 存货加工为 B 产品还需要耗费其他加工成本 15 000 元，预计相关销售费用及税金为 10 000 元。请确定 A 存货的可变现净值。

第一步：计算 B 产品的可变现净值。

B 产品的可变现净值＝B 产品的预计销售总额－预计相关销售费用及税金

$$= 180\,000 - 10\,000$$
$$= 170\,000(元)$$

第二步：计算B产品的生产成本。

B产品的生产成本＝生产B产品耗费A存货成本＋预计其他加工成本
＝150 000＋15 000
＝165 000(元)

第三步：比较B产品的可变现净值与其生产成本。

B产品的可变现净值为170 000元，生产成本为165 000元。显然，A存货生产的B产品的可变现净值高于其生产成本。从而，该A存货应当按照其成本计量，期末价值为150 000元。

【例12.25】 沿用例12.24资料，假如其他条件不变，存货市场价格的下降引起用其生产的B产品的预计销售总额200 000元下降至160 000元。请确定A存货的可变现净值。

第一步：计算B产品的可变现净值。

B产品的可变现净值＝B产品的预计销售总额－预计相关销售费用及税金
＝160 000－10 000
＝150 000(元)

第二步：计算B产品的生产成本。

B产品的生产成本＝生产B产品耗费A存货成本＋预计其他加工成本
＝150 000＋15 000
＝165 000(元)

第三步：比较B产品的可变现净值与其生产成本。

B产品的可变现净值为150 000元，生产成本为165 000元。显然，A存货生产的B产品的可变现净值低于其生产成本。从而，该A存货应当按照其可变现净值计量。

第四步：计算A存货的可变现净值。

A存货的可变现净值＝B产品的预计销售总额－预计其他加工成本
－预计相关销售费用及税金
＝160 000－15 000－10 000
＝135 000(元)

从而可以确定A存货的期末价值应当为135 000元。

(3) 为执行销售合同或者劳务合同而持有的需要进一步加工的存货。

如果企业已经与购货方签订了销售合同或者劳务合同，则说明购销双方已就用该存货加工的产品的售价达成协议。此时可以直接依据销售合同或者劳务合同中确定的产品售价作为计算“存货生产的产品的可变现净值”的基础。然后依据为普通销售而持有的需要进一步加工的存货的可变现净值确认方法确认该存货的可变现净值。

此处的销售合同和劳务合同应当为规定了固定条款的合同，如合同标的固定、价格固定、数量固定等。若该销售合同和劳务合同中的相关内容不是固定条款，则应当按照为普通销售而持有的需要进一步加工的存货的可变现净值确认方法予以确认。假如，销售合同或者劳务合同规定了固定条款，但是企业所持有的存货数量多于销售合同或者劳务合同中的订购数量，此时，超出合同数量的存货也应当依据为普通销售而持有的需要进一步加工的存货的可变现净值确认方法予以确认。

【例 12.26】 沿用例 12.24 资料，假设其他条件不变，丰达公司已于 20×9 年 10 月 28 日与精季公司签订销售合同，丰达公司应于 20×9 年 4 月 3 日按照 190 元/件向精季公司提供 1 000 件 B 产品。由于已与精季公司签订销售合同，丰达公司预计相关的销售费用及税金为 5 000 元。此时，A 存货生产的 B 产品的可变现净值为 185 000(1 000×190 −5 000)元。

若丰达公司与精季公司签订的销售合同中规定的销售数量为 2 000 件，由于丰达公司现有库存 A 存货仅够生产 1 000 件 B 产品，从而在确定 A 存货的可变现净值时，应当按照该公司销售合同中规定的售价确定可以用现有库存 A 存货生产的 1 000 件 B 产品的可变现净值。这种情况下的计算结果与例 12.26 完全相同为 185 000(1 000×190 −5 000)元。

若丰达公司与精季公司签订的销售合同中规定的销售数量为 800 件，则在确定 A 存货的可变现净值时，应当先按照该公司销售合同中规定的售价确定销售合同中约定的 800 件 B 产品的可变现净值，然后再按照 B 产品的市场价格确定剩余 200 件的可变现净值。对于与精季公司销售合同中约定的 800 件产品预计相关的销售费用和税金为 4 000 元，对于尚未签订合同的 200 件产品预计相关的销售费用和税金为 3 000 元，则该 B 产品的可变现净值为 181 000 元[(800×190−4 000)+(200×180−3 000)]。

二、存货期末计价的方法

(一) 存货跌价准备计提的条件

当企业的存货出现以下情况之一时，需要计提存货跌价准备：

(1) 存货市价持续下跌，且在可预见的未来无回升的希望；

(2) 使用该原材料生产产品的成本大于产品的销售价格；

(3) 因产品更新换代，原有库存原材料已不适应新产品的需要，而该原材料的市场价格又低于其账面成本；

(4) 因企业所提供的商品或劳务过时或消费者偏好改变而使市场需求发生变化，导致市场价格逐渐下跌；

(5) 其他足以证明存货已实质上发生减值的情形。

(二) 成本与可变现净值孰低法下存货价值的确定方法

成本与可变现净值孰低法下存货价值的确定有三种方法:单项比较法、分类比较法、总额比较法。

(1) 单项比较法,也称为逐项比较法或个别比较法,指将每一项存货的成本与可变现净值逐一进行比较,每项存货均按较低者确定存货的期末成本。

(2) 分类比较法,也称为类比法,指按照存货的用途和所处的环境将存货区分为不同的类别,将各类别存货的成本与可变现净值进行比较,按较低者确定该存货类别的期末成本。

(3) 总额比较法,也称为综合比较法,指将全部存货的总成本与可变现净值总额比较,按较低者确认期末存货总成本。

【例 12.27】 20×9 年 12 月 31 日,丰达公司有 A、B、C、D 四种存货,这四种存货按照其特点可以区分为甲、乙两大类,其中 A、B 属于甲类存货,C、D 属于乙类存货,有关四种存货的成本与可变现净值的资料具体如表 12.7 所示。

表 12.7　四种存货的成本与可变现净值资料表

存货种类	成　本	可变现净值	成本与可变现净值孰低法下存货价值的确定方法		
			单项比较法	分类比较法	总额比较法
甲类存货					
A 存货	15 000	13 000	13 000		
B 存货	12 000	12 600	12 000		
合　计	27 000	25 600	25 000	25 600	
乙类存货					
C 存货	25 000	25 800	25 000		
D 存货	22 000	21 800	21 800		
合　计	47 000	47 600	46 800	47 000	
总　计	74 000	73 200	71 800	72 600	73 200

从表 12.7 中成本与可变现净值孰低法下三种确定存货价值方法的比较中可以看出,单项比较法确定的期末存货价值最低,其次是分类比较法确定的期末存货价值,最高的是总额比较法确定的期末存货价值。出现这一结果的主要原因是,利用单项比较法确定期末存货价值时,选择的是每一种存货的成本与可变现净值的较低者,而分类比较法和总额比较法下,会有不同程度的成本与可变现净值的高低抵消。正是由于这一原因,单项比较法下计算出的期末存货价值较其他两种方法更为准确。若企业存货种类较多,采用单项比较法逐一比较每一种存货的成本与可变现净值时工作量会很大,采用分类比较法和总

额比较法则会不同程度地降低工作量。企业通常应当按照单项存货计提存货跌价准备。对于数量繁多、单价较低的存货，可以按照存货类别计提存货跌价准备。与在同一地区生产和销售的产品系列相关、具有相同或类似最终用途或目的，且难以与其他项目分开计量的存货，可以合并计提存货跌价准备。也就是说，企业在确定存货的期末价值时，一般情况下应当采用单项比较法；特殊情况下可以采用分类比较法；任何情况下不得采用总额比较法。

（三）成本与可变现净值孰低法的会计处理

在成本与可变现净值孰低法下，如果成本低于可变现净值不需要作任何会计处理，资产负债表上的存货仍按历史成本作为存货的期末计价；如果期末存货的可变现净值低于成本，则需要作出相应的会计处理：一方面，将资产负债表上的存货价值减记至可变现净值；另一方面，在利润表上确认相应的存货跌价损失。

在资产负债表上，将存货价值减记至可变现净值主要有两种方法：一种是直接冲销法，另一种是备抵法。

直接冲销法，即在确认可变现净值低于成本的损失时，不需要设置其他备抵账户，直接冲减“存货”账户，将存货成本调整至可变现净值。这种方法将损失直接冲减“存货”账户有两方面的缺点：一是在对存货总账金额进行调整的同时，需要调整存货明细账中相应的单位成本和总成本金额，工作量较大；二是信息使用者难以辨认由于可变现净值低于成本而给企业带来的损失。

备抵法，即需要单独设置专门的备抵账户“存货跌价准备”用以核算可变现净值低于成本的损失，不再直接冲减“存货”账户。“存货跌价准备”这个账户的贷方登记计提的存货跌价准备，借方登记已计提存货跌价准备恢复的金额，余额在贷方，表示期末存货的可变现净值低于存货成本的差额。这种方法专门设置了备抵账户“存货跌价准备”，因此克服了直接冲销法两方面的缺点：一是不需要对存货明细账进行调整，工作量较小；二是通过“存货跌价准备”账户，信息使用者可以同时了解存货成本与可变现净值两方面的信息。

在利润表上，对存货跌价损失的会计处理也有两种方法：一种是将其直接计入销售成本，这种方法改变了销售成本的构成，使信息使用者难以辨认正常的销售毛利和存货跌价损失；另一种则是将其作为减值损失单独核算，这种方法克服了第一种方法的缺点，既能够提供正常的销售毛利信息，也能反映存货跌价给企业带来的损失。

《企业会计准则第1号——存货》规定：资产负债表日，企业应当确定存货的可变现净值。存货成本高于其可变现净值的，应当计提存货跌价准备，计入当期损益。以前减记存货价值的影响因素已经消失的，减记的金额应当予以恢复，并在原已计提的存货跌价准备金额内转回，转回的金额计入当期损益。

从准则规定可以看出，在我国，当期末存货的可变现净值低于成本时，一方面按照备抵法利用备抵账户“存货跌价准备”将资产负债表中的存货价值减记至可变现净值；另一方面，在利润表上将存货跌价损失作为“资产减值损失”予以反映。

【例 12.28】 丰达公司从 20×6 年度开始采用成本与可变现净值孰低法确认存货的期末价值。该公司有关 A 存货 20×6—20×9 年各年年末存货的相关资料及会计处理如下：

丰达公司 20×6 年 12 月 31 日，期末存货成本为 7 000 元，可变现净值为 6 800 元。

可变现净值低于成本的差额 = 7 000 − 6 800 = 200(元)

借：资产减值损失　　200

　贷：存货跌价准备　　200

丰达公司 20×7 年 12 月 31 日，期末存货成本为 6 000 元，可变现净值为 5 500 元。

可变现净值低于成本的差额 = 6 000 − 5 500 = 500(元)

本期应当补提的存货跌价准备 = 500 − 200 = 300(元)

借：资产减值损失　　300

　贷：存货跌价准备　　300

丰达公司 20×8 年 12 月 31 日，期末存货成本为 8 500 元，可变现净值为 8 400 元。

可变现净值低于成本的差额 = 8 500 − 8 400 = 100(元)

有证据表明该存货可变现净值的回升是由于原已减记存货价值的因素消失所导致。

本期应当计提的存货跌价准备 = 100 − 500 = −400(元)

借：存货跌价准备　　400

　贷：资产减值损失　　400

丰达公司 20×9 年 12 月 31 日，期末存货成本为 8 000 元，可变现净值为 8 200 元。

此时，期末存货可变现净值高于成本，有证据表明该存货可变现净值的回升是由于原已减记存货价值的因素消失所导致。本期应将原有存货跌价准备余额全部转回。

借：存货跌价准备　　100

　贷：资产减值损失　　100

当企业的存货出现以下情况之一时，通常表明存货的可变现净值为零，应该将存货的账面价值全部计提跌价准备：

① 已霉烂变质的存货；

② 已过期且无转让价值的存货；

③ 生产中已不再需要，并且已无使用价值和转让价值的存货；

④ 其他足以证明已无使用价值和转让价值的存货。

(四) 存货跌价准备的结转

当企业处理已经计提跌价准备的存货时，需要同时结转相应的存货跌价准备。不同的存货处理方式，其会计处理也存在差异。

（1）企业将存货用于生产时，可以不同时结转相应的存货跌价准备，待期末进一步按照成本与可变现净值孰低法进行调整。

（2）企业销售已计提跌价准备的存货时，结转的存货跌价准备应当冲减当期的“主营业务成本”或“其他业务成本”。

（3）对于债务重组、非货币性资产交换或作为合并支付对价转出的存货，结转存货跌价准备时，应当按照债务重组、非货币性资产交换或企业合并的原则进行相应会计处理。

对于上述后两种情况，如果企业是按照分类比较法计提存货跌价准备，应当按照处理存货的比例结转相应的存货跌价准备。

结转的存货跌价准备的计算公式如下：

$$\text{企业因销售、债务重组、非货币性资产交换或作为合并支付对价转出存货而应当结转的存货跌价准备} = \text{上期末该类存货计提的存货跌价准备的账面余额} \div \text{上期期末该类存货账面余额} \times \text{因销售、债务重组、非货币性资产交换或作为合并支付对价转出存货的账面余额}$$

第六节　存货的清查

一、存货清查的方法和程序

企业为了保护存货的安全完整，保证存货的账面价值和实际价值相等，需要对存货进行清查。按照清查的时间可以将存货清查分为：定期清查和不定期清查。其中，有具体计划安排的清查为定期清查，这类清查主要集中在年末、季末、月末；由于某些突发事项或者仅仅作为内部控制的一个组成部分而进行的事先没有具体计划安排的存货清查，为不定期清查。按照清查的范围可以将存货清查分为：全面清查和局部清查。其中，对企业的全部存货进行的清查为全面清查；仅仅对一部分存货进行的清查则为局部清查。定期清查和不定期清查都可以根据具体情况选择全面清查或者局部清查。

企业在每年出具年度报表之前，必须组织相关人员对企业的存货进行一次全面清查。

企业进行存货清查的主要方法是：实地盘点，进行账实核对。

企业进行存货实地盘点的具体程序为：盘点前，一方面要将所有盘点范围的存货进行整理和排列，并且附上盘点标识，防止遗漏或者重复盘点；另一方面将已经收发的存货数量全部登记入账。盘点前还需要准备列明所有待查存货的编号、名称、规格和存放地点的盘点清册。盘点时，在盘点清册上逐一登记待查存货的账面结存数量、实有数量以及两者之间的差额。盘点后，对账实不符的存货进行核查，查明不符的原因，分清责任，将盘点结果登记在盘点报告单中。

企业在进行实地盘点时，需要辨别存货的所有权归属，尤其是已售出暂时存放于企业的存货；另外，盘点时，不仅要对存货的数量进行账实核对，还要通过对存货质量的检查判断存货的账面价值是否恰当。

二、存货清查结果的账务处理

（一）存货清查结果

存货的清查结果可能有三种情况：盘点数量小于账面数量；盘点数量等于账面数量；盘点数量大于账面数量。第二种情况被称为“账实相符”，不需要进行任何会计处理。其他两种情况都属于“账实不符”，企业需要对其原因进行调查并处理。由于两种情况的性质不同，因此需要将其区别对待：第一种情况“盘点数量小于账面数量”被称为“盘亏”；第三种情况“盘点数量大于账面数量”被称为“盘盈”。

（二）存货清查结果的账务处理

为了能够反映企业存货“账实不符”的情况，需要设置“待处理财产损溢——待处理流动资产损溢”账户。该账户借方登记存货盘亏金额和结转的已处理盘盈金额，贷方登记存货的盘盈金额和结转的已处理盘亏金额，期末余额为零。有些企业有关账实不符的会计处理需要得到相关部门的批准，若期末相关部门尚未批准企业对账实不符存货的处理方法，企业应当先暂时按照自行的处理意见进行相应的会计处理。若相关部门最终的批准意见与企业自行的处理意见不符，应当调整公布批准意见当期会计报表的期初数。

1. 盘盈的账务处理

盘点结果证明期末存货盘盈，按照盘盈存货的计划成本或者估计成本，借记“原材料”账户，贷记“待处理财产损溢——待处理流动资产损溢”账户。经查明此盘盈为收发计量或核算误差造成，经股东大会、董事会或经理（厂长）会议等类似机构批准后，结转“待处理财产损溢——待处理流动资产损溢”账户，同时冲减当期管理费用。

【例 12.29】 丰达公司 20×9 年 11 月 21 日对存货进行突击盘点，盘点结果显示盘盈 E 存货 20 千克，E 存货的单位计划成本为 100 元/千克，则盘盈存货成本为 2 000 元。

盘点后，根据“盘点报告单”，会计处理如下：

借：原材料	2 000	
贷：待处理财产损溢——待处理流动资产损溢		2 000

查明盘盈原因，并按照规定程序批准转销盘盈存货成本：

借：待处理财产损溢——待处理流动资产损溢	2 000	
贷：管理费用		2 000

2. 盘亏的账务处理

盘点结果证明期末存货盘亏，按照盘亏存货的实际成本，借记“待处理财产损溢——待处理流动资产损溢”，贷记“原材料”。

产生盘亏的原因多种多样，应根据具体情况，通过规定批准程序后，进行相应的会计处理。

(1) 属于存货定额范围内的自然损耗或者计量误差而产生的盘亏，应当计入“管理费用”。

(2) 属于人为过失或者管理不善而产生的盘亏，由于与盘亏存货相关的增值税进项税额不允许抵扣，因此，在处理这类盘亏存货时，应当将此增值税进项税额转出，与盘亏存货成本之和构成盘亏总损失。该存货盘亏中，应当由过失人或者保险公司进行赔偿的，应当计入“其他应收款”，其余部分计入“管理费用”。

(3) 属于非常损失的盘亏，与人为过失或者管理不善而产生的盘亏相似，首先应考虑与该类盘亏存货相关的增值税进项税额是否允许抵扣，若不能抵扣，在处理这类盘亏存货时，应当将相关的增值税进项税额转出，并与盘亏存货成本之和构成盘亏总损失。该存货盘亏中，应当由相关责任人或者保险公司进行赔偿的，计入“其他应收款”，其余部分计入“营业外支出”。

关于盘亏的会计处理需要注意：若企业能够从各项盘亏中收回一些残料，则应根据企业对残料的处置方式和确定的残料价值计入“原材料”或者“库存现金”。

【例 12.30】 丰达公司在期末存货清查中发现存货盘亏 5 000 元。

盘点后，根据“盘点报告单”，会计处理如下：

借：待处理财产损溢——待处理流动资产损溢	5 000	
贷：原材料		5 000

经查实，此次盘亏是意外事故造成的，其中应由保险公司赔偿 4 000 元，处置残值收到现金 300 元。

借：其他应收款——保险公司	4 000	
库存现金	300	
营业外支出	1 550	
贷：待处理财产损溢——待处理流动资产损溢		5 000
应交税费——应交增值税（进项税额转出）		850

【本章小结】

所谓存货，是指企业在日常活动中持有以备出售的产成品或商品、处在生产过程中的在产品、在生产过程或提供劳务过程中耗用的材料和物料。

存货与其他资产相比主要有以下三个特点：(1)存货是一种流动资产；(2)存货是一种

非货币性资产;(3)存货是企业为销售或耗用而储备的资产。

存货需同时满足以下两个条件,才能予以确认:(1)与该存货有关的经济利益很可能流入企业;(2)该存货的成本能够可靠地计量。

存货应当按照实际成本进行初始计量。存货的取得方式不同,存货成本的构成内容也就不完全相同。外购存货的成本主要是指存货的采购成本,包括购买价款、相关税费以及其他可归属于存货采购成本的相关费用。企业自行生产的存货成本由材料成本、加工成本和其他成本构成。委托外单位加工存货的成本应当包括:该存货实际耗用的原材料或半成品的成本,受托单位收取的加工费,存货运输过程中发生的运费以及应计入存货成本的相关税金等。企业接受投资者投入的存货应当按照投资合同或协议约定的价值确定存货成本,但是,当合同或协议约定的价值不公允时,应当按照公允价值入账。企业接受捐赠收到的存货应当按照以下规定确定成本:(1)捐赠方提供了有关凭据的,按凭证标明的金额加上应支付的相关税费,确定存货成本;(2)捐赠方未提供有关凭据的,按以下顺序确定存货成本:①同类或类似存货存在活跃市场的,按同类或类似存货的市场价格估价金额,加上应支付的相关税费,作为存货成本;②同类或类似存货不存在活跃市场的,按接受存货的预计未来现金流量的现值,作为存货成本。

存货的计量应当包含数量和成本两个方面的内容。存货数量的确认方法有定期盘存制和永续盘存制两种方法。存货发出单价的确定相对较为复杂。根据不同的存货实物流转假设,会产生不同的存货发出计价方法。主要的存货发出计价方法有:个别计价法、先进先出法、后进先出法和加权平均法等。

计划成本法是指企业按照预先制定的计划成本对存货的收入、发出以及结存进行计价,单独核算存货实际成本与计划成本之间差异的一种会计核算方法。计划成本法下,需要设置"材料采购"、"原材料"、"材料成本差异"三个账户分别核算存货的实际成本、计划成本以及两者之间的差异。

我国《企业会计准则》规定,资产负债表日,存货应当按照成本与可变现净值孰低法计量。所谓"成本与可变现净值孰低法"是指对期末存货按照成本与可变现净值两者之中较低者计价的方法。也就是说,当成本低于可变现净值时,期末存货应按成本计价;当可变现净值低于成本时,期末存货按可变现净值计价。成本与可变现净值孰低法中的"成本"指存货的历史成本;"可变现净值"指在日常活动中,存货的估计售价减去至完工时估计要发生的成本、估计的销售费用以及相关税费后的金额。

企业为了保护存货的安全完整,保证存货的账面价值和实际价值相等,需要对存货进行清查。

【本章思考题】

1. 什么是存货? 存货与其他资产相区别的特征有哪些?

2. 存货的确认条件是什么？

3. 存货的初始计量成本如何确定？

4. 存货的发出数量确认方法有哪两种？存货的发出成本计价方法有哪几种？

5. 我国《企业会计准则》中规定存货期末应选用什么方法计价？该种方法的含义是什么？

【练习与案例分析】

一、选择题

1. 企业的下列材料物资中，属于存货的是（　　）。

A. 在途物资　　B. 委托加工物资

C. 周转材料　　D. 工程物资

2. 下列各项与存货相关的费用中，应计入存货成本的有（　　）。

A. 材料采购过程中发生的保险费

B. 材料入库前发生的挑选整理费

C. 材料入库后发生的存储费用

D. 材料采购过程中发生的合理损耗

3. 在物价变动时，选择（　　）可使库存存货的价值比较接近于市场价格。

A. 先进先出法　　B. 个别计价法

C. 月末一次加权平均法　　D. 移动加权平均法

4. 企业确定存货的可变现净值时应考虑的因素包括（　　）。

A. 存货的成本　　B. 存货可变现净值的确凿证据

C. 持有存货的目的　　D. 资产负债表日后事项等的影响

5. 可变现净值中估计售价的确定方法有（　　）。

A. 为执行销售合同或者劳务合同而持有的存货，通常应当以产成品或商品的合同价格作为其可变现净值的基础

B. 如果企业持有存货的数量多于销售合同订购的数量，超出部分的存货可变现净值，应当以产成品或商品的合同价格作为计量基础

C. 没有销售合同约定的存货，但不包括用于出售的材料，其可变现净值应当以产成品或商品的一般销售价格（即市场销售价格）作为计量基础

D. 用于出售的材料等，应当以市场价格作为其可变现净值的计量基础，这里的市场价格是指材料等的市场销售价格

二、业务处理

1. 甲工业企业为增值税一般纳税人，采用实际成本法对存货进行会计处理。甲公司20×9年6月发生如下经济业务事项：

(1) 1日，冲回上月末暂估入账的原材料50万元。

(2) 3日,从乙公司购入材料一批,增值税专用发票上注明的货款为100万元,增值税为17万元,另外乙公司还代垫运费1万元(运费按照7%抵扣增值税进项税额)。全部货款已用转账支票付清,材料验收入库。

(3) 8日,从丙公司购入材料一批,增值税专用发票上注明的货款为50万元,增值税为8.5万元。材料已验收入库,货款未付,双方约定付款条件为2/10, n/30。

(4) 10日,从丁公司购入材料一批,增值税专用发票上注明的货款为120万元,增值税为20.4万元。货款已通过银行转账方式支付,材料尚未验收入库。

(5) 13日,向戊公司预付材料款50万元。

(6) 17日,签发银行转账支票一张支付前欠丙公司货款。

(7) 18日,收到上月末估价入账的材料发票账单,增值税专用发票上注明的货款为50万元,增值税为8.5万元,甲公司开出银行承兑汇票承付。

(8) 22日,收到丁公司发运来的材料并验收入库。

(9) 25日,收到戊公司发运来的材料及增值税专用发票,发票上注明货款为60万元,增值税为10.2万元。甲公司通过银行转账把不足货款补齐。

(10) 30日,根据"发料凭证汇总表",6月份基本生产车间生产领用材料80万元,车间管理部门领用材料2万元,企业行政管理部门领用材料3万元。

要求:编制甲工业企业上述经济业务事项的会计分录(单位:万元)。

2. 某工业企业为增值税一般纳税人,增值税税率为17%(假设不考虑其他税费),甲材料按计划成本核算。甲材料的计划单位成本为每千克100元。期末一次结转入库材料的计划成本及材料成本差异以及发出材料的计划成本及应负担的材料成本差异。该企业甲材料的月初余额为100 000元(计划成本),甲类材料的材料成本差异额月初为贷方余额1 000元。

该企业本月发生如下业务:

(1) 8日,从外地采购甲材料500千克,增值税专用发票上注明的材料价款为55 000元,销货方代垫运杂费1 000元(不考虑增值税),材料已验收入库。根据货款、增值税及代垫运杂费的金额,签发期限三个月的商业承兑汇票1张。

(2) 18日,从本市购入甲材料2 000千克,增值税专用发票上注明的材料价款为190 000元,增值税32 300元,企业已用银行存款支付材料款及增值税,材料已验收入库。

(3) 20日,从外地购入甲材料1 500千克,增值税专用发票上注明的材料价款为180 000元,增值税30 600元,材料尚未运到,货款及增值税已通过银行汇出。

(4) 25日,企业从外地购入甲材料1 000千克,材料已验收入库,但发票等单据尚未收到,货款未付。31日,该购货的发票等单据仍未收到。

(5) 结转本月入库材料的计划成本及成本差异。

(6) 本月生产车间生产产品耗用甲材料3 000千克,管理部门耗用甲材料500千克,在建工程耗用甲材料300千克。

(7) 分配发出材料的成本差异。

要求:根据上述资料编制会计分录。

第十三章

收　　入

【本章学习目的】

1. 理解广义的收入和狭义的收入。
2. 重点掌握商品销售收入的确认标准和会计核算。
3. 了解提供劳务收入、让渡资产使用权收入的确认标准和会计核算。
4. 掌握建造合同收入的确认标准和会计核算。
5. 了解营业外收入的内容和会计核算。

课前案例

会计信息失真是收入惹的祸?

1997—2002年6月美国上市公司报表重述原因排行榜

(单位:亿美元)

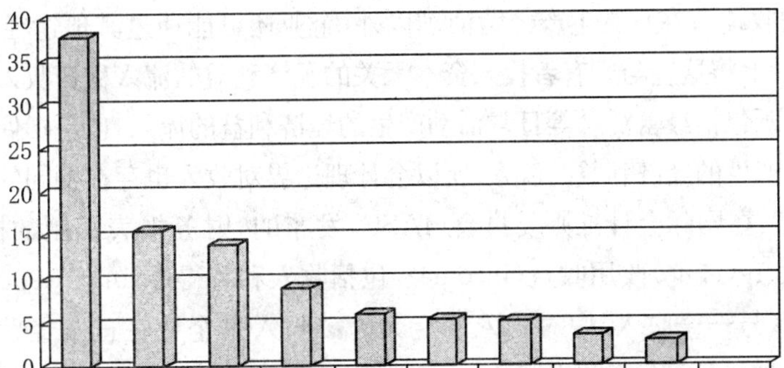

	收入确认	成本、费用	其他报表事项	重组/资产/存货	收购、兼并	证券计价	重分类事项	未完工研发支出	关联方交易	
□ 金额(%)	37.9	15.7	14.1	8.9	5.9	5.4	5.1	3.6	3	

由上述图表可以看出,造成会计信息失真的原因分别是收入确认,成本、费用计量,其他报表项目,资产重组等,那么为什么收入确认占的比重最大,成本、费用位居第二?在收入费用观下报表使用者往往根据企业的利润指标(如每股

收益等)进行决策,企业高管为了提高企业的形象、赢得更多的信任、筹到更多的资金,往往会虚造利润,而虚造利润的最简单、有效的方法是虚造收入,因为收入是整个经营的最后一个环节,既可以通过会计方法的选择多确认收入,如提高完工程度;又可以通过虚造经济业务多确认收入,如没有实现销售却提前确认收入等,最终导致虚增企业利润。

思考:

1. 会计信息失真的最主要的原因为什么是收入确认?
2. 收入确认的标准是否有问题? 应如何解决?
3. 资产负债观与收入费用观对企业利润确认的影响有何不同?

第一节 收入概述

一、收入的定义与特点

(一) 收入的定义

企业获取资金后,通过对资金的营运使用,就会产生经济利益的流入。企业可以通过采购材料,从事生产,进而销售产品或商品,收回资金,或增加债券、减少债务,以获取报酬;也可以通过购买债券、股票等投资产品,以获取债券利息、股利等收益(待实现的收益和已实现的收益);在日常生产经营活动以外,企业还可能通过其他途径(如接受捐赠等)取得利益,会计上将这些与所有者投入资本无关的经济利益的流入称为收入。但由于企业经济利益的流入既包括经营活动等日常活动产生的经济利益的流入,也包括偶发的交易或事项等非日常活动产生的经济利益的流入,所以会计理论界对收入也存在不同的解释。

1989 年,在国际会计准则委员会(IASC)发布的《财务报表编制的框架》中,将通常意义上的收入(revenue)改用收益(income),包括收入和利得(gain)。1995 年生效的《国际会计准则第 18 号——收入》中对收入的定义为:"收入是企业在正常经营活动中形成的、形成权益增加的经济利益的总流入(gross inflow),不包括投资人出资形成的权益的增加。"

我国财政部 2006 年 2 月颁布的《企业会计准则》中将收入定义为:"收入是指企业在日常活动中形成的、会导致所有者权益增加的、与所有者投入资本无关的经济利益的总流入。"其中,日常活动是指企业为完成其经营目标所从事的经常性活动以及与之相关的其他活动。

我国财政部 2006 年 2 月颁布的《企业会计准则》中将利得定义为:"利得是指企业在非日常活动中形成的、会导致所有者权益增加的、与所有者投入资本无关的经济利益的总流入。”利得包括直接计入当期损益的利得和直接计入所有者权益的利得。

国际会计准则与我国《企业会计准则》对收入解释的重大差别在于:国际会计准则认为收入不仅包括企业持续的、主要的或核心的营业收入,还包括非持续经营的、非主要业务的收入(利得),即广义的收入,而我国《企业会计准则》所确认的收入仅指企业持续的、主要的或核心的营业收入,即狭义的收入。

本章所指的收入是指狭义的收入和计入当期损益的利得。

(二) 收入的特点

1. 收入是企业经济利益的总流入

企业的活动包括日常活动和偶发的交易或事项。日常活动是指企业为完成其经营目标所从事的经常性活动以及与之相关的其他活动。经常性活动主要指企业的经营活动,如工业企业制造并销售产品、商业企业销售商品、咨询公司提供咨询服务、软件开发企业为客户开发软件、安装公司提供安装服务等。有些交易或事项不属于企业的经营活动,但与实现经营目标有关的活动,主要指投资和筹资活动,如工业企业对外出售不需用的原材料、对外转让无形资产使用权、利用闲置资金对外投资等。偶发的交易或事项是指企业发生的既不属于经常性活动,也不属于与经常性活动相关的其他活动,如出售固定资产和无形资产等,因固定资产和无形资产是为了使用而不是为了出售购入的,将其出售不是为了实现企业的经营目标,属于企业偶发的交易,应作为企业的利得。

企业为第三方或客户代收的款项,如企业代收的增值税、代收的运杂费等,属于企业的负债,不能作为本企业的收入。

2. 收入会导致企业所有者权益的增加

收入形成的经济利益总流入的形式多种多样,既可以表现为资产的增加,也可以表现为负债的减少,或者两者兼而有之,如商品销售的货款中部分收取现金,部分抵偿债务。根据“资产 = 负债 + 所有者权益”的会计恒等式,收入最终必然会导致所有者权益的增加(或减少)。

3. 收入不包括所有者向企业投入的资本

收入只应是企业自身活动获得的经济利益的流入,所有者向企业投入的资本,是投资者享受收益和承担风险的依据,直接增加所有者权益,不能作为企业的收入。

二、收入的分类

(一) 收入按交易的性质分类

1. 销售商品收入

它是指企业通过销售产品或商品而取得的收入,如工业企业销售产品、自制半成品取得的收入，商业企业销售商品取得的收入，房地产商销售房地产取得的收入等。

2. 提供劳务收入

它是指企业通过提供劳务实现的收入，如工业企业提供工业性劳务取得的收入，饮食服务商提供服务取得的收入，咨询公司提供咨询服务取得的收入，租赁公司出租资产等实现的收入等。

3. 让渡资产使用权收入

它是指企业通过让渡资产使用权而取得的收入。让渡资产使用权收入包括利息收入和使用费收入。利息收入主要是指金融企业对外贷款形成的利息收入，以及同业之间发生往来形成的利息收入等。使用费收入，主要是指企业转让无形资产、固定资产等资产的使用权形成的使用费收入。

企业进行债权投资收取的利息、进行股权投资取得的现金股利，也构成让渡资产使用权收入。

4. 建造合同收入

它是指企业承担建造合同所形成的收入。建造合同收入包括：①合同规定的初始收入，即建造承包商与客户签订的合同中最初商定的合同总金额；②因合同变更、索赔、奖励等形成的收入。

5. 营业外收入

它是指企业发生的与其日常活动无直接关系的各项利得，如处置非流动资产的利得等。

（二）收入按企业经营业务的主次分类

1. 主营业务收入

主营业务收入或称基本业务收入，是指企业为完成其经营目标所从事的经常性活动实现的收入。不同的企业，具有不同的主营业务。如工业企业的主营业务包括销售自制半成品、商品、代制品和提供工业性劳务等；商业企业以销售商品为主；保险公司以签发保单为主。主营业务收入往往在企业总收入中占较大比重，对企业的经济效益产生较大的影响。企业将实现的收入通过“主营业务收入”账户进行核算，并将发生的成本计入“主营业务成本”账户。

2. 其他业务收入

其他业务收入或称附营业务收入，是指与企业为完成其经营目标所从事的经常性活动相关的活动实现的收入。例如，工业企业对外出售不需用的原材料、对外转让无形资产使用权、对外进行权益性和债权性投资取得的现金股利和利息等。其他业务收入属于企业日常活动中的次要交易实现的收入，一般占企业总收入的比重较小。

企业实现的原材料销售收入、包装物租金收入、固定资产租金收入及无形资产使用费收入等，通过“其他业务收入”账户核算，为取得收入发生的相关成本，通过“其他业务成本”账户核算；企业对外进行权益性和债权性投资取得的现金股利和利息收入，通过“投资收益”账户核算。

3. 营业外收入

它是指企业发生的与其日常活动无直接关系的各项利得。

企业处置非流动资产的利得、非货币性资产交换利得、债务重组利得、政府补助、盘盈利得、捐赠利得等，应通过“营业外收入”账户核算。

三、收入的确认与计量

企业应合理地确认和计量各项收入。收入的确认是指收入应否、何时和如何作为会计要素加以记录并列示于利润表中；收入的计量是指收入应按多少金额入账并列示于利润表之中。由于收入的性质不同，收入的确认和计量标准就不同，因此收入的确认和计量应按销售商品收入、提供劳务收入、让渡资产使用权收入、建造合同收入、营业外收入分别进行。

本章主要涉及销售商品、提供劳务、让渡资产使用权、建造合同等形成的收入的确认和计量，不涉及长期股权投资、租赁、原保险合同、再保险合同等形成的收入的确认和计量。

第二节　销售商品收入

一、销售商品收入的确认条件

企业的商品多种多样，如企业为销售而生产的产品、为转售而购进的商品。不同的商品有不同的交易方式，在判断一项交易是否属于收入时，需要考虑多种因素。《企业会计准则》规定，销售商品收入只有同时满足下列5个条件，才能予以确认：

(1) 企业已将商品所有权上的主要风险和报酬转移给购货方。

与商品所有权有关的风险，是指由于商品贬值或毁损等形成的损失；与商品所有权有关的报酬，是指由于商品升值或通过使用商品等给企业带来的经济利益。

企业已将商品所有权上的主要风险和报酬转移给购货方，是确认销售商品收入的一个重要条件，如果与商品所有权有关的任何损失均不需要销货方承担，与商品所有权有关的任何经济利益也不归销货方所有，就意味着商品所有权上的主要风险和报酬转移给了购货方。

大多数情况下，转移商品所有权凭证并交付实物后，商品所有权上的所有风险和报酬随之转移，如大多数零售商品、预售款销售商品等。

而某些情况下，企业已将商品所有权凭证或实物交付给购货方，但商品所有权上的主要风险和报酬并未随之转移，则该项交易就不是销售业务，不应确认销售商品收入，可能有以下几种情况：

① 企业销售的商品在质量、品种、规格等方面不符合合同或协议要求，又未根据正常的保证条款予以弥补，因而仍负有责任。如在销售商品过程中，可能由于商品在质量、品种、规格等方面不符合合同或协议要求，购货方收到商品后，要求在价格上给予一定折让，否则要求退货。双方没有就此达成一致意见，销货方也未采取任何补救措施。购货方尚未正式接受商品，商品可能被退回。因此，商品所有权上的主要风险和报酬仍保留在销货方，所以不能确认为收入。

② 企业销售商品的收入是否能够取得，取决于购货方是否已将商品销售出去。如采用支付手续费方式委托代销商品，在将商品交给受托方时，商品所有权上的主要风险和报酬并未转移给购货方，销售商品的收入是否确认，取决于受托方是否能够将受托商品售出，因此在委托方将商品交付受托方时，不能确认收入，而应在收到受托方开出的代销清单时确认销售商品收入。

③ 企业尚未完成售出商品的安装或检验工作，且安装或检验工作是销售合同或协议的重要组成部分。如某生产制造企业销售大型设备并负责安装，安装是销售合同的重要组成部分，在安装过程中可能会发生一些不确定因素，影响销售收入的实现。因此实物的交付并不表明商品所有权上的主要风险和报酬随之转移。

④ 销售合同或协议中规定了买方由于特定原因有权退货的条款，且企业又不能确定退货的可能性。如销货方承诺购货方在试用期内如果对产品使用效果不满意，销货方无条件给予退货。由于销货方无法估计退货的可能性，这表明商品所有权上的主要风险和报酬并未随实物的交付而发生转移，销货方在售出商品时不能确认收入，只有当购货方正式接受商品或退货期满时才能确认收入。

判断企业是否已将商品所有权上的主要风险和报酬转移给购货方，应当遵循实质重于形式的要求，并结合所有权凭证的转移进行判断。

(2) 企业既没有保留通常与所有权相联系的继续管理权，也没有对已售出的商品实施有效控制。

对售出商品实施继续管理既可能源于仍拥有商品的所有权，也可能与商品的所有权没有关系。如果商品售出后，企业仍保留与商品所有权相联系的继续管理权，则说明此项销售交易没有完成，销售不能成立，不应确认销售商品收入。同样的道理，如果商品售出后，企业仍对商品可以实施有效控制，也说明销售不能成立，不应确认销售商品收入。例如，房地产开发商将开发的房地产销售给客户后，保留了房地产的物业管理权，由于该项管理权与房地产所有权无关，因此房产销售成立。而物业管理权是一项提供劳务的交易，不属于销售商品的交易，应按劳务收入进行确认。

(3) 收入的金额能够可靠地计量。

收入的金额能够可靠地计量，是指收入的金额能够合理地估计。收入能否可靠计量，是收入确认的前提条件，收入的金额不能够合理地估计就无法确认收入。企业在销售商品时，销售价格通常已确定。但由于销售商品过程中某些不确定因素的影响，也有可能存在商品销售价格发生变动的情况。在这种情况下，新的商品销售价格未确定前通常不应确认销售商品收入。

(4) 相关的经济利益很可能流入企业。

经济利益是指直接或间接流入企业的现金或现金等价物。销售商品的相关经济利益是指商品的销售价款。销售商品的经济利益很可能流入是指销售商品价款收回的可能性超过50%。

企业在确定销售商品价款收回的可能性时，应当进行定性分析，结合以往与购货方交往的直接经验、政府有关政策、其他方面取得信息等因素进行分析。通常情况下，企业销售的商品符合合同或协议要求，已将发票账单交付买方，买方承诺付款，通常表明满足本确认条件(相关的经济利益很可能流入企业)。

(5) 相关的已发生或将发生的成本能够可靠地计量。

相关的已发生或将发生的成本能够可靠地计量，是指与销售商品有关的已发生或将发生的成本能够合理地估计。通常情况下，与销售商品相关的已发生或将发生的成本能够合理地估计，如库存商品的成本、商品运输费用等。

根据收入和费用配比原则，与同一项销售有关的收入和费用应在同一会计期间予以确认，即企业应在确认收入的同时或同一会计期间结转相关的成本。因此，如果成本不能可靠计量，相关的收入就不能确认。

二、销售商品收入的计量

销售商品收入的计量是指企业销售商品满足收入确认条件时，应当按照什么价格进行确认。

一般情况下企业应当按照已收或应收的合同或协议价款的公允价值确定销售商品收入金额。从购货方已收或应收的合同或协议价款，通常为公允价值。

某些情况下，合同或协议明确规定销售商品需要延期收取价款，如分期收款销售商品，实质上具有融资性质的，应当按照应收的合同或协议价款的公允价值确定收入金额；已收或应收的价款不公允的，企业应按公允的交易价格确定收入金额。

三、销售商品收入的会计处理

销售商品收入的会计处理主要涉及一般销售商品、已经发出商品但不符合收入确认条件的销售、商业折扣、现金折扣、销售折让、销售退回、特殊销售商品等业务。

（一）一般销售商品收入、已经发出商品但不符合收入确认条件销售的会计处理

确认销售商品收入时，企业应按已收或应收的合同或协议价款，加上应收取的增值税额，借记“银行存款”、“应收账款”、“应收票据”等账户，按确定的收入金额，贷记“主营业务收入”、“其他业务收入”等账户，按应收取的增值税额，贷记“应交税费——应交增值税（销项税额）”账户。

如果售出商品不符合收入确认条件，则不应确认收入，已经发出的商品，应当通过“发出商品”账户进行核算。

【例 13.1】 黄河公司 20×9 年 6 月 12 日销售一批产品给 B 公司，按合同约定，产品售价为 100 000 元，增值税税率为 17%，产品已经按照合同要求发出，款项尚未收到，该批产品的成本为 80 000 元，在该销售业务中黄河公司已经将商品所有权上的风险和报酬转移给 B 公司，并不再对该批产品实施管理和控制权。黄河公司的账务处理如下：

借：应收账款	117 000	
贷：主营业务收入		100 000
应交税费——应交增值税（销项税额）		17 000
借：主营业务成本	80 000	
贷：库存商品		80 000

假设黄河公司在销售时得知 B 公司资金周转困难，确定此项收入目前收回的可能性不大，在销售时不能确认收入，应将已经发出的商品，转入“发出商品”账户。

借：发出商品	80 000	
贷：库存商品		80 000

同时，将增值税发票上注明的增值税额转入应收账款。

借：应收账款	17 000	
贷：应交税费——应交增值税（销项税额）		17 000

得知 B 公司财务情况好转时：

借：应收账款	100 000	
贷：主营业务收入		100 000
借：主营业务成本	80 000	
贷：发出商品		80 000

（二）销售商品涉及商业折扣、现金折扣、销售折让、销售退回的处理

企业销售商品收入的金额通常按照从购货方已收或应收的合同或协议价款确定，有时也会遇到商业折扣、现金折扣、销售折让、销售退回等问题，应当分别不同情况进行处理。

1. 商业折扣的处理

商业折扣，是指企业为了鼓励购买者多买而在商品标价上给予的优惠。企业销售商

品涉及商业折扣的，应当按照扣除商业折扣后的金额确定销售商品收入金额。

【例 13.2】 黄河公司向 B 公司一次销售商品 1 000 件，每件售价 100 元，根据规定的折扣条件，可得 20%的商业折扣，增值税税率 17%。

黄河公司应确认的商品销售金额 = 1 000 × 100 × (1 − 20%) = 80 000(元)

销项税额 = 80 000 × 17% = 13 600(元)

黄河公司的账务处理如下：

借：应收账款　　93 600

　贷：主营业务收入　　80 000

　　应交税费——应交增值税(销项税额)　　13 600

2. 现金折扣的处理

现金折扣，是指企业为了鼓励购买者在规定的期限内付款而给予的优惠。现金折扣一般用符号“折扣率/付款期限”表示，例如，“2/10，1/20，n/30”表示：购货方的付款期限为 30 天，如果客户在 10 天内付款，可获得 2%的优惠；在 11 天至 20 天内付款，可得到 1%的优惠；在 21 天至 30 天内付款，将不能享受现金折扣。

在销售附有现金折扣的情况下，由于应收账款的未来收现金额是不确定的，可能是全部的发票金额，也可能是发票金额扣除现金折扣后的净额，要视购货方能否在折扣期内付款而定，因此，附有现金折扣条件的销售，销售商品的收入确认有两种方法，即总价法和净价法。

总价法是指企业销售商品收入按照扣除现金折扣前的金额确定。现金折扣在实际发生时计入财务费用。

净价法是指企业销售商品收入按照扣除现金折扣后的金额确定。

【例 13.3】 黄河公司向 B 公司销售一批商品，开出的增值税专用发票上注明的销售价款为 30 000 元，增值税额为 5 100 元，该批商品成本为 26 000 元。为及早收回货款，双方约定的现金折扣条件为：2/10，1/20，n/30。假定计算现金折扣时不考虑增值税。

黄河公司采用总价法的账务处理如下：

销售实现时，按销售总价确认收入：

借：应收账款　　35 100

　贷：主营业务收入　　30 000

　　应交税费——应交增值税(销项税额)　　5 100

如果 B 公司 10 天内付清货款，则按销售总价 30 000 元的 2%享受现金折扣 600 (30 000 × 2%)元：

借：银行存款　　34 500

　财务费用　　600

　贷：应收账款　　35 100

如果 B 公司在 20 天内付清货款，则按销售总价 30 000 元的 1%享受现金折扣 300

(30 000×1%)元：

借：银行存款　　34 800

　财务费用　　300

　贷：应收账款　　35 100

如果B公司在20天后才付清货款，则按全额付款：

借：银行存款　　35 100

　贷：应收账款　　35 100

黄河公司采用净价法的账务处理如下：

销售实现时，按销售净价确认收入：

借：应收账款　　34 500

　贷：主营业务收入　　29 400

　　应交税费——应交增值税(销项税额)　　5 100

如果B公司10天内付清货款：

借：银行存款　　34 500

　贷：应收账款　　34 500

如果B公司在20天内付清货款，则按销售总价30 000元的1%享受现金折扣300(30 000×1%)元：

借：银行存款　　34 800

　贷：应收账款　　34 500

　　财务费用　　300

如果B公司在20天后才付清货款，则按全额付款：

借：银行存款　　35 100

　贷：应收账款　　34 500

　　财务费用　　600

3. 销售折让的处理

销售折让，是指企业因售出商品的质量不合格等原因而在售价上给予的减让。对于销售折让企业应分别不同情况进行处理：①如果发生在销售方确认收入之前，则销售方直接按照扣除折扣的价款确认收入即可；②如果发生在销售方确认收入之后，则销售方应当在销售折让发生时冲减当期销售商品收入；③已确认收入的销售折让属于资产负债表日后事项的，应当按照有关资产负债表日后事项的相关规定进行处理。

【例13.4】 黄河公司向B公司销售一批商品，合同规定的销售价款为110 000元，增值税税率17%，产品成本80 000元。B公司在验收过程中发现商品质量不合格，要求在价格上给予10 000元的折让，黄河公司同意给予折让。假定发生的销售折让允许扣减当期增值税额。黄河公司的账务处理如下：

假定黄河公司在发出商品时，没有确认收入：

黄河公司发出商品时：

借:发出商品　　80 000

　　贷:库存商品　　80 000

B公司按折扣后的金额交款,黄河公司开具增值税发票时:

借:银行存款　　117 000

　　贷:主营业务收入　　100 000

　　　　应交税费——应交增值税(销项税额)　　17 000

借:主营业务成本　　80 000

　　贷:发出商品　　80 000

假定黄河公司在发出商品时,开具了增值税发票,黄河公司认为满足了收入确认的条件,确认了收入:

销售实现时:

借:应收账款　　128 700

　　贷:主营业务收入　　110 000

　　　　应交税费——应交增值税(销项税额)　　18 700

借:主营业务成本　　80 000

　　贷:库存商品　　80 000

发生销售折让时:

借:主营业务收入　　10 000

　　应交税费——应交增值税(销项税额)　　1 700

　　贷:应收账款　　11 700

实际收到款项时:

借:银行存款　　117 000

　　贷:应收账款　　117 000

4. 销售退回的处理

销售退回,是指企业售出的商品由于质量、品种不符合要求等原因而发生的退货。对于销售退回,企业应分别不同情况进行会计处理:

(1) 发生销售退回时,企业未确认收入的,应将已记入"发出商品"账户的商品成本金额,借记"库存商品"账户,贷记"发出商品"账户。

(2) 对发生销售退回时,企业已确认收入的,应在发生时冲减当期销售商品收入,同时冲减当期销售商品成本。

(3) 已确认收入的售出商品发生的销售退回属于资产负债表日后事项的,应当按照有关资产负债表日后事项的相关规定进行会计处理。

【例13.5】 黄河公司向B公司销售一批商品,合同规定的销售价款为200 000元,增值税税率17%,产品成本160 000元。B公司在验收过程中发现商品质量不合格,要求退货。假定发生的销售退回允许扣减当期增值税额。

假定黄河公司在发出商品时,企业认为不满足收入确认的条件,没有确认收入:

黄河公司发出商品时：

借：发出商品　　160 000

　贷：库存商品　　160 000

B公司要求退货，黄河公司同意退货时：

借：库存商品　　160 000

　贷：发出商品　　160 000

假定黄河公司在发出商品时，开具了增值税发票，黄河公司认为满足了收入确认的条件，确认了收入：

销售实现时：

借：应收账款　　234 000

　贷：主营业务收入　　200 000

　　应交税费——应交增值税（销项税额）　　34 000

借：主营业务成本　　160 000

　贷：库存商品　　160 000

发生销售退回时：

借：主营业务收入　　200 000

　应交税费——应交增值税（销项税额）　　34 000

　贷：应收账款　　23 400

借：库存商品　　160 000

　贷：主营业务成本　　160 000

（三）特殊销售商品业务的处理

1. 委托代销

委托代销，是指委托方根据协议，委托受托方代销商品的一种销售方式。委托代销又分为视同买断方式和收取手续费方式。

（1）视同买断方式。

视同买断方式代销商品，是指委托方和受托方签订合同或协议，委托方按合同或协议收取代销的货款，实际售价由受托方自定，实际售价与合同或协议价之间的差额归受托方所有的一种销售方式。受托方收到商品销售后，按实际售价确认销售收入，并向委托方开具代销清单，委托方收到代销清单时，再确认本企业的销售收入。

【例 13.6】 黄河公司采用视同买断方式委托B公司销售商品，商品合同价为 100 000 元，商品已经发出，成本为 60 000 元。B公司对外实际销售价格为 110 000 元，开出的增值税专用发票，增值税额为 18 700 元，款项已经收到。黄河公司收到B公司开具的代销清单时，向B公司开具增值税专用发票。

黄河公司的账务处理如下：

发出商品时：

借:委托代销商品　　60 000

　　贷:库存商品　　60 000

收到代销清单时:

借:应收账款　　117 000

　　贷:主营业务收入　　100 000

　　　　应交税费——应交增值税(销项税额)　　17 000

借:主营业务成本　　60 000

　　贷:委托代销商品　　60 000

收到B公司支付的货款时:

借:银行存款　　117 000

　　贷:应收账款　　117 000

B公司的账务处理如下:

收到商品时:

借:受托代销商品　　100 000

　　贷:受托代销商品款　　100 000

对外销售时:

借:银行存款　　128 700

　　贷:主营业务收入　　110 000

　　　　应交税费——应交增值税(销项税额)　　18 700

收到黄河公司开具的增值税专用发票时:

借:受托代销商品款　　100 000

　　应交税费——应交增值税(进项税额)　　17 000

　　贷:应付账款　　117 000

支付货款并计算代销手续费时:

借:应付账款　　11 700

　　贷:银行存款　　11 700

(2) 收取手续费方式。

收取手续费方式代销商品,是指受托方根据所代销的商品数量或售价的一定比例向委托方收取手续费的销售方式。

在这种方式下,委托方在发出商品时通常不应确认销售商品收入,而应在收到受托方开出的代销清单时确认销售商品收入;受托方应在商品销售后,按合同或协议约定的方法计算确定的手续费确认收入。

【例13.7】 黄河公司采用收取手续费方式委托B公司销售商品,商品已经发出,商品成本为56 000元。合同约定B公司应按80 000元对外销售,黄河公司按售价的10%向B公司支付手续费。B公司将商品对外实际销售后,向黄河公司开来代销清单。黄河公司收到B公司开具的代销清单时,向B公司开具增值税专用发票。

黄河公司的账务处理如下：

发出商品时：

借：委托代销商品　　56 000

　　贷：库存商品　　56 000

收到代销清单时：

借：应收账款　　93 600

　　贷：主营业务收入　　80 000

　　　　应交税费——应交增值税（销项税额）　　13 600

借：主营业务成本　　56 000

　　贷：委托代销商品　　56 000

借：销售费用　　8 000

　　贷：应收账款　　8 000

收到丙公司支付的货款时：

借：银行存款　　85 600

　　贷：应收账款　　85 600

B公司的账务处理如下：

收到商品时：

借：受托代销商品　　80 000

　　贷：受托代销商品款　　80 000

对外销售时：

借：银行存款　　93 600

　　贷：应付账款　　80 000

　　　　应交税费——应交增值税（销项税额）　　13 600

收到增值税专用发票时：

借：应交税费——应交增值税（进项税额）　　13 600

　　贷：应付账款　　13 600

借：受托代销商品款　　80 000

　　贷：受托代销商品　　80 000

支付货款并计算代销手续费时：

借：应付账款　　93 600

　　贷：银行存款　　85 600

　　　　主营业务收入　　8 000

2. 具有融资性质的分期收款销售商品

企业销售商品，有时会采取分期收款的方式，实际上具有融资的性质（通常分期超过3年），确认销售商品收入时，企业应按已收或应收的合同或协议价款，加上应收取的增值税额，借记"长期应收账款"账户，按已收或应收的合同或协议价款的现值（通常应当按照其未来现金流量的现值或商品现销价格)确定的收入金额,贷记“主营业务收入”、“其他业务收入”等账户,按应收取的增值税额,贷记“应交税费——应交增值税(销项税额)”账户,差额计入“未实现融资收益”账户中。

应收的合同或协议价款与其公允价值之间的差额,应当在合同或协议期间内,按照应收款项的摊余成本和实际利率计算确定金额进行摊销,冲减财务费用。其中,实际利率是指具有类似信用等级的企业发行类似工具的现实利率,或者将应收的合同或协议价款折现为商品现销价格时的折现率等。

应收的合同或协议价款与其公允价值之间的差额,按照实际利率法摊销与直线法摊销结果相差不大的,也可以采用直线法进行摊销。

【例 13.8】 20×5 年 1 月 1 日,黄河公司采用分期收款方式向 B 公司销售一套大型设备,合同约定的销售价格为 1 000 万元,分 5 次于每年 12 月 31 日等额收取。该大型设备成本为 600 万元。在现销方式下,该大型设备的销售价格为 900 万元。假定黄河公司发出商品时开出增值税专用发票,注明的增值税额为 170 万元,并于当天收到增值税额 170 万元,不考虑其他税费。

黄河公司应当确认的销售商品收入金额为 900 万元。

未来 5 年收款额的现值=现销方式下应收款项金额

可以得出:

$$200 \times (P/A,\ r,\ 5) + 170 = 900 + 170 = 1\,070(\text{万元})$$

可在多次测试的基础上,用插值法计算折现率。

当 $r = 3\%$ 时, $200 \times 4.5797 + 170 = 1\,085.94 > 1\,070$

当 $r = 4\%$ 时, $200 \times 4.4518 + 170 = 1\,060.36 < 1\,070$

因此, $3\% < r < 4\%$。用插值法计算如下:

现值　　　　　利率

1 085.94　　　3%

1 070　　　　 r

1 060.36　　　4%

$$\frac{1\,085.94 - 1\,070}{1\,085.94 - 1\,060.36} = \frac{3\% - r}{3\% - 4\%}$$

$r = 3.62\%$

每期计入财务费用的金额如表 13.1 所示。

表 13.1　财务费用和已收本金计算表　　单位:万元

年　份 (t)	未收本金 $A_t = A_{t-1} - D_{t-1}$	财务费用 $B = A \times 3.62\%$	收现总额 C	已收本金 $D = C - B$
20×5 年 1 月 1 日	900			
20×5 年 12 月 31 日	900	32.58	200	167.42

（续表）

年 份 (t)	未收本金 $A_t = A_{t-1} - D_{t-1}$	财务费用 $B = A \times 3.62\%$	收现总额 C	已收本金 $D = C - B$
20×6 年 12 月 31 日	732.58	26.52	200	173.48
20×7 年 12 月 31 日	559.10	20.24	200	179.76
20×8 年 12 月 31 日	379.34	13.73	200	186.27
20×9 年 12 月 31 日	193.07	6.93	200	193.07
总 额		100	1 000	900

根据表 13.1 的计算结果，黄河公司各期的账务处理如下：

20×5 年 1 月 1 日销售实现时：

借：长期应收款 10 000 000
　银行存款 1 700 000
　贷：主营业务收入 9 000 000
　　应交税费——应交增值税（销项税额） 1 700 000
　　未实现融资收益 1 000 000
借：主营业务成本 6 000 000
　贷：库存商品 6 000 000

20×5 年 12 月 31 日收取货款时：

借：银行存款 2 000 000
　贷：长期应收款 2 000 000
借：未实现融资收益 325 800
　贷：财务费用 325 800

20×6 年 12 月 31 日收取货款时：

借：银行存款 2 000 000
　贷：长期应收款 2 000 000
借：未实现融资收益 265 200
　贷：财务费用 265 200

以后各期收取分期账款、分配未实现融资收益的会计分录同上，此略。

3. 预收款销售商品

预收款销售商品，是指购货方按购销合同或协议约定分期付款，销售方在收到最后一笔款项时才交货的一种销售方式。在这种方式下，销售方将商品交付购货方时，才表明商品所有权上的主要风险和报酬转移给购货方，企业通常应在发出商品时确认收入，在此之前预收的货款应确认为负债（预收账款）。

【例 13.9】 黄河公司与 B 公司签订协议，采用预收款方式向 B 公司销售一批商品。该批商品实际成本为 200 000 元。合同约定，该批商品销售价格为 300 000 元，增值税额为

51 000 元；B 公司应在协议签订时预付 70%的货款（按销售价格计算），剩余货款于 3 个月后支付。黄河公司的账务处理如下：

收到 70%货款时：

借：银行存款　　210 000

　贷：预收账款　　210 000

收到剩余货款及增值税额并确认收入时：

借：预收账款　　210 000

　银行存款　　141 000

　贷：主营业务收入　　300 000

　　应交税费——应交增值税（销项税额）　　51 000

借：主营业务成本　　200 000

　贷：库存商品　　200 000

4. 附有销售退回条件的商品销售

附有销售退回条件的商品销售，是指购货方依照有关协议有权退货的销售方式。在这种销售方式下，企业根据以往经验能够合理估计退货可能性且确认与退货相关负债的，通常应在发出商品时确认收入；企业不能合理估计退货可能性的，通常应在售出商品退货期满时确认收入。

【例 13.10】 20×9 年 1 月 1 日，黄河公司向 B 公司销售 2 000 件商品，单位销售价格为 400 元，单位成本为 300 元，增值税税率为 17%。协议约定，B 公司应于 2 月 1 日之前支付货款，在 6 月 30 日之前有权退还商品。商品已经发出，款项尚未收到。假定黄河公司根据过去的经验，估计该批商品退货率约为 20%；商品发出时纳税义务已经发生；实际发生销售退回时有关的增值税额允许冲减。黄河公司的账务处理如下：

(1) 1 月 1 日发出商品时：

借：应收账款　　936 000

　贷：主营业务收入　　800 000

　　应交税费——应交增值税（销项税额）　　136 000

借：主营业务成本　　600 000

　贷：库存商品　　600 000

(2) 1 月 31 日确认估计的销售退回时：

借：主营业务收入　　160 000

　贷：主营业务成本　　120 000

　　其他应付款　　40 000

(3) 2 月 1 日前收到货款时：

借：银行存款　　936 000

　贷：应收账款　　936 000

(4) 6 月 30 日发生销售退回，实际退货量为 400 件，款项已经支付：

借:库存商品 120 000
　应交税费——应交增值税(销项税额) 27 200
　其他应付款 40 000
　贷:银行存款 187 200

实际退货量为 300 件时:

借:库存商品 90 000
　应交税费——应交增值税(销项税额) 20 400
　主营业务成本 30 000
　其他应付款 40 000
　贷:银行存款 140 400
　　主营业务收入 40 000

实际退货量为 500 件时:

借:库存商品 150 000
　应交税费——应交增值税(销项税额) 34 000
　主营业务收入 40 000
　其他应付款 40 000
　贷:主营业务成本 30 000
　　银行存款 234 000

(5) 6 月 30 日之前如果没有发生退货:

借:主营业务成本 120 000
　其他应付款 40 000
　贷:主营业务收入 160 000

即(2)的相反分录。

5. 售后回购

售后回购,是指销售商品的同时,销售方同意日后购回该商品的一种销售方式。在这种方式下,商品所有权上的主要风险和报酬并没有转移给购货方,售后回购交易属于融资交易,收到的款项应确认为负债(其他应付款);回购价格大于原售价的差额,作为销售方融资的利息费用,在回购期间按期计提利息,计入财务费用。

【例 13.11】 20×9 年 8 月 1 日,黄河公司向 B 公司销售一批商品,开出的增值税专用发票上注明的销售价款为 300 万元,增值税额为 51 万元。该批商品成本为 280 万元;商品已经发出,款项已经收到。协议约定,黄河公司应于 9 月 30 日将所售商品购回,回购价为 310 万元(不含增值税额)。黄河公司的账务处理如下:

8 月 1 日发出商品时:

借:银行存款 3 510 000
　贷:其他应付款 3 000 000
　　应交税费——应交增值税(销项税额) 510 000

借:发出商品　　2 800 000

　　贷:库存商品　　2 800 000

回购价大于原售价的差额,应在回购期间按期计提利息费用,计入当期财务费用。由于回购期间为 2 个月,货币时间价值影响不大,采用直线法计提利息费用,每月计提利息费用为 5[(310－300)÷2]万元。

借:财务费用　　50 000

　　贷:其他应付款　　50 000

9 月 30 日回购商品时,收到的增值税专用发票上注明的商品价格为 310 万元,增值税额为 52.7 万元。假定商品已验收入库,款项已经支付。

借:财务费用　　50 000

　　贷:其他应付款　　50 000

借:库存商品　　2 800 000

　　贷:发出商品　　2 800 000

借:其他应付款　　3 100 000

　　应交税费——应交增值税(进项税额)　　527 000

　　贷:银行存款　　3 627 000

6. 以旧换新销售

以旧换新销售,是指销售方在销售商品的同时回收与所售商品相同的旧商品。在这种情况下,销售的商品应当按照销售商品收入确认条件确认收入,回收的商品作为购进商品处理。

【例 13.12】 黄河公司采用以旧换新方式销售产品给 B 公司,商品售价为 30 000 元,单位成本 20 000 元,同时回收同类旧商品 3 台,每台回收价为 5 000 元,款项已存银行。

黄河公司有关账务处理如下:

借:银行存款　　35 100

　　贷:主营业务收入　　30 000

　　　　应交税费——应交增值税(销项税额)　　5 100

借:主营业务成本　　20 000

　　贷:库存商品　　20 000

借:库存商品　　15 000

　　贷:银行存款　　15 000

7. 售后租回

售后租回,是指销售商品的同时,销售方同意在日后再将同样的商品租回的一种销售方式。在这种方式下,销售方应根据合同或协议条款判断销售商品是否满足收入确认条件。通常情况下,售后租回属于融资交易,企业保留了与所有权相联系的继续管理权,或能够对其实施有效控制,企业不应确认收入。有关会计处理应按照《企业会计准则第 21 号——租赁》的规定确定。

8. 商品需要安装和检验的销售

商品需要安装和检验的销售，是指售出的商品需要经过安装、检验等过程的一种销售方式。采用这种销售方式，在购货方接受商品以及安装和检验完毕前不确认收入，待安装和检验完毕时确认收入。但如果安装程序比较简单或检验是为了最终确定合同或协议价格而必须进行的程序，企业可以在发出商品时或在商品装运时确认收入。

第三节　提供劳务收入

劳务收入是指企业通过提供各种服务而取得的收入。取得劳务收入的方式很多，如企业提供旅游服务、广告服务、饮食服务、管理咨询、建筑安装等取得的收入。由于确认和计量的标准不同，可以将劳务收入分为提供劳务交易结果能够可靠估计的劳务收入、提供劳务交易结果不能可靠估计的劳务收入、同时销售商品和提供劳务交易的收入和特殊业务的劳务收入。

一、提供劳务交易结果能够可靠估计的劳务收入

(一) 提供劳务交易结果能够可靠估计的劳务收入的确认条件

提供劳务的交易结果能够可靠估计，需要同时满足下列条件：

(1) 收入的金额能够可靠地计量。

收入的金额能够可靠地计量，是指提供劳务收入的总额能够合理地估计。一般情况下，企业应当按照接受劳务方已收或应收的合同或协议价款确定提供劳务收入总额，但已收或应收金额不公允的除外。随着劳务的不断提供，可能会根据实际情况增加或减少已收或应收的合同或协议价款，此时，企业应及时调整提供劳务收入总额。

(2) 相关的经济利益很可能流入企业。

相关的经济利益很可能流入企业，是指提供劳务价款收回的可能性超过50%。

(3) 交易的完工进度能够可靠地确定。

交易的完工进度能够可靠地确定，是指交易的完工进度能够合理地估计。企业确定提供劳务交易的完工进度，可以选用以下方法：①已完工作的测量；②已经提供的劳务占应提供劳务总量的比例；③已经发生的成本占估计总成本的比例。

(4) 交易中已发生和将发生的成本能够可靠地计量。

交易中已发生和将发生的成本能够可靠地计量，是指交易中已经发生和将要发生的成本能够合理地估计。企业应正确核算该实际发生的劳务成本，并对完成剩余劳务将要

发生的成本进行合理估计。同时应随着劳务的不断提供或外部情况的不断变化，随时对将要发生的成本进行修订。

（二）提供劳务交易结果能够可靠估计的劳务收入的计量

企业在资产负债日提供劳务交易的结果能够可靠估计的，应当采用完工百分比法确认提供劳务收入。

完工百分比法，是指按照提供劳务交易的完工进度确认收入和费用的方法。确定提供劳务交易的完工进度的方法有：①已完工作的测量，是由专业测量师对已经提供的劳务进行测量，并按一定方法计算确定提供劳务交易的完工程度；②已经提供的劳务占应提供劳务总量的比例，这种方法主要以劳务量为标准确定提供劳务交易的完工程度；③已经发生的成本占估计总成本的比例，这种方法主要以成本为标准确定提供劳务交易的完工程度。

企业应当在资产负债表日按照提供劳务收入总额乘以完工进度扣除以前会计期间累计已确认提供劳务收入后的金额，确认当期提供劳务收入；同时，按照提供劳务估计总成本乘以完工进度扣除以前会计期间累计已确认劳务成本后的金额，结转当期劳务成本。用公式表示如下：

本期确认的收入＝劳务总收入×本期末止劳务的完工进度－以前期间已确认的收入

本期确认的费用＝劳务总成本×本期末止劳务的完工进度－以前期间已确认的费用

（三）提供劳务交易结果能够可靠估计的劳务收入的会计处理

在提供劳务收入满足劳务收入确认条件的情况下，企业应按计算确定的提供劳务收入金额，借记“应收账款”、“银行存款”等账户，贷记“主营业务收入”等账户。结转提供劳务成本时，借记“主营业务成本”账户，贷记“劳务成本”账户。

【例 13.13】 黄河公司于 20×8 年 10 月 1 日与 B 公司签订了一项设备安装劳务合同，工期大约 5 个月，合同总收入 2 000 000 元。至 20×8 年 12 月 31 日，黄河公司已发生成本 1 080 000 元，其中安装人员薪酬 800 000 元，领用库存材料 280 000 元，预收账款 1 500 000 元。黄河公司预计安装该设备还将发生成本 720 000 元。黄河公司采用已发生成本占劳务总成本的比例确定劳务的完成程度。至 20×9 年 2 月 28 日，黄河公司实际发生成本 580 000 元，其中安装人员薪酬 500 000 元，领用库存材料 80 000 元。设备经检验合格后，收到剩余安装费。

黄河公司的计算如下：

实际发生的成本占估计总成本的比例＝1 080 000÷(1 080 000＋720 000)＝60%

20×8 年 12 月 31 日确认的提供劳务收入＝2 000 000×60%－0＝1 200 000(元)

20×8 年 12 月 31 日结转的提供劳务成本＝(1 080 000＋720 000)×60%－0

＝1 080 000(元)

20×9 年 2 月 28 日确认的提供劳务收入＝2 000 000－1 200 000＝800 000(元)

20×9年12月31日结转的提供劳务成本＝1 660 000－1 080 000＝580 000(元)

黄河公司的账务处理如下：

实际发生劳务成本时：

借：劳务成本　　1 080 000
　贷：应付职工薪酬　　800 000
　　原材料　　280 000

预收劳务款时：

借：银行存款　　1 500 000
　贷：预收账款　　1 500 000

20×8年12月31日确认提供劳务收入并结转劳务成本时：

借：预收账款　　1 200 000
　贷：主营业务收入　　1 200 000

借：主营业务成本　　1 080 000
　贷：劳务成本　　1 080 000

实际发生劳务成本时：

借：劳务成本　　580 000
　贷：应付职工薪酬　　500 000
　　原材料　　80 000

20×9年2月28日确认提供劳务收入并结转劳务成本时：

借：预收账款　　800 000
　贷：主营业务收入　　800 000

借：主营业务成本　　580 000
　贷：劳务成本　　580 000

收到剩余劳务价款时：

借：银行存款　　500 000
　贷：预收账款　　500 000

二、提供劳务交易结果不能可靠估计的劳务收入

（一）提供劳务交易结果不能可靠估计的劳务收入的确认条件

资产负债表日，提供劳务交易结果不能够满足上述四个条件中的任何一个条件时，企业就不能确认提供劳务收入。

（二）提供劳务交易结果不能可靠估计的劳务收入的计量

对于提供劳务交易结果不能可靠估计的劳务收入，企业应正确预计已经发生的劳务

成本能够得到补偿还是不能得到补偿，分别进行会计处理：

(1) 已经发生的劳务成本预计全部能够得到补偿，应当按照已经发生的劳务成本金额确认提供劳务收入，并结转已经发生的劳务成本。

(2) 已经发生的劳务成本预计部分能够得到补偿，应当按照能够得到补偿的劳务成本金额确认提供劳务收入，并结转已经发生的劳务成本。

(3) 已经发生的劳务成本预计全部不能得到补偿，应将已经发生的劳务成本计入当期损益（主营业务成本），不确认提供劳务收入。

(三) 提供劳务交易结果不能可靠估计的劳务收入的会计处理

提供劳务交易结果不能可靠估计的劳务收入，应当按照已经发生的劳务成本预计能够得到补偿的部分，确认提供劳务收入，借记“应收账款”、“银行存款”等账户，贷记“主营业务收入”等账户。同时按发生的劳务成本，借记“主营业务成本”账户，贷记“劳务成本”账户。

【例 13.14】 黄河公司于20×9年11月1日接受B公司委托，为其安装一台设备，安装期为6个月。协议约定，B公司应向黄河公司支付的安装费总额为80 000元，从20×9年11月1日起分4个月等额支付。

20×9年11月1日、12月1日，B公司预付第一、二次安装费。至20×9年12月31日，黄河公司发生安装成本50 000元（假定均为培训人员薪酬）。20×9年12月31日，黄河公司得知B公司经营发生困难，后两次安装费能否收回难以确定。假定不考虑有关税费。

黄河公司的账务处理如下：

20×9年1月1日、12月1日收到B公司预付的安装费时：

借：银行存款　　20 000
　　贷：预收账款　　20 000

实际发生安装成本50 000元时：

借：劳务成本　　50 000
　　贷：应付职工薪酬　　50 000

20×9年12月31日确认提供劳务收入并结转劳务成本时：

20×9年12月31日，黄河公司得知B公司经营发生困难，后两次安装费能否收回难以确定，因此黄河公司应将成本50 000元中能够得到补偿额部分（40 000元）确认为收入。

借：预收账款　　40 000
　　贷：主营业务收入　　40 000
借：主营业务成本　　50 000
　　贷：劳务成本　　50 000

三、同时销售商品和提供劳务交易的收入

企业与其他企业签订的合同或协议，有时既包括销售商品又包括提供劳务，应区别不同的情况进行处理：

（1）如果销售商品部分和提供劳务部分能够区分且能够单独计量的，企业应当分别核算销售商品部分和提供劳务部分，将销售商品的部分作为销售商品处理，将提供劳务的部分作为提供劳务处理。

（2）如果销售商品部分和提供劳务部分不能够区分，或虽能区分但不能够单独计量的，企业应当将销售商品部分和提供劳务部分全部作为销售商品部分进行会计处理。

【例 13.15】 黄河公司向 B 公司销售一台设备并负责安装。黄河公司开出的增值税专用发票上注明的价款合计为 2 200 000 元，其中设备销售价格为 2 000 000 元，安装费为 200 000 元，增值税额为 340 000 元。设备的成本为 1 560 000 元，设备安装过程中发生安装费 180 000 元，均为安装人员薪酬。假定设备已经安装完成并经验收合格，款项尚未收到；安装工作是销售合同的重要组成部分。黄河公司的账务处理如下：

发出结转成本 1 560 000 元时：

	借	贷
借：发出商品	1 560 000	
贷：库存商品		1 560 000

实际发生安装费用 180 000 元时：

	借	贷
借：劳务成本	180 000	
贷：应付职工薪酬		180 000

销售实现确认收入并结转销售成本时：

	借	贷
借：应收账款	2 340 000	
贷：主营业务收入		2 000 000
应交税费——应交增值税（销项税额）		340 000
借：主营业务成本	1 560 000	
贷：发出商品		1 560 000

确认安装费收入 200 000 元并结转安装成本 180 000 元时：

	借	贷
借：应收账款	200 000	
贷：主营业务收入		200 000
借：主营业务成本	180 000	
贷：劳务成本		180 000

【例 13.16】 沿用例 13.15 资料。同时假定设备销售价格和安装费用无法区分，黄河公司开出的增值税专用发票上注明的价款合计为 2 200 000 元，增值税额为 374 000 元。黄河公司的账务处理如下：

设备发出结转成本 1 560 000 元时：

借:发出商品　　1 560 000

　　贷:库存商品　　1 560 000

发生安装费用 180 000 元时:

借:劳务成本　　180 000

　　贷:应付职工薪酬　　180 000

销售实现确认收入 2 200 000 元并结转成本 1 740 000 元时:

借:应收账款　　2 574 000

　　贷:主营业务收入　　2 200 000

　　　　应交税费——应交增值税(销项税额)　　374 000

借:主营业务成本　　1 740 000

　　贷:库存商品　　1 560 000

　　　　劳务成本　　180 000

四、特殊劳务收入

下列提供劳务满足收入确认条件的,应按规定确认收入:

(1) 安装费,在资产负债表日根据安装的完工进度确认为收入。安装工作是商品销售附带条件的,安装费通常应在确认商品销售实现时确认为收入。

(2) 宣传媒介的收费,在相关的广告或商业行为开始出现于公众面前时确认为收入。广告的制作费,通常应在资产负债表日根据广告的完工进度确认为收入。

(3) 为特定客户开发软件的收费,在资产负债表日根据开发的完工进度确认为收入。

(4) 包括在商品售价内可区分的服务费,在提供服务的期间内分期确认为收入。

(5) 艺术表演、招待宴会和其他特殊活动的收费,在相关活动发生时确认为收入。收费涉及几项活动的,预收的款项应合理分配给每项活动,分别确认为收入。

(6) 申请入会费和会员费只允许取得会籍,所有其他服务或商品都要另行收费的,通常应在款项收回不存在重大不确定性时确认为收入。申请入会费和会员费能使会员在会员期内得到各种服务或出版物,或者能以低于非会员的价格向会员销售商品或提供服务的,通常应在整个受益期内分期确认为收入。

(7) 属于提供设备和其他有形资产的特许权费,通常应在交付资产或转移资产所有权时确认为收入;属于提供初始及后续服务的特许权费,通常应在提供服务时确认为收入。

(8) 长期为客户提供重复的劳务收取的劳务费,在相关劳务活动发生时确认收入。

【例 13.17】 黄河公司与 B 小区签订合同,为该住宅小区所有住户提供维修、清洁、绿化、保安及代收水电费等劳务,每月收取物业费 20 000 元。假定月末款项均已收到,不考虑其他因素。黄河公司的账务处理如下:

借:银行存款　　20 000

　　贷:主营业务收入　　20 000

第四节　让渡资产使用权收入

一、让渡资产使用权收入的定义

让渡资产使用权收入是指企业让渡资产使用权而取得的收入，主要包括利息收入和使用费收入。

利息收入，主要是指金融企业对外贷款形成的利息收入，以及同业之间发生往来形成的利息收入等。

使用费收入，主要是指企业转让无形资产（如商标权、专利权、专营权、软件、版权）等资产的使用权形成的使用费收入。

企业对外出租资产收取的租金、进行债权投资收取的利息、进行股权投资取得的现金股利，也构成让渡资产使用权收入，有关的会计处理，参照有关租赁、金融工具确认和计量、长期股权投资等内容。

二、让渡资产使用权收入的确认

让渡资产使用权收入同时满足下列条件的，才能予以确认：

(1) 相关的经济利益很可能流入企业。

相关的经济利益很可能流入企业，是指让渡资产使用权收入的金额收回的可能性大于50%。相关经济利益能否流入企业，应当根据对方企业的信誉和生产经营情况、双方就结算方式和期限等达成的合同或协议条款等因素，综合进行判断。如果企业估计款项收回的可能性不大，就不应确认收入。

(2) 收入的金额能够可靠地计量。

收入的金额能够可靠地计量，是指让渡资产使用权收入的金额能够合理地估计。如果让渡资产使用权收入的金额不能够合理地估计，则不应确认收入。

三、让渡资产使用权收入的计量

(一) 利息收入

利息收入的计量应按照他人使用本企业货币资金的时间和实际利率计算确定利息收

入金额。按计算确定的利息收入金额，借记“应收利息”、“银行存款”等账户，贷记“利息收入”、“其他业务收入”等账户。

【例 13.18】 黄河商业银行于 20×9 年 10 月 1 日向 B 公司发放一笔贷款 1 000 万元，期限为 3 年，年利率为 6%，黄河商业银行发放贷款时没有发生交易费用，该贷款合同利率与实际利率相同，假定不考虑其他因素。黄河商业银行的账务处理如下：

20×9 年 10 月 1 日对外贷款时：

借：贷款　　10 000 000

　贷：吸收存款　　10 000 000

20×9 年 10 月 31 日确认利息收入时：

借：应收利息　　50 000(10 000 000 × 6% ÷ 12)

　贷：利息收入　　50 000

(二) 使用费收入

使用费收入的计量应按照有关合同或协议约定的收费时间和方法计算确定。不同的使用费收入，收费时间和方法各不相同。有一次性收取一笔固定金额的；有在合同或协议规定的有效期内分期等额收取的；也有分期不等额收取的等。

如果合同或协议规定一次性收取使用费，且不提供后续服务的，应当视同销售该项资产一次性确认收入；提供后续服务的，应在合同或协议规定的有效期内分期确认收入。如果合同或协议规定分期收取使用费的，应按合同或协议规定的收款时间和金额或规定的收费方法计算确定的金额分期确认收入。

【例 13.19】 黄河软件公司向 B 公司转让某软件的使用权，一次性收费 10 000 元，不提供后续服务，款项已经收回，假定不考虑其他因素。黄河公司的账务处理如下：

借：银行存款　　10 000

　贷：主营业务收入　　10 000

【例 13.20】 黄河公司向 B 公司转让某专利权的使用权，约定按年销售收入的 5%收取使用费，使用期为 5 年。第一年，B 公司实现销售收入 300 000 元；第二年，B 公司实现销售收入 400 000 元。假定 B 公司均于每年年末收到使用费，不考虑其他因素。黄河公司的账务处理如下：

第一年年末确认使用费收入时：

借：银行存款　　15 000(300 000 × 5%)

　贷：其他业务收入　　15 000

第二年年末确认使用费收入时：

借：银行存款　　20 000(400 000 × 5%)

　贷：其他业务收入　　20 000

第五节　建造合同收入

建筑业、造船业、飞机制造业等生产周期较长的行业，从投入生产到完工，往往需要跨年度，并且是根据客户的要求来组织生产，其生产活动、经营方式不同于一般工商企业，收入的确认和计量不属于《企业会计准则第 14 号——收入》规范的内容而属于《企业会计准则第 15 号——建造合同》规范的内容。

一、建造合同的特征及其分类

（一）建造合同的概念和特征

建造合同是指为建造一项或数项在设计、技术、功能、最终用途等方面密切相关的资产而订立的合同。这些资产主要指房屋、道路、桥梁、水坝等，或生产的飞机、船舶、大型机械设备等。

建造合同有着明显不同于一般商品购销合同和劳务合同的特征，主要表现在：

(1) 这类企业所建造或生产的产品通常体积巨大、价值高；

(2) 建造或生产产品的周期比较长，往往跨越一个或几个会计期间；

(3) 先有买主(即客户)，后有标的(即资产)；

(4) 建造合同一般为不可撤销合同。

建造方在开始建造或生产产品之前，通常要与产品的需求方(即客户)签订建造合同。合同的甲方称为客户，乙方称为建造承包商。例如，黄河公司按出包方式委托 B 建筑公司购建固定资产，客户为黄河公司，有关业务应按固定资产出包工程的要求进行会计核算；B 公司为建造承包商，有关业务应按建造合同的要求进行会计核算。

（二）建造合同的分类

建造合同分为固定造价合同和成本加成合同。

固定造价合同，是指按照固定的合同价或固定单价确定工程价款的建造合同。例如，建筑承包商与客户签订合同建造一条公路，合同规定总造价为 4 000 万元。

成本加成合同，是指以合同约定或其他方式议定的成本为基础，加上该成本的一定比例或定额费用确定工程价款的建造合同。例如，造船厂与客户签订了一项建造船舶合同，合同总价款以建造该船舶的实际成本为基础，加计 3%收取。

二、建造合同收入和建造合同成本的内容

（一）建造合同收入

建造合同收入包括合同规定的初始收入和因合同变更、索赔、奖励等形成的收入两部分内容。

（1）合同规定的初始收入，是指建造承包商与客户签订的合同中最初商定的合同总金额，它构成了合同收入的主要内容。

（2）因合同变更、索赔、奖励等形成的收入，是指在执行合同过程中由于合同变更、索赔、奖励等原因而形成的收入。其中，合同变更是指客户为改变合同规定的作业内容而提出的调整。因合同变更而形成的合同变更收入，应在客户能够认可因变更而增加的收入并且收入能够可靠地计量时确认为收入。索赔款是指因客户或第三方的原因造成的、向客户或第三方收取的、用以补偿不包括在合同造价中的成本的款项。索赔款收入应在根据谈判情况，预计对方能够同意该项索赔并且金额能够可靠地计量时确认为收入。奖励款是指工程达到或超过规定的标准，客户同意支付的额外款项。奖励款收入应在根据合同目前完成情况，足以判断工程进度和工程质量能够达到或超过规定的标准，并且金额能够可靠地计量时确认为收入。

（二）建造合同成本

建造合同成本是指从合同签订开始至合同完成为止所发生的、与执行合同有关的直接费用和间接费用。

（1）直接费用。它是指为完成合同所发生的、可以直接计入建造合同成本核算对象的各项费用支出，包括耗用的材料费用、耗用的人工费用、耗用的机械使用费和其他直接费用。

耗用的材料费用主要包括施工生产过程中耗用的构成工程实体或有助于形成工程实体的原材料、辅助材料、构配件、零件、半成品的成本和周转材料的摊销及租赁费用。周转材料是指企业在施工过程中能多次使用并可基本保持原来的实物形态而逐渐转移其价值的材料，如施工中使用的模版、挡板和脚手架等。

耗用的人工费用主要包括从事工程建造的人员的工资、奖金、福利费、工资性质的津贴等支出。

耗用的机械使用费主要包括施工生产过程中使用自有施工机械所发生的机械使用费、租用外单位施工机械支付的租赁费以及施工机械的安装、拆卸和进出场费。

其他直接费用是指在施工过程中发生的除上述三项直接费用以外的其他可以直接计入建造合同成本核算对象的费用，主要包括有关的设计和技术援助费用、施工现场材料的二次搬运费、生产工具和用具使用费、检验试验费、工程定位复测费、工程点交费用、场地清理费用等。

（2）间接费用它是指企业下属的施工、生产单位组织和管理施工生产活动所发生的费用，包括临时设施摊销费用和施工、生产单位管理人员薪酬、劳动保护费、固定资产折旧费及修理费、物料消耗、取暖费、水电费、办公费、差旅费、财产保险费、工程保修费、排污费等。

直接费用在发生时应当直接计入建造合同成本，间接费用在资产负债表日按人工费用比例法、直接费用比例法等方法分摊计入建造合同成本。与建造合同有关的零星收益，即在合同执行过程中取得的非经常性的零星收益，如完成合同后处置残余物资取得的收益，应冲减合同成本。

（3）不计入建造合同成本的各项费用。下列各项费用属于期间费用，应在发生时计入当期损益，不计入建造合同成本：

① 企业行政管理部门为组织和管理生产经营活动所发生的管理费用。这里所述的"企业行政管理部门"包括建筑安装公司的总公司，船舶、飞机、大型机械设备等制造企业的企业总部。

② 船舶等制造企业的销售费用。

③ 企业为建造合同借入款项所发生的、不符合《企业会计准则第 17 号——借款费用》规定的资本化条件的借款费用。例如，企业在建造合同完成后发生的利息净支出、汇兑净损失、金融机构手续费以及筹资发生的其他财务费用。

④ 因订立合同而发生的有关费用，如企业为订立合同而发生的差旅费、投标费等。

三、合同收入与合同费用的确认

合同收入与合同费用的确认和计量，应当根据建造合同的结果能否可靠估计分别采用不同的方法进行会计处理。

（一）建造合同的结果能够可靠估计

建造合同的结果能够可靠估计时，企业应根据完工百分比法在资产负债表日确认合同收入和合同费用。

固定造价合同的结果能够可靠估计的认定标准为：①合同总收入能够可靠地计量；②与合同相关的经济利益很可能流入企业；③实际发生的合同成本能够清楚地区分和可靠地计量；④合同完工进度和为完成合同尚需发生的成本能够可靠地确定。

成本加成合同的结果能够可靠估计的认定标准为：①与合同相关的经济利益很可能流入企业；②实际发生的合同成本能够清楚地区分和可靠地计量。

确定合同完工进度有以下三种方法：

（1）根据累计实际发生的合同成本占合同预计总成本的比例确定。该方法是确定合同完工进度比较常用的方法。计算公式如下：

$$合同完工进度 = 累计实际发生的合同成本 \div 合同预计总成本 \times 100\%$$

(2) 根据已经完成的合同工作量占合同预计总工作量的比例确定。该方法适用于合同工作量容易确定的建造合同,如道路工程、土石方挖掘、砌筑工程等。计算公式如下:

合同完工进度 = 已经完成的合同工作量 ÷ 合同预计总工作量 × 100%

(3) 根据实际测定的完工进度确定。该方法是在无法根据上述两种方法确定合同完工进度时所采用的一种特殊的技术测量方法,适用于一些特殊的建造合同,如水下施工工程等。需要注意的是,这种技术测量并不是由建造承包商自行随意测定,而应由专业人员现场进行科学测定。

确定建造合同的完工进度后,就可以根据完工百分比法确认和计量当期的合同收入和费用。当期确认的合同收入和费用可用下列公式计算:

当期确认的合同收入 = 合同总收入 × 完工进度 − 以前会计期间累计已确认的收入

当期确认的合同费用 = 合同预计总成本 × 完工进度 − 以前会计期间累计已确认的费用

当期确认的合同毛利 = 当期确认的合同收入 − 当期确认的合同费用

对于当期完成的建造合同,应当按照实际合同总收入扣除以前会计期间累计已确认收入后的金额,确认为当期合同收入;同时,按照累计实际发生的合同成本扣除以前会计期间累计已确认费用后的金额,确认为当期合同费用。

(二) 建造合同的结果不能可靠估计

建造合同的结果不能可靠估计,则不能采用完工百分比法确认和计量合同收入和合同费用,而应区别以下两种情况进行会计处理:①合同成本能够收回的,合同收入根据能够收回的实际合同成本予以确认,合同成本在其发生的当期确认为合同费用;②合同成本不可能收回的,应在发生时立即确认为合同费用,不确认合同收入。

四、建造合同收入的会计处理

企业施工过程发生料、工、费的支出,应借记"工程施工"账户,贷记"银行存款"等账户;根据合同规定的收款日,借记"银行存款"等账户,贷记"工程结算"账户;确认计量合同收入和费用时,借记"主营业务成本"、"工程施工——合同毛利",贷记"主营业务收入"账户;工程完工,应借记"工程结算"账户,贷记"工程施工"账户。

建造承包商正在建造的资产,类似于工业企业的在产品,性质上属于建造承包商的存货,期末应当对其进行减值测试。如果建造合同的预计总成本超过合同总收入,则形成合同预计损失,应提取损失准备(存货跌价准备),并确认为当期费用(资产减值损失)。合同完工时,将已提取的损失准备冲减合同费用。

【例 13.21】 黄河建筑公司签订了一项总金额为 2 800 000 元的固定造价合同,工程已于 20×7 年 2 月开工,预计 20×9 年 9 月完工。合同完工进度按照累计实际发生的合同成本占合同预计总成本的比例确定。最初预计的工程总成本为 2 400 000 元，到 20×8 年底，由于材料价格上涨等因素调整了预计总成本，预计工程总成本为 3 000 000 元。建造该工程的其他有关资料如表 13.2 所示。

表 13.2　工程相关资料　　单位：元

项　目	20×7 年	20×8 年	20×9 年
累计实际发生成本	600 000	2 100 000	2 850 000
预计完成合同尚需发生成本	1 800 000	900 000	—
结算合同价款	1 000 000	1 100 000	700 000
实际收到价款	600 000	1 000 000	1 200 000

20×7 年的账务处理如下：

登记实际发生的合同成本时：

借：工程施工——合同成本　　600 000

　　贷：原材料、应付职工薪酬、机械作业等　　600 000

登记结算的合同价款时：

借：应收账款　　1 000 000

　　贷：工程结算　　1 000 000

登记实际收到的合同价款时：

借：银行存款　　600 000

　　贷：应收账款　　600 000

确认计量当年的合同收入和合同费用，并登记入账：

20×7 年的完工进度 ＝ 600 000 ÷（600 000 ＋ 1 800 000）× 100％ ＝ 25％

20×7 年确认的合同收入 ＝ 2 800 000 × 25％ ＝ 700 000（元）

20×7 年确认的合同费用 ＝（600 000 ＋ 1 800 000）× 25％ ＝ 600 000（元）

20×7 年确认的合同毛利 ＝ 700 000 － 600 000 ＝ 100 000（元）

借：主营业务成本　　600 000

　　工程施工——合同毛利　　100 000

　　贷：主营业务收入　　700 000

20×8 年的账务处理如下：

登记实际发生的合同成本时：

借：工程施工——合同成本　　1 500 000（2 100 000－600 000）

　　贷：原材料、应付职工薪酬、机械作业等　　1 500 000

登记结算的合同价款时：

借：应收账款　　1 100 000

　　贷：工程结算　　1 100 000

登记实际收到的合同价款时：

借：银行存款　　1 000 000

　　贷：应收账款　　1 000 000

确认计量当年的合同收入和合同费用，并登记入账：

20×8年的完工进度＝2 100 000÷(2 100 000＋900 000)×100%＝70%

20×8年确认的合同收入＝2 800 000×70%－700 000＝1 260 000(元)

20×8年确认的合同费用＝(2 100 000＋900 000)×70%－600 000＝1 500 000(元)

20×8年确认的合同毛利＝1 260 000－1 500 000＝－240 000(元)

20×8年确认的合同预计损失＝(2 100 000＋900 000－2 800 000)×(1－70%)

＝60 000(元)

借：主营业务成本　　1 500 000

　　贷：主营业务收入　　1 260 000

　　　　工程施工——合同毛利　　240 000

借：资产减值损失　　60 000

　　贷：存货跌价准备　　60 000

20×9年的账务处理如下：

登记实际发生的合同成本时：

借：工程施工——合同成本　　750 000(2 850 000－2 100 000)

　　贷：原材料、应付职工薪酬、机械作业等　　750 000

登记结算的合同价款时：

借：应收账款　　700 000

　　贷：工程结算　　700 000

登记实际收到的合同价款时：

借：银行存款　　1 200 000

　　贷：应收账款　　1 200 000

确认计量当年的合同收入和费用，并登记入账：

20×9年确认的合同收入＝2 800 000－(700 000＋1 260 000)＝840 000(元)

20×9年确认的合同费用＝2 850 000－600 000－1 500 000＝750 000(元)

20×9年确认的合同毛利＝840 000－750 000＝90 000(元)

借：主营业务成本　　750 000

　　工程施工——合同毛利　　90 000

　　贷：主营业务收入　　840 000

20×9年工程全部完工，应将“存货跌价准备”账户相关余额冲减“主营业务成本”，将“工程施工”账户的余额与“工程结算”账户的余额相对冲：

借：存货跌价准备　　60 000

　　贷：主营业务成本　　60 000

借:工程结算　　2 800 000

　工程施工——合同毛利　　50 000

　贷:工程施工——合同成本　　2 850 000

【例 13.22】 黄河建筑公司与客户签订了一项总金额为 1 000 000 元的建造合同,最初预计的工程总成本为 800 000 元,合同完工进度按照累计实际发生的合同成本占合同预计总成本的比例确定。第一年实际发生工程成本 30 万元,资产负债表日黄河建筑公司得知客户的财务状况出现困难,近期内难以收回货款。

由于客户的财务状况不佳,黄河建筑公司当年不确认收入的实现,将发生的成本确认为当年费用。其账务处理如下:

借:主营业务成本　　300 000

　贷:工程施工——合同毛利　　300 000

如果黄河建筑公司当年与客户只办理价款结算 10 万元,其余款项可能收不回来。这种情况下,该公司只能将 10 万元确认为当年的收入,30 万元应确认为当年的费用。其账务处理如下:

借:主营业务成本　　300 000

　贷:主营业务收入　　100 000

　　工程施工——合同毛利　　200 000

第六节 营 业 外 收 入

一、营业外收入的定义与内容

营业外收入是指企业发生的与日常活动无直接关系的各项收入。营业外收入并不是企业经营资金耗费所产生的,不需要企业付出代价,实际上是经济利益的净流入,不需要也不可能与有关的费用进行配比。虽然营业外收入与企业日常活动没有多大的关系,但从企业主体来考虑,同样会使所有者权益增加,并带来经济利益的流入,因此属于广义的收入。

营业外收入主要包括:非流动资产处置利得、非货币性资产交换利得、债务重组利得、政府补助利得、盘盈利得、捐赠利得、罚没利得、确实无法支付而按规定程序报经批准后转作营业外收入的应付款项等。

(1) 非流动资产处置利得包括固定资产处置利得和无形资产出售利得。固定资产处置利得,指企业出售固定资产所取得价款或报废固定资产的材料价值和变价收入等,扣除固定资产的账面价值、清理费用、处置相关税费后的净收益;无形资产出售利得,指企业出售无形资产所取得价款扣除被出售无形资产的账面价值、出售相关税费后的净收益。

(2) 债务重组利得,指重组债务的账面价值超过清偿债务的现金、非现金资产的公允价值、所转股份的公允价值或者重组后债务账面价值之间的差额。

(3) 盘盈利得,指企业对现金等资产清查盘点中的盘盈,报经批准后计入营业外收入的金额。

(4) 政府补助,指企业从政府无偿取得货币性资产或非货币性资产形成的利得。

(5) 捐赠利得,指企业接受捐赠产生的利得。

(6) 罚没利得,是指企业收取的滞纳金、违约金以及其他形式的罚款,在弥补了由于对方违约而造成的经济损失后的净收益。

(7) 无法支付的应付款项,是指由于债权单位撤销或其他原因而无法支付,或者将应付款项划转给关联方等其他企业而无法支付或无需支付,按规定程序报经批准后转入当期损益的应付账款。

二、营业外收入的会计处理

企业应当通过"营业外收入"账户,核算营业外收入的取得和结转情况。该账户贷方登记企业确认的各项营业外收入,借方登记期末结转入本年利润的营业外收入,结转后该账户无余额,该账户可按营业外收入项目进行明细核算。

企业确认营业外收入,借记"固定资产清理"、"银行存款"、"库存现金"、"应付账款"等账户,贷记"营业外收入"账户。期末,应将"营业外收入"账户余额转入"本年利润"账户。

【例 13.23】 黄河公司将固定资产报废清理的净收益 5 000 元转作营业外收入。会计分录如下:

借:固定资产清理	5 000	
贷:营业外收入		5 000

三、政府补助

(一) 政府补助的定义及其特征

企业是国家财政收入的来源,国家为了增加收入、培植税源,往往会对特定行业、地区或领域进行鼓励或扶持,如无偿拨款、贷款、担保、注入资本、提供货物或者服务、购买货物、放弃或者不收缴应收收入等。政府对企业的经济支持通常通过两种方式:一是政府的资本性投入,即政府作为企业所有者分享企业利润并承担相应责任;二是政府的无偿性投入,即政府不享有企业的所有权,企业也不需要偿还。

根据《企业会计准则第 16 号——政府补助》的规定,政府补助是指企业从政府无偿取得货币性资产或非货币性资产,但不包括政府作为企业所有者投入的资本。

政府补助主要有如下特征:

一是无偿性。无偿性是政府补助的基本特征。政府并不因此享有企业的所有权，企业将来也不需要偿还。这一特征将政府补助与政府资本性投入区分开来，资本性投入是指政府以企业所有者身份向企业投入资本，将拥有企业相应的所有权，分享企业利润并承担相应的责任，政府与企业之间的关系是投资者与被投资者的关系。政府补助通常附有一定的条件，这与政府补助的无偿性并无矛盾，并不表明该项补助有偿，而是企业经法定程序申请取得政府补助后应当按照政府规定的用途使用该项补助。

二是直接获取资产，不包括不涉及资产的间接经济支持。企业从政府直接取得的资产包括货币性资产和非货币性资产，如，企业取得的财政拨款，先征后返（退）、即征即退等方式返还的税款，行政划拨的土地使用权等。不涉及资产直接转移的经济支持不属于《企业会计准则第16号——政府补助》所规范的政府补助，包括政府与企业间的债务豁免，除税收返还外的税收优惠，如直接减征、免征、增加计税抵扣额、抵免部分税额等。

增值税出口退税也不属于政府补助，因对增值税纳税人出口货物免征增值税，即出口实行零税率，因此应退还出口货物购进环节缴纳的进项税额，增值税出口退税实质上是政府归还企业事先垫付的资金，不属于政府补助。

（二）政府补助的分类

1. 政府补助按形式分类

（1）财政拨款。

财政拨款是指政府为了支持企业而无偿拨付的款项。财政拨款具有严格的政策条件，只有符合申报条件的企业才能申请拨款；同时附有明确的使用条件，政府在批准拨款时就规定了资金的具体用途。例如，财政部门拨付给企业的粮食定额补贴，鼓励企业安置职工就业的奖励等均属于财政拨款。

（2）财政贴息。

财政贴息是指政府为支持特定领域或区域发展，根据国家宏观经济形势和政策目标，对承贷企业的银行贷款利息给予的补贴。财政贴息主要有两种方式：一是财政贴息资金直接支付给受益企业；二是财政贴息资金直接拨付给贷款银行，由贷款银行以低于市场利率的优惠利率向企业提供贷款，承贷企业按照实际发生的利率计算和确认利息费用。

（3）税收返还。

税收返还是指政府按照国家有关规定采取先征后返（退）、即征即退等办法向企业返还的税款，属于以税收优惠形式给予的一种政府补助。

除了税收返还之外，税收优惠还包括直接减征、免征、增加计税抵扣额、抵免部分税额等形式，这些形式的税收优惠体现了政策导向，但政府并未直接向企业无偿提供资产，因此不作为《企业会计准则第16号——政府补助》规范的政府补助处理。

（4）无偿划拨非货币性资产。

属于无偿划拨非货币性资产的情况主要有无偿划拨土地使用权、天然起源的天然林等。实务中这种情况已经很少。

2. 政府补助按是否形成该企业长期资产分类

(1) 与收益相关的政府补助。

与收益相关的政府补助，是指企业取得的不形成企业长期资产的政府补助。这类补助一般应当在实际收到款项时按照到账的实际金额确认和计量。只有存在确凿证据表明该项补助是按照固定的定额标准拨付的，才可以在这项补助成为应收款项时予以确认并按照应收的金额计量，如财政部门拨付给企业的粮食定额补贴，税收返还等。

(2) 与资产相关的政府补助。

与资产相关的政府补助，是指企业取得的、用于购建或以其他方式形成长期资产的政府补助。这类补助一般以银行转账的方式拨付，如政府拨付的用于企业购买无形资产的财政拨款、政府对企业用于建造固定资产的相关贷款给予的财政贴息等，应当在实际收到款项时按照到账的实际金额确认和计量。在很少的情况下，这类补助也可能表现为政府向企业无偿划拨长期非货币性资产，应当在实际取得资产并办妥相关受让手续时按照其公允价值确认和计量，公允价值不能可靠取得的，按照名义金额(即 1 元)计量。

(三) 政府补助的会计处理

1. 与收益相关的政府补助

与收益相关的政府补助的确认分为企业在日常活动中取得的政府补助和企业不确定的或者在非日常活动中取得的政府补助。企业在日常活动中按照固定的定额标准取得的政府补助，应当按照应收金额确认和计量；企业不确定的或者在非日常活动中取得的政府补助，应当按照实际收到的金额确认和计量。

企业在日常活动中按照固定的定额标准取得的政府补助，应当按照应收金额计量，借记“其他应收款”账户，贷记“营业外收入”(或“递延收益”)账户。不确定的或者在非日常活动中取得的政府补助，应当按照实际收到的金额计量，借记“银行存款”等账户，贷记“营业外收入”(或“递延收益”)账户。涉及按期分摊递延收益的，借记“递延收益”账户，贷记“营业外收入”账户。

【例 13.24】 黄河储备粮企业 20×8 年实际粮食储备量 1 亿千克。根据国家有关规定，财政部门按照企业的实际储备量给予每千克 0.078 元的粮食保管费补贴，于每个季度初支付。20×8 年 1 月 10 日，企业收到财政拨付的补贴款。

黄河储备粮企业的账务处理如下：

20×8 年 1 月 1 日，确认应收的财政补贴款时：

借：其他应收款　　7 800 000

　　贷：递延收益　　7 800 000

20×8 年 1 月 10 日，实际收到财政补贴款时：

借：银行存款　　7 800 000

　　贷：其他应收款　　7 800 000

20×8 年 1 月，将补偿 1 月份保管费的补贴计入当期收益时：

借：递延收益　　2 600 000

　贷：营业外收入　　2 600 000

20×8 年 2 月和 3 月的分录同上。

【例 13.25】 甲企业为购买储备棉于 20×9 年 1 月从国家农业发展银行贷款 2 000 万元，同期银行贷款年利率为 7%。自 20×9 年 1 月开始，财政部门按有关规定于每季度初，按照甲企业的实际贷款额和贷款利率拨付给甲企业贴息资金。

甲企业的账务处理如下：

20×9 年 1 月，实际收到财政贴息 35 万元时：

借：银行存款　　350 000

　贷：递延收益　　350 000

将补偿 20×9 年 1 月份利息费用的财政贴息 116 666.67 元计入当期收益时：

借：递延收益　　116 666.67

　贷：营业外收入　　116 666.67

20×9 年 2 月和 3 月的分录同上。

【例 13.26】 乙企业生产一种先进的产品，按照国家相关规定，该企业的这种产品适用增值税先征后返政策，按实际缴纳增值税额返还 60%。20×7 年 1 月，该企业实际缴纳增值税额 100 万元。20×8 年 2 月，该企业实际收到返还的增值税额 60 万元。

乙企业实际收到返还的增值税额时，账务处理如下：

借：银行存款　　600 000

　贷：营业外收入　　600 000

【例 13.27】 20×8 年 5 月，乙公司按照有关规定为其自主创新的某高新技术项目申报政府财政贴息，申报材料中表明该项目已于 20×6 年 3 月启动，预计共需投入资金 3 000 万元，项目期 3 年，已投入资金 1 600 万元。项目尚需新增投资 1 400 万元，其中计划贷款 1 000 万元，已与银行签订贷款协议，协议规定贷款年利率 6%，贷款期 2 年。

经审核，20×8 年 11 月政府批准拨付乙公司贴息资金 70 万元，分别在 20×8 年 11 月和 20×9 年 2 月支付 30 万元和 40 万元。

乙公司的账务处理如下：

20×8 年 11 月实际收到贴息资金 30 万元时：

借：银行存款　　300 000

　贷：递延收益　　300 000

20×8 年 11 月起，在项目期内分配递延收益时：

借：递延收益　　20 000(300 000/15)

　贷：营业外收入　　20 000

20×8 年 11 月至 20×9 年 1 月分配递延收益的账务处理同上。

20×9 年 2 月实际收到贴息资金 40 万元时：

借:银行存款　　400 000

　贷:营业外收入　　400 000

企业取得针对综合性项目的政府补助,需要将其分解为与资产相关的部分和与收益相关的部分,分别进行会计处理;难以区分的,将政府补助整体归类为与收益相关的政府补助,视不同情况计入当期损益,或者在项目期内分期确认为当期收益。

2. 与资产相关的政府补助

企业取得与资产相关的政府补助,不能全额确认为当期收益,应当随着相关资产的使用逐渐计入以后各期的收益。也就是说,这类补助应当先确认为递延收益,然后自相关资产可供使用时起,在该项资产使用寿命内平均分配,计入当期营业外收入。

会计处理通常需要以下步骤:

第一步,企业应当在实际收到款项时,按照到账的实际金额,确认资产(银行存款)和递延收益。

第二步,企业将政府补助用于购建长期资产。长期资产的购建与企业正常的资产购建或研发处理一致,通过"在建工程"、"研发支出"等账户归集,完成后转为固定资产或无形资产。

第三步,该长期资产交付使用。自相关长期资产可供使用时起,在相关资产计提折旧或摊销时,按照长期资产的预计使用期限,将递延收益平均分摊转入当期损益,借记"递延收益"账户,贷记"营业外收入"账户。相关资产在使用寿命结束时或结束前被处置(出售、转让、报废等),尚未分摊的递延收益余额应当一次性转入资产处置当期的收益,不再予以递延。

【例 13.28】 20×2 年 1 月,甲企业需购置一台环保设备,预计价款为 800 万元,因资金不足,向当地财政部门提出补助 300 万元的申请。20×2 年 3 月 1 日,政府批准了甲企业的申请并拨付甲企业 300 万元财政拨款(同日到账)。20×2 年 3 月 31 日,甲企业购入不需安装环保设备,实际成本为 780 万元,使用寿命 10 年,采用直线法计提折旧(假设无残值)。20×9 年 4 月,甲企业出售了这台设备,取得价款 220 万元。不考虑其他因素。

甲企业的账务处理如下:

20×2 年 3 月 1 日实际收到财政拨款,确认政府补助时:

借:银行存款　　3 000 000

　贷:递延收益　　3 000 000

20×2 年 3 月 31 日购入设备时:

借:固定资产　　7 800 000

　贷:银行存款　　7 800 000

自 20×2 年 4 月起每个资产负债表日(月末)计提折旧,同时分摊递延收益时:

计提折旧:

借:管理费用　　65 000

　贷:累计折旧　　65 000

分摊递延收益：

借：递延收益 25 000

贷：营业外收入 25 000

20×9 年 4 月出售设备，同时转销递延收益余额时：

出售设备：

借：固定资产清理 2 340 000

累计折旧 5 460 000

贷：固定资产 7 800 000

借：银行存款 2 200 000

营业外支出 140 000

贷：固定资产清理 2 340 000

转销递延收益余额：

借：递延收益 900 000

贷：营业外收入 900 000

在很少的情况下，与资产相关的政府补助也可能表现为政府向企业无偿划拨长期非货币性资产，应当在实际取得资产并办妥相关受让手续时按照其公允价值确认和计量，如该资产相关凭证上注明的价值与公允价值差异不大的，应当以有关凭证中注明的价值作为公允价值；如没有注明价值或者注明价值与公允价值差异较大但有活跃市场的，应当以有确凿证据表明的同类或类似资产的市场价格作为公允价值。公允价值不能可靠取得的，按照名义金额（1 元）计量。

企业取得的政府补助为非货币性资产的，应当首先同时确认一项资产（固定资产或无形资产等）和递延收益，然后在相关资产使用寿命内平均分摊递延收益，计入当期损益。但是，以名义金额计量的政府补助，在取得时计入当期损益。

【本章小结】

收入有广义和狭义之分。狭义的收入仅指企业在日常活动中形成的、会导致所有者权益增加的、与所有者投入资本无关的经济利益的总流入。广义的收入除了包括狭义的收入以外，还包括利得。利得是指企业在非日常活动中形成的、会导致所有者权益增加的、与所有者投入资本无关的经济利益的总流入。利得包括直接计入当期损益的利得和直接计入所有者权益的利得。

本章所指的收入是指狭义的收入和计入当期损益的利得。

不同的收入确认和计量的标准不同，因此按照收入的性质分为销售商品收入、提供劳务收入、让渡资产使用权收入、建造合同收入、营业外收入分别进行确认和计量。销售商品收入的会计处理主要涉及一般销售商品、已经发出商品但不符合收入确认条件的销售、商业折扣、现金折扣、销售折让、销售退回、特殊销售商品等业务；劳务收入的会计处理主要涉及劳务的交易结果能够可靠估计的劳务收入、劳务的交易结果不能可靠估计的劳务收入、同时销售商品和提供劳务交易的收入和特殊业务的劳务收入；让渡资产使用权收入的会计处理主要涉及利息收入和使用费收入；建造合同收入的会计处理主要涉及固定造价合同收入和成本加成合同收入；营业外收入的会计处理主要涉及政府补助。

【本章思考题】

1. 什么是收入？收入有何特征？收入如何分类？
2. 确认销售商品收入的条件是什么？
3. 确认建造合同收入的条件是什么？
4. 如何确认企业提供劳务的收入？
5. 处理销售退回业务要注意哪些问题？
6. 试比较分析商业折扣、现金折扣、销售折让的区别。
7. 如何确定建造合同的完工进度？
8. 如何确认政府补助？

【练习与案例分析】

1. 甲公司为一般纳税人，增值税税率为17%，20×7年1月1日向乙公司销售保健品1 000件，每件不含税价格7.5万元，每件成本6万元，增值税发票已开具，协议规定，购货方应于2月1日前付款，本年6月30日前有权退货，甲公司根据经验，估计退货率为20%，2月1日收到全部款项存入银行，假定销售退回实际发生时可冲减增值税。

要求：编制甲公司会计分录，在假定6月30日分别退货200件、210件、160件的三种情况下编制甲公司有关退货的会计分录。

2. 甲乙公司均为一般纳税人，增值税税率为17%，20×7年3月6日甲公司与乙公司签订委托代销合同，委托乙公司代销商品10 000件，协议价为每件(不含增值税)3万元，每件成本2万元，代销合同规定，乙公司以3万元的价格销售给顾客，甲公司按售价的10%向乙公司支付手续费，每季末结算。20×7年4月1日发出商品，20×7年6月8日乙公司实际对外销售2 500件商品，20×7年6月30日甲公司收到乙公司开来的代销清单，注明已销售代销商品的2 500件，甲公司给乙公司开具增值税发票，20×7年7月2日收到货款。

要求：编制甲公司委托代销、乙公司受托代销的会计分录。

3. 甲乙公司均为一般纳税人,增值税税率为17%,20×7年3月6日甲公司与乙公司签订委托代销合同,合同规定,如果乙公司没有将商品售出,可将商品退回甲公司,商品成本1 000万元,协议价为不含增值税1 250万元,商品已发出,20×7年6月8日乙公司实际销售时开具增值税发票上注明售价300万元,增值税为51万元,同日甲公司收到乙公司开来的代销清单,注明已销售代销商品的20%,甲公司给乙公司开具增值税发票,20×7年6月28日收到货款。

要求:

(1) 编制甲公司委托代销的会计分录;

(2) 编制乙公司受托代销的会计分录。

4. 甲企业自20×7年4月1日起为乙企业开发一项系统软件。合同约定工期为两年,合同总收入为15万元,合同总成本为6万元。20×7年4月1日乙企业支付项目价款7.5万元,余款于软件开发完成时收取。4月1日,甲企业收到乙企业支付的该项目价款7.5万元,并存入银行。该项目预计总成本为6万元,其他相关资料如表13.3所示:

表13.3 系统软件开发项目相关资料

时　间	收款金额(万元)	累计实际发生成本(万元)	开发程度
20×7年4月1日	7.5		
20×7年12月31日		2.4	40%
20×8年12月31日		5.1	85%
20×9年4月1日		6.15	100%

该项目于20×9年4月1日完成并交付给乙企业,但余款尚未收到。甲企业按开发程度确定该项目的完工程度。假定为该项目发生的实际成本均用银行存款支付。

要求:编制甲企业20×7—20×9年与开发此项目有关的会计分录。

5. 某建筑公司与客户签订了一项总金额为2 280万元的建造合同,工程已于20×6年7月开工,20×8年6月完工。该项合同在20×6年末预计工程总成本为1 800万元。20×7年,客户提出变更部分设计,经双方协商,客户同意追加投资120万元。20×7年年末,预计工程总成本为1 920万元。该建造合同的其他有关资料如表13.4所示:

表13.4 建造合同相关资料

单位:万元

项　目	20×6年	20×7年	20×8年
累计实际发生成本	360	1 440	1 920
已结算工程价款	288	1 200	912
实际收到价款	240	960	1 200

假定:该项建造合同的结果能够可靠地估计;该公司采用累计实际发生的合同成本占合同预计总成本的比例确定该项合同的完工进度。

要求:编制与确认建造合同收入和毛利相关的会计分录。

6. 甲公司20×8年12月申请某省级研发补贴。申报书中的有关内容如下：本公司于20×8年1月启动新技术开发项目，预计总投资5 000万元、为期3年，已投入资金3 600万元。项目还需新增投资1 400万，计划自筹资金1 000万元、申请财政拨款400万元。

20×9年1月1日，主管部门批准了甲公司的申报，签订的补贴协议规定：批准甲公司补贴申请，共补贴款项400万元，分两次拨付，第一批款项即日到账。合同签订日拨付200万元，结项验收时支付200万元。

要求：编制与政府补贴有关的会计分录。

7. 乙公司自20×4年2月24日上市，除了当年未亏，此后，年年都与亏损沾边，后因业绩较差，改为ST乙。该公司20×7年的年报给予了证券市场一个"惊喜"，不仅是大幅度扭亏为盈，而且还以每股收益0.35元、净资产收益率34.3%的业绩成为某省上市公司中最好的企业之一。不过，仔细分析20×7年该公司的年报，ST乙的每股收益在扣除非经常性损益后则为亏损0.44元，这就是说，该公司净利润剧增的513.5%，皆为资产出售和转让债务收益等非经常性损益所致。

提示：企业净利润的组成项目有哪些？各项目对净利润的影响有何不同？

$$每股收益 = 净利润 / 发行在外普通股加权平均数$$

要求：分析非经常性损益对企业的影响。

第十四章 应收款项

【本章学习目的】

1. 了解应收款项的类型以及确认计量要求。
2. 掌握应收账款产生、收回的会计处理。
3. 掌握应收票据取得、计息、到期、贴现、背书转让的会计处理。
4. 了解应收股利和应收利息的会计处理。
5. 了解预付账款、其他应收款的核算范围以及会计处理。
6. 掌握坏账准备的会计处理。

课前案例

应收账款的陷阱——长虹之痛

2005年3月，四川长虹电子集团有限公司(以下简称长虹)2004年年报披露公司2004年度亏损为37亿元人民币，其中由于计提美国APEX公司应收账款坏账准备一项就造成26亿元人民币的亏损。

四川长虹是1988年6月由国营长虹机器厂独家发起并控股成立的股份制试点企业，同年7月经中国人民银行绵阳市分行批准向社会公开发行普通股3 600万元。1994年3月11日，四川长虹在上海证券交易所挂牌交易。作为国家"一五"期间的156项重点工程之一，长虹的净资产从3 950万元，迅猛扩张到133亿元。但是，长虹上市之初的好景并没有持续太长。1998年起，彩电市场竞争激烈，彩电业的利润很快被稀释掉，长虹的经营业绩直线下降，1998年、1999年、2000年的净利润分别为20亿元、5.3亿元和2.7亿元。

为了遏制经营业绩的下滑，2001年，长虹确定了走出去战略，选择APEX公司作为其美国市场的代理商，力求成为"全球彩电霸主"。2001年7月16日长虹第一次向APEX公司发出200万美元的彩电。2002年，长虹又通过APEX向美国市场出口彩电和DVD超过7亿美元。自此，长虹就无法正常收到APEX公司应付的货款，但是长虹却依然源源不断地将货物运往美国，2004年仍发出3 000

万美元的货物。至2004年12月28日，四川长虹才意识到该笔应收账款的问题，发布年度预亏提示性报告：长虹被美国APEX公司拖欠的46 750万美元应收账款的三分之二将无法收回，拟计提坏账准备金，公司将出现巨额亏损。随后在2004年年报上披露了37亿元人民币的巨额亏损。

思考：

1. 企业赊销商品应当如何进行会计处理?

2. 若企业的应收账款无法收回，企业应当如何进行会计处理? 对当期的利润又有何种影响?

第一节 应收款项概述

一、应收款项的内容

应收款项泛指企业拥有的未来向某一特定债务人收取货币资金、商品或者接受劳务的权利。主要包括：①企业在销售商品、提供劳务的过程中，向购货方或接受劳务方提供普通的商业信用而应该向购货方或者接受劳务方收取的应收账款；②企业在销售商品、提供劳务过程中，收到尚未到期商业汇票而形成的应收票据；③企业进行股权投资，被投资企业宣告发放股利，形成的应收股利；④企业进行债券投资，在付息期形成的应收利息；⑤企业在购买货物过程中，根据购货合同，预先支付给供货商货款，形成的预付账款；⑥企业其他的各种应收、暂付款，即其他应收款。

二、应收款项的确认和计量

(一) 应收款项的确认

与其他资产相同，当同时满足以下两个条件时，企业应当确认应收款项：

(1) 与该应收款项相关的经济利益很可能流入企业；

(2) 该应收款项的价值能够可靠地计量。

与该应收款项有关的经济利益很可能流入企业，说明企业获取了向债务人收取相应款项的权利，并且债务人有支付该款项的能力。例如，企业在销售商品、提供劳务的过程中只有当购货方或者接受劳务方具有支付应收款项的能力时，才能够确认相应的应收款项。

值得关注的是，若与应收款项相关的经济利益很可能流入企业，但是其价值不能够可靠地计量也不能确认为应收款项，例如，被投资企业获取了巨额盈利，但是其还未宣告要发放的股利金额，此时，尽管可以判断被投资企业很可能发放股利且该股利很可能流入企业，也不能将其确认为应收款项，只有等被投资企业宣告发放股利并能够可靠地计量应收款项的金额时，才能够确认相应的应收款项。

（二）应收款项的计量

应收款项是企业拥有的未来向某一特定债务人收取货币资金、商品或者接受劳务的权利，即与应收款项相关的经济利益是未来流入企业的，因此，理论上，应收款项应按照未来现金流量的现值入账，实际收取的款项与应收款项现值之间的差额应为企业的未确认融资收益，再在整个收款期间予以分摊。但是现实中，应收款项的收款期间比较短，从而，实际收取的款项与应收款项现值之间的差额比较小，因此，我国《企业会计准则》中规定应当按照实际应该向债务人收取的款项确认相应的应收款项。

第二节　应收账款和应收票据

一、应收账款和应收票据概述

在日益激烈的竞争环境中，企业为了获取更大的市场份额，增加销售收入，往往在日常销售商品、提供劳务的过程中，向购货方或接受劳务方提供商业信用，即在商品交换过程中采取延期收款的交易形式。企业提供的商业信用主要有两种，一种没有任何承诺凭证，完全靠购买企业的信用，另一种则需要由出票人签发，承兑人承诺在指定日期无条件支付特定金额给收款人或者持票人的商业汇票作为承诺凭证。第一种在日常销售商品、提供劳务过程中，购货方或接受劳务方没有任何承诺凭证，完全依据购买企业的信用，而应该向购货方或者接受劳务方收取的应收款项，为应收账款。第二种在日常销售商品、提供劳务过程中，企业收到了由出票人签发，承兑人承诺在指定日期无条件支付特定金额给收款人或者持票人的商业汇票时，而应该收取的应收款项，为应收票据。

二、应收账款的会计处理

（一）应收账款的确认

应收账款是企业在日常销售商品、提供劳务的过程中，应向购货方或接受劳务方收取的相应款项。主要包括企业销售商品、提供劳务应向购货方或接受劳务方收取的价款，相应的增值税以及销售过程中应向购货方或接受劳务方收取的各种代垫费用，如运杂费等。

应收账款是销售商品和提供劳务过程中形成的，其确认与收入的确认息息相关，从而应当依据收入的确认标准，判断是否应确认相应的应收账款，即企业应当在确认收入时确认相应的应收账款。

（二）应收账款的计量

参照应收款项的计量，企业应当按照在日常销售商品、提供劳务过程中，实际应向购货方或接受劳务方收取的款项对应收账款进行计量，即应当按照企业销售商品、提供劳务应向购货方或接受劳务方收取的价款、增值税与销售过程中应向购货方或接受劳务方收取的各种代垫费用之和对应收账款进行计量。

但企业在日常的销售商品、提供劳务过程中，为了增加销量或提前收回货款，往往会给购货方提供一定的折扣。折扣影响企业应该收取的价款，因此企业在对应收账款进行计量时，应当考虑折扣这一因素。依据企业提供折扣的目的不同，折扣可以区分为商业折扣和现金折扣两类。

1. 商业折扣

商业折扣是指企业为了增加销量而在商品标价上给予的扣除。例如，企业的季节性打折销售、节日打折销售以及当购货方一次性购买多件商品时而给予的一种折扣。由此可以看出，购销双方在签订购货合同时，已经协商确定商业折扣，销货方开具的发票金额为考虑商业折扣后购货方或接受劳务方应当支付的金额。即企业在销售或提供劳务时就可以确定，其在未来应向购货方或接受劳务方收取的价款为扣除商业折扣后的实际售价。从而在存在商业折扣的情况下，企业应收账款的入账金额应为扣除商业折扣后的实际售价。

2. 现金折扣

现金折扣则是债权人为了鼓励债务人在规定的期限内付款，而向债务人提供的债务扣除。可以看出，现金折扣是企业为了提前收回价款而给予购货方的一种折扣，其具体表现为，企业会依据购货方的付款时间而给予不同的折扣。现金折扣通常用符号“折扣率/付款期限”表示。例如，“2/10”表示购货方在 10 天内付款可按照开票价格给予 2%的折扣，“1/20”表示购货方在 20 天内付款可按照开票价格给予 1%的折扣，“n/30”表示 30 天为信用期不能给予任何折扣。

购销双方在签订购货合同时，双方均不能确定购货方的付款时间，即无法确定销货方向购货方提供的折扣，此时，销货方是应该按照折扣前的销售价款确认应收账款，还是应该按照折扣后的销售净额确认应收账款？实务中，区分应收账款的计量依据，存在两种应收账款的计量方法：总价法和净价法。

所谓总价法，就是按照现金折扣前的销售价款确认应收账款。这种方法认为，既然现金折扣是销货方为了提前收回价款而给予购货方的债务扣除，那么应按照现金折扣前的销售价款确认应收账款，将给予购货方的现金折扣视为融资的理财费用计入当期财务费用。

所谓净价法，就是按照现金折扣后的销售净额确认应收账款。这种方法认为，购货方取得现金折扣是一种正常的现象，若购货方不能取得现金折扣而应当全额付款时，其实际付款额超过最大现金折扣后的净额的差额被视为销货方向购货方提供信贷而收取的利息收入，冲减当期的财务费用。

目前我国《企业会计准则》只允许采用总价法对现金折扣进行相应的会计处理。

（三）应收账款的会计处理

企业应当设置"应收账款"账户对企业的应收账款进行反映。企业销售商品、提供劳务发生应收账款时，按照确定的应收账款金额，即按照企业销售商品、提供劳务应向购货方或接受劳务方收取的价款、增值税与销售过程中应向购货方或接受劳务方收取的各种代垫费用之和，借记"应收账款"账户，按照确定的收入金额，贷记"主营业务收入"或"其他业务收入"账户，按照增值税专用发票上的增值税额，贷记"应交税费——应交增值税（销项税额）"账户；企业收回该应收账款时，按照收到的货币资金或者商业汇票上的金额，借记"银行存款"或"应收票据"账户，贷记"应收账款"账户。

1. 不带折扣应收账款的会计处理

【例 14.1】 环龙公司 20×9 年 3 月 20 日赊销给丰达公司商品一批，增值税专用发票上的货款总计 100 000 元，环龙公司为增值税一般纳税人，适用增值税税率 17%，环龙公司在销售过程中替丰达公司代垫运杂费 1 000 元。环龙公司的财务处理如下：

借：应收账款——丰达公司	118 000	
贷：主营业务收入		100 000
应交税费——应交增值税（销项税额）		17 000
银行存款		1 000

【例 14.2】 沿用例 14.1 资料，环龙公司于 20×9 年 4 月 15 日收到丰达公司前欠货款。环龙公司的账务处理为：

借：银行存款	118 000	
贷：应收账款——丰达公司		118 000

2. 带有商业折扣应收账款的会计处理

【例 14.3】 环龙公司 20×9 年 3 月 20 日赊销给丰达公司商品一批，该商品价目表上标明的货款总计 100 000 元，由于丰达公司是环龙公司的老客户，环龙公司给予丰达公司 10% 的商业折扣，即环龙公司售予丰达公司该批商品的总价款为 90 000 元，环龙公司为增值税一般纳税人，适用增值税税率 17%，增值税专用发票上的增值税额为 15 300 元。在此次销售的过程中，环龙公司替丰达公司代垫运杂费 1 000 元。环龙公司的账务处理如下：

借：应收账款——丰达公司	106 300	
贷：主营业务收入		90 000
应交税费——应交增值税（销项税额）		15 300
银行存款		1 000

【例 14.4】 沿用例 14.3 资料，环龙公司于 20×9 年 4 月 15 日收到丰达公司前欠货款。环龙公司的账务处理为：

借：银行存款　　106 300

　贷：应收账款——丰达公司　　106 300

3. 带有现金折扣应收账款的会计处理

【例 14.5】 环龙公司 20×9 年 3 月 20 日赊销给丰达公司商品一批，增值税专用发票上的货款总计 100 000 元，环龙公司为增值税一般纳税人，适用增值税税率 17%。双方在销售合同中约定了付款条件为"2/10，n/30"。环龙公司的账务处理如下：

20×9 年 3 月 20 日，环龙公司赊销商品给丰达公司时：

借：应收账款——丰达公司　　117 000

　贷：主营业务收入　　100 000

　　应交税费——应交增值税（销项税额）　　17 000

丰达公司付款时：

假设丰达公司 10 天内付款：

借：银行存款　　114 660

　财务费用　　2 340

　贷：应收账款——丰达公司　　117 000

假设丰达公司 10 天以上 30 天内付款：

借：银行存款　　117 000

　贷：应收账款——丰达公司　　117 000

三、应收票据的会计处理

（一）应收票据概述

应收票据是指企业在日常销售商品、提供劳务的过程中，收到的由出票人签发，承兑人承诺在票据到期日无条件支付特定金额给收款人或者持票人的商业汇票。由于商业汇票最长不超过 6 个月，所以商业汇票的期限一般用"月"或"日"表示。当票据期限用月表示时，则应以到期月份中与出票日相同的那一天为到期日，而不需要考虑相应月份的具体天数。值得注意以下两种情况：其一，若出票日为该月最后一天，无论汇票的期限是多少，到期日都是当月最后一天。例如，11 月 30 日签发的一个月到期的商业汇票，其到期日应为 12 月 31 日；签发的三个月到期的商业汇票，其到期日则为 2 月份的最后一天。其二，若出票日为某月的 29 日、30 日或 31 日，而票据到期月份为二月份，则该票据的到期日为二月份的最后一天。当票据期限用日表示时，则应从出票日起至到期日止按照实际经历天数确认到期日。通常出票日和到期日只能算一天，即"算头不算尾"或"算尾不算头"。

【例 14.6】 有一张 20×9 年 4 月 5 日签发的 90 天到期的商业汇票，计算该票据的到期日。

"算头不算尾"：该票据四月份经历 26 天，五月份 31 天，六月份 30 天，离 90 天还差 3 天，由于到期日不算作一天，也就是说该票据的到期日为 7 月 4 日。

"算尾不算头"：该票据四月份经历 25 天，五月份 31 天，六月份 30 天，离 90 天还差 4 天，从而，该票据的到期日为 7 月 4 日。

商业汇票依据承兑人不同，可以分为商业承兑汇票和银行承兑汇票。其中，商业承兑汇票是指由付款人或收款人签发，付款人承兑的商业汇票；银行承兑汇票则是由出票人签发，银行承兑的商业汇票。

商业汇票依据是否计息，可分为不带息商业汇票和带息商业汇票。其中，不带息商业汇票是指商业汇票到期时承兑人只需按票据面值支付款项的票据；带息商业汇票则是指商业汇票到期时，承兑人除了向持票人支付票据面值以外，还应按照票面利率向持票人支付相应的票据利息。

(二) 应收票据的计量

参照应收款项的计量，企业应当按照收到商业汇票的票面价值入账。也就是说，若企业收到的是付款人直接签发或承兑的商业汇票或者付款人背书转让的不带息商业汇票，则应当按照商业汇票的票面面值入账；若企业收到的是付款人背书转让的带息商业汇票，则应当按照收到商业汇票时该商业汇票的票面面值与出票日至收到票据日之间利息之和入账。

此外，对于带息商业汇票，企业还应按照权责发生制，于期末计提利息，按照计提的利息增加应收票据的余额。

(三) 应收票据的会计处理

1. 取得

企业在销售商品、提供劳务取得商业汇票时，按照取得时商业汇票的票面价值，即收到的付款人直接签发或承兑商业汇票的票面面值或者收到的付款人背书转让的商业汇票的票面面值与出票日至收到票据日之间利息之和，借记"应收票据"账户，按照确认收入的金额，贷记"主营业务收入"账户，按照增值税专用发票上的增值税额，贷记"应交税费——应交增值税(销项税额)"账户。

【例 14.7】 环龙公司 20×9 年 3 月 20 日赊销给丰达公司商品一批，增值税专用发票上的货款总计 100 000 元，环龙公司为增值税一般纳税人，适用增值税税率 17%。双方约定，丰达公司 3 个月后付款，丰达公司交给环龙公司 90 天到期的面值 117 000 元的不带息商业承兑汇票一张。环龙公司的账务处理如下：

借：应收票据　　117 000

　　贷：主营业务收入　　100 000

　　　　应交税费——应交增值税(销项税额)　　17 000

【例 14.8】 环龙公司 20×9 年 3 月 20 日赊销给丰达公司商品一批，增值税专用发票上的货款总计 100 000 元，环龙公司为增值税一般纳税人，适用增值税税率 17%。双方约定，丰达公司 3 个月后付款，丰达公司交给环龙公司 90 天到期的面值 117 000 元的带息商业承兑汇票一张，该商业汇票期限 6 个月，票面利率 9%。环龙公司的财务处理如下：

借：应收票据　　117 000

　　贷：主营业务收入　　100 000

　　　　应交税费——应交增值税（销项税额）　　17 000

若企业因信用方式转换而收到商业汇票，则按照取得时商业汇票的票面价值，即收到的付款人直接签发或承兑商业汇票的票面面值或者收到的付款人背书转让的商业汇票的票面面值与出票日至收到票据日之间利息之和，借记"应收票据"账户，按照销售商品、提供劳务过程中应该收取的价款，贷记"应收账款"账户。

【例 14.9】 环龙公司 20×9 年 3 月 20 日赊销给丰达公司商品一批，增值税专用发票上的货款总计 100 000 元，环龙公司为增值税一般纳税人，适用增值税税率 17%。4 月 20 日，丰达公司仍然没有偿还该笔欠款，经双方协商，丰达公司交给环龙公司 90 天到期的面值 117 000 元的不带息商业承兑汇票一张。环龙公司的账务处理如下：

3 月 20 日，环龙公司赊销商品给丰达公司时：

借：应收账款——丰达公司　　117 000

　　贷：主营业务收入　　100 000

　　　　应交税费——应交增值税（销项税额）　　17 000

4 月 20 日，收到丰达公司交来的商业承兑汇票时：

借：应收票据　　117 000

　　贷：应收账款——丰达公司　　117 000

若企业因销售商品、提供劳务或信用方式转换而收到付款人背书转让的带息商业汇票，则应当按照商业汇票的票面面值与出票日至收到票据日之间利息之和，借记"应收票据"账户，按照确认收入的金额，贷记"主营业务收入"账户，按照增值税专用发票上的增值税额，贷记"应交税费——应交增值税（销项税额）"账户，或者按照信用方式转换前的应收账款的金额，贷记"应收账款"账户。相关公式如下：

出票日至收到票据日之间的利息＝商业汇票面值×（票面利率/360）×出票日至收到票据日之间的天数

其中，"票面利率"一般指年利率。

【例 14.10】 环龙公司 20×9 年 2 月 22 日赊销给丰达公司商品一批，价税合计 101 000 元。3 月 22 日，丰达公司仍然没有偿还该笔欠款，经双方协商，丰达公司背书转让 2 月 20 日林达公司签发的一张 90 天到期、票面利率 12%、面值为 100 000 元的商业汇票。请对环龙公司收到丰达公司背书转让的商业汇票时进行相应的会计处理。

从出票日至环龙公司收到票据之间的天数 ＝ 8＋22 ＝ 30（天）

出票日至环龙公司收到票据之间的利息 ＝ 100 000×（12%/360）×30 ＝ 1 000（元）

环龙公司收到背书转让的商业汇票时作如下会计分录：

借:应收票据　　101 000

　贷:应收账款　　101 000

2. 计息

对于带息商业汇票，企业应按照权责发生制，于期末(季末或年末)计提利息，按照应归属于当期的利息收入，借记“应收票据”账户，贷记“财务费用”账户。计息公式如下：

$$应计提的利息 = 商业汇票面值 \times (票面利率/360) \times 计息期天数$$

【例 14.11】 环龙公司 20×9 年 3 月 20 日赊销给丰达公司商品一批，增值税专用发票上的货款总计 100 000 元，环龙公司为增值税一般纳税人，适用增值税税率 17%。双方约定，丰达公司 3 个月后付款，丰达公司交给环龙公司 90 天到期的面值 117 000 元的带息商业承兑汇票一张，票面利率 9%。环龙公司按季对应收票据计息。20×9 年 3 月 31 日，环龙公司计提利息。

收到票据日至计息日之间的天数共 11 天。

$$应计提的利息 = 117\,000 \times (9\%/360) \times 11 = 321.75(元)$$

环龙公司计息的账务处理如下：

借:应收票据　　321.75

　贷:财务费用　　321.75

3. 到期

商业汇票到期时，企业收到付款人或承兑人支付的款项时，应当一方面按照实际收到的价款，借记“银行存款”账户，按照应收票据的账面余额，贷记“应收票据”账户，若该商业汇票为带息商业汇票，则还应当确认尚未计提的利息收入，贷记“财务费用”账户。

【例 14.12】 沿用例 14.11 资料，环龙公司于到期日如数收到票据款。

环龙公司的相关计算如下：

票据利息 = 117 000×(9%/360)×90 = 2 632.5(元)

票据到期值 = 117 000＋2 632.5 = 119 632.5(元)

票据尚未计息的天数 = 90－11 = 79(天)

到期时环龙公司尚未计提的利息 = 117 000×(9%/360)×79 = 2 310.75(元)

或，

到期时环龙公司尚未计提的利息 = 2 632.5－321.75 = 2 310.75(元)

环龙公司的账务处理如下：

借:银行存款　　119 632.5

　贷:应收票据　　117 321.75

　　财务费用　　2 310.75

商业汇票只是付款人或承兑人承诺付款的一种凭证并不是付款的保证，当付款人或承兑人在票据到期日无法支付货款时，商业汇票作废。此时商业信用的形式由有信用凭证的商业信用转为没有任何凭证的普通商业信用，即企业应将其拥有的应收款项从“应收票据”账户转入“应收账款”账户。

【例 14.13】 沿用例 14.12 资料，若票据到期日环龙公司未收到票据款。

环龙公司的账务处理为：

借：应收账款　　　　119 632.5

　贷：应收票据　　　　117 321.75

　　财务费用　　　　2 310.75

4. 贴现

企业若在商业汇票尚未到期时急需资金，可以将商业汇票拿到银行进行贴现。所谓贴现就是持票人在商业汇票到期前将其背书转让给银行，银行受理后，将扣除按银行的贴现率计算确定的贴现息后的余额交付给贴现企业的业务活动。企业将未到期的商业汇票向银行进行贴现后，实际从贴现银行所获得的金额被称为贴现所得额，即贴现所得额为票据到期值扣除贴现息后的余额。相关公式如下：

$$票据到期值 = 票据面值 + 票据面值 \times 票面利率 \times 期限$$

$$贴现息 = 票据到期值 \times 贴现率 \times 贴现天数$$

依据商业汇票贴现后贴现银行是否有权向贴现企业追偿，可将贴现分为：不带追索权的票据贴现和带追索权的票据贴现。其中，不带追索权的票据贴现是指贴现企业和贴现银行的协议约定，贴现企业将商业汇票贴现后，票据到期银行无法收回款项时，贴现银行无权向贴现企业追偿的一种贴现方式；若贴现企业和贴现银行的协议约定，贴现企业将商业汇票贴现后，票据到期银行无法收回款项时，贴现银行仍然有权向贴现企业追偿，此种贴现方式则为带追索权的票据贴现。

当票据贴现不带追索权时，意味着与票据相关的风险与报酬转移给了银行，相应地贴现企业应当终止确认该应收票据。即贴现企业应当按照收到的贴现所得额，借记“银行存款”账户，按照银行扣除的贴现息，借记“财务费用”账户，按照应收票据的账面余额，贷记“应收票据”账户，按照贴现企业尚未计提的票据到期时的票据利息，贷记“财务费用”账户。

【例 14.14】 环龙公司 2009 年 3 月 20 日赊销给丰达公司商品一批，增值税专用发票上的货款总计 100 000 元，环龙公司为增值税一般纳税人，适用增值税税率 17%。双方约定，丰达公司 3 个月后付款，丰达公司交给环龙公司 90 天到期的面值 117 000 元的不带息商业承兑汇票一张。4 月 19 日，环龙公司因急需资金将持有的商业承兑汇票予以贴现，银行的贴现率为 12%。环龙公司与贴现银行在协议中约定，该贴现属于不带追索权的贴现。

环龙公司的相关计算如下：

$$票据到期值 = 117\,000(元)$$

$$贴现天数 = 90 - 30 = 60(天)$$

$$贴现息 = 117\,000 \times (12\%/360) \times 60 = 2\,340(元)$$

$$贴现所得额 = 117\,000 - 2\,340 = 114\,660(元)$$

环龙公司的账务处理如下：

借:银行存款　　114 660

　财务费用　　2 340

　贷:应收票据　　117 000

【例 14.15】 环龙公司 20×9 年 3 月 20 日赊销给丰达公司商品一批，增值税专用发票上的货款总计 100 000 元，环龙公司为增值税一般纳税人，适用增值税税率 17%。双方约定，丰达公司 3 个月后付款，丰达公司交给环龙公司 90 天到期的面值 117 000 元的带息商业承兑汇票一张，票面利率 9%。环龙公司按季对应收票据计息。20×9 年 3 月 31 日，环龙公司计提利息。4 月 19 日，环龙公司因急需资金将持有的商业承兑汇票予以贴现，银行的贴现率为 12%。环龙公司与贴现银行在协议中约定，该贴现属于不带追索权的贴现。

环龙公司的相关计算如下：

$$票据到期值 = 117\,000 + 117\,000 \times (9\%/360) \times 90 = 119\,632.5(元)$$

$$已计提的票据利息 = 117\,000 \times (9\%/360) \times 11 = 321.75(元)$$

$$尚未计提的票据利息 = 117\,000 \times (9\%/360) \times 90 - 321.75 = 2\,310.75(元)$$

$$贴现天数 = 90 - 30 = 60(天)$$

$$贴现息 = 119\,632.5 \times (12\%/360) \times 60 = 2\,392.65(元)$$

$$贴现所得额 = 119\,632.5 - 2\,392.65 = 117\,239.85(元)$$

环龙公司的账务处理如下：

借:银行存款　　117 239.85

　财务费用(贴现息)　　2 392.65

　贷:应收票据　　117 321.75

　　财务费用(票据持有利息)　　2 310.75

当票据贴现带追索权时，则与票据相关的风险与报酬没有发生转移，此种贴现的实质为以商业汇票为质押取得银行借款，从而，此种情况下，贴现企业不应当终止确认应收票据，而应作为银行借款进行相应的会计处理。即贴现企业应当按照收到的贴现所得额，借记“银行存款”账户，按照银行扣除的贴现息，借记“财务费用”账户，按照票据到期值，贷记“短期借款”账户。此时，若票据到期，商业汇票的承兑人按期付款，则质押借款责任自动解除，直接按照票据到期值，借记“短期借款”账户，按照应收票据的账面余额，贷记“应收票据”账户，按照贴现企业尚未计提的票据到期时的票据利息，贷记“财务费用”账户。若票据到期，商业汇票的承兑人没有按期付款，则由贴现企业偿还借款，即按照票据到期值，借记“短期借款”账户，按照实际偿付的借款金额，贷记“银行存款”账户。同时，将有信用凭证的商业信用转为没有任何凭证的普通商业信用，即按照票据到期值，借记“应收账款”账户，按照应收票据的账面余额，贷记“应收票据”账户，按照贴现企业尚未计提的票据到期时的票据利息，贷记“财务费用”账户。

【例 14.16】 环龙公司 20×9 年 3 月 20 日赊销给丰达公司商品一批，增值税专用发票上的货款总计 100 000 元，环龙公司为增值税一般纳税人，适用增值税税率 17%。双方约定，丰达公司 3 个月后付款，丰达公司交给环龙公司 90 天到期的面值 117 000 元的不带息商业承兑汇票一张。4 月 19 日，环龙公司急需资金将持有的商业承兑汇票予以贴现，银行的贴现率为 12%。环龙公司与贴现银行在协议中约定，该贴现属于带追索权的贴现。

环龙公司的相关计算如下：

$$票据到期值 = 117\,000(元)$$

$$贴现天数 = 90 - 30 = 60(天)$$

$$贴现息 = 117\,000 \times 12\%/360 \times 60 = 2\,340(元)$$

$$贴现所得额 = 117\,000 - 2\,340 = 114\,660(元)$$

环龙公司的账务处理如下：

借：银行存款	114 660	
财务费用	2 340	
贷：短期借款		117 000

【例 14.17】 沿用例 14.16 资料，商业承兑汇票到期后，丰达公司没有按期支付票据款。环龙公司需要进行的会计处理如下：

借：短期借款	117 000	
贷：银行存款		117 000
借：应收账款	117 000	
贷：应收票据		117 000

【例 14.18】 环龙公司 20×9 年 3 月 20 日赊销给丰达公司商品一批，增值税专用发票上的货款总计 100 000 元，环龙公司为增值税一般纳税人，适用增值税税率 17%。双方约定，丰达公司 3 个月后付款，丰达公司交给环龙公司 90 天到期的面值 117 000 元的带息商业承兑汇票一张，票面利率 9%。环龙公司按季对应收票据计息。20×9 年 3 月 31 日，环龙公司计提利息。4 月 19 日，环龙公司因急需资金将持有的商业承兑汇票予以贴现，银行的贴现率为 12%。环龙公司与贴现银行在协议中约定，该贴现属于带追索权的贴现。

$$票据到期值 = 117\,000 + 117\,000 \times 9\%/360 \times 90 = 119\,632.5(元)$$

$$已计提的票据利息 = 117\,000 \times 9\%/360 \times 11 = 321.75(元)$$

$$尚未计提的票据利息 = 117\,000 \times 9\%/360 \times 90 - 321.75 = 2\,310.75(元)$$

$$贴现天数 = 90 - 30 = 60(天)$$

$$贴现息 = 119\ 632.5 \times 12\%/360 \times 60 = 2\ 392.65(元)$$

$$贴现所得额 = 119\ 632.5 - 2\ 392.65 = 117\ 239.85(元)$$

借:银行存款 117 239.85
　财务费用(贴现息) 2 392.65
　贷:短期借款 119 632.5

【例 14.19】 沿用例 14.18 资料,商业承兑汇票到期后,丰达公司没有按期支付票据款。环龙公司需要进行的会计处理如下:

借:短期借款 119 632.5
　贷:银行存款 119 632.5
借:应收账款 119 632.5
　贷:应收票据 117 321.75
　　财务费用(票据持有利息) 2 310.75

5. 背书转让

企业在经营过程中,可以将未到期的商业汇票背书转让,以清偿或支付购货或接受劳务应支付的货款。企业背书转让时,按照前欠货款,借记"应付账款"账户,或者按照确定的购入材料的成本,借记"原材料"等账户,按照允许抵扣的增值税进项税额,借记"应交税费——应交增值税(进项税额)"账户,按照背书转让商业汇票的账面价值,贷记"应收票据"账户,按照未计提属于背书企业的利息收入,贷记"财务费用"账户。

【例 14.20】 环龙公司 20×9 年 3 月 20 日赊销给丰达公司商品一批,增值税专用发票上的货款总计 100 000 元,环龙公司为增值税一般纳税人,适用增值税税率 17%。双方约定,丰达公司 3 个月后付款,丰达公司交给环龙公司 90 天到期的面值 117 000 元的不带息商业承兑汇票一张。4 月 19 日,环龙公司将该商业汇票背书转让给华达公司用以清偿前欠货款 117 000 元。环龙公司的账务处理如下:

借:应付账款 117 000
　贷:应收票据 117 000

【例 14.21】 环龙公司 20×9 年 3 月 20 日赊销给丰达公司商品一批,增值税专用发票上的货款总计 100 000 元,环龙公司为增值税一般纳税人,适用增值税税率 17%。双方约定,丰达公司 3 个月后付款,丰达公司交给环龙公司 90 天到期的面值 117 000 元的带息商业承兑汇票一张,票面利率 9%。环龙公司按季对应收票据计息。20×9 年 3 月 31 日,环龙公司计提利息。4 月 19 日,环龙公司将该商业汇票背书转让给华达公司用以清偿前欠货款 119 632.5 元。

环龙公司的相关计算如下:

$$已计提的票据利息 = 117\ 000 \times (9\%/360) \times 11 = 321.75(元)$$

$$尚未计提的票据利息 = 117\ 000 \times (9\%/360) \times 90 - 321.75 = 2\ 310.75(元)$$

环龙公司的账务处理如下：

借:应付账款　　119 632.5

　贷:应收票据　　117 321.75

　　财务费用(票据持有利息)　　2 310.75

第三节　应收股利和应收利息

一、应收股利

应收股利是指企业因为股权投资，而应当向被投资企业收取的股利或者利润。

企业进行股权投资的目的一方面是为了获得资本增值，另一方面则是为了获得相应的股利或利润分红。被投资企业应在每年年末，依据当年的利润进行相应的利润分配，但是被投资企业分配股利或利润的金额应当依据被投资企业的股利政策而定，也就是被投资企业分配股利或利润的多少不是依据当期利润而定，而是依据被投资企业的股利政策而定。被投资企业依据自身的股利政策和相应的经济环境，确定将要分配的股利或利润后，需要以公告的形式向股东宣告将要发放的股利。从上述描述中可以看出，投资企业不是在被投资企业获取利润时，而是在被投资企业宣告发放股利时，才能够对未来将会收到的股利进行可靠计量，从而，投资企业应在被投资企业宣告发放股利时，依据被投资企业宣告发放的现金股利金额，确认应收股利。其具体的会计处理，应当依据具体的投资类型而定。比如，当企业将购买的股票作为交易性金融资产时，则应依据被投资企业宣告发放的股利确认应收股利的金额，借记“应收股利”账户，贷记“投资收益”账户。当被投资企业实际发放股利时，按照实际收到的金额，借记“其他货币资金——存出投资款”账户，贷记“应收股利”账户。

【例 14.22】　20×9 年 2 月 18 日，环龙公司购入大华公司的股票 100 000 股，作为交易性金融资产。20×9 年 3 月 15 日，大华公司宣告每股派发现金股利 0.5 元。20×9 年 5 月 15 日，环龙公司收到大华公司派发的现金股利。环龙公司的账务处理如下：

20×9 年 3 月 15 日，大华公司宣告每股派发现金股利时：

借:应收股利　　50 000

　贷:投资收益　　50 000

20×9 年 5 月 15 日，环龙公司收到大华公司派发的现金股利时：

借:其他货币资金——存出投资款　　50 000

　贷:应收股利　　50 000

由于股票交易随时进行，所以被投资企业需要确定一个时点，只有在这一时点持有股票的股东才会收到被投资企业发放的现金股利，这一时点被称为股权登记日。正常情况下，股利宣告日和股权登记日并不是一天，也就是说，被投资企业发放股利依据的是股权登记日而非股利宣告日持有股票的股东名单。若投资企业在股利宣告日之后股权登记日之前购买了股票，即投资企业由于在股利宣告日没有持有股票，因而没有在股利宣告日确认应收股利，但是在股权登记日却持有股票，即拥有收取现金股利的权利，此时应当如何进行相应的会计处理？可以确定的是，投资企业在购买被投资企业股票的那个时点，就获取了向被投资企业收取现金股利的权利，从而，若投资企业在被投资企业宣告发放股利之后但在股权登记日之前购买股票，则应当在取得股票时，按照已经宣告但尚未发放的现金股利确认应收股利。

需要注意的是，应收股利账户仅仅反映的是应该向被投资企业收取的现金股利，不包含应收的股票股利。

二、应收利息

应收利息是指企业因债权投资，而应当在一年内向债权人收取的利息。企业在进行债权投资时，应当在合同或协议约定的计息期按照合同或协议中的债权本金（或债券面值）和利率（或票面利率）的乘积确认应收利息。其具体的会计处理应当参照具体的投资类型而定。比如，当企业将购买的债券作为交易性金融资产时，应在计息日依据计算的应当收取的利息，借记“应收利息”账户，贷记“投资收益”账户。当被投资企业实际支付利息时，再按照实际收到的金额，借记“其他货币资金——存出投资款”账户，贷记“应收利息”账户。

【例 14.23】 20×8 年 11 月 18 日，环龙公司购入大华公司 20×8 年 1 月 1 日发行的面值 100 元、票面利率 5%、按年计息、每年 1 月 5 日付息的债券 100 张作为交易性金融资产。环龙公司的账务处理如下：

20×8 年 12 月 31 日，计息时：

借：应收利息　　500

　贷：投资收益　　500

20×9 年 1 月 5 日，收到利息时：

借：其他货币资金——存出投资款　　500

　贷：应收利息　　500

值得注意的是，应收利息反映的是流动资产，即仅仅反映一年内能够收回的利息。若债权合同或协议中约定到期一次还本付息，或者计息期和付息期之间超过一年，则应当将应该收回的利息直接计入相关金融资产的成本。具体内容参见对外投资一章（第七章）持有至到期投资与可供出售金融资产的会计处理。

第四节 预付账款和其他应收款

一、预付账款

(一) 预付账款的概念

有时企业在购买货物或接受劳务过程中,根据合同要求,需要预先支付给供货商或提供劳务方价款,这种企业按照合同预先支付给供货商或提供劳务方价款或定金的款项即为预付账款。从预付账款的概念的描述中可以看出,预付账款是企业预先支付给销售方货款,从而获取之后从供应商处收取货物或接受劳务的一种权利。

(二) 预付账款的会计处理

为了反映企业预先支付给供货商或提供劳务方价款而拥有的之后收取货物或接受劳务的权利,企业应当设置"预付账款"账户。该账户属于资产类账户,从而,当企业预先支付给供货商或提供劳务方价款时,应当记录在该账户的借方,当企业收到供货商或提供劳务方提供的货物或劳务时,应当记录在该账户的贷方。现实业务中,企业预付的价款与实际接收的货物或劳务的金额并不一定相等。当企业预付的价款小于实际接收的货物或劳务的价款时,"预付账款"账户余额在贷方,表示企业应该补付的价款,即企业的应付账款,企业补付价款时,则应当计入"预付账款"账户的借方;当企业预付价款大于实际接收的货物或劳务的价款时,"预付账款"账户余额在借方,表示企业应该收回的多付价款,进而,企业收回多付金额时则应当计入"预付账款"账户的贷方。

企业实际进行会计处理时,应当包括以下步骤:①企业预先支付价款或定金时,按照实际预付的金额,借记"预付账款——××公司"账户,贷记"银行存款"账户;②企业收到货物或接受劳务时,按照发票列明的价款和相应的增值税额等,借记"原材料"和"应交税费——应交增值税(进项税额)"等账户,贷记"预付账款——××公司"账户。若预先支付的价款少于所购存货的实际价款,需要补付价款,企业应在补付价款时,按照补付金额,借记"预付账款——××公司"账户,贷记"银行存款"账户;若预先支付的价款多于所购存货或劳务的实际价款,需要收回多付款项,企业在收回多付款项时,按照收回金额,借记"银行存款"账户,贷记"预付账款——××公司"账户。

【例 14.24】 20×9 年 4 月 3 日丰达公司按照约定向生力公司预先支付购货款 500 000 元,4 月 21 日生力公司向丰达公司发出 A 存货 5 000 吨,同时开出增值税发票,发票中列明存货价款为 450 000 元,增值税额为 76 500 元,丰达公司已将该存货验收入库。丰达公司的账务处理如下:

4 月 3 日丰达公司预付货款时：

借：预付账款——生力公司　500 000

　贷：银行存款　500 000

4 月 21 日收到生力公司发出的 A 存货和增值税发票时：

借：原材料　450 000

　应交税费——应交增值税(进项税额)　76 500

　贷：预付账款——生力公司　526 500

丰达公司补足货款时：

借：预付账款　26 500

　贷：银行存款　26 500

当企业预付账款业务不多时，可以不单独设置“预付账款”账户，而将其直接在“应付账款”账户中予以反映。当企业预付账款或补付价款时，计入“应付账款”账户的借方，当企业收到货物、接受劳务或收回多付款项时，计入“应付账款”账户的贷方。

值得注意的是，企业可以不单独设置“预付账款”账户，但是当企业交易的结果具有预付账款性质时，不论会计处理时将其计入“应付账款”还是“预付账款”，都应当按照“应付账款”或“预付账款”明细账的借方余额计入资产负债表中的“预付账款”项目。类似地，若企业交易的结果具有应付账款性质时，不论会计处理时将其计入“应付账款”还是“预付账款”，都应当按照“应付账款”或“预付账款”明细账的贷方余额计入资产负债表中的“应付账款”项目。

【例 14.25】 沿用例 14.24 资料，若丰达公司没有单独设置“预付账款”账户，而是将其在“应付账款”账户中予以记录，则丰达公司相应的会计处理中，只需将“预付账款”替换为“应付账款”即可：

4 月 3 日丰达公司预付货款时：

借：应付账款——生力公司　500 000

　贷：银行存款　500 000

4 月 21 日收到生力公司发出的 A 存货和增值税发票时：

借：原材料　450 000

　应交税费——应交增值税(进项税额)　76 500

　贷：应付账款——生力公司　526 500

丰达公司补足货款时：

借：应付账款　26 500

　贷：银行存款　26 500

二、其他应收款

(一) 其他应收款的概念

除了前面所述的应收账款、应收票据、应收股利、应收利息、预付账款以外，企业拥有的其他的一年以内能够收回的应收、暂付款项被称为其他应收款。

其他应收款主要包括：

(1) 应收的各种罚款、赔款。例如，由于人为或自然灾害等原因给企业造成损失后，企业应向相关责任人或保险公司收取的罚款或赔款。

(2) 企业应收的出租包装物租金。

(3) 存出保证金。例如，企业租入包装物时，暂时放在出租方处的押金。

(4) 应向职工收取的各种垫付款项。例如，企业应收的为职工垫付的应由职工负担的水电费等。

(5) 备用金。所谓备用金，是指企业预先支付给有关内部职工或部门一笔现金，以供其零星开支使用的款项。

(6) 其他各种应收、暂付款项。

(二) 其他应收款的会计处理

为了反映企业的其他应收款，企业应当设置“其他应收款”账户。该账户属于资产类账户，从而，当企业发生其他应收或暂付款时，应当记录在该账户的借方，当企业收回其他应收或暂付款时，则应当记录在该账户的贷方。期末余额一般在借方，表示应收未收的款项。即当企业发生其他应收或暂付款时，按照其他应收或暂付款的金额，借记“其他应收款”账户，按照具体的交易，贷记相关账户。例如，由于人为或自然灾害等原因给企业造成存货损失后，企业应向相关责任人或保险公司收取的罚款或赔款，贷记“待处理财产损溢——待处理流动资产损溢”账户；企业应收的出租包装物租金，贷记“其他业务收入”账户；企业租入包装物时，暂时放在出租方处的押金，贷记“库存现金”账户；企业应收的为职工垫付的应由职工负担的水电费，贷记“银行存款”账户；企业预先支付给有关内部职工或部门以供其零星开支使用的现金，贷记“库存现金”账户。当企业收回其他应收或暂付款时，直接按照收到的金额，借记“库存现金”或“银行存款”等账户，贷记“其他应收款”账户。

【例 14.26】 丰达公司从生力公司购买商品时，支付商品包装物押金 1 000 元。当丰达公司将商品包装物退回时，生力公司直接将押金退回。丰达公司的账务处理如下：

支付押金时：

借：其他应收款	1 000	
贷：库存现金		1 000

收到生力公司退回的押金时：

借：库存现金	1 000	
贷：其他应收款		1 000

值得注意的是，企业按照对备用金的管理方式可将备用金分为非定额备用金和定额备用金。其中，非定额备用金是企业针对不经常使用备用金的部门或个人所设定的一种备用金管理方式，这种备用金管理方式下，企业内部需要备用金的部门或个人在需要备用金时随用随借，事后直接报销。定额备用金，则是企业针对经常使用备用金的部门或个人

设定的一种备用金管理方式，这种备用金管理方式下，企业按照不同部门或个人的业务情况核定一个备用金定额，该部门或个人使用备用金后，持相关单据报销时补足用掉的金额。

针对上述两种备用金的特点，应当区分其具体的会计处理。

非定额备用金下，需要使用备用金的部门或个人借备用金时，按照使用备用金的部门或个人的借款金额，借记“其他应收款”账户，贷记“库存现金”账户；借款人持有相关单据报销时，按照相关单据的金额，借记“管理费用”等账户，按照使用备用金的部门或个人的借款金额，贷记“其他应收款”账户。若借款人实际花费的金额少于借款金额，则应按照退回的金额，借记“库存现金”账户，若借款人实际花费的金额多于借款金额，则应按照多花的金额，贷记“库存现金”账户。

定额备用金下，企业针对相关单位或个人核定备用金金额并予以拨付时，按照实际拨付的金额，借记“其他应收款”账户，贷记“库存现金”账户；借款人持有相关单据报销，企业按照借款人实际支付的金额补足欠款时，按照相关单据的金额，借记“管理费用”等账户，贷记“库存现金”账户；若采用定额备用金的单位或个人不再经常使用备用金，企业决定撤销其定额备用金时，按照收到的借款人报销的相关单据，借记“管理费用”账户，按照收到的备用金退款，借记“库存现金”账户，按照原拨付的金额，贷记“其他应收款”账户。

【例 14.27】 丰达公司投资部王五出差从出纳处预借差旅费 1 000 元，出纳以现金支付。第二天王五出差回来，报销单上列明的差旅费总共 960 元，剩余现金交还出纳。丰达公司的账务处理如下：

王五预借差旅费时：

借：其他应收款——王五	1 000	
贷：库存现金		1 000

王五报销时：

借：库存现金	40	
管理费用——差旅费	960	
贷：其他应收款——王五		1 000

【例 14.28】 丰达公司经研究决定，对总经理办公室采用定额备用金管理方式，对其核定备用金 3 000 元，并直接以现金支付。当月总经理办公室花费 2 500 元，并持相关报销单据予以报销。丰达公司的账务处理如下：

以现金支付定额备用金时：

借：其他应收款——总经理办公室	3 000	
贷：库存现金		3 000

总经理办公室报销时：

借：管理费用	2 500	
贷：库存现金		2 500

第五节 坏账损失

一、坏账的含义及其确认

(一) 坏账的含义

在日常销售商品、提供劳务过程中,企业提供给购货方或接受劳务方的赊销款并非百分之百能够收回,当企业提供给购货方或接受劳务方的赊销款,无法收回或收回的可能性极小时,就说明企业发生了坏账。也就是说,坏账是指企业无法收回或收回可能性极小的应收款项。一般情况下,当发生下列事项时,就说明企业发生了坏账:

(1) 债务人死亡,以其遗产清偿后仍然无法收回;

(2) 债务人破产,以其破产财产清偿后仍然无法收回;

(3) 债务人较长时期内未履行其偿债义务,并有足够的证据表明无法收回或收回的可能性极小。

(二) 坏账的确认

当企业发生坏账时,即产生了相应的损失,这一损失即为坏账损失。一般情况下,企业会考虑在发生坏账损失时,直接冲减应收账款并确认相应的坏账损失。这种在应收账款发生时直接按照发生的坏账金额,确认坏账损失,并冲减应收账款的会计处理方法被称为直接转销法。值得注意的是,企业发生坏账并不是真实发生坏账的期间一次产生的,可能是由于企业应收账款管理等原因逐渐累积形成的,因此直接转销法将坏账损失一次确认不符合权责发生制和谨慎性原则的要求。从而,针对坏账损失的会计处理,还有另外一种较优的会计处理方法:备抵法。

备抵法不再要求在坏账损失实际发生时一次确认坏账损失,冲减应收账款,而是要求企业在应收账款实际发生坏账前,按照经验每期估计坏账损失,计提坏账准备,在实际发生坏账时,直接冲销已计提的坏账准备和发生坏账的应收账款即可。

二、坏账的会计处理

(一) 坏账的计量

一般企业坏账准备的计量方法主要有个别认定法、余额百分比法、账龄分析法和销货百分比法。

1. 个别认定法

所谓个别认定法，就是企业通过比较某一具体的应收款项未来的现金流量现值与其账面原值，确认坏账损失，计提坏账准备的一种方法。

【例 14.29】 假设丰达公司对鸿发公司的应收款项采用个别认定法计提坏账准备。20×8 年 12 月 31 日，丰达公司根据其对鸿发公司的应收款项进行减值测试发现，该应收款项未来将给企业带来的现金流量现值为 3 000 元，而其目前的账面价值为 3 500 元，其中账面原值 4 000 元，已计提坏账准备 500 元。请计算丰达公司当期应计提的坏账准备。

未来现金流量的现值为 3 000 元，小于账面原值 4 000 元，所以应计提的坏账准备总额为 1 000 元，由于上年已计提坏账准备 500 元，因此，本年丰达公司当期应计提坏账准备 500 元。

【例 14.30】 沿用例 14.29 资料，假设丰达公司 20×9 年没有发生或转回任何坏账损失，20×9 年 12 月 31 日，丰达公司根据其对鸿发公司的应收款项进行减值测试发现，该应收款项未来将给企业带来的现金流量现值为 3 300 元。请计算丰达公司当期应计提的坏账准备。

未来现金流量的现值为 3 300 元，小于账面原值 4 000 元，所以应计提的坏账准备总额为 700 元，由于上年止该公司已累计计提坏账准备 1 000 元，因此应当转回原已计提的坏账准备 300 元。

2. 余额百分比法

所谓余额百分比法，就是资产负债表日根据应收款项的期末余额乘以估计的坏账准备率估计坏账损失，计提坏账准备的方法。

值得注意的是，这种方法认为资产负债表日，企业坏账准备余额应当与期末应收款项的余额之间存在一定的比例关系，从而，企业根据应收款项期末余额乘以估计的坏账准备率计算的结果不是当期应当计提的坏账准备而是当期坏账准备的余额。

从而采用余额百分比法估计坏账损失，计提坏账准备时，相关的计算公式如下：

期末坏账准备的余额 = 资产负债表日应收款项余额 × 估计的坏账准备率

当期应计提或转回的坏账准备 = 期末坏账准备的余额 + 本期实际发生的坏账金额 − 本期收回已确认坏账的金额 − 期初坏账准备的余额

若计算结果大于零，表明本期需要计提坏账准备；若计算结果小于零，则表明本期需要转回之前计提的坏账准备。

【例 14.31】 假设丰达公司对应收款项采用余额百分比法计提坏账准备，其根据经验估计应收款项的坏账准备率为 5%。丰达公司 20×7 年 12 月 31 日开始对应收款项计提坏账准备，20×7 年 12 月 31 日其应收款项的账面余额为 120 万元；20×8 年其债务人逸仙公司陷入财务困难，丰达公司判断其对逸仙公司的应收款项无法收回，确认坏账损失 3 万元，20×8 年 12 月 31 日其应收款项的账面余额为 100 万元；20×9 年，逸仙公司的财务状况有所好转，丰达公司收回已核销的坏账 3 万元，20×9 年 12 月 31 日其应收款项的账面余额为 80 万元。请计算丰达公司 20×7—20×9 年各年末应计提的坏账准备。

20×7 年 12 月 31 日：

$$期末坏账准备的余额 = 120 \times 5\% = 6(万元)$$

$$当期应计提或转回的坏账准备 = 6 + 0 - 0 - 0 = 6(万元)$$

20×8 年 12 月 31 日：

$$期末坏账准备的余额 = 100 \times 5\% = 5(万元)$$

$$当期应计提或转回的坏账准备 = 5 + 3 - 0 - 6 = 2(万元)$$

20×9 年 12 月 31 日：

$$期末坏账准备的余额 = 80 \times 5\% = 4(万元)$$

$$当期应计提或转回的坏账准备 = 4 + 0 - 3 - 5 = -4(万元)$$

3. 账龄分析法

账龄分析法是一种根据应收款项的账龄长短估计坏账损失，计提坏账准备的一种方法。这种方法的基本思路与余额百分比法是相同的，即根据应收款项的期末余额计算确定当期的坏账损失，计提坏账准备，相区别的是，账龄分析法在估计坏账损失计提率时，考虑了应收款项的账龄。

【例 14.32】 假设丰达公司对应收款项采用账龄分析法计提坏账准备。有关资料如表 14.1 和表 14.2 所示。

表 14.1 应收账款账龄分析表 单位：万元

客户名称	余额	未到期	逾期 1 个月	逾期 2 个月	逾期 3 个月	逾期 3 个月以上
A	60	30	10	10	7	3
B	20	10	5	3	2	0
C	30	10	10	7	1	2
合计	110	50	25	20	10	5

表 14.2 坏账损失估计表 单位：万元

账　龄	应收账款余额	计提比例(%)	减值总损失
未到期	50	1	0.5
逾期 1 个月	25	2	0.5
逾期 2 个月	20	3	0.6
逾期 3 个月	10	4	0.4
逾期 3 个月以上	5	6	0.3
合　计	110		2.3

根据上表计算结果，可知：

丰达公司本期期末坏账准备的余额 = 23 000(元)

若丰达公司期初坏账准备余额为 20 000 元，本期发生坏账损失 1 000 元，收回已确认坏账损失的应收账款 2 000 元。

丰达公司本期应当计提的坏账准备 ＝ 23 000 ＋ 1 000 － 2 000 － 20 000 ＝ 2 000(元)

4. 销货百分比法

销货百分比法是根据企业当期的赊销金额乘以估计的坏账损失率确定减值损失，计提坏账准备的方法。

这种方法下，企业各期应当计提坏账准备的计算公式为：

本期应当计提的坏账准备金额 ＝ 当期的赊销金额 × 估计的坏账损失率

【例 14.33】 假设丰达公司对应收款项采用销货百分比法计提坏账准备。20×8 年丰达公司全年赊销额为 100 万元，估计坏账损失率为 2%。

丰达公司本期应计提的坏账准备 ＝ 1 000 000 × 2% ＝ 20 000(元)

坏账准备的计量方法有以上四种，实务中应当如何选择？《企业会计准则第 22 号——金融工具确认和计量》应用指南对应收款项坏账准备的计量方法做了简要的规定。对于单项金额重大的应收款项，应当单独进行减值测试。有客观证据表明其发生了减值的，应当根据其未来现金流量现值低于其账面价值的差额，确认减值损失，计提坏账准备。将单项金额非重大的应收款项以及经单独测试后未减值的单项金额重大的应收款项一起按类似信用风险特征划分为若干组合，再按这些应收款项组合在资产负债表日余额的一定比例计算确定减值损失，计提坏账准备。即对于单项金额重大的应收款项应当采用个别认定法计提坏账准备，对于单项金额非重大的应收款项以及经单独测试后未减值的单项金额重大的应收款项合并一起采用余额百分比法或账龄分析法计提坏账准备。

《企业会计准则第 22 号——金融工具确认和计量》应用指南对坏账准备率的确定也做了相应的规定。企业应当根据以前年度与之相同或相类似的、具有类似信用风险特征的应收款项组合的实际损失率为基础，结合现时情况确定本期各项组合计提坏账准备的比例，据此计算本期应计提的坏账准备。企业除了对债务单位已撤销、破产、资不抵债、现金流量严重不足、发生严重自然灾害等导致停产而在短期内无法偿债以及 3 年以上的应收款项可以全额计提坏账准备外，下列应收款项不能全额提取坏账准备：(1)当年发生的应收款项；(2)计划对应收款项进行重组；(3)与关联方发生的应收款项；(4)其他已逾期，但无确凿证据表明不能收回的应收款项。

(二) 坏账准备的会计处理

1. 账户设置

企业应当设置“坏账准备”账户用以反映企业坏账准备的变化情况，当企业计提坏账准备或者收回已确认坏账的应收款项时，应当计入该账户的贷方，当企业转回多提的坏账准备或者确认坏账损失时，则应当计入该账户的借方。

2. 会计处理

期末企业依据各种坏账准备的计量方法确认的当期应计提或转回的坏账准备金额，借或贷记"资产减值损失"账户，贷或借记"坏账准备"账户；按照当期确认的坏账损失，借记"坏账准备"账户，贷记"应收账款"账户；按照已确认坏账又收回的金额，借记"应收账款"账户，贷记"坏账准备"账户，同时，借记"银行存款"账户，贷记"应收账款"等账户。

【例 14.34】 沿用例 14.31 资料，丰达公司 20×7—20×9 年各年有关坏账准备的会计处理如下：

20×7 年 12 月 31 日：

借：资产减值损失	60 000	
贷：坏账准备		60 000

20×8 年发生坏账时：

借：坏账准备	30 000	
贷：应收账款		30 000

20×8 年 12 月 31 日：

借：资产减值损失	20 000	
贷：坏账准备		20 000

20×9 年收回已确认坏账的应收账款时：

借：应收账款	30 000	
贷：坏账准备		30 000
借：银行存款	30 000	
贷：应收账款		30 000

20×9 年 12 月 31 日：

借：坏账准备	10 000	
贷：资产减值损失		10 000

【本章小结】

应收款项主要包括应收账款、应收票据、应收股利、应收利息、预付账款和其他应收款。

应收账款是企业在日常销售商品、提供劳务的过程中，应向购货方或接受劳务方收取的相应的款项，主要包括企业销售商品、提供劳务应向购货方或接受劳务方收取的价款、相应的增值税以及销售过程中应向购货方或接受劳务方收取的各种代垫费用，如运杂费等。应收账款应当在满足收入确认条件确认收入时同时确认。

应收票据是指企业在日常销售商品、提供劳务过程中，收到的由出票人签发，承兑人承诺在票据到期日无条件支付特定金额给收款人或者持票人的商业汇票。企业应当按照收到商业汇票的票面价值入账。对于带息商业汇票，企业还应于期末计提利息，按照计提的利息增加应收票据的余额。若商业汇票到期付款人或承兑人在票据到期日无法支付货款,商业汇票作废。此时商业信用的形式由有信用凭证的商业信用转为没有任何凭证的普通商业信用。

企业可以将商业汇票拿到银行进行贴现。所谓贴现就是持票人在商业汇票到期前将其背书转让给银行,银行受理后,将扣除按银行的贴现率计算确定的贴现息后的余额交付给贴现企业的业务活动。依据商业汇票贴现后贴现银行是否有权向贴现企业追偿,可将贴现分为:不带追索权的票据贴现和带追索权的票据贴现。对于不带追索权的票据贴现,贴现企业应当终止确认该应收票据;对于带追索权的票据贴现,贴现企业不应当终止确认应收票据,而应作为银行借款进行相应的会计处理。

企业在经营过程中,可以将未到期的商业汇票背书转让,以清偿或支付购货或接受劳务应支付的货款。

应收股利是指企业因为股权投资,而应当向被投资企业收取的股利或者利润。投资企业应在被投资企业宣告发放股利时,确认应收股利。若投资企业在被投资企业宣告发放股利之后但是在股权登记日之前购买股票,应当在取得股票时,按照已经宣告但尚未发放的现金股利确认应收股利。

应收利息是指企业因债权投资,而应当在一年内向债权人收取的利息。企业在债权投资时,应当在合同或协议约定的计息期按照合同或协议中的债权本金(或债券面值)和利率(或票面利率)的乘积确认应收利息。应收利息仅仅反映一年内能够收回的利息,若债权合同或协议中约定到期一次还本付息,或者计息期和付息期之间超过一年,则不应将应该收回的利息在应收利息中予以反映。

企业按照合同预先支付给供货商或提供劳务方价款或定金的款项即为预付账款。为了反映预付账款,企业应当设置"预付账款"账户。当企业预付账款业务不多时,可以不单独设置"预付账款"账户,而将其直接在"应付账款"账户中予以反映。

除了前面所述的应收账款、应收票据、应收股利、应收利息、预付账款以外,企业拥有的其他的一年以内能够收回的应收、暂付款项被称为其他应收款。

当企业的应收款项无法收回或收回的可能性极小时,就说明企业发生了坏账。企业发生坏账而产生的损失为坏账损失。对坏账损失的会计处理有直接转销法和备抵法两种方法。对坏账准备的计量有个别认定法、余额百分比法、账龄分析法和销货百分比法四种方法。

【本章思考题】

1. 应收款项包括哪些内容?其确认条件有哪些?如何对其进行计量?
2. 什么是应收账款?包括哪些内容?
3. 什么是应收票据?什么是贴现?贴现天数如何确定?贴现息、贴现所得额如何计算?
4. 坏账损失的会计处理方法有哪两种?分别有何特点?
5. 坏账准备的计量方法有哪四种?分别有何特点?

【练习与案例分析】

一、选择题

1. 企业应收账款包括(　　)。

A. 销售商品、提供劳务应向客户收取的款项

B. 企业在销售商品、提供劳务时代垫的运费

C. 应收的增值税额

D. 存出保证金

2. 企业应收票据的入账价值为(　　)。

A. 企业收到的是付款人直接承兑的商业汇票,应按商业汇票的票面面值入账

B. 企业收到的是付款人背书转让的不带息商业汇票,应按商业汇票的票面面值入账

C. 企业收到的是付款人背书转让的带息商业汇票,应按商业汇票的票面面值入账

D. 企业收到的是付款人背书转让的带息商业汇票,应按收到商业汇票时该商业汇票的票面面值与出票日至收到票据日之间利息之和入账

3. 预付款项情况不多的企业,可以不设置“预付账款”账户,而直接在(　　)账户核算。

A. 应收账款　　B. 其他应收款　　C. 应付账款　　D. 应收票据

4. 下列各项中,应通过“其他应收款”账户核算的有(　　)。

A. 代购货单位垫付的运杂费　　B. 支付的保证金

C. 应收的各种赔款　　D. 应向职工收取的各种垫付款

二、业务处理

甲企业20×8年发生下列与应收账款相关的业务。甲企业采用余额百分比法对应收账款确认减值损失。

(1) 20×8年3月5日,甲企业赊销给客户一批商品,增值税专用发票上的价款为20 000元,规定的付款条件为“2/10, n/20”,适用增值税税率为17%。

(2) 20×8年3月14日,甲企业收回客户交来的一张转账支票用以偿付3月5日所欠货款,当天送存银行,取得进账单回单。

(3) 20×8年12月31日该企业对应收账款计提坏账准备,这是企业首次计提坏账准备。企业应收账款年末余额为1 000 000元,该企业通过对应收款项的信用风险特征进行分析,确定计提坏账准备的比例为期末应收账款余额的3%。

(4) 20×9年该公司应收乙公司的账款5 000元发生坏账。

(5) 20×9年公司收回上年确认的坏账损失3 000元。

(6) 20×9年12月31日,该公司应收年末应收账款的余额为800 000元,其坏账计提比例与20×8年相同。

要求:请根据上述资料进行相关会计处理(按总价法确认应收账款)。

第十五章

非货币性资产交换

【本章学习目的】

1. 了解非货币性资产交换的含义和类型。
2. 理解非货币性资产交换的计量模式和计量原则。
3. 掌握以公允价值模式计量的非货币性资产交换业务的会计处理。
4. 掌握以账面价值模式计量的非货币性资产交换业务的会计处理。

课前案例

以物易物引起的利润异议

2000年春天,在上海证券交易所上市的诚成文化(现更名为"万鸿集团")在一个多月的时间内发布了两份不同的1999年年报。一家公司为什么会在一个多月的时间内出现两份正式年报呢?

武汉诚成文化投资集团股份有限公司(以下简称"诚成文化")是一家以经营纸塑包装制品为主的上市公司。该公司前身为武汉印刷厂,始建于1949年8月,1992年3月改组为股份有限公司,将原公司净资产折为2 533.04万股,定向募集法人股1 790万股,内部职工股940万股,于1993年9月6日至1993年10月6日,首次发行社会公众股1 760万股,1993年10月18日(A股)在上海证券交易所上市交易(股票代码:600681)。

1999年11月5日诚成文化股东大会通过了如下决议:将公司所持有的"长印文化娱乐公司"的全部股权与海南诚成企业集团有限公司的《传世藏书》进行置换。经武汉众环会计师事务所及武汉市审计事务所进行资产评估,长印文化娱乐公司资产账面价值为8 543 750元,评估价值8 700 000元;《传世藏书》资产账面价值为62 712 000元,评估价值65 280 000元。诚成文化2000年3月在其1999年年度财务报告中披露,公司1999年度实现净利润4 921.84万元,每股净利润0.36元。但仅一个月之后,该公司就在2000年4月18日的董事会第六次会议决议公告中,披露本公司1999年度资产置换所形成的5 658万元投资收益,因适用的会计方法不当而不能确认，并对1999年度的财务报告进行调整，调整后的净利润为609.89万元，每股净利润0.04元。诚成文化1999年两次年报中的利润表见表15.1：

表15.1　诚成文化1999年两次年报中的利润表　　单位：元

项　　目	更正前	更正后
一、主营业务收入	273 675 324.07	273 675 324.07
减：主营业务成本	219 932 568.71	219 932 568.71
主营业务税金及附加	636 346.15	636 346.15
二、主营业务利润	53 106 409.21	53 106 409.21
加：其他业务利润	6 567 984.77	6 567 984.77
减：存货跌价损失	1 644 404.42	1 644 404.42
营业费用	9 202 944.22	9 202 944.22
管理费用	31 650 664.96	31 650 664.96
财务费用	7 900 291.03	7 900 291.03
三、营业利润	9 276 089.35	9 276 089.35
加：投资收益	56 815 953.94	79 703.94
补贴收入	6 107 944.06	1 001 681.56
营业外收入	360 250.31	360 250.31
减：营业外支出	431 943.76	431 943.76
四、利润总额	72 128 293.89	10 285 781.40
减：所得税	23 166 609.91	4 443 647.41
加：少数股东收益	−256 732.87	−256 732.87
五、净利润	49 218 416.85	6 098 866.86

注：此表按照1998年《股份有限公司会计制度》规定格式编制。

思考：

1. 上述案例中以物易物交易的性质是什么？
2. 这种以物易物的交易收益应当如何确认？

第一节　非货币性资产交换概述

一、非货币性资产交换的概念

非货币性资产交换是一种非经常性特殊的经济业务，是指交易双方主要以存货、固定资产、无形资产和长期股权投资等非货币性资产进行的交换，该交换不涉及或只涉及少量的货币性资产即补价。

其中，货币性资产，是指企业持有的货币资金和将以固定或可确定的金额收取的资产，包括现金、银行存款、应收账款和应收票据以及准备持有至到期的债券投资等。非货币性资产则是指企业持有的货币性资产以外的资产，即未来可收取的金额不固定或者不可确定的资产，如存货、固定资产、预付账款、交易性金融资产、可供出售金融资产、长期股权投资以及无形资产等。

非货币性资产交换一般不涉及或只涉及少量货币性资产。其中涉及的少量货币性资产被称为补价。何谓少量？其判断标准如何？认定涉及少量货币性资产的交换为非货币性资产交换，通常以补价占整个资产交换金额的比例低于25%作为参考。即支付的货币性资产占换入资产公允价值（或占换出资产公允价值与支付的货币性资产之和）的比例，或者收到的货币性资产占换出资产公允价值（或占换入资产公允价值和收到的货币性资产之和）的比例低于25%的，视为非货币性资产交换；高于25%（含25%）的，视为货币性资产交换。

值得注意的是，非货币性资产交换不包含与所有者或所有者以外各方的非货币性资产非互惠转让以及企业合并、债务重组和发行股票取得的非货币性资产。其中，与所有者或所有者以外各方的非货币性资产非互惠转让是指企业将其拥有的非货币性资产无代价地转让给其所有者或其他企业，或者由其所有者或其他企业将非货币性资产无代价地转让给企业。例如，以非货币性资产作为股利发放给所有者，以及其他企业无偿捐赠给企业非货币性资产等都不属于非货币性资产交换。相对应地，只有当企业取得一项非货币性资产必须以支付另一项非货币性资产为代价时，即为互惠转让时，才属于非货币性资产交换的范畴。此外，企业合并、债务重组和发行股票取得的非货币性资产也不属于非货币性资产交换的范畴，应当分别按照《企业会计准则第20号——企业合并》、《企业会计准则第12号——债务重组》和《企业会计准则第37号——金融工具列报》的要求进行确认和计量。

二、非货币性资产交换的类型

为了更好地对非货币性资产交换进行反映，应将非货币性资产交换业务按照不同的分类标准进行分类。

（一）按照是否具有商业实质分类

按照非货币性资产交换是否具有商业实质，可以将其分为具有商业实质的非货币性资产交换和不具有商业实质的非货币性资产交换。

所谓商业实质，即企业有明确的交易意图进行非货币性资产交换，以改变目前的经济状态的一种交易实质。企业结合换入资产的性质和换入企业经营活动的特征等，确定通过换入资产与换入企业其他现有资产相结合能产生更大的效用，以使换入企业受该换入资产影响产生的现金流量与换出资产明显不同，而进行的非货币性资产交换就具有商业实质。

企业应当遵循实质重于形式的要求判断非货币性资产交换是否具有商业实质。当非货币性资产交换满足下列条件之一时就可以判断其具有商业实质。

（1）换入资产的未来现金流量在风险、时间和金额方面与换出资产显著不同。

这种情况通常包括以下三种情形：

① 未来现金流量的风险、金额相同，时间不同。此种情形是指换入资产和换出资产产生的未来现金流量总额相同，获得这些现金流量的风险相同，但现金流量流入企业的时间明显不同。例如，企业用一批存货换入一台机器设备，假设存货和设备未来给企业带来的现金流量的风险和金额相同，但是由于存货流动性强能够在一年或一个营业周期内变现，而机器设备属于固定资产，要在整个寿命周期内给企业带来现金流量，从而判断交易中存货和固定资产给企业带来未来现金流量的时间不同，上述非货币性资产交换具有商业实质。

② 未来现金流量的时间、金额相同，风险不同。此种情形是指换入资产和换出资产产生的未来现金流量时间和金额相同，但企业获得现金流量的不确定性程度存在明显差异。例如，企业用一项机器设备交换一项长期股权投资，假设预期该设备和长期股权投资未来给企业带来的现金流量的时间和金额相同，但是由于机器设备产生的现金流量的不确定性较小，而长期股权投资给企业带来未来现金流量的不确定性较大，从而判断交易中机器设备和长期股权投资给企业带来未来现金流量的风险不同，上述非货币性资产交换具有商业实质。

③ 未来现金流量的风险、时间相同，金额不同。此种情形是指换入资产和换出资产产生的未来现金流量总额相同，预计为企业带来现金流量的时间跨度相同，风险也相同，但各年产生的现金流量金额存在明显差异。例如，企业用一台机器设备交换一项专利技术，预计机器设备与专利技术未来给企业带来的现金流量总额相同，预计带来现金流量的时间跨度、风险也相同，但是由于专利技术是新开发的，预计开始阶段产生的现金流量明显少于后期，而该企业拥有的机器设备每年产生的现金流量比较均衡，从而判断交易中两资产各年产生的现金流量金额存在明显差异，上述非货币性资产交换具有商业实质。

（2）换入资产与换出资产的预计未来现金流量现值不同，且其差额与换入资产和换出资产的公允价值相比是重大的。

这种情况是指换入资产对换入企业的特定价值（即预计未来现金流量现值）与换出资产存在明显差异。也就是说，从换入资产与换出资产本身来看，两者在未来现金流量的风险、时间和金额方面完全相同，但是根据企业自身的特点，换入资产与换入企业的经营特征相结合将会产生更大的现金流量，即换入资产对换入企业的使用价值将明显有别于换出资产对换入企业的使用价值。换入资产和换出资产分别对换入企业的使用价值是用换入资产和换出资产的预计未来现金流量的现值来衡量的。其中，资产的预计未来现金流量现值，应当按照资产在持续使用过程中和最终处置时所产生的预计税后未来现金流量，根据企业自身而不是市场参与者对资产特定风险的评价，选择恰当的折现率对其进行折现后的金额加以确定。例如，企业用一项专利权交换一项商标权时，假设从市场参与者来看，该专利权和商标权预计未来产生现金流量的金额、时间和风险都相同，但是对换入企业而言，商标权则会较专利权带来更多的未来现金流量，从而与专利权相比较，商标权对换入企业具有更大的使用价值，从而该项非货币性资产交换具有商业实质。

不满足上述任何一项条件的非货币性资产交换则通常认为其不具有商业实质。

通常判断不同类别的非货币性资产交换是否具有商业实质较为容易。当非货币性资产交换涉及资产属于同类资产时，就需要特别注意。当换入资产和换出资产属于同类资产且其给企业带来的未来现金流量的金额、时间和风险完全相同时，则确认该项交换不具有商业实质。例如，甲石油销售公司和乙石油销售公司的加油站遍及全国，假设甲石油公司在X市的93号汽油告急，同时乙石油公司在Y市的93号汽油告急，而甲石油公司在Y市和乙石油公司在X市都有充足的93号汽油，双方经过协商决定通过非货币性资产交换的方式解决两公司在两地所面临的需求问题。对两公司而言，这一非货币性资产交换中的换入资产和换出资产给企业带来的未来现金流量的金额、时间和风险完全相同，不具有商业实质。

值得注意的是，在确定非货币性资产是否具有商业实质时，企业应当关注交易各方之间是否存在关联方关系。关联方关系的存在可能导致发生的非货币性资产交换不具有商业实质。

（二）按照是否涉及补价分类

按照非货币性资产交换是否涉及补价可以将其分类为涉及补价的非货币性资产交换和不涉及补价的非货币性资产交换。企业在对非货币性资产交换进行会计处理时应当区分是否涉及补价。

（三）按照换出资产的类型分类

按照换出资产的类型可将非货币性资产交换分为：换出资产为存货的非货币性资产交换、换出资产为固定资产的非货币性资产交换、换出资产为长期股权投资的非货币性资产交换、换出资产为无形资产的非货币性资产交换等。

三、非货币性资产交换的计量模式

《企业会计准则第7号——非货币性资产交换》中对非货币性资产交换中换入资产的成本确定了两种计量模式。

（一）公允价值模式

《企业会计准则第7号——非货币性资产交换》规定，当该非货币性资产交换具有商业实质，并且换入资产或换出资产的公允价值能够可靠地计量时，应当以公允价值和应支付的相关税费作为换入资产的成本，确定的换入资产的成本与换出资产账面价值的差额计入当期损益。若换入资产和换出资产的公允价值均能够可靠计量，应当以换出资产公允价值作为换入资产成本的基础。若有确凿证据证明换入资产的公允价值更加可靠，则应当以换入资产的公允价值作为换入资产成本的基础。

需要注意的是，若换入资产的增值税额符合税法规定的抵扣条件时，按照上述规定计算的换入资产成本为包含增值税的含税成本，在计算换入资产的入账成本时，应当将这部分可以抵扣的增值税进项税额扣除。

符合下列情形之一的，表明换入或换出资产的公允价值能够可靠地计量。

(1) 换入资产或换出资产存在活跃市场。对于存在活跃市场的存货、长期股权投资、固定资产、无形资产等非货币性资产，应当以该资产的市场价格为基础确定其公允价值。

(2) 换入资产或换出资产不存在活跃市场，但同类或类似资产存在活跃市场。对于同类或类似资产存在活跃市场的存货、长期股权投资、固定资产、无形资产等非货币性资产，应当以同类或类似资产的市场价格为基础确定其公允价值。

(3) 换入资产或换出资产不存在同类或类似资产的可比市场交易，应当采用估值技术确定其公允价值。该公允价值估计数的变动区间很小，或者在公允价值估计数的变动区间内，各种用于确定公允价值估计数的概率能够合理确定的，视为公允价值能够可靠计量。

需要注意，当非货币性资产交换同时换入多项资产时，应当按照换入各项资产的公允价值占换入资产公允价值总额的比例，对换入资产的成本总额进行分配，确定各项换入资产的成本。

(二) 账面价值模式

《企业会计准则第 7 号——非货币性资产交换》规定，若非货币性资产交换未同时满足该项交换具有商业实质与换入资产或换出资产的公允价值能够可靠地计量两个条件，则应当以换出资产的账面价值和应支付的相关税费作为换入资产的成本，不确认损益。

当非货币性资产交换同时换入多项资产时，应当按照换入各项资产的原账面价值占换入资产原账面价值总额的比例，对换入资产的成本总额进行分配，确定各项换入资产的成本。

值得注意的是，当由于换入资产和换出资产的公允价值不能可靠地计量，企业采用账面价值模式计量非货币性资产交换业务时，交换中补价占整个资产交换金额的比例，应为支付的货币性资产占换入资产账面价值(即换出非货币性资产账面价值与支付的货币性资产之和)的比例，或者收到的货币性资产占换出资产账面价值(即换入非货币性资产账面价值与收到的货币性资产之和)的比例。

第二节　非货币性资产交换的会计处理

一、以公允价值模式计量的非货币性资产交换业务的会计处理

（一）一般原则

以公允价值模式计量的非货币性资产交换，交换双方应当按照以出售或处置换出资产为代价取得换入资产进行相关会计处理。

其中，换入资产成本是为使换入资产达到预定目的地或者达到预定状态所发生的全部对价，非货币性资产交换中，这一对价体现为付出的换出资产和支付的相关税费，若支付补价还包含补价，则以公允价值模式计量的非货币性资产交换中，换入资产的成本为换出资产的公允价值、支付的补价以及应支付的相关税费之和。若有确凿证据证明换入资产的公允价值更加可靠，则以换入资产的公允价值与应支付的相关税费之和作为换入资产的成本。

值得注意的是，若收到补价，也应将收到的补价作为换入资产的组成部分，按照收到的金额入账。若非货币性资产交换同时换入多项资产，应当按照换入各项资产的公允价值占换入资产公允价值总额的比例，对换入资产的成本总额进行分配，确定各项换入资产的成本。

非货币性资产交换中应将换出资产视同出售或处置，也就是说，应当按照出售或处置相应资产的会计处理对换出资产进行会计处理。

其中，换出资产的账面价值与换入资产的成本之间的差异即为企业在该项非货币性资产交换中发生的损益，依据换出资产的类型确认为各项换出资产的出售或处置损益。若企业支付补价，换出资产的账面价值中还要包含支付补价的金额。

（二）不涉及补价的会计处理

1. 换出资产为存货的非货币性资产交换

换出资产为存货的非货币性资产交换，视同销售存货换取其他非货币性资产。即企业应当按照销售存货的会计处理，一方面依据《企业会计准则第 14 号——收入》，按照确定的换入资产成本，确认相应资产，借记相应的资产账户，按照换出存货的公允价值，贷记“主营业务收入”或“其他业务收入”等账户，同时按照应缴纳的增值税销项税额，贷记“应交税费——应交增值税（销项税额）”账户；另一方面结转相应的成本，即按照存货的账面价值，借记“主营业务成本”或“其他业务成本”账户，贷记“库存商品”或“原材料”等账户。

【例 15.1】 环龙公司是一家生产钢材的企业，环峰公司是一家机器制造商，根据生产需要环峰公司拟购入一些钢材生产机器设备。双方根据业务需要，达成协议，环峰公司用其使用中的一台机器设备交换环龙公司的钢材。环龙公司钢材的账面成本为100 000元，市场上公允价值为160 000元。环峰公司的机器设备账面价值为140 000元，其中，账面原价为200 000元，已计提的累计折旧为60 000元，未计提减值准备，该机器设备市场上公允价值为160 000元。环龙公司和环峰公司均为增值税一般纳税人，适用的增值税税率为17%，设定计税价格为公允价值。假设环龙公司和环峰公司不存在关联关系，交易价格公允，交易过程中除增值税以外不考虑其他税费。请给出环龙公司的会计处理。

本例中，环龙公司以其生产的钢材换取环峰公司的机器设备，钢材作为存货具有较强的流动性，而机器设备的价值则随着使用逐渐转移到所生产的产品之中去，并通过产品的出售而实现，其流动性较弱。从而对环龙公司而言，换入资产机器设备与换出资产存货在产生未来现金流量的时间上显著不同，从而该交换具有显著的商业实质。同时，环龙公司的钢材和环峰公司的机器设备的公允价值都可以可靠地计量。从而，该非货币性资产交换业务应当选用公允价值模式予以计量。

对于环龙公司而言，以其生产的钢材换取环峰公司的机器设备，应当将其视同销售钢材购买机器设备的交易。环龙公司一方面应当在确认收入的同时确认机器设备的增加，即应当按照钢材的公允价值与应交纳的增值税销项税额之和，借记“固定资产”账户，同时按照该批钢材的公允价值，贷记“主营业务收入”账户，按照应缴纳的增值税销项税额，贷记“应交税费——应交增值税（销项税额）”账户。另一方面结转成本，即按照钢材的成本，借记“主营业务成本”账户，贷记“库存商品”账户。环龙公司的账务处理如下：

借：固定资产	187 200	
贷：主营业务收入		160 000
应交税费——应交增值税（销项税额）		27 200
借：主营业务成本	100 000	
贷：库存商品		100 000

2. 换出资产为固定资产的非货币性资产交换

换出资产为固定资产的非货币性资产交换，视同处置固定资产换取其他非货币性资产。即企业应当按照处置固定资产的会计处理，一方面按照固定资产的账面价值结转固定资产的成本，即按照固定资产的账面价值，借记“固定资产清理”账户，按照已计提的累计折旧，借记“累计折旧”账户，按照已计提的减值准备，借记“固定资产减值准备”账户，按照固定资产的账面原值，贷记“固定资产”账户；另一方面确认固定资产处置损益，即按照确定的换入资产成本，确认相应资产，借记相应的资产账户，同时按照转出固定资产的账面价值，贷记“固定资产清理”账户，按照应缴纳的相关税费，贷记“应交税费”账户，按照借贷之差，确认相关损益，计入“营业外收入”或“营业外支出”账户。

【例 15.2】 沿用例 15.1 资料，请给出环峰公司的会计处理。

本例中，环峰公司以其使用中的机器设备换取环龙公司生产的钢材，机器设备的价值随着使用逐渐转移到所生产的产品之中，并通过产品的出售而实现，其流动性较弱，而钢材作为存货具有较强的流动性。从而对环峰公司而言，换入资产存货与换出资产使用中的机器设备在未来产生现金流量的时间方面显著不同，从而该交换具有显著的商业实质。同时，环峰公司的机器设备和环龙公司的钢材的公允价值都可以可靠地计量。从而，该非货币性资产交换业务应当选用公允价值模式予以计量。

对于环峰公司而言，以其使用中的机器设备换取环龙公司生产的钢材，应当将其视同处置固定资产并取得原材料的交易。环峰公司一方面应当结转处置固定资产的账面价值，即按照固定资产的账面价值，借记“固定资产清理”账户，按照已计提的折旧，借记“累计折旧”账户，按照固定资产的原始入账价值，贷记“固定资产”账户。另一方面，在确认取得的原材料的同时确认固定资产处置损益，即按照确定的换入资产可以抵扣的增值税进项税额，借记“应交税费——应交增值税(进项税额)”账户，按照用换出机器设备公允价值减去可以抵扣的增值税进项税额的差额作为换入钢材成本，借记“原材料”账户，同时按照固定资产的账面价值，贷记“固定资产清理”账户，按照借贷之差，借记或贷记“营业外支出”或“营业外收入”账户。环峰公司的账务处理如下：

借：固定资产清理	140 000	
累计折旧	60 000	
贷：固定资产		200 000
借：原材料	132 800	
应交税费——应交增值税(进项税额)	27 200	
贷：固定资产清理		140 000
营业外收入		20 000

3. 换出资产为长期股权投资的非货币性资产交换

换出资产为长期股权投资的非货币性资产交换，视同处置长期股权投资换取其他非货币性资产。即企业应当按照处置长期股权投资的会计处理，按照确定的换入资产成本，确认相应资产，借记相应的资产账户，同时，结转换出长期股权投资的账面价值，即贷记“长期股权投资”账户，按照已计提的减值准备，借记“长期股权投资减值准备”账户，按照借贷之差，确认相关损益，计入“投资收益”账户。

【例 15.3】 环龙公司为了提高产品质量决定将其持有的风华公司 10%的股权全部让与环峰公司以换取环峰公司的专利技术。交换日，环龙公司对风华公司的长期股权投资的账面价值为 1 000 000 元，其中成本为 1 200 000 元，已计提的减值准备为 200 000 元，该股权在交换日的公允价值为 900 000 元。环峰公司的专利技术的账面价值为 800 000 元，其中账面原值为 1 000 000 元，已计提的累积摊销额为 200 000 元，环峰公司未对该专利技术计提减值准备，该项专利在交换日的公允价值为 900 000 元。假设非货币性资产交换之前，环峰公司没有持有任何风华公司的股份，整个非货币性资产交换过程之中没有发生任何税金。请给出环龙公司的会计处理。

本例中,环龙公司以其持有的风华公司10%的股权换取环峰公司的专利技术。对于环龙公司而言,换入专利技术能够提高产品质量,相对于长期股权投资而言,其预计未来的现金流量的金额、时间和风险均不相同,从而该交换具有显著的商业实质。同时,环龙公司的长期股权投资和环峰公司的专利技术的公允价值都可以可靠地计量。从而,该非货币性资产交换业务应当选用公允价值模式予以计量。

对于环龙公司而言,以其持有的长期股权投资换取环峰公司的专利技术,应当将其视同处置长期股权投资换取专利技术的交易。从而,环龙公司一方面应当冲减长期股权投资的账面价值,同时确认收到的专利技术,两者之差确认为"投资收益"。环龙公司的账务处理为:

借:无形资产	900 000	
长期股权投资减值准备	200 000	
投资收益	100 000	
贷:长期股权投资		1 200 000

4. 换出资产为无形资产的非货币性资产交换

换出资产为无形资产的非货币性资产交换,视同处置无形资产换取其他非货币性资产。即企业应当按照处置无形资产的会计处理,按照确定的换入资产成本,确认相应资产,借记相应的资产账户,按照已计提的累计摊销,借记"累计摊销"账户,按照已计提的减值准备,借记"无形资产减值准备"账户,按照无形资产的账面原值,贷记"无形资产"账户,按照借贷之差,确认相关损益,计入"营业外收入"或"营业外支出"账户。

【例15.4】 沿用例15.3资料,请给出环峰公司的会计处理。

本例中,环峰公司用其专利技术交换环龙公司持有的风华公司10%的股权。对于环峰公司而言,换入对风华公司的长期股权投资有利于分散风险,相对于其原来持有的专利技术而言,其预计未来的现金流量的金额、时间和风险均不相同,从而该交换具有显著的商业实质。同时,环峰公司的专利技术和环龙公司的长期股权投资的公允价值都可以可靠地计量。从而,该非货币性资产交换业务应当选用公允价值模式予以计量。

对于环峰公司而言,以其持有的专利技术换取环龙公司的长期股权投资,应当将其视同处置无形资产换取长期股权投资的交易。从而,环峰公司一方面应当冲减无形资产的账面价值,同时确认收到的长期股权投资,两者之差确认为"营业外收入"或"营业外支出"。环峰公司的账务处理为:

借:长期股权投资	900 000	
累计摊销	200 000	
贷:无形资产		1 000 000
营业外收入		100 000

(三) 涉及补价的会计处理

非货币性资产交换中涉及补价时,支付补价方将补价作为换出资产的组成部分,收到补价方将补价作为换入资产的组成部分即可。即公允价值模式计量的非货币性资产交换中，支付补价方，应当以换出资产的公允价值加上支付的补价（或换入资产的公允价值）和应支付的相关税费，作为换入资产的成本；收到补价方，应当以换出资产的公允价值减去补价（或换入资产的公允价值）加上应支付的相关税费，作为换入资产的成本。确认非货币性资产交换损益时，支付补价方，应将换入资产成本与换出资产账面价值加支付的补价、应支付的相关税费之和的差额计入当期损益；收到补价方，应将换入资产成本加收到的补价之和与换出资产账面价值加应支付的相关税费之和的差额计入当期损益。

【例 15.5】 环龙公司是一家生产钢材的企业，环峰公司是一家机器制造商，根据生产需要环峰公司拟购入一些钢材生产机器设备。双方根据业务需要，达成协议，环峰公司用其使用中的一台机器设备交换环龙公司的钢材。环龙公司钢材的账面成本为 100 000 元。环峰公司的机器设备账面价值为 140 000 元，其中，账面原价为 200 000 元，已计提的累计折旧为 60 000 元，未计提减值准备。由于市场上该批钢材的公允价值为 150 000 元，该机器设备的公允价值为 160 000 元，因此双方协商环龙公司另支付 10 000 元的补价给环峰公司。环龙公司和环峰公司均为增值税一般纳税人，适用的增值税税率为 17%，设定计税价格为公允价值。假设环龙公司和环峰公司不存在关联关系，交易价格公允，交易过程中除增值税以外不考虑其他税费。

本例中涉及补价 10 000 元，补价所占比例分别如下：

对环龙公司而言：支付补价 10 000 元 ÷ 换入资产的公允价值 160 000 元 = 6.25% < 25%，属于非货币性资产交换。

对环峰公司而言：收到补价 10 000 元 ÷ 换入资产的公允价值 160 000 元（换入钢材的公允价值 150 000 元 + 收到的补价 10 000 元）= 6.25% < 25%，属于非货币性资产交换。

此外，参照例 15.1 的分析，本例中环龙公司以其生产的钢材换取环峰公司的机器设备具有显著的商业实质。同时，环龙公司的钢材和环峰公司的机器设备的公允价值都可以可靠地计量。从而，该非货币性资产交换业务应当选用公允价值模式予以计量。

对于环龙公司而言，以其生产的钢材换取环峰公司的机器设备，应当将其视同销售钢材取得机器设备的交易。环龙公司一方面应当确认收入，反映机器设备的增加和支付的对价，即应当按照钢材的公允价值、支付的补价以及应当交纳的增值税销项税额之和，借记“固定资产”账户，同时按照该批钢材的公允价值，贷记“主营业务收入”账户，按照应缴纳的增值税销项税额，贷记“应交税费——应交增值税（销项税额）”账户，按照支付的补价，贷记“银行存款”账户。另一方面结转成本，即按照钢材的成本，借记“主营业务成本”账户，贷记“库存商品”账户。环龙公司的财务处理如下：

借：固定资产	185 500	
贷：主营业务收入		150 000
应交税费——应交增值税（销项税额）		25 500
银行存款		10 000

借:主营业务成本　　100 000

　　贷:库存商品　　100 000

对于环峰公司而言,以其使用中的机器设备换取环龙公司生产的钢材,应当将其视同处置固定资产并取得原材料的交易。环峰公司一方面应当结转处置固定资产的账面价值,即按照固定资产的账面价值,借记"固定资产清理"账户,按照已计提的折旧,借记"累计折旧"账户,按照固定资产的原始入账价值,贷记"固定资产"账户。另一方面,其在确认取得的原材料和收到的补价的同时确认固定资产处置损益,即按照确定的换入资产可以抵扣的增值税进项税额,借记"应交税费——应交增值税(进项税额)"账户,按照收到的补价,借记"银行存款"账户,按照换出机器设备公允价值减去可以抵扣的增值税进项税额与收到补价的差额作为换入钢材成本,借记"原材料"账户,同时按照固定资产的账面价值,贷记"固定资产清理"账户,按照借贷之差,借记或贷记"营业外支出"或"营业外收入"账户。环峰公司的账务处理如下:

借:固定资产清理　　140 000

　　累计折旧　　60 000

　　贷:固定资产　　200 000

借:原材料　　124 500

　　应交税费——应交增值税(进项税额)　　25 500

　　银行存款　　10 000

　　贷:固定资产清理　　140 000

　　　　营业外收入　　20 000

(四) 涉及多项资产的会计处理

涉及多项非货币性资产交换的情况,包括企业以一项非货币性资产换入多项非货币性资产、以多项非货币性资产换入一项非货币性资产以及以多项非货币性资产换入多项非货币性资产,也可能涉及补价。

无论如何,当以公允价值模式计量的非货币性资产交换业务中涉及多项资产时,应当参照涉及一项资产的非货币性资产交换的会计处理进行相应处理,即按照以出售或处置换出资产为代价取得换入资产进行相关会计处理。值得关注的是,涉及多项资产时如何确认各项换入资产的成本。首先参照涉及一项资产的非货币性资产交换换入资产成本的确认方法,确认全部换入资产的总成本,再按照各项换入资产的公允价值占换入资产公允价值总额的比例,对换入资产的成本总额进行分配,确定各项换入资产的成本。

【例 15.6】 环龙公司是一家生产钢材的企业,环峰公司是一家机器制造商。双方根据业务需要,达成协议,环峰公司用其使用中的一台机器设备和一项专利技术交换环龙公司的钢材和持有的风华公司 10%的股权。交换日,环龙公司钢材的账面成本为 100 000 元,市场上公允价值为 160 000 元;对风华公司的长期股权投资的账面价值为 1 000 000 元,其中成本为 1 200 000 元,已计提的减值准备为 200 000 元,该股权在交换日的公允价值为 900 000 元。环峰公司的机器设备账面价值为 140 000 元，其中，账面原价为 200 000 元，已计提的累计折旧为 60 000 元，未计提减值准备，该机器设备市场上公允价值为 160 000 元；专利技术的账面价值为 800 000 元，其中账面原值为 1 000 000 元，已计提的累积摊销额为 200 000 元，环峰公司未对该专利技术计提减值准备，该项专利在交换日的公允价值为 900 000 元。环龙公司和环峰公司均为增值税一般纳税人，适用的增值税税率为 17%，设定计税价格为公允价值。假设环龙公司和环峰公司不存在关联关系，交易价格公允，交易过程中除增值税以外不考虑其他税费，非货币性资产交换之前，环龙公司仅仅持有风华公司 10% 的股权，对该长期股权投资选用成本法进行会计处理，环峰公司没有持有任何风华公司的股份。

本例中不涉及货币性资产的收付，属于非货币性资产交换。此外，参照例 15.1、例 15.2、例 15.3 和例 15.4，该非货币性资产交换具有商业实质，同时该交换中，所有涉及的非货币性资产的公允价值都能可靠计量，从而应当选用公允价值模式计量该非货币性资产交换。

对环龙公司而言，其应当将该项交易视同销售库存商品、处置长期股权投资以换取固定资产和无形资产的交易。

环龙公司换入资产的公允价值总额 = 160 000 + 900 000 = 1 060 000(元)

环龙公司各项换入资产的公允价值占换入资产公允价值总额的比例为：

机器设备公允价值占换入资产公允价值总额的比例 = 160 000/1 060 000 = 15%

专利技术公允价值占换入资产公允价值总额的比例 = 900 000/1 060 000 = 85%

换入资产的总入账成本 = 换出资产的公允价值 + 应支付的相关税费

= 160 000 + 900 000 + 160 000 × 17%

= 1 087 200(元)

换入机器设备的入账成本 = 1 087 200 × 15% = 163 080(元)

换入专利技术的入账成本 = 1 087 200 × 85% = 924 120(元)

环龙公司的账务处理如下：

借：固定资产	163 080	
无形资产	924 120	
长期股权投资减值准备	200 000	
投资收益	100 000	
贷：主营业务收入		160 000
应交税费——应交增值税(销项税额)		27 200
长期股权投资		1 200 000
借：主营业务成本	100 000	
贷：库存商品		100 000

对环峰公司而言，其应当将该项交易视同处置固定资产和无形资产以换取原材料和长期股权投资的交易。

环峰公司换入资产的公允价值总额 = 160 000 + 900 000 = 1 060 000(元)

环峰公司各项换入资产的公允价值占换入资产公允价值总额的比例为：

钢材公允价值占换入资产公允价值总额的比例 = 160 000/1 060 000 = 15%

长期股权投资公允价值占换入资产公允价值总额的比例 = 900 000/1 060 000 = 85%

其中，环峰公司换入的钢材中所包含的可抵扣的增值税进项税额为 27 200 元。

从而，换入资产的总入账成本 = 换出资产的公允价值 − 可抵扣增值税进项税额

= 160 000 + 900 000 − 27 200

= 1 032 800(元)

换入钢材的入账成本 = 1 032 800 × 15% = 154 920(元)

换入长期股权投资的入账成本 = 1 032 800 × 85% = 877 880(元)

环峰公司的账务处理如下：

借：固定资产清理	140 000	
累计折旧	60 000	
贷：固定资产		200 000
借：原材料	154 920	
应交税费——应交增值税(进项税额)	27 200	
长期股权投资	877 880	
累计摊销	200 000	
贷：固定资产清理		140 000
无形资产		1 000 000
营业外收入		120 000

二、以账面价值模式计量的非货币性资产交换业务的会计处理

(一) 一般原则

以账面价值模式计量的非货币性资产交换，交换双方应当按照换出资产换取换入资产进行会计处理。即按照换出资产的账面价值冲减换出资产，同时按照换出资产的账面价值和应支付的相关税费之和作为换入资产的成本，不确认任何损益。若其中涉及补价，则将收到的补价作为换入资产的组成部分，将支付的补价作为换出资产的组成部分，也不确认任何损益。

若非货币性资产交换同时换入多项资产时，应当按照换入各项资产的账面价值占换入资产账面价值总额的比例，对换入资产的成本总额进行分配，确定各项换入资产的成本。

(二) 不涉及补价的会计处理

以账面价值模式计量的非货币性资产交换，不将非货币性资产交换视同销售，从而不

需要区分换出资产的类型，所有的非货币性资产交换都是按照确认的换入资产的成本，借记相应资产账户，按照换出资产的账面价值冲减换出资产原有各相关账户余额，不确认相关损益。

【例 15.7】 环龙公司是一家生产钢材的企业，环峰公司是一家机器制造商，根据生产需要环峰公司拟购入一些钢材生产机器设备。双方根据业务需要，达成协议，环峰公司用其使用中的一台机器设备交换环龙公司的钢材。环龙公司钢材的账面成本为 100 000 元。环峰公司的机器设备账面价值为 140 000 元，其中，账面原价为 200 000 元，已计提的累计折旧为 60 000 元，未计提减值准备。环龙公司和环峰公司均为增值税一般纳税人，适用的增值税税率为 17%，假设税务局认定的该项非货币性资产交换中钢材的计税价格为其市场销售价格 160 000 元。假设该项交易不具有商业实质。

对于环龙公司而言，以其生产的钢材换取环峰公司的机器设备，则其一方面应确认增加的机器设备；另一方面冲减钢材即库存商品的成本，并确认应缴纳的增值税销项税额。即按照换出的钢材的账面价值与应缴纳的增值税销项税额之和，借记“固定资产”账户，按照换出钢材的账面价值，贷记“库存商品”账户，按照应缴纳的增值税销项税额，贷记“应交税费——应交增值税(销项税额)”账户。环龙公司的账务处理为：

借:固定资产	127 200	
贷:库存商品		100 000
应交税费——应交增值税(销项税额)		27 200

对于环峰公司而言，以其使用中的机器设备换取环龙公司生产的钢材，其应当一方面结转处置固定资产的账面价值，即按照固定资产的账面价值，借记“固定资产清理”账户，按照已计提的折旧，借记“累计折旧”账户，按照固定资产的原始入账价值，贷记“固定资产”账户。另一方面，在确认取得的原材料的同时冲销固定资产清理账户，即按照确定的换入资产可以抵扣的增值税进项税额，借记“应交税费——应交增值税(进项税额)”账户，按照用换出机器设备账面价值减去可以抵扣的增值税进项税额的差额作为换入钢材成本，借记“原材料”账户，同时按照固定资产的账面价值，贷记“固定资产清理”账户。环峰公司的账务处理为：

借:固定资产清理	140 000	
累计折旧	60 000	
贷:固定资产		200 000
借:原材料	112 800	
应交税费——应交增值税(进项税额)	27 200	
贷:固定资产清理		140 000

(三) 涉及补价的会计处理

非货币性资产交换中涉及补价时，支付补价方可将补价作为换出资产的组成部分，收到补价方将补价作为换入资产的组成部分即可。从而，账面价值模式计量的非货币性资产交换中，支付补价方，应当以换出资产的账面价值加上支付的补价和应支付的相关税费，作为换入资产的成本；收到补价方，应当以换出资产的账面价值减去补价加上应支付的相关税费，作为换入资产的成本。以账面价值模式计量的非货币性资产交换不需要确认非货币性资产交换损益。

【例 15.8】 环龙公司是一家生产钢材的企业，环峰公司是一家机器制造商，根据生产需要环峰公司拟购入一些钢材生产机器设备。双方根据业务需要，达成协议，环峰公司用其使用中的一台机器设备交换环龙公司的钢材，在此交换中，环龙公司另支付 10 000 元的补价给环峰公司。环龙公司钢材的账面成本为 100 000 元。环峰公司的机器设备账面价值为 140 000 元，其中，账面原价为 200 000 元，已计提的累计折旧为 60 000 元，未计提减值准备。环龙公司和环峰公司均为增值税一般纳税人，适用的增值税税率为 17%，假设税务局认定的该项非货币性资产交换中钢材的计税价格为其市场销售价格 160 000 元。假设该项交易不具有商业实质。

本例中涉及补价 10 000 元，补价所占比例分别如下：

对环龙公司而言：支付补价 10 000 元 ÷ 换出资产的账面价值 110 000 元(换出钢材的账面价值 100 000 元＋支付的补价 10 000 元) ＝ 9.09% ＜ 25%，属于非货币性资产交换。

对环峰公司而言：收到补价 10 000 元 ÷ 换出资产的账面价值 140 000 元 ＝ 7.14% ＜ 25%，属于非货币性资产交换。

对于环龙公司而言，以其生产的钢材换取环峰公司的机器设备并支付补价，其一方面应确认增加的机器设备；另一方面冲减钢材即库存商品的成本，并确认应缴纳的增值税销项税额，同时确认支付的补价。即按照换出的钢材的账面价值、应缴纳的增值税销项税额以及支付的补价之和，借记“固定资产”账户，按照换出钢材的账面价值，贷记“库存商品”账户，按照应缴纳的增值税销项税额，贷记“应交税费——应交增值税(销项税额)”账户，按照支付的补价，贷记“银行存款”账户。环龙公司的账务处理为：

借：固定资产	137 200	
贷：库存商品		100 000
应交税费——应交增值税(销项税额)		27 200
银行存款		10 000

对于环峰公司而言，以其使用中的机器设备换取环龙公司生产的钢材并收取补价，其应当一方面结转处置固定资产的账面价值，即按照固定资产的账面价值，借记“固定资产清理”账户，按照已计提的折旧，借记“累计折旧”账户，按照固定资产的原始入账价值，贷记“固定资产”账户。另一方面，在确认取得的原材料和收到的补价的同时冲销固定资产清理账户，即按照确定的换入资产可以抵扣的增值税进项税额，借记“应交税费——应交增值税(进项税额)”账户，按照收到的补价，借记“银行存款”账户，按照用换出机器设备账面价值减去可以抵扣的增值税进项税额和收到补价的差额作为换入钢材的成本，借记“原材料”账户，同时按照固定资产的账面价值，贷记“固定资产清理”账户。环峰公司的账务处理如下：

借:固定资产清理　　140 000
　累计折旧　　60 000
　贷:固定资产　　200 000
借:原材料　　102 800
　应交税费——应交增值税(进项税额)　　27 200
　银行存款　　10 000
　贷:固定资产清理　　140 000

(四) 涉及多项资产的会计处理

以账面价值模式计量的非货币性资产交换业务中涉及多项资产时,应当参照涉及一项资产的非货币性资产交换的会计处理进行相应处理。值得关注的是,涉及多项资产时如何确认各项换入资产的成本。首先参照涉及一项资产的非货币性资产交换换入资产成本的确认方法,确认全部换入资产的总成本,然后再按照换入各项资产的原账面价值占换入资产原账面价值总额的比例,对换入资产的成本总额进行分配,确定各项换入资产的成本。

【例 15.9】 环龙公司是一家生产钢材的企业,环峰公司是一家机器制造商。双方根据业务需要,达成协议,环峰公司用其使用中的一台机器设备和一项专利技术交换环龙公司的钢材和持有的风华公司10%的股权。交换日,环龙公司钢材的账面成本为100 000元;对风华公司的长期股权投资的账面价值为1 000 000元,其中成本为1 200 000元,已计提的减值准备为200 000元。环峰公司的机器设备账面价值为140 000元,其中,账面原价为200 000元,已计提的累计折旧为60 000元,未计提减值准备;专利技术的账面价值为800 000元,其中账面原值为1 000 000元,已计提的累积摊销额为200 000元,环峰公司未对该专利技术计提减值准备。环龙公司和环峰公司均为增值税一般纳税人,适用的增值税税率为17%,假设该项非货币性资产交换中涉及的资产的公允价值都不能可靠地计量,税务局认定该非货币性资产交换中钢材的计税价格为160 000元,交易过程中除增值税以外不考虑其他税费,非货币性资产交换之前,环龙公司仅仅持有风华公司10%的股权,对该长期股权投资选用成本法进行会计处理,环峰公司没有持有任何风华公司的股份。

本例中不涉及货币性资产的收付,属于非货币性资产交换。该非货币性资产交换中,所有涉及的非货币性资产的公允价值都不能可靠计量,从而应当选用账面价值模式计量该非货币性资产交换。

对环龙公司而言,是以其库存商品和长期股权投资换取固定资产和无形资产。

环龙公司换入资产的原账面价值总额 = 140 000 + 800 000 = 940 000(元)

环龙公司各项换入资产的账面价值占换入资产账面价值总额的比例为:

机器设备账面价值占换入资产账面价值总额的比例 = 140 000/940 000 = 15%

专利技术账面价值占换入资产账面价值总额的比例 = 800 000/940 000 = 85%

换入资产的总入账成本＝换出资产的账面价值＋应支付的相关税费

＝100 000＋1 000 000＋160 000×17%

＝1 127 200(元)

换入机器设备的入账成本＝1 127 200×15%＝169 080(元)

换入专利技术的入账成本＝1 127 200×85%＝958 120(元)

环龙公司的账务处理如下：

借:固定资产	169 080	
无形资产	958 120	
长期股权投资减值准备	200 000	
贷:库存商品		100 000
应交税费——应交增值税(销项税额)		27 200
长期股权投资		1 200 000

对环峰公司而言，是以其固定资产和无形资产换取原材料和长期股权投资。

环峰公司换入资产的账面价值总额＝100 000＋1 000 000＝1 100 000(元)

环峰公司各项换入资产的账面价值占换入资产账面价值总额的比例为：

钢材账面价值占换入资产账面价值总额的比例＝100 000/1 100 000≈9%

长期股权投资账面价值占换入资产账面价值总额的比例＝1 000 000/1 100 000

≈91%

其中，环峰公司换入的钢材中所包含的可抵扣的增值税进项税额为27 200元。

从而，换入资产的总入账成本＝换出资产的账面价值－可抵扣增值税进项税额

＝140 000＋800 000－27 200

＝912 800(元)

换入钢材的入账成本＝912 800×9%＝82 152(元)

换入长期股权投资的入账成本＝912 800×91%＝830 648(元)

环峰公司的账务处理如下：

借:固定资产清理	140 000	
累计折旧	60 000	
贷:固定资产		200 000
借:原材料	82 152	
应交税费——应交增值税(进项税额)	27 200	
长期股权投资	830 648	
累计摊销	200 000	
贷:固定资产清理		140 000
无形资产		1 000 000

【本章小结】

非货币性资产交换是指交易双方主要以存货、固定资产、无形资产和长期股权投资等非货币性资产进行的交换，该交换不涉及或只涉及少量的货币性资产即补价。

货币性资产，是指企业持有的货币资金和将以固定或可确定的金额收取的资产，包括现金、银行存款、应收账款和应收票据以及准备持有至到期的债券投资等。非货币性资产则是指企业持有的货币性资产以外的资产，即未来可收取金额不固定或者不可确定的资产，如存货、固定资产、无形资产等。

非货币性资产交换准则中对非货币性资产交换中换入资产的成本确定有公允价值模式和成本模式两种计量模式。

《企业会计准则第7号——非货币性资产交换》规定，当该非货币性资产交换具有商业实质，并且换入资产或换出资产的公允价值能够可靠地计量时，应当以公允价值和应支付的相关税费（若支付补价还应当包含补价）之和作为换入资产的成本，确定的换入资产的成本与换出资产账面价值的差额计入当期损益。若换入资产和换出资产的公允价值均能够可靠计量，应当以换出资产公允价值作为换入资产成本的基础。若有确凿证据证明换入资产的公允价值更加可靠，则以换入资产的公允价值作为换入资产成本的基础。以公允价值模式计量的非货币性资产交换，交换双方应当按照以出售或处置换出资产为代价取得换入资产进行相关会计处理。

当非货币性资产交换同时换入多项资产时，应当按照换入各项资产的公允价值占换入资产公允价值总额的比例，对换入资产的成本总额进行分配，确定各项换入资产的成本。

《企业会计准则第7号——非货币性资产交换》还规定，若非货币性资产交换未同时满足该项交换具有商业实质与换入资产或换出资产的公允价值能够可靠地计量两个条件，则应当以换出资产的账面价值和应支付的相关税费（若支付补价还应当包含补价）之和作为换入资产的成本，不确认损益。

当非货币性资产交换同时换入多项资产时，应当按照换入各项资产的原账面价值占换入资产原账面价值总额的比例，对换入资产的成本总额进行分配，确定各项换入资产的成本。

【本章思考题】

1. 什么是货币性资产？什么是非货币性资产？什么是非货币性资产交换？
2. 非货币性资产交换的计量模式有哪两种？其适用条件分别是什么？
3. 公允价值模式计量的非货币性资产交换的一般原则是什么？
4. 账面价值模式计量的非货币性资产交换的一般原则是什么？

【练习与案例分析】

一、选择题

1. 下列各项交易中，属于非货币性资产交换的有(　　)。

A. 以固定资产换入原材料

B. 以商业汇票购买原材料

C. 以无形资产换入原材料

D. 以长期股权投资换入无形资产

2. 下列交易中，属于非货币资产交换的有(　　)。

A. 以账面价值为760万元，公允价值为800万元的存货换取一套固定资产，另收取补价160万元

B. 以账面价值为760万元，公允价值为800万元的存货换取一套固定资产，另支付补价160万元

C. 以账面价值为760万元，公允价值为800万元的固定资产换取一项专利技术，另收取补价240万元

D. 以账面价值为760万元，公允价值为800万元的固定资产换取一项专利技术，另支付补价240万元

二、业务处理

1. 20×9年度甲公司、乙公司和丙公司发生如下经济业务：

(1) 甲公司以其生产的一批产品换入乙公司的一台设备，甲公司该批产品的账面价值为400 000元，其中，该批存货的成本为450 000元，已提存货跌价准备10 000元。该存货的市场价格为500 000元，增值税税率为17%。甲公司换入的固定资产的公允价值为500 000元，该固定资产在乙公司中的账面价值为530 000元，其中该固定资产的账面原价为600 000元，已计提折旧50 000元，已计提减值准备20 000元。该交换具有商业实质。

(2) 甲公司以一台设备换入丙公司的专利权，设备的账面价值360 000元，其中设备原价为500 000元，已提折旧100 000元，已提减值准备40 000元，该设备的公允价值为400 000元。专利权在丙公司中的账面原价为550 000元，累计摊销为110 000，丙公司未对该项专利权计提减值准备，公允价值为380 000元。甲公司收到丙公司签发的一张20 000元的转账支票作为补价。该交换具有商业实质。

要求：根据上述经济业务分别编制甲公司、乙公司、丙公司有关的会计分录。

2. 20×9年度甲公司、乙公司和丙公司发生如下经济业务：

(1) 甲公司以其生产的一批产品换入乙公司的一台设备，甲公司该批产品的账面价值为400 000元，其中，该批存货的成本为450 000元，已提存货跌价准备10 000元。该存货的市场价格为500 000元，增值税税率为17%。甲公司换入的固定资产的公允价值

为 500 000 元,该固定资产在乙公司中的账面价值为 530 000 元,其中该固定资产的账面原价为 600 000 元,已计提折旧 50 000 元,已计提减值准备 20 000 元。该交换不具有商业实质。

(2) 甲公司以一台设备换入丙公司的专利权,设备的账面价值 360 000 元,其中设备原价为 500 000 元,已提折旧 100 000 元,已提减值准备 40 000 元,该设备的公允价值为 400 000 元。专利权在丙公司中的账面原价为 550 000 元,累计摊销为 110 000,丙公司未对该项专利权计提减值准备,公允价值为 380 000 元。甲公司收到丙公司签发的一张 20 000 元的转账支票作为补价。该交换不具有商业实质。

要求:根据上述经济业务分别编制甲公司、乙公司、丙公司有关的会计分录。

3. 20×9 年度甲公司和乙公司发生如下经济业务:

甲公司以一批存货和一台设备换入乙公司的一项专利权和对丙公司的长期股权投资。甲公司换出存货的账面价值为 100 000 元,其中该存货的成本 120 000 元,已计提存货跌价准备 20 000 元,该批存货的公允价值 90 000 元,增值税税率为 17%。甲公司换出设备的账面价值 350 000 元,其中该设备原值为 500 000 元,已计提折旧 100 000 元,已计提减值准备 50 000 元,该设备的公允价值为 310 000 元。乙公司换出专利权的账面价值为 200 000 元,其中该专利权的账面原值为 300 000 元,已计提的累积摊销 100 000 元。该专利权的公允价值为 250 000 元。乙公司换出对丙公司的长期股权投资采用成本法计量,其账面成本为 120 000 元,其公允价值为 160 000 元。该项交易中,甲公司另外向乙公司支付 10 000 元作为补价。该交换具有商业实质。

要求:根据上述经济业务分别编制甲公司和乙公司有关的会计分录。

4. 20×9 年度甲公司和乙公司发生如下经济业务:

甲公司以一批存货和一台设备换入乙公司的一项专利权和对丙公司的长期股权投资。甲公司换出存货的账面价值为 100 000 元,其中该存货的成本 120 000 元,已计提存货跌价准备 20 000 元,该批存货的公允价值 90 000 元,增值税税率为 17%。甲公司换出设备的账面价值 350 000 元,其中该设备原值为 500 000 元,已计提折旧 100 000 元,已计提减值准备 50 000 元,该设备的公允价值为 310 000 元。乙公司换出专利权的账面价值为 200 000 元,其中该专利权的账面原值为 300 000 元,已计提的累积摊销 100 000 元。该专利权的公允价值为 250 000 元。乙公司换出对丙公司的长期股权投资采用成本法计量,其账面成本为 120 000 元,其公允价值为 160 000 元。该项交易中,甲公司另外向乙公司支付 10 000 元作为补价。该交换不具有商业实质。

要求:根据上述经济业务分别编制甲公司和乙公司有关的会计分录。

第十六章

费　用

【本章学习目的】

1. 了解费用的基本概念和主要内容。
2. 理解费用的计量标准。
3. 掌握费用的主要会计处理方法。

课前案例

管理费用,管住了吗?

稍有财会知识的人都知道,除了成本,费用是一个企业的最主要支出。在会计核算上,企业费用主要包括销售费用、管理费用和财务费用,管理费用主要包括管理人员工资、福利费、差旅费、宣传广告费、招待费、水电租赁费、长期待摊费用、坏账准备和风险准备等。这些费用颇具弹性,直接影响着企业的利润和股东的收益。一个上市公司对费用的管理与控制,明显体现其经营管理水平和资金运作技巧,而对管理费用的控制,更直接揭示公司管理水平的高低。

以 2000 年上市公司中报披露的有关信息为例,列入统计范围的 353 家上市公司中,中期管理费用呈正增长的达 269 家,占 76%,管理费用下降的有 84 家,占 24%。与 1999 年同期相比,2000 年管理费用同比增幅 30%的有 142 家,占 40%,同比增幅 50%的有 94 家,占 26%,增幅 100%的有 41 家,占 12%;管理费用同比下降 20%的有 31 家,占 8.7%,同比下降 30%的有 15 家,占 4.3%。数据表明,随着主营业务的增长与扩大,绝大多数上市公司管理费用急剧增长,且主营业务同比增幅和利润的同比增幅远低于管理费用的同比增幅,如海王生物、焦作碱业、山东铝业、东风汽车等。

海王生物 2000 年上半年完成主营业务收入 10 065 万元,同比增长 88%,主营业务利润同比增长 77%,但管理费用同比增长 8 641%。据该公司负责人介绍,管理费用大幅度增加系收购海王药业、合并子公司报表所致,另外,总额共 1 亿多元的无形资产(商誉)分 10 年摊销,今年上半年摊销了 600 多万元。也就是说公司管理架构的变化直接导致财务结构的变化，但管理费用的控制仍有文章可做。

山东铝业的主营业务收入和主营业务利润均大幅上升，管理费用同比增长了785%，据释，管理费用大幅增加主要是根据有色金属工业局的文件，有色金属企业在效益允许的前提下可提取效益工资，因此公司预提了1.2亿元效益工资，另预提了技术开发费4 500万元作为管理费支出。这种未雨绸缪、预提费用的做法使管理费用增加了，利润相对减少，但为企业发展准备了粮草，也是好事。

中报显示，泸天化的管理费用增加了3 500多万元，安彩高科的管理费用也增加了5 700多万元，对此，泸天化的解释是去年9月公司以承债方式控股兼并了四川天华股份有限公司，而安彩高科的解释是去年收购了两条生产线等资产，公司生产规模和人员大幅增加。由此看来，资产重组是部分上市公司管理费用大幅增加的主要原因。

作为投资者、股东，追求的是股东回报即可分配利润，管理费用的高企尽管各有理由，但投资者纳闷：为什么有的公司主营业务收入和主营业务利润保持高速增长，管理费用却大幅下降，或者业务收入、利润的增幅超过管理费用的增幅？

思考：哪些因素将会引起管理费用的变化？这种变化对公司的发展有哪些利弊？

第一节 费用概述

一、费用的概念与特征

(一) 费用的概念

关于费用的定义和内涵有广义和狭义之分。

1. 广义的费用概念

国际会计准则委员会对费用要素的定义是："费用是指会计期间内经济利益的减少，其表现形式为资产减少或负债增加而引起的所有者权益减少，但不包括向所有者进行分配等经济活动引起的所有者权益减少"，"费用的定义包括了损失，也包括那些在企业日常活动中发生的费用"，因而是一个广义的费用概念。

2. 狭义的费用概念

美国财务会计准则委员会(FASB)在其第6号概念公告中，将费用定义为："某一主体在其持续的、主要或核心业务中，因交付或生产了货品，提供了劳务，或进行了其他活动，而付出的或其他耗用的资产,或因而承担的负债(或两者兼而有之)。”

美国财务会计准则委员会(FASB)和我国会计制度规定的费用仅指日常活动或主要业务发生的耗费,因而属于狭义的费用概念。由于费用是与收入相对应的概念,因此收入概念与费用概念必须一致,即如果收入是广义的概念,则费用也应该是广义的概念;如果收入是狭义的概念,则费用也应该是狭义的概念,这是配比原则的基本要求。但一般认为广义的收入和费用概念似有不妥,因为利得和损失是企业管理当局不能控制的边缘性、偶发性损益,提供包括利得和损失在内的收入与费用指标,不能说明管理当局的“经管责任”,也不利于加强对内部责任单位(或人员)的绩效考评。因此,狭义的收入和费用概念相对更为常用。正因为如此,费用通常被定义为“为了取得收入而发生的资源耗费”。

我国《企业财务报告条例》中对费用的定义是:“费用是企业为销售商品、提供劳务等日常活动所发生的经济利益流出。”

(二) 费用与成本的关系

会计上说到费用的时候,经常要与另一个相关概念即成本相联系。成本,是指企业为生产产品、提供劳务而发生的各种耗费。与费用相似,成本也是经济利益流出概念,对应于收入所表达的经济利益流入。但是,从会计实务来看,成本通常与产品相联系,是在特定对象上为特定目的而发生的耗费,因此,它是“对象化”的耗费。例如,企业在生产中为生产出特定的产品而发生的原材料、人工等耗费则通过一定的方法对象化入产品,形成成本,而发生的广告支出等由于无法确定是为哪一种产品而发生的,则计为费用。

从报表钩稽关系来看,费用对应的账户有两大类,一是资产,表示资产的减少;二是负债,表示负债的增加。直接和资产账户对应的费用表示企业在生产经营过程中对资源的耗费。企业进行生产经营活动是企业的盈利过程,它必然相应地发生一定的费用,如工业企业在生产过程中要消耗原材料、燃料和动力,发生机器设备的折旧费用和修理费用,用现金支付工人工资和其他各项生产管理费用等。根据这一钩稽关系,我们可以看出费用其实是资产的转化形式。费用与负债的钩稽关系表现为费用增加,负债增加,增加的负债未来期间仍然要以资产的放弃为代价。

(三) 费用的特征

费用具有如下基本特征:

(1) 费用可能表现为资产的减少,或负债的增加,或两者兼而有之。费用的发生形式多种多样,既可能表现为资产的减少(如购买办公用品支付现金、制造产品耗用存货),也可能表现为负债的增加(如负担长期借款利息),还可能是两者的组合(如购买材料款项部分支付现金,剩余部分形成负债)。

(2) 费用是企业在日常活动中发生的经济利益的流出,而不是从偶发的交易或事项中发生的经济利益的流出。如,工业企业采购原材料、商业企业从事商品采购活动、金融企业从事存款业务等所发生的经济利益的流出,属于费用。有些交易或事项虽然也能使企业发生经济利益的流出，但因为不属于企业的日常经营活动，所以其经济利益的流出不属于费用而是损失，如加工业企业出售固定资产的净损失。

(3) 费用能引起所有者权益的减少。一般而言，企业的所有者权益会随着收入的增长而增加；相反，费用的增加会减少所有者权益。但是，在企业的生产经营过程中，有两类支出不属于费用：一是偿债性支出，如以银行存款归还前期所欠债务，致使一项资产和一项负债等额减少，对所有者权益没有影响，因而不构成费用；二是企业向所有者分配利润，虽然减少了所有者权益，但其属性是对利润的分配，不作为费用。

二、费用的分类

恰当地确认费用并将之与收入合理地配比，对正确计算损益有着十分重要的影响。如前所述，广义的费用包括营业成本、营业税金及附加、期间费用、投资损失、营业外支出和所得税。我们可以将这些费用项目按照其对净利润的影响程度分为三类，即与营业利润相关的费用、与利润总额相关的费用和与净利润相关的费用。其中，营业成本、营业税金及附加和期间费用与营业收入相配比，属于与营业利润相关的费用；投资损失、营业外支出也可统称为损失，它们与营业利润无关，但在计算利润总额时需要予以扣除，因此可以说是与利润总额相关的费用；所得税则比较特殊，它是在确定了利润总额以后，在计算税后净利润时需予以扣除的费用。

(一) 与营业利润相关的费用

与营业利润相关的费用具体包括：

(1) 营业成本。

营业成本是企业因销售商品、提供劳务或让渡资产使用权等日常活动而发生的实际成本，也就是企业为获得营业收入而付出的产品、商品或劳务等的价值。在工业企业中，营业成本即已销产品的生产成本，生产成本又是由直接材料费用、直接人工费用和制造费用三项费用构成的。

直接材料费用是指企业在生产产品和提供劳务过程中所耗费的，直接用于生产产品，构成产品实体的原料、主要材料、外购半成品及有助于产品形成的辅助材料和其他辅助材料费用。

直接人工费用是指企业在生产产品和提供劳务过程中，直接参加产品生产的工人工资以及生产工人工资总额按照规定比例提取的职工福利费用等。

制造费用是指应由产品生产成本负担的，不能直接计入各产品成本的有关费用。主要是指企业各生产单位(如生产车间)为组织和管理生产而发生的各项间接费用，包括工资和福利费用、折旧费、修理费、办公费、水电费、机物料消耗、劳动保护费以及其他制造费用。

(2) 营业税金及附加。

营业税金及附加是指企业日常活动，如销售商品、提供劳务等应负担的销售税金及附加，主要包括营业税、消费税、城市维护建设税、资源税、土地资源税和教育税附加等。这些税金与企业取得的主营业务收入相关，因此应从主营业务收入中扣除。

(3) 期间费用。

期间费用是指不能直接归属于某个特定产品成本的费用。它容易确定其发生的期间，而难以判别其所应归属的产品，因而在发生的当期的损益中扣除。由于他仅与当期实现的收入有关，必须计入当期损益，所以称其为期间费用。期间费用主要包括销售费用、管理费用和财务费用。

销售费用是指企业在销售产品过程中发生的各项费用以及为销售本产品而专设销售机构的各项费用。企业在销售产品、自制半成品和提供劳务等过程中发生的费用，包括由企业负担的包装费、运输费、广告费、装卸费、保险费、委托代销手续费、展览费、租赁费(不含融资租赁费)和销售服务费、销售部门人员工资、职工福利费、差旅费、办公费、折旧费、修理费、物料消耗、低值易耗品摊销以及其他经费等。

管理费用是指企业行政管理部门为组织和管理生产经营活动而发生的各项费用。管理费用内容主要包括工会经费、职工教育经费、业务招待费、税金、技术转让费、无形资产摊销、咨询费、诉讼费、开办费摊销、坏账损失、公司经费、上缴上级管理费、劳动保险费、待业保险费、董事会会费以及其他管理费用。

财务费用是指企业筹集生产经营所需资金等而发生的费用，包括企业生产经营期间发生的利息支出(减利息收入)、汇兑净损失(有的企业如商品流通企业、保险企业对其进行单独核算，不包括在财务费用中)、金融机构手续费，以及筹资发生的其他财务费用如债券印刷费、国外借款担保费等。

(二) 与利润总额相关的费用

通过营业收入与营业成本、营业税金及附加以及期间费用的配比，可以得到企业的营业利润，在营业利润的基础上，再扣减投资损失和营业外支出，即可得到利润总额。因此我们可以将投资损失和营业外支出作为与利润总额相关的费用。当然这并不是说营业成本、营业税金及附加以及期间费用与利润总额的形成无关。相反，营业成本、营业税金及附加以及期间费用与利润总额的基本要素密切相关。

投资损失一般是作为投资收益的扣除项目，因而投资收益常以净额列示。

营业外支出是指与企业生产经营活动没有直接关系的各项支出，其内容主要包括：固定资产盘亏、处置固定资产净损失、非常损失、罚款支出、债务重组损失、捐赠支出、提取的固定资产减值准备、提取的在建工程减值准备、提取的无形资产减值准备、出售无形资产净损失等。

(三) 所得税

所得税是一项特殊费用。之所以说其特殊，是因为前面所提到的费用项目均与企业在一定期间利润总额的形成有关，其数额大小根据实际发生额确定。而所得税则不同，它是在利润总额确定之后，以利润总额为基础计算出的（当然还要考虑进行纳税调整），并作为利润总额的扣除项目。关于所得税的性质究竟是属于费用还是利润分配，在会计界也有不同的看法。一种看法认为，从企业所得者的角度来看，所得税是企业的一项费用，它和工资费用、利息费用没有本质区别，因为企业所有者关注的是最终的所得。而另一种看法则认为，从整个社会的角度来看，所得税是企业的一项利润分配，它是国家以社会管理者身份参与企业利润分配的所得。我国在1994年以前，一直将所得税看作是企业的一项利润分配，将其列示在利润分配表中。1994年税制改革之后，财政部颁布了《企业所得税会计处理的暂行规定》，要求企业自当年开始在进行会计处理时将所得税视为一项费用，并将其列示于利润表的主表当中。

企业应采用资产负债表债务法进行所得税费用的核算。资产负债表债务法，就是以资产负债表及其附注为依据，结合相关账簿资料，分析计算各项资产、负债的计税基础，并与其账面价值进行比较，对于两者之间的差额分别按应纳税暂时性差异和可抵扣暂时性差异，确认相关的递延所得税负债和递延所得税资产，并在此基础上确定每一期间利润表中的所得税费用。

三、费用的确认

（一）费用确认的两个基本原则

经过长期以来的会计实践，逐步形成了两条可用于指导费用确认的基本标准：一是划分收益性支出和资本性支出的原则；二是权责发生制原则。

如前文所述，若一项支出的效益长于一个会计期间，则该项支出就应予以资本化，即应对象化为资产的成本，并在其耗用的期间结转为费用；若一项支出的效益仅限于一个会计期间，则此项支出就应作为收益性支出，即应在支出期间确认为费用。这就是划分收益性支出和资本性支出的原则。这一原则为费用的确认给出了一个时间上的界限。

而权责发生制原则则是要具体明确在什么时间点上确认费用。权责发生制是根据费用与收入的相互关系建立起来的。根据权责发生制原则，费用在其支出上的效用是否真正发挥，主要是看该项支出帮助创造的收入是否已经流入企业，或该项支出已不再具有产生收入（带来效益）的潜能。

费用应按照权责发生制原则来确认，反映属于本期的费用：凡是应属于本期的费用，不论其款项是否支付，均应作为本期费用；反之，不属于本期的费用，即使款项已在本期支付，也不作为本期费用。

（二）费用的确认标准

1. 按费用与收入的直接联系（或称因果关系）加以确认

凡是与本期收入有直接因果关系的耗费，就应当确认为该期间的费用。这种因果关系具体表现在以下两个方面:一是经济性质上的因果性,即应予以确认的费用与期间收入项目具有必然的因果关系,也就是有所得必有所费,不同收入的取得是由于发生了不同的费用;二是时间上的一致性,即应予以确认的费用与某项收入同时或结合起来加以确认,这一过程也就是收入与费用配比的过程。例如,如果企业销售出去的商品是直接与所产生的营业收入相联系的,那么,该项销售商品的成本就可以随同本期实现的销售收入而作为该期的费用;如果企业采用分期收款方式销售商品,则应按合同约定的收款日期分期确认收入。在这种情况下,按商品全部销售成本与全部销售收入的比率,计算出本期应结转的营业成本,并与本期所确认的营业收入相配比。

2. 直接作为当期费用确认

在企业中,有些支出不能提供明确的未来经济利益,并且,如果对这些支出加以分摊也没有意义,这时,这些费用就应直接作为当期费用予以确认。例如,固定资产日常修理费等。这些费用虽然与跨期收入有联系,但由于不确定性因素,往往不能肯定地预计其收益所涉及的期间,因而就直接列作当期的费用。

3. 按系统、合理的分摊方式确认

如果费用的经济效益有望在若干个会计期间发生,并且只能大致和间接地确定其与收益的联系,该项费用就应当按照合理的分配程序,在利润表中确认为一项费用。如,固定资产的折旧和无形资产的摊销都属于这一情况。一般地,我们将这类费用称为折旧或摊销。

(三) 配比概念

配比是指某个会计期间或某个会计对象所取得的收入应与为取得该收入所发生的费用、成本相匹配,以正确计算在该会计期间、该会计对象所获得的净损益。

配比原则作为会计要素确认要求,用于利润确定。会计主体的经济活动会带来一定的收入,也必然要发生相应的费用。有利得必有所费,所费是为了所得,两者是对立的统一,利润正是所得比较所费的结果。配比原则的依据是受益原则,即谁受益,费用归谁负担。受益原则承认得失之间存在因果关系,但并非所有费用与收入之间都存在因果关系,必须按照配比原则区分有因果关系的直接成本费用和没有直接联系的间接成本费用。直接费用与收入进行直接配比来确定本期损益;间接费用则通过判断而采用适当合理的标准,先在各个产品和各期收入之间进行分摊,然后用收入配比来确定损益。

费用配比原则实际上包括以下三项确认规则:

(1) 联系因果关系确认费用,即根据有关收入和费用之间的关系进行配比。在这种情况下,凡是与本期收入有直接关系的耗费都应确认为本期费用,如销售成本的确认。

(2) 系统和合理地分配费用,是采用一定的分摊程序,将费用系统、合理地分配至各个收益期。其基本理论依据为:有的资产会在多个会计期间使用,为多个会计期间提供收益,因此各个会计期间都应该承担这些资产的一些成本。所以,这样确认的费用与各期的业务收入都是相关的。

(3) 支出发生时立即确认为费用。企业发生的有些支出,如企业行政管理部门发生的各项支出虽然与收入没有直接的关系,但与会计期间紧密相连,其效益直接影响会计期间的收入,因而支出发生时立即确认,将其视为某一期间收入相关的期间费用。

(四) 正确确认费用时应处理好的几个关系

通常情况下,如果资产的减少或负债的增加,将导致未来经济利益的减少,并且能够可靠地加以计量,就应当确认为一项费用。正确地确认和计量费用,应处理好以下几个关系:

(1) 费用与收入的关系。

费用指直接或间接为取得营业收入而发生的相应的耗费,不是以取得营业收入为目的的各种耗费都不作为费用,如购买各种股票、债券所发生的支出,捐赠支出等。因此,工业企业的费用往往指构成产品成本的费用和期间费用,即在生产经营过程中为取得销售商品、提供劳务等收入而发生的耗费。

(2) 费用与损失的关系。

在生产经营过程中所发生的耗费,通常情况下可以直接或间接地产生收入,即耗费和收入之间有一定的因果关系。但是有些耗费并不一定产生收入,如存货盘亏、投资发生的损失,这些耗费从严格意义上可以认为是一种损失,而不能确认为费用。但在会计实务中,有些损失和费用不好区分,都将其作为费用处理,如坏账损失、属于非常损失之外的存货盘亏损失等。

(3) 生产费用与产品成本的关系。

生产费用是指为生产产品而发生的各种耗费,一定时期所发生的生产费用是构成产品成本的基础。生产费用与产品成本的区别在于:生产费用包括构成本期产品成本的生产费用和不构成本期产品成本的生产费用,而产品成本只是生产费用中构成产品成本的部分;生产费用着重于按会计期间归集所发生的费用,而产品成本则着重于按产品品种归集费用,一种完工产品的成本可能包括几个会计期间的生产费用。

(4) 生产费用与期间费用的关系。

生产费用需要直接或间接地计入产品成本,而期间费用则是直接计入当期损益,不计入在产品、产成品成本的各项费用。它们都是一种耗费,都必须从营业收入中得到补偿,但是它们补偿的时间不同。期间费用直接从当期收入中补偿,而构成产品成本的费用要待产品销售时才能得到补偿。

(5) 本期费用与跨期费用的关系。

本期发生的耗费,不一定都能在本期冲减收入。其中一部分在本期冲减收入,属于本期费用;另一部分要分摊给以后会计期间,冲减以后会计期间的收入,称为跨期费用。

(6) 生产成本与主营业务成本的关系。

生产成本是生产费用中构成产品成本的部分,在产品尚未出售前表现在存货中,待销售时,表现为主营业务成本,从而使一定时期的主营业务成本与一定时期的营业收入相配比。

四、费用的计量

（一）费用的计量基础

费用作为获取收入所发生的资源牺牲，其计量主要表现为减少资产价值。但计量企业经营过程中所耗用的商品和劳务的价值量并非易事。究其原因，是因为费用计量的目的并不确切，而人们愿意接受的量度又大多是由所使用的收益观点所决定的，因此，目前主要存在两种观点：按历史成本计量费用和按现实价格计量费用。

1. 按历史成本计量费用

费用在传统意义上是按照历史成本属性来计量的。坚持历史成本的主要理由是，历史成本代表企业的实际交易价格，不仅较为客观，而且是可验证的。历史成本的主要缺点是，在试图符合财务报告的外界使用者要求的目的上，历史成本往往不足以表示商品的恰当计量，而且它无法区分正常经营活动和意外或者不可预测的价格变动所产生的利得或损失。例如，一栋已经提足折旧但正在使用的房屋突然发生倒塌，如果按照历史成本来计量，该房屋本身就不存在损失，而事实上谁都知道该企业遭受了一笔不小的损失。

2. 按现时价格计量费用

由于收入通常根据现行价格计量，从配比的逻辑关系来看，费用也应当根据所耗用的商品或服务的现行成本来计量。这不仅可以保持收入和费用按相同的属性进行配比，使收益的计算更为可信，也有助于已耗资产的实物属性补偿，此外采用成本计量费用，可以区分经营收益和基本利得或损失。实务中现实价格可以用重置成本来表示。从理论上来说，用现实重置成本来计量费用是合理的，但是要准确获得与以前形成的同一种类的资产在使用时的现实价格经常是不可能的，也就是说，重置成本本身的量度是难以验证的。

按历史成本计量费用是会计上的传统方法，也是目前会计实务中所坚持的方法。这里的历史成本所依据的是企业所发生的实际成本。具体地说，企业根据管理及成本计算的需要，可以在具体核算中采用实际成本来进行，也可以采用计划成本、定额成本或标准成本来进行，但最终所提供的成本费用核算必须调整为实际成本。对于各会计期间所承担的费用，则必须按照实际发生额计算、确认和结转。

（二）费用计量的具体方法

1. 主营业务成本

主营业务成本是指企业因销售商品、提供劳务或让渡资产使用权等日常业务活动而发生的实际成本。在工业企业中，主营业务成本是指已销售的产成品、自制半成品和工业性劳务的成本，其中，已售产成品的成本，即生产成本；在商业企业中，主营业务成本是指已销商品的进价成本;对施工企业而言,主营业务成本则是指工程结算成本。实际工作中,企业可以根据具体情况,采用先进先出法、加权平均法、移动平均法和个别计价法等方法,确定销售商品等的实际成本。采用计划成本法核算库存商品的企业,平时的营业成本按计划成本结转,月度终了,计算并结转本月销售商品应负担的成本差异,将已销商品的计划成本调整为实际成本。采用售价核算商品的企业,平时的营业成本按售价结转。月末终了,计算并结转本月销售商品应分担的进销差价,将已销商品的售价调整为进价。注意,在费用的计量上要保持与收入计量的一致性。

2. 营业税金及附加

主营业务税金及附加是指企业日常活动,如销售商品、提供劳务等应负担的销售税金及附加,主要包括营业税、消费税、城市维护建设税、资源税、土地增值税和教育费附加等。这些税金有的与取得的主营业务收入相关,是根据主营业务收入乘以适用的税率计算出来的,如营业税、消费税;资源税是按照应税产品的课税数量乘以单位数额计算;土地增值税按照转让房地产所得的增值额和规定税率计算;城市维护建设税和教育费附加比较特殊,它们是按照企业当期实际缴纳的流转税(增值税、消费税、营业税)之和按一定比例计算缴纳的。

3. 其他业务成本

其他业务成本是指企业除主营业务成本以外的其他销售或其他业务所发生的支出,包括销售材料、提供劳务等而发生的相关成本、费用以及相关税金及附加等,其计量原理同主营业务成本、主营业务税金及附加。

4. 销售费用、管理费用、财务费用

在这三项期间费用的计量上,首先分清是否予以资本化;其次应严格遵守权责发生制原则,即要按照费用的归属而不是按照款项的实际收付来确认费用。期间费用的内容很多,具体的计量方法也各异,例如,财务费用中的利息支出,是借款本金、利率与期限综合作用的结果,而销售费用中的广告费,就是直接按当期实际发生数计量等。

5. 营业外支出

营业外支出与营业外收入不存在任何配比关系,它通常表现为一种净支出,如固定资产盘亏、处置固定资产净损失、出售无形资产净损失、罚款支出、债务重组损失、捐赠支出等。营业外支出还包括了提取的固定资产减值准备、在建工程减值准备、无形资产减值准备等,其数额是根据这些长期资产当期应计提的资产减值准备确定的。

6. 所得税

当期所得税费用的多少取决于企业所采用的所得税核算方法。采用应付税款法核算时的会计处理比较简单,所得税费用的确定也比较容易,是根据当期所得税数额确定的,即当期所得税费用等于应交所得税额;采用纳税影响会计法时的会计处理比较复杂,所得税的计量要考虑应交所得税与暂时性差异对所得税费用的影响,还要考虑税率变动的影响,会计处理比较复杂。

第二节　营 业 成 本

一、营业成本概念

营业成本是指企业所销售商品或者所提供劳务的成本。营业成本应当与所销售商品或者所提供劳务而取得的收入进行配比。营业成本又分为主营业务成本和其他业务成本;它们是与主营业务收入和其他业务收入相对应的一组概念。

销售产品、商品和提供劳务的营业成本,是由生产经营成本形成的。工业企业产品生产成本(也称制造成本)的构成主要包括:

(1) 直接材料。

直接材料包括企业生产经营过程中实际消耗的直接用于产品的生产,构成产品实体的原材料、辅助材料、备品备件、外购半成品、燃料、动力、包装物以及其他直接材料。

(2) 直接工资。

直接工资包括企业直接从事产品生产人员的工资、奖金、津贴和补贴。

(3) 其他直接支出。

其他直接支出包括直接从事产品生产人员的职工福利费等。

(4) 制造费用。

制造费用是企业为生产产品和提供劳务而发生的各项间接成本的统称,也就是产品成本中扣除直接材料和直接人工以外的其余一切生产成本,主要包括企业各个生产单位(如车间、分厂等)为组织和管理生产所发生的各项间接费用,如各生产单位管理人员的工资、职工福利费、劳动保护费,季节性生产和修理期间的停工损失等。由于制造费用发生时一般无法直接判定其所归属的成本计算对象,因而不能直接计入有关产品或劳务成本,而应当根据制造费用的性质,选择合理的方法在有关成本受益对象之间进行分配。

二、账务处理

1. 主营业务成本的账务处理

在反映收入的同时或月度终了,企业应当根据销售商品、提供劳务等的实际成本,计算应结转的主营业务成本,借记“主营业务成本”账户,贷记“库存商品”等账户。

若企业采用分期付款方式销售商品,在每期销售实现时,一方面确认实现的销售收入,同时,按商品全部销售成本与全部销售收入的比率,计算出本期应结转的营业成本,借记“主营业务成本”账户,贷记“分期收款发出商品”等账户。

采用计划成本法核算产成品或商品的企业，平时的营业按计划成本结转，月度终了，计算并结转本月已销产成品应分担的成本差异，将已销产品的计划成本调整为实际成本。

采用售价核算库存商品的企业，平时的营业成本按售价结转，即按售价借记“主营业务成本”账户，贷记“库存商品”账户；月度终了，计算并结转本月销售商品应分担的进销差价，借记“商品进销差价”账户，贷记“主营业务成本”账户(若售价小于进价则作相反分录)。

发生的销售退回，一般情况下是冲减退回当月的销售收入，如果销货已冲减成本，同时还要按确定的退回商品的销售成本借记“库存商品”账户，贷记“主营业务成本”账户。

【例 16.1】 某公司月末本月销售商品成本共计 40 000 元，作出会计分录：

借：主营业务成本　　40 000

　　贷：库存商品　　40 000

【例 16.2】 上述公司月末将本月销售成本余额转入本年利润，会计分录为：

借：本年利润　　40 000

　　贷：主营业务成本　　40 000

2. 其他业务成本的账务处理

如前文所述，对其他业务发生的成本、费用及税金等均通过“其他业务成本”账户核算。实际确认成本、费用和税金时计入该账户的借方，表示成本、费用、税金的增加，期末应将该账户从贷方转出，转入“本年利润”账户，结转后该账户无余额。

【例 16.3】 某公司发生以下业务：

销售本企业的材料，实际成本为 3 000 元，其分录如下：

借：其他业务成本　　3 000

　　贷：原材料　　3 000

月末将“其他业务成本”账户余额 3 000 元转入“本年利润”，会计分录如下：

借：本年利润　　3 000

　　贷：其他业务成本　　3 000

第三节　营业税金及附加

一、营业税金及附加的内容

“营业税金及附加”账户主要核算企业经营活动发生的营业税、消费税、城市维护建设税、资源税和教育费附加等相关税费。而房产税、车船使用税、土地使用税、印花税在“管理费用”账户核算，但与投资性房地产相关的房产税、土地使用税在“营业税金及附加”账户核算。

营业税是国家对提供各种应税劳务、转让无形资产或者销售不动产的单位和个人征收的税种。营业税按照营业额或交易金额的大小乘以相应的税率计算。

消费税是国家为了调节消费结构,正确引导消费方向,在普遍征收增值税的基础上,选择部分消费品,再征收一道消费税。消费税实行价内征收,企业缴纳的消费税计入销售税金,抵减产品销售收入。

资源税是国家对在我国境内开采矿产品或者生产盐的单位和个人征收的税种。资源税按照应税产品的课税数量和规定的单位税额计算,计算公式为:应纳税额＝课税数量×单位税额(这里的课税数量为:开采或者生产应税产品销售的,以销售数量为课税数量;开采或者生产应税产品自用的,以自用数量为课税数量)。

城市维护建设税是国家为了加强城市的维护建设,扩大和稳定城市维护建设资金的来源而征收的税种。

教育费附加是国家为了发展我国的教育事业,提高人民的文化素质而征收的一项费用。这项费用按照企业缴纳流转税的一定比例计算,并与流转税一起缴纳。

二、营业税金及附加的账务处理

企业按规定计算确定的与经营活动相关的税费,借记"营业税金及附加"账户,贷记"应交税费"等账户。企业收到的返还的消费税、营业税等原记入"营业税金及附加"账户的各种税金,应按实际收到的金额,借记"银行存款"账户,贷记本账户。

期末,应将本账户余额转入"本年利润"账户,借记"本年利润"账户,贷记本账户,结转后本账户无余额。

【例16.4】 某公司本月售出一批产品共200件,每件30元,单位成本10元,公司已发货,但货款还未收到。该企业为一般纳税人,增值税税率为17%,消费税税率为8%,应交城市维护建设税300元,应交教育费附加100元。该公司已收到增值税专用发票,则该公司应作以下分录:

实现主营业务收入时:

	借	贷
借:应收账款	7 020	
贷:主营业务收入		6 000
应交税金——应交增值税(销项税额)		1 020

结转主营业务成本时:

	借	贷
借:主营业务成本	2 000	
贷:库存商品		2 000

计算主营业务税金及附加时:

	借	贷
借:营业税金及附加	880	
贷:应交税金——应交消费税		480
应交税金——应交城市维护建设税		300
其他应交款——应交教育费附加		100

第四节 期 间 费 用

期间费用是指不能进入产品成本的费用，只能定期归集并计入相应的费用账户，从收入中扣减。期间费用包括：销售费用、管理费用、财务费用。

一、销售费用

（一）销售费用的内容

企业在销售产品、自制半成品和提供劳务等过程中发生的费用，包括由企业负担的包装费、运输费、广告费、装卸费、保险费、委托代销手续费、展览费、租赁费（不含融资租赁费）和销售服务费、销售部门人员工资、职工福利费、差旅费、办公费、折旧费、修理费、物料消耗、低值易耗品摊销以及其他经费等。

设有独立销售机构（如门市部、经理部）的工业企业，其独立销售机构所发生的一切费用均列入销售费用。未设立独立销售机构且销售费用很小的工业企业，按规定，可将销售费用并入管理费。商业企业在商品销售过程中所发生的各项费用属于商品流通费，一般不计入商品的销售成本，而是通过商品的售价来直接补偿。在安全投资的经济分析中，销售费用是计算经济效益的基础数据。

（二）销售费用的账务处理

企业在销售商品过程中发生的包装费、保险费、展览费和广告费、运输费、装卸费等费用，借记“销售费用”账户，贷记“现金”、“银行存款”账户；企业发生的为销售本企业商品而专设销售机构的职工薪酬、业务费等经营费用，借记“销售费用”账户，贷记“应付职工薪酬”、“银行存款”等账户。期末，应将“销售费用”账户余额转入“本年利润”账户，结转后该账户应无余额。

【例 16.5】 某公司 20×9 年 5 月份发生的有关经济业务及会计处理如下：

用银行存款支付保险费 2 000 元，会计分录为：

借：销售费用——保险费　　2 000

　　贷：银行存款　　2 000

为举办展览发生布置费用 5 000 元，会计分录为：

借：销售费用——展览费　　5 000

　　贷：银行存款　　5 000

根据本月工资计算表，本月专设销售机构人员的职工工资为7 000元，提取职工福利费980元，会计分录为：

借：销售费用　　　　7 980

　贷：应付职工薪酬——工资　　　　7 000

　　　　　　　　　——应付福利费　　　　980

月终，将本月发生的销售费用转入“本年利润”账户，会计分录为：

借：本年利润　　　　14 980

　贷：销售费用　　　　14 980

二、管理费用

(一) 管理费用的内容

管理费用主要包括工会经费、职工教育经费、业务招待费、税金、技术转让费、无形资产摊销、咨询费、诉讼费、开办费摊销、坏账损失、公司经费、上缴上级管理费、劳动保险费、待业保险费、董事会会费以及其他管理费用。

其中，公司经费包括总部管理人员工资、职工福利费、差旅费、办公费、董事会会费、折旧费、修理费、物料消耗、低值易耗品摊销及其他公司经费。

劳动保险费指离退休职工的退休金、价格补贴、医药费(包括离退休人员参加医疗保险基金)、易地安家费、职工退职金、职工死亡丧葬补助费、抚恤费、按规定支付给离休干部的各项经费以及实行社会统筹基金。

待业保险费指企业按照国家规定缴纳的待业保险基金。

董事会会费是指企业最高权力机构及其成员为执行职能而发生的各项费用，包括差旅费、会议费等。

业务招待费是指企业为业务经营的合理需要而支付的交际应酬费用，在下列限额内据实列入管理费用：

全年销售净额(扣除折让、折扣后的净额)在1 500万元以下的，不超过年销售净额的0.5%；全年销售净额超过1 500万元但不足5 000万元的，不超过该部分销售净额的0.3%；超过5 000万元但不足1亿元的，不超过该部分的0.2%；超过1亿元的，不超过该部分的0.1%。

(二) 管理费用的账务处理

(1) 开办费：包括企业在筹建期间内发生的人员工资、办公费、培训费、差旅费、印刷费、注册登记费以及不计入固定资产成本的借款费用等。在实际发生时，借记本账户(开办费)，贷记“银行存款”等账户。

(2) 应付工资：行政管理部门人员的职工薪酬，借记本账户(应付工资)，贷记“应付职工薪酬”账户。

(3) 折旧摊销:行政管理部门计提的固定资产折旧、无形资产摊销、生产性生物资产的折旧,借记本账户(折旧),贷记“累计折旧”账户。

(4) 公司经费:董事会和行政管理部门在企业的经营管理中发生的办公费、水电费、聘请中介机构费、咨询费、诉讼费、待业保险费、劳动保险费、董事会费、修理费、物料消耗、低值易耗品摊销、矿产资源补偿费、排污费、办公费和差旅费等,借记本账户(公司经费),贷记“银行存款”等账户。

(5) 福利工会教育经费:需按规定比例列支的应付福利费、工会经费、职工教育经费,借记本账户(福利工会教育经费),贷记“银行存款”等账户。

(6) 技术转让费:借记本账户(技术转让费),贷记“银行存款”、“研发支出”等账户。

(7) 研究与开发费:借记本账户(研究与开发费),贷记“银行存款”、“研发支出”等账户。

(8) 应交税费:按规定计算确定的应交矿产资源补偿费、房产税、车船使用税、土地使用税、印花税,借记本账户(应交税费),贷记“应交税费”账户。

(9) 待摊费用:企业发生的长期待摊费用,借记本账户(待摊费用),贷记“银行存款”、“原材料”等账户。

(10) 库存:管理部门领用库存商品、材料作为办公用品,借记本账户(库存),贷记“库存商品”、“原材料”等账户。

(11) 生物资料:择伐、间伐或抚育更新性质采伐而补植林木类消耗性生物资产发生的后续支出,林木类消耗性生物资产达到郁闭后发生的管护费用等后续支出,生产性生物资产达到预定生产经营目的后发生的管护、饲养费用等后续支出,借记本账户(生物资料),贷记“银行存款”等账户。

(12) 存货损益:存货盘亏或盘盈(不包括应计入营业外支出的存货损失),借记本账户(存货损益),贷记“库存商品”等账户。

(13) 准备金:计提的坏账准备和存货跌价准备等,借记本账户(准备金),贷记“库存商品”等账户。

期末,应将“管理费用”账户的余额转入“本年利润”账户,结转后本账户无余额。

【例 16.6】 某公司 20×9 年 8 月份发生的有关经济业务及会计处理如下:

本月工资计算分配表中,行政管理部门人员的职工薪酬 2 000 元,会计分录为:

借:管理费用　　2 000

　　贷:应付职工薪酬　　2 000

管理部门领用库存商品 300 元作为办公用品,会计分录为:

借:管理费用　　300

　　贷:库存商品　　300

本月摊销无形资产价值 5 000 元,会计分录为:

借:管理费用　　5 000

　　贷:累计摊销　　5 000

月终，将管理费用转入本年利润，会计分录为：

借：本年利润　　7 300

　　贷：管理费用　　7 300

三、财务费用

（一）财务费用的内容

财务费用是指企业在生产经营过程中为筹集资金而发生的各项费用，包括企业生产经营期间发生的利息支出（减利息收入）、汇兑净损失（有的企业如商品流通企业、保险企业对其进行单独核算，不包括在财务费用中）、金融机构手续费，以及筹资发生的其他财务费用如债券印刷费、国外借款担保费等。

利息支出，指企业短期借款利息、长期借款利息、应付票据利息、票据贴现利息、应付债券利息、长期应付引进国外设备款利息等利息支出（除资本化的利息外）减去银行存款等的利息收入后的净额。

汇兑净损失，指企业因向银行结售或购入外汇而产生的银行外汇买入、卖出价与记账所采用的汇率之间的差额，以及月度（季度、年度）终了，各种外币账户的外币期末余额按照期末规定汇率折合的记账人民币金额与原账面人民币金额之间的差额等。

相关的手续费，指发行债券所需支付的手续费（需资本化的手续费除外）、开出汇票的银行手续费、调剂外汇手续费等，但不包括发行股票所支付的手续费等。

其他财务费用，如融资租入固定资产发生的融资租赁费用等。

（二）财务费用的账务处理

企业发生的财务费用在“财务费用”账户中记录，并按费用项目进行明细记录。企业发生的各项财务费用借记该账户，贷记“银行存款”、“预提费用”、“长期借款”等账户；发生的应冲减财务费用的利息收入、汇兑收益，借记“银行存款”账户，贷记该账户。月终，将归集的财务费用全部由该账户的贷方转入“本年利润”账户的借方，计入当期损益。结转后，“财务费用”账户期末无余额。

【例 16.7】 某公司 20×9 年 6 月发生的有关经济业务及会计处理如下：

预提本月负担的短期借款利息支出 2 000 元，会计分录为：

借：财务费用　　2 000

　　贷：预提费用　　2 000

以银行存款支付金融机构手续费 600 元，会计分录为：

借：财务费用　　600

　　贷：银行存款　　600

转入银行存款利息收入 1 400 元，会计分录为：

借:银行存款　　　　1 400

　贷:财务费用　　　　1 400

月终,将发生的财务费用 1 200 元转入本年利润,会计分录为:

借:本年利润　　　　1 200

　贷:财务费用　　　　1 200

第五节　营业外支出

一、营业外支出的概念和内容

营业外支出是指不属于企业生产经营费用,与企业的生产经营活动没有直接关系,但应从企业实现的利润总额中扣除的支出。其主要内容包括:

(1) 固定资产盘亏。它在财产清查盘点中,因实际固定资产实有数低于固定资产账面数而发生的固定资产净值损失。

(2) 处理固定资产净损失。它指企业在生产经营期间处置固定资产时所取得的价款不足以抵补应支付的相关税费和该项固定资产的账面净值与所计提的减值准备相抵差额而发生的处理差额。

(3) 出售无形资产净损失。它指企业出售无形资产时,所得价款不足以抵补应支付的相关税费及该项无形资产的账面余额与所计提的减值准备相抵后的差额所发生的损失。

(4) 罚款支出。它指企业因违反法律或未履行经济合同、协议而支付的赔偿金、违约金、罚息、罚款支出、滞纳金等以及因违法经营而发生的被没收财物损失。

(5) 捐赠支出。它是企业对外捐赠的各种财产的价值。

(6) 非常损失。它指自然灾害造成的各项资产净损失如地震等,还包括由此造成的停工损失和善后清理费用。

(7) 计提无形资产、固定资产和在建工程的减值准备。它指企业按规定在无形资产、固定资产和在建工程实质上发生减值时提取的减值准备。

(8) 职工子弟学校经费和技工学校经费。它指企业按照国家规定,自办职工子弟学校发生的支出大于收入的差额,以及自办技工学校发生的经费支出。

(9) 债务重组损失。它是指按照债务重组会计处理的有关规定应计入营业外支出的债务重组损失。

营业外支出、营业外收入连同管理费用、财务费用、营业费用、主营业务收入、主营业务成本、其他业务收入及成本等月末要结转到本年利润。

二、营业外支出的账务处理

企业转让固定资产时，先结转固定资产原值和已提累计折旧额，借记“固定资产清理”、“累计折旧”账户，贷记“固定资产”账户；收到双方协议价款，借记“银行存款”，贷记“固定资产清理”账户；最后结转清理损益，若转出价款低于固定资产账面净值，借记“营业外支出——处置非流动资产损失”账户，贷记“固定资产清理”账户。

处置无形资产时，应按实际收到的金额等，借记“银行存款”等账户，按已计提的累计摊销，借记“累计摊销”账户，按应支付的相关税费及其他费用，贷记“应交税费”、“银行存款”等账户，按其账面余额，贷记“无形资产”账户，按其借方差额，借记“营业外支出——处置非流动资产损失”账户，已计提减值准备的，还应同时结转减值准备。

盘亏、毁损的资产发生的净损失，按管理权限报经批准后，借记“营业外支出”账户，贷记“待处理财产损溢”账户。

对于自行建造的固定资产盘盈、盘亏、报废、毁损的工程物资，减去保险公司、过失人赔偿的那部分后的余额，分情况处理：如果工程项目已经达到预定使用状态，计入当期营业外支出；工程达到可使用状态前因必须试运行所发生的净支出，计入工程成本；所建的固定资产已经达到预定可使用状态，但是尚未办理竣工手续的，应当自达到可使用状态之日起，根据工程预算、造价或者工程实际成本等，按暂估的价值转入固定资产成本，待办理竣工手续后再做调整。

营业外支出属于损益类账户。借方登记企业发生的各项营业外支出，贷方登记期末余额转入“本年利润”账户数，结转后本账户无余额。

【例 16.8】 某企业向某小学捐款 50 000 元，以银行存款支付。企业会计分录编制如下：

借：营业外支出	50 000	
贷：银行存款		50 000

【例 16.9】 某企业以银行存款支付罚款 1 000 元。企业会计分录编制如下：

借：营业外支出	1 000	
贷：银行存款		1 000

【例 16.10】 某私营公司有一套旧生产线，原值 800 000 元，已提折旧 750 000 元，经批准报废。在清理过程中，以银行存款支付清理费用 5 000 元，其残料变价收入 35 000 元。根据上述资料，编制会计分录如下：

固定资产转入清理：

借：固定资产清理	50 000	
累计折旧	750 000	
贷：固定资产		800 000

支付清理费用：

借:固定资产清理　　5 000

　贷:银行存款　　5 000

残料的变价收入:

借:银行存款　　35 000

　贷:固定资产清理　　35 000

结转固定资产清理净损益:

借:营业外支出——处置非流动资产损失　　20 000

　贷:固定资产清理　　20 000

【例 16.11】 月终,某企业将本月发生的营业外支出 12 600 元转入本年利润账户,企业会计分录编制如下:

借:本年利润　　12 600

　贷:营业外支出　　12 600

【本章小结】

本章主要介绍营业成本、营业税金及附加、期间费用、营业外支出。

营业成本是指企业所销售商品或者所提供劳务的成本。营业成本应当与所销售商品或者所提供劳务而取得的收入进行配比。营业成本又分为主营业务成本和其他业务成本;它们是与主营业务收入和其他业务收入相对应的一组概念。

营业税金及附加账户核算企业经营活动发生的营业税、消费税、城市维护建设税、资源税和教育费附加等相关税费。房产税、车船使用税、土地使用税、印花税在"管理费用"等账户核算,不在本账户核算。期间费用是指企业本期发生的、不能直接或间接归入营业成本,而是直接计入当期损益的各项费用,包括销售费用、管理费用和财务费用等。企业按规定计算确定的与经营活动相关的税费,借记本账户,贷记"应交税费"等账户。企业收到的返还的消费税、营业税等原记入本账户的各种税金,应按实际收到的金额,借记"银行存款"账户,贷记本账户。期末,应将本账户余额转入"本年利润"账户,结转后本账户应无余额。

期间费用是指不能直接归属于某个特定产品成本的费用。它是随着时间推移而发生的与当期产品的管理和产品销售直接相关,而与产品的产量、产品的制造过程无直接关系,即容易确定其发生的期间,而难以判别其所应归属的产品,因而是不能列入产品制造成本的,而在发生的当期从损益中扣除。期间费用包括直接从企业的当期产品销售收入中扣除的营业费用、管理费用和财务费用。我们经常说的"当期费用"一般就是指狭义的当期期间费用,也就是某个特定会计期的期间费用(销售费用,管理费用,财务费用)。广义的理解当期费用应该包括当期期间费用和当期成本。

营业外支出是指企业发生的与企业日常生产经营活动无直接关系的各项支出,包括非流动资产处置损失、非货币性资产交换损失、债务重组损失、公益性捐赠支出、非常损失、盘亏损失等。营业外支出属于损益类账户，借方登记企业发生的各项营业外支出，贷方登记期末余额转入“本年利润”账户数，结转后本账户无余额。

【本章思考题】

1. 什么是费用？费用的确认原则是什么？
2. 企业费用的计量应遵循哪些原则？
3. 费用的基本内容和结构有哪些？
4. 费用应该在什么时候确认？

【练习与案例分析】

一、选择题

1. 20×6 年 1 月 10 日，甲上市公司与丁公司签订了总金额为 800 万元的建造合同，预计合同总成本为 600 万元。20×6 年第一季度共发生人工费用等工程成本 300 万元。经测定，工程的完工进度为 40%，则甲上市公司第一季度应确认的合同费用为(　　)万元。

A. 200　　B. 240　　C. 300　　D. 320

2. 甲企业 20×9 年 3 月份发生的费用有：计提车间管理人员工资费用 50 万元，发生管理部门人员工资 30 万元，支付广告宣传费用 40 万元，筹集外币资金发生汇兑损失 10 万元，支付固定资产维修费用 15 万元。则该企业当期的期间费用总额为(　　)万元。

A. 95　　B. 130　　C. 140　　D. 145

3. 甲工业企业产品售价每件 460 元，若客户购买达到 200 件及以上的，可得到 40 元/件的商业折扣。某客户 2010 年 12 月 10 日购买该企业产品 200 件，按规定现金折扣条件为：2/10，1/20，n/30，适用的增值税税率为 17%。该企业于 12 月 26 日收到该笔款项时，应确认的财务费用金额为(　　)元。(假定计算现金折扣时考虑增值税)

A. 840　　B. 0　　C. 1 965.6　　D. 982.8

4. 为购建固定资产而专门借入的款项，所发生的利息，在所购建的固定资产达到预定可使用状态之后发生的，应于发生当期(　　)。

A. 借记“在建工程”　　B. 贷记“在建工程”

C. 借记“财务费用”　　D. 贷记“财务费用”

5. 为了核算企业短期借款的借入和归还情况，企业应设置(　　)账户。

A. “短期借款”　　B. “长期借款”

C. “其他应收款”　　D. “其他应付款”

二、业务处理

1. 企业向银行申请借入短期人民币借款10 000元，借款利率为12%，期限为三个月，利息每月支付一次。

要求：编制其还本付息的会计分录。

2. 天岳公司20×8年12月与固定资产、无形资产和投资性房地产有关的业务如下：

(1) 20×8年12月1日经营租出一项无形资产，无形资产的账面价值是120万元，预计使用年限是10年，预计净残值为0。

(2) 20×8年12月3日外购一栋办公楼对外出租，作为成本模式计量的投资性房地产核算。该办公楼原价1 250万元，预计使用年限20年，预计净残值50万元，采用年限平均法计提折旧。

(3) 20×8年12月20日购入一台设备供销售部门使用，采用年数总和法计提折旧。该设备原价160万元，预计使用年限5年，预计净残值为10万元。

要求：

(1) 计算天岳公司20×9年1月应计提的折旧额和摊销额；

(2) 编制天岳公司20×9年1月计提折旧和摊销的会计分录。

(答案中的金额单位用万元表示，计算结果有小数的保留两位小数。)

3. 甲股份有限公司(以下简称甲公司)为增值税一般纳税人，适用的增值税税率为17%，销售单价均为不含增值税价格。

甲公司20×9年10月发生如下业务：

(1) 10月3日，向乙企业赊销A产品100件，单价为40 000元，单位销售成本为20 000元。

(2) 10月15日，向丙企业销售材料一批，价款为700 000元，该材料发出成本为500 000元。上月已经预收账款600 000元。当日丙企业支付剩余货款。

(3) 10月18日，丁企业要求退回本年9月25日购买的40件B产品。该产品销售单价为40 000元，单位销售成本为20 000元，其销售收入1 600 000元已确认入账，价款已于销售当日收取。经查明退货原因系发货错误，同意丁企业退货，并办理退货手续和开具红字增值税专用发票，并于当日退回了相关货款。

(4) 10月20日，收到外单位租用本公司办公用房下一年度租金300 000元，款项已收存银行。

(5) 10月31日，计算本月应交纳的城市维护建设税36 890元，其中销售产品应交纳28 560元，销售材料应交纳8 330元；教育费附加15 810元，其中销售产品应交纳12 240元，销售材料应交纳3 570元。

要求：

(1) 根据上述(1)—(5)业务编制相关的会计分录；

(2) 计算甲公司20×9年10月份发生的费用金额。

(答案中的金额以元为单位；“应交税费”账户须写出二级和三级明细账户，其他账户可不写出明细账户。)

第Ⅴ篇　分配篇

开篇案例

黄河股份有限公司是一家综合性百货零售公司，经营范围：主营商品零售兼批发、加工服务、仓储、农副产品收购、电子计算机技术服务、出租柜台、展览及策划等。

该公司2008年的利润表如下：

利　润　表

编制单位：黄河股份有限公司　　　　2008年　　　　单位：元

项　　　目	本期金额
一、营业收入	1 900 000
减：营业成本	1 520 000
营业税金及附加	32 300
销售费用	30 000
管理费用	200 000
财务费用	1 000
资产减值损失	500
加：公允价值变动损益（损失以“—”号填列）	1 500
投资收益（损失以“—”号填列）	19 500
其中：对联营企业和合营企业的投资收益	
二、营业利润（亏损以“—”号填列）	137 200
加：营业外收入	
减：营业外支出	50 000
其中：非流动资产处置损失	
三、利润总额（亏损以“—”号填列）	87 200
减：所得税费用	21 800
四、净利润（净亏损以“—”号填列）	65 400
五、净利润	
（一）基本每股收益	
（二）稀释每股收益	

2008年年报注释中，主营业务收入、主营业务成本是按照“商品零售”、“商品批发收入”两大类来列示，在这两大类下又按照地区来列示。

其他业务利润列示如下(单位：元)：

项　目	收　入	成　本
市场摊位出租	300 000	24 000
陈列费、进店费	15 000	6 000
仓储、运输	5 000	3 000
其　他	1 000	400
合　计	321 000	33 400

投资收益注释如下(单位：元)：

项　目	发生额
非控股公司分配来的利润	45 000
年末调整的被投资公司所有者权益净增减额	150 000
合　计	195 000

营业外支出的注释如下：

营业外支出是由于企业未履行购销合同的罚款50 000元。

黄河股份有限公司2008年12月1日资产负债表的有关资料如下(单位：元)：

项　目	金　额	项　目	金　额
货币资金	125 000	流动负债	140 000
交易性金融资产	21 000	应付长期票据	60 000
长期股权投资	595 000	普通股本	400 000
固定资产	60 000	资本公积	80 000
其他资产	40 000	盈余公积——法定	120 000
		盈余公积——任意	20 000
		留存收益	210 000
合　计	1 030 000	合　计	1 030 000

在公司董事会上各董事就如何发放股利提出了如下建议：

(1) 以法定盈余公积发放现金股利120 000元；

(2) 以任意盈余公积发放现金股利80 000元；

(3) 以货币资金发放现金股利125 000元。

企业利润是由营业利润、营业外收支和所得税费用形成的，而营业利润是由主营业务收入和其他业务收入减去主营业务成本、其他业务成本、管理费用、销售费用和财务费用加上投资收益减去资产减值损失加上公允价值变动损益(待实现的收益)组成。企业将收入划分为主营业务收入和其他业务收入,对分析经营成果非常有用。企业的收入主要来自营业收入,营业收入又主要是主营业务收入,则说明企业的经营是稳定的;如果企业的利润大多是来自非营业收入,即使当年利润再高,企业的经营都可能不稳定,也可能存在较大的风险。从黄河股份有限公司的利润表来看,黄河股份有限公司的营业收入占收入总额的90%以上,说明企业的经营非常稳定。

企业发放现金股利可以用当年的净利润、法定盈余公积和任意盈余公积,但是根据《公司法》的要求,企业当年亏损,可以按照不超过股票面值的6%发放现金股利并且发放现金股利后,法定盈余公积不得少于注册资本的25%。黄河股份有限公司2008年盈利65 400元,因此不应用120 000元的法定盈余公积和80 000元的任意盈余公积来发放现金股利;以货币资金发放现金股利125 000元,理论上是可以的,但由于黄河股份有限公司的现金流只有125 000元,如果全部用来发放股利,则企业的经营就会由于短缺资金而陷入困境。

思考:

1. 企业的净利润应由哪些部分组成?
2. 企业为何将营业收入划分为“主营业务收入”和“其他业务收入”?
3. 制定股利分配政策时需要考虑哪些因素?

利润与利润分配

企业作为一个经济实体,追求利润是其主要的目的,企业利润的大小表明企业在每一会计期间的最终经营成果。经营者可以通过分析该项指标,找出企业利润变化的原因,从而改善企业的经营管理,提高企业的经济效益。同时,投资者、债权人也可以通过该项指标分析企业的盈利能力及变化趋势,从而为投资方向作出正确的选择。此外,它也是对企业经营成果进行分配的重要依据。利润分配是将企业的净利润在投资者、企业留存收益之间进行合理有效的分配。利润的分配过程和结果,不仅关系到所有者的合法权益是否得到保护,而且还关系到企业能否长期、稳定地发展。

第十七章

利润及其分配

【本章学习目的】

1. 掌握利润的含义与构成。
2. 了解不同的利润计量观。
3. 了解利润的不同计算方式。
4. 掌握利润分配的顺序和会计处理。

第一节 利润的形成

企业作为一个经济实体，追求利润是其主要的目的，企业利润的大小在很大程度上反映出企业生产经营的经济效益，表明企业在每一会计期间的最终经营成果。利润是衡量企业经营状况、获利能力的一项重要指标。经营者可以通过分析该项指标，找出企业利润变化的原因，从而改善企业的经营管理，提高企业的经济效益。同时，投资者、债权人也可以通过该项指标分析企业的盈利能力及变化趋势，从而为投资方向作出正确的选择。此外，它也是对企业经营成果进行分配的重要依据。

一、利润的概念

根据《企业会计准则》的规定，利润是指企业在一定会计期间的经营成果，利润包括收入减去费用后的净额、直接计入当期利润的利得和损失等。其中：

收入是指企业在日常活动中形成的、会导致所有者权益增加的、与所有者投入资本无关的经济利益的总流入，即狭义的收入。

费用是指企业在日常活动中形成的、会导致所有者权益减少的、与向所有者分配利润无关的经济利益的总流出，即狭义的费用。

利得是指企业在非日常活动中形成的、会导致所有者权益增加的、与所有者投入资本无关的经济利益的总流入。利得包括直接计入当期损益的利得和直接计入所有者权益的利得，与利润有关的利得仅指前者。

损失是指企业在非日常活动中形成的、会导致所有者权益增加的、与所有者投入资本无关的经济利益的总流出。损失包括直接计入当期损益的损失和直接计入所有者权益的损失，与利润有关的损失仅指前者。

可见，利润的确认和计量取决于收入和费用、直接计入当期损益的利得和损失的确认和计量。

二、利润的不同计量观

对利润的计量方法，最常见的两种观点是资产负债观和收入费用观。

(一) 资产负债观

资产负债观也称为净资产法，是指通过对照前后期资产负债表的所有者权益（净资产）来确定企业在一定期间所实现的利润，即除所有者追加投资和分红外所有者权益增加为利润，减少为亏损。资产负债观计量利润的方法最早盛行于18世纪的欧洲，大多数合伙企业都是短期的，合伙人在每次合伙结束时，都会盘查期末净资产，将其同期初净资产进行比较，两者的差额即为利润。

资产负债观强调的是资本保全的概念，即在企业投入资本保全的前提下，将资源的净增加额确认为企业利润。资本保全又分为货币资本保全和实物资本保全。

(1) 货币资本保全观。它是指利润等于企业资产（以现行价格计量）超过投入原始资本（以历史成本计量）的货币金额，强调的是一种资产货币数量上的净增加额。

(2) 实物资本保全观。它是指利润等于企业资产（以现行价格计量）超过投入原始资本（以现行价格计量）后的差额，它强调的是资产实物的净增加额。

我们通常所说的资产负债观是指实物资本保全观下的资产负债观。

(二) 收入费用观

收入费用观也称为交易法，是指将一定期间发生的交易或事项所产生的收入及费用之间的差额作为当期的收益，即如果收入大于费用，则将实现利润；如果收入小于费用则会出现亏损。因此，在收入费用观下，确定利润的关键在于收入和费用的确认、计量和正确找出两者之间的配比关系。

收入费用观又分为当期经营观和全面收益观。

(1) 当期经营观。当期经营观认为，只有当期、正常经营活动的结果才能包括在利润范围之内，非经常性损益应该排除在净利润之外，直接在资产负债表所有者权益部分列报。当期经营观主要强调两个方面：一方面，收益的计算特别强调“当期”和“营业”；另一方面，只有“正常”经营活动所产生的结果才属于企业的利润。从以上可以看出，当期经营观强调的是企业的核心利润，并不是一个企业在某一期间内经营活动的全貌。

(2) 全面收益观，也称损益满计观。全面收益观认为，除了企业与投资者之间的交易（主要指投资者投入和分派现金股利）外，企业当期所有交易或事项所确认的收入、费用、利得和损失都属于企业的利润，即全面收益＝净利润（当期经营观下的净利润，即通常所指的营业利润）＋其他全面收益（利得和损失）。

同全面收益观相比，当期经营观有以下缺陷：①在有些情况下，前期事项和当期事项难以明确划分；②营业性与非营业性收益的界限不很分明。因此，会计理论界和实务界明显支持全面收益观。

根据我国《企业会计准则》的规定，利润是指企业在一定会计期间的经营成果，利润包括收入减去费用后的净额、直接计入当期利润的利得和损失等。可以看出，我国《企业会计准则》规范的利润是不完全的全面收益，为了全面反映企业的收益，企业应将其他全面收益，即直接计入所有者权益的利得，作为所有者权益变动表的一部分进行报告。

三、利润的构成

根据我国《企业会计准则》的规定，企业的利润一般包括营业利润、利润总额和净利润三部分。

(一) 营业利润

营业利润 = 营业收入 − 营业成本 − 营业税金及附加 − 销售费用 − 管理费用 − 财务费用 − 资产减值损失 ＋ 公允价值变动收益(− 公允价值变动损失) ＋ 投资收益(− 投资损失)

其中：

“营业收入”反映企业经营主要业务和其他业务所确定的收入总额，包括主营业务收入和其他业务收入。

“营业成本”反映企业经营主要业务和其他业务发生的实际成本总额，包括主营业务成本和其他业务成本。

“营业税金及附加”反映企业经营业务应负担的营业税、消费税、城市维护建设税、资源税、土地增值税和教育费附加等。

“销售费用”反映企业在销售商品过程中发生的包装费、广告费等费用和为销售本企业商品而专设的销售机构的职工薪酬、业务费等经营费用。

“管理费用”反映企业为组织和管理生产经营而发生的管理费用。

“财务费用”反映企业筹集生产经营所需资金等而发生的筹资费用。

“资产减值损失”反映企业计提各项资产减值准备所形成的损失。

“公允价值变动收益(或损失)”反映企业交易性金融资产等公允价值变动形成的应计

入当期损益的利得(或损失)。

投资收益(或损失)是指企业以各种方式对外投资所取得的收益(或发生的损失)。

(二) 利润总额

利润总额 = 营业利润 + 营业外收入 − 营业外支出

其中,“营业外收入”、“营业外支出”反映企业发生的与日常活动无直接关系的各项利得和损失。营业外收支的特点有二:一是意外发生,企业无法加以控制;二是偶然发生不重复出现。营业外收支虽然与企业生产经营活动没有多大的关系,但同样带来收入或形成企业的支出,也是增加或减少利润的因素,对企业的利润总额及净利润产生较大的影响。

(三) 净利润

净利润 = 利润总额 − 所得税费用

其中,“所得税费用”反映企业确认的应从当期利润总额中扣除的所得税费用。

四、利润形成的会计处理

利润是指企业的税前利润扣除所得税费用后的余额。利润的计算方式有表结法和账结法两种。

企业应设置“本年利润”账户,核算企业当期实现的净利润(或发生的净亏损)。

(一) 表结法

表结法是指各月月末不结转本年利润,只有在年末才将所有损益类账户的余额转入“本年利润”账户。采用表结法,各损益类账户的月末余额表示累计的收入或费用,“本年利润”账户 1—11 月末不作任何记录。12 月末将收入类账户转入“本年利润”账户的贷方,借记“主营业务收入”、“其他业务收入”、“营业外收入”等账户,贷记“本年利润”账户;将支出类账户借方余额转入“本年利润”账户借方登记,借记“本年利润”账户,贷记“主营业务成本”、“营业税金及附加”、“其他业务成本”、“销售费用”、“管理费用”、“财务费用”、“资产减值损失”、“营业外支出”、“所得税费用”等账户。“公允价值变动损益”、“投资收益”账户如为净收益,借记“公允价值变动损益”、“投资收益”账户,贷记“本年利润”账户;如为净损失,则作相反会计分录。

年末,损益类账户没有余额,“本年利润”账户的贷方余额表示全年累计实现的利润,借方余额表示全年累计发生的净亏损。

(二) 账结法

账结法是指在每月月末将所有损益类账户的余额转入“本年利润”账户。企业期

(月)末结转利润时,应将收入类账户贷方余额转入该账户贷方登记,借记“主营业务收入”、“其他业务收入”、“营业外收入”等账户,贷记“本年利润”账户;将支出类账户借方余额转入该账户借方登记,借记“本年利润”账户,贷记“主营业务成本”、“营业税金及附加”、“其他业务成本”、“销售费用”、“管理费用”、“财务费用”、“资产减值损失”、“营业外支出”、“所得税费用”等账户。“公允价值变动损益”、“投资收益”账户如为净收益,借记“公允价值变动损益”、“投资收益”账户,贷记“本年利润”账户;如为净损失,则作相反会计分录。

结转后,“本年利润”账户如为贷方余额,反映年初至本期末累计实现的净利润;如为借方余额,反映年初至本期末累计实现的净亏损。

不论采用表结法还是账结法,年度终了,都应将本年收入和支出相抵后结出的本年实现的净利润转入“利润分配”账户,借记“本年利润”账户,贷记“利润分配——未分配利润”账户;如为净亏损作相反的会计分录。结转后“本年利润”账户应无余额。

【例 17.1】 黄河公司 20×7 年 1—12 月有关收支账户发生额如下:主营业务收入 1 500 万元,其他业务收入 140 万元,投资净收益 28 万元,营业外收入 10 万元;主营业务成本 1 000 万元,营业税金及附加 16 万元,其他业务成本 80 万元,销售费用 100 万元,管理费用 140 万元,财务费用 40 万元,营业外支出 50 万元,资产减值损失 3 万元,公允价值变动净损失 10 万元;本年所得税费用 5 万元。黄河公司中期期末不进行利润结转,年末一次结转利润。账务处理如下:

20×7 年 12 月 31 日,结转本年损益类账户余额:

借:主营业务收入	15 000 000	
其他业务收入	1 400 000	
投资收益	280 000	
营业外收入	100 000	
贷:本年利润		16 780 000
借:本年利润	14 440 000	
贷:主营业务成本		10 000 000
营业税金及附加		160 000
其他业务成本		800 000
销售费用		1 000 000
管理费用		1 400 000
财务费用		400 000
营业外支出		500 000
资产减值损失		30 000
公允价值变动损益		100 000
所得税费用		50 000

20×7 年 12 月 31 日,结转本年净利润:

借:本年利润　　　　　　　　　　　　　　　2 340 000
　贷:利润分配——未分配利润　　　　　　　　　　2 340 000

第二节 利润的分配

一、利润分配的程序

利润分配是指企业将净利润在投资者、企业留存之间进行合理有效的分配。利润的分配过程和结果,不仅关系到所有者的合法权益是否得到保护,而且还关系到企业能否长期、稳定地发展。

企业当年实现的净利润应该首先弥补以前年度发生的亏损。其中,弥补的亏损是指超过了正常的税前弥补期限(5 年)后,应当用所得税后利润弥补的亏损。企业实现的净利润在以前年度亏损未弥补完之前,不得提取法定公积金。

在当年实现的净利润的基础上加上年初未分配利润(或减去年初未弥补亏损)后的余额,为可供分配的利润。可供分配的利润,一般继续按下列顺序分配:

(1) 提取法定公积金。经计算有本年累计盈利的,按本年净利润抵减年初累计亏损后的余额,计提 10%比例的法定公积金,累计提取的法定公积金总额达到注册资本 50%后,可以不再提取。在年初没有未弥补亏损的情况下,按本年净利润计算提取数。

(2) 提取任意公积金。企业提取法定公积金后,企业章程对提取任意公积金有规定的,按企业章程的规定提取任意公积金;企业章程没有规定的,可以根据股东大会决议的比例提取任意公积金。

(3) 向投资者分配利润。企业当年的净利润扣除弥补以前年度亏损和提取盈余公积以后的数额后,再加上年初未分配利润,即为当年可以向投资者分配利润的限额。

法律、行政法规关于利润分配的例外规定有:

(1) 利润分配顺序例外。一般情况下,企业利润分配应按照上述顺序进行,但法律、行政法规另有规定的,从其规定。如根据《中外合作经营企业法》的规定,中外合作经营企业的合作合同约定外国合作者可以在缴纳所得税前回收投资等。

(2) 利润分配内容例外。企业实现的净利润中,如果包括法规或企业章程规定的不属于投资者分享的净利润,则在拟定利润分配方案时,企业应按扣除不能由投资者享有部分的净利润计算。如外商投资企业按净利润的一定比例计提职工福利及奖励基金。

(3) 投资者利润分配例外。企业弥补以前年度亏损和提取法定盈余公积金后,当年没有可供分配的利润时,不得向投资者分配利润。但股份有限公司当年无利润时,在用盈余公积金弥补亏损后,经股东大会特别决议,可以按照不超过股票面值 6%的比率,用盈余公积金分配股利。

二、利润分配的账务处理

企业应当设置“利润分配”账户，核算利润的分配(或亏损的弥补)以及历年积存的未分配利润(或未弥补亏损)。该账户还应当分别按“提取法定盈余公积”、“提取任意盈余公积”、“应付现金股利或利润”、“转作股本的股利”、“盈余公积补亏”和“未分配利润”等进行明细核算。

(一) 弥补以前年度亏损

企业弥补以前年度亏损有三种方法:一是在其发生亏损的其后 5 年税前利润弥补;二是税后利润弥补;三是盈余公积弥补。税前利润弥补和税后利润弥补均不需要进行有关账务处理,用盈余公积弥补亏损,应借记“盈余公积——法定盈余公积或任意盈余公积”账户,贷记“利润分配——盈余公积补亏”账户。

【例 17.2】 黄河公司 20×1 年发生亏损 900 000 元,20×2—20×6 年每年实现的税前利润均为 150 000 元,20×7 年的税前利润为 200 000 元,剩余未弥补亏损黄河公司决定用盈余公积进行弥补。假设不考虑其他调整项目,所得税税率为 30%。黄河公司的账务处理如下:

20×2—20×6 年税前弥补亏损时:

借:本年利润　　150 000

　贷:利润分配——未分配利润　　150 000

20×7 年缴纳所得税时:

$$200\,000 \times 30\% = 60\,000(\text{元})$$

借:所得税费用　　60 000

　贷:应交税费——应交所得税　　60 000

借:本年利润　　60 000

　贷:所得税费用　　60 000

20×7 年税后弥补亏损时:

借:本年利润　　140 000

　贷:利润分配——未分配利润　　140 000

用盈余公积弥补亏损时:

借:盈余公积——法定盈余公积或任意盈余公积　　10 000

　贷:利润分配——盈余公积补亏　　10 000

(二) 提取盈余公积

企业的净利润在弥补了以前年度亏损以后,如果还有剩余,应按一定比例计提盈余公积，借记“利润分配——提取法定盈余公积或任意盈余公积”账户，贷记“盈余公积——法定盈余公积或任意盈余公积”账户。

【例 17.3】 黄河公司 20×8 年当年实现净利润 300 000 元，以前年度未发生亏损，按当年净利润的 10%和 5%分别提取法定盈余公积和任意盈余公积。黄河公司的账务处理如下：

借：利润分配——提取法定盈余公积 30 000
　　利润分配——提取任意盈余公积 15 000
　贷：盈余公积——法定盈余公积 30 000
　　　盈余公积——任意盈余公积 15 000

（三）向投资者分配利润

企业当年的净利润扣除弥补以前年度亏损和提取盈余公积以后的数额，再加上年初未分配利润，为当年可以向投资者分配利润的限额。企业可以按股东大会或类似权力机构决议向股东分配现金股利和股票股利。企业向股东分配现金股利时，借记“利润分配——应付现金股利或利润”账户，贷记“应付股利”账户；向股东分配股票股利时，在办理增资手续后，借记“利润分配——转作股本的股利”账户，贷记“股本”账户，如有差额，贷记“资本公积——股本溢价”账户。

向投资者分配利润一般包括现金股利、财产股利、负债股利和股票股利。我国主要采用现金股利和股票股利。

发放现金股利时，有四个重要日期：宣布股利日、除息日、股权登记日和股利发放日。

(1) 宣布股利日。公司股利分配方案经股东代表大会通过后，由董事会正式宣布依股东名册按持股比例发放股利的日期是宣布股利日。从宣布股利日起，公司在法律上就负有于将来支付股利的义务。在宣布股利日，公司借记“利润分配——应付现金股利或利润”，贷记“应付股利”。在宣布日后，公司股票就是附息股票。

(2) 股权登记日。上市公司的股份每日在交易市场上流通，需要定出一天，界定哪些股东可以参加分红，定出的这一天就是股权登记日。对股份公司来说，不需要在账上作任何分录。

(3) 除息日。股权登记日后的第一个交易日就是除息日，这一天购入该公司股票的股东不同于可以享有本次分红的“新股东”，不再享有此次分红。对股份公司来说，不需要在账上作任何分录。

(4) 股利发放日。在股利发放日，公司借记“应付股利”账户，贷记“银行存款”等账户。

【例 17.4】 黄河公司 20×8 年 4 月 27 日宣告 20×7 年股利分配方案：以 20×7 年末公司股本 200 000 000 股为基数，向全体股东每 10 股派发 3 元现金股利（含税），同时分派面值 1 元的股票股利 200 000 股，股权登记日为 5 月 10 日，除息日为 5 月 11 日，现金股利和股票股利的发放日为 5 月 20 日。黄河公司的账务处理如下：

股利宣告日（20×8 年 4 月 27 日）：

借:利润分配——应付现金股利　　60 000 000

　贷:应付股利　　60 000 000

股权登记日(5 月 10 日)和除息日(5 月 11 日),不做账务处理。

股利发放日(5 月 20 日):

借:应付股利　　60 000 000

　贷:银行存款　　60 000 000

假设黄河公司于 20×8 年 5 月 19 日办理了增资手续,应作会计分录如下:

借:利润分配——转作股本的股利　　200 000

　贷:股本　　200 000

(四) 结转余额

年度终了,企业应将“利润分配”账户所属其他明细账户余额转入“未分配利润”明细账户。结转后,除“未分配利润”明细账户外,其他明细账户应无余额。

【例 17.5】 沿用例 17.3、例 17.4 资料,年度终了,结转利润分配账户中的明细账户。

借:利润分配——未分配利润　　60 245 000

　贷:利润分配——应付现金股利　　60 000 000

　　　　　　——转作股本的股利　　200 000

　　　　　　——提取法定盈余公积　　30 000

　　　　　　——提取任意盈余公积　　15 000

【本章小结】

利润是指企业在一定会计期间的经营成果,利润包括收入减去费用后的净额、直接计入当期利润的利得和损失等。企业的利润一般包括营业利润、利润总额和净利润三部分。利润的核算方法有表结法和账结法两种。为核算企业本年度内实现的利润总额(或亏损总额),在实务中会计期间终了,企业将各损益类账户的余额转入“本年利润”账户。利润分配的程序包括弥补以前年度亏损、提取法定盈余公积、提取任意盈余公积、支付普通股股利。公司分配股利的形式一般包括现金股利、财产股利、负债股利和股票股利等,我国主要采用现金股利和股票股利两种形式。

【本章思考题】

1. 什么是利润? 利润由哪些内容组成?
2. 利润计量的不同观点有哪些? 我国主要采用哪种计量观点?

3. 净利润应按什么程序进行分配？如何进行会计处理？

4. 股利发放有哪些时点？应如何进行账务处理？

【练习与案例分析】

1. 甲公司20×7年1—12月有关收支账户发生额如下：

主营业务收入	7 000 000
其他业务收入	2 100 000
投资收益	350 000
营业外收入	80 000
主营业务成本	3 600 000
营业税金及附加	220 000
其他业务成本	1 800 000
销售费用	780 000
管理费用	960 000
财务费用	360 000
营业外支出	200 000
资产减值损失	80 000
公允价值变动净损失	90 000
所得税费用	60 000

要求：

(1) 计算当年的营业利润、利润总额和净利润；

(2) 编制有关年末结账时的有关会计分录。

2. 甲股份有限公司1999年至2006年有关业务资料如下：

(1) 1999年1月1日，股东权益总额为50 000万元，其中股本总数为20 000万股，面值为1元，资本公积为20 000万元，盈余公积为10 000万元。1999年实现净利润500万元，股本与资本公积未发生变化。

(2) 2000年3月1日董事会提出如下股利分配方案：

① 按净利润的10%提取法定盈余公积；

② 以1999年12月31日的股本总额为基数，以资本公积转增资本，每10股转增2股，以当年净利润100万元派送100万股，每股面值1元；

③ 分派现金股利300万元。

2000年5月5日，甲公司召开股东大会，审议批准了董事会提出的股利分配方案。6月10日办妥上述有关增资手续。

(3) 20×3年公司由于市场需求大幅度下降，当年发生亏损3 000万元。

(4) 20×4 年至 20×9 年甲公司分别实现利润 200 万元、500 万元、400 万元、300 万元、600 万元、500 万元。假定所得税税率为 33%，无其他纳税调整项目。

(5) 20×9 年 5 月 9 日，甲公司股东大会决定以法定盈余公积弥补 20×8 年 12 月 31 日账面累计未弥补亏损。

(6) 假定 20×3 年发生的亏损可以用以后五年的税前利润弥补；企业按 10%提取盈余公积。除前述事项外，其他因素不予考虑。

要求：编制 20×2 年至 20×9 年甲公司的有关账务处理。

3. 黄河公司 20×9 年年终决算前的初步测算结果显示，其所有者权益报酬率为 9.8%。按有关规定，所有者权益报酬率只有在 10%以上的企业才能实施配股。黄河公司由于业务发展的需要，拟在 20×9 年实行配股，筹措资金用于业务拓展。公司总经理张华指示财务经理王明无论如何要将公司的所有者权益报酬率调整到 10%以上。

提示：所有者权益报酬率＝净利润/平均所有者权益，配股是指上市公司按照一定的价格向原股东发行新股、筹集资金的行为。

要求：

(1) 如果你是公司总经理，你是否会像张华一样指示财务经理将所有者权益报酬率提高到 10%以上？

(2) 如果你是财务经理王明，是否会服从总经理的指示？如果服从，你将如何使所有者权益报酬率超过 10%？你认为你采取的对策符合财会法规吗？

第Ⅵ篇　报告篇

开篇案例

上市公司经营现金吃紧

截至2008年7月22日，44家上市公司披露的半年报显示：上半年上市公司业绩整体增长势头良好，但经营性现金流净额总体呈下滑趋势。

据统计，已披露半年报的44家上市公司，上半年共实现净利润总额55.88亿元，较上年同期的35.98亿元大幅增长44.18%。然而，这些公司经营所带来的现金流量净额未能实现同步增长。报告期内，44家公司经营活动产生的现金流量净额合计为29.53亿元，而去年同期则高达60.56亿元，同比下滑51%。其中，有21家公司上半年经营活动产生的现金流量为负，上年同期则是15家。28家公司经营性现金流量同比下滑，其中9家由正变负。现金流是企业生存和发展的基础，有人甚至指出，在"现金为王"的时代，现金流比利润更重要。因此，上市公司现金流吃紧问题引起了业界的广泛关注。

从上市公司披露的情况看，造成企业经营性现金流量大幅下滑的原因，主要是企业在经营活动中的现金流出过多，其中包括企业购买生产材料的购货成本上升，销售后资金未能及时回笼导致应收账款金额增大，以及受行业景气度影响等。如哈空调(600202)在净利润大幅增长87.72%的情况下，经营性现金流量却下滑455.49%，公司称："报告期内应收账款金额增大，经营活动产生的现金净流量为负数。"舒卡股份(000584)报告期经营活动实现的现金流量净额也由上年同期的16 571.05万元下降至−29 013.45万元，同比减少45 584.50万元，公司解释说，经营活动实现的现金流量净额减少的主要原因是，报告期内公司销售收回的货款大多为银行承兑汇票以及为购买南延线土地使用权付款所致。

(资料来源：汪靖中、李威、杨雪：《中国财经报》，2008年7月25日。)

思考：

1. 为什么上市公司利润增长，但现金流量净额却呈下滑趋势？
2. 利润和现金之间有什么区别和联系？

第十八章

财务会计报告

【本章学习目的】

1. 了解财务会计报告的构成。
2. 掌握财务报表列报的基本要求。
3. 掌握资产负债表、利润表、现金流量表和所有者权益变动表的列报格式和方法。
4. 了解附注的基本内容。
5. 掌握资产负债表日后事项。

第一节　财务会计报告概述

一、财务会计报告的概念及目的

财务会计报告是指企业对外提供的反映企业某一特定日期财务状况和某一会计期间经营成果、现金流量等会计信息的文件，是企业会计核算的最终成果。企业财务会计报告分为年度、半年度、季度和月度财务会计报告。其中，半年度、季度和月度财务会计报告统称为中期财务会计报告。

财务会计报告的主要目的是提供有助于财务会计报告使用者决策的财务信息。为了帮助现在和潜在的投资者、债权人和其他财务会计报告使用者对投资、信贷等作出正确的决策，并提供国家进行必要的宏观调控时所需要的基本数据，财务会计报告应当提供以下信息：

(1) 提供企业经济资源的信息，这些资源上的权利以及引起资源和资源权利发生变动的各种交易、事项的信息。

(2) 提供企业在报告期内的经营绩效的信息。

(3) 提供企业现金流动的信息。

(4) 反映企业管理当局向资源提供者报告如何利用受托使用的资源,进行资源的保值、增值活动并履行法律与合同规定的其他义务等有关受托责任的信息。

(5) 根据社会经济的发展,逐渐扩大财务会计报告信息的内容,如企业未来经营预测和社会责任的履行情况。

二、财务会计报告的披露方式

财务会计报告是由财务报表及其附注以及其他应当在财务会计报告中披露的相关信息和资料组成。根据现有《企业会计准则》和惯例,有些财务信息只能通过财务报表披露,而另一些财务信息则通过财务报表的附注或者其他财务会计报告披露。

(一) 财务报表

财务报表是财务会计报告的核心,企业对外提供的主要财务信息都要纳入财务报表。为了达到财务报表有关决策有用和评价企业管理层受托责任的目标,一套完整的财务报表至少应当包括"四表一注",即资产负债表、利润表、现金流量表、所有者权益变动表以及附注。

(二) 其他财务会计报告

其他财务会计报告的编制基础与方式可以不受《企业会计准则》的约束,可以以灵活多样的形式提供各种相关的信息,包括定性信息和非会计信息。根据现行国际惯例,其他财务会计报告的内容主要包括管理当局的分析与讨论预测报告、物价变动影响报告、社会责任报告等。

财务会计报告的各个组成部分是相互联系的,它们从不同的角度说明企业的财务状况、经营成果和现金流量等情况。

三、财务报表的分类

财务报表可以按照不同的标准进行分类。

(1) 按财务报表编报期间的不同,可以分为中期财务报表和年度财务报表。中期财务报表是以短于一个完整会计年度的报告期间为基础编制的财务报表,包括月报、季报和半年报等。中期财务报表至少应当包括资产负债表、利润表、现金流量表和附注,其中,中期资产负债表、利润表和现金流量表应当是完整报表,其格式和内容应当与年度财务报表相一致。与年度财务报表相比,中期财务报表中的附注披露可适当简略。

(2) 按财务报表编报主体的不同,可以分为个别财务报表和合并财务报表。个别财务报表是由企业在自身会计核算基础上对账簿记录进行加工而编制的财务报表,它主要用以反映企业自身的财务状况、经营成果和现金流量情况。合并财务报表是以母公司和子公司组成的企业集团为会计主体，根据母公司和所属子公司的财务报表，由母公司编制的综合反映企业集团财务状况、经营成果及现金流量的财务报表。

四、财务报表列报的基本要求

列报，是指交易和事项在报表中的列示和在附注中的披露。在财务报表的列报中，“列示”通常反映资产负债表、利润表、现金流量表和所有者权益变动表等报表中的信息，“披露”通常反映附注中的信息。《企业会计准则第 30 号——财务报表列报》对财务报表的列报提出了八项基本要求。

（一）遵循各项会计准则进行确认和计量

企业应当根据实际发生的交易和事项，遵循各项具体会计准则的规定进行确认和计量，并在此基础上编制财务报表。企业应当在附注中对遵循企业会计准则编制的财务报表作出声明，只有遵循了各项会计准则的所有规定，财务报表才应当被称为“遵循了各项会计准则”。

（二）列报基础

持续经营是会计的基本前提，是会计确认、计量及编制财务报表的基础。《企业会计准则》规范的是持续经营条件下企业对所发生交易和事项进行确认、计量及报表列报；相反，如果企业经营出现了非持续经营，致使以持续经营为基础编制财务报表变得不再合理，企业应当采用其他基础编制财务报表。

在编制财务报表的过程中，企业管理层应当对企业持续经营的能力进行评价，需要考虑的因素包括市场经营风险、企业目前或长期的盈利能力、偿债能力、财务弹性以及企业管理层改变经营政策的意向等。评价后对企业持续经营的能力产生严重怀疑的，应当在附注中披露导致对持续经营能力产生重大怀疑的重要的不确定因素。企业处于非持续经营状态时，应当采用其他基础编制财务报表，例如，破产企业的资产采用可变现净值计量，负债按照其预计的结算金额计量等，并在附注中声明财务报表未以持续经营为基础列报，披露未以持续经营为基础的原因以及财务报表的编制基础。

（三）重要性和项目列报

财务报表是通过对大量的交易或其他事项进行处理而生成的，这些交易或其他事项按其性质或功能汇总归类而形成财务报表中的项目。关于项目在财务报表中是单独列报还是合并列报，应当依据重要性原则来判断。总的原则是，如果某项目单个看不具有重要性，则可将其与其他项目合并列报；如具有重要性，则应当单独列报。企业在进行重要性判断时，应当根据所处环境，从项目的性质和金额大小两方面予以判断。一方面，应当考虑该项目的性质是否属于企业日常活动、是否对企业的财务状况和经营成果具有较大影响等;另一方面,判断项目金额大小的重要性,应当通过单项金额占资产总额、负债总额、所有者权益总额、营业收入总额、净利润等直接相关项目金额的比重来加以确定。

(四) 列报的一致性

可比性是会计信息质量的一项重要质量要求,目的是使同一企业不同期间和同一期间不同企业的财务报表相互可比。为此,财务报表项目的列报应当在各个会计期间保持一致,不得随意变更,这一要求不仅只针对财务报表中的项目名称,还包括财务报表项目的分类、排列顺序等方面。但是,当会计准则要求改变,或企业经营业务的性质发生重大变化后,变更财务报表项目的列报能够提供更可靠、更相关的会计信息时,财务报表项目的列报是可以改变的。

(五) 财务报表项目金额间的相互抵消

财务报表项目应当以总额列报,资产和负债、收入和费用不能相互抵消,即不得以净额列报,《企业会计准则》另有规定的除外。但是,以下两种情况不属于抵消,可以以净额列示:①对于资产计提的减值准备,资产项目应当按扣除减值准备后的净额列示,这样才反映了资产当时的真实价值,并不属于上面所述的抵消;②非日常活动并非企业主要的业务,且具有偶然性,从重要性来讲,非日常活动产生的损益以收入和费用抵消后的净额列示,对公允反映企业财务状况和经营成果的影响不大,抵消后反而更能有利于报表使用者的理解,例如,非流动资产处置形成的利得和损失,应按处置收入扣除该资产的账面金额和相关销售费用后的余额列示。

(六) 比较信息的列报

企业在列报当期财务报表时,至少应当提供所有列报项目上一可比会计期间的比较数据,以及与理解当期财务报表相关的说明,目的是向报表使用者提供对比数据,提高信息在会计期间的可比性,以反映企业财务状况、经营成果和现金流量的发展趋势,提高报表使用者的判断与决策能力。

(七) 财务报表表首的列报要求

财务报表一般分为表首、正表两部分,其中,在表首部分企业应当概括地说明下列基本信息:①编报企业的名称,如企业名称在所属当期发生了变更的,还应明确标明;②对资产负债表而言,须披露资产负债表日,而对利润表、现金流量表、所有者权益变动表而言,须披露报表涵盖的会计期间;③货币名称和单位,按照我国《企业会计准则》的规定,企业应当以人民币作为记账本位币列报,并标明金额单位,如人民币元、人民币万元等;④财务报表是合并财务报表的,应当予以标明。

（八）报告期间

企业至少应当编制年度财务报表。根据《中华人民共和国会计法》的规定，会计年度自公历 1 月 1 日起至 12 月 31 日止。因此，在编制年度财务报表时，可能存在年度财务报表涵盖的期间短于一年的情况，例如，企业在年度中间（如 3 月 1 日）开始设立等，在这种情况下，企业应当披露年度财务报表的实际涵盖期间及其短于一年的原因，并应当说明由此引起财务报表项目与比较数据不具可比性这一事实。

第二节 资产负债表

一、资产负债表的定义和作用

资产负债表是反映企业在某一特定日期的财务状况的财务报表。它主要提供有关企业财务状况方面的信息，即某一特定日期关于企业资产、负债、所有者权益及其相互关系的信息，是揭示企业在一定时点上财务状况的静态报表。

资产负债表的作用主要包括以下几点：

第一，可以提供某一日期的资产总额及其结构，表明企业拥有或控制的资源及其分布情况，报表使用者可以一目了然地从资产负债表上了解企业在某一特定日期所拥有的资产总量及其结构；

第二，可以提供某一日期的负债总额及其结构，表明企业未来需要用多少资产或劳务清偿债务以及清偿时间；

第三，可以反映所有者所拥有的权益，据以判断资本保值、增值的情况以及对负债的保障程度。

此外，资产负债表还可以提供进行财务分析的基本资料，如将流动资产与流动负债进行比较，计算出流动比率；将速动资产与流动负债进行比较，计算出速动比率等，可以表明企业的变现能力、偿债能力和资金周转能力，从而有助于报表使用者作出经济决策。

二、资产负债表的列报格式

资产负债表正表的列报格式一般有两种：报告式资产负债表和账户式资产负债表。

（一）报告式资产负债表

报告式资产负债表是上下结构，上半部列示资产，下半部列示负债和所有者权益。具体排列形式又有两种：一是按“资产＝负债＋所有者权益”的原理排列；二是按“资产－负债＝所有者权益”的原理排列。

（二）账户式资产负债表

账户式资产负债表是左右结构，左边列示资产，右边列示负债和所有者权益。账户式资产负债表中的资产各项目的合计等于负债和所有者权益各项目的合计，即资产负债表左方和右方平衡。因此，通过账户式资产负债表，可以反映资产、负债、所有者权益之间的内在关系，即“资产 ＝ 负债＋所有者权益”。

根据财务报表列报准则的规定，资产负债表采用账户式的格式，即左侧列报资产方，一般按资产的流动性大小排列；右侧列报负债方和所有者权益方，一般按要求清偿时间的先后顺序排列。

三、资产负债表列报的总体要求

（一）分类别列报

资产负债表列报，最根本的目标就是应如实反映企业在资产负债表日所拥有的资产、所承担的负债以及所有者所拥有的权益。因此，资产负债表应当按照资产、负债和所有者权益三大类别分类列报。

1. 资产的列报

资产应当按照流动性分别分为流动资产和非流动资产两大类别列示。

资产满足下列条件之一的，应当归类为流动资产：

（1）预计在一个正常营业周期中变现、出售或耗用。这主要包括存货、应收账款等资产。

（2）主要为交易目的而持有。这主要是指交易性金融资产。

（3）预计在资产负债表日起一年内（含一年）变现。

（4）自资产负债表日起一年内，交换其他资产或清偿负债的能力不受限制的现金或现金等价物。

不符合流动资产条件的资产，应归类为非流动资产。

按照《企业会计准则第 30 号——财务报表列报》的规定，对于一般企业，在流动资产和非流动资产两大类别下，资产还应该进一步按性质分项列示，先列报流动性强的资产，再列报流动性弱的资产（流动性，通常按资产的变现或耗用时间长短或者负债的偿还时间长短来确定）。银行、证券、保险等金融企业的有些资产无法严格区分为流动资产和非流动资产，在这种情况下，按照流动性列示往往能够提供可靠且更相关的信息，因此金融企业可以大体按照流动性顺序列示资产。

2. 负债的列报

负债应当按照流动负债和非流动负债在资产负债表中进行列示。

负债满足下列条件之一的，应当归类为流动负债：

(1) 预计在一个正常营业周期中清偿。

(2) 主要为交易目的而持有。

(3) 自资产负债表日起一年内到期应予以清偿。

(4) 企业无权自主地将清偿推迟至资产负债表日后一年以上。

不符合流动负债条件的负债，应归类为非流动负债。

按照《企业会计准则第 30 号——财务报表列报》的规定，对于一般企业，在流动负债和非流动负债两大类别下，负债还应该进一步按性质分项列示，先列报偿还期短的负债，再列报偿还期长的负债。银行、证券、保险等金融企业可以不区分流动负债和非流动负债，大体按照流动性顺序列示负债。

3. 所有者权益的列报

资产负债表中的所有者权益类一般按照净资产的不同来源和特定用途进行分类，应当按照实收资本(或股本)、资本公积、盈余公积、未分配利润等项目分项列示。

(二) 列报相关的合计、总计项目

资产负债表中的资产类至少应当列示流动资产和非流动资产的合计项目；负债类至少应当列示流动负债、非流动负债以及负债的合计项目；所有者权益类应当列示所有者权益的合计项目。

资产负债表遵循了"资产 = 负债 + 所有者权益"这一会计恒等式，把企业在特定时日所拥有的经济资源和与之相对应的企业所承担的债务及偿债以后属于所有者的权益充分反映出来。因此，资产负债表应当分别列示资产总计项目与负债和所有者权益总计项目，并且这两者的金额应当相等。

(三) 列示资产负债表的比较信息

根据《企业会计准则第 30 号——财务报表列报》的规定，企业需要提供比较资产负债表，以便报表使用者通过比较不同时点资产负债表的数据，掌握企业财务状况的变动情况及发展趋势。所以，资产负债表就各项目再分为"年初余额"和"期末余额"两栏分别填列。

一般企业资产负债表的参考格式，如表 18.1 所示：

表 18.1 一般企业资产负债表格式

资产负债表

编制单位： 年 月 日 单位：元

资 产	期末余额	年初余额	负债和所有者权益(或股东权益)	期末余额	年初余额
流动资产：			流动负债：		
货币资金			短期借款		
交易性金融资产			交易性金融负债		

（续表）

资　　产	期末余额	年初余额	负债和所有者权益（或股东权益）	期末余额	年初余额
应收票据			应付票据		
应收账款			应付账款		
预付款项			预收款项		
应收利息			应付职工薪酬		
应收股利			应交税费		
其他应收款			应付利息		
存货			应付股利		
一年内到期的非流动资产			其他应付款		
其他流动资产			一年内到期的非流动负债		
流动资产合计			其他流动负债		
非流动资产：			流动负债合计		
可供出售金融资产			非流动负债：		
持有至到期投资			长期借款		
长期应收款			应付债券		
长期股权投资			长期应付款		
投资性房地产			专项应付款		
固定资产			预计负债		
在建工程			递延所得税负债		
工程物资			其他非流动负债		
固定资产清理			非流动负债合计		
生产性生物资产			负债合计		
油气资产			所有者权益（或股东权益）：		
无形资产			实收资本（或股本）		
开发支出			资本公积		
商誉			减：库存股		
长期待摊费用			盈余公积		
递延所得税资产			未分配利润		
其他非流动资产			所有者权益（或股东权益）合计		
非流动资产合计					
资产总计			负债和所有者权益（或股东权益）总计		

四、一般企业资产负债表的编制方法

（一）年初余额栏的编制方法

资产负债表的“年初余额”栏内各项数字，应根据上年年末资产负债表“期末余额”栏内所列数字填列。如果上年度资产负债表规定的各个项目的名称和内容同本年度不相一致，应对上年年末资产负债表各项目的名称和数字按照本年度的规定进行调整，填入本期资产负债表“年初余额”栏内。

（二）期末余额栏的编制方法

1. 期末余额栏的填列方式

资产负债表“期末余额”栏内各项数字，应该根据资产、负债和所有者权益期末情况填列，主要包括以下方式：

（1）根据总账账户的余额填列。资产负债表中的有些项目，可直接根据有关总账账户的余额填列，如“交易性金融资产”、“短期借款”、“应付票据”、“应付职工薪酬”等项目；有些项目则需根据几个总账账户的余额计算填列。如“货币资金”项目，需根据“库存现金”、“银行存款”、“其他货币资金”三个总账账户余额的合计数填列。

（2）根据有关明细账账户的余额计算填列。如“应付账款”项目，需要根据“应付账款”和“预付账款”两个账户所属的相关明细账户的期末贷方余额计算填列；“应收账款”项目，需要根据“应收账款”和“预收账款”两个账户所属的相关明细账户的期末借方余额计算填列。

（3）根据总账账户和明细账账户的余额分析计算填列。如“长期借款”项目，需根据“长期借款”总账账户余额扣除“长期借款”账户所属的明细账户中将在资产负债表日起一年内到期，且企业不能自主地将清偿义务展期的长期借款后的金额计算填列。

（4）根据有关账户余额减去其备抵账户余额后的净额填列。如资产负债表中的“应收账款”、“长期股权投资”等项目，应根据“应收账款”、“长期股权投资”等账户的期末余额减去“坏账准备”、“长期股权投资减值准备”等账户余额后的净额填列；“固定资产”项目，应根据“固定资产”账户的期末余额减去“累计折旧”、“固定资产减值准备”账户余额后的净额填列；“无形资产”项目，应根据“无形资产”账户的期末余额，减去“累计摊销”、“无形资产减值准备”账户余额后的净额填列。

（5）综合运用上述填列方法分析填列。如资产负债表中的“存货”项目，需根据“原材料”、“库存商品”、“委托加工物资”、“周转材料”、“材料采购”、“在途物资”、“发出商品”、“材料成本差异”等总账账户期末余额的分析汇总数，再减去“存货跌价准备”账户余额后的金额填列。

2. 资产负债表各项目的列报说明

（1）“货币资金”项目，反映企业库存现金、银行结算户存款、外埠存款、银行汇票存款、银行本票存款、信用卡存款、信用证保证金存款等的合计数。本项目应根据“库存现金”、“银行存款”、“其他货币资金”账户期末余额的合计数填列。

(2)“交易性金融资产”项目,反映企业持有的以公允价值计量且其变动计入当期损益的为交易目的所持有的债券投资、股票投资、基金投资、权证投资等金融资产。本项目应根据“交易性金融资产”账户的期末余额填列。

(3)“应收票据”项目,反映企业因销售商品、提供劳务等而收到的商业汇票,包括银行承兑汇票和商业承兑汇票。本项目应根据“应收票据”账户的期末余额,减去“坏账准备”账户中有关应收票据计提的坏账准备期末余额后的金额填列。

(4)“应收账款”项目,反映企业因销售商品、提供劳务等经营活动应收取的款项。本项目应根据“应收账款”和“预收账款”账户所属各明细账户的期末借方余额合计数,减去“坏账准备”账户中有关应收账款计提的坏账准备期末余额后的金额填列。如“应收账款”账户所属明细账户期末有贷方余额的,应在资产负债表“预收款项”项目内填列。

(5)“预付款项”项目,反映企业按照购货合同规定预付给供应单位的款项等。本项目应根据“预付账款”和“应付账款”账户所属各明细账户的期末借方余额合计数,减去“坏账准备”账户中有关预付款项计提的坏账准备期末余额后的金额填列。如“预付账款”账户所属各明细账户期末有贷方余额的,应在资产负债表“应付账款”项目内填列。

(6)“应收利息”项目,反映企业应收取的债券投资等利息。本项目应根据“应收利息”账户的期末余额,减去“坏账准备”账户中有关应收利息计提的坏账准备期末余额后的金额填列。

(7)“应收股利”项目,反映企业应收取的现金股利和应收取其他单位分配的利润。本项目应根据“应收股利”账户的期末余额,减去“坏账准备”账户中有关应收股利计提的坏账准备期末余额后的金额填列。

(8)“其他应收款”项目,反映企业除应收票据、应收账款、预付账款、应收股利、应收利息等经营活动以外的其他各种应收、暂付的款项。本项目应根据“其他应收款”账户的期末余额,减去“坏账准备”账户中有关其他应收款计提的坏账准备期末余额后的金额填列。

(9)“存货”项目,反映企业期末在库、在途和在加工中的各种存货的可变现净值。本项目应根据“材料采购”、“原材料”、“低值易耗品”、“库存商品”、“周转材料”、“委托加工物资”、“委托代销商品”、“生产成本”等账户的期末余额合计,减去“受托代销商品款”、“存货跌价准备”账户期末余额后的金额填列。材料采用计划成本核算,以及库存商品采用计划成本核算或售价核算的企业,还应按加或减材料成本差异、商品进销差价后的金额填列。

(10)“一年内到期的非流动资产”项目,反映企业将于一年内到期的非流动资产项目金额。本项目应根据有关账户的期末余额填列。

(11)“其他流动资产”项目,反映企业除货币资金、交易性金融资产、应收票据、应收账款、存货等流动资产以外的其他流动资产。本项目应根据有关账户的期末余额填列。

(12)“可供出售金融资产”项目,反映企业持有的以公允价值计量的可供出售的股票投资、债券投资等金融资产。本项目应根据“可供出售金融资产”账户的期末余额,减去

“可供出售金融资产减值准备”账户期末余额后的金额填列。

(13) “持有至到期投资”项目,反映企业持有的以摊余成本计量的持有至到期投资。本项目应根据“持有至到期投资”账户的期末余额,减去“持有至到期投资减值准备”账户期末余额后的金额填列。

(14) “长期应收款”项目,反映企业融资租赁产生的应收款项、采用递延方式具有融资性质的销售商品和提供劳务等产生的长期应收款项等。本项目应根据“长期应收款”账户的期末余额,减去相应的“未实现融资收益”账户和“坏账准备”账户所属相关明细账户期末余额后的金额填列。

(15) “长期股权投资”项目,反映企业持有的对子公司、联营企业和合营企业的长期股权投资。本项目应根据“长期股权投资”账户的期末余额,减去“长期股权投资减值准备”账户期末余额后的金额填列。

(16) “投资性房地产”项目,反映企业持有的投资性房地产。企业采用成本模式计量投资性房地产的,本项目应根据“投资性房地产”账户的期末余额,减去“投资性房地产累计折旧(摊销)”和“投资性房地产减值准备”账户期末余额后的金额填列;企业采用公允价值模式计量投资性房地产的,本项目应根据“投资性房地产”账户的期末余额填列。

(17) “固定资产”项目,反映企业各种固定资产原价减去累计折旧和累计减值准备后的净额。本项目应根据“固定资产”账户的期末余额,减去“累计折旧”和“固定资产减值准备”账户期末余额后的金额填列。

(18) “在建工程”项目,反映企业期末各项未完工程的实际支出,包括交付安装的设备价值、未完建筑安装工程已经耗用的材料、工资和费用支出、预付出包工程的价款等的可收回金额。本项目应根据“在建工程”账户的期末余额,减去“在建工程减值准备”账户期末余额后的金额填列。

(19) “工程物资”项目,反映企业尚未使用的各项工程物资的实际成本。本项目应根据“工程物资”账户的期末余额填列。

(20) “固定资产清理”项目,反映企业因出售、毁损、报废等原因转入清理但尚未清理完毕的固定资产的净值,以及固定资产清理过程中所发生的清理费用和变价收入等各项金额的差额。本项目应根据“固定资产清理”账户的期末借方余额填列,如“固定资产清理”账户期末为贷方余额,以“一”号填列。

(21) “生产性生物资产”项目,反映企业持有的生产性生物资产。本项目应根据“生产性生物资产”账户的期末余额,减去“生产性生物资产累计折旧”和“生产性生物资产减值准备”账户期末余额后的金额填列。

(22) “油气资产”项目,反映企业持有的矿区权益和油气井及相关设施的原价减去累计折耗和累计减值准备后的净额。本项目应根据“油气资产”账户的期末余额,减去“累计折耗”账户期末余额和相应减值准备后的金额填列。

(23) “无形资产”项目,反映企业持有的无形资产,包括专利权、非专利技术、商标权、著作权、土地使用权等。本项目应根据“无形资产”账户的期末余额,减去“累计摊销”和

"无形资产减值准备"账户期末余额后的金额填列。

(24)"开发支出"项目，反映企业开发无形资产过程中能够资本化形成无形资产成本的支出部分。本项目应根据"研发支出"账户中所属的"资本化支出"明细账户期末余额填列。

(25)"商誉"项目，反映企业合并中形成的商誉的价值。本项目应根据"商誉"账户的期末余额，减去相应减值准备后的金额填列。

(26)"长期待摊费用"项目，反映企业已经发生但应由本期和以后各期负担的分摊期限在一年以上的各项费用。长期待摊费用中在一年内(含一年)摊销的部分，在资产负债表"一年内到期的非流动资产"项目填列。本项目应根据"长期待摊费用"账户的期末余额减去将于一年内(含一年)摊销的数额后的金额填列。

(27)"递延所得税资产"项目，反映企业确认的可抵扣暂时性差异产生的递延所得税资产。本项目应根据"递延所得税资产"账户的期末余额填列。

(28)"其他非流动资产"项目，反映企业除长期股权投资、固定资产、在建工程、工程物资、无形资产等资产以外的其他非流动资产。本项目应根据有关账户的期末余额填列。

(29)"短期借款"项目，反映企业向银行或其他金融机构等借入的期限在一年以下(含一年)的各种借款。本项目应根据"短期借款"账户的期末余额填列。

(30)"交易性金融负债"项目，反映企业承担的以公允价值计量且其变动计入当期损益的为交易目的所持有的金融负债。本项目应根据"交易性金融负债"账户的期末余额填列。

(31)"应付票据"项目，反映企业购买材料、商品和接受劳务供应等而开出、承兑的商业汇票，包括银行承兑汇票和商业承兑汇票。本项目应根据"应付票据"账户的期末余额填列。

(32)"应付账款"项目，反映企业因购买材料、商品和接受劳务供应等经营活动应支付的款项。本项目应根据"应付账款"和"预付账款"账户所属各明细账户的期末贷方余额合计数填列；如"应付账款"账户所属明细账户期末有借方余额的，应在资产负债表"预付款项"项目内填列。

(33)"预收款项"项目，反映企业按照购货合同规定预付给供应单位的款项。本项目应根据"预收账款"和"应收账款"账户所属各明细账户的期末贷方余额合计数填列。如"预收账款"账户所属各明细账户期末有借方余额，应在资产负债表"应收账款"项目内填列。

(34)"应付职工薪酬"项目，反映企业根据有关规定应付给职工的工资、职工福利、社会保险费、住房公积金、工会经费、职工教育经费、非货币性福利、辞退福利等各种薪酬。外商投资企业按规定从净利润中提取的职工奖励及福利基金，也在本项目列示。

(35)"应交税费"项目，反映企业按照税法规定计算应交纳的各种税费，包括增值税、消费税、营业税、所得税、资源税、土地增值税、城市维护建设税、房产税、土地使用税、车船使用税、教育费附加、矿产资源补偿费等。企业代扣代交的个人所得税，也通过本项目列示。企业所交纳的税金不需要预计应交数的，如印花税、耕地占用税等，不在本项目列示。

本项目应根据"应交税费"账户的期末贷方余额填列;如"应交税费"账户期末为借方余额,应以"—"号填列。

(36)"应付利息"项目,反映企业按照规定应当支付的利息,包括分期付息到期还本的长期借款应支付的利息、企业发行的企业债券应支付的利息等。本项目应当根据"应付利息"账户的期末余额填列。

(37)"应付股利"项目,反映企业分配的现金股利或利润。企业分配的股票股利,不通过本项目列示。本项目应根据"应付股利"账户的期末余额填列。

(38)"其他应付款"项目,反映企业除应付票据、应付账款、预收款项、应付职工薪酬、应付股利、应付利息、应交税费等经营活动以外的其他各项应付、暂收的款项。本项目应根据"其他应付款"账户的期末余额填列。

(39)"一年内到期的非流动负债"项目,反映企业非流动负债中将于资产负债表日后一年内到期部分的金额,如将于一年内偿还的长期借款。本项目应根据有关账户的期末余额填列。

(40)"其他流动负债"项目,反映企业除短期借款、交易性金融负债、应付票据、应付账款、应付职工薪酬、应交税费等流动负债以外的其他流动负债。本项目应根据有关账户的期末余额填列。

(41)"长期借款"项目,反映企业向银行或其他金融机构借入的期限在一年以上(不含一年)的各项借款。本项目应根据"长期借款"账户的期末余额填列。

(42)"应付债券"项目,反映企业为筹集长期资金而发行的债券本金和利息。本项目应根据"应付债券"账户的期末余额填列。

(43)"长期应付款"项目,反映企业除长期借款和应付债券以外的其他各种长期应付款项。本项目应根据"长期应付款"账户的期末余额,减去相应的"未确认融资费用"账户期末余额后的金额填列。

(44)"专项应付款"项目,反映企业取得政府作为企业所有者投入的具有专项或特定用途的款项。本项目应根据"专项应付款"账户的期末余额填列。

(45)"预计负债"项目,反映企业确认的对外提供担保、未决诉讼、产品质量保证、重组义务、亏损性合同等预计负债。本项目应根据"预计负债"账户的期末余额填列。

(46)"递延所得税负债"项目,反映企业确认的应纳税暂时性差异产生的所得税负债。本项目应根据"递延所得税负债"账户的期末余额填列。

(47)"其他非流动负债"项目,反映企业除长期借款、应付债券等负债以外的其他非流动负债。本项目应根据有关账户的期末余额减去将于一年内(含一年)到期偿还数后的余额填列。非流动负债各项目中将于一年内(含一年)到期的非流动负债,应在"一年内到期的非流动负债"项目内单独反映。

(48)"实收资本(或股本)"项目,反映企业各投资者实际投入的资本(或股本)总额。本项目应根据"实收资本"(或"股本")账户的期末余额填列。

(49)"资本公积"项目,反映企业资本公积的期末余额。本项目应根据"资本公积"账户的期末余额填列。

(50)“库存股”项目，反映企业持有尚未转让或注销的本公司股份金额。本项目应根据“库存股”账户的期末余额填列。

(51)“盈余公积”项目，反映企业盈余公积的期末余额。本项目应根据“盈余公积”账户的期末余额填列。

(52)“未分配利润”项目，反映企业尚未分配的利润。本项目应根据“本年利润”账户和“利润分配”账户的余额计算填列。未弥补的亏损在本项目内以“-”号填列。

第三节 利润表

一、利润表的定义和作用

利润表是反映企业在一定会计期间经营成果的财务报表。利润表是一个动态报表，反映的是一定会计期间的经营成果，经营成果一般表现为利润或者亏损，例如，反映某年1月1日至12月31日经营成果的利润表，它反映的就是该期间的情况。

利润表的作用主要表现在以下几个方面：

第一，通过利润表，可以反映企业一定会计期间收入的实现情况，如实现的营业收入有多少，实现的投资收益有多少，实现的营业外收入有多少等等。利润表反映了企业经营业绩的主要来源和构成，有助于报表使用者预测净利润的持续性，从而作出正确的决策。

第二，通过利润表，可以反映一定会计期间的费用耗费情况，如耗费的营业成本有多少，营业税金及附加有多少及销售费用、管理费用、财务费用各有多少，营业外支出有多少等等，有助于报表使用者判断净利润的质量及其风险。

第三，通过利润表，可以反映企业生产经营活动的成果，即净利润的实现情况，据以判断资本保值、增值等情况。

此外，将利润表中的信息与资产负债表中的信息相结合，还可以提供进行财务分析的基本资料，如将赊销收入净额与应收账款平均余额进行比较，计算出应收账款周转率，将销货成本与存货平均余额进行比较，计算出存货周转率，将净利润与资产总额进行比较，计算出资产收益率等，可以反映企业资金周转情况及企业的盈利能力和水平，便于报表使用者判断企业未来的发展趋势，作出经济决策。

二、利润表的列报格式

利润表正表的格式一般有两种：单步式利润表和多步式利润表。

（一）单步式利润表

单步式利润表是将当期所有的收入列在一起，然后将所有的费用列在一起，两者相减得出当期净损益。因为只有一个相减的步骤，故称为单步式。这种格式的优点是比较简单，便于编制，但是缺少利润构成情况的详细资料，不利于企业不同期间利润表与行业间利润表的纵向和横向的比较、分析。

（二）多步式利润表

多步式利润表是通过对当期的收入、费用、支出项目按性质加以归类，按利润形成的主要环节列示一些中间性利润指标，分步计算当期净损益。多步式利润表虽然编制繁琐，但能将经营活动和非经营活动分开列示，既符合配比原则，又有利于报表使用者对企业经营业绩进行分析、评价和预测。

《企业会计准则第30号——财务报表列报》规定，企业应当采用多步式列报利润表，将不同性质的收入和费用类别进行对比，从而可以得出一些中间性的利润数据，便于报表使用者理解企业经营成果的不同来源。

三、利润表列报的总体要求

（一）采用多步式列报利润表

《企业会计准则第30号——财务报表列报》指出，企业可以分如下三个步骤编制利润表：

第一步，以营业收入为基础，减去营业成本、营业税金及附加、销售费用、管理费用、财务费用、资产减值损失，加上公允价值变动收益（减去公允价值变动损失）和投资收益（减去投资损失），计算出营业利润。

第二步，以营业利润为基础，加上营业外收入，减去营业外支出，计算出利润总额。

第三步，以利润总额为基础，减去所得税费用，计算出净利润（或净亏损）。普通股或潜在普通股已公开交易的企业，以及正处于公开发行普通股或潜在普通股过程中的企业，还应当在利润表中列示每股收益信息。

（二）费用采用“功能法”列报

根据《企业会计准则第30号——财务报表列报》的规定，对于费用，企业应当采用“功能法”列报，即按照费用在企业所发挥的功能进行分类列报，通常分为从事经营业务发生的营业成本、管理费用、销售费用和财务费用等，并且将营业成本与其他费用分开披露。按照“功能法”将各项费用分开列报，有助于报表使用者了解费用发生的活动领域。例如，企业为销售产品发生了多少费用、为一般行政管理发生了多少费用、为筹措资金发生了多少费用等等。这种方法通常能向报表使用者提供具有结构性的信息，能更清楚地揭示企业经营业绩的主要来源和构成，提供的信息更为相关。

由于关于费用性质的信息有助于预测企业未来的现金流量，企业可以在利润表附注中披露费用按照性质分类的补充资料。费用按照性质分类，指将费用按其性质分为耗用的原材料、职工薪酬费用、折旧费、摊销费等，而不是按照费用在企业中发挥的不同功能分类。

此外，由于银行、保险、证券等金融企业的日常活动与一般工商业企业不同，具有特殊性，在这种情况下，可以根据金融企业的特殊性列示利润表项目。例如，商业银行将利息支出作为利息收入的抵减项目、将手续费及佣金支出作为手续费及佣金收入的抵减项目等列示。

（三）列示利润表的比较信息

根据《企业会计准则第 30 号——财务报表列报》的规定，企业需要提供比较利润表，以使报表使用者通过比较不同期间利润的实现情况，判断企业经营成果的未来发展趋势。所以，利润表还将各项目再分为“本期金额”和“上期金额”两栏分别填列。

一般企业利润表的参考格式，如表 18.2 所示：

表 18.2　一般企业利润表格式

利润表

编制单位：　　　　　　年　　月　　　　　　单位：元

项　　目	本期金额	上期金额
一、营业收入		
减：营业成本		
营业税金及附加		
销售费用		
管理费用		
财务费用		
资产减值损失		
加：公允价值变动收益（损失以“－”号填列）		
投资收益（损失以“－”号填列）		
其中：对联营企业和合营企业的投资收益		
二、营业利润（亏损以“－”号填列）		
加：营业外收入		
减：营业外支出		
其中：非流动资产处置损失		
三、利润总额（亏损总额以“－”号填列）		
减：所得税费用		
四、净利润（净亏损以“－”号填列）		
五、每股收益：		
（一）基本每股收益		
（二）稀释每股收益		

四、一般企业利润表的编制方法

（一）上期金额栏的编制方法

利润表“上期金额”栏内各项数字，应根据上年该期利润表“本期金额”栏内所列数字填列。如果上年该期利润表规定的各个项目的名称和内容同本期不一致，应对上年该期利润表各项目的名称和数字按本期的规定进行调整，填入利润表“上期金额”栏内。

（二）本期金额栏的编制方法

利润表“本期金额”栏内各项数字一般应根据损益类账户的发生额分析填列。

利润表各项目的编制方法具体如下：

（1）“营业收入”项目，反映企业经营主要业务和其他业务所确认的收入总额。本项目应根据“主营业务收入”和“其他业务收入”账户的发生额分析填列。

（2）“营业成本”项目，反映企业经营主要业务和其他业务所发生的成本总额。本项目应根据“主营业务成本”和“其他业务成本”账户的发生额分析填列。

（3）“营业税金及附加”项目，反映企业经营业务应负担的消费税、营业税、城市维护建设税、资源税、土地增值税和教育费附加等。本项目应根据“营业税金及附加”账户的发生额分析填列。

（4）“销售费用”项目，反映企业在销售商品过程中发生的包装费、广告费等费用和为销售本企业商品而专设的销售机构的职工薪酬、业务费等经营费用。本项目应根据“销售费用”账户的发生额分析填列。

（5）“管理费用”项目，反映企业为组织和管理生产经营而发生的管理费用。本项目应根据“管理费用”账户的发生额分析填列。

（6）“财务费用”项目，反映企业筹集生产经营所需资金等而发生的筹资费用。本项目应根据“财务费用”账户的发生额分析填列。

（7）“资产减值损失”项目，反映企业各项资产发生的减值损失。本项目应根据“资产减值损失”账户的发生额分析填列。

（8）“公允价值变动收益”项目，反映企业应当计入当期损益的资产或负债公允价值变动收益。本项目应根据“公允价值变动损益”账户的发生额分析填列，如为净损失，本项目以“－”号填列。

（9）“投资收益”项目，反映企业以各种方式对外投资所取得的收益。本项目应根据“投资收益”账户的发生额分析填列。如为投资损失，本项目以“－”号填列。

（10）“营业利润”项目，反映企业实现的营业利润。如为亏损，本项目以“－”号填列。

（11）“营业外收入”项目，反映企业发生的与经营业务无直接关系的各项收入。本项目应根据“营业外收入”账户的发生额分析填列。

(12)“营业外支出”项目,反映企业发生的与经营业务无直接关系的各项支出。本项目应根据“营业外支出”账户的发生额分析填列。

(13)“利润总额”项目,反映企业实现的利润。如为亏损,本项目以“一”号填列。

(14)“所得税费用”项目,反映企业应从当期利润总额中扣除的所得税费用。本项目应根据“所得税费用”账户的发生额分析填列。

(15)“净利润”项目,反映企业实现的净利润。如为亏损,本项目以“一”号填列。

(16)“基本每股收益”和“稀释每股收益”项目根据《企业会计准则第34号——每股收益》计算结果填列。

第四节 现金流量表

一、现金流量表的定义和作用

现金流量表,是反映企业一定会计期间现金和现金等价物流入和流出的报表。在市场经济条件下,现金管理已经成为企业财务管理的一个重要方面,并在很大程度上影响着企业的生存和发展。企业现金充裕,就可以及时购入必要的材料物资和固定资产,及时支付工资、偿还债务、支付股利和利息;反之,轻则影响企业的正常生产经营,重则危及企业的生存。

现金流量表的作用主要体现在以下几个方面:

第一,为报表使用者提供企业一定会计期间内现金和现金等价物流入和流出的信息,以便于报表使用者评价企业支付能力、偿债能力和周转能力。

第二,有助于预测企业未来现金流量。

第三,有助于分析企业收益质量及影响现金净流量的因素,掌握企业经营活动、投资活动和筹资活动的现金流量,可以从现金流量的角度了解净利润的质量,为分析和判断企业的财务前景提供信息。

二、现金流量表的编制基础

现金流量表以现金及现金等价物为基础编制,按照收付实现制原则编制,将权责发生制下的盈利信息调整为收付实现制下的现金流量信息。

(一)现金

现金,是指企业库存现金以及可以随时用于支付的存款。不能随时用于支付的存款不属于现金。现金主要包括:库存现金、银行存款和其他货币资金。

（二）现金等价物

现金等价物，是指企业持有的期限短、流动性强、易于转换为已知金额现金、价值变动风险很小的投资。其中，“期限短”一般是指从购买日起3个月内到期。例如，可在证券市场上流通的3个月内到期的短期债券等。权益性投资变现的金额通常不确定，因而不属于现金等价物。

不同企业现金及现金等价物的范围可能不同。企业应当根据经营特点等具体情况，确定现金及现金等价物的范围。现金及现金等价物的范围，一经确定不得随意变更。如果发生变更，应当按照《企业会计准则第28号——会计政策、会计估计变更和差错更正》处理。

三、现金流量表列报的总体要求

（一）现金流量分类列报

现金流量指企业现金和现金等价物的流入和流出。在现金流量表中，现金及现金等价物被视为一个整体，企业现金（含现金等价物，下同）形式的转换不会产生现金的流入和流出。例如，企业从银行提取现金，是企业现金存放形式的转换，并未流出企业，不构成现金流量。同样，现金与现金等价物之间的转换也不属于现金流量，例如，企业用现金购买3个月内到期的国库券。

根据企业业务活动的性质和现金流量的来源，企业一定期间产生的现金流量可以分为三类：经营活动产生的现金流量、投资活动产生的现金流量和筹资活动产生的现金流量。

1. 经营活动产生的现金流量

经营活动是指企业投资活动和筹资活动以外的所有交易和事项。各类企业由于行业特点不同，对经营活动的认定存在一定差异。对于工商企业而言，经营活动主要包括销售商品、提供劳务、购买商品、接受劳务、支付税费等；对于商业银行而言，经营活动主要包括吸收存款、发放贷款、同业存放、同业拆借等。

2. 投资活动产生的现金流量

投资活动是指企业非流动资产的购建和不包括在现金等价物范围内的投资及其处置活动。非流动资产是指固定资产、无形资产、在建工程、其他资产等持有期限在一年或一个营业周期以上的资产。这里所讲的投资活动，既包括实物资产投资，也包括金融资产投资。这里之所以将“包括在现金等价物范围内的投资”排除在外，是因为已经将包括在现金等价物范围内的投资视同现金。不同企业由于行业特点不同，对投资活动的认定也存在差异。例如，交易性金融资产所产生的现金流量，对于工商业企业而言，属于投资活动产生的现金流量，而对于证券公司而言，属于经营活动产生的现金流量。

3. 筹资活动产生的现金流量

筹资活动是指导致企业资本及债务规模和构成发生变化的活动。这里所说的资本，既包括实收资本(股本),也包括资本溢价(股本溢价);这里所说的债务,指对外举债,包括向银行借款、发行债券以及偿还债务等。通常情况下,应付账款、应付票据等属于经营活动,不属于筹资活动。

对于企业日常活动之外特殊的、不经常发生的特殊项目,如自然灾害损失、保险赔款、捐赠等,应当归并到相关类别中,并单独反映。例如,对于自然灾害损失和保险赔款,如果能够确指,属于流动资产损失,应当列入经营活动产生的现金流量;属于固定资产损失,应当列入投资活动产生的现金流量。如果不能确指,则可以列入经营活动产生的现金流量。捐赠收入和支出,可以列入经营活动产生的现金流量。如果特殊项目的现金流量金额不大,则可以列入各现金流量类别下的"其他"项目,不单列项目。

(二)列报相关现金流入和现金流出的总额

通常情况下,现金流量应当分别按照经营活动、投资活动和筹资活动产生的现金流入和现金流出总额列报,从而全面揭示企业现金流量的方向、规模和结构。但是,下列各项可以按照净额列报:①代客户收取或支付的现金以及周转快、金额大、期限短项目的现金流入和现金流出。例如,证券公司代收的客户证券买卖交割费、印花税等,旅游公司代游客支付的房费、餐费、交通费、文娱费、行李托运费、门票费、票务费、签证费等费用。这些项目由于周转快,在企业停留的时间短,企业加以利用的余地比较小,净额更能说明其对企业支付能力、偿债能力的影响。②金融企业的有关项目,主要指期限较短、流动性强的项目。对于商业银行而言,主要包括短期贷款发放与收回的贷款本金、活期存款的吸收与支付、同业存款和存放同业款项的存取、向其他金融企业拆借资金等;对于保险公司而言,主要包括再保险业务收到或支付的现金净额;对于证券公司而言,主要包括自营证券和代理业务收到或支付的现金净额等。

(三)列示现金流量表的比较信息

根据《企业会计准则第 31 号——现金流量表》的规定,企业需要提供比较现金流量表,以便报表使用者通过比较不同时期现金流量表的数据,掌握企业现金流量的变动情况及发展趋势。所以,现金流量表还将各项目再分为"上期金额"和"本期金额"两栏分别填列。

一般企业现金流量表的参考格式,如表 18.3 所示:

表 18.3 一般企业现金流量表格式

现金流量表

编制单位: 年 月 单位:元

项 目	本期金额	上期金额
一、经营活动产生的现金流量:		
销售商品、提供劳务收到的现金		
收到的税费返还		

（续表）

项　　目	本期金额	上期金额
收到其他与经营活动有关的现金		
经营活动现金流入小计		
购买商品、接受劳务支付的现金		
支付给职工以及为职工支付的现金		
支付的各项税费		
支付其他与经营活动有关的现金		
经营活动现金流出小计		
经营活动产生的现金流量净额		
二、投资活动产生的现金流量：		
收回投资收到的现金		
取得投资收益收到的现金		
处置固定资产、无形资产和其他长期资产收回的现金净额		
处置子公司及其他营业单位收到的现金净额		
收到其他与投资活动有关的现金		
投资活动现金流入小计		
购建固定资产、无形资产和其他长期资产支付的现金		
投资支付的现金		
取得子公司及其他营业单位支付的现金净额		
支付其他与投资活动有关的现金		
投资活动现金流出小计		
投资活动产生的现金流量净额		
三、筹资活动产生的现金流量：		
吸收投资收到的现金		
取得借款收到的现金		
收到其他与筹资活动有关的现金		
筹资活动现金流入小计		
偿还债务支付的现金		
分配股利、利润或偿付利息支付的现金		
支付其他与筹资活动有关的现金		
筹资活动现金流出小计		
筹资活动产生的现金流量净额		
四、汇率变动对现金及现金等价物的影响		
五、现金及现金等价物净增加额		
加：期初现金及现金等价物余额		
六、期末现金及现金等价物余额		

四、现金流量表的编制方法

(一) 直接法和间接法

编制现金流量表时,列报经营活动产生的现金流量的方法有两种:一是直接法,一是间接法。这两种方法通常也称为编制现金流量表的方法。

所谓直接法,是指按现金收入和现金支出的主要类别直接反映企业经营活动产生的现金流量,如销售商品、提供劳务收到的现金;购买商品、接受劳务支付的现金等就是按现金收入和支出的类别直接反映的。在直接法下,一般是以利润表中的营业收入为起算点,调节与经营活动有关的项目的增减变动,然后计算出经营活动产生的现金流量。

所谓间接法,是指以净利润为起算点,调整不涉及现金的收入、费用、营业外收支等有关项目,剔除投资活动、筹资活动对现金流量的影响,据此计算出经营活动产生的现金流量。由于净利润是按照权责发生制原则确定的,且包括了与投资活动和筹资活动相关的收入和费用,将净利润调节为经营活动产生的现金流量,实际上就是将按权责发生制原则确定的净利润调整为现金净流入,并剔除投资活动和筹资活动对现金流量的影响。

采用直接法编报现金流量表,便于分析企业经营活动产生的现金流量的来源和用途,预测企业现金流量的未来前景;采用间接法编报现金流量表,便于将净利润与经营活动产生的现金流量净额进行比较,了解净利润与经营活动产生的现金流量有差异的原因,从现金流量的角度分析净利润的质量。所以,《企业会计准则第 31 号——现金流量表》规定,企业应当采用直接法编报现金流量表,同时要求在现金流量表补充资料中提供以净利润为基础调节到经营活动现金流量的信息。

(二) 工作底稿法或 T 型账户法

在具体编制现金流量表时,可以采用工作底稿法或 T 型账户法,也可以根据有关账户记录分析填列。

1. 工作底稿法

采用工作底稿法编制现金流量表,是以工作底稿为手段,以资产负债表和利润表数据为基础,对每一项目进行分析并编制调整分录,从而编制现金流量表。工作底稿法的程序是:

第一步,将资产负债表的期初数和期末数过入工作底稿的期初数栏和期末数栏。

第二步,对当期业务进行分析并编制调整分录。编制调整分录时,要以利润表项目为基础,从“营业收入”开始,结合资产负债表项目逐一进行分析。在调整分录中,有关现金和现金等价物的事项,并不直接借记或贷记现金,而是分别计入“经营活动产生的现金流量”、“投资活动产生的现金流量”、“筹资活动产生的现金流量”的有关项目。借记表示现金流入，贷记表示现金流出。

第三步，将调整分录过入工作底稿中的相应部分。

第四步，核对调整分录，借方、贷方合计数均已经相等，资产负债表项目期初数加减调整分录中的借贷金额以后，也等于期末数。

第五步，根据工作底稿中的现金流量表项目内容编制正式的现金流量表。

2. T型账户法

采用T型账户法编制现金流量表，是以T型账户为手段，以资产负债表和利润表数据为基础，对每一项目进行分析并编制调整分录，从而编制现金流量表。T型账户法的程序是：

第一步，为所有的非现金项目（包括资产负债表项目和利润表项目）分别开设T型账户，并将各自的期末期初变动数过入各相关账户。如果项目的期末数大于期初数，则将差额过入和项目余额相同的方向；反之，过入相反的方向。

第二步，开设一个大的"现金及现金等价物"T型账户，每边分为经营活动、投资活动和筹资活动三个部分，左边记现金流入，右边记现金流出。与其他账户一样，过入期末期初变动数。

第三步，以利润表项目为基础，结合资产负债表分析每一个非现金项目的增减变动，并据此编制调整分录。

第四步，将调整分录过入各T型账户，并进行核对，各账户借贷相抵后的余额与原先过入的期末期初变动数应当一致。

第五步，根据大的"现金及现金等价物"T型账户编制正式的现金流量表。

五、现金流量表具体项目的编制说明

（一）经营活动产生的现金流量有关项目的编制

在直接法下，经营活动产生的现金流量各项目的内容以及填列方法如下（采用间接法编制的经营活动现金流量将在后面现金流量表补充资料中介绍）：

1. 销售商品、提供劳务收到的现金

本项目反映企业销售商品、提供劳务实际收到的现金，包括销售收入和应向购买者收取的增值税销项税额，具体包括：本期销售商品、提供劳务收到的现金，以及前期销售商品、提供劳务本期收到的现金和本期预收的款项，减去本期销售本期退回的商品和前期销售本期退回的商品支付的现金。企业销售材料和代购代销业务收到的现金，也在本项目反映。本项目可以根据"库存现金"、"银行存款"、"应收票据"、"应收账款"、"预收账款"、"主营业务收入"、"其他业务收入"账户的记录分析填列，也可按下列公式调整计算。

销售商品、提供劳务收到的现金 ＝ 本期营业收入＋本期增值税销项税额＋应收账款减少数（－增加数）＋应收票据减少数（－增加数）＋预收账款增加数（－减少数）－（当期计提的坏账准备＋当期收回前期核销的坏账－当期核销的坏账）－票据贴现的利息－以非现金资产抵偿债务而减少的应收账款和应收票据－本期退回商品支付的现金

【例 18.1】 甲企业 20×8 年有关资料如下：利润表中营业收入 300 000 元，应收账款年初余额 90 000 元，年末余额 150 000 元。本年度债务人用存货抵偿应收账款 18 000 元。根据上述资料，现金流量表中“销售商品、提供劳务收到的现金”项目的金额计算如下：

销售商品、提供劳务收到的现金＝300 000－（150 000－90 000）－18 000

＝222 000（元）

2. 收到的税费返还

本项目反映企业收到返还的各种税费，如收到的增值税、营业税、所得税、消费税、关税和教育费附加返还款等。本项目可以根据“库存现金”、“银行存款”、“营业税金及附加”、“营业外收入”等账户的记录分析填列。

【例 18.2】 甲企业前期出口商品一批，已交纳增值税，按照规定应退还增值税 8 500 元，前期未退，本期以转账方式收讫；本期收到退回的营业税款 18 000 元、收到的教育费附加返还款 33 000 元，款项已存入银行。

本期收到的税费返还＝8 500＋18 000＋33 000＝59 500（元）

3. 收到其他与经营活动有关的现金

本项目反映企业除上述各项目外，收到的其他与经营活动有关的现金，如罚款收入、经营租赁固定资产收到的现金、流动资产损失中由个人赔偿的现金收入、除税费返还外的其他政府补助收入等。其他与经营活动有关的现金，如果价值较大的，应单列项目反映。本项目可以根据“库存现金”、“银行存款”、“其他应收款”等账户的记录分析填列。

4. 购买商品、接受劳务支付的现金

本项目反映企业购买材料、商品、接受劳务实际支付的现金，包括支付的货款以及与货款一并支付的增值税进项税额，具体包括：本期购买商品、接受劳务支付的现金，以及本期支付前期购买商品、接受劳务的未付款项和本期预付款项，减去本期发生的购货退回收到的现金。为购置存货而发生的借款利息资本化部分，应在“分配股利、利润或偿付利息支付的现金”项目中反映。本项目可以根据“库存现金”、“银行存款”、“应付票据”、“应付账款”、“预付账款”、“主营业务成本”、“其他业务支出”等账户的记录分析填列，也可按下列公式调整计算。

购买商品、接受劳务支付的现金＝本期营业成本＋本期增值税进项税额＋存货增加数（－减少数）＋应付账款减少数（－增加数）＋应付票据减少数（－增加数）＋预付账款增加数（－减少数）－当期列入生产成本、制造费用的职工薪酬－当期列入生产成本、制造费用的折旧费和固定资产修理费

【例 18.3】 甲企业 20×8 年有关资料如下：利润表中营业成本为 180 000 元；资产负债表中应付账款年初余额为 9 000 元，年末余额为 6 000 元；预付账款年初余额为 0 元，年末余额为 1 500 元；存货年初余额为 210 000 元，年末余额为 270 000 元。根据上述资料，本期购买商品、接受劳务支付的现金计算如下：

$$购买商品、接受劳务支付的现金 = 180\,000 + (9\,000 - 6\,000) + (1\,500 - 0) + (270\,000 - 210\,000) = 244\,500(元)$$

5. 支付给职工以及为职工支付的现金

本项目反映企业实际支付给职工的现金以及为职工支付的现金，包括企业为获得职工提供的服务，本期实际给予各种形式的报酬以及其他相关支出，如支付给职工的工资、奖金、各种津贴和补贴等，以及为职工支付的其他费用，不包括支付给在建工程人员的工资。支付的在建工程人员的工资，在"购建固定资产、无形资产和其他长期资产支付的现金"项目中反映。

企业为职工支付的医疗、养老、失业、工伤、生育等社会保险基金，补充养老保险，住房公积金，企业为职工交纳的商业保险金，因解除与职工劳动关系给予的补偿，现金结算的股份支付，以及企业支付给职工或为职工支付的其他福利费用等，应根据职工的工作性质和服务对象，分别在"购建固定资产、无形资产和其他长期资产所支付的现金"和"支付给职工以及为职工支付的现金"项目中反映。

本项目可以根据"库存现金"、"银行存款"、"应付职工薪酬"等账户的记录分析填列。

6. 支付的各项税费

本项目反映企业按规定支付的各项税费，包括本期发生并支付的税费，以及本期支付以前各期发生的税费和预交的税金，如支付的教育费附加、印花税、房产税、土地增值税、车船使用税、营业税、增值税、所得税等，不包括本期退回的增值税、所得税。本期退回的增值税、所得税等，在"收到的税费返还"项目中反映。本项目可以根据"应交税费"、"库存现金"、"银行存款"等账户的记录分析填列。

7. 支付其他与经营活动有关的现金

本项目反映企业除上述各项目外，支付的其他与经营活动有关的现金，如罚款支出、支付的差旅费、业务招待费、保险费、经营租赁支付的现金等。其他与经营活动有关的现金，如果金额较大的，应单列项目反映。本项目可以根据有关账户的记录分析填列。

(二) 投资活动产生的现金流量有关项目的编制

1. 收回投资收到的现金

本项目反映企业出售、转让或到期收回除现金等价物以外的交易性金融资产、持有至到期投资、可供出售金融资产、长期股权投资、投资性房地产而收到的现金。不包括债权性投资收回的利息、收回的非现金资产，以及处置子公司及其他营业单位收到的现金净额。债权性投资收回的本金，在本项目反映；债权性投资收回的利息，不在本项目中反映，而在“取得投资收益所收到的现金”项目中反映。处置子公司及其他营业单位收到的现金净额单设项目反映。本项目可以根据“交易性金融资产”、“持有至到期投资”、“可供出售金融资产”、“长期股权投资”、“投资性房地产”、“库存现金”、“银行存款”等账户的记录分析填列。

【例 18.4】 甲企业出售某项长期股权投资，收回的全部投资金额为 480 000 元；出售某项长期债权性投资，收回的全部投资金额为 410 000 元，其中 60 000 元是债券利息。

本期收回投资所收到的现金 ＝ 480 000＋(410 000－60 000) ＝ 830 000(元)

2. 取得投资收益收到的现金

本项目反映企业因股权性投资而分得的现金股利，从子公司、联营企业或合营企业分回利润而收到的现金，因债权性投资而取得的现金利息收入。此外，包括在现金等价物范围内的债权性投资，其利息收入也在本项目中反映。本项目可以根据“应收股利”、“应收利息”、“投资收益”、“库存现金”、“银行存款”等账户的记录分析填列。

【例 18.5】 沿用例 18.4 资料，假设，甲企业除了此长期债权投资外，没有其他的投资。

本期取得投资收益收到的现金 ＝ 60 000(元)

3. 处置固定资产、无形资产和其他长期资产收回的现金净额

本项目反映企业出售固定资产、无形资产和其他长期资产所取得的现金，减去为处置这些资产而支付的有关费用后的净额。处置固定资产、无形资产和其他长期资产所收到的现金，与处置活动支付的现金，两者在时间上比较接近，以净额反映更能准确反映处置活动对现金流量的影响。由于自然灾害等原因所造成的固定资产等长期资产报废、毁损而收到的保险赔偿收入，也在本项目中反映。如处置固定资产、无形资产和其他长期资产所收回的现金净额为负数，则应作为投资活动产生的现金流量，在“支付其他与投资活动有关的现金”项目中反映。本项目可以根据“固定资产清理”、“库存现金”、“银行存款”等账户的记录分析填列。

【例 18.6】 甲企业出售一台不需用设备，收到价款 30 000 元，该设备原价 40 000 元，已提折旧 15 000 元。支付该项设备拆卸费用 200 元，运输费用 80 元，设备已由购入单位运走。

本期处置固定资产、无形资产和其他长期资产收回的现金净额 ＝ 30 000－(200＋80) ＝ 29 720(元)

4. 处置子公司及其他营业单位收到的现金净额

本项目反映企业处置子公司及其他营业单位所取得的现金减去子公司或其他营业单位持有的现金和现金等价物以及相关处置费用后的净额。本项目可以根据有关账户的记录分析填列。处置子公司及其他营业单位收到的现金净额如为负数，则将该金额填列至“支付其他与投资活动有关的现金”项目中。

5. 收到其他与投资活动有关的现金

本项目反映企业除上述各项目外，收到的其他与投资活动有关的现金。其他与投资活动有关的现金，如果价值较大的，应单列项目反映。本项目可以根据有关账户的记录分析填列。

6. 购建固定资产、无形资产和其他长期资产支付的现金

本项目反映企业购买、建造固定资产，取得无形资产和其他长期资产支付的现金，包括购买机器设备所支付的现金及增值税款、建造工程支付的现金、支付在建工程人员的工资等现金支出，不包括为购建固定资产、无形资产和其他长期资产而发生的借款利息资本化部分，以及融资租入固定资产所支付的租赁费。为购建固定资产、无形资产和其他长期资产而发生的借款利息资本化部分，在"分配股利、利润或偿付利息支付的现金"项目中反映；融资租入固定资产所支付的租赁费，在"支付其他与筹资活动有关的现金"项目中反映，不在本项目中反映。本项目可以根据"固定资产"、"在建工程"、"工程物资"、"无形资产"、"库存现金"、"银行存款"等账户的记录分析填列。

7. 投资支付的现金

本项目反映企业进行权益性投资和债权性投资所支付的现金，包括企业为取得除现金等价物以外的交易性金融资产、持有至到期投资、可供出售金融资产而支付的现金，以及支付的佣金、手续费等交易费用。

企业购买股票和债券时，实际支付的价款中包含的已宣告但尚未领取的现金股利或已到付息期但尚未领取的债券利息，应在"支付其他与投资活动有关的现金"项目中反映；收回购买股票和债券时已宣告但尚未领取的现金股利或已到付息期但尚未领取的债券利息，应在"收到其他与投资活动有关的现金"项目中反映。

本项目可以根据"交易性金融资产"、"持有至到期投资"、"可供出售金融资产"、"投资性房地产"、"长期股权投资"、"库存现金"、"银行存款"等账户的记录分析填列。

8. 取得子公司及其他营业单位支付的现金净额

本项目反映企业取得子公司及其他营业单位购买出价中以现金支付的部分，减去子公司或其他营业单位持有的现金和现金等价物后的净额。本项目可以根据有关账户的记录分析填列。

整体购买一个单位，其结算方式是多种多样的，如购买方全部以现金支付或一部分以现金支付而另一部分以实物清偿。同时，企业购买子公司及其他营业单位是整体交易，子公司和其他营业单位除有固定资产和存货外，还可能持有现金和现金等价物。这样，整体购买子公司或其他营业单位的现金流量，就应以购买出价中以现金支付的部分减去子公司或其他营业单位持有的现金和现金等价物后的净额反映，如为负数，应在"收到其他与投资活动有关的现金"项目中反映。

9. 支付其他与投资活动有关的现金

本项目反映企业除上述各项目外，支付的其他与投资活动有关的现金。其他与投资活动有关的现金，如果价值较大的，应单列项目反映。本项目可以根据有关账户的记录分析填列。

（三）筹资活动产生的现金流量有关项目的编制

1. 吸收投资收到的现金

本项目反映企业以发行股票、债券等方式筹集资金实际收到的款项净额（发行收入减去支付的佣金等发行费用后的净额）。以发行股票、债券等方式筹集资金而由企业直接支付的审计、咨询等费用，不在本项目中反映，而在“支付其他与筹资活动有关的现金”项目中反映；向金融企业直接支付的手续费、宣传费、咨询费、印刷费等费用，从发行股票、债券取得的现金收入中扣除，以净额列示。本项目可以根据“实收资本（或股本）”、“资本公积”、“库存现金”、“银行存款”等账户的记录分析填列。

【例 18.7】 甲企业对外公开募集股份 100 万股，每股 1 元，发行价每股 1.5 元，支付代理发行的证券公司的各种费用共计 15 000 元。此外，甲企业为建设一新项目，批准发行 200 万元的长期债券。与证券公司签署的协议规定：该批长期债券委托证券公司代理发行，发行手续费为发行总额的 3.5%，宣传及印刷费由证券公司代为支付，并从发行总额中扣除。该企业至委托协议签署为止，已支付咨询费、公证费等 5 800 元。证券公司按面值发行，价款全部收到，支付宣传及印刷费等各种费用 11 420 元。按协议将发行款划至企业在银行的存款账户上。

本期吸收投资收到的现金 ＝（1 000 000 × 1.5 － 15 000）＋（2 000 000 － 2 000 000 × 3.5% － 11 420）＝ 3 403 580（元）

本例中，企业已支付的咨询费、公证费等 5 800 元，应在“支付其他与筹资活动有关的现金”项目中反映。

2. 取得借款收到的现金

本项目反映企业举借各种短期、长期借款而收到的现金。本项目可以根据“短期借款”、“长期借款”、“交易性金融负债”、“应付债券”、“库存现金”、“银行存款”等账户的记录分析填列。

3. 收到其他与筹资活动有关的现金

本项目反映企业除上述各项目外，收到的其他与筹资活动有关的现金。其他与筹资活动有关的现金，如果价值较大的，应单列项目反映。本项目可根据有关账户的记录分析填列。

4. 偿还债务支付的现金

本项目反映企业以现金偿还债务的本金，包括归还金融企业的借款本金、偿付企业到期的债券本金等。企业偿还的借款利息、债券利息，在“分配股利、利润或偿付利息支付的现金”项目中反映，不在本项目中反映。本项目可以根据“短期借款”、“长期借款”、“交易性金融负债”、“应付债券”、“库存现金”、“银行存款”等账户的记录分析填列。

5. 分配股利、利润或偿付利息支付的现金

本项目反映企业实际支付的现金股利、支付给其他投资单位的利润或用现金支付的借款利息、债券利息。不同用途的借款，其利息的开支渠道不一样，如在建工程、财务费用等，均在本项目中反映。本项目可以根据“应付股利”、“应付利息”、“利润分配”、“财务费用”、“在建工程”、“库存现金”、“银行存款”等账户的记录分析填列。

6. 支付其他与筹资活动有关的现金

本项目反映企业除上述各项目外，支付的其他与筹资活动有关的现金，如以发行股票、债券等方式筹集资金而由企业直接支付的审计、咨询等费用，融资租赁所支付的现金、以分期付款方式购建固定资产以后各期支付的现金等。其他与筹资活动有关的现金，如果价值较大的，应单列项目反映。本项目可以根据有关账户的记录分析填列。

（四）汇率变动对现金及现金等价物的影响的编制

编制现金流量表时，应当将企业外币现金流量以及境外子公司的现金流量折算成记账本位币。《企业会计准则第31号——现金流量表》规定，外币现金流量以及境外子公司的现金流量，应当采用现金流量发生日的即期汇率或按照系统合理的方法确定的、与现金流量发生日即期汇率近似的汇率折算成记账本货币。汇率变动对现金的影响额应当作为调节项目，在现金流量表中单独列报。

企业外币现金流量及境外子公司的现金流量折算成记账本位币时，所采用的是现金流量发生日的即期汇率或按照系统合理的方法确定的、与现金流量发生日即期汇率近似的汇率，而现金流量表“现金及现金等价物净增加额”项目中的外币现金净增加额是按资产负债表日的即期汇率折算，这两者的差额即为汇率变动对现金及现金等价物的影响。

在编制现金流量表时，对当期发生的外币业务，也可不必逐笔计算汇率变动对现金及现金等价物的影响，可以通过现金流量表补充资料中“现金及现金等价物净增加额”数额与现金流量表中“经营活动产生的现金流量净额”、“投资活动产生的现金流量净额”、“筹资活动产生的现金流量净额”三项之和比较，其差额即为“汇率变动对现金及现金等价物的影响”。

（五）现金及现金等价物净增加额的编制

本项目反映企业本期现金及现金等价物的净增加额或净减少额，是上述三类现金流量净额与汇率变动对现金流量影响额的合计数。本项目数额与现金流量表补充资料中“现金及现金等价物净增加额”数额相等，应当核对相符。

（六）现金流量表补充资料的编制

1. 将净利润调节为经营活动现金流量的编制

企业应当采用间接法在现金流量表补充资料中披露将净利润调节为经营活动现金流量的信息，具体格式如表18.4所示：

表 18.4　采用间接法将净利润调节为经营活动现金流量

补 充 资 料	本期金额	上期金额
1. 将净利润调节为经营活动现金流量：		
净利润		
加：资产减值准备		
固定资产折旧、油气资产折耗、生产性生物资产折旧		
无形资产摊销		
长期待摊费用摊销		
处置固定资产、无形资产和其他长期资产的损失（收益以"－"号填列）		
固定资产报废损失（收益以"－"号填列）		
公允价值变动损失（收益以"－"号填列）		
财务费用（收益以"－"号填列）		
投资损失（收益以"－"号填列）		
递延所得税资产减少（增加以"－"号填列）		
递延所得税负债增加（减少以"－"号填列）		
存货的减少（增加以"－"号填列）		
经营性应收项目的减少（增加以"－"号填列）		
经营性应付项目的增加（减少以"－"号填列）		
其他		
经营活动产生的现金流量净额		
2. 不涉及现金收支的重大投资和筹资活动：		
债务转为资本		
一年内到期的可转换公司债券		
融资租入固定资产		
3. 现金及现金等价物净变动情况：		
现金的期末余额		
减：现金的期初余额		
加：现金等价物的期末余额		
减：现金等价物的期初余额		
现金及现金等价物净增加额		

采用间接法将净利润调节为经营活动现金流量时，需要调整的项目可以分为四大类：一是实际没有支付现金的费用；二是实际没有收到现金的收益；三是不属于经营活动的损

益;四是经营性应收应付项目的增减变动。

在间接法下,将净利润调节为经营活动现金流量各项目的填列方法如下:

(1) 资产减值准备。

这里所指的资产减值准备包括:坏账准备、存货跌价准备、投资性房地产减值准备、长期股权投资减值准备、持有至到期投资减值准备、固定资产减值准备、在建工程减值准备、工程物资减值准备、生物性资产减值准备、无形资产减值准备、商誉减值准备等。企业计提的各项资产减值准备,包括在利润表中,属于利润的减除项目,但没有发生现金流出。所以,在将净利润调节为经营活动现金流量时,需要加回。本项目可根据“资产减值损失”账户的记录分析填列。

(2) 固定资产折旧、油气资产折耗、生产性生物资产折旧。

企业计提的固定资产折旧,有的包括在管理费用中,有的包括在制造费用中,有的包括在销售费用中,等等。它们均在计算净利润时从中扣除,但并没有现金流出(计入制造费用中的已经变现的部分,在计算净利润时通过销售成本予以扣除,但没有发生现金流出;计入制造费用中的没有变现的部分,既不涉及现金收支,也不影响企业当期净利润),因而在将净利润调节为经营活动现金流量时,需要予以加回。同理,企业计提的油气资产折耗、生产性生物资产折旧,也需要予以加回。本项目可根据“累计折旧”、“累计折耗”、“生产性生物资产折旧”账户的贷方发生额分析填列。

(3) 无形资产摊销和长期待摊费用摊销。

企业对使用寿命有限的无形资产计提摊销时,计入管理费用或制造费用。长期待摊费用摊销时,有的计入管理费用,有的计入销售费用,有的计入制造费用。计入管理费用等期间费用和计入制造费用中的已变现的部分,在计算净利润时已从中扣除,但没有发生现金流出;计入制造费用中的没有变现的部分,在调节存货时已经从中扣除,但不涉及现金收支,所以,在此处将净利润调节为经营活动现金流量时,需要予以加回。这个项目可根据“累计摊销”、“长期待摊费用”账户的贷方发生额分析填列。

(4) 处置固定资产、无形资产和其他长期资产的损失(减:收益)。

企业处置固定资产、无形资产和其他长期资产发生的损益,属于投资活动产生的损益,不属于经营活动产生的损益,所以,在将净利润调节为经营活动现金流量时,需要予以剔除。如为损失,在将净利润调节为经营活动现金流量时,应当加回;如为收益,在将净利润调节为经营活动现金流量时,应当扣除。本项目可根据“营业外收入”、“营业外支出”等账户所属有关明细账户的记录分析填列;如为收益,以“-”号填列。

(5) 固定资产报废损失。

企业发生的固定资产报废损益,属于投资活动产生的损益,不属于经营活动产生的损益,所以,在将净利润调节为经营活动现金流量时,需要予以剔除。同样,投资性房地产发生报废、毁损而产生的损失,也需要予以剔除。如为净损失,在将净利润调节为经营活动现金流量时,应当加回;如为净收益,在将净利润调节为经营活动现金流量时,应当扣除。本项目可根据“营业外支出”、“营业外收入”等账户所属有关明细账户的记录分析填列。

(6) 公允价值变动损失。

公允价值变动损失反映企业在初始确认时划分为以公允价值计量且其变动计入当期损益的交易性金融资产或金融负债、衍生工具、套期等业务中公允价值变动形成的应计入当期损益的利得或损失。企业发生的公允价值变动损益，通常与企业的投资活动或筹资活动有关，而且并不影响企业当期的现金流量。为此，应当将其从净利润中剔除。本项目可以根据"公允价值变动损益"账户的发生额分析填列。如为持有损失，在将净利润调节为经营活动现金流量时，应当加回；如为持有利得，在将净利润调节为经营活动现金流量时，应当扣除。

(7) 财务费用。

企业发生的财务费用中不属于经营活动的部分，应当将其从净利润中剔除。本项目可根据"财务费用"账户的本期借方发生额分析填列；如为收益，以"一"号填列。

在实务中，企业的"财务费用"明细账一般是按费用项目设置的，为了编制现金流量表，企业可在此基础上，再按"经营活动"、"筹资活动"、"投资活动"分设明细分类账。每一笔财务费用发生时，即将其归入"经营活动"、"筹资活动"或"投资活动"中。

(8) 投资损失(减：收益)。

企业发生的投资损益，属于投资活动产生的损益，不属于经营活动产生的损益，所以，在将净利润调节为经营活动现金流量时，需要予以剔除。如为净损失，在将净利润调节为经营活动现金流量时，应当加回；如为净收益，在将净利润调节为经营活动现金流量时，应当扣除。本项目可根据利润表中"投资收益"项目的数字填列；如为投资收益，以"一"号填列。

(9) 递延所得税资产减少(减：增加)。

如果递延所得税资产减少使计入所得税费用的金额大于当期应交的所得税金额，其差额没有发生现金流出，但在计算净利润时已经扣除，在将净利润调节为经营活动现金流量时，应当加回。如果递延所得税资产增加使计入所得税费用的金额小于当期应交的所得税金额，两者之间的差额并没有发生现金流入，但在计算净利润时已经包括在内，在将净利润调节为经营活动现金流量时，应当扣除。本项目可以根据资产负债表"递延所得税资产"项目期初、期末余额分析填列。

(10) 递延所得税负债增加(减：减少)。

如果递延所得税负债增加使计入所得税费用的金额大于当期应交的所得税金额，其差额没有发生现金流出，但在计算净利润时已经扣除，在将净利润调节为经营活动现金流量时，应当加回。如果递延所得税负债减少使计入当期所得税费用的金额小于当期应交的所得税金额，其差额并没有发生现金流入，但在计算净利润时已经包括在内，在将净利润调节为经营活动现金流量时，应当扣除。本项目可以根据资产负债表"递延所得税负债"项目的期初、期末余额分析填列。

(11) 存货的减少(减：增加)。

期末存货比期初存货减少，说明本期生产经营过程耗用的存货有一部分是期初的存货，耗用这部分存货并没有发生现金流出，但在计算净利润时已经扣除，所以，在将净利润调节为经营活动现金流量时，应当加回。期末存货比期初存货增加，说明当期购入的存货除耗用外，还剩余了一部分，这部分存货也发生了现金流出，但在计算净利润时没有包括在内，所以，在将净利润调节为经营活动现金流量时，需要扣除。当然，存货的增减变化过程还涉及应付项目，这一因素在"经营性应付项目的增加(减:减少)"中考虑。本项目可根据资产负债表中"存货"项目的期初数、期末数之间的差额填列；期末数大于期初数的差额，以"－"号填列。如果存货的增减变化过程属于投资活动，如在建工程领用存货，应当将这一因素剔除。

(12) 经营性应收项目的减少(减:增加)。

经营性应收项目包括应收票据、应收账款、预付账款、长期应收款和其他应收款中，与经营活动有关的部分，以及应收的增值税销项税额等。经营性应收项目的期末余额小于经营性应收项目的期初余额，说明本期收回的现金大于利润表中所确认的销售收入，所以，在将净利润调节为经营活动现金流量时，需要加回。经营性应收项目期末余额大于经营性应收项目期初余额，说明本期销售收入中有一部分没有收回现金，但是，在计算净利润时这部分销售收入已包括在内，所以，在将净利润调节为经营活动现金流量时，需要扣除。本项目应当根据有关账户的期初、期末余额分析填列；如为增加，以"－"号填列。

(13) 经营性应付项目的增加(减:减少)。

经营性应付项目包括应付票据、应付账款、预收账款、应付职工薪酬、应交税费、应付利息、长期应付款、其他应付款中与经营活动有关的部分，以及应付的增值税进项税额等。经营性应付项目期末余额大于经营性应付项目期初余额，说明本期购入的存货中有一部分没有支付现金，但是，在计算净利润时却通过销售成本包括在内，在将净利润调节为经营活动现金流量时，需要加回；经营性应付项目期末余额小于经营性应付项目期初余额，说明本期支付的现金大于利润表中所确认的销售成本，在将净利润调节为经营活动现金流量时，需要扣除。本项目应当根据有关账户的期初、期末余额分析填列；如为减少，以"－"号填列。

2. 不涉及现金收支的重大投资和筹资活动的披露

不涉及现金收支的重大投资和筹资活动，反映企业一定期间内影响资产或负债但不形成该期现金收支的所有投资和筹资活动的信息。这些投资和筹资活动虽然不涉及当期现金收支，但对以后各期的现金流量有重大影响。例如，企业融资租入设备，将形成的负债计入"长期应付款"账户，当期并不支付设备款及租金，但以后各期必须为此支付现金，从而在一定期间内形成了一项固定的现金支出。因此，企业应当在现金流量表补充资料中披露不涉及当期现金收支，但影响企业财务状况或在未来可能影响企业现金流量的重大投资和筹资活动(格式参见表 18.4)，主要包括：

(1) 债务转为资本，反映企业本期转为资本的债务金额；

(2) 一年内到期的可转换公司债券，反映企业一年内到期的可转换公司债券的本息；

(3) 融资租入固定资产，反映企业本期融资租入的固定资产。

3. 企业当期取得或处置子公司及其他营业单位的披露

企业还应该在现金流量表补充资料中披露企业当期取得或处置子公司及其他营业单位的信息。其中，取得子公司及其他营业单位的有关信息包括：取得的价格、支付现金和现金等价物金额、支付的现金和现金等价物净额、取得子公司净资产等信息。处置子公司及其他营业单位的有关信息包括：处置的价格、收到的现金和现金等价物金额、收到的现金净额、处置子公司的净资产等信息。具体格式如表 18.5 所示：

表 18.5　取得或处置子公司及其他营业单位的有关信息披露

项　　目	金　额
一、取得子公司及其他营业单位的有关信息：	
1. 取得子公司及其他营业单位的价格	
2. 取得子公司及其他营业单位支付的现金和现金等价物	
减：子公司及其他营业单位持有的现金和现金等价物	
3. 取得子公司及其他营业单位支付的现金净额	
4. 取得子公司的净资产	
流动资产	
非流动资产	
流动负债	
非流动负债	
二、处置子公司及其他营业单位的有关信息：	
1. 处置子公司及其他营业单位的价格	
2. 处置子公司及其他营业单位收到的现金和现金等价物	
减：子公司及其他营业单位持有的现金和现金等价物	
3. 处置子公司及其他营业单位收到的现金净额	
4. 处置子公司的净资产	
流动资产	
非流动资产	
流动负债	
非流动负债	

4. 现金和现金等价物的披露

企业还应该在现金流量表补充资料中披露现金及现金等价物的组成部分，具体格式如表 18.6 所示：

表 18.6　现金和现金等价物的组成

项　　目	本期金额	上期金额
一、现金		
其中：库存现金		
可随时用于支付的银行存款		
可随时用于支付的其他货币资金		
可用于支付的存放中央银行款项		
存放同业款项		
拆放同业款项		
二、现金等价物		
其中：三个月内到期的债券投资		
三、期末现金及现金等价物余额		
其中：母公司或集团内子公司使用受限制的现金和现金等价物		

第五节　所有者权益变动表

一、所有者权益变动表的定义与作用

所有者权益变动表（或者股东权益变动表），是反映构成企业所有者权益的各组成部分当期的增减变动情况的报表。所有者权益变动表应该全面反映一定时期所有者权益变动的情况，不仅包括所有者权益总量的增减变动，还包括所有者权益增减变动的重要结构性信息，特别是要反映直接计入所有者权益的利得和损失，以及与所有者的资本交易导致的所有者权益的变动，让报表使用者准确理解所有者权益增减变动的根源。

所有者权益变动表的作用主要有以下几点：

第一，所有者权益变动表列示了所有者权益的增减变动情况，有利于报表使用者进一步了解企业的净资产状况。

第二，所有者权益变动表是联结资产负债表与利润表的纽带。由于历史成本原则、收入实现原则、谨慎性原则的限制，外币报表折算差额、可供出售金融资产公允价值变动等已确认未实现的利得和损失无法在利润表中列示，只能绕过利润表直接在资产负债表中的所有者权益中确认，这种做法破坏了资产负债表与利润表之间原本的逻辑关系，进而破坏了整个财务会计报告体系中各要素之间的内在联系。所有者权益变动表担负起了作为联结资产负债表与利润表的纽带的重任，通过所有者权益变动表搭建两者之间的钩稽关系，使财务会计报告体系中各要素之间能够继续保持紧密的联系。

第三，所有者权益变动表在一定程度上体现了企业的综合收益。所谓综合收益，是指企业在某一期间与所有者之外的其他方面进行交易或者发生其他事项所引起的净资产变动。综合收益包括两部分：净利润与直接计入所有者权益的利得和损失。其中，前者是企业已实现并已确认的收益，后者是企业未实现但根据《企业会计准则》的规定已确认的收益。在所有者权益变动表中，净利润与直接计入所有者权益的利得和损失均单列项目反映，体现了企业综合收益的构成。

二、所有者权益变动表列报的总体要求

（一）以矩阵的形式列报

为了清楚地表明构成所有者权益的各组成部分当期的增减变动情况，所有者权益变动表应当以矩阵的形式列示。一方面，列示导致所有者权益变动的交易或事项，改变了以往仅仅按照所有者权益的各组成部分反映所有者权益变动情况，而是按所有者权益变动的来源对一定时期的所有者权益变动情况进行全面反映；另一方面，按照所有者权益各组成部分（包括实收资本、资本公积、盈余公积、未分配利润和库存股）及其总额列示交易或事项对所有者权益的影响。

（二）列示所有者权益变动表的比较信息

所有者权益变动表应就各项目再分为“本年金额”和“上年金额”两栏分别填列。所有者权益变动表的具体格式如表18.7所示：

表18.7 一般企业所有者权益变动表

所有者权益变动表

编制单位： 年 度 单位：元

项目	本年金额						上年金额					
	实收资本（或股本）	资本公积	减：库存股	盈余公积	未分配利润	所有者权益合计	实收资本（或股本）	资本公积	减：库存股	盈余公积	未分配利润	所有者权益合计
一、上年年末余额												
加：会计政策变更												
前期差错更正												
二、本年年初余额												
三、本年增减变动金额（减少以“－”号填列）												

（续表）

项目	本年金额						上年金额					
	实收资本（或股本）	资本公积	减：库存股	盈余公积	未分配利润	所有者权益合计	实收资本（或股本）	资本公积	减：库存股	盈余公积	未分配利润	所有者权益合计
（一）净利润												
（二）直接计入所有者权益的利得和损失												
1. 可供出售金融资产公允价值变动净额												
2. 权益法下被投资单位其他所有者权益变动的影响												
3. 与计入所有者权益项目相关的所得税影响												
4. 其他												
上述(一)和(二)小计												
（三）所有者投入和减少资本												
1. 所有者投入资本												
2. 股份支付计入所有者权益的金额												
3. 其他												
（四）利润分配												
1. 提取盈余公积												
2. 对所有者(或股东)的分配												
3. 其他												
（五）所有者权益内部结转												
1. 资本公积转增资本(或股本)												
2. 盈余公积转增资本(或股本)												
3. 盈余公积弥补亏损												
4. 其他												
四、本年年末余额												

三、一般企业所有者权益变动表的编制方法

（一）所有者权益变动表各项目的列报说明

（1）“上年年末余额”项目，反映企业上年资产负债表中实收资本（或股本）、资本公积、盈余公积、未分配利润的年末余额。

（2）“会计政策变更”和“前期差错更正”项目，分别反映企业采用追溯调整法处理的会计政策变更的累积影响金额和采用追溯重述法处理的会计差错更正的累积影响金额。为了体现会计政策变更和前期差错更正的影响，企业应当在上期期末所有者权益余额的基础上进行调整得出本期期初所有者权益，根据“盈余公积”、“利润分配”、“以前年度损益调整”等账户的发生额分析填列。

（3）“本年增减变动金额”项目分别反映如下内容：

①“净利润”项目，反映企业当年实现的净利润（或净亏损）金额，并对应列在“未分配利润”栏。

②“直接计入所有者权益的利得和损失”项目，反映企业当年直接计入所有者权益的利得和损失金额。其中：

“可供出售金融资产公允价值变动净额”项目，反映企业持有的可供出售金融资产当年公允价值变动的金额，并对应列在“资本公积”栏。

“权益法下被投资单位其他所有者权益变动的影响”项目，反映企业对按照权益法核算的长期股权投资，在被投资单位除当年实现的净损益以外其他所有者权益当年变动中应享有的份额，并对应列在“资本公积”栏。

“与计入所有者权益项目相关的所得税影响”项目，反映企业根据所得税准则规定应计入所有者权益项目的当年所得税影响金额，并对应列在“资本公积”栏。

③“净利润”与“直接计入所有者权益的利得和损失”小计项目，反映企业当年实现的净利润（或净亏损）金额与当年直接计入所有者权益的利得和损失金额的合计额。

④“所有者投入和减少资本”项目，反映企业当年所有者投入的资本和减少的资本。其中：

“所有者投入资本”项目，反映企业接受投资者投入形成的实收资本（或股本）和资本溢价或股本溢价，并对应列在“实收资本”和“资本公积”栏。

“股份支付计入所有者权益的金额”项目，反映企业处于等待期中的权益结算的股份支付当年计入资本公积的金额，并对应列在“资本公积”栏。

⑤“利润分配”下各项目，反映当年对所有者（或股东）分配的利润（或股利）金额和按照规定提取的盈余公积金额，并对应列在“未分配利润”和“盈余公积”栏。其中：

“提取盈余公积”项目，反映企业按照规定提取的盈余公积。

“对所有者（或股东）的分配”项目，反映对所有者（或股东）分配的利润（或股利）金额。

⑥“所有者权益内部结转”下各项目，反映不影响当年所有者权益总额的所有者权益各组成部分之间当年的增减变动，包括资本公积转增资本（或股本）、盈余公积转增资本（或股本）、盈余公积弥补亏损等项目金额。为了全面反映所有者权益各组成部分的增减变动情况，所有者权益内部结转也是所有者权益变动表的重要组成部分，主要指不影响所有者权益总额情况下所有者权益的各组成部分当期的增减变动。其中：

“资本公积转增资本（或股本）”项目，反映企业以资本公积转增资本或股本的金额。

“盈余公积转增资本（或股本）”项目，反映企业以盈余公积转增资本或股本的金额。

“盈余公积弥补亏损”项目，反映企业以盈余公积弥补亏损的金额。

（二）上年金额栏的列报方法

所有者权益变动表"上年金额"栏内各项数字，应根据上年度所有者权益变动表"本年金额"栏内所列数字填列。如果上年度所有者权益变动表规定的各个项目的名称和内容同本年度不相一致，应对上年度所有者权益变动表各项目的名称和数字按本年度的规定进行调整，填入所有者权益变动表"上年金额"栏内。

（三）本年金额栏的列报方法

所有者权益变动表"本年金额"栏内各项数字一般应根据"实收资本（或股本）"、"资本公积"、"盈余公积"、"利润分配"、"库存股"、"以前年度损益调整"等账户的发生额分析填列。

企业的净利润及其分配情况作为所有者权益变动表的组成部分，不需要单独设置利润分配表列示。

第六节　附　　注

一、附注的定义与作用

附注是对在资产负债表、利润表、现金流量表和所有者权益变动表等报表中列示项目的文字描述或明细资料，以及对未能在这些报表中列示项目的说明等，是财务报表不可或缺的组成部分。

附注的作用主要体现在以下几个方面：

第一，它拓展了企业财务信息的内容，是对账务报表本身无法或难以充分表达的内容和项目所作的补充说明与详细解释，充分满足了企业财务会计报告是为其使用者提供有助于经济决策的信息的要求，增进了会计信息的可理解性。

第二，它能提高会计信息的可比性。例如，通过揭示会计政策的变更原因及事后的影响，可以使不同行业或同一行业不同企业的会计信息的差异更具可比性，从而便于进行对比分析。

此外，与财务报表披露方式相比，附注的披露方式具有形式灵活多样、内容生动广泛等特点，因此披露的信息范围远比财务报表披露的信息广泛。附注的上述特点和相对优势，决定它将成为我国企业会计信息披露的重要方式和了解企业会计信息的重要途径。因此，附注与资产负债表、利润表、现金流量表、所有者权益变动表等报表具有同等的重要性，是财务报表的重要组成部分。报表使用者要了解企业的财务状况、经营成果和现金流量，应当全面阅读附注。

二、附注披露的基本要求

附注披露应当遵循以下基本要求：

（1）定量与定性结合。

附注披露的信息应是定量、定性信息的结合，从而能从量和质两个角度对企业经济事项完整地进行反映，也才能满足报表使用者的决策需求。

（2）系统合理地排列和分类。

由于附注的内容繁多，因此更应按逻辑顺序排列，分类披露，条理清晰，具有一定的组织结构，以便于报表使用者理解和掌握，也更好地实现财务报表的可比性。

（3）与报表项目相互参照。

附注相关信息应当与资产负债表、利润表、现金流量表和所有者权益变动表等报表中列示的项目相互参照，以有助于报表使用者联系相关联的信息，并由此从整体上更好地理解财务报表。

三、附注披露的内容

附注应当按照如下顺序披露有关内容：

（一）企业的基本情况

（1）企业注册地、组织形式和总部地址。

（2）企业的业务性质和主要经营活动，如企业所处的行业、所提供的主要产品或服务、客户的性质、销售策略、监管环境的性质等。

（3）母公司以及集团最终母公司的名称。

（4）财务会计报告批准报出者和财务会计报告批准报出日。

（二）财务报表的编制基础

企业应当按照持续经营基础来编制财务报表。企业管理层应当评价企业的持续经营能力，对持续经营能力产生重大怀疑的，应当在附注中披露导致对持续经营能力产生重大怀疑的影响因素。企业正式决定或被迫在当期或将在下一个会计期间进行清算或停止营业的，表明其处于非持续经营状态，应当采用其他基础编制财务报表，并在附注中声明财务报表未以持续经营为基础列报、披露未以持续经营为基础的原因和财务报表的编制基础。

（三）遵循《企业会计准则》的声明

企业应当声明编制的财务报表符合《企业会计准则》的要求，真实、完整地反映了企业的财务状况、经营成果和现金流量等有关信息，以此明确企业编制财务报表所依据的制度基础。如果企业编制的财务报表只是部分地遵循了《企业会计准则》，附注中不得作出这种表述。

（四）重要会计政策和会计估计

根据《企业会计准则第 30 号——财务报表列报》的规定，企业应当披露采用的重要会计政策和会计估计，不重要的会计政策和会计估计可以不披露。

1. 重要会计政策的说明

由于企业经济业务的复杂性和多样化，某些经济业务可以有多种会计处理方法，即存在不止一种可供选择的会计政策。例如，存货的计价可以有先进先出法、加权平均法、个别计价法等；固定资产的折旧，可以有平均年限法、工作量法、双倍余额递减法、年数总额法等。企业在发生某项经济业务时，必须从允许的会计处理方法中选择适合本企业特点的会计政策。企业选择不同的会计处理方法，可能会影响企业的财务状况和经营成果，进而编制出不同的财务报表。为了有助于报表使用者理解，有必要对这些会计政策加以披露。

需要特别指出的是，说明会计政策时还需要披露下列两项内容：

(1) 财务报表项目的计量基础。会计计量属性包括历史成本、重置成本、可变现净值、现值和公允价值，这直接显著影响报表使用者的分析，这项披露要求便于报表使用者了解企业财务报表中的项目是按何种计量基础予以计量的，如存货是按成本还是可变现净值计量等。

(2) 会计政策的确定依据，主要是指企业在运用会计政策过程中所作的对报表中确认的项目金额最具影响的判断。例如，企业如何判断持有的金融资产是持有至到期的投资而不是交易性投资；又如，对于持股不足 50%的关联企业，企业如何判断自身对其拥有控制权而将其纳入合并范围；再如，企业如何判断与租赁资产相关的所有风险和报酬已转移给企业，从而符合融资租赁的标准；以及投资性房地产的判断标准是什么等。这些判断对在报表中确认的项目金额具有重要影响。

因此，这项披露要求有助于报表使用者理解企业选择和运用会计政策的背景，增加财务报表的可理解性。

2. 重要会计估计的说明

《企业会计准则第 30 号——财务报表列报》强调了对会计估计不确定因素的披露要求，企业应当披露会计估计中所采用的关键假设和不确定因素的确定依据，这些关键假设和不确定因素在下一会计期间内很可能导致对资产、负债的账面价值进行重大调整。

在确定报表中确认的资产和负债的账面金额过程中，企业有时需要对不确定的未来事项在资产负债表日对这些资产和负债的影响加以估计。例如，固定资产可收回金额的计算需要根据其公允价值减去处置费用后的净额与预计未来现金流量的现值两者之间的较高者确定，在计算资产预计未来现金流量的现值时需要对未来现金流量进行预测，并选择适当的折现率，在附注中披露未来现金流量预测所采用的假设及其依据，以及所选择的折现率为什么是合理的等。又如，为正在进行中的诉讼提取准备时最佳估计数的确定依据等。这些假设的变动对资产和负债项目金额的确定影响很大，有可能会在下一个会计年度内作出重大调整。因此，强调这一披露要求，有助于提高财务报表的可理解性。

（五）会计政策和会计估计变更以及差错更正的说明

企业应当按照《企业会计准则第 28 号——会计政策、会计估计变更和差错更正》及其应用指南的规定，披露会计政策和会计估计变更以及差错更正的有关情况。

（六）报表重要项目的说明

企业应当以文字和数字描述相结合，尽可能以列表形式披露报表重要项目的构成或当期增减变动情况，并且报表重要项目的明细金额合计，应当与报表项目金额相衔接。在披露顺序上，一般应当按照资产负债表、利润表、现金流量表、所有者权益变动表的顺序及其项目列示的顺序。

（七）其他需要说明的重要事项

这主要包括或有和承诺事项、资产负债表日后非调整事项、关联方关系及其交易等，具体的披露要求须遵循相关准则的规定，分别参见相关章节的内容。

第七节　资产负债表日后事项

一、资产负债表日后事项的概念

由于财务会计报告的编制需要一定的时间，因此，资产负债表日与财务会计报告批准报出日（有时也包括实际报出日）之间往往存在时间差，这段时间发生的一些事项可能对财务会计报告使用者有重要影响。资产负债表日后事项是指资产负债表日至财务会计报告批准报出日之间发生的有利或不利事项。

理解该概念应该注意以下几点：

第一，资产负债表日是指会计年度末和会计中期期末。其中，年度资产负债表日是指公历 12 月 31 日；会计中期通常包括半年度、季度和月度等，会计中期期末相应地是指公历半年末、季末和月末等。

第二，财务会计报告批准报出日是指董事会或类似机构批准财务会计报告报出的日期，通常是指对财务会计报告的内容负有法律责任的单位或个人批准财务会计报告对外公布的批准日期。财务会计报告的批准者包括所有者、所有者中的多数、董事会或类似的管理单位、部门和个人。公司制企业的董事会有权批准对外公布财务会计报告,因此,公司制企业财务会计报告批准报出日是指董事会批准财务会计报告报出的日期。对于非公司制企业,财务会计报告批准报出日是指经理(厂长)会议或类似机构批准财务会计报告报出的日期。

第三,资产负债表日后事项包括整个期间的有利或不利事项。资产负债表日后事项肯定对企业财务状况和经营成果具有一定影响(既包括有利影响也包括不利影响)。如果某些事项的发生对企业并无任何影响,那么,那些事项既不是有利事项也不是不利事项,也就不属于《企业会计准则》所称资产负债表日后事项。

【例 18.8】 甲上市公司 20×7 年的年度财务会计报告于 20×8 年 3 月 15 日编制完成,注册会计师完成年度审计工作并签署审计报告的日期为 20×8 年 4 月 12 日,20×8 年 4 月 20 日董事会批准财务会计报告对外公布,财务会计报告实际对外公布的日期为 20×8 年 4 月 25 日,股东大会召开日期为 20×8 年 5 月 6 日。

本例中,甲公司 20×7 年年报的资产负债表日后事项涵盖的期间为 20×8 年 1 月 1 日至 20×8 年 4 月 20 日。如果在 4 月 20 日至 4 月 25 日之间发生了重大事项,需要调整财务报表相关项目的数字或需要在附注中披露;如果经调整或说明后的财务会计报告再经董事会批准报出的日期为 20×8 年 4 月 28 日,实际报出的日期为 20×8 年 4 月 30 日,则资产负债表日后事项涵盖的期间为 20×8 年 1 月 1 日至 20×8 年 4 月 28 日。

二、资产负债表日后事项的分类

资产负债表日后事项包括资产负债表日后调整事项(以下简称调整事项)和资产负债表日后非调整事项(以下简称非调整事项)两类。

(一) 调整事项

资产负债表日后调整事项,是指对资产负债表日已经存在的情况提供了新的或进一步证据的事项。如果资产负债表日及所属会计期间已经存在某种情况,但当时并不知道其存在或者不能知道确切结果,而资产负债表日后发生的事项能够证实该情况的存在或者确切结果,则该事项属于资产负债表日后事项中的调整事项。调整事项能对资产负债表日存在的情况提供追加的证据,并会影响编制财务报表过程中的内在估计。

(二) 非调整事项

资产负债表日后非调整事项,是指表明资产负债表日后发生的情况的事项。非调整事项的发生不影响资产负债表日企业的财务报表数字,只说明资产负债表日后发生了某些情况。对于财务会计报告使用者来说,非调整事项说明的情况有的重要,有的不重要;其中重要的非调整事项虽然与资产负债表日的财务报表数字无关,但可能影响资产负债表日以后的财务状况和经营成果,故《企业会计准则》要求适当披露。

三、资产负债表日后调整事项的会计处理

对于资产负债表日后发生的调整事项,应当同资产负债表所属期间发生的事项一样,作出相关账务处理,并对资产负债表日已编制的财务报表作相应的调整。但是,资产负债表日后调整事项如果涉及货币资金收支项目,均不调整报告年度资产负债表的货币资金项目和现金流量表各项目的数字。

(一)资产负债表日后调整事项包括的内容

如何确定资产负债表日后发生的某一事项是调整事项还是非调整事项,是运用《企业会计准则第 29 号——资产负债表日后事项》的关键。某一事项究竟是调整事项还是非调整事项,取决于该事项表明的情况在资产负债表日或资产负债表日以前是否已经存在。若该情况在资产负债表日或之前已经存在,则属于调整事项;反之,则属于非调整事项。

资产负债表日后调整事项主要表现为以下几种情况:

(1)资产负债表日后诉讼案件结案,法院判决证实了企业在资产负债表日已经存在现时义务,需要调整原先确认的与该诉讼案件相关的预计负债,或确认一项新负债。如,由于合同执行中违约,导致对方诉讼,报表编制日估计赔偿 20 万元,资产负债表日后期间法院判决赔偿 35 万元,这种情况就是导致诉讼的事项在资产负债表日已经发生,但在资产负债表日后取得了新的证据,因而需要调整已确认负债的金额。

(2)资产负债表日后取得确凿证据,表明某项资产在资产负债表日发生了减值或者需要调整该项资产原先确认的减值金额。如,20×8 年 12 月 31 日甲公司根据掌握的资料判断,乙公司有可能破产清算,甲公司估计对乙公司的应收账款将有 10%无法收回,故按 10%的比例计提坏账准备。一周后甲公司接到通知,乙公司已被宣告破产清算,甲公司估计有 70%的债权无法收回。在此例中,导致甲公司 20×8 年度应收账款无法收回的事实是乙公司财务状况恶化,该事实在资产负债表日已经存在,乙公司被宣告破产只是证实了资产负债表日财务状况恶化的情况,因此该事项属于调整事项。

(3)资产负债表日后进一步确定了资产负债表日前购入资产的成本或售出资产的收入,这类调整事项包括两方面的内容:①若资产负债表日前购入的资产已经按暂估金额等入账,资产负债表日后获得证据,可以进一步确定该资产的成本,则应该对已入账的资产成本进行调整。②企业在资产负债表日已根据收入确认条件确认资产销售收入,但资产负债表日后获得关于资产收入的进一步证据,如发生销售退回等,此时也应调整财务报表相关项目的金额。需要说明的是,资产负债表日后发生的销售退回,既包括报告年度或报告中期销售的商品在资产负债表日后发生的销售退回,也包括以前期间销售的商品在资产负债表日后发生的销售退回。

(4)资产负债表日后发现了财务报表舞弊或差错。这一事项是指资产负债表日后发现报告期或以前期间存在的财务报表舞弊或差错。企业发生这一事项后,应当将其作为资产负债

表日后调整事项，调整报告年度的年度财务会计报告或中期财务会计报告相关项目的数字。

（二）资产负债表日后调整事项的会计处理原则

如果资产负债表日后发生的调整事项涉及损益，由于资产负债表日后事项发生在次年，上年度的有关损益类账户在结账后已无余额，因此，该类事项应该通过“以前年度损益调整”账户核算。

“以前年度损益调整”账户核算企业本年度发生的调整以前年度损益的事项以及本年度发现的重要前期差错更正涉及调整以前年度损益的事项。企业在资产负债表日至财务会计报告批准报出日之间发生的需要调整报告年度损益的事项，也可以通过本账户核算。调整增加以前年度利润或调整减少以前年度亏损的事项，记入“以前年度损益调整”账户的贷方；反之，记入“以前年度损益调整”账户的借方。“以前年度损益调整”账户的贷方或借方余额，转入“利润分配——未分配利润”账户。

需要注意的是，涉及损益的调整事项如果发生在资产负债表日所属年度（即报告年度）所得税汇算清缴之前的，应按《企业会计准则》要求调整报告年度应纳税所得额、应纳所得税税额；发生在报告年度所得税汇算清缴后的，应按《企业会计准则》要求调整本年度（即报告年度的次年）应纳所得税税额。

如果资产负债表日后发生的调整事项涉及利润分配调整的，直接在“利润分配——未分配利润”账户核算。

如果资产负债表日后发生的调整事项不涉及损益以及利润分配的，则调整相关账户。

此外，通过上述账务处理后，还应同时调整财务报表相关项目的数字，包括：①资产负债表日编制的财务报表相关项目的数字；②当期编制的财务报表相关项目的年初数；③提供比较财务报表时，还应调整相关财务报表的上年数。经过上述调整后，如果涉及附注内容的，还应当调整附注相关项目的数字。

（三）资产负债表日后调整事项的举例说明

【例 18.9】 甲公司为一上市公司，于 20×8 年 3 月销售给乙企业一批产品，价款为 58 500 元（含应向购货方收取的增值税额），乙企业于 3 月底收到所购产品并验收入库。按合同规定乙企业应于收到所购产品后一个月内付款。由于乙企业财务状况不佳，到 20×8 年 12 月 31 日仍未付款。甲公司于 12 月 31 日编制 20×8 年度财务报表时，已为该项应收账款提取坏账准备 2 925 元（假定坏账准备提取比例为 5%），12 月 31 日资产负债表上“应收账款”项目的余额为 80 000 元，“坏账准备”项目的余额为 4 000 元；该项应收账款已按 58 500 元列入资产负债表“应收账款”项目内。甲公司于 20×9 年 2 月 2 日（所得税汇算清缴之前）收到乙企业通知，乙企业已破产清算，无力偿还所欠货款。假设：20×9 年 4 月 30 日为甲公司的财务会计报告批准报出日；所得税税率为 25%，且按税法规定，并经税务机关批准，在应收款项余额 5%的范围内计提的坏账准备可以在税前扣除；公司按净利润的 10%提取盈余公积，提取盈余公积之后，不再作其他分配。

甲公司在接到乙企业通知时，首先判断该事项属于资产负债表日后事项中的调整事项，并根据调整事项的处理原则进行处理如下：

(1) 补提坏账准备：

应补提的坏账准备 = 58 500 − 2 925 = 55 575(元)

借：以前年度损益调整　　55 575

　贷：坏账准备　　55 575

(2) 调整递延所得税资产：

应调整的金额 = 55 575 × 25% = 13 893.75(元)

借：递延所得税资产　　13 893.75

　贷：以前年度损益调整　　13 893.75

(3) 将“以前年度损益调整”账户的余额转入利润分配：

借：利润分配——未分配利润　　41 681.25

　贷：以前年度损益调整　　41 681.25(55 575 − 13 893.75)

(4) 调整利润分配有关数字：

借：盈余公积　　4 168.13

　贷：利润分配——未分配利润　　4 168.13(41 681.25 × 10%)

(5) 调整报告年度财务报表相关项目的数字：

① 资产负债表相关项目的调整：

调减应收账款净值 55 575 元；调增递延所得税资产 13 893.75 元；调减盈余公积 4 168.13元；调减未分配利润 41 681.25 − 4 168.13 = 37 513.12(元)。

② 利润表相关项目的调整：

调增资产减值损失 55 575 元；调减所得税费用 13 893.75 元；调减净利润 55 575 − 13 893.75 = 41 681.25(元)。

③ 所有者权益变动表相关项目的调整：

调减净利润 55 575 − 13 893.75 = 41 681.25(元)；调减提取盈余公积 4 168.13 元。

(6) 调整 20×9 年 3 月资产负债表相关项目的年初数：

甲公司在编制 20×9 年 1、2 月份的财务报表时，将上述调整前的数字作为资产负债表的年初数，由于发生了资产负债表日后调整事项，甲公司除了调整 20×8 年度财务报表相关项目的数字外，还应当调整 20×9 年 3 月资产负债表相关项目的年初数，其年初数按照上面所述方法调整，按调整后的数字填列。

四、资产负债表日后非调整事项的会计处理

(一) 资产负债表日后非调整事项的内容

资产负债表日后发生的非调整事项，是表明资产负债表日后发生的情况的事项，与资产负债表日存在状况无关。资产负债表日后非调整事项的主要内容有：

(1) 资产负债表日后发生重大诉讼、仲裁、承诺；

(2) 资产负债表日后资产价格、税收政策、外汇汇率发生重大变化；

(3) 资产负债表日后因自然灾害导致资产发生重大损失；

(4) 资产负债表日后发行股票和债券以及其他巨额举债；

(5) 资产负债表日后资本公积转增资本；

(6) 资产负债表日后发生巨额亏损；

(7) 资产负债表日后发生企业合并或处置子公司；

(8) 资产负债表日后，企业利润分配方案中拟分配的以及经审议批准宣告发放的股利或利润等。

(二) 资产负债表日后非调整事项的处理原则

资产负债表日后发生的非调整事项，虽说与资产负债表日存在状况无关，但有的非调整事项对财务会计报告使用者具有重大影响，如不加以说明，将不利于财务会计报告使用者作出正确估计和决策，因此，对于非调整事项不应当调整资产负债表日的财务报表，但应该在附注中披露“重要的资产负债表日后非调整事项的性质、内容，及其对财务状况和经营成果的影响”，无法作出估计的，应当说明原因。

(三) 资产负债表日后非调整事项的举例说明

【例 18.10】 甲企业拥有某外国企业(乙企业)15%的股权，无重大影响，投资成本 200 万元。乙企业的股票在国外的某家股票交易所上市交易。在编制 20×7 年 12 月 31 日的资产负债表时，甲企业对乙企业投资的账面价值按初始投资成本反映。20×8 年 1 月，该国发生海啸造成乙企业的股票市场价值大幅下跌，甲企业对乙企业的股权投资遭受重大损失。

本例中，自然灾害导致的资产重大损失对企业资产负债表日后财务状况的影响较大，如果不加以披露，有可能使财务会计报告使用者作出错误的决策，因此应作为非调整事项在报表附注中进行披露。本例中海啸发生在 20×8 年 1 月，属于资产负债表日后才发生或存在的事项，应当作为非调整事项在 20×7 年度报表附注中进行披露。

第八节　财务报表编制综合举例

一、资料

1. 20×8 年 12 月的基本资料

东方股份有限公司为一般纳税人，适用的增值税税率为 17%，所得税税率为 25%；原材料采用计划成本进行核算。其20×8年12月31日的资产负债表格式和内容见下表。其中,"应收账款"账户的期末余额为300 000元,"坏账准备"账户的期末余额为900元。固定资产的成本为1 500 000元,累计折旧为400 000元。其他诸如存货、交易性金融资产、长期股权投资、持有至到期投资、固定资产、无形资产等资产,都没有计提资产减值损失准备。长期借款期初余额为1 600 000元,其中1 000 000元将在一年内到期。

资产负债表

编制单位:东方股份有限公司　　20×8年12月31日　　单位:元

资　　产	期末余额	负债和所有者权益(或股东权益)	期末余额
流动资产:		流动负债:	
货币资金	1 406 300	短期借款	300 000
交易性金融资产	15 000	交易性金融负债	0
应收票据	246 000	应付票据	200 000
应收账款	299 100	应付账款	953 800
预付款项	100 000	预收款项	0
应收利息	0	应付职工薪酬	110 000
应收股利	0	应交税费	36 600
其他应收款	105 000	应付利息	1 000
存货	2 580 000	应付股利	0
一年内到期的非流动资产	0	其他应付款	50 000
其他流动资产	0	一年内到期的非流动负债	1 000 000
流动资产合计	4 751 400	其他流动负债	0
非流动资产:		流动负债合计	2 651 400
可供出售金融资产	0	非流动负债:	
持有至到期投资	0	长期借款	600 000
长期应收款	0	应付债券	0
长期股权投资	250 000	长期应付款	0
投资性房地产	0	专项应付款	0
固定资产	1 100 000	预计负债	0
在建工程	1 500 000	递延所得税负债	0
工程物资	0	其他非流动负债	0
固定资产清理	0	非流动负债合计	600 000
生产性生物资产	0	负债合计	3 251 400
油气资产	0	所有者权益(或股东权益):	
无形资产	600 000	实收资本(或股本)	5 000 000

（续表）

资　　产	期末余额	负债和所有者权益（或股东权益）	期末余额
开发支出	0	资本公积	0
商誉	0	减：库存股	0
长期待摊费用	0	盈余公积	100 000
递延所得税资产	0	未分配利润	50 000
其他非流动资产	200 000	所有者权益（或股东权益）合计	5 150 000
非流动资产合计	3 650 000		
资产总计	8 401 400	负债和所有者权益（或股东权益）总计	8 401 400

2. 20×9 年发生的经济业务

20×9 年，东方股份有限公司共发生如下经济业务：

（1）收到银行通知，用银行存款支付到期的商业承兑汇票 100 000 元。

（2）购入原材料一批，收到的增值税专用发票上注明的原材料价款 150 000 元，增值税进项税额为 25 500 元，款项已通过银行转账支付，材料未验收入库。

（3）收到原材料一批，实际成本 100 000 元，计划成本 95 000 元，材料已验收入库，货款已于上月支付。

（4）用银行汇票支付采购材料价款，公司收到开户银行转来银行汇票多余款收账通知，通知上填写的多余款为 234 元，购入材料及运费 99 800 元，支付的增值税进项税额为 16 966 元，原材料已验收入库，该批原材料计划价格 100 000 元。

（5）销售产品一批，开出的增值税专用发票上注明的销售价款为 300 000 元，增值税销项税额为 51 000 元，货款尚未收到。

（6）公司将交易性金融资产（全部为股票投资）出售，该交易性金融资产成本为 15 000 元，公允价值变动为零。出售价款 16 500 元，均存入银行。

（7）购入不需安装的设备 1 台，收到的增值税专用发票上注明的设备价款为 85 470 元，增值税进项税额为 14 530 元，支付包装费 1 000 元。价款及包装费均以银行存款支付。设备已交付使用。

（8）购入工程物资一批，收到的增值税专用发票上注明的物资价款 150 000 元，增值税进项税额为 25 500 元，款项已通过银行转账支付。

（9）工程应付工资 200 000 元，应付职工福利费 28 000 元，应付耕地占用税 100 000 元。

（10）工程完工，计算应负担的长期借款利息 150 000 元。该项借款本息未付。

（11）一项工程完工，交付生产使用，已办理竣工手续，固定资产价值 1 400 000 元。

（12）基本生产车间 1 台机床报废，原价 200 000 元，已提折旧 180 000 元，清理费用 500 元，残值收入 800 元，均通过银行存款收支。该项固定资产已清理完毕。

（13）从银行借入 3 年期借款 400 000 元，借款已存入银行账户，该项借款用于购建固定资产。

(14) 销售产品一批，开出的增值税专用发票上注明的销售价款为700 000元，增值税进项税额为119 000元，款项已存入银行。

(15) 公司将要到期的一张面值为200 000元的无息银行承兑汇票(不含增值税)，连同解讫通知和进账单交银行办理转账。收到银行盖章退回的进账单一联。款项银行已收妥。

(16) 收到股息30 000元(该项投资为成本法核算，对方税率和本企业一致，均为25%)，已存入银行。

(17) 公司出售一台不需用设备，该设备原价400 000元，已提折旧150 000元，售价为300 000元，假设该设备是公司20×8年1月1日以后购入的，适用的增值税税率为17%。货款和税款均已收到，该项设备已由购入单位运走。

(18) 提取应计入本期损益的借款利息共21 500元，其中，短期借款利息11 500元，长期借款利息共10 000元。

(19) 归还短期借款本金250 000元，利息12 500元，利息已预提。

(20) 提取现金500000元，准备发放工资。

(21) 支付工资500 000元，其中包括支付给在建工程人员的工资200 000元。

(22) 分配应支付的职工工资300 000元(不包括在建工程应负担的工资)，其中，生产人员工资275 000元，车间管理人员工资10 000元，行政管理部门人员工资15 000元。

(23) 提取职工福利费42 000元(不包括在建工程应负担的福利费28 000元)，其中，生产工人福利费38 500元，车间管理人员福利费1 400元，行政管理部门福利费2 100元。

(24) 基本生产领用原材料，计划成本700 000元，领用低值易耗品，计划成本50 000元，采用一次摊销法摊销。

(25) 结转领用原材料应分摊的材料成本差异。材料成本差异率为5%。

(26) 摊销无形资产60 000元，用银行存款支付印花税10 000元以及基本生产车间的办公费和水电费90 000元。

(27) 计提固定资产折旧100 000元，其中计入制造费用80 000元，管理费用20 000元。首次计提固定资产减值准备30 000元。

(28) 收到应收账款51 000元，存入银行，按应收账款余额的3‰计提坏账准备。

(29) 用银行存款支付产品展览费10 000元。

(30) 计算并结转本期完工产品成本1 282 400元。没有期初在产品，本期生产的产品全部完工入库。

(31) 广告费10 000元，已用银行存款支付。

(32) 公司采用商业承兑汇票结算方式销售产品一批，开出的增值税专用发票上注明的销售价款为250 000元，增值税销项税额为42 500元，收到292 500元的商业承兑汇票1张。

(33) 公司将上述承兑汇票到银行办理贴现，贴现息为20 000元。

(34) 提取现金 50 000 元,准备支付退休费。

(35) 支付退休金 50 000 元,未统筹。

(36) 公司本期产品销售应交纳的教育费附加为 2 000 元。

(37) 用银行存款交纳增值税 100 000 元,教育费附加 2 000 元。

(38) 结转本期产品销售成本 750 000 元。

(39) 计算并结转应交所得税(税率为 25%)102 399 元。

(40) 将各收支账户结转本年净利润 207 901 元。

(41) 提取法定盈余公积金 20 790.10 元,任意盈余公积金 10 395.05 元,分配普通股现金股利 32 215.85 元。

(42) 将利润分配各明细账户的余额转入"未分配利润"明细账户,结转本年利润。

(43) 偿还长期借款 1 000 000 元。

(44) 用银行存款交纳所得税 102 399 元。

要求:编制东方股份有限公司 20×9 年度相关业务的会计分录,并在此基础上编制 20×9 年 12 月 31 日的资产负债表、20×9 年度的利润表、所有者权益变动表和现金流量表。

二、根据上述资料编制会计分录和财务报表

1. 编制会计分录

	借方	贷方
(1) 借:应付票据	100 000	
贷:银行存款		100 000
(2) 借:材料采购	150 000	
应交税费——应交增值税(进项税额)	25 500	
贷:银行存款		175 500
(3) 借:原材料	95 000	
材料成本差异	5 000	
贷:材料采购		100 000
(4) 借:材料采购	99 800	
银行存款	234	
应交税费——应交增值税(进项税额)	16 966	
贷:其他货币资金		117 000
借:原材料	100 000	
贷:材料采购		99 800
材料成本差异		200
(5) 借:应收账款	351 000	
贷:主营业务收入		300 000
应交税费——应交增值税(销项税额)		51 000

(6) 借:银行存款	16 500	
贷:交易性金融资产		15 000
投资收益		1 500
(7) 借:固定资产	86 470	
应交税费——应交增值税(进项税额)	14 530	
贷:银行存款		101 000
(8) 借:工程物资	150 000	
应交税费——应交增值税(进项税额)	25 500	
贷:银行存款		175 500
(9) 借:在建工程	328 000	
贷:应付职工薪酬——工资		200 000
——职工福利		28 000
应交税费——应交耕地占用税		100 000
(10) 借:在建工程	150 000	
贷:长期借款——应计利息		150 000
(11) 借:固定资产	1 400 000	
贷:在建工程		1 400 000
(12) 借:固定资产清理	20 000	
累计折旧	180 000	
贷:固定资产		200 000
借:固定资产清理	500	
贷:银行存款		500
借:银行存款	800	
贷:固定资产清理		800
借:营业外支出——处置固定资产净损失	19 700	
贷:固定资产清理		19 700
(13) 借:银行存款	400 000	
贷:长期借款		400 000
(14) 借:银行存款	819 000	
贷:主营业务收入		700 000
应交税费——应交增值税(销项税额)		119 000
(15) 借:银行存款	200 000	
贷:应收票据		200 000
(16) 借:银行存款	30 000	
贷:投资收益		30 000

(17) 借:固定资产清理　250 000
累计折旧　150 000
贷:固定资产　400 000
借:银行存款　351 000
贷:固定资产清理　300 000
应交税费——应交增值税(销项税额)　51 000
借:固定资产清理　50 000
贷:营业外收入——处置固定资产净收益　50 000
(18) 借:财务费用　21 500
贷:应付利息　11 500
长期借款——应付利息　10 000
(19) 借:短期借款　250 000
应付利息　12 500
贷:银行存款　262 500
(20) 借:库存现金　500 000
贷:银行存款　500 000
(21) 借:应付职工薪酬　500 000
贷:库存现金　500 000
(22) 借:生产成本　275 000
制造费用　10 000
管理费用　15 000
贷:应付职工薪酬——工资　300 000
(23) 借:生产成本　38 500
制造费用　1 400
管理费用　2 100
贷:应付职工薪酬——职工福利　42 000
(24) 借:生产成本　700 000
贷:原材料　700 000
借:制造费用　50 000
贷:低值易耗品　50 000
(25) 借:生产成本　35 000
制造费用　2 500
贷:材料成本差异　37 500
(26) 借:管理费用——无形资产摊销　60 000
贷:累计摊销　60 000

借:管理费用——印花税 10 000
　制造费用 90 000
　贷:银行存款 100 000

(27) 借:制造费用——折旧费 80 000
　管理费用——折旧费 20 000
　贷:累计折旧 100 000
借:资产减值损失——固定资产减值损失 30 000
　贷:固定资产减值准备 30 000

(28) 借:银行存款 51 000
　贷:应收账款 51 000
借:资产减值损失——坏账损失 900
　贷:坏账准备 900

(29) 借:销售费用——展览费 10 000
　贷:银行存款 10 000

(30) 借:生产成本 233 900
　贷:制造费用 233 900
借:库存商品 1 282 400
　贷:生产成本 1 282 400

(31) 借:销售费用——广告费 10 000
　贷:银行存款 10 000

(32) 借:应收票据 292 500
　贷:主营业务收入 250 000
　　应交税费——应交增值税(销项税额) 42 500

(33) 借:财务费用 20 000
　银行存款 272 500
　贷:应收票据 292 500

(34) 借:库存现金 50 000
　贷:银行存款 50 000

(35) 借:管理费用——劳动保险费 50 000
　贷:库存现金 50 000

(36) 借:营业税金及附加 2 000
　贷:应交税费——应交教育费附加 2 000

(37) 借:应交税费——应交增值税(已交税金) 100 000
　——应交教育费附加 2 000
　贷:银行存款 102 000

(38) 借:主营业务成本　　750 000
　　贷:库存商品　　750 000
(39) 借:所得税费用　　102 399
　　贷:应交税费——应交所得税　　102 399
(40) 借:主营业务收入　　1 250 000
　　营业外收入　　50 000
　　投资收益　　31 500
　　贷:本年利润　　1 331 500
　借:本年利润　　1 021 200
　　贷:主营业务成本　　750 000
　　　营业税金及附加　　2 000
　　　销售费用　　20 000
　　　资产减值损失　　30 900
　　　管理费用　　157 100
　　　财务费用　　41 500
　　　营业外支出　　19 700
　借:本年利润　　102 399
　　贷:所得税费用　　102 399
(41) 借:利润分配——提取法定盈余公积　　20 790.10
　　贷:盈余公积——法定盈余公积　　20 790.10
　借:利润分配——提取任意盈余公积　　10 395.05
　　贷:盈余公积——任意盈余公积　　10 395.05
　借:利润分配——应付普通股股利　　32 215.85
　　贷:应付股利　　32 215.85
(42) 借:利润分配——未分配利润　　63 401
　　贷:利润分配——提取法定盈余公积　　20 790.10
　　　　　　——提取法定公益金　　10 395.05
　　　　　　——应付普通股股利　　32 215.85
　借:本年利润　　207 901
　　贷:利润分配——未分配利润　　207 901
(43) 借:长期借款　　1 000 000
　　贷:银行存款　　1 000 000
(44) 借:应交税费——应交所得税　　102 399
　　贷:银行存款　　102 399

2. 编制利润表

利润表

编制单位:东方股份有限公司　　　　20×9 年 12 月　　　　单位:元

项　　　　目	本期金额
一、营业收入	1 250 000
减:营业成本	750 000
营业税金及附加	2 000
销售费用	20 000
管理费用	157 100
财务费用	41 500
资产减值损失	30 900
加:公允价值变动收益(损失以"—"号填列)	0
投资收益(损失以"—"号填列)	31 500
其中:对联营企业和合营企业的投资收益	0
二、营业利润(亏损以"—"号填列)	280 000
加:营业外收入	50 000
减:营业外支出	19 700
其中:非流动资产处置损失	19 700
三、利润总额(亏损总额以"—"号填列)	310 300
减:所得税费用	102 399
四、净利润(净亏损以"—"号填列)	207 901
五、每股收益	略
(一) 基本每股收益	略
(二) 稀释每股收益	略

3. 编制所有者权益变动表

所有者权益变动表

编制单位:东方股份有限公司　　　　20×9 年度　　　　单位:元

	实收资本(或股本)	资本公积	减:库存股	盈余公积	未分配利润	所有者权益合计
一、上年年末余额	5 000 000	0	0	100 000	50 000	5 150 000
加:会计政策变更						
前期差错更正						
二、本年年初余额	5 000 000	0	0	100 000	50 000	5 150 000

（续表）

	实收资本（或股本）	资本公积	减:库存股	盈余公积	未分配利润	所有者权益合计
三、本年增减变动金额(减少以“—”号填列)	0	0	0	31 185.15	144 500	175 685.15
（一）净利润					207 901	207 901
（二）直接计入所有者权益的利得和损失						
1. 可供出售金融资产公允价值变动净额						
2. 权益法下被投资单位其他所有者权益变动的影响						
3. 与计入所有者权益项目相关的所得税影响						
4. 其他						
上述(一)和(二)小计					207 901	207 901
（三）所有者投入和减少资本						
1. 所有者投入资本						
2. 股份支付计入所有者权益的金额						
3. 其他						
（四）利润分配				31 185.15	—63 401	—32 215.85
1. 提取盈余公积				31 185.15	—31 185.15	0
2. 对股东的分配					—32 215.85	—32 215.85
3. 其他						
（五）所有者权益内部结转						
1. 资本公积转增股本						
2. 盈余公积转增股本						
3. 盈余公积弥补亏损						
4. 其他						
四、本年年末余额	5 000 000	0	0	131 185.15	194 500	5 325 685.15

4. 编制资产负债表

资产负债表

编制单位:东方股份有限公司　　20×9 年 12 月 31 日　　单位:元

资　产	期末余额	负债和股东权益	期末余额
流动资产:		流动负债:	
货币资金	740 935	短期借款	50 000
交易性金融资产	0	交易性金融负债	0
应收票据	46 000	应付票据	100 000
应收账款	598 200	应付账款	953 800
预付款项	100 000	预收款项	0
应收利息	0	应付职工薪酬	180 000
应收股利	0	应交税费	217 604
其他应收款	105 000	应付利息	0
存货	2 574 700	应付股利	32 215.85
一年内到期的非流动资产	0	其他应付款	50 000
其他流动资产	0	一年内到期的非流动负债	0
流动资产合计	4 164 835	其他流动负债	0
非流动资产:		流动负债合计	1 583 619.85
可供出售金融资产	0	非流动负债:	
持有至到期投资	0	长期借款	1 160 000
长期应收款	0	应付债券	0
长期股权投资	250 000	长期应付款	0
投资性房地产	0	专项应付款	0
固定资产	2 186 470	预计负债	0
在建工程	578 000	递延所得税负债	0
工程物资	150 000	其他非流动负债	0
固定资产清理	0	非流动负债合计	1 160 000
生产性生物资产	0	负债合计	2 743 619.85
油气资产	0	股东权益:	
无形资产	540 000	股本	5 000 000
开发支出	0	资本公积	0
商誉	0	减:库存股	0
长期待摊费用	0	盈余公积	131 185.15
递延所得税资产	0	未分配利润	194 500
其他非流动资产	200 000	股东权益合计	5 325 685.15
非流动资产合计	3 904 470		
资产总计	8 069 305	负债和股东权益总计	8 069 305

注:其中,“应收账款”账户的期末余额为 600 000 元,“坏账准备”账户的期末余额为 1 800 元;固定资产的成本为 2 386 470 元,累计折旧为 170 000 元,固定资产减值准备为 30 000 元;无形资产的成本为 600 000 元,累计摊销为 60 000 元。

5. 编制现金流量表

采用工作底稿法编制程序，具体步骤如下：

第一步，将资产负债表的期初数和期末数过入工作底稿的期初数栏和期末数栏。

第二步，对当期业务进行分析并编制调整分录。编制调整分录时，要以利润表项目为基础，从“营业收入”开始，结合资产负债表项目逐一进行分析。各调整分录如下：

(1) 分析调整营业收入：

借：经营活动现金流量——销售商品收到的现金　　1 201 000

　应收账款　　300 000

　贷：营业收入　　1 250 000

　　应收票据　　200 000

　　应交税费　　51 000

利润表中的营业收入是按权责发生制反映的，应转换为现金制。为此，应调整应收账款和应收票据的增减变动。本例应收账款余额增加300 000元(年初为300 000元，年末为600 000元)，其中货款增加249 000元，应减少经营活动产生的现金流量，增值税销项税额增加51 000元，与应交税费相对应，而应收票据减少200 000元均系货款，应增加经营活动产生的现金流量。

(2) 分析调整营业成本：

借：营业成本　　750 000

　应付票据　　100 000

　贷：经营活动现金流量——购买商品支付的现金　　844 700

　　存货　　5 300

应付票据减少100 000元，表明本期用于购买存货的现金支出增加100 000元；存货减少5 300元，表明本期消耗的存货中有5 300元是原先库存的，即购买商品支付的现金减少5 300元。

(3) 调整本年度营业税金及附加：

借：营业税金及附加　　2 000

　贷：经营活动现金流量——支付的各项税费　　2 000

(4) 计算销售费用付现：

借：销售费用　　20 000

　贷：经营活动现金流量——支付其他与经营活动有关的现金　　20 000

本例中利润表中所列营业费用与按现金制确认数相同。

(5) 分析调整管理费用：

借：管理费用　　157 100

　贷：经营活动现金流量——支付其他与经营活动有关的现金　　157 100

管理费用中包含着不涉及现金支出的项目，此笔分录先将管理费用全额转入“经营活动现金流量——支付其他与经营活动有关的现金”项目中，至于不涉及现金支出的项目，再分别进行调整。

(6) 分析调整财务费用:

借:财务费用　　41 500

　贷:经营活动现金流量——销售商品收到的现金　　20 000

　　应付利息　　11 500

　　长期借款　　10 000

本期增加的财务费用中,有 20 000 元是票据贴现利息,由于在调整应收票据时已全额计入“经营活动现金流量——销售商品收到的现金”,所以要从“经营活动现金流量——销售商品收到的现金”项目内冲回,不能作为现金流出;应付利息 11 500 元和长期借款 10 000 元均系利息费用。

(7) 分析调整资产减值损失:

借:资产减值损失　　30 900

　贷:固定资产减值准备　　30 000

　　坏账准备　　900

权责发生制下确认的资产减值损失不涉及现金的流出。

(8) 分析调整投资收益:

借:投资活动现金流量——取得投资收益收到的现金　　31 500

　　——收回投资收到的现金　　15 000

　贷:投资收益　　31 500

　　交易性金融资产　　15 000

投资收益应从利润表项目中调整出来,列入投资活动现金流量中。本例投资收益由两部分组成,一是分得现金股利 30 000 元,二是出售交易性金融资产获利 1 500 元。

(9) 分析调整营业外收入:

借:投资活动现金流量——处置固定资产收到的现金　　351 000

　累计折旧　　150 000

　贷:营业外收入　　50 000

　　固定资产　　400 000

　　应交税费　　51 000

本例中营业外收入 50 000 元是处置固定资产的利得,处置过程中收到的现金和增值税销项税额应列入投资活动现金流量中。

(10) 分析调整营业外支出:

借:营业外支出　　19 700

　投资活动现金流量——处置固定资产收到的现金　　300

　累计折旧　　180 000

　贷:固定资产　　200 000

本例中营业外支出 19 700 元是处置固定资产的损失,处置过程中收到的现金应列入投资活动现金流量中。

(11) 分析调整所得税：

借：所得税费用　　102 399

　贷：应交税费——应交所得税　　102 399

利润表中的所得税费用还没有支付，因而不涉及现金支出。

(12) 分析调整固定资产：

借：固定资产　　1 486 470

　应交税费　　14 530

　贷：投资活动现金流量——购建固定资产支付的现金　　101 000

　　在建工程　　1 400 000

本期固定资产的增加包括两部分，一是购入设备 86 470 元，二是在建工程完工转入 1 400 000元。

(13) 分析调整累计折旧：

借：经营活动现金流量——支付其他与经营活动有关的现金　　20 000

　　　　　　　　　——购买商品支付的现金　　80 000

　贷：累计折旧　　100 000

本期计提的折旧 100 000 元中，计入管理费用的 20 000 元，计入制造费用的 80 000 元，管理费用已在第(5)笔分录中全额调整到"经营活动现金流量——支付其他与经营活动有关的现金"项目中，制造费用已在第(2)笔分录中全额调整到"经营活动现金流量——购买商品支付的现金"项目中，因此应作补充调整。

(14) 分析调整在建工程：

借：在建工程　　478 000

　工程物资　　150 000

　应交税费　　25 500

　贷：投资活动现金流量——购建固定资产支付的现金　　375 500

　　长期借款——应计利息　　150 000

　　应付职工薪酬——职工福利　　28 000

　　应交税费——应交耕地占用税　　100 000

本期购建固定资产支付的现金，包括这样几个方面：一是以现金购买工程物资150 000 元以及相关增值税进项税额 25 500 元，二是支付工资 200 000 元。

(15) 分析调整无形资产：

借：经营活动现金流量——支付其他与经营活动有关的现金　　60 000

　贷：累计摊销　　60 000

无形资产摊销时已计入管理费用，管理费用已在第(5)笔分录中全额调整到"经营活动现金流量——支付其他与经营活动有关的现金"项目中，所以应作补充调整。

(16) 分析调整短期借款：

借:短期借款　　250 000

　　贷:筹资活动现金流量——偿还债务支付的现金　　250 000

偿还短期借款应列入筹资活动产生的现金流量。

(17) 分析调整应付职工薪酬:

借:应付职工薪酬　　300 000

　　贷:经营活动现金流量——支付给职工以及为职工支付的现金　　300 000

借:经营活动现金流量——购买商品支付的现金　　324 900

　　　　　　　　　　——支付其他与经营活动有关的现金　　17 100

　　贷:应付职工薪酬　　342 000

本期应付职工薪酬中,应付工资的期末期初差额虽然为零,但并不意味着本期支付给职工的工资为零。上述分录中,由于工资费用分配时已分别计入生产成本、制造费用和管理费用,而管理费用已在第(5)笔分录中全额调整到"经营活动现金流量——支付其他与经营活动有关的现金"项目中,生产成本、制造费用已在第(2)笔分录中全额调整到"经营活动现金流量——购买商品支付的现金"项目中,因此应作补充调整。

本期应付职工薪酬期末与期初数额的差额主要是由于计提职工福利费造成的(其中,经营活动中应付的职工福利费为42 000元,工程中应付的职工福利费为28 000元)。本例中并没有出现使用应付福利费的情况。若本期使用了应付福利费,则应将这部分金额视情况分别列入"经营活动现金流量——支付给职工以及为职工支付的现金"或"投资活动现金流量——购建固定资产支付的现金"项目中。

(18) 分析调整应交税费:

借:应交税费　　244 865

　　贷:经营活动现金流量——支付的各项税费　　202 399

　　　　　　　　　　　　——购买商品支付的现金　　42 466

借:经营活动现金流量——销售商品收到的现金　　161 500

　　贷:应交税费　　161 500

这里的第一笔调整分录,是调整实际以现金交纳的增值税款、所得税款以及购货时支付的增值税进项税额,应当注意的是,支付的增值税进项税额归属于购买商品支付的现金项目,教育费附加已在第(3)笔分录中进行了调整;第二笔调整分录是调整收到的增值税销项税额。为便于分析,企业在日常核算中,应按应交税费的税种分设明细账,以便取得分析所需的数据。

(19) 分析调整应付利息:

以现金支付利息:

借:应付利息　　12 500

　　贷:筹资活动现金流量——偿付利息支付的现金　　12 500

(20) 分析调整长期借款:

以现金偿还长期借款:

借:长期借款　　　　　　　　　　　　　　　　1 000 000

　贷:筹资活动现金流量——偿还债务支付的现金　　　　1 000 000

举借长期借款:

借:筹资活动现金流量——取得借款收到的现金　　　　400 000

　贷:长期借款　　　　　　　　　　　　　　　　　　400 000

(21) 结转净利润:

借:净利润　　　　　　　　　　　　　　　　　207 901

　贷:未分配利润　　　　　　　　　　　　　　　　207 901

(22) 提取盈余公积及分配股利:

借:未分配利润　　　　　　　　　　　　　　　　63 401

　贷:盈余公积　　　　　　　　　　　　　　　　　31 185.15

　　应付股利　　　　　　　　　　　　　　　　　32 215.85

(23) 最后调整现金净变化额:

借:现金净减少额　　　　　　　　　　　　　　　665 365

　贷:现金　　　　　　　　　　　　　　　　　　　665 365

第三步,将调整分录过入工作底稿的相应部分。

现金流量表工作底稿

项　　目	期初数	调整分录		期末数
		借　方	贷　方	
一、资产负债表项目				
借方项目:				
货币资金	1 406 300		(23)665 365	740 935
交易性金融资产	15 000		(8)15 000	0
应收票据	246 000		(1)200 000	46 000
应收账款	300 000	(1)300 000		600 000
其他应收款	105 000			105 000
预付账款	100 000			100 000
存货	2 580 000		(2)5 300	2 574 700
长期股权投资	250 000			250 000
固定资产原价	1 500 000	(12)1 486 470	(9)400 000 (10)200 000	2 386 470
工程物资		(14)150 000		150 000
在建工程	1 500 000	(14)478 000	(12)1 400 000	578 000
无形资产	600 000			600 000
其他非流动资产	200 000			200 000
借方项目合计	8 802 300			8 320 135
贷方项目:				
坏账准备	900		(7)900	1 800

（续表）

项　目	期初数	调整分录		期末数
		借　方	贷　方	
累计折旧	400 000	(9)150 000 (10)180 000	(13)100 000	170 000
固定资产减值准备			(7)30 000	30 000
累计摊销			(15)60 000	60 000
短期借款	300 000	(16)250 000		50 000
应付票据	200 000	(2)100 000		100 000
应付账款	953 800			953 800
应付职工薪酬	110 000	(17)300 000	(17)342 000 (14)28 000	180 000
应付股利			(22)32 215.85	32 215.85
应交税费	36 600	(12)14 530 (14)25 500 (18)244 865	(1)51 000 (9)51 000 (11)102 399 (14)100 000 (18)161 500	217 604
其他应付款	50 000			50 000
应付利息	1 000	(19)12 500	(6)11 500	0
长期借款	1 600 000	(20)1 000 000	(6)10 000 (14)150 000 (20)400 000	1 160 000
股本	5 000 000			5 000 000
盈余公积	100 000		(22)31 185.15	131 185.15
未分配利润	50 000	(22)63 401	(21)207 901	194 500
贷方项目合计	8 802 300			8 320 135
二、利润表项目				本期数
营业收入			(1)1 250 000	1 250 000
营业成本		(2)750 000		750 000
营业税金及附加		(3)2 000		2 000
销售费用		(4)20 000		20 000
管理费用		(5)157 100		157 100
财务费用		(6)41 500		41 500
资产减值损失		(7)30 900		30 900
投资收益			(8)31 500	31 500
营业外收入			(9)50 000	50 000
营业外支出		(10)19 700		19 700
所得税费用		(11)102 399		102 399
净利润		(21)207 901		207 901
三、现金流量表项目				
(一) 经营活动产生的现金流量				

（续表）

项　　目	期初数	调整分录		期末数
		借　方	贷　方	
销售商品、提供劳务收到现金		(1)1 201 000	(6)20 000	1 342 500
		(18)161 500		
经营活动现金流入小计				1 342 500
购买商品、接受劳务支付的现金		(13)80 000	(2)844 700	482 266
		(17)324 900	(18)42 466	
支付给职工以及为职工支付的现金			(17)300 000	300 000
支付的各项税费			(18)202 399	204 399
			(3)2 000	
支付其他与经营活动有关的现金		(13)20 000	(4)20 000	80 000
		(15)60 000	(5)157 100	
		(17)17 100		
经营活动现金流出小计				1 066 665
经营活动产生的现金流量净额				275 835
(二) 投资活动产生的现金流量				
收回投资收到的现金		(8)15 000		15 000
取得投资收益收到的现金		(8)31 500		31 500
处置固定资产收回的现金净额		(9)351 000		351 300
		(10)300		
投资活动现金流入小计				397 800
购建固定资产支付的现金			(12)101 000	476 500
			(14)375 500	
投资活动现金流出小计				476 500
投资活动产生的现金流量净额				−78 700
(三) 筹资活动产生的现金流量				
取得借款收到的现金		(20)400 000		400 000
筹资活动现金流入小计				400 000
偿还债务支付的现金			(16)250 000	1 250 000
			(20)1 000 000	
偿还利息支付的现金			(19)12 500	12 500
筹资活动现金流出小计				1 262 500
筹资活动产生的现金流量净额				−862 500
(四) 现金及现金等价物净增加额		(23)−665 365		−665 365
调整分录借贷合计		9 414 431	9 414 431	

第四步，核对调整分录，借方、贷方合计数均已经相等，资产负债表项目期初数加减调整分录中的借贷金额以后，也已等于期末数。

第五步，根据工作底稿中的现金流量表项目部分编制正式的现金流量表。

现金流量表

编制单位:东方股份有限公司　　20×9 年 12 月　　单位:元

项　　目	金　额
一、经营活动产生的现金流量:	
销售商品、提供劳务收到的现金	1 342 500
收到的税费返还	0
收到其他与经营活动有关的现金	0
经营活动现金流入小计	1 342 500
购买商品、接受劳务支付的现金	482 266
支付给职工以及为职工支付的现金	300 000
支付的各项税费	204 399
支付其他与经营活动有关的现金	80 000
经营活动现金流出小计	1 066 665
经营活动产生的现金流量净额	275 835
二、投资活动产生的现金流量:	
收回投资收到的现金	15 000
取得投资收益收到的现金	31 500
处置固定资产、无形资产和其他长期资产收回的现金净额	351 300
收到其他与投资活动有关的现金	0
投资活动现金流入小计	397 800
购建固定资产、无形资产和其他长期资产支付的现金	476 500
投资支付的现金	0
支付其他与投资活动有关的现金	0
投资活动现金流出小计	476 500
投资活动产生的现金流量净额	(78 700)
三、筹资活动产生的现金流量:	
吸收投资收到的现金	0
取得借款收到的现金	400 000
收到其他与筹资活动有关的现金	0
筹资活动现金流入小计	400 000
偿还债务支付的现金	1 250 000
分配股利、利润或偿付利息支付的现金	12 500
支付其他与筹资活动有关的现金	0
筹资活动现金流出小计	1 262 500
筹资活动产生的现金流量净额	(862 500)
四、汇率变动对现金及现金等价物的影响	0
五、现金及现金等价物净增加额	(665 365)
加:期初现金及现金等价物余额	
六、期末现金及现金等价物	740 935

现金流量表的补充资料：

	金 额
1. 将净利润调节为经营活动现金流量：	
净利润	207 901
加:资产减值准备	30 900
固定资产折旧	100 000
无形资产摊销	60 000
长期待摊费用摊销	0
处置固定资产、无形资产和其他长期资产的损失(收益以"—"号填列)	(50 000)
固定资产报废损失(收益以"—"号填列)	19 700
公允价值变动损失(收益以"—"号填列)	0
财务费用(收益以"—"号填列)	21 500
投资损失(收益以"—"号填列)	(31 500)
递延所得税资产减少(增加以"—"号填列)	0
递延所得税负债增加(减少以"—"号填列)	0
存货的减少(增加以"—"号填列)	5 300
经营性应收项目的减少(增加以"—"号填列)	(100 000)
经营性应付项目的增加(减少以"—"号填列)	12 034
其他	0
经营活动产生的现金流量净额	275 835
2. 不涉及现金收支的重大投资和筹资活动：	
债务转为资本	0
一年内到期的可转换公司债券	0
融资租入固定资产	0
3. 现金及现金等价物净变动情况：	
现金的期末余额	740 935
减:现金的期初余额	1 406 300
加:现金等价物的期末余额	0
减:现金等价物的期初余额	0
现金及现金等价物净增加额	(665 365)

【本章小结】

财务会计报告是指企业对外提供的反映企业某一特定日期财务状况和某一会计期间经营成果、现金流量等会计信息的文件，是企业会计核算的最终成果。财务报表是财务会计报告的核心，为了达到财务报表有关决策有用和评价企业管理层受托责任的目标，一套完整的财务报表应当包括资产负债表、利润表、现金流量表、所有者权益变动表以及附注。

资产负债表是反映企业在某一特定日期的财务状况的财务报表。它主要提供有关企业财务状况方面的信息，即某一特定日期关于企业资产、负债、所有者权益及其相互关系的信息，是揭示企业在一定时点上财务状况的静态报表。利润表是一个动态报表，反映的是一定会计期间的经营成果。通过利润表，可以反映企业一定会计期间收入的实现情况、费用耗费情况，可以反映企业生产经营活动的成果，即净利润的实现情况，据以判断资本保值、增值等情况。现金流量表，是反映企业一定会计期间现金和现金等价物流入和流出的报表。现金流量表以现金及现金等价物为基础编制，按照收付实现制原则编制，将权责发生制下的盈利信息调整为收付实现制下的现金流量信息。根据企业业务活动的性质和现金流量的来源，企业一定期间产生的现金流量可以分为三类：经营活动现金流量、投资活动现金流量和筹资活动现金流量。编制现金流量表时，列报经营活动现金流量的方法有两种：直接法和间接法。所有者权益变动表（或者股东权益变动表），是反映构成企业所有者权益的各组成部分当期的增减变动情况的报表。所有者权益变动表应该全面反映一定时期所有者权益变动的情况，不仅包括所有者权益总量的增减变动，还包括所有者权益增减变动的重要结构性信息，特别是要反映直接进入所有者权益的利得和损失，以及与所有者的资本交易导致的所有者权益的变动，让报表使用者准确理解所有者权益增减变动的根源。附注是对在资产负债表、利润表、现金流量表和所有者权益变动表等报表中列示项目的文字描述或明细资料，以及对未能在这些报表中列示项目的说明等，是财务报表不可或缺的组成部分。

资产负债表日后事项是指资产负债表日至财务会计报告批准报出日之间发生的有利或不利事项。资产负债表日后事项包括资产负债表日后调整事项和资产负债表日后非调整事项两类。资产负债表日后调整事项，是指对资产负债表日已经存在的情况提供了新的或进一步证据的事项，能对资产负债表日的存在情况提供追加的证据，并会影响编制财务报表过程中的内在估计。对于资产负债表日后发生的调整事项，应当如资产负债表所属期间发生的事项一样，作出相关账务处理，并对资产负债表日已编制的财务报表作相应的调整。资产负债表日后非调整事项，是指表明资产负债表日后发生的情况的事项。非调整事项的发生不影响资产负债表日企业的财务报表数字，只说明资产负债表日后发生了某些情况，但有的非调整事项对财务会计报告使用者具有重大影响，如不加以说明，将不利于财务会计报告使用者作出正确估计和决策，因此，对于非调整事项不应当调整资产负债表日的财务报表，但应该在附注中披露。

【本章思考题】

1. 财务报表列报的基本要求是什么？
2. 什么是资产负债表？资产负债表的作用是什么？
3. 简述利润表的含义和列报方式。
4. 试述现金流量表的基本作用和编制方法。
5. 试述所有者权益变动表的编制方法。
6. 什么是资产负债表日后事项？其会计处理原则是什么？

【练习与案例分析】

一、选择题

1. 下列各项中，属于工业企业投资活动产生的现金流量的有(　　)。

A. 购买固定资产发生的现金流出

B. 支付费用化的借款费用发生的现金流出

C. 支付资本化的借款费用发生的现金流出

D. 向投资单位分配利润发生的现金流出

2. 甲公司20×8年度发生的管理费用为3 000万元，其中以现金支付退休职工退休金350万元和管理人员工资950万元，存货盘亏损失30万元，计提固定资产折旧500万元，无形资产摊销200万元，其余均以现金支付。假定不考虑其他因素，甲公司20×8年度现金流量表中“支付的其他与经营活动有关的现金”项目的金额为(　　)万元。

A. 3 000　　B. 980　　C. 1 320　　D. 2 300

3. 以下不属于投资活动产生的现金流量的是(　　)。

A. 收回作为交易性金融资产股票投资时已宣告分配未领取的现金股利

B. 收回作为交易性金融资产债券投资时已到付息期但尚未领取的债券利息

C. 支付长期借款的利息

D. 购买无形资产支付现金

4. “应收账款”总账借方余额12 000万元，其明细账借方余额合计18 000万元，贷方明细账余额合计6 000万元；“预收账款”总账贷方余额15 000万元，其明细账贷方余额合计27 000万元，借方明细账余额合计12 000万元，和应收账款相关的“坏账准备”账户余额为3 000万元。资产负债表中“应收账款”项目填列金额为(　　)万元。

A. 12 000　　B. 27 000　　C. 24 000　　D. 18 000

5. 下列各项中,不应包括在资产负债表“存货”项目中的有(　　)。

A. 周转材料　　B. 存货跌价准备

C. 正在加工中的在产品成本　　D. 工程物资

6. “应付账款”总账贷方余额 87 500 万元,其明细账贷方余额合计 142 500 万元,借方明细账余额合计 55 000 万元;“预付账款”总账借方余额 54 000 万元,其明细账借方余额合计 139 500 万元,贷方明细账余额合计 85 500 万元。资产负债表中“应付账款”项目填列金额为(　　)万元。

A. 183 000　　B. 97 500　　C. 228 000　　D. 142 500

7. 处置固定资产收到的现金属于现金流量表中(　　)。

A. 投资活动产生的现金流量

B. 经营活动产生的现金流量

C. 筹资活动产生的现金流量

D. 不影响现金流量

8. 某企业当期净利润为 1 000 万元,投资收益为 100 万元,与筹资活动有关的财务费用为 50 万元,经营性应收项目减少 100 万元,经营性应付项目增加 25 万元,固定资产折旧为 30 万元,无形资产摊销为 20 万元。假设没有其他影响经营活动现金流量的项目,该企业当期经营活动产生的现金流量净额为(　　)万元。

A. 1 000　　B. 850　　C. 450　　D. 1 125

9. 支付专门借款资本化的利息属于现金流量表中(　　)。

A. 经营活动产生的现金流量　　B. 筹资活动产生的现金流量

C. 不影响现金流量　　D. 投资活动产生的现金流量

10. 下列资产负债表项目,可直接根据有关总账余额填列的是(　　)。

A. 货币资金　　B. 短期借款　　C. 存货　　D. 应收账款

二、业务处理

长江公司 20×8 年有关资料如下:

1. 本年销售商品本年收到现金 1 000 万元,以前年度销售商品本年收到的现金 200 万元,本年预收款项 100 万元,本年销售本年退回商品支付现金 80 万元,以前年度销售本年退回商品支付的现金 60 万元。

2. 本年分配并支付的生产经营人员的职工薪酬为 200 万元,“应付职工薪酬”年初余额和年末余额分别为 20 万元和 10 万元,假定应付职工薪酬本期减少数均为本年支付的现金。

3. 本年购买商品支付的现金 700 万元,本年支付以前年度购买商品的未付款项 80 万元和本年预付款项 70 万元,本年发生的购货退回收到的现金 40 万元。

4. 本年利润表中的所得税费用为 50 万元(均为当期应交所得税产生的所得税费用),“应交税费——应交所得税”账户年初数为 4 万元,年末数为 2 万元。假定不考虑其他税费。

要求(答案单位用万元表示):

(1) 计算销售商品收到的现金；

(2) 计算购买商品支付的现金；

(3) 计算支付给职工以及为职工支付的现金；

(4) 计算支付的各项税费。

三、案例分析

资料：甲上市公司为增值税一般纳税企业，增值税税率为17%，所得税税率为25%。20×8年4月30日，甲上市公司20×7年度的财务会计报告经公司董事会批准报出。甲上市公司按净利润的10%提取法定盈余公积，所得税汇算清缴日为20×8年4月28日。

1. 20×7年12月20日销售一批商品给丙企业，取得收入100 000元(不含税，增值税税率17%)。甲公司发出商品后，按照正常情况已确认收入，并结转成本80 000元。此笔货款到年末尚未收到，甲公司按应收账款的4%计提了坏账准备4 680元。20×8年1月18日，由于产品质量问题，本批货物被退回。按税法规定，并经税务机关批准，在应收款项余额5‰的范围内计提的坏账准备可以在税前扣除。

2. 20×8年2月20日，收到丁公司因质量问题退回的一批D产品，同时收到了增值税进货退出证明单。该批D产品为20×8年1月10日销售给丁公司，货款尚未收到。甲上市公司销售该批D产品的销售收入为50万元，销售成本为45万元，增值税销项税额为8.5万元，该批D产品已经入库，已开具红字增值税专用发票。

思考：分析、判断事项1和事项2哪个属于调整事项，应如何调整？

主要参考文献

葛家澍，刘峰. 会计理论[M]. 北京：中国财政经济出版社.

许家林. 会计理论[M]. 北京：中国财政经济出版社.

李端生等. 会计理论研究[M]. 北京：中国财政经济出版社.

梁莱歆等. 现代财务会计理论[M]. 北京：清华大学出版社.

卢佳友，刘冬荣，易玄. 中级财务会计[M]. 北京：清华大学出版社.

孙铮. 财务会计理论[M]. 北京：中国财政经济出版社.

中华人民共和国财政部. 企业会计准则[M]. 北京：中国时代经济出版社，2006.

中华人民共和国公司法[M]. 北京：法律出版社，2005.

财政部会计资格评价中心. 全国会计专业技术资格考试辅导用书——中级会计实务[M]. 北京：经济科学出版社，2008.

中国注册会计师协会. 2008 年度注册会计师全国统一考试辅导教材——会计[M]. 北京：中国财政经济出版社，2008.

美国财务会计准则（第 1—137 号）[M]. 北京：经济科学出版社，2002.

葛家澍. 中级财务会计[M]. 北京：中国人民大学出版社，1999.

注册会计师考试教材[M]. 北京：中国财政经济出版社，2007.

钟安石，闫守常. 中级财务会计学[M]. 北京：经济科学出版社，2006.

中华人民共和国财政部. 企业会计准则——应用指南[M]. 上海：立信会计出版社，2006.

格鲁宁，科恩. 财政部译. 国际会计准则实用指南[M]. 北京：中国财政经济出版社，2001.

美国财务会计准则委员会. 王世定，李海军译. 美国财务会计准则（第 1—137 号）[M]. 北京：经济科学出版社，2002.

贾纳金. 美国公认会计原则指南[M]. 北京：中信出版社，2008.

财政部会计司编写组. 企业会计准则讲解 2006[M]. 北京：人民出版社，2007.

李相志. 财务会计[M]. 北京：清华大学出版社，2007.

戴德明，林钢，赵西卜. 财务会计学[M]. 北京：中国人民大学出版社，2007.

朱学义. 中级财务会计[M]. 北京：机械工业出版社，2007.

刘永泽，陈立军. 中级财务会计[M]. 大连：东北财经大学出版社，2008.

中国注册会计师协会. 2009 年度注册会计师全国统一考试辅导教材——会计[M]. 北京：中国财政经济出版社，2009.

中华人民共和国财政部. 企业会计准则：应用指南 2006[M]. 北京：中国财政经济出版社，2006.

财政部会计资格评价中心. 中级会计实务[M]. 北京：经济科学出版社，2007.

刘永泽，陈立军. 中级财务会计[M]. 大连：东北财经大学出版社，2007.

刘兵. 中级财务会计学[M]. 济南：山东人民出版社，2009.

葛家澍.中级财务会计学(上)[M].2版.北京:中国人民大学出版社,2003.

赵春萍.财务会计与实务[M].北京:清华大学出版社,2008.

杨有红,欧阳爱平.中级财务会计[M].北京:北京大学出版社,2006.

王善平,汤健,刘天雄.中级财务会计学[M].长沙:湖南人民出版社,2007.

赵卫东.企业财务会计[M].北京:中国石化出版社,2008.

韩家平.中国企业如何应对信用经济时代的挑战.http://www.cccmc.org.cn/credit/homepage.aspx.

王棣华,刘建丽.四川长虹应收账款管理案例分析.航空工业管理[J].2008(2).

武汉诚成文化投资集团股份有限公司1999年年度报告.http://static.sse.com.cn/sseportal/cs/zhs/scfw/gg/oldBulletin/600681_1999_0.pdf.

武汉诚成文化投资集团股份有限公司关于一九九九年度报告的更正与补充公告.http://static.sse.com.cn/sseportal/cs/zhs/scfw/gg/oldBulletin/600681_1999_2.pdf.

魏林燕.中级财务会计[M].北京:经济科学出版社,2002.

比尔.美国公认会计原则指南[M].北京:中信出版社,2008.

财政部企业司.企业财务通则解读[M].北京:中国财政经济出版社,2007.

图书在版编目(CIP)数据

中级财务会计 / 郑伟主编. —上海:格致出版社:
上海人民出版社,2012
高等院校会计学教材系列
ISBN 978-7-5432-2062-1

Ⅰ.①中… Ⅱ.①郑… Ⅲ.①财务会计-高等学校-
教材 Ⅳ.①F234.4

中国版本图书馆 CIP 数据核字(2012)第 017168 号

责任编辑 李 娜
美术编辑 路 静 储 平

高等院校会计学教材系列
中级财务会计
郑伟 主编
初宜红 王莉 刘源 副主编

出 版 世纪出版集团 www.ewen.cc
格 致 出 版 社 www.hibooks.cn
上海人民出版社
(200001 上海福建中路193号24层)

编辑部热线 021-63914988
市场部热线 021-63914081

发 行 世纪出版集团发行中心
印 刷 浙江临安曙光印务有限公司
开 本 787×1092 毫米 1/16
印 张 38
插 页 1
字 数 814,000
版 次 2012 年 5 月第 1 版
印 次 2012 年 5 月第 1 次印刷
ISBN 978-7-5432-2062-1/F·513
定 价 59.00 元